中华人民共和国职业分类大典

ZHONGHUA RENMIN GONGHEGUO ZHIYE FENLEI DADIAN

（2015 年版）

国家职业分类大典修订工作委员会

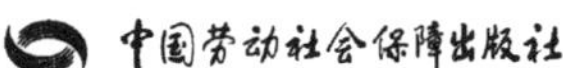

图书在版编目(CIP)数据

中华人民共和国职业分类大典：2015 年版/国家职业分类大典修订工作委员会组织编写. —北京：中国劳动社会保障出版社：中国人事出版社，2015

ISBN 978-7-5167-2213-8

Ⅰ.①中…　Ⅱ.①国…　Ⅲ.①职业-分类-中国-词典　Ⅳ.①F249.2-61

中国版本图书馆 CIP 数据核字(2015)第 229896 号

中国人力资源和社会保障出版集团有限公司
中国劳动社会保障出版社　中国人事出版社出版发行

（北京市惠新东街 1 号　邮政编码：100029）

*

北京新华印刷有限公司印刷装订　　新华书店经销

787 毫米×1092 毫米　16 开本　43.75 印张　890 千字

2015 年 10 月第 1 版　　2015 年 10 月第 1 次印刷

定价：280.00 元（平装）

读者服务部电话：(010) 64929211/64921644/84643933

发行部电话：(010) 64961894

出版社网址：http://www.class.com.cn

目　录

序

1999年，我国颁布了第一部《中华人民共和国职业分类大典》（以下简称《大典》）。进入新世纪以来，随着经济社会发展、科技进步和产业结构调整升级，我国的社会职业构成发生了很大变化，一些传统职业开始衰落甚至消失，新的职业不断涌现并发展起来。针对这一情况，2010年底，人力资源社会保障部会同国家质量监督检验检疫总局、国家统计局牵头成立了国家职业分类大典修订工作委员会，启动修订工作，历时五年，七易其稿，于2015年7月29日经国家职业分类大典修订工作委员会全体会议审议并表决通过2015年版《大典》。2015年版《大典》适应我国经济社会发展和人力资源管理的新需要，在分类上更加科学规范，在结构上更加清晰严谨，在内容上更加准确完整，全面客观地反映了现阶段我国社会的职业构成、内涵、特点和发展规律，标志着我国职业分类管理工作进入了一个新的发展阶段。

修订《大典》是一项规模宏大的系统工程，涉及行业之多，参与人员之众，工作任务之艰巨，前所未有。总的看，修订工作有三个特点：一是加强组织领导，部门协调配合。修订工作委员会加强统筹协调，切实发挥对修订工作的组织和指导作用。各有关行业部门从大局出发，不仅较好地完成本行业部门职业的修订工作，而且能够妥善地处理好与相关行业部门交叉职业的关系。同时，充分发挥专家作用，扩大公众参与度，提高工作透明度，增强社会影响力。二是坚持科学精神，紧贴时代需求。修订工作借鉴了国际先进经验和做法，科学构建并合理设计了符合我国国情的现代职业分类体系。大家秉持科学严谨的工作作风，以苦干实干的工作态度，深入调查研究，密切关注行业产业技术变化，及时反映代表先进生产力的新行业新职业，准确体现时代发展对职业分类及其活动内容的客观要求。三是创新工作方法，提高修订质量。大家注重利用互联网、大数据等现代信息技术手段，对职业信息进行采集和统计分析，并初步建立了职业信息数据库，为今后国家职业信息网络系统的建设奠定了良好基础。《大典》的修订完成，凝聚着70多个行业部门，近万名专家、工作人员的智慧和心血，是各行业各部门密切配合、协调推进的结果，也是社会各界大力支持、热心关注的结果。

随着社会发展与时代进步，人类在长期的生产活动中产生了劳动分工。职业是劳动分工的产物，也成为劳动者在社会活动中获取生活来源、实现自身价值的依托。对职业进行分类管理，是现代市场经济条件下实现社会化管理的必然选择。尤其是在当前我国经济发展进入新常态、完善国家治理体系的大背景下，职业分类对于适应和反映经济结构特别是产业结构变化，适应和反映社会结构特别是人口、就业结构变化，适应和反映人力资源开发与管理特别是人力资源配置需求等方面，都具有重要意义。下一步，我们要做好《大典》的宣传、推广和使用工作，让全社会充分认识《大典》的重要作用，使之在我国经济社会发展领域特别是人力资源开发领域发挥更大的作用。

第一，要充分发挥《大典》在国民经济信息统计中的服务作用。职业分类进一步规范并统一了社会各类型职业。我们要充分运用《大典》这一成果，使其在开展国民经济信息统计和人口普查、进行劳动力需求预测和规划等工作中，发挥重要的服务和基础作用，提高统计信息工作的科学化、规范化水平。

第二，要充分发挥《大典》在人力资源开发与管理中的基础作用。我国是劳动力资源大国。要以职业分类为基础，开展就业人口结构变化和劳动力供求状况研究分析，为制定人力资源市场政策提供科学依据。许多新职业的产生，本身就蕴涵了巨大的就业潜力，成为就业岗位的增长点。要进一步开发就业岗位，扩大就业容量，加强和规范人力资源市场建设，强化职业指导和就业服务，促进劳动者就业创业。

第三，要充分发挥《大典》在职业教育培训中的引导作用。职业分类是制定和开发职业标准的基础，是职业教育和职业培训的“定位仪”。要适应经济发展、产业升级和技术进步的需要，建立专业教学标准和职业标准联动开发机制。要推进专业设置、课程内容与职业标准相衔接，形成对接紧密、动态调整的职业教育培训课程体系。要根据《大典》确定的职业分类，加快职业标准的开发、论证和发布工作，制定人才培养标准和课程规范，促进职业教育培训质量提升，提高劳动者职业素质和技术技能水平。

第四，要充分发挥《大典》在职业资格制度改革中的规范作用。对《大典》进行修订是改革完善职业资格制度的重要内容。一方面，要按照国务院要求，加大职业资格清理规范力度，进一步做好减少职业资格许可和认定工作；另一方面，要发挥职业分类对职业资格设置行为的规范和约束作用，统一规划、有效规范职业资格的设置，实行国家职业资格目录清单管理制度，从源头上遏制职业资格设置乱象，维护劳动者的合法权益，营造各类人才成长的良好环境，确保职业资格制度改革顺利进行。

职业分类修订工作是一项长期任务。在全球新一轮科技革命和产业变革中，在我国加快推进新型工业化、信息化、城镇化和农业现代化的过程中，许多领域的职业技术正在发生并且将继续发生变化，社会职业结构也会随之而变。要密切跟踪职业活动领域的新发展新变化，认真研究职业发展规律，建立新职业发布制度，定期发布新职业信息。要继续发挥《大典》修订工作平台的作用，建立职业分类动态更新机制，对《大典》进行及时调整和补充完善。总之，我们要以 2015 年版《大典》的颁布为契机，加强人力资源开发与管理，促进人才队伍建设，为实现“两个一百年”奋斗目标、为实现中华民族伟大复兴的中国梦作出新的更大贡献。

尹蔚民

（此为代序，系人力资源和社会保障部部长、国家职业分类大典修订工作委员会主任尹蔚民同志在 2015 年 7 月 29 日职业分类大典修订工作委员会全体会议上的讲话）

《中华人民共和国职业分类大典(2015 年版)》修订说明

2010 年 12 月，人力资源社会保障部会同国家质量监督检验检疫总局、国家统计局启动《中华人民共和国职业分类大典》（以下简称《大典》）修订工作，组织 74 个国务院部门和行业组织，近万名专家、学者、一线从业者、有关工作人员，历时五年，七易其稿，形成 2015 年版《大典》。

一、修订背景

职业是指从业人员为获取主要生活来源所从事的社会工作类别。职业分类是指以工作性质的同一性或相似性为基本原则，对社会职业进行的系统划分与归类。职业分类作为制定职业标准的依据，是促进人力资源科学化、规范化管理的重要基础性工作。职业分类大典是职业分类的成果形式和载体，对人力资源市场建设、职业教育培训、就业创业、国民经济信息统计和人口普查等起着规范和引领作用。

1995 年，原劳动和社会保障部、原国家质量技术监督局、国家统计局组织编制，并于 1999 年 5 月颁布了我国第一部《大典》，标志着适应我国国情的国家职业分类体系的基本建立。该体系是参照国际劳工组织颁布的《国际标准职业分类》基本原则和描述结构，借鉴发达国家的职业分类经验，并根据我国国情建立的。

1999 年版《大典》的颁布，填补了我国职业分类的空白，为适应我国经济社会发展需要发挥了重要而广泛的作用：一是为推动我国职业分类和职业标准体系建设，提升我国人力资源开发与管理水平，开展职业技能鉴定和推行职业资格证书制度打下了重要基础。二是为开展劳动力需求预测和规划，进行就业人口结构及其发展趋势调查统计和分析研究，了解行业或部门经济现状的全貌提供了重要依据。三是为推动职业教育培训工作，科学设置教育培训专业和课程内容，按需开展人才培养培训，提高劳动者素质发挥了引领作用。四是为促进就业创业，加强就业岗位开发，挖掘就业潜力，开展职业介绍、职业指导提供了服务和支撑。但近年来，随着我国经济社会发展、科学技术进步和产业结构调整，我国的社会职业构成和内涵发生了较大变化，一些传统职业开始衰落甚至消失，一些新职业不断涌现并迅速发展，还有一些职业为适应新形势开始调整和转化。2005 年后连续三年对 1999 年版《大典》进行了增补，但仍无法准确客观地反映当前职业领域的变化，相关部门和行业组织对修订《大典》的呼声很高。为此，人力资源社会保障部沿用 1995 年首次编制《大典》时的组织形式，与国家质量监督检验检疫总局、国家统计局联合发文启动《大典》修订工作。

二、修订过程

人力资源社会保障部牵头成立国家职业分类大典修订工作委员会，下设工作办公室和专家委员会。工作办公室由人力资源社会保障部、国家质量监督检验检疫总局、国家统计局三部门有关司局负责人及工作人员组成，具体负责修订日常工作；专家委员会主要由国内职业分类领域的专家和国务院有关部门、行业的专家组成，具体承担修订的技术性工作。

《大典》修订工作共分组织部署、信息采集、汇总研究、调整定稿、审核颁布五个阶段。

1. 组织部署阶段。根据行业部门申请，统筹下发修订工作任务书和工作计划，并对承担修订工作的专家、工作人员进行统一培训。

2. 信息采集阶段。组织各行业部门开展本行业职业信息调查，组建 1120 个调研组，7239 名专家参与工作，调查 9843 个单位，采集调查成果 325083 份，依此提出修订意见。

3. 汇总研究阶段。召开 41 次行业专业委员会会议，共有 1837 名专家参与，对已有和新增的 2497 个职业描述信息进行逐条审核；对争议较大的职业，组织专题研究和调研；对 1999 年版《大典》存在的职业划分粗细不均、重复交叉、内容遗漏及归类不当等问题进行协调和论证。在此基础上，集中力量进行《大典》职业分类体系表框架搭建工作，完成《大典》职业分类体系表（征求意见稿）编制。

4. 调整定稿阶段。组织召开专家委员会全体会议，审议通过《大典》职业分类体系表（征求意见稿）。在收集梳理分类体系及职业描述信息反馈意见的基础上，组织专家多次进行审校，形成2015年版《大典》（征求意见稿）。书面征求中央和国家机关有关部门、行业意见，并通过人力资源社会保障部官网、国家职业分类大典修订工作平台向社会公众公开征求意见，中央组织部、中央统战部、中编办、中央党校、全国人大常委会办公厅等119个部门（单位）和数千名社会公众反馈意见7472条。经分析研究后，采纳6590条，形成2015年版《大典》（修改稿），再次征求专家委员会全体专家意见，通过专家委员会审核，形成2015年版《大典》（送审稿）。

5. 审核颁布阶段。2015年7月29日召开国家职业分类大典修订工作委员会全体会议，审议并表决通过了2015年版《大典》（送审稿），最终形成2015年版《大典》，由人力资源社会保障部、国家质量监督检验检疫总局、国家统计局三部门以人社部发［2015］76号文颁布。

三、修订工作原则及内容

（一）修订基本原则

1. 本次《大典》修订工作，按照“深入贯彻科教兴国和人才强国战略，以适应国家经济社会发展需要为导向，根据我国实际，借鉴国际职业分类先进经验，构建与国民经济发展相适应、符合我国国情的现代职业分类体系，促进我国人力资源管理工作的科学发展”的指导思想，严格遵循下列工作原则：一是客观性原则。从我国经济社会发展现状出发，充分考虑各行业、各部门工作性质、技术特点的异同，全面、客观、如实、准确反映当前社会职业发展实际状况。二是继承性原则。沿用1999年版《大典》所确定的大类、中类、小类和细类（职业）层级结构，并维持8个大类不变。三是科学性原则。遵循职业发展规律，运用科学的职业分类理论和方法，参照国际标准，借鉴国际先进经验，充分考虑我国社会转型期社会分工的特点。四是开放性原则。坚持与时俱进，适应经济社会发展实际和未来发展趋势，为今后实时对社会职业进行动态维护和更新、新职业及时发布留有空间和接口。

2. 本次修订，充分考虑我国社会转型期社会分工的特点，参照最新修订的国际标准职业分类原则，将职业分类原则由“工作性质同一性”调整为以“工作性质相似性为主、技能水平相似性为辅”。“工作性质同一性”侧重传统社会分工的本原，“工作性质相似性”则反映现代社会分工的复合性，更好地体现复杂职业活动的总体与部分的关系；依据“技能水平”的差异进行职业分类，增加了分类维度，提高了分类结果的合理性，有利于淡化职业的“身份”界限，促进从业者职业能力发展。

3. 本次修订，大类划分以工作性质相似性和技能水平相似性为主要依据，并考虑我国政治制度、管理体制、科技水平和产业结构的现状与发展等因素。中类划分基于我国行业发展业态，参照国民经济行业分类，将 1999 年版《大典》“以职业活动所涉及的知识领域、使用的工具和设备、采用的技术和方法，以及所提供的产品和服务种类”为参照的划分原则修订为“以职业活动所涉及的经济领域、知识领域以及所提供的产品和服务种类”为主要参照。小类划分是中类划分的细化，与中类划分的原则基本一致。细类（职业）划分则主要以工作分析为基础，以职业活动领域和所承担的职责，工作任务的专门性、专业性与技术性，服务类别与对象的相似性，工艺技术、使用工具设备或主要原材料、产品用途等的相似性，同时辅之以技能水平相似性为依据，并按此先后顺序划分和归类。

（二）总体修订内容

《大典》修订的主要内容包括四个方面。

1. 职业分类体系修订。修订后的职业分类体系为 8 个大类、75 个中类、434 个小类、1481 个职业，并列出了 2670 个工种，标注了 127 个绿色职业。与 1999 年版《大典》（含 2005 年版、2006 年版、2007 年版增补本）相比，维持 8 个大类不变，增加了 9 个中类和 21 个小类，减少了 205 个职业，取消了 342 个“其他”余类职业。

2. 职业信息描述修订。维持了 142 个类别描述内容基本不变，修订、取消、新增的类别描述内容分别为 220 个、125 个、155 个；维持了 612 个职业描述内容基本不变，修订、取消、新增的职业描述内容分别为 522 个、552 个、347 个。将 1999 年版《大典》“下列工种归入本职业”的表述调整为“本职业包含但不限于下列工种”，其含义有二：一是同时包括了不呈现与对应职业名称重名的工种；二是对检验、试验、修理、包装、营销等因其工作性质相似而数量众多、无法一一列举或穷尽的工种未予列举。

1999 年版《大典》与 2015 年版《大典》职业分类体系对比表

1999 年版《大典》				2015 年版《大典》			
大类	中类	小类	细类（职业）	大类	中类	小类	细类（职业）
第一大类　国家机关、党群组织、企业、事业单位负责人	5	16	25	第一大类　党的机关、国家机关、群众团体和社会组织、企事业单位负责人	6	15	23
第二大类　专业技术人员	14	115	440	第二大类　专业技术人员	11	120	451
第三大类　办事人员和有关人员	4	12	53	第三大类　办事人员和有关人员	3	9	25
第四大类　商业、服务业人员	8	43	197	第四大类　社会生产服务和生活服务人员	15	93	278
第五大类　农、林、牧、渔、水利业生产人员	6	30	135	第五大类　农、林、牧、渔业生产及辅助人员	6	24	52
第六大类　生产、运输设备操作人员及有关人员	27	195	1176	第六大类　生产制造及有关人员	32	171	650
第七大类　军人	1	1	1	第七大类　军人	1	1	1
第八大类　不便分类的其他从业人员	1	1	1	第八大类　不便分类的其他从业人员	1	1	1
合计	66	413	2028		75	434	1481

注：表中 1999 年版《大典》细类的数据包含 2005 年版、2006 年版、2007 年版增补本的相关数据。

3. 增加绿色职业标识。本次修订对具有“环保、低碳、循环”特征的职业活动进行探索研究和分析，将部分社会认知度较高、具有显著绿色特征的职业标示为绿色职业。这是我国职业分类的首次尝试，旨在注重人类生产生活与生态环境的可持续发展，推动绿色职业发展，促进绿色就业。绿色职业活动主要包括：监测、保护与治理、美化生态环境，生产太阳能、风能、生物质能等新能源，提供大运量、高效率交通运力，回收与利用废弃物等领域的生产活动，以及与其相关的以科学研究、技术研发、设计规划等方式提供服务的社会活动。2015 年版《大典》共标示了 127 个绿色职业，并统一以“绿色职业”的汉语拼音首字母“L”标识。

4. 更新国家标准编码。2015 年版《大典》中的国家标准编码按照《职业分类与代码》（GB/T 6565—2015）进行标注。

（三）分类修订内容、主要依据及相关说明

1. 第一大类的修订主要依据《中华人民共和国宪法》《中华人民共和国公司法》《中华人民共和国公务员法》等法律法规，以及《中国共产党章程》、《〈中华人民共和国公务员法〉实施方案》（中发［2006］9 号）、《党政机关公文处理工作条例》（中办发［2012］14 号）等，对具有决策和管理权的社会职业依组织类型、职责范围的层次和业务相似性、工作的复杂程度和所承担的职责大小等进行划分与归类。因该类职业工作性质的相似性程度较高，从业者所体现出的活动特征与职业行为特征具有同质性，且规范从业行为的法律法规及政策约束性较强，其主要工作任务表述多以组织机构等的职责体现，部分职业只进行职业名称与职业定义描述。修订后的大类名称为“党的机关、国家机关、群众团体和社会组织、企事业单位负责人”。

2. 第二大类的修订除遵循职业分类一般原则和技术规范外，还着重考量了职业的专业化、社会化和国际化水平。其中，专业化是指该职业的专业知识和专业技能独特性，社会化是指职业活动的社会通用性和国家对该职业的呼应程度，国际化是指职业定义和活动描述的国际可比性和等效性。该大类参照学科分类、专业分类、职位职称分类等分类结果，对劳动条件、工作环境、工作对象、生产工具、工作内容相同或相近，具有相同的职业行为模式、共同的话语体系和道德规范的职业活动，均归属为同一类职业。其中，工学因其涉及面宽广，未按独立学科分类。该大类修订中，还根据专业技术类职业的组群性特点，按照职业活动的专业性与技术性特征，将原归属为第四大类的部分职业调整归入第二大类；根据产业性特征，在工业产业链中，将突出以研究、开发、应用、指导为主要工作任务的职业划归第二大类；根据职位性特征，将职权相同、责任一致的工作分工归入同一职业。修订后的大类名称维持不变。

3. 第三大类的修订主要依据我国公共管理与社会组织的实际业态进行，修订了大类描述，强化了其公共管理、企事业管理等领域行政业务、行政事务属性；调整了 1999 年版《大典》邮政电信业职业归类。修订后的大类名称维持不变。

4. 第四大类的修订主要根据我国服务业发展现状，特别关注新兴服务业的职业发展，按照服务属性归并职业。将 1999 年版《大典》第三大类“邮政和电信业务人员”、第五大类分属生态环境保护服务和部分水利服务的职业类别、第六大类“检验、计量人员”中的具有公共服务属性的职业等统一归并至此大类。修订后的大类名称为“社会生产服务和生活服务人员”。

5. 第五大类的修订主要依据农、林、牧、渔业生产环境、生产技术和产业结构的变化，现代农业生产领域中生产技术应用、生产分工与合作的现状，将 1999 年版《大典》此大类的中类体系修订为“农业生产人员，林业生产人员，畜牧业生产人员，渔业生产人员，农、林、牧、渔业生产辅助人员和其他农、林、牧、渔业生产加工人员”；调整了 1999 年版《大典》水利设施管护人员职业归类。修订后的大类名称为“农、林、牧、渔业生产及辅助人员”。

6. 第六大类的修订主要依据生产制造业发展业态，以及工艺技术、工具设备、主要原材料、产品用途等，将 1999 年版《大典》“水产品加工人员”类职业归并至此大类；新增“电力、热力、气体、水生产和输配人员”中类，将 1999 年版《大典》分属于各中小类的职业归入此类；调整了 1999 年版《大典》属于第六大类供电、运输、物流等具有服务属性的职业归类；将修理、产品生产检验试验等生产辅助性职业统一归并为“生产辅助人员”，并对印刷、纺织、烟草、化工、石油行业的职业进行了较大调整。修订后的大类名称为“生产制造及有关人员”。

7. 第七大类和第八大类均维持 1999 年版《大典》内容表述，未做修订。

四、其他说明

1. 本次修订工作充分利用了现代信息技术手段。修订工作之初，国家职业分类大典修订工作委员会建立了“国家职业分类大典修订工作平台”。该工作平台自运行以来，详细、系统地记录了《大典》修订各阶段的原始数据和工作进展情况，为社会公众提供了畅通的信息交换渠道，为职业信息采集、统计分析作出了巨大贡献。自 2011 年到 2015 年，该平台总访问量 543 万次，年均访问量达 110 万次，通过平台采集修订建议和反馈意见约 34 万条。此次修订，该平台收集整理了各行业提供的职业描述信息，初步建立了国家职业信息数据库，为“中国职业信息网络系统”建设奠定了重要基础。

2. 由于我国经济社会发展不均衡，不同地区、不同行业企业、不同用人单位的职业活动发展不平衡，相同职业的活动边界、职业技术水平、工艺装备、工作环境等存在一定的差异，导致职业划分与归并存在较大难度，同时受部分参与修订工作人员的主观导向和认识水平等影响，个别职业描述信息可能与实际情况存在一定差异。

3. 与国家职业资格相关的职业描述信息本次修订未特别注明，需根据国家有关法律法规和政策予以明确。

国家职业分类大典修订工作委员会

2015 年 7 月

附　《中华人民共和国职业分类大典》（1999 年版）编制说明

一、基本概念

（一）职业

职业是指从业人员为获取主要生活来源所从事的社会工作类别。职业需具备下列特征：（1）目的性，即职业活动以获得现金或实物等报酬为目的；（2）社会性，即职业是从业人员在特定社会生活环境中所从事的一种与其他社会成员相互关联、相互服务的社会活动；（3）稳定性，即职业在一定的历史时期内形成，并具有较长生命周期；（4）规范性，即职业活动必须符合国家法律和社会道德规范；（5）群体性，即职业必须具有一定的从业人数。

（二）职业分类

职业分类是以工作性质的同一性为基本原则，对社会职业进行的系统划分与归类。所谓工作性质，即一种职业区别于另一种职业的根本属性，一般通过职业活动的对象、从业方式等的不同予以体现。需要说明的是，对工作性质的同一性所做的技术性解释，要视具体的职业类别而定。

二、基本结构与分类原则

（一）基本结构

本大典所确定的职业分类结构包括四个层次，即大类、中类、小类和细类，依次体现由粗到细的职业类别。细类是最基本的类别，即职业。

本大典将我国职业划分为 8 个大类，66 个中类，413 个小类，1838 个细类（职业）。每个大类的名称，所含中类、小类和细类（职业）的数量如下：

类别	中类	小类	细类（职业）
第一大类 国家机关、党群组织、企业、事业单位负责人	5	16	25
第二大类 专业技术人员	14	115	379
第三大类 办事人员和有关人员	4	12	45
第四大类 商业、服务业人员	8	43	147
第五大类 农、林、牧、渔、水利业生产人员	6	30	121
第六大类 生产、运输设备操作人员及有关人员	27	195	1119
第七大类 军人	1	1	1
第八大类 不便分类的其他从业人员	1	1	1

（二）分类原则

1. 大类的分类原则

大类是职业分类结构中的最高层次。大类的划分和归类是根据工作性质的同一性进行的，并考虑我国政治制度、管理体制、科技水平和产业结构的现状与发展等因素。第七和第八大类的中类、小类、细类（职业）名称相同，不做细分。

2. 中类的分类原则

中类是大类的子类，是对大类的分解。中类的划分和归类是根据职业活动所涉及的知识领域、使用的工具和设备、采用的技术和方法，以及所提供的产品和服务种类等的同一性进行的。

3. 小类的分类原则

小类是中类的子类，是对中类的分解。小类的划分和归类是根据从业人员的工作环境、工作条件和技术性质等的同一性进行的。一般情况下，第一大类的小类，是以职责范围和工作业务的同一性进行划分和归类；第二大类的小类，是以工作或研究领域、专业的同一性进行划分和归类；第三和第四大类的小类，是以所办理事务的同一性和所从事服务项目的同一性进行划分和归类；第五和第六大类的小类，是以工作程序、工艺技术、操作对象以及生产产品的同一性等进行划分和归类。

4. 细类（职业）的分类原则

细类是本大典最基本的类别，即职业。细类的划分和归类是根据工作对象、工艺技术、操作方法等的同一性进行的。一般情况下，第一大类的细类（职业）主要是按照工作业务领域和所承担的职责划分和归类；第二大类的细类（职业）主要是按照所从事工作的专业性与专门性划分和归类；第三和第四大类的细类（职业）主要是按照工作任务、内容的同一性或所提供服务的类别、服务对象的同一性划分和归类；第五和第六大类的细类（职业）主要是按照工艺技术的同一性、使用工具设备的同一性、使用主要原材料的同一性、产品用途和服务的同一性，并按此先后顺序划分和归类。

本大典在按上述原则分类的同时，还参照了我国的组织机构分类、行业分类、学科分类、职位职称分类、工种分类以及国际标准职业分类等。

三、基本内容

本大典表述每一大类的内容包括大类编码、大类名称、大类概述、所含中类的编码和名称；每一中类的内容包括中类编码、中类名称、中类简述、所含小类的编码和名称；每一小类的内容包括小类编码、小类名称和小类描述；每一细类（职业）的内容包括职业编码、职业名称、职业定义、职业描述及归入本职业的工种名称及编码等。

（一）编码

本大类的大类编码，以一位数码表示；中类编码、小类编码、细类（职业）编码皆以两位数码表示，并按数字顺序排列，类别编码以“-”间隔。如编码“6-10-05-09”表示第六大类第十中类第五小类第九个职业——“印花工”。

不再细分的类别，其子类编码为该类编码加“00”。如“2-01-01　哲学研究人员”小类不再细分，其细类（职业）编码即为“2-01-01-00”。

各类别中的“其他”编码的尾数码一般以“99”表示，不细分的类别加“00”。如“4-99”表示第四大类的“其他”中类；“5-01-99”表示第五大类第一中类的“其他”小类；“6-26-02-99”表示第六大类第二十六中类第二小类的“其他”细类；“4-05-99-00”表示第四大类第五中类的“其他”小类不再细分的细类。

为便于与国家标准《职业分类与代码》（GB 6565—1999）对照，在每个大、中、小类编码之后标注了国家标准编码，以“(GBM……)”表示。如编码“6-06-01”后加“(GBM 7-11)”，表示“6-06-01　机械设备维修人员”小类在国家标准《职业分类与代码》(GB 6565—1999）中代码为“7-11”。

（二）名称、叙述及工种

大类、中类、小类和细类（职业）的名称均以最能说明该职业类别特性的名词命名。

大类的概述、中类的简述、小类的描述和职业的定义均以最简练的语句表示出各自的本质属性或所含职业类别的内容，主要以“从事……人员”“操作……（进行）……人员”“使用（运用）……（进行）……人员”“对（将、以）……（进行）……人员”等语句表述。

职业描述是对职业的主要工作内容、职责范围和工作过程等进行的一般性表述，第一、二、三大类的职业多以职责范围、工作内容为主进行描述，第四、五、六大类的职业多以工作内容或工作过程为主进行描述。

部分职业下列若干工种。列入职业的工种主要以《中华人民共和国工种分类目录》（以下简称《工种分类目录》）为准，体现工种分类与本大典所列职业的衔接。工种后编码为该工种在《工种分类目录》中的编码；（＊）表示未列入《工种分类目录》的新增工种；（＊＊）表示该工种虽然未列入《工种分类目录》，但已由原劳动部与行业主管部门联合颁发了职业（工种）技能标准。

（三）本大典中的“其他”

本大典中的“其他……”类别主要有以下基本含义：一是，某一类别中未予列出或细分的子类；二是，一些类别的内容与已列出的同类类别有交叉，但无法归入其中某一类别；三是，该类别的发展、延续。

四、使用指南

（一）检索方式

本大典共有三种检索方式：

1. 体系表检索方式　即根据本大典职业分类结构体系表查询大类、中类、小类、细类（职业）编码与名称。

2. 笔画检索方式　即根据职业名称的首字笔画查询职业名称及其相关内容。

3. 拼音检索方式　即根据职业名称的首字汉语拼音查询职业名称及其相关内容。

（二）若干问题的说明

1. 一些职业，如律师、教师、医师等，要求从业人员依法取得相应的职业资格，本大典未在职业定义或描述中一一说明。对从业人员必备的职业资格要求，应按国家有关法律、法规、政策执行。

2. 本大典的职业名称以最能说明该职业特性的名词命名，同时考虑社会通行的、约定俗成的称谓。名称后缀“家”“师”“员”“工”等不反映该职业从业人员的职业能力水平。从业人员的职业能力水平通过国家有关政策规定的相应称谓体现。

3. 本大典是按照从业人员所从事工作性质的同一性进行职业的划分和归类，不考虑从业人员身份及所在工作单位性质。

4. 本大典不涉及从业人员的权益，对从业人员的管理应按国家有关法律、法规、政策和现行管理体制、制度执行。

5. 根据国家有关保密法律、法规，某些职业未列入本大典。

6. 根据国家标准，参照国际惯例，对有关从业人员的职业可进行如下认定：同时从事两种或两种以上职业的从业人员，以其从业时间较长的认定其职业，如不能确定从业时间长短，则以经济收入较多的认定其职业；在同一工作场所，从事两种或两种以上职业的从业人员，按其技术性较高、工作程度较复杂、工作责任较重的工作认定其职业，如具有专业技术职务（职称）同时担任行政负责人的人员，一般按行政负责人认定职业。

分类体系表

第一大类　1（GBM 10000）党的机关、国家机关、群众团体和社会组织、企事业单位负责人

中类	小类	细类（职业）
1-01（GBM 10100）中国共产党机关负责人	1-01-00（GBM 10100）中国共产党机关负责人	1-01-00-00　中国共产党机关负责人
1-02（GBM 10200）国家机关负责人	1-02-01（GBM 10201）国家权力机关负责人	1-02-01-00　国家权力机关负责人
	1-02-02（GBM 10202）国家行政机关负责人	1-02-02-00　国家行政机关负责人
	1-02-03（GBM 10203）人民政协机关负责人	1-02-03-00　人民政协机关负责人
	1-02-04（GBM 10204）人民法院和人民检察院负责人	1-02-04-01　人民法院负责人 1-02-04-02　人民检察院负责人
1-03（GBM 10300）民主党派和工商联负责人	1-03-00（GBM 10300）民主党派和工商联负责人	1-03-00-01　民主党派负责人 1-03-00-02　工商联负责人
1-04（GBM 10400）人民团体和群众团体、社会组织及其他成员组织负责人	1-04-01（GBM 10401）人民团体和群众团体负责人	1-04-01-01　工会负责人 1-04-01-02　共青团负责人 1-04-01-03　妇联负责人 1-04-01-04　其他人民团体和群众团体负责人
	1-04-02（GBM 10402）社会团体负责人	1-04-02-00　社会团体负责人
	1-04-03（GBM 10403）民办非企业单位负责人	1-04-03-00　民办非企业单位负责人
	1-04-04（GBM 10404）社会中介组织负责人	1-04-04-00　社会中介组织负责人

续表

中类	小类	细类（职业）
	1-04-05（GBM 10405）基金会负责人	1-04-05-00　基金会负责人
	1-04-06（GBM 10406）宗教组织负责人	1-04-06-00　宗教组织负责人
1-05（GBM 10500）基层群众自治组织负责人	1-05-00（GBM 10500）基层群众自治组织负责人	1-05-00-01　居民委员会负责人 1-05-00-02　村民委员会负责人
1-06（GBM 10600）企事业单位负责人	1-06-01（GBM 10601）企业负责人	1-06-01-01　企业董事 1-06-01-02　企业经理 1-06-01-03　国有企业中国共产党组织负责人
	1-06-02（GBM 10602）事业单位负责人	1-06-02-00　事业单位负责人

第二大类　2（GBM 20000）专业技术人员

中类	小类	细类（职业）
2-01（GBM 20100）科学研究人员	2-01-01（GBM 20101）哲学研究人员	2-01-01-00　哲学研究人员
	2-01-02（GBM 20102）经济学研究人员	2-01-02-00　经济学研究人员 L
	2-01-03（GBM 20103）法学研究人员	2-01-03-00　法学研究人员
	2-01-04（GBM 20104）教育学研究人员	2-01-04-00　教育学研究人员
	2-01-05（GBM 20105）历史学研究人员	2-01-05-00　历史学研究人员
	2-01-06（GBM 20113）自然科学和地球科学研究人员	2-01-06-01　数学研究人员 L 2-01-06-02　物理学研究人员 2-01-06-03　化学研究人员 2-01-06-04　天文学研究人员 2-01-06-05　生物学研究人员

续表

中类	小类	细类（职业）
		2-01-06-06 地球科学研究人员
	2-01-07（GBM 20107）农业科学研究人员	2-01-07-00 农业科学研究人员 L
	2-01-08（GBM 20108）医学研究人员	2-01-08-00 医学研究人员
	2-01-09（GBM 20109）管理学研究人员	2-01-09-00 管理学研究人员 L
	2-01-10（GBM 20112 GBM 20115）文学、艺术学研究人员	2-01-10-00 文学、艺术学研究人员
	2-01-11（GBM 20111）军事学研究人员	2-01-11-00 军事学研究人员
	2-01-99（GBM 20199）其他科学研究人员	
2-02（GBM 20200）工程技术人员	2-02-01（GBM 20201）地质勘探工程技术人员	2-02-01-01 地质实验测试工程技术人员
		2-02-01-02 地球物理地球化学与遥感勘查工程技术人员 L
		2-02-01-03 水工环地质工程技术人员 L
		2-02-01-04 地质矿产调查工程技术人员
		2-02-01-05 钻探工程技术人员
	2-02-02（GBM 20202）测绘和地理信息工程技术人员	2-02-02-01 大地测量工程技术人员 L
		2-02-02-02 工程测量工程技术人员
		2-02-02-03 摄影测量与遥感工程技术人员 L
		2-02-02-04 地图制图工程技术人员

续表

中类	小类	细类（职业）
		2-02-02-05 海洋测绘工程技术人员 L
		2-02-02-06 地理国情监测工程技术人员 L
		2-02-02-07 地理信息系统工程技术人员 L
		2-02-02-08 导航与位置服务工程技术人员 L
		2-02-02-09 地质测绘工程技术人员 L
	2-02-03（GBM 20203）矿山工程技术人员	2-02-03-01 矿井建设工程技术人员
		2-02-03-02 采矿工程技术人员
		2-02-03-03 矿山通风工程技术人员
		2-02-03-04 选矿与矿物加工工程技术人员
		2-02-03-05 矿山环保复垦工程技术人员 L
	2-02-04（GBM 20204）石油天然气工程技术人员	2-02-04-01 石油天然气开采工程技术人员
		2-02-04-02 石油天然气储运工程技术人员
	2-02-05（GBM 20205）冶金工程技术人员	2-02-05-01 冶炼工程技术人员
		2-02-05-02 轧制工程技术人员
		2-02-05-03 焦化工程技术人员
		2-02-05-04 金属材料工程技术人员
		2-02-05-05 耐火材料工程技术人员

续表

中类	小类	细类（职业）
		2-02-05-06 炭素材料工程技术人员
		2-02-05-07 冶金热能工程技术人员 L
		2-02-05-08 铸管工程技术人员
	2-02-06（GBM 20206）化工工程技术人员	2-02-06-01 化工实验工程技术人员
		2-02-06-02 化工设计工程技术人员
		2-02-06-03 化工生产工程技术人员
	2-02-07（GBM 20207）机械工程技术人员	2-02-07-01 机械设计工程技术人员
		2-02-07-02 机械制造工程技术人员
		2-02-07-03 仪器仪表工程技术人员
		2-02-07-04 设备工程技术人员
		2-02-07-05 医学设备管理工程技术人员
		2-02-07-06 模具设计工程技术人员
		2-02-07-07 自动控制工程技术人员
		2-02-07-08 材料成形与改性工程技术人员
		2-02-07-09 焊接工程技术人员
		2-02-07-10 特种设备管理和应用工程技术人员

续表

中类	小类	细类（职业）
		2-02-07-11 汽车工程技术人员 L
		2-02-07-12 船舶工程技术人员
	2-02-08（GBM 20208）航空工程技术人员	2-02-08-01 飞行器设计工程技术人员
		2-02-08-02 飞行器制造工程技术人员
		2-02-08-03 航空动力装置设计工程技术人员
		2-02-08-04 航空动力装置制造工程技术人员
		2-02-08-05 航空产品试验与飞行试验工程技术人员
		2-02-08-06 航空产品适航工程技术人员
		2-02-08-07 航空产品支援工程技术人员
		2-02-08-08 机载设备设计制造工程技术人员
	2-02-09（GBM 20209）电子工程技术人员	2-02-09-01 电子材料工程技术人员
		2-02-09-02 电子元器件工程技术人员
		2-02-09-03 雷达导航工程技术人员
		2-02-09-04 电子仪器与电子测量工程技术人员
		2-02-09-05 广播视听设备工程技术人员
	2-02-10（GBM 20210）信息和通信工程技术人员	2-02-10-01 通信工程技术人员

续表

中类	小类	细类（职业）
		2-02-10-02 计算机硬件工程技术人员
		2-02-10-03 计算机软件工程技术人员
		2-02-10-04 计算机网络工程技术人员
		2-02-10-05 信息系统分析工程技术人员 L
		2-02-10-06 嵌入式系统设计工程技术人员 L
		2-02-10-07 信息安全工程技术人员
		2-02-10-08 信息系统运行维护工程技术人员
	2-02-11（GBM 20211）电气工程技术人员	2-02-11-01 电工电器工程技术人员
		2-02-11-02 电缆光缆工程技术人员
		2-02-11-03 光源与照明工程技术人员
	2-02-12（GBM 20212）电力工程技术人员	2-02-12-01 发电工程技术人员 L
		2-02-12-02 供用电工程技术人员 L
		2-02-12-03 变电工程技术人员 L
		2-02-12-04 输电工程技术人员 L
		2-02-12-05 电力工程安装工程技术人员 L
	2-02-13（GBM 20213）邮政和快递工程技术人员	2-02-13-01 邮政工程技术人员
		2-02-13-02 快递工程技术人员

续表

中类	小类	细类（职业）
	2-02-14（GBM 20214）广播电影电视及演艺设备工程技术人员	2-02-14-01 广播电视制播工程技术人员 2-02-14-02 广播电视传输覆盖工程技术人员 2-02-14-03 电影工程技术人员 2-02-14-04 演艺设备工程技术人员
	2-02-15（GBM 20215）道路和水上运输工程技术人员	2-02-15-01 汽车运用工程技术人员 2-02-15-02 船舶运用工程技术人员 2-02-15-03 水上交通工程技术人员 2-02-15-04 水上救助打捞工程技术人员 2-02-15-05 船舶检验工程技术人员 2-02-15-06 无线电航标操作与维护工程技术人员 2-02-15-07 视觉航标工程技术人员 2-02-15-08 道路交通工程技术人员
	2-02-16（GBM 20216）民用航空工程技术人员	2-02-16-01 民用航空器维修与适航工程技术人员 2-02-16-02 民航空中交通管理工程技术人员 2-02-16-03 民航通用航空工程技术人员
	2-02-17（GBM 20217）铁道工程技术人员	2-02-17-01 铁道运输工程技术人员 L

续表

中类	小类	细类（职业）
		2-02-17-02　铁道机务工程技术人员
		2-02-17-03　铁道车辆工程技术人员
		2-02-17-04　铁道电务工程技术人员
		2-02-17-05　铁道供电工程技术人员
		2-02-17-06　铁道工务工程技术人员
	2-02-18（GBM 20218）建筑工程技术人员	2-02-18-01　城乡规划工程技术人员 L
		2-02-18-02　建筑和市政设计工程技术人员 L
		2-02-18-03　土木建筑工程技术人员
		2-02-18-04　风景园林工程技术人员 L
		2-02-18-05　供水排水工程技术人员 L
		2-02-18-06　工程勘察与岩土工程技术人员
		2-02-18-07　城镇燃气供热工程技术人员 L
		2-02-18-08　环境卫生工程技术人员 L
		2-02-18-09　道路与桥梁工程技术人员
		2-02-18-10　港口与航道工程技术人员
		2-02-18-11　民航机场工程技术人员
		2-02-18-12　铁路建筑工程技术人员

续表

中类	小类	细类（职业）
		2-02-18-13 水利水电建筑工程技术人员
		2-02-18-14 爆破工程技术人员
	2-02-19（GBM 20219）建材工程技术人员	2-02-19-01 硅酸盐工程技术人员
		2-02-19-02 非金属矿及制品工程技术人员
		2-02-19-03 无机非金属材料工程技术人员
	2-02-20（GBM 20220）林业工程技术人员	2-02-20-01 防沙治沙工程技术人员 L
		2-02-20-02 森林培育工程技术人员 L
		2-02-20-03 园林绿化工程技术人员 L
		2-02-20-04 野生动植物保护利用工程技术人员 L
		2-02-20-05 自然保护区工程技术人员 L
		2-02-20-06 森林保护工程技术人员 L
		2-02-20-07 木竹藤棕草加工工程技术人员
		2-02-20-08 森林采伐和运输工程技术人员
		2-02-20-09 经济林产品加工工程技术人员
		2-02-20-10 林业资源调查与监测工程技术人员 L
		2-02-20-11 园林植物保护工程技术人员 L

续表

中类	小类	细类（职业）
	2-02-21（GBM 20221）水利工程技术人员	2-02-21-01 水资源工程技术人员 L
		2-02-21-02 水生态和江河治理工程技术人员 L
		2-02-21-03 水利工程管理工程技术人员
		2-02-21-04 防汛抗旱减灾工程技术人员 L
	2-02-22（GBM 20222）海洋工程技术人员	2-02-22-01 海洋调查与监测工程技术人员 L
		2-02-22-02 海洋环境预报工程技术人员 L
		2-02-22-03 海洋资源开发利用和保护工程技术人员 L
		2-02-22-04 海洋工程勘察设计工程技术人员
		2-02-22-05 海水淡化工程技术人员
		2-02-22-06 深潜工程技术人员
	2-02-23（GBM 20223）纺织服装工程技术人员	2-02-23-01 纺织工程技术人员
		2-02-23-02 染整工程技术人员
		2-02-23-03 化学纤维工程技术人员
		2-02-23-04 非织造工程技术人员
		2-02-23-05 服装工程技术人员
	2-02-24（GBM 20224）食品工程技术人员	2-02-24-00 食品工程技术人员

续表

中类	小类	细类（职业）
	2-02-25（GBM 20225）气象工程技术人员	2-02-25-01 气象观测工程技术人员 L
		2-02-25-02 天气预报工程技术人员 L
		2-02-25-03 气候监测预测工程技术人员 L
		2-02-25-04 气象服务工程技术人员 L
		2-02-25-05 人工影响天气工程技术人员
		2-02-25-06 防雷工程技术人员
	2-02-26（GBM 20226）地震工程技术人员	2-02-26-01 地震监测预测工程技术人员
		2-02-26-02 地震应急救援工程技术人员
		2-02-26-03 地震安全性评价工程技术人员
	2-02-27（GBM 20227）环境保护工程技术人员	2-02-27-01 环境监测工程技术人员 L
		2-02-27-02 环境污染防治工程技术人员 L
		2-02-27-03 环境影响评价工程技术人员 L
		2-02-27-04 核与辐射安全工程技术人员 L
		2-02-27-05 核与辐射监测工程技术人员 L
		2-02-27-06 健康安全环境工程技术人员 L
	2-02-28（GBM 20228）安全工程技术人员	2-02-28-01 安全防范设计评估工程技术人员
		2-02-28-02 消防工程技术人员

续表

中类	小类	细类（职业）
		2-02-28-03　安全生产管理工程技术人员
		2-02-28-04　安全评价工程技术人员
		2-02-28-05　房屋安全鉴定工程技术人员
		2-02-28-06　防伪工程技术人员
	2-02-29（GBM 20229）标准化、计量、质量和认证认可工程技术人员	2-02-29-01　标准化工程技术人员
		2-02-29-02　计量工程技术人员
		2-02-29-03　质量管理工程技术人员
		2-02-29-04　质量认证认可工程技术人员
		2-02-29-05　可靠性工程技术人员
	2-02-30（GBM 20230）管理（工业）工程技术人员	2-02-30-01　工业工程技术人员
		2-02-30-02　物流工程技术人员 L
		2-02-30-03　战略规划与管理工程技术人员
		2-02-30-04　项目管理工程技术人员
		2 02 30 05　再生资源工程技术人员 L
		2-02-30-06　能源管理工程技术人员 L
		2-02-30-07　监理工程技术人员
		2-02-30-08　信息管理工程技术人员

续表

中类	小类	细类（职业）	
		2-02-30-09	数据分析处理工程技术人员
		2-02-30-10	工程造价工程技术人员
	2-02-31（GBM 20231）检验检疫工程技术人员	2-02-31-01	产品质量检验工程技术人员
		2-02-31-02	进出口商品检验鉴定工程技术人员
		2-02-31-03	进出境动植物检验检疫人员 L
		2-02-31-04	特种设备检验检测工程技术人员 L
		2-02-31-05	纤维质量检验工程技术人员
		2-02-31-06	卫生检疫人员
	2-02-32（GBM 20232）制药工程技术人员	2-02-32-00	制药工程技术人员
	2-02-33（GBM 20233）印刷复制工程技术人员	2-02-33-00	印刷复制工程技术人员
	2-02-34（GBM 20234）工业（产品）设计工程技术人员	2-02-34-01	产品设计工程技术人员
		2-02-34-02	工业设计工程技术人员
	2-02-35（GBM 20235）康复辅具工程技术人员	2-02-35-01	矫形器师
		2-02-35-02	假肢师
		2-02-35-03	听力师
	2-02-36（GBM 20236）轻工工程技术人员	2-02-36-01	制浆造纸工程技术人员
		2-02-36-02	皮革化学工程技术人员
		2-02-36-03	生物发酵工程技术人员

续表

中类	小类	细类（职业）
		2-02-36-04 日用化工工程技术人员
		2-02-36-05 塑料加工工程技术人员
	2-02-37（GBM 20237）土地整治工程技术人员	2-02-37-00 土地整治工程技术人员 L
	2-02-99（GBM 20299）其他工程技术人员	
2-03（GBM 20300）农业技术人员	2-03-01（GBM 20301）土壤肥料技术人员	2-03-01-00 土壤肥料技术人员
	2-03-02（GBM 20302）农业技术指导人员	2-03-02-00 农业技术指导人员
	2-03-03（GBM 20303）植物保护技术人员	2-03-03-00 植物保护技术人员 L
	2-03-04（GBM 20304）园艺技术人员	2-03-04-00 园艺技术人员 L
	2-03-05（GBM 20305）作物遗传育种栽培技术人员	2-03-05-00 作物遗传育种栽培技术人员
	2-03-06（GBM 20306）兽医兽药技术人员	2-03-06-01 兽医 2-03-06-02 兽药技术人员 2-03-06-03 宠物医师
	2-03-07（GBM 20307）畜牧与草业技术人员	2-03-07-01 畜牧技术人员 2-03-07-02 草业技术人员 L
	2-03-08（GBM 20308）水产技术人员	2-03-08-01 水产养殖技术人员 2-03-08-02 渔业资源开发利用技术人员
	2-03-09（GBM 20309）农业工程技术人员	2-03-09-00 农业工程技术人员
	2-03-99（GBM 20399）其他农业技术人员	

续表

中类	小类	细类（职业）
2-04（GBM 20400）飞机和船舶技术人员	2-04-01（GBM 20401）飞行人员和领航人员	2-04-01-01　飞行驾驶员
		2-04-01-02　飞行机械员
		2-04-01-03　飞行领航员
		2-04-01-04　飞行通信员
	2-04-02（GBM 20402）船舶指挥和引航人员	2-04-02-01　甲板部技术人员
		2-04-02-02　轮机部技术人员
		2-04-02-03　船舶引航员
	2-04-99（GBM 20499）其他飞机和船舶技术人员	
2-05（GBM 20500）卫生专业技术人员	2-05-01（GBM 20501）临床和口腔医师	2-05-01-01　内科医师
		2-05-01-02　外科医师
		2-05-01-03　儿科医师
		2-05-01-04　妇产科医师
		2-05-01-05　眼科医师
		2-05-01-06　耳鼻咽喉科医师
		2-05-01-07　口腔科医师
		2-05-01-08　皮肤科医师
		2-05-01-09　精神科医师
		2-05-01-10　传染病科医师
		2-05-01-11　急诊科医师
		2-05-01-12　康复科医师
		2-05-01-13　麻醉科医师
		2-05-01-14　病理科医师
		2-05-01-15　放射科医师
		2-05-01-16　核医学科医师
		2-05-01-17　超声科医师
		2-05-01-18　肿瘤科医师
		2-05-01-19　全科医师
		2-05-01-20　医学遗传科医师
		2-05-01-21　妇幼保健医师
		2-05-01-22　疼痛科医师
		2-05-01-23　重症医学科医师
		2-05-01-24　临床检验科医师

续表

中类	小类	细类（职业）
		2-05-01-25　职业病科医师
	2-05-02（GBM 20502）中医医师	2-05-02-01　中医内科医师
		2-05-02-02　中医外科医师
		2-05-02-03　中医妇科医师
		2-05-02-04　中医儿科医师
		2-05-02-05　中医眼科医师
		2-05-02-06　中医皮肤科医师
		2-05-02-07　中医骨伤科医师
		2-05-02-08　中医肛肠科医师
		2-05-02-09　中医耳鼻咽喉科医师
		2-05-02-10　针灸医师
		2-05-02-11　中医推拿医师
		2-05-02-12　中医营养医师
		2-05-02-13　中医整脊科医师
		2-05-02-14　中医康复医师
		2-05-02-15　中医全科医师
		2-05-02-16　中医亚健康医师
	2-05-03（GBM 20503）中西医结合医师	2-05-03-01　中西医结合内科医师
		2-05-03-02　中西医结合外科医师
		2-05-03-03　中西医结合妇科医师
		2-05-03-04　中西医结合儿科医师
		2-05-03-05　中西医结合骨伤科医师
		2-05-03-06　中西医结合肛肠科医师
		2-05-03-07　中西医结合皮肤与性病科医师
	2-05-04（GBM 20504）民族医医师	2-05-04-00　民族医医师

续表

中类	小类	细类（职业）
	2-05-05（GBM 20505）公共卫生与健康医师	2-05-05-01 疾病控制医师 2-05-05-02 健康教育医师 2-05-05-03 公共卫生医师
	2-05-06（GBM 20506）药学技术人员	2-05-06-01 药师 2-05-06-02 中药师 2-05-06-03 民族药师
	2-05-07（GBM 20507）医疗卫生技术人员	2-05-07-01 影像技师 2-05-07-02 口腔医学技师 2-05-07-03 病理技师 2-05-07-04 临床检验技师 2-05-07-05 公卫检验技师 2-05-07-06 卫生工程技师 2-05-07-07 输血技师 2-05-07-08 临床营养技师 2-05-07-09 消毒技师 2-05-07-10 肿瘤放射治疗技师 2-05-07-11 心电学技师 2-05-07-12 神经电生理脑电图技师 2-05-07-13 康复技师 2-05-07-14 心理治疗技师 2-05-07-15 病案信息技师 2-05-07-16 中医技师
	2-05-08（GBM 20508）护理人员	2-05-08-01 内科护士 2-05-08-02 儿科护士 2-05-08-03 急诊护士 2-05-08-04 外科护士 2-05-08-05 社区护士 2-05-08-06 助产士 2-05-08-07 口腔科护士 2-05-08-08 妇产科护士 2-05-08-09 中医护士

续表

中类	小类	细类（职业）
	2-05-09（GBM 20509）乡村医生	2-05-09-00　乡村医生
	2-05-99（GBM 20599）其他卫生专业技术人员	
2-06（GBM 20600）经济和金融专业人员	2-06-01（GBM 20601）经济专业人员	2-06-01-01　经济规划专业人员
		2-06-01-02　合作经济专业人员
		2-06-01-03　价格专业人员
	2-06-02（GBM 20602）统计专业人员	2-06-02-00　统计专业人员
	2-06-03（GBM 20603）会计专业人员	2-06-03-00　会计专业人员
	2-06-04（GBM 20604）审计专业人员	2-06-04-00　审计专业人员
	2-06-05（GBM 20605）税务专业人员	2-06-05-00　税务专业人员
	2-06-06（GBM 20606）评估专业人员	2-06-06-01　资产评估人员
		2-06-06-02　房地产估价专业人员
		2-06-06-03　森林资源评估专业人员 L
		2-06-06-04　矿业权评估专业人员
		2-06-06-05　海域海岛评估专业人员
	2-06-07（GBM 20607）商务专业人员	2-06-07-01　国际商务专业人员
		2-06-07-02　市场营销专业人员
		2-06-07-03　商务策划专业人员

续表

中类	小类	细类（职业）
		2-06-07-04 品牌专业人员
		2-06-07-05 会展策划专业人员
		2-06-07-06 房地产开发专业人员
		2-06-07-07 医药代表
		2-06-07-08 管理咨询专业人员
		2-06-07-09 拍卖专业人员
		2-06-07-10 物业经营管理专业人员
		2-06-07-11 经纪与代理专业人员
		2-06-07-12 报关专业人员
		2-06-07-13 报检专业人员
	2-06-08（GBM 20608）人力资源专业人员	2-06-08-01 人力资源管理专业人员
		2-06-08-02 人力资源服务专业人员
		2-06-08-03 职业信息分析专业人员
	2-06-09（GBM 20609）银行专业人员	2-06-09-01 银行货币发行专业人员
		2-06-09-02 银行国库业务专业人员
		2-06-09-03 银行外汇市场业务专业人员
		2-06-09-04 银行清算专业人员
		2-06-09-05 信贷审核专业人员
		2-06-09-06 银行国外业务专业人员

续表

中类	小类	细类（职业）
	2-06-10（GBM 20610）保险专业人员	2-06-10-01 精算专业人员 2-06-10-02 保险核保专业人员 2-06-10-03 保险理赔专业人员 2-06-10-04 保险资金运用专业人员
	2-06-11（GBM 20611）证券专业人员	2-06-11-01 证券发行专业人员 2-06-11-02 证券交易专业人员 2-06-11-03 证券投资专业人员 2-06-11-04 理财专业人员 2-06-11-05 黄金投资专业人员
	2-06-12（GBM 20612）知识产权专业人员	2-06-12-01 专利代理专业人员 2-06-12-02 专利审查专业人员 2-06-12-03 专利管理专业人员 2-06-12-04 专利信息分析专业人员 2-06-12-05 版权专业人员 2-06-12-06 商标代理专业人员 2-06-12-07 商标审查审理专业人员 2-06-12-08 商标管理专业人员
	2-06-99（GBM 20699）其他经济和金融专业人员	

续表

中类	小类	细类（职业）
2-07（GBM 20700）法律、社会和宗教专业人员	2-07-01（GBM 20701）法官	2-07-01-00 法官
	2-07-02（GBM 20702）检察官	2-07-02-00 检察官
	2-07-03（GBM 20703）律师	2-07-03-00 律师
	2-07-04（GBM 20704）公证员	2-07-04-00 公证员
	2-07-05（GBM 20705）司法鉴定人员	2-07-05-01 法医 2-07-05-02 物证鉴定人员
	2-07-06（GBM 20706）审判辅助人员	2-07-06-00 审判辅助人员
	2-07-07（GBM 20707）法律顾问	2-07-07-00 法律顾问
	2-07-08（GBM 20708）宗教教职人员	2-07-08-00 宗教教职人员
	2-07-09（GBM 20709）社会工作专业人员	2-07-09-01 社会工作者 2-07-09-02 社会组织专业人员 2-07-09-03 心理咨询师
	2-07-99（GBM 20799）其他法律、社会和宗教专业人员	
2-08（GBM 20800）教学人员	2-08-01（GBM 20801）高等教育教师	2-08-01-00 高等教育教师
	2-08-02（GBM 20802）中等职业教育教师	2-08-02-00 中等职业教育教师
	2-08-03（GBM 20803）中小学教育教师	2-08-03-01 中学教育教师 2-08-03-02 小学教育教师
	2-08-04（GBM 20804）幼儿教育教师	2-08-04-00 幼儿教育教师
	2-08-05（GBM 20805）特殊教育教师	2-08-05-00 特殊教育教师
	2-08-99（GBM 20899）其他教学人员	

续表

中类	小类	细类（职业）
2-09（GBM 20900）文学艺术、体育专业人员	2-09-01（GBM 20901）文艺创作与编导人员	2-09-01-01　文学作家
		2-09-01-02　曲艺作家
		2-09-01-03　剧作家
		2-09-01-04　作曲家
		2-09-01-05　词作家
		2-09-01-06　导演
		2-09-01-07　舞蹈编导
		2-09-01-08　舞美设计
	2-09-02（GBM 20902）音乐指挥与演员	2-09-02-01　音乐指挥
		2-09-02-02　电影电视演员
		2-09-02-03　戏剧戏曲演员
		2-09-02-04　舞蹈演员
		2-09-02-05　曲艺演员
		2-09-02-06　杂技魔术演员
		2-09-02-07　歌唱演员
		2-09-02-08　皮影戏木偶戏演员
		2-09-02-09　民族乐器演奏员
		2-09-02-10　外国乐器演奏员
	2-09-03（GBM 20903）电影电视制作专业人员	2-09-03-01　电影电视制片人
		2-09-03-02　电影电视场记
		2-09-03-03　电影电视摄影师
		2-09-03-04　电影电视片发行人
		2-09-03-05　电视导播
		2-09-03-06　剪辑师
	2-09-04（GBM 20904）舞台专业人员	2-09-04-01　灯光师
		2-09-04-02　音像师
		2-09-04-03　美工师
		2-09-04-04　化妆师
		2-09-04-05　装置师
		2-09-04-06　服装道具师
		2-09-04-07　演出监督
		2-09-04-08　演出制作人

续表

中类	小类	细类（职业）
	2-09-05（GBM 20905）美术专业人员	2-09-05-01 画家 2-09-05-02 篆刻家 2-09-05-03 雕塑家 2-09-05-04 书法家 2-09-05-05 摄影家
	2-09-06（GBM 20906）工艺美术与创意设计专业人员	2-09-06-01 视觉传达设计人员 2-09-06-02 服装设计人员 2-09-06-03 动画设计人员 2-09-06-04 环境设计人员 2-09-06-05 染织艺术设计人员 2-09-06-06 工艺美术专业人员 2-09-06-07 数字媒体艺术专业人员 2-09-06-08 公共艺术专业人员 2-09-06-09 陈列展览设计人员
	2-09-07（GBM 20907）体育专业人员	2-09-07-01 教练员 2-09-07-02 裁判员 2-09-07-03 运动员 2-09-07-04 运动防护师
	2-09-99（GBM 20999）其他文学艺术、体育专业人员	
2-10（GBM 21000）新闻出版、文化专业人员	2-10-01（GBM 21001）记者	2-10-01-01 文字记者 2-10-01-02 摄影记者
	2-10-02（GBM 21002）编辑	2-10-02-01 文字编辑 2-10-02-02 美术编辑 2-10-02-03 技术编辑 2-10-02-04 音像电子出版物编辑

续表

中类	小类	细类（职业）
		2-10-02-05　网络编辑 2-10-02-06　电子音乐编辑
	2-10-03（GBM 21003）校对员	2-10-03-00　校对员
	2-10-04（GBM 21004）播音员及节目主持人	2-10-04-01　播音员 2-10-04-02　节目主持人
	2-10-05（GBM 21005）翻译人员	2-10-05-01　翻译 2-10-05-02　手语翻译
	2-10-06（GBM 21006）图书资料与微缩摄影专业人员	2-10-06-01　图书资料专业人员 2-10-06-02　微缩摄影专业人员
	2-10-07（GBM 21007）档案专业人员	2-10-07-00　档案专业人员
	2-10-08（GBM 21008）考古及文物保护专业人员	2-10-08-01　考古专业人员 2-10-08-02　文物藏品专业人员 2-10-08-03　可移动文物保护专业人员 2-10-08-04　不可移动文物保护专业人员
	2-10-99（GBM 21099）其他新闻出版、文化专业人员	
2-99（GBM 29900）其他专业技术人员	2-99-00（GBM 29900）其他专业技术人员	

第三大类　3（GBM 30000）办事人员和有关人员

中类	小类	细类（职业）
3-01（GBM 30100）办事人员	3-01-01（GBM 30101）行政业务办理人员	3-01-01-01　行政办事员 3-01-01-02　社区事务员 3-01-01-03　统计调查员 3-01-01-04　社团会员管理员

续表

中类	小类	细类（职业）
		3-01-01-05　劝募员
	3-01-02（GBM 30102）行政事务处理人员	3-01-02-01　机要员 3-01-02-02　秘书 3-01-02-03　公关员 3-01-02-04　收发员 3-01-02-05　打字员 3-01-02-06　速录师 3-01-02-07　制图员 3-01-02-08　后勤管理员
	3-01-03（GBM 30103）行政执法和仲裁人员	3-01-03-01　行政执法员 3-01-03-02　仲裁员
	3-01-99（GBM 30199）其他办事人员	
3-02（GBM 30200）安全和消防人员	3-02-01（GBM 30201）人民警察	3-02-01-00　人民警察
	3-02-02（GBM 30202）保卫人员	3-02-02-00　保卫管理员
	3-02-03（GBM 30203）消防和应急救援人员	3-02-03-01　消防员 3-02-03-02　消防指挥员 3-02-03-03　消防装备管理员 3-02-03-04　消防安全管理员 3-02-03-05　消防监督检查员 3-02-03-06　森林消防员 L 3-02-03-07　森林火情瞭望观察员 L 3-02-03-08　应急救援员
	3-02-99（GBM 30299）其他安全和消防人员	
3-99（GBM 39900）其他办事人员和有关人员	3-99-00（GBM 39900）其他办事人员和有关人员	

第四大类　4（GBM 40000）社会生产服务和生活服务人员

中类	小类	细类（职业）
4-01（GBM 40100）批发与零售服务人员	4-01-01（GBM 40101）采购人员	4-01-01-00　采购员
	4-01-02（GBM 40102）销售人员	4-01-02-01　营销员
		4-01-02-02　电子商务师
		4-01-02-03　商品营业员
		4-01-02-04　收银员
		4-01-02-05　摊商
	4-01-03（GBM 40103）贸易经纪代理人员	4-01-03-01　农产品经纪人
		4-01-03-02　粮油竞价交易员
	4-01-04（GBM 40104）再生物资回收人员	4-01-04-00　废旧物资回收挑选工 L
	4-01-05（GBM 40105）特殊商品购销人员	4-01-05-01　农产品购销员
		4-01-05-02　医药商品购销员
		4-01-05-03　出版物发行员
		4-01-05-04　烟草制品购销员
	4-01-99（GBM 40199）其他批发与零售服务人员	
4-02（GBM 40200）交通运输、仓储和邮政业服务人员	4-02-01（GBM 40201）轨道交通运输服务人员	4-02-01-01　轨道列车司机 L
		4-02-01-02　铁路列车乘务员
		4-02-01-03　铁路车站客运服务员
		4-02-01-04　铁路行包运输服务员
		4-02-01-05　铁路车站货运服务员
		4-02-01-06　轨道交通调度员
		4-02-01-07　城市轨道交通服务员
	4-02-02（GBM 40202）道路运输服务人员	4-02-02-01　道路客运汽车驾驶员 L
		4-02-02-02　道路货运汽车驾驶员 L
		4-02-02-03　道路客运服务员

续表

中类	小类	细类（职业）
		4-02-02-04 道路货运业务员
		4-02-02-05 道路运输调度员
		4-02-02-06 公路收费及监控员
		4-02-02-07 机动车驾驶教练员
		4-02-02-08 油气电站操作员
	4-02-03（GBM 40203）水上运输服务人员	4-02-03-01 客运船舶驾驶员
		4-02-03-02 船舶业务员
		4-02-03-03 港口客运员
		4-02-03-04 水上救生员
		4-02-03-05 航标工
	4-02-04（GBM 40204）航空运输服务人员	4-02-04-01 民航乘务员
		4-02-04-02 航空运输地面服务员
		4-02-04-03 机场运行指挥员
	4-02-05（GBM 40205）装卸搬运和运输代理服务人员	4-02-05-01 装卸搬运工
		4-02-05-02 客运售票员
		4-02-05-03 运输代理服务员
		4-02-05-04 危险货物运输作业员
	4-02-06（GBM 40206）仓储人员	4-02-06-01 仓储管理员
		4-02-06-02 理货员
		4-02-06-03 物流服务师 L
		4-02-06-04 冷藏工
	4-02-07（GBM 40207）邮政和快递服务人员	4-02-07-01 邮政营业员
		4-02-07-02 邮件分拣员
		4-02-07-03 邮件转运员
		4-02-07-04 邮政投递员
		4-02-07-05 报刊业务员
		4-02-07-06 集邮业务员
		4-02-07-07 邮政市场业务员
		4-02-07-08 快递员

续表

中类	小类	细类（职业）
		4-02-07-09　快件处理员
	4-02-99（GBM 40299）其他交通运输、仓储和邮政业服务人员	
4-03（GBM 40300）住宿和餐饮服务人员	4-03-01（GBM 40301）住宿服务人员	4-03-01-01　前厅服务员 4-03-01-02　客房服务员 4-03-01-03　旅店服务员
	4-03-02（GBM 40302）餐饮服务人员	4-03-02-01　中式烹调师 4-03-02-02　中式面点师 4-03-02-03　西式烹调师 4-03-02-04　西式面点师 4-03-02-05　餐厅服务员 4-03-02-06　营养配餐员 4-03-02-07　茶艺师 4-03-02-08　咖啡师 4-03-02-09　调酒师
	4-03-99（GBM 40399）其他住宿和餐饮服务人员	
4-04（GBM 40400）信息传输、软件和信息技术服务人员	4-04-01（GBM 40401）信息通信业务人员	4-04-01-01　信息通信营业员 4-04-01-02　电报业务员 4-04-01-03　信息通信业务员
	4-04-02（GBM 40402）信息通信网络维护人员	4-04-02-01　信息通信网络机务员 4-04-02-02　信息通信网络线务员 4-04-02-03　信息通信网络动力机务员 4-04-02-04　信息通信网络测量员 4-04-02-05　无线电监测与设备运维员

续表

中类	小类	细类（职业）
	4-04-03（GBM 40403）广播电视传输服务人员	4-04-03-01 广播电视天线工 4-04-03-02 有线广播电视机线员
	4-04-04（GBM 40404）信息通信网络运行管理人员	4-04-04-01 信息通信网络运行管理员 4-04-04-02 网络与信息安全管理员 4-04-04-03 信息通信信息化系统管理员
	4-04-05（GBM 40405）软件和信息技术服务人员	4-04-05-01 计算机程序设计员 4-04-05-02 计算机软件测试员 4-04-05-03 呼叫中心服务员
	4-04-99（GBM 40499）其他信息传输、软件和信息技术服务人员	
4-05（GBM 40500）金融服务人员	4-05-01（GBM 40501）银行服务人员	4-05-01-01 银行综合柜员 4-05-01-02 银行信贷员 4-05-01-03 银行客户业务员 4-05-01-04 银行信用卡业务员
	4-05-02（GBM 40502）证券服务人员	4-05-02-01 证券交易员 4-05-02-02 基金发行员
	4-05-03（GBM 40503）期货服务人员	4-05-03-00 期货交易员
	4-05-04（GBM 40504）保险服务人员	4-05-04-01 保险代理人 4-05-04-02 保险保全员
	4-05-05（GBM 40505）典当服务人员	4-05-05-01 典当业务员 4-05-05-02 鉴定估价师
	4-05-06（GBM 40506）信托服务人员	4-05-06-01 信托业务员 4-05-06-02 信用管理师

续表

中类	小类	细类（职业）
	4-05-99（GBM 40599）其他金融服务人员	
4-06（GBM 40600）房地产服务人员	4-06-01（GBM 40601）物业管理服务人员	4-06-01-01 物业管理员 4-06-01-02 中央空调系统运行操作员 4-06-01-03 停车管理员
	4-06-02（GBM 40602）房地产中介服务人员	4-06-02-01 房地产经纪人 4-06-02-02 房地产策划师
	4-06-99（GBM 40699）其他房地产服务人员	
4-07（GBM 40700）租赁和商务服务人员	4-07-01（GBM 40701）租赁业务人员	4-07-01-00 租赁业务员
	4-07-02（GBM 40702）商务咨询服务人员	4-07-02-01 风险管理师 4-07-02-02 科技咨询师 4-07-02-03 客户服务管理员
	4-07-03（GBM 40703）人力资源服务人员	4-07-03-01 职业指导员 4-07-03-02 劳动关系协调员 4-07-03-03 创业指导师
	4-07-04（GBM 40704）旅游及公共游览场所服务人员	4-07-04-01 导游 4-07-04-02 旅游团队领队 4-07-04-03 旅行社计调 4-07-04-04 旅游咨询员 4-07-04-05 公共游览场所服务员 4-07-04-06 休闲农业服务员
	4-07-05（GBM 40705）安全保护服务人员	4-07-05-01 保安员 4-07-05-02 安检员 4-07-05-03 智能楼宇管理员 4-07-05-04 消防设施操作员 4-07-05-05 安全防范系统安装维护员

续表

中类	小类	细类（职业）
	4-07-06（GBM 40706）市场管理服务人员	4-07-06-01　商品监督员 4-07-06-02　商品防损员 4-07-06-03　市场管理员
	4-07-07（GBM 40707）会议及展览服务人员	4-07-07-01　会展设计师 4-07-07-02　装饰美工 4-07-07-03　模特
	4-07-99（GBM 40799）其他租赁和商务服务人员	
4-08（GBM 40800）技术辅助服务人员	4-08-01（GBM 40801）气象服务人员	4-08-01-00　航空气象员
	4-08-02（GBM 40802）海洋服务人员	4-08-02-01　海洋水文气象观测员 L 4-08-02-02　海洋浮标工 4-08-02-03　海洋水文调查员 L 4-08-02-04　海洋生物调查员 L
	4-08-03（GBM 40803）测绘服务人员	4-08-03-01　大地测量员 L 4-08-03-02　摄影测量员 L 4-08-03-03　地图绘制员 4-08-03-04　工程测量员 4-08-03-05　不动产测绘员 4-08-03-06　海洋测绘员 L 4-08-03-07　无人机测绘操控员 L
	4-08-04（GBM 40804）地理信息服务人员	4-08-04-01　地理信息采集员 L 4-08-04-02　地理信息处理员 L 4-08-04-03　地理信息应用作业员 L
	4-08-05（GBM 40805）检验、检测和计量服务人员	4-08-05-01　农产品食品检验员 L

续表

中类	小类	细类（职业）
		4-08-05-02 纤维检验员
		4-08-05-03 贵金属首饰与宝玉石检测员
		4-08-05-04 药物检验员
		4-08-05-05 机动车检测工
		4-08-05-06 计量员
	4-08-06（GBM 40806）环境监测服务人员	4-08-06-00 环境监测员 L
	4-08-07（GBM 40807）地质勘查人员	4-08-07-01 地勘钻探工
		4-08-07-02 地勘掘进工
		4-08-07-03 物探工
		4-08-07-04 地质调查员 L
		4-08-07-05 地质实验员
	4-08-08（GBM 40808）专业化设计服务人员	4-08-08-01 花艺环境设计师
		4-08-08-02 纺织面料设计师
		4-08-08-03 家用纺织品设计师
		4-08-08-04 色彩搭配师
		4-08-08-05 工艺美术品设计师
		4-08-08-06 装潢美术设计师
		4-08-08-07 室内装饰设计师
		4-08-08-08 广告设计师
		4-08-08-09 包装设计师
		4-08-08-10 玩具设计师
		4-08-08-11 首饰设计师
		4-08-08-12 家具设计师
		4-08-08-13 陶瓷产品设计师
		4-08-08-14 陶瓷工艺师
		4-08-08-15 地毯设计师
		4-08-08-16 皮具设计师
		4-08-08-17 鞋类设计师
		4-08-08-18 灯具设计师
		4-08-08-19 照明设计师

续表

中类	小类	细类（职业）
		4-08-08-20 形象设计师
	4-08-09（GBM 40809）摄影扩印服务人员	4-08-09-01 商业摄影师 4-08-09-02 冲印师
	4-08-99（GBM 40899）其他技术辅助服务人员	
4-09（GBM 40900）水利、环境和公共设施管理服务人员	4-09-01（GBM 40901）水利设施管养人员	4-09-01-01 河道修防工 4-09-01-02 水工混凝土维修工 4-09-01-03 水工土石维修工 4-09-01-04 水工监测工 4-09-01-05 水工闸门运行工
	4-09-02（GBM 40902）水文服务人员	4-09-02-01 水文勘测工 4-09-02-02 水文勘测船工
	4-09-03（GBM 40903）水土保持人员	4-09-03-00 水土保持员 L
	4-09-04（GBM 40904）农田灌排人员	4-09-04-00 灌区管理工
	4-09-05（GBM 40905）自然保护区和草地监护人员	4-09-05-01 自然保护区巡护监测员 L 4-09-05-02 草地监护员 L
	4-09-06（GBM 40906）野生动植物保护人员	4-09-06-01 野生动物保护员 L 4-09-06-02 野生植物保护员 L 4-09-06-03 标本员 4-09-06-04 展出动物保育员
	4-09-07（GBM 40907）环境治理服务人员	4-09-07-01 污水处理工 L 4-09-07-02 工业固体废物处理处置工 L 4-09-07-03 危险废物处理工 L

续表

中类	小类	细类（职业）
	4-09-08（GBM 40908）环境卫生服务人员	4-09-08-01 保洁员 L
		4-09-08-02 生活垃圾清运工 L
		4-09-08-03 生活垃圾处理工 L
	4-09-09（GBM 40909）有害生物防制人员	4-09-09-00 有害生物防制员 L
	4-09-10（GBM 40910）绿化与园艺服务人员	4-09-10-01 园林绿化工 L
		4-09-10-02 草坪园艺师
		4-09-10-03 盆景工
		4-09-10-04 假山工
		4-09-10-05 插花花艺师
	4-09-99（GBM 40999）其他水利、环境和公共设施管理服务人员	
4-10（GBM 41000）居民服务人员	4-10-01（GBM 41001）生活照料服务人员	4-10-01-01 婴幼儿发展引导员
		4-10-01-02 育婴员
		4-10-01-03 保育员
		4-10-01-04 孤残儿童护理员
		4-10-01-05 养老护理员
		4-10-01-06 家政服务员
	4-10-02（GBM 41002）服装裁剪和洗染织补人员	4-10-02-01 裁缝
		4-10-02-02 洗衣师
		4-10-02-03 染色师
		4-10-02-04 皮革护理员
		4-10-02-05 织补师
	4-10-03（GBM 41003）美容美发和浴池服务人员	4-10-03-01 美容师
		4-10-03-02 美发师
		4-10-03-03 美甲师
		4-10-03-04 浴池服务员
		4-10-03-05 修脚师

续表

中类	小类	细类（职业）
	4-10-04（GBM 41004）保健服务人员	4-10-04-01 保健调理师 4-10-04-02 保健按摩师 4-10-04-03 芳香保健师
	4-10-05（GBM 41005）婚姻服务人员	4-10-05-01 婚介师 4-10-05-02 婚礼策划师 4-10-05-03 婚姻家庭咨询师
	4-10-06（GBM 41006）殡葬服务人员	4-10-06-01 殡仪服务员 4-10-06-02 遗体防腐整容师 4-10-06-03 遗体火化师 4-10-06-04 公墓管理员
	4-10-07（GBM 41007）宠物服务人员	4-10-07-01 宠物健康护理员 4-10-07-02 宠物驯导师 4-10-07-03 宠物美容师
	4-10-99（GBM 41099）其他居民服务人员	
4-11（GBM 41100）电力、燃气及水供应服务人员	4-11-01（GBM 41101）电力供应服务人员	4-11-01-00 供电服务员
	4-11-02（GBM 41102）燃气供应服务人员	4-11-02-00 燃气供应服务员
	4-11-03（GBM 41103）水供应服务人员	4-11-03-01 水供应服务员 4-11-03-02 村镇供水员
	4-11-99（GBM 41199）其他电力、燃气及水供应服务人员	
4-12（GBM 41200）修理及制作服务人员	4-12-01（GBM 41201）汽车摩托车修理技术服务人员	4-12-01-01 汽车维修工 4-12-01-02 摩托车修理工
	4-12-02（GBM 41202）计算机和办公设备维修人员	4-12-02-01 计算机维修工 4-12-02-02 办公设备维修工 4-12-02-03 信息通信网络终端维修员
	4-12-03（GBM 41203）家用电子电器产品维修人员	4-12-03-01 家用电器产品维修工 4-12-03-02 家用电子产品维修工

续表

中类	小类	细类（职业）
	4-12-04（GBM 41204）日用产品修理服务人员	4-12-04-01 自行车与电动自行车维修工 4-12-04-02 修鞋工 4-12-04-03 钟表维修工 4-12-04-04 锁具修理工 4-12-04-05 燃气具安装维修工 4-12-04-06 照相器材维修工
	4-12-05（GBM 41205）乐器维修人员	4-12-05-01 乐器维修工 4-12-05-02 钢琴调律师
	4-12-06（GBM 41206）印章制作人员	4-12-06-00 印章制作工
	4-12-99（GBM 41299）其他修理及制作服务人员	
4-13（GBM 41300）文化、体育和娱乐服务人员	4-13-01（GBM 41301）群众文化活动服务人员	4-13-01-01 群众文化指导员 4-13-01-02 礼仪主持人 4-13-01-03 讲解员
	4-13-02（GBM 41302）广播、电视、电影和影视录音制作人员	4-13-02-01 影视置景制作员 4-13-02-02 动画制作员 4-13-02-03 影视烟火特效员 4-13-02-04 电影洗印员 4-13-02-05 电影放映员 4-13-02-06 音响调音员 4-13-02-07 照明工 4-13-02-08 影视服装员 4-13-02-09 电视摄像员
	4-13-03（GBM 41303）文物保护作业人员	4-13-03-01 考古探掘工 4-13-03-02 文物修复师
	4-13-04（GBM 41304）健身和娱乐场所服务人员	4-13-04-01 社会体育指导员 4-13-04-02 体育场馆管理员 4-13-04-03 游泳救生员 4-13-04-04 康乐服务员

续表

中类	小类	细类（职业）
	4-13-05（GBM 41305）文化、娱乐、体育经纪代理人员	4-13-05-01 文化经纪人 4-13-05-02 体育经纪人
	4-13-99（GBM 41399）其他文化、体育和娱乐服务人员	
4-14（GBM 41400）健康服务人员	4-14-01（GBM 41401）医疗辅助服务人员	4-14-01-00 医疗临床辅助服务员
	4-14-02（GBM 41402）健康咨询服务人员	4-14-02-01 公共营养师 4-14-02-02 健康管理师 4-14-02-03 生殖健康咨询师
	4-14-03（GBM 41403）康复矫正服务人员	4-14-03-01 助听器验配师 4-14-03-02 口腔修复体制作工 4-14-03-03 眼镜验光员 4-14-03-04 眼镜定配工 4-14-03-05 听觉口语师
	4-14-04（GBM 41404）公共卫生辅助服务人员	4-14-04-00 公共卫生辅助服务员
	4-14-99（GBM 41499）其他健康服务人员	
4-99（GBM 49900）其他社会生产和生活服务人员	4-99-00（GBM 49900）其他社会生产和生活服务人员	

第五大类　5（GBM 50000）农、林、牧、渔业生产及辅助人员

中类	小类	细类（职业）
5-01（GBM 50100）农业生产人员	5-01-01（GBM 50101）作物种子（苗）繁育生产人员	5-01-01-01 种子繁育员 5-01-01-02 种苗繁育员
	5-01-02（GBM 50102）农作物生产人员	5-01-02-01 农艺工 5-01-02-02 园艺工 5-01-02-03 食用菌生产工 5-01-02-04 热带作物栽培工 5-01-02-05 中药材种植员

续表

中类	小类	细类（职业）
	5-01-99（GBM 50199）其他农业生产人员	
5-02（GBM 50200）林业生产人员	5-02-01（GBM 50201）林木种苗繁育人员	5-02-01-00　林木种苗工 L
	5-02-02（GBM 50202）营造林人员	5-02-02-00　造林更新工 L
	5-02-03（GBM 50203）森林经营和管护人员	5-02-03-01　护林员 L 5-02-03-02　森林抚育工 L
	5-02-04（GBM 50204）木材采运人员	5-02-04-01　林木采伐工 5-02-04-02　集材作业工 5-02-04-03　木材水运工
	5-02-99（GBM 50299）其他林业生产人员	
5-03（GBM 50300）畜牧业生产人员	5-03-01（GBM 50301）畜禽种苗繁育人员	5-03-01-01　家畜繁殖员 5-03-01-02　家禽繁殖员
	5-03-02（GBM 50302）畜禽饲养人员	5-03-02-01　家畜饲养员 5-03-02-02　家禽饲养员
	5-03-03（GBM 50303）特种经济动物饲养人员	5-03-03-01　经济昆虫养殖员 5-03-03-02　实验动物养殖员 5-03-03-03　特种动物养殖员
	5-03-99（GBM 50399）其他畜牧业生产人员	
5-04（GBM 50400）渔业生产人员	5-04-01（GBM 50401）水产苗种繁育人员	5-04-01-01　水生动物苗种繁育工 5-04-01-02　水生植物苗种培育工
	5-04-02（GBM 50402）水产养殖人员	5-04-02-01　水生动物饲养工 5-04-02-02　水生植物栽培工 5-04-02-03　水产养殖潜水工
	5-04-03（GBM 50403）水产捕捞及有关人员	5-04-03-01　水产捕捞工 5-04-03-02　渔业船员

续表

中类	小类	细类（职业）
		5-04-03-03　渔网具工
	5-04-99（GBM 50499）其他渔业生产人员	
5-05（GBM 50500）农、林、牧、渔业生产辅助人员	5-05-01（GBM 50501）农业生产服务人员	5-05-01-00　农业技术员
	5-05-02（GBM 50502）动植物疫病防治人员	5-05-02-01　农作物植保员 L 5-05-02-02　林业有害生物防治员 L 5-05-02-03　动物疫病防治员 5-05-02-04　动物检疫检验员 5-05-02-05　水生物病害防治员 5-05-02-06　水生物检疫检验员
	5-05-03（GBM 50503）农村能源利用人员	5-05-03-01　沼气工 L 5-05-03-02　农村节能员 L 5-05-03-03　太阳能利用工 L 5-05-03-04　微水电利用工 L 5-05-03-05　小风电利用工 L
	5-05-04（GBM 50504）农村环境保护人员	5-05-04-00　农村环境保护工 L
	5-05-05（GBM 50505）农机化服务人员	5-05-05-01　农机驾驶操作员 5-05-05-02　农机修理工 5-05-05-03　农机服务经纪人
	5-05-06（GBM 50506）农副林特产品初加工人员	5-05-06-01　园艺产品加工工 5-05-06-02　棉花加工工 5-05-06-03　热带作物初制工 5-05-06-04　植物原料制取工 5-05-06-05　竹麻制品加工工 5-05-06-06　经济昆虫产品加工工 5-05-06-07　水产品原料处理工

续表

中类	小类	细类（职业）
	5-05-99（GBM 50599）其他农、林、牧、渔业生产辅助人员	
5-99（GBM 59900）其他农、林、牧、渔业生产及辅助人员	5-99-00（GBM 59900）其他农、林、牧、渔业生产及辅助人员	

第六大类　6（GBM 60000）生产制造及有关人员

中类	小类	细类（职业）
6-01（GBM 60100）农副产品加工人员	6-01-01（GBM 60101）粮油加工人员	6-01-01-01　制米工 6-01-01-02　制粉工 6-01-01-03　制油工
	6-01-02（GBM 60102）饲料加工人员	6-01-02-00　饲料加工工
	6-01-03（GBM 60103）制糖人员	6-01-03-00　食糖制造工
	6-01-04（GBM 60104）畜禽制品加工人员	6-01-04-01　畜禽屠宰加工工 6-01-04-02　畜禽副产品加工工 6-01-04-03　肉制品加工工 6-01-04-04　蛋类制品加工工
	6-01-05（GBM 60105）水产品加工人员	6-01-05-01　水产品加工工 6-01-05-02　水产制品精制工
	6-01-06（GBM 60106）果蔬和坚果加工人员	6-01-06-00　果蔬坚果加工工
	6-01-07（GBM 60107）淀粉和豆制品加工人员	6-01-07-01　淀粉及淀粉糖制造工 6-01-07-02　植物蛋白制作工 6-01-07-03　豆制品制作工
	6-01-99（GBM 60199）其他农副产品加工人员	

续表

中类	小类	细类（职业）
6-02（GBM 60200）食品、饮料生产加工人员	6-02-01（GBM 60201）焙烤食品制造人员	6-02-01-01 糕点面包烘焙工 6-02-01-02 糕点装饰师
	6-02-02（GBM 60202）糖制品加工人员	6-02-02-01 糖果巧克力制造工 6-02-02-02 果脯蜜饯加工工
	6-02-03（GBM 60203）方便食品和罐头食品加工人员	6-02-03-01 米面主食制作工 6-02-03-02 冷冻食品制作工 6-02-03-03 罐头食品加工工
	6-02-04（GBM 60204）乳制品加工人员	6-02-04-01 乳品加工工 6-02-04-02 乳品评鉴师
	6-02-05（GBM 60205）调味品及食品添加剂制作人员	6-02-05-01 味精制造工 6-02-05-02 酱油酱类制作工 6-02-05-03 食醋制作工 6-02-05-04 精制制盐工 6-02-05-05 酶制剂制造工 6-02-05-06 柠檬酸制造工 6-02-05-07 调味品品评师
	6-02-06（GBM 60206）酒、饮料及精制茶制造人员	6-02-06-01 酿酒师 6-02-06-02 酒精酿造工 6-02-06-03 白酒酿造工 6-02-06-04 啤酒酿造工 6-02-06-05 黄酒酿造工 6-02-06-06 果露酒酿造工 6-02-06-07 品酒师 6-02-06-08 麦芽制麦工 6-02-06-09 饮料制作工 6-02-06-10 茶叶加工工 6-02-06-11 评茶员
	6-02-99（GBM 60299）其他食品、饮料生产加工人员	
6-03（GBM 60300）烟草及其制品加工人员	6-03-01（GBM 60301）烟叶初加工人员	6-03-01-01 烟叶调制员 6-03-01-02 烟叶评级员

续表

中类	小类	细类（职业）
	6-03-02（GBM 60302）烟用材料生产人员	6-03-02-01　烟用二醋片制造工 6-03-02-02　烟用丝束制造工
	6-03-03（GBM 60303）烟草制品生产人员	6-03-03-01　烟机设备操作工 6-03-03-02　烟草评吸师
	6-03-99（GBM 60399）其他烟草及其制品加工人员	
6-04（GBM 60400）纺织、针织、印染人员	6-04-01（GBM 60401）纤维预处理人员	6-04-01-01　开清棉工 6-04-01-02　丝麻毛纤维预处理工 6-04-01-03　纺织纤维梳理工 6-04-01-04　并条工 6-04-01-05　粗纱工
	6-04-02（GBM 60402）纺纱人员	6-04-02-01　纺纱工 6-04-02-02　缫丝工
	6-04-03（GBM 60403）织造人员	6-04-03-01　整经工 6-04-03-02　浆纱浆染工 6-04-03-03　织布工 6-04-03-04　意匠纹版工
	6-04-04（GBM 60404）针织人员	6-04-04-01　纬编工 6-04-04-02　经编工 6-04-04-03　横机工
	6-04-05（GBM 60405）非织造布制造人员	6-04-05-00　非织造布制造工
	6-04-06（GBM 60406）印染人员	6-04-06-01　印染前处理工 6-04-06-02　纺织染色工 6-04-06-03　印花工 6-04-06-04　纺织印花制版工 6-04-06-05　印染后整理工 6-04-06-06　印染染化料配制工 6-04-06-07　工艺染织品制作工

续表

中类	小类	细类（职业）
	6-04-99（GBM 60499）其他纺织、针织、印染人员	
6-05（GBM 60500）纺织品、服装和皮革、毛皮制品加工制作人员	6-05-01（GBM 60501）纺织品和服装剪裁缝纫人员	6-05-01-01　服装制版师 6-05-01-02　裁剪工 6-05-01-03　缝纫工 6-05-01-04　缝纫品整型工 6-05-01-05　服装水洗工 6-05-01-06　绒线编织拼布工
	6-05-02（GBM 60502）皮革、毛皮及其制品加工人员	6-05-02-01　皮革及皮革制品加工工 6-05-02-02　毛皮及毛皮制品加工工
	6-05-03（GBM 60503）羽绒羽毛加工及制品制造人员	6-05-03-00　羽绒羽毛加工及制品充填工
	6-05-04（GBM 60504）鞋帽制作人员	6-05-04-01　制鞋工 6-05-04-02　制帽工
	6-05-99（GBM 60599）其他纺织品、服装和皮革、毛皮制品加工制作人员	
6-06（GBM 60600）木材加工、家具与木制品制作人员	6-06-01（GBM 60601）木材加工人员	6-06-01-01　制材工 6-06-01-02　木竹藤材处理工
	6-06-02（GBM 60602）人造板制造人员	6-06-02-01　胶合板工 6-06-02-02　纤维板工 6-06-02-03　刨花板工 6-06-02-04　浸渍纸层压板工 6-06-02-05　人造板饰面工
	6-06-03（GBM 60603）木制品制造人员	6-06-03-01　手工木工 6-06-03-02　机械木工 6-06-03-03　木地板制造工
	6-06-04（GBM 60604）家具制造人员	6-06-04-00　家具制作工

续表

中类	小类	细类（职业）
	6-06-99（GBM 60699）其他木材加工、家具与木制品制作人员	
6-07（GBM 60700）纸及纸制品生产加工人员	6-07-01（GBM 60701）制浆造纸人员	6-07-01-01 制浆工 6-07-01-02 制浆废液回收利用工 L 6-07-01-03 造纸工 6-07-01-04 纸张整饰工 6-07-01-05 宣纸书画纸制作工
	6-07-02（GBM 60702）纸制品制作人员	6-07-02-00 纸箱纸盒制作工
	6-07-99（GBM 60799）其他纸及纸制品生产加工人员	
6-08（GBM 60800）印刷和记录媒介复制人员	6-08-01（GBM 60801）印刷人员	6-08-01-01 印前处理和制作员 6-08-01-02 印刷操作员 6-08-01-03 印后制作员
	6-08-02（GBM 60802）记录媒介复制人员	6-08-02-00 音像制品复制员
	6-08-99（GBM 60899）其他印刷和记录媒介复制人员	
6-09（GBM 60900）文教、工美、体育和娱乐用品制作人员	6-09-01（GBM 60901）文教用品制作人员	6-09-01-01 自来水笔制造工 6-09-01-02 圆珠笔制造工 6-09-01-03 铅笔制造工 6-09-01-04 毛笔制作工 6-09-01-05 记号笔制造工 6-09-01-06 墨制作工 6-09-01-07 墨水墨汁制造工 6-09-01-08 绘图仪器制作工 6-09-01-09 印泥制作工

续表

中类	小类	细类（职业）
	6-09-02（GBM 60902）乐器制作人员	6-09-02-01 钢琴及键盘乐器制作工
		6-09-02-02 提琴吉他制作工
		6-09-02-03 管乐器制作工
		6-09-02-04 民族拉弦弹拨乐器制作工
		6-09-02-05 吹奏乐器制作工
		6-09-02-06 打击乐器制作工
		6-09-02-07 电鸣乐器制作工
	6-09-03（GBM 60903）工艺美术品制作人员	6-09-03-01 工艺品雕刻工
		6-09-03-02 雕塑翻制工
		6-09-03-03 陶瓷工艺品制作师
		6-09-03-04 景泰蓝制作工
		6-09-03-05 金属摆件制作工
		6-09-03-06 漆器制作工
		6-09-03-07 壁画制作工
		6-09-03-08 版画制作工
		6-09-03-09 人造花制作工
		6-09-03-10 工艺画制作工
		6-09-03-11 抽纱刺绣工
		6-09-03-12 手工地毯制作工
		6-09-03-13 机制地毯制作工
		6-09-03-14 宝石琢磨工
		6-09-03-15 贵金属首饰制作工
		6-09-03-16 装裱师
		6-09-03-17 民间工艺品制作工
		6-09-03-18 剧装工
		6-09-03-19 民间工艺品艺人
	6-09-04（GBM 60904）体育用品制作人员	6-09-04-01 制球工
		6-09-04-02 球拍球网制作工
		6-09-04-03 健身器材制作工

续表

中类	小类	细类（职业）
	6-09-05（GBM 60905）玩具制作人员	6-09-05-00　玩具制作工
	6-09-99（GBM 60999）其他文教、工美、体育和娱乐用品制作人员	
6-10（GBM 61000）石油加工和炼焦、煤化工生产人员	6-10-01（GBM 61001）石油炼制生产人员	6-10-01-01　原油蒸馏工 6-10-01-02　催化裂化工 6-10-01-03　蜡油渣油加氢工 6-10-01-04　渣油热加工工 6-10-01-05　石脑油加工工 6-10-01-06　炼厂气加工工 6-10-01-07　润滑油脂生产工 6-10-01-08　石油产品精制工 6-10-01-09　油制气工 6-10-01-10　油品储运工 6-10-01-11　油母页岩提炼工 L
	6-10-02（GBM 61002）炼焦人员	6-10-02-01　炼焦煤制备工 6-10-02-02　炼焦工
	6-10-03（GBM 61003）煤化工生产人员	6-10-03-01　煤制烯烃生产工 6-10-03-02　煤制油生产工 6-10-03-03　煤制气工 6-10-03-04　水煤浆制备工 6-10-03-05　工业型煤工
	6-10-99（GBM 61099）其他石油加工和炼焦、煤化工生产人员	
6-11（GBM 61100）化学原料和化学制品制造人员	6-11-01（GBM 61101）化工产品生产通用工艺人员	6-11-01-01　化工原料准备工 6-11-01-02　化工单元操作工 6-11-01-03　化工总控工 6-11-01-04　制冷工 6-11-01-05　工业清洗工

续表

中类	小类	细类（职业）
		6-11-01-06　防腐蚀工
	6-11-02（GBM 61102）基础化学原料制造人员	6-11-02-01　硫酸生产工 6-11-02-02　硝酸生产工 6-11-02-03　盐酸生产工 6-11-02-04　磷酸生产工 6-11-02-05　纯碱生产工 6-11-02-06　烧碱生产工 6-11-02-07　无机盐生产工 6-11-02-08　提硝工 6-11-02-09　卤水综合利用工 6-11-02-10　无机化学反应生产工 6-11-02-11　脂肪烃生产工 6-11-02-12　芳香烃生产工 6-11-02-13　脂肪烃衍生物生产工 6-11-02-14　芳香烃衍生物生产工 6-11-02-15　有机合成工
	6-11-03（GBM 61103）化学肥料生产人员	6-11-03-01　合成氨生产工 6-11-03-02　尿素生产工 6-11-03-03　硝酸铵生产工 6-11-03-04　硫酸铵生产工 6-11-03-05　过磷酸钙生产工 6-11-03-06　复混肥生产工 6-11-03-07　钙镁磷肥生产工 6-11-03-08　钾肥生产工
	6-11-04（GBM 61104）农药生产人员	6-11-04-00　农药生产工
	6-11-05（GBM 61105）涂料、油墨、颜料及类似产品制造人员	6-11-05-01　涂料生产工 6-11-05-02　油墨制造工 6-11-05-03　颜料生产工 6-11-05-04　染料生产工

续表

中类	小类	细类（职业）
	6-11-06（GBM 61106）合成树脂生产人员	6-11-06-00 合成树脂生产工
	6-11-07（GBM 61107）合成橡胶生产人员	6-11-07-00 合成橡胶生产工
	6-11-08（GBM 61108）专用化学产品生产人员	6-11-08-01 催化剂生产工 6-11-08-02 总溶剂生产工 6-11-08-03 化学试剂生产工 6-11-08-04 印染助剂生产工 6-11-08-05 表面活性剂制造工 6-11-08-06 化工添加剂生产工 6-11-08-07 油脂化工产品制造工 6-11-08-08 动物胶制造工 6-11-08-09 人造板制胶工 6-11-08-10 有机硅生产工 6-11-08-11 有机氟生产工 6-11-08-12 松香工 6-11-08-13 松节油制品工 6-11-08-14 活性炭生产工 6-11-08-15 栲胶生产工 6-11-08-16 紫胶生产工 6-11-08-17 栓皮制品工 6-11-08-18 植物原料水解工 6-11-08-19 感光材料生产工 6-11-08-20 胶印版材生产工 6-11-08-21 柔性版材生产工 6-11-08-22 磁记录材料生产工 6-11-08-23 热转移防护膜涂布工 6-11-08-24 平板显示膜生产工

续表

中类	小类	细类（职业）
		6-11-08-25　甘油制造工
		6-11-08-26　生物质化工产品生产工 L
	6-11-09（GBM 61109）火工品制造、保管、爆破及焰火产品制造人员	6-11-09-01　雷管制造工
		6-11-09-02　索状爆破器材制造工
		6-11-09-03　火工品装配工
		6-11-09-04　火工品管理工
		6-11-09-05　烟花爆竹工
	6-11-10（GBM 61110）日用化学品生产人员	6-11-10-01　合成洗涤剂制造工
		6-11-10-02　肥皂制造工
		6-11-10-03　化妆品配方师
		6-11-10-04　化妆品制造工
		6-11-10-05　口腔清洁剂制造工
		6-11-10-06　香料制造工
		6-11-10-07　调香师
		6-11-10-08　香精配制工
		6-11-10-09　火柴制造工
	6-11-99（GBM 61199）其他化学原料和化学制品制造人员	
6-12（GBM 61200）医药制造人员	6-12-01（GBM 61201）化学药品原料药制造人员	6-12-01-00　化学合成制药工
	6-12-02（GBM 61202）中药饮片加工人员	6-12-02-00　中药炮制工
	6-12-03（GBM 61203）药物制剂人员	6-12-03-00　药物制剂工
	6-12-04（GBM 61204）兽用药品制造人员	6-12-04-00　兽药制造工
	6-12-05（GBM 61205）生物药品制造人员	6-12-05-01　生化药品制造工
		6-12-05-02　发酵工程制药工
		6-12-05-03　疫苗制品工

续表

中类	小类	细类（职业）
		6-12-05-04　血液制品工 6-12-05-05　基因工程药品生产工
	6-12-99（GBM 61299）其他医药制造人员	
6-13（GBM 61300）化学纤维制造人员	6-13-01（GBM 61301）化学纤维原料制造人员	6-13-01-01　化纤聚合工 6-13-01-02　纺丝原液制造工
	6-13-02（GBM 61302）化学纤维纺丝及后处理人员	6-13-02-01　纺丝工 6-13-02-02　化纤后处理工
	6-13-99（GBM 61399）其他化学纤维制造人员	
6-14（GBM 61400）橡胶和塑料制品制造人员	6-14-01（GBM 61401）橡胶制品生产人员	6-14-01-01　橡胶制品生产工 6-14-01-02　轮胎翻修工 L
	6-14-02（GBM 61402）塑料制品加工人员	6-14-02-00　塑料制品成型制作工
	6-14-99（GBM 61499）其他橡胶和塑料制品制造人员	
6-15（GBM 61500）非金属矿物制品制造人员	6-15-01（GBM 61501）水泥、石灰、石膏及其制品制造人员	6-15-01-01　水泥生产工 6-15-01-02　水泥混凝土制品工 6-15-01-03　石灰煅烧工 6-15-01-04　石膏粉生产工 6-15-01-05　石膏制品生产工 6-15-01-06　预拌混凝土生产工
	6-15-02（GBM 61502）砖瓦石材等建筑材料制造人员	6-15-02-01　砖瓦生产工 6-15-02-02　加气混凝土制品工 6-15-02-03　石材生产工 6-15-02-04　人造石生产加工工 6-15-02-05　防水卷材制造工

续表

中类	小类	细类（职业）
		6-15-02-06 保温材料制造工 6-15-02-07 吸音材料制造工 6-15-02-08 砂石骨料生产工
	6-15-03（GBM 61503）玻璃及玻璃制品生产加工人员	6-15-03-01 玻璃配料熔化工 6-15-03-02 玻璃及玻璃制品成型工 6-15-03-03 玻璃加工工 6-15-03-04 玻璃制品加工工 6-15-03-05 电子玻璃制品加工工 6-15-03-06 石英玻璃制品加工工
	6-15-04（GBM 61504）玻璃纤维及玻璃纤维增强塑料制品制造人员	6-15-04-01 玻璃纤维及制品工 6-15-04-02 玻璃钢制品工
	6-15-05（GBM 61505）陶瓷制品制造人员	6-15-05-01 陶瓷原料准备工 6-15-05-02 陶瓷成型施釉工 6-15-05-03 陶瓷烧成工 6-15-05-04 陶瓷装饰工 6-15-05-05 古建琉璃工
	6-15-06（GBM 61506）耐火材料制品生产人员	6-15-06-01 耐火原料加工成型工 6-15-06-02 耐火材料烧成工 6-15-06-03 耐火制品加工工 6-15-06-04 耐火纤维制品工
	6-15-07（GBM 61507）石墨及炭素制品生产人员	6-15-07-01 炭素煅烧工 6-15-07-02 炭素成型工 6-15-07-03 炭素焙烧工 6-15-07-04 炭素浸渍工 6-15-07-05 石墨化工 6-15-07-06 炭素制品工 6-15-07-07 炭素特种材料工

续表

中类	小类	细类（职业）
	6-15-08（GBM 61508）高岭土、珍珠岩等非金属矿物加工人员	6-15-08-01　人工合成晶体工 6-15-08-02　高岭土加工工 6-15-08-03　珍珠岩加工工 6-15-08-04　石棉制品工 6-15-08-05　云母制品工
	6-15-99（GBM 61599）其他非金属矿物制品制造人员	
6-16（GBM 61600）采矿人员	6-16-01（GBM 61601）矿物采选人员	6-16-01-01　露天采矿工 6-16-01-02　露天矿物开采辅助工 6-16-01-03　运矿排土工 6-16-01-04　矿井开掘工 6-16-01-05　井下采矿工 6-16-01-06　井下支护工 6-16-01-07　井下机车运输工 6-16-01-08　矿山提升设备操作工 6-16-01-09　矿井通风工 6-16-01-10　矿山安全防护工 6-16-01-11　矿山安全设备监测检修工 6-16-01-12　矿山救护工 6-16-01-13　矿山生产集控员 6-16-01-14　矿石处理工 6-16-01-15　选矿工 6-16-01-16　选矿脱水工 6-16-01-17　尾矿工
	6-16-02（GBM 61602）石油和天然气开采与储运人员	6-16-02-01　石油勘探工 6-16-02-02　钻井工 6-16-02-03　钻井协作工 6-16-02-04　井下作业设备操作维修工

续表

中类	小类	细类（职业）
		6-16-02-05　水下钻井设备操作工
		6-16-02-06　油气水井测试工
		6-16-02-07　石油开采工
		6-16-02-08　天然气开采工
		6-16-02-09　煤层气排采集输工
		6-16-02-10　天然气处理工
		6-16-02-11　油气输送工
		6-16-02-12　油气管道维护工
		6-16-02-13　海上平台水手
	6-16-03（GBM 61603）采盐人员	6-16-03-01　海盐制盐工
		6-16-03-02　湖盐制盐工
		6-16-03-03　井矿盐制盐工
	6-16-99（GBM 61699）其他采矿人员	
6-17（GBM 61700）金属冶炼和压延加工人员	6-17-01（GBM 61701）炼铁人员	6-17-01-01　烧结球团原料工
		6-17-01-02　粉矿烧结工
		6-17-01-03　球团焙烧工
		6-17-01-04　烧结成品工
		6-17-01-05　高炉原料工
		6-17-01-06　高炉炼铁工
		6-17-01-07　高炉运转工
	6-17-02（GBM 61702）炼钢人员	6-17-02-01　炼钢原料工
		6-17-02-02　炼钢工
		6-17-02-03　炼钢浇铸工
		6-17-02-04　炼钢准备工
		6-17-02-05　整模脱模工
	6-17-03（GBM 61703）铸铁管人员	6-17-03-01　铸管备品工
		6-17-03-02　铸管工
		6-17-03-03　铸管精整工

续表

中类	小类	细类（职业）
	6-17-04（GBM 61704）铁合金冶炼人员	6-17-04-01 铁合金原料工 6-17-04-02 铁合金火法冶炼工 6-17-04-03 铁合金焙烧工 6-17-04-04 铁合金湿法冶炼工 6-17-04-05 钒氮合金工
	6-17-05（GBM 61705）重有色金属冶炼人员	6-17-05-01 重冶备料工 6-17-05-02 重金属物料焙烧工 6-17-05-03 重冶火法冶炼工 6-17-05-04 重冶湿法冶炼工 6-17-05-05 电解精炼工
	6-17-06（GBM 61706）轻有色金属冶炼人员	6-17-06-01 氧化铝制取工 6-17-06-02 铝电解工 6-17-06-03 镁冶炼工 6-17-06-04 硅冶炼工
	6-17-07（GBM 61707）稀贵金属冶炼人员	6-17-07-01 钨钼冶炼工 6-17-07-02 钽铌冶炼工 6-17-07-03 钛冶炼工 6-17-07-04 稀土冶炼工 6-17-07-05 稀土材料生产工 6-17-07-06 贵金属冶炼工 6-17-07-07 锂冶炼工
	6-17-08（GBM 61708）半导体材料制备人员	6-17-08-01 半导体辅料制备工 6-17-08-02 多晶硅制取工
	6-17-09（GBM 61709）金属轧制人员	6-17-09-01 轧制原料工 6-17-09-02 金属轧制工 6-17-09-03 金属材酸碱洗工 6-17-09-04 金属材涂层机组操作工 6-17-09-05 金属材热处理工

续表

中类	小类	细类（职业）
		6-17-09-06　焊管机组操作工
		6-17-09-07　金属材精整工
		6-17-09-08　金属材丝拉拔工
		6-17-09-09　金属挤压工
		6-17-09-10　铸轧工
		6-17-09-11　钢丝绳制造工
	6-17-10（GBM 61710）硬质合金生产人员	6-17-10-01　硬质合金混合料工
		6-17-10-02　硬质合金成型工
		6-17-10-03　硬质合金烧结工
		6-17-10-04　硬质合金精加工工
	6-17-99（GBM 61799）其他金属冶炼和压延加工人员	
6-18（GBM 61800）机械制造基础加工人员	6-18-01（GBM 61801）机械冷加工人员	6-18-01-01　车工
		6-18-01-02　铣工
		6-18-01-03　刨插工
		6-18-01-04　磨工
		6-18-01-05　镗工
		6-18-01-06　钻床工
		6-18-01-07　多工序数控机床操作调整工
		6-18-01-08　电切削工
		6-18-01-09　拉床工
		6-18-01-10　下料工
		6-18-01-11　铆工
		6-18-01-12　冲压工
	6-18-02（GBM 61802）机械热加工人员	6-18-02-01　铸造工
		6-18-02-02　锻造工
		6-18-02-03　金属热处理工
		6-18-02-04　焊工
		6-18-02-05　机械加工材料切割工

续表

中类	小类	细类（职业）
		6-18-02-06　粉末冶金制品制造工
	6-18-03（GBM 61803）机械表面处理加工人员	6-18-03-01　镀层工
		6-18-03-02　镀膜工
		6-18-03-03　涂装工
		6-18-03-04　喷涂喷焊工
	6-18-04（GBM 61804）工装工具制造加工人员	6-18-04-01　模具工
		6-18-04-02　模型制作工
		6-18-04-03　磨料制造工
		6-18-04-04　磨具制造工
		6-18-04-05　量具和刃具制造工
		6-18-04-06　工具钳工
	6-18-99（GBM 61899）其他机械制造基础加工人员	
6-19（GBM 61900）金属制品制造人员	6-19-01（GBM 61901）五金制品制作装配人员	6-19-01-01　工具五金制作工
		6-19-01-02　建筑五金制品制作工
		6-19-01-03　锁具制作工
		6-19-01-04　金属炊具及器皿制作工
		6-19-01-05　日用五金制品制作工
		6-19-01-06　搪瓷制品制造工
	6-19-99（GBM 61999）其他金属制品制造人员	
6-20（GBM 62000）通用设备制造人员	6-20-01（GBM 62001）通用基础件装配制造人员	6-20-01-01　装配钳工
		6-20-01-02　轴承制造工
		6-20-01-03　齿轮制造工
		6-20-01-04　减变速机装配调试工
		6-20-01-05　链传动部件制造工

续表

中类	小类	细类（职业）
		6-20-01-06 紧固件制造工 6-20-01-07 弹簧工
	6-20-02（GBM 62002）锅炉及原动设备制造人员	6-20-02-01 锅炉设备制造工 6-20-02-02 内燃机装配调试工 6-20-02-03 汽轮机装配调试工 6-20-02-04 风电机组制造工 L
	6-20-03（GBM 62003）金属加工机械制造人员	6-20-03-01 机床装调维修工 6-20-03-02 焊接设备装配调试工 6-20-03-03 焊接材料制造工
	6-20-04（GBM 62004）物料搬运设备制造人员	6-20-04-00 电梯装配调试工
	6-20-05（GBM 62005）泵、压缩机、阀门及类似机械制造人员	6-20-05-01 泵装配调试工 6-20-05-02 真空设备装配调试工 6-20-05-03 压缩机装配调试工 6-20-05-04 风机装配调试工 6-20-05-05 过滤与分离机械装配调试工 6-20-05-06 气体分离设备装配调试工 6-20-05-07 制冷空调设备装配工 6-20-05-08 阀门装配调试工 6-20-05-09 液压液力气动密封件制造工
	6-20-06（GBM 62006）烘炉、水处理、衡器等设备制造人员	6-20-06-01 工业炉及电炉装配工 6-20-06-02 膜法水处理材料和设备制造工

续表

中类	小类	细类（职业）
		6-20-06-03 电渗析器制造工
		6-20-06-04 电动工具制造工
		6-20-06-05 衡器装配调试工
	6-20-07（GBM 62007）文化办公机械制造人员	6-20-07-01 电影电教设备制造工
		6-20-07-02 照相机及器材制造工
		6-20-07-03 复印设备制造工
		6-20-07-04 办公小机械制造工
		6-20-07-05 光学零件制造工
		6-20-07-06 静电成像设备耗材制造工
	6-20-99（GBM 62099）其他通用设备制造人员	
6-21（GBM 62100）专用设备制造人员	6-21-01（GBM 62101）采矿、建筑专用设备制造人员	6-21-01-01 矿用电机车装配工
		6-21-01-02 工程机械装配调试工
	6-21-02（GBM 62102）印刷生产专用设备制造人员	6-21-02-00 印刷设备装配调试工
	6-21-03（GBM 62103）纺织服装和皮革加工专用设备制造人员	6-21-03-00 缝制机械装配调试工
	6-21-04（GBM 62104）电子专用设备装配调试人员	6-21-04-01 电子专用设备装调工
		6-21-04-02 真空测试工
	6-21-05（GBM 62105）农业机械制造人员	6-21-05-01 拖拉机制造工
		6-21-05-02 耕种机械制造工
		6-21-05-03 灌溉机械制造工
		6-21-05-04 收获机械制造工
	6-21-06（GBM 62106）医疗器械制品和康复辅具生产人员	6-21-06-01 医疗器械装配工
		6-21-06-02 矫形器装配工

续表

中类	小类	细类（职业）
		6-21-06-03 假肢装配工 6-21-06-04 医用材料产品生产工
	6-21-99（GBM 62199）其他专用设备制造人员	
6-22（GBM 62200）汽车制造人员	6-22-01（GBM 62201）汽车零部件、饰件生产加工人员	6-22-01-01 汽车生产线操作工 6-22-01-02 汽车饰件制造工 6-22-01-03 汽车零部件再制造工 L
	6-22-02（GBM 62202）汽车整车制造人员	6-22-02-01 汽车装调工 6-22-02-02 汽车回收拆解工 L
	6-22-99（GBM 62299）其他汽车制造人员	
6-23（GBM 62300）铁路、船舶、航空设备制造人员	6-23-01（GBM 62301）轨道交通运输设备制造人员	6-23-01-01 铁路机车制修工 6-23-01-02 铁路车辆制修工 6-23-01-03 动车组制修师 6-23-01-04 铁路机车车辆制动钳工 6-23-01-05 道岔钳工
	6-23-02（GBM 62302）船舶制造人员	6-23-02-01 金属船体制造工 6-23-02-02 船舶机械装配工 6-23-02-03 船舶电气装配工 6-23-02-04 船舶附件制造工 6-23-02-05 船舶木塑帆缆制造工 6-23-02-06 拆船工 L
	6-23-03（GBM 62303）航空产品装配、调试人员	6-23-03-01 飞机装配工 6-23-03-02 飞机系统安装调试工 6-23-03-03 航空发动机装配工

续表

中类	小类	细类（职业）
		6-23-03-04 航空螺旋桨装配工
		6-23-03-05 航空电气安装调试工
		6-23-03-06 航空附件装配工
		6-23-03-07 航空仪表装配工
		6-23-03-08 航空装配平衡工
		6-23-03-09 飞机无线电设备安装调试工
		6-23-03-10 飞机雷达安装调试工
		6-23-03-11 飞机特种设备检测与修理工
		6-23-03-12 飞机透明件制造胶接装配工
		6-23-03-13 飞机外场调试与维护工
		6-23-03-14 航空环控救生装备工
	6-23-04（GBM 62304）摩托车、自行车制造人员	6-23-04-01 摩托车装调工
		6-23-04-02 自行车与电动自行车装配工
	6-23-99（GBM 62399）其他铁路、船舶、航空设备制造人员	
6-24（GBM 62400）电气机械和器材制造人员	6-24-01（GBM 62401）电机制造人员	6-24-01-00 电机制造工
	6-24-02（GBM 62402）输配电及控制设备制造人员	6-24-02-01 变压器互感器制造工
		6-24-02-02 高低压电器及成套设备装配工
		6-24-02-03 电力电容器及其装置制造工

续表

中类	小类	细类（职业）
		6-24-02-04 光伏组件制造工 L
	6-24-03（GBM 62403）电线电缆、光纤光缆及电工器材制造人员	6-24-03-01 电线电缆制造工 6-24-03-02 光纤光缆制造工 6-24-03-03 绝缘制品制造工 6-24-03-04 电工合金电触头制造工 6-24-03-05 电器附件制造工
	6-24-04（GBM 62404）电池制造人员	6-24-04-00 电池制造工
	6-24-05（GBM 62405）家用电力器具制造人员	6-24-05-01 家用电冰箱制造工 6-24-05-02 空调器制造工 6-24-05-03 洗衣机制造工 6-24-05-04 小型家用电器制造工
	6-24-06（GBM 62406）非电力家用器具制造人员	6-24-06-00 燃气具制造工
	6-24-07（GBM 62407）照明器具制造人员	6-24-07-01 电光源制造工 6-24-07-02 灯具制造工
	6-24-08（GBM 62408）电气信号设备装置制造人员	6-24-08-00 轨道交通通信信号设备制造工
	6-24-99（GBM 62499）其他电气机械和器材制造人员	
6-25（GBM 62500）计算机、通信和其他电子设备制造人员	6-25-01（GBM 62501）电子元件制造人员	6-25-01-01 电容器制造工 6-25-01-02 电阻器制造工 6-25-01-03 微波铁氧体元器件制造工 6-25-01-04 石英晶体生长设备操作工 6-25-01-05 压电石英晶片加工工

续表

中类	小类	细类（职业）
		6-25-01-06　石英晶体元器件制造工
		6-25-01-07　电声器件制造工
		6-25-01-08　水声换能器制造工
		6-25-01-09　继电器制造工
		6-25-01-10　高频电感器制造工
		6-25-01-11　电器接插件制造工
		6-25-01-12　电子产品制版工
		6-25-01-13　印制电路制作工
		6-25-01-14　薄膜加热器件制造工
		6-25-01-15　温差电器件制造工
		6-25-01-16　电子绝缘与介质材料制造工
	6-25-02（GBM 62502）电子器件制造人员	6-25-02-01　真空电子器件零件制造及装调工
		6-25-02-02　电极丝制造工
		6-25-02-03　液晶显示器件制造工
		6-25-02-04　晶片加工工
		6-25-02-05　半导体芯片制造工
		6-25-02-06　半导体分立器件和集成电路装调工
		6-25-02-07　磁头制造工
	6-25-03（GBM 62503）计算机制造人员	6-25-03-00　计算机及外部设备装配调试员
	6-25-04（GBM 62504）电子设备装配调试人员	6-25-04-01　通信系统设备制造工

续表

中类	小类	细类（职业）
		6-25-04-02 通信终端设备制造工 6-25-04-03 雷达装调工 6-25-04-04 激光头制造工 6-25-04-05 激光机装调工 6-25-04-06 广电和通信设备机械装校工 6-25-04-07 广电和通信设备电子装接工 6-25-04-08 广电和通信设备调试工
	6-25-99（GBM 62599）其他计算机、通信和其他电子设备制造人员	
6-26（GBM 62600）仪器仪表制造人员	6-26-01（GBM 62601）仪器仪表装配人员	6-26-01-01 仪器仪表制造工 6-26-01-02 钟表及计时仪器制造工
	6-26-99（GBM 62699）其他仪器仪表制造人员	
6-27（GBM 62700）废弃资源综合利用人员	6-27-01（GBM 62701）废料和碎屑加工处理人员	6-27-01-00 废旧物资加工处理工 L
	6-27-99（GBM 62799）其他废弃资源综合利用人员	
6-28（GBM 62800）电力、热力、气体、水生产和输配人员	6-28-01（GBM 62801）电力、热力生产和供应人员	6-28-01-01 锅炉运行值班员 6-28-01-02 燃料值班员 6-28-01-03 汽轮机运行值班员 6-28-01-04 燃气轮机值班员 6-28-01-05 发电集控值班员 6-28-01-06 电气值班员 6-28-01-07 火电厂氢冷值班员

续表

中类	小类	细类（职业）
		6-28-01-08 余热余压利用系统操作工 L
		6-28-01-09 水力发电运行值班员 L
		6-28-01-10 光伏发电运维值班员 L
		6-28-01-11 锅炉操作工
		6-28-01-12 风力发电运维值班员 L
		6-28-01-13 供热管网系统运行工
		6-28-01-14 变配电运行值班员
		6-28-01-15 继电保护员
	6-28-02（GBM 62802）气体生产、处理和输送人员	6-28-02-01 燃气储运工
		6-28-02-02 气体深冷分离工
		6-28-02-03 工业气体生产工
		6-28-02-04 工业气体液化工
		6-28-02-05 工业废气治理工 L
		6-28-02-06 压缩机操作工
		6-28-02-07 风机操作工
	6-28-03（GBM 62803）水生产、输排和水处理人员	6-28-03-01 水生产处理工 L
		6-28-03-02 水供应输排工 L
		6-28-03-03 工业废水处理工 L
		6-28-03-04 司泵工
	6-28-99（GBM 62899）其他电力、热力、气体、水生产和输配人员	
6-29（GBM 62900）建筑施工人员	6-29-01（GBM 62901）房屋建筑施工人员	6-29-01-01 砌筑工
		6-29-01-02 石工
		6-29-01-03 混凝土工

续表

中类	小类	细类（职业）
		6-29-01-04　钢筋工
		6-29-01-05　架子工
	6-29-02（GBM 62902）土木工程建筑施工人员	6-29-02-01　铁路自轮运转设备工
		6-29-02-02　铁路线桥工
		6-29-02-03　筑路工
		6-29-02-04　公路养护工
		6-29-02-05　桥隧工
		6-29-02-06　凿岩工
		6-29-02-07　爆破工
		6-29-02-08　防水工
		6-29-02-09　水运工程施工工
		6-29-02-10　水工建构筑物维护检修工
		6-29-02-11　电力电缆安装运维工
		6-29-02-12　送配电线路工
		6-29-02-13　牵引电力线路安装维护工
		6-29-02-14　舟桥工
		6-29-02-15　管道工
	6-29-03（GBM 62903）建筑安装施工人员	6-29-03-01　机械设备安装工
		6-29-03-02　电气设备安装工
		6-29-03-03　电梯安装维修工
		6-29-03-04　管工
		6-29-03-05　制冷空调系统安装维修工
		6-29-03-06　锅炉设备安装工
		6-29-03-07　发电设备安装工
		6-29-03-08　电力电气设备安装工
		6-29-03-09　轨道交通通信工
		6-29-03-10　轨道交通信号工

续表

中类	小类	细类（职业）
	6-29-04（GBM 62904）建筑装饰人员	6-29-04-01 装饰装修工 6-29-04-02 建筑门窗幕墙安装工 6-29-04-03 照明工程施工员
	6-29-05（GBM 62905）古建筑修建人员	6-29-05-00 古建筑工
	6-29-99（GBM 62999）其他建筑施工人员	
6-30（GBM 63000）运输设备和通用工程机械操作人员及有关人员	6-30-01（GBM 63001）专用车辆操作人员	6-30-01-00 专用车辆驾驶员
	6-30-02（GBM 63002）轨道交通运输机械设备操作人员	6-30-02-01 铁路车站行车作业员 6-30-02-02 铁路车站调车作业员 6-30-02-03 机车调度值班员 6-30-02-04 机车整备员 6-30-02-05 救援机械操作员 6-30-02-06 铁路试验检测设备维修工 6-30-02-07 铁路电源工
	6-30-03（GBM 63003）民用航空设备操作人员及有关人员	6-30-03-01 航空通信导航监视员 6-30-03-02 民航机场专用设备机务员 6-30-03-03 航空油料员
	6-30-04（GBM 63004）水上运输设备操作人员及有关人员	6-30-04-01 船舶甲板设备操作工 6-30-04-02 船舶机舱设备操作工 6-30-04-03 船闸及升船机运管员 6-30-04-04 潜水员

续表

中类	小类	细类（职业）
	6-30-05（GBM 63005）通用工程机械操作人员	6-30-05-01 起重装卸机械操作工 6-30-05-02 起重工 6-30-05-03 输送机操作工 6-30-05-04 索道运输机械操作工 6-30-05-05 挖掘铲运和桩工机械司机
	6-30-99（GBM 63099）其他运输设备和通用工程机械操作人员及有关人员	
6-31（GBM 63100）生产辅助人员	6-31-01（GBM 63101）机械设备修理人员	6-31-01-01 设备点检员 6-31-01-02 机修钳工 6-31-01-03 电工 6-31-01-04 仪器仪表维修工 6-31-01-05 锅炉设备检修工 6-31-01-06 汽轮机和水轮机检修工 6-31-01-07 发电机检修工 6-31-01-08 变电设备检修工 6-31-01-09 工程机械维修工
	6-31-02（GBM 63102）船舶、民用航空器修理人员	6-31-02-01 船舶修理工 6-31-02-02 民用航空器机械维护员 6-31-02-03 民用航空器部件修理员
	6-31-03（GBM 63103）检验试验人员	6-31-03-01 化学检验员 6-31-03-02 物理性能检验员 6-31-03-03 生化检验员 6-31-03-04 无损检测员 6-31-03-05 质检员 6-31-03-06 试验员

续表

中类	小类	细类（职业）
	6-31-04（GBM 63104）称重计量人员	6-31-04-00　称重计量工
	6-31-05（GBM 63105）包装人员	6-31-05-00　包装工
	6-31-06（GBM 63106）安全生产管理人员	6-31-06-00　安全员
	6-31-99（GBM 63199）其他生产辅助人员	
6-99（GBM 69900）其他生产制造及有关人员	6-99-00（GBM 69900）其他生产制造及有关人员	

第七大类　7（GBM 70000）军人

中类	小类	细类（职业）
7-00（GBM 70000）军人	7-00-00（GBM 70000）军人	7-00-00-00　军人

第八大类　8（GBM 80000）不便分类的其他从业人员

中类	小类	细类（职业）
8-00（GBM 80000）不便分类的其他从业人员	8-00-00（GBM 80000）不便分类的其他从业人员	8-00-00-00　不便分类的其他从业人员

第一大类

党的机关、国家机关、群众团体和社会组织、企事业单位负责人

1（GBM 10000）* 党的机关、国家机关、群众团体和社会组织、企事业单位负责人

在中国共产党机关，国家机关，民主党派和工商联，人民团体和群众团体、社会组织及其工作机构，基层群众自治组织，企业、事业单位中担任领导职务并具有决策、管理权的人员。

本大类包括下列中类：

1-01（GBM 10100）中国共产党机关负责人

1-02（GBM 10200）国家机关负责人

1-03（GBM 10300）民主党派和工商联负责人

1-04（GBM 10400）人民团体和群众团体、社会组织及其他成员组织负责人

1-05（GBM 10500）基层群众自治组织负责人

1-06（GBM 10600）企事业单位负责人

1-01（GBM 10100） 中国共产党机关负责人

在中国共产党中央和地方各级机关及其工作机构中，担任领导职务的人员。

本中类包括下列小类：

1-01-00（GBM 10100）中国共产党机关负责人

1-01-00（GBM 10100） 中国共产党机关负责人

在中国共产党中央和地方各级机关及其工作机构中，担任领导职务的人员。

本小类包括下列职业：

1-01-00-00 中国共产党机关负责人

1-01-00-00 中国共产党机关负责人

在中国共产党中央和地方各级机关及其工作机构中，担任领导职务的人员。

1-02（GBM 10200） 国家机关负责人

在各级人民代表大会常务委员会、国家行政机关、人民政协及其工作机构，人民法院和人民检察院中，担任领导职务并具有决策、管理权的人员。

本中类包括下列小类：

1-02-01（GBM 10201）国家权力机关负责人

1-02-02（GBM 10202）国家行政机关负责人

* 该标识为国家标准编码。

1-02-03（GBM 10203）人民政协机关负责人
1-02-04（GBM 10204）人民法院和人民检察院负责人

1-02-01（GBM 10201）
国家权力机关负责人

在各级人民代表大会常务委员会及其工作机构中，担任领导职务并具有决策、管理权的人员。

本小类包括下列职业：

1-02-01-00 国家权力机关负责人

1-02-01-00 国家权力机关负责人

在各级人民代表大会常务委员会及其工作机构中，担任领导职务并具有决策、管理权的人员。

主要工作任务：

1. 常务委员会负责人主要处理常务委员会的重要日常工作；

2. 工作机构负责人主要为常务委员会会议和人民代表大会会议服务。

1-02-02（GBM 10202）
国家行政机关负责人

在各级国家行政机关及其工作机构中，担任领导职务并具有决策、管理权的人员。

本小类包括下列职业：

1-02-02-00 国家行政机关负责人

1-02-02-00 国家行政机关负责人

在各级国家行政机关及其工作机构中，担任领导职务并具有决策、管理权的人员。

主要工作任务：

1. 领导所属各部门的工作，召集和主持本级行政机关会议；

2. 签署有关法规、政策、请示、报告、命令等重要文件；

3. 处理其他日常工作。

1-02-03（GBM 10203）
人民政协机关负责人

在各级人民政协及其工作机构中，担任领导职务并具有决策、管理权的人员。

本小类包括下列职业：

1-02-03-00 人民政协机关负责人

1-02-03-00 人民政协机关负责人

在各级人民政协及其工作机构中，担任领导职务并具有决策、管理权的人员。

主要工作任务：

1. 人民政协负责人主持政协及常务委员会工作；

2. 工作机构负责人主要负责政协机关工作。

1-02-04（GBM 10204）
人民法院和人民检察院负责人

在最高人民法院、最高人民检察院、地方各级人民法院以及专门人民法院、地方各级人民检察院以及专门人民检察院中，担任领导职务并具有决策、管理权的人员。

本小类包括下列职业：

1-02-04-01 人民法院负责人
1-02-04-02 人民检察院负责人

1-02-04-01 人民法院负责人

在最高人民法院、地方各级人民法院以及专门人民法院中，担任领导职务并具有决策、管理权的人员。

主要工作任务：

1. 领导法院依法独立行使审判权，在参加案件审判时，担任审判长，主持法庭审判；

2. 领导本级人民法院的审判工作，依法监督下级人民法院的审判工作；

3. 代表人民法院向同级人民代表大会负责并报告工作；

4. 院长依法提请任免或任免本级人民法院其他审判人员的法律职务；

5. 依法审批法官、书记员、司法警察的等级和衔级；

6. 主持或参加审判委员会会议，讨论决定重大、疑难案件和其他有关审判工作的问题；

7. 主持或参加法官考评委员会会议，指导对法官的培训、评议和考核；

8. 主持或参加法院院务委员会会议，研究决定人民法院贯彻执行党的路线、方针、政策的有关工作和法官队伍管理工作、法院行政与后勤工作；

9. 履行法律规定的其他职责。

1-02-04-02　人民检察院负责人

在最高人民检察院、地方各级人民检察院以及专门人民检察院中，担任领导职务并具有决策、管理权的人员。

主要工作任务：

1. 贯彻执行国家法律和政策，组织制定检察工作规划；

2. 代表人民检察院对本级人民代表大会负责并报告工作；

3. 领导本院和所属下级人民检察院的工作，履行依法进行法律监督、代表国家进行公诉、对法律规定由人民检察院直接受理的犯罪案件进行侦查等检察职责；

4. 主持本院检察委员会会议，列席本级人民法院审判委员会会议；

5. 依法行使对下级人民检察院检察人员撤换或任免的建议权，以及该检察院检察人员法律职务的任免权或提请任免权；

6. 履行法律规定的其他职责。

1-03（GBM 10300） 民主党派和工商联负责人

在中国国民党革命委员会、中国民主同盟、中国民主建国会、中国民主促进会、中国农工民主党、中国致公党、九三学社、台湾民主自治同盟和中华全国工商业联合会各级组织机构中，担任领导职务并具有决策、管理权的人员。

本中类包括下列小类：

1-03-00（GBM 10300）民主党派和工商联负责人

1-03-00（GBM 10300）
民主党派和工商联负责人

在中国国民党革命委员会、中国民主同盟、中国民主建国会、中国民主促进会、中国农工民主党、中国致公党、九三学社、台湾民主自治同盟和中华全国工商业联合会各级组织机构中，担任领导职务并具有决策、管理权的人员。

本小类包括下列职业：

1-03-00-01　民主党派负责人

1-03-00-02　工商联负责人

1-03-00-01　民主党派负责人

在中国国民党革命委员会、中国民主同

盟、中国民主建国会、中国民主促进会、中国农工民主党、中国致公党、九三学社、台湾民主自治同盟各级组织机构中，担任领导职务并具有决策、管理权的人员。

主要工作任务：

1. 在中国共产党的领导下，根据中国共产党的路线、方针和重大政策，组织制定各自政党的工作指导方针、目标和任务；

2. 贯彻执行“长期共存，互相监督，肝胆相照，荣辱与共”的方针，组织和领导其成员履行参政议政和民主监督职能；

3. 围绕国家的中心任务，组织和领导其成员开展为建设有中国特色社会主义服务和促进祖国和平统一的各项活动；

4. 依照法律和各自政党的章程，独立自主地开展工作，反映其成员和所联系群众的合法利益和合理要求，维护其合法权益；

5. 加强各自政党的领导班子建设、思想建设和组织建设，开展思想政治工作，根据民主集中制原则，定期召开委员会会议，集体讨论决定重大事项。

1-03-00-02　工商联负责人

在中华全国工商业联合会各级组织机构中，担任领导职务并具有决策、管理权的人员。

主要工作任务：

1. 参与国家大政方针及政治、经济、社会生活中的重要问题的政治协商；

2. 引导会员积极参加国家经济建设；

3. 负责管理联合会所办企业和事业；

4. 承办政府和有关部门的委托事项。

1-04（GBM 10400）　人民团体和群众团体、社会组织及其他成员组织负责人

在人民团体和群众团体、社会团体、民办非企业单位、社会中介组织、基金会、宗教组织中，担任领导职务并具有决策、管理权的人员。

本中类包括下列小类：

1-04-01（GBM 10401）人民团体和群众团体负责人
1-04-02（GBM 10402）社会团体负责人
1-04-03（GBM 10403）民办非企业单位负责人
1-04-04（GBM 10404）社会中介组织负责人
1-04-05（GBM 10405）基金会负责人
1-04-06（GBM 10406）宗教组织负责人

1-04-01（GBM 10401）
人民团体和群众团体负责人

在中华全国总工会、中国共产主义青年团、全国妇女联合会等人民团体和群众团体各级组织及其工作机构中，担任领导职务并具有决策、管理权的人员。

本小类包括下列职业：

1-04-01-01　工会负责人
1-04-01-02　共青团负责人
1-04-01-03　妇联负责人
1-04-01-04　其他人民团体和群众团体负责人

1-04-01-01　工会负责人

在中华全国总工会各级组织及其工作机构中，担任领导职务的专职人员。

主要工作任务：

1. 根据中国共产党的路线、方针、政策，组织拟定工会工作的指导方针、任务和目标；

2. 依照法律和章程独立自主地开展工作，在突出履行“维护”职能的同时，履行“建设、参与、教育”等社会职能；

3. 在管理国家和社会事务中发挥民主参与和民主监督作用，组织职工对企事业单位实行民主管理；

4. 参与涉及职工利益的有关法律、法规、政策、措施和制度的制定，维护职工合法权益；

5. 组织调查研究有关职工利益的重大问题，提出意见和建议，向党和政府有关部门及上级工会报告；

6. 负责对工会经费的管理和审查审计等工作。

1-04-01-02　共青团负责人

在中国共产主义青年团各级组织及其工作机构中，担任领导职务的专职人员。

主要工作任务：

1. 根据中国共产党的路线、方针、政策，组织拟定共青团工作的指导方针、任务和目标；

2. 宣传、贯彻执行中国共产党的路线、方针、政策，发挥共青团作为党联系青年的桥梁和纽带作用，团结带领广大青年投身建设有中国特色社会主义实践，参与国家和社会事务的民主管理和监督工作；

3. 加强共青团思想、组织和作风建设，根据民主集中制原则，定期召开共青团的委员会会议，集体讨论重大问题，领导青联、学联和少先队工作；

4. 调查青年思想、工作、发展状况，代表和维护青少年的合法权益。

1-04-01-03　妇联负责人

在中华全国妇女联合会各级组织及其工作机构中，担任领导职务的专职人员。

主要工作任务：

1. 根据中国共产党的路线、方针、政策，组织拟定妇联工作的指导方针、任务和目标；

2. 组织讨论并决定有关妇女权益的重大问题，向党和政府有关部门报告，并提出意见和建议；

3. 代表和组织妇女参与国家和社会事务的管理和民主监督工作；

4. 组织开展妇女儿童工作。

1-04-01-04　其他人民团体和群众团体负责人

在文联、作协、科协、侨联、法学会、对外友协、记协、台联、贸促会、残联、红十字会、外交学会、宋庆龄基金会、黄埔同学会、欧美同学会、中国政研会、中华职教社、中国计生协等人民团体和群众团体各级机构中，担任领导职务并具有决策、管理权的人员。

1-04-02（GBM 10402）
社会团体负责人

在学术性、联合性、经济性、慈善性社会团体和专业性学术团体中，担任领导职务的人员。

本小类包括下列职业：

1-04-02-00　社会团体负责人

1-04-02-00　社会团体负责人

在学术性、联合性、经济性、慈善性社会团体和专业性学术团体中，担任领导职务的人员。

主要工作任务：

1. 召集和主持理事会或常务理事会；
2. 代表常务理事会作年度工作报告；
3. 推荐秘书长候选人，根据工作需要，核定秘书长聘请的工作人员和办事机构；
4. 聘任社团顾问和专务理事；
5. 检查会员大会或会员代表大会、理事会或常务理事会决议的落实情况；
6. 代表社团签署有关重要文件；
7. 参与研究和制定工作方针；
8. 行使章程和理事会赋予的其他职权。

1-04-03（GBM 10403）民办非企业单位负责人

在企业事业单位、社会团体和其他社会力量以及公民个人利用非国有资产举办的，从事非营利性社会服务活动的社会组织中，担任领导职务的人员。

本小类包括下列职业：

1-04-03-00　民办非企业单位负责人

1-04-03-00　民办非企业单位负责人

在企业事业单位、社会团体和其他社会力量以及公民个人利用非国有资产举办的，从事非营利性社会服务活动的社会组织中，担任领导职务的人员。

主要工作任务：

1. 负责非营利性社会服务活动的组织与管理；
2. 行使章程规定的其他职权。

1-04-04（GBM 10404）社会中介组织负责人

在依法成立的提供服务、沟通、公证和部分监督性质社会管理工作的非政府社会组织中，担任领导职务的人员。

本小类包括下列职业：

1-04-04-00　社会中介组织负责人

1-04-04-00　社会中介组织负责人

在依法成立的提供服务、沟通、公证和部分监督性质社会管理工作的非政府社会组织中，担任领导职务的人员。

1-04-05（GBM 10405）基金会负责人

在利用捐赠的财产从事公益事业的非营利性法人机构中，担任领导职务的人员。

本小类包括下列职业：

1-04-05-00　基金会负责人

1-04-05-00　基金会负责人

在利用捐赠的财产从事公益事业的非营利性法人机构中，担任领导职务的人员。

主要工作任务：

1. 负责理事会或常务理事会日常工作；
2. 代表常务理事会作年度工作报告；
3. 负责秘书长候选人推荐、基金会顾问和专务理事聘任及相关组织人事管理；
4. 行使章程和理事会赋予的其他职权。

1-04-06（GBM 10406）宗教组织负责人

在佛教、道教、伊斯兰教、天主教、基督教等宗教组织中，担任领导职务的人员。

本小类包括下列职业：

1-04-06-00　宗教组织负责人

1-04-06-00　宗教组织负责人

在佛教、道教、伊斯兰教、天主教、基督教等宗教组织中，担任领导职务的人员。

主要工作任务：

1. 负责宗教组织中宗教事务的组织与管理；
2. 行使宗教管理相关法律规定的其他职权。

1-05（GBM 10500）　基层群众自治组织负责人

在居民委员会和村民委员会中，担任领导职务的人员。

本中类包括下列小类：

1-05-00（GBM 10500）基层群众自治组织负责人

1-05-00（GBM 10500）基层群众自治组织负责人

在居民委员会和村民委员会中，担任领导职务的人员。

本小类包括下列职业：

1-05-00-01　居民委员会负责人

1-05-00-02　村民委员会负责人

1-05-00-01　居民委员会负责人

在居民委员会中，担任领导职务的人员。

主要工作任务：

1. 依法负责居民委员会日常管理工作；
2. 行使法律规定的其他职权。

1-05-00-02　村民委员会负责人

在村民委员会中，担任领导职务的人员。

主要工作任务：

1. 依法负责村民委员会日常管理工作；
2. 行使法律规定的其他职权。

1-06（GBM 10600）　企事业单位负责人

在企业和教育、科技、文化、卫生等事业单位中，担任领导职务并具有决策、管理权的人员。

本中类包括下列小类：

1-06-01（GBM 10601）企业负责人

1-06-02（GBM 10602）事业单位负责人

1-06-01（GBM 10601）企业负责人

在企业中，担任领导职务并具有决策、管理权的人员。

本小类包括下列职业：

1-06-01-01　企业董事

1-06-01-02　企业经理

1-06-01-03　国有企业中国共产党组织负责人

1-06-01-01　企业董事

在企业中，具有最高决策权的董事会组

成人员。

主要工作任务：

1. 负责召集股东大会，向股东大会报告工作，执行股东大会决议；

2. 决定企业经营计划和投资方案；

3. 审定企业年度财务预决算方案、利润分配方案和弥补亏损方案、增加或减少注册资本方案及其规定职权范围内的其他方案；

4. 制定企业合并、分立、解散等职权规定的方案；

5. 聘任或解聘企业经理，并根据经理提名，聘任或解聘企业副经理、财务负责人，决定其报酬事项；

6. 审议企业内基本制度。

1-06-01-02　企业经理

在企业中，经董事会或出资人聘任，或经职代会选举，或经上级任命的企业负责人。

主要工作任务：

1. 执行董事会和个人独资、合伙制企业出资人决议或职工代表大会作出的决定；

2. 领导企业日常经营管理工作；

3. 拟定或决定企业内部机构设置；

4. 按公司规定的职权范围，行使人事聘任、解聘或任免权；

5. 决定或议定企业的基本规章制度；

6. 行使相关法律规定的其他职权。

1-06-01-03　国有企业中国共产党组织负责人

在国有企业中国共产党组织中，担任领导职务的人员。

主要工作任务：

1. 负责召集并主持企业党组织会议，组织传达、贯彻落实党和国家的路线、方针、政策以及上级党委的决议，讨论安排党组织的工作计划并组织实施；

2. 负责企业党组织的思想、组织、制度、作风和能力建设以及企业领导班子的思想政治建设，检查企业党组织决议的执行情况，定期向党的委员会和党员大会及上级党委报告工作；

3. 按照法定程序考察、推荐公司中层以上管理人员，支持股东会、董事会、监事会和经营管理者依法行使职权，参与董事会、监事会对企业重大问题的决策；

4. 领导企业职工代表大会和工会、共青团等群众组织。

1-06-02（GBM 10602）

事业单位负责人

在教育、科技、文化、卫生等事业单位中，担任领导职务并具有决策、管理权的人员。

本小类包括下列职业：

1-06-02-00　事业单位负责人

1-06-02-00　事业单位负责人

在教育、科技、文化、卫生等事业单位中，担任领导职务并具有决策、管理权的人员。

主要工作任务：

1. 制定本单位事业发展规划、工作计划并组织实施；

2. 主持制定本单位的规章制度，并检查制度执行情况；

3. 按规定的职权范围，行使人事聘任、解聘或任免权；

4. 领导本单位日常管理工作；

5. 行使相关法律规定的其他职权。

第二大类

专业技术人员

2（GBM 20000）　专业技术人员

从事科学研究和专业技术工作的人员。

本大类包括下列中类：

2-01（GBM 20100）科学研究人员

2-02（GBM 20200）工程技术人员

2-03（GBM 20300）农业技术人员

2-04（GBM 20400）飞机和船舶技术人员

2-05（GBM 20500）卫生专业技术人员

2-06（GBM 20600）经济和金融专业人员

2-07（GBM 20700）法律、社会和宗教专业人员

2-08（GBM 20800）教学人员

2-09（GBM 20900）文学艺术、体育专业人员

2-10（GBM 21000）新闻出版、文化专业人员

2-99（GBM 29900）其他专业技术人员

2-01（GBM 20100）　科学研究人员

从事社会科学和自然科学研究工作的专业人员。

本中类包括下列小类：

2-01-01（GBM 20101）哲学研究人员

2-01-02（GBM 20102）经济学研究人员

2-01-03（GBM 20103）法学研究人员

2-01-04（GBM 20104）教育学研究人员

2-01-05（GBM 20105）历史学研究人员

2-01-06（GBM 20113）自然科学和地球科学研究人员

2-01-07（GBM 20107）农业科学研究人员

2-01-08（GBM 20108）医学研究人员

2-01-09（GBM 20109）管理学研究人员

2-01-10（GBM 20112　GBM 20115）文学、艺术学研究人员

2-01-11（GBM 20111）军事学研究人员

2-01-99（GBM 20199）其他科学研究人员

2-01-01（GBM 20101）
哲学研究人员

从事自然、社会与思维一般规律研究的专业人员。

本小类包括下列职业：

2-01-01-00　哲学研究人员

2-01-01-00　哲学研究人员

从事自然、社会与思维一般规律研究的专业人员。

主要工作任务：

1. 研究本体论、认识论、价值论、逻辑学、伦理学、美学、心理学、无神论、宗教学、科学技术哲学和历史观、人生观等；

2. 研究中国哲学史以及西方哲学史；

3. 比较研究东西方哲学。

2-01-02（GBM 20102）
经济学研究人员

从事经济学理论研究，运用经济学原理对经济问题提出解决办法的专业人员。

本小类包括下列职业：

2-01-02-00　经济学研究人员 L*

2-01-02-00　经济学研究人员 L

从事经济学理论研究，运用经济学原理对经济问题提出解决办法的专业人员。

主要工作任务：

1. 研究商品和劳务的生产、分配、交换和消费，以及其衍生的市场交易趋势、价格政策、信贷结构、就业、生产力等问题；

2. 收集和分析经济资料，建立数学模型，说明和预测经济行为与经济形态；

3. 研究经济制度、经济发展史、经济思想史和经济学方法论；

4. 研究财政、税收、金融、国际贸易等专业领域经济问题；

5. 研究物流与配送、电子商务、网上购物等专业领域经济问题。

2-01-03（GBM 20103）
法学研究人员

从事法学、社会学等研究的专业人员。

本小类包括下列职业：

2-01-03-00　法学研究人员

2-01-03-00　法学研究人员

从事法学、社会学等研究的专业人员。

主要工作任务：

1. 研究法律思想史和法制史；

2. 研究法学基本原理及立法、执法、司法、守法等理论与实践问题；

3. 研究宪法、刑法、民商法、行政法、经济法、诉讼法、国际法、环境保护法、劳动法等法律；

4. 研究人类社会的起源、发展、结构、社会模式及其相互关系。

2-01-04（GBM 20104）
教育学研究人员

从事教育学、心理学、体育学等理论和应用研究的专业人员。

本小类包括下列职业：

2-01-04-00　教育学研究人员

2-01-04-00　教育学研究人员

从事教育学、心理学、体育学等理论和应用研究的专业人员。

---

* “L”为绿色职业标识。

主要工作任务：

1. 研究教育思想、教育规律、教育科学实验方法；

2. 研究教育制度、教育发展战略规划、教育政策法规、教育管理与评估；

3. 收集、整理、分析、研究教育信息，预测教育发展趋势；

4. 进行教育科学应用研究，进行典型试验，推广研究成果，并为政府、学校及有关机构提供教育咨询服务；

5. 研究全民健身、竞技体育和体育产业的理论和方法；

6. 研究心理现象和行为的理论和方法。

2-01-05（GBM 20105）
历史学研究人员

从事既往人类活动及自然环境变迁研究的专业人员。

本小类包括下列职业：

2-01-05-00 历史学研究人员

2-01-05-00 历史学研究人员

从事既往人类活动及自然环境变迁研究的专业人员。

主要工作任务：

1. 运用传世文献、出土文献、考古资料等史料，对人类社会历史和自然历史进行考察；

2. 研究中国史、世界史、史学理论、史学史、各种专业史等；

3. 研究史学发展动态，评论史学著作。

2-01-06（GBM 20113）
自然科学和地球科学研究人员

从事数学、物理学、化学、天文学、生物学和地球科学理论与应用研究的专业人员。

本小类包括下列职业：

2-01-06-01 数学研究人员 L

2-01-06-02 物理学研究人员

2-01-06-03 化学研究人员

2-01-06-04 天文学研究人员

2-01-06-05 生物学研究人员

2-01-06-06 地球科学研究人员

2-01-06-01 数学研究人员 L

从事数学理论研究，开发和改进数学方法，运用数学原理和技术解答科学研究、工程设计、计算机应用等领域专门问题的专业人员。

主要工作任务：

1. 研究基础数学、应用数学、计算数学、概率统计、运筹学与控制论和其他数学分支的基础理论；

2. 建立数学模型、假设并检验数学原理，提出和改进数学方法；

3. 运用数学理论和方法，结合领域知识，解答自然科学研究、工程设计、信息技术、管理决策和社会经济等领域的专门问题。

2-01-06-02 物理学研究人员

从事力、热、光、声、电磁、原子、分子、基本粒子等物理现象研究的专业人员。

主要工作任务：

1. 研究物质的基本组分、性质和构造、能量的转换和传递以及力、热、光、声、电磁、原子、分子、基本粒子等物理现象；

2. 研究物理定律和原理在工业、医疗、军事以及其他方面的实际应用；

3. 应用数学原理分析和研究物理现象，并以数学语言作出结论；

4. 说明结论同已知物理定律的关系，或提出新的理论、概念和定律，解释结论。

2-01-06-03　化学研究人员

从事有机化学、无机化学、物理化学、分析化学、生物化学、核化学、化学物理学、高分子化学、药物化学、化学工程学等理论研究与应用研究的专业人员。

主要工作任务：

1. 研究物质的构成、性质、相互作用及其对光、热、压力等因素变化的反应；

2. 应用已知的化学原理、方法和技术，开发新产品和新生产方法。

2-01-06-04　天文学研究人员

从事宇宙学、银河系和其他星系、太阳和其他恒星、行星、卫星等天文对象研究的专业人员。

主要工作任务：

1. 研究卫星、行星、恒星、星系乃至宇宙各层次天体的运动变化、内部结构、物理状态、化学组成、能量来源以及演化规律，利用和发展相关理论，深化对宇宙的理解；

2. 研究天文技术与方法，研制地面和空间天文设备；

3. 在卫星测定轨、空间天气学等领域，从事应用天文基础和核心技术研究。

2-01-06-05　生物学研究人员

从事生命现象和生命过程的理论研究及应用研究的专业人员。

主要工作任务：

1. 研究生物的结构、功能和起源、生殖、进化、遗传、认知、心理、健康等发生和发展的规律，以及生物间的相互关系；

2. 观察生物在自然环境中的特性和行为；

3. 鉴定、分类、保存与提供生物和类生物样品，用于生物学和疾病等的研究；

4. 应用解剖、组织化学分析、分子生物学技术，生物信息及系统生物学理论等，进行生物标本实验研究。

2-01-06-06　地球科学研究人员

从事地球物理、地球化学、地质学、地理科学、环境科学、生态科学、海洋科学、大气科学等研究的专业人员。

主要工作任务：

1. 研究地球内部结构、组成与状态，揭示地球的形成和演化规律；

2. 观察并测量地震、地球引力、地电、地热、地磁、太阳风、电离层、中高层大气等现象，研究日地空间的结构和演化，探讨空间环境和空间天气过程；

3. 测试和分析地球及其他星球的化学组成，研究地球和其他星球的演化与物质循环；

4. 检验岩石、矿物和化石，鉴定地球生命的起源和环境的协同演化，研究地球各圈层之间的相互作用及人类活动影响；

5. 研究地球科学相关观测、试验和测试分析技术，推动地理信息系统的应用与发展。

2-01-07（GBM 20107）

农业科学研究人员

从事农业发展自然规律和经济规律研究的专业人员。

本小类包括下列职业：

2-01-07-00　农业科学研究人员 L

2-01-07-00　农业科学研究人员 L

从事农业发展自然规律和经济规律研究的专业人员。

主要工作任务：

1. 研究农作物的生理、栽培、育种、土肥、植保技术及耕作制度；

2. 研究畜禽和水产养殖、新品种引进与培育、疫病防控、饲料配方设计与制作等技术；

3. 研究农、林、牧、渔业产品的储藏与加工利用技术；

4. 研制农、林、牧、渔业机具及改良应用技术；

5. 研究农田节水灌溉技术；

6. 研究沙漠化防治和荒漠化治理，以及山区、沙区、湿地等综合开发技术；

7. 研究畜牧兽医理论与技术；

8. 研究农业生态、环境保护及农村能源开发与利用；

9. 研究农、林、牧、渔业品种资源保护和利用技术；

10. 研究农、林、牧、渔业区划和资源调查、规划设计、监测评价和可持续发展的理论、技术与方法；

11. 研究农、林、牧、渔业科技管理，农林经济与农林生产经营管理。

2-01-08（GBM 20108）
医学研究人员

从事基础医学、临床医学、预防医学、口腔医学、特种医学、药学以及中国传统医药学、中西医结合研究的专业人员。

本小类包括下列职业：

2-01-08-00　医学研究人员

2-01-08-00　医学研究人员

从事基础医学、临床医学、预防医学、口腔医学、特种医学、药学以及中国传统医药学、中西医结合研究的专业人员。

主要工作任务：

1. 研究人体的结构与功能及其疾病与健康相互转化的规律；

2. 研究疾病的诊断、治疗与康复的新技术和新方法；

3. 研究防止致病因子发生、发展，阻断致病因子传播，提高易感人群及个体致病因子的抵御与免疫能力的新技术和新方法；

4. 研究口腔卫生保健及口腔疾病诊断、治疗的新技术和新方法；

5. 研究运动、潜水、航空航天等特殊条件下的医学问题；

6. 研究药物成分、结构、生物活性；

7. 研究与发展中医药学、民族医药学；

8. 研究中西医结合的理论与相关技术方法。

2-01-09（GBM 20109）
管理学研究人员

从事社会各类组织及其活动管理的资源、环境、战略和机制的理论与方法研究的专业人员。

本小类包括下列职业：

2-01-09-00　管理学研究人员 L

2-01-09-00　管理学研究人员 L

从事社会各类组织及其活动管理的资源、环境、战略和机制的理论与方法研究的专业人员。

主要工作任务：

1. 研究管理科学、信息管理和信息系统、工业工程、工程项目管理的理论与方法；

2. 研究工商管理、市场营销、会计学、财务管理、人力资源管理、国际经营管理、旅游管理和体育管理的理论与方法；

3. 研究行政管理、公共事业管理、劳动与社会保障、土地资源管理的理论与方法；

4. 研究宏观经济、部门经济及区域经济管理的理论与方法；

5. 研究医疗健康、公共卫生、人口劳动力管理的理论与方法。

2-01-10（GBM 20112　GBM 20115）

文学、艺术学研究人员

从事文学、艺术学、文艺美学、图书馆学、情报学和新闻学等研究的专业人员。

本小类包括下列职业：

2-01-10-00　文学、艺术学研究人员

2-01-10-00　文学、艺术学研究人员

从事文学、艺术学、文艺美学、图书馆学、情报学和新闻学等研究的专业人员。

主要工作任务：

1. 研究有关文学、艺术学、文艺美学、图书馆学、情报学和新闻学的本质、特征、发展规律及原理、原则；

2. 研究文学、艺术学、文艺美学、图书馆学、情报学和新闻学的历史现象及其发展规律；

3. 研究、评论文学、艺术现象。

2-01-11（GBM 20111）

军事学研究人员

从事军事理论科学和军事技术科学研究与应用研究的专业人员。

本小类包括下列职业：

2-01-11-00　军事学研究人员

2-01-11-00　军事学研究人员

从事军事理论科学和军事技术科学研究与应用研究的专业人员。

主要工作任务：

1. 研究战争指导和军队建设的规律和方法；

2. 研究战争观和战争与军事问题的方法论、战争指导思想；

3. 研究现代各种武器装备的研制、生产、使用和维修保养等技术，以及军事工程和军事系统工程；

4. 运用军事理论科学和军事技术科学指导战争的准备和实施。

2-01-99（GBM 20199）

其他科学研究人员

指未列入 2-01-01 至 2-01-11 的科学研究人员。

2-02（GBM 20200）　工程技术人员

从事矿物勘探和开采，产品开发和设计、制造，建筑、交通、通信及其他工程规划、设计、施工等的技术人员。

本中类包括下列小类：

2-02-01（GBM 20201）地质勘探工程技术人员

2-02-02（GBM 20202）测绘和地理信息工程技术人员

2-02-03（GBM 20203）矿山工程技术人员
2-02-04（GBM 20204）石油天然气工程技术人员
2-02-05（GBM 20205）冶金工程技术人员
2-02-06（GBM 20206）化工工程技术人员
2-02-07（GBM 20207）机械工程技术人员
2-02-08（GBM 20208）航空工程技术人员
2-02-09（GBM 20209）电子工程技术人员
2-02-10（GBM 20210）信息和通信工程技术人员
2-02-11（GBM 20211）电气工程技术人员
2-02-12（GBM 20212）电力工程技术人员
2-02-13（GBM 20213）邮政和快递工程技术人员
2-02-14（GBM 20214）广播电影电视及演艺设备工程技术人员
2-02-15（GBM 20215）道路和水上运输工程技术人员
2-02-16（GBM 20216）民用航空工程技术人员
2-02-17（GBM 20217）铁道工程技术人员
2-02-18（GBM 20218）建筑工程技术人员
2-02-19（GBM 20219）建材工程技术人员
2-02-20（GBM 20220）林业工程技术人员
2-02-21（GBM 20221）水利工程技术人员
2-02-22（GBM 20222）海洋工程技术人员
2-02-23（GBM 20223）纺织服装工程技术人员
2-02-24（GBM 20224）食品工程技术人员
2-02-25（GBM 20225）气象工程技术人员
2-02-26（GBM 20226）地震工程技术人员
2-02-27（GBM 20227）环境保护工程技术人员
2-02-28（GBM 20228）安全工程技术人员
2-02-29（GBM 20229）标准化、计量、质量和认证认可工程技术人员
2-02-30（GBM 20230）管理（工业）工程技术人员
2-02-31（GBM 20231）检验检疫工程技术人员
2-02-32（GBM 20232）制药工程技术人员
2-02-33（GBM 20233）印刷复制工程技术人员
2-02-34（GBM 20234）工业（产品）设计工程技术人员
2-02-35（GBM 20235）康复辅具工程技术人员
2-02-36（GBM 20236）轻工工程技术人员
2-02-37（GBM 20237）土地整治工程技术人员
2-02-99（GBM 20299）其他工程技术人员

2-02-01（GBM 20201）地质勘探工程技术人员

从事探测地球的内部结构、组成、构造特征和地层分布，绘制地质图件，确定石油、天然气、煤及其他金属与非金属矿床位置、储量及开发价值的工程技术人员。

本小类包括下列职业：

2-02-01-01　地质实验测试工程技术人员

2-02-01-02　地球物理地球化学与遥感勘查工程技术人员 L

2-02-01-03　水工环地质工程技术人员 L

2-02-01-04　地质矿产调查工程技术人员

2-02-01-05　钻探工程技术人员

2-02-01-01　地质实验测试工程技术人员

从事地质样品成分、组成、结构、物理化学性能实验测试和技术方法研究的工程技术人员。

主要工作任务：

1. 进行地质样品采集、制备及化学成分实验测试；

2. 进行地质样品物质组成、结构、物理化学性能实验测试；

3. 进行地质样品放射性和同位素地球化学实验测试；

4. 进行岩石矿物选冶、综合利用试验；

5. 编制地质实验测试相关技术和质量标准、规程；

6. 提供地质实验测试技术咨询服务。

2-02-01-02　地球物理地球化学与遥感勘查工程技术人员 L

运用地球物理、地球化学、遥感勘查方法，从事空中、地面、地下、海洋目标体调查、评价和研究的工程技术人员。

主要工作任务：

1. 运用重力、磁法、电法、地震、放射性、地温等地球物理方法，岩石、土壤、水系沉积物、气体等地球化学方法，航空航天多光谱、高光谱、微波等遥感方法采集目标体特征信息；

2. 测试、分析岩（矿）石、土壤、气体等目标体物理性质、化学性质和波谱特征，查证异常信息；

3. 处理、分析和解释获取的采集数据；

4. 编写调查、评价与研究报告，编制综合图件；

5. 研究、开发、应用物化遥软件；

6. 研制、使用、维护、维修物化遥设备、仪器；

7. 编制物化遥相关技术和质量标准、规程；

8. 提供物化遥技术咨询服务。

2-02-01-03　水工环地质工程技术人员 L

从事水文地质、工程地质、环境地质勘查、监测与评价，地质灾害勘查、监测、评估、治理的工程技术人员。

主要工作任务：

1. 进行区域水文地质调查、矿区水文地质勘查和评价，进行地下水、地热、卤水、矿泉水等资源的勘查、评价，进行地下水动态监测与评价；

2. 进行区域工程地质调查和城镇规划与建设工程、工程建设场地等的勘查、评价；

3. 进行环境地质调查、监测与评价；

4. 进行地质灾害勘查、监测、评估、治理；

5. 编制水文地质、工程地质、环境地质技术与质量标准、规范；

6. 提供水工环地质技术咨询服务。

2-02-01-04 地质矿产调查工程技术人员

从事陆域、海域、极地地质调查，矿产地质调查和矿产资源勘查、评价，以及基础地质研究的工程技术人员。

主要工作任务：

1. 进行地质填图、地质编录、地质剖面测量；

2. 进行地质调查资料处理、样品测试数据分析、资料综合解释；

3. 进行基础地质问题研究、成矿规律研究；

4. 进行矿产资源预查、普查、详查、勘探等，确定矿床类型、分布及储量，评价其开采价值，设计矿床开发方案；

5. 编制综合图件，编写成果报告；

6. 编制地质矿产相关技术和质量标准、规程；

7. 提供地质矿产调查技术咨询服务。

2-02-01-05 钻探工程技术人员

从事地质矿产钻探和岩土钻探技术研究、设计和指导施工的工程技术人员。

主要工作任务：

1. 研究、应用钻探新工艺、新技术、新方法；

2. 进行地质矿产钻探和岩土钻探工程设计并指导施工；

3. 进行钻探生产和安全技术管理；

4. 研究、设计、开发地质矿产钻探和岩土钻探机具与仪器；

5. 编制地质矿产钻探和岩土钻探工程技术标准、规范、规程；

6. 进行地质矿产钻探和岩土钻探工程成果检查和验收；

7. 提供钻探技术咨询服务。

2-02-02（GBM 20202）
测绘和地理信息工程技术人员

从事地球整体及其表面和外层空间中的自然和人造物体与空间分布有关的信息采集、处理、存储、分析、管理、更新及利用的工程技术人员。

本小类包括下列职业：

2-02-02-01 大地测量工程技术人员 L

2-02-02-02 工程测量工程技术人员

2-02-02-03 摄影测量与遥感工程技术人员 L

2-02-02-04 地图制图工程技术人员

2-02-02-05 海洋测绘工程技术人员 L

2-02-02-06 地理国情监测工程技术人员 L

2-02-02-07 地理信息系统工程技术人员 L

2-02-02-08 导航与位置服务工程技术人员 L

2-02-02-09 地质测绘工程技术人员 L

2-02-02-01 大地测量工程技术人员 L

从事地球及其他星球的形状、大小、重力场、整体与局部运动、地表点及近地空间运动物体位置确定，设计、构建测量基准与控制网的工程技术人员。

主要工作任务：

1. 确定地球形状、大小、重力场以及整体与局部运动，监测其随时间的变化；

2. 建立平面、高程、重力控制网并进行动态监测及维护；

3. 运用人造地球卫星及空间大地测量观测技术和方法，进行大地测量和数据处理；

4. 测量其他行星的形状及重力场，建立测量基准和控制网；

5. 进行大地测量成果检查与验收。

2-02-02-02　工程测量工程技术人员

从事工程建设测量和地籍、行政区域、房产测绘的工程技术人员。

主要工作任务：

1. 设计并组织实施控制测量、地形测量、规划测量、建筑工程测量、变形形变与精密测量、市政工程测量、水利工程测量、线路与桥隧测量、地下管线测量、矿山测量、工程测量监理；

2. 制订地籍调查工作流程，指导作业人员进行地籍调查、土地界址点测定、地籍图绘制、土地面积计算；

3. 制订房产测量工作流程，指导作业人员进行房产要素测量、房产图绘制、房产面积计算；

4. 进行国界和行政区域边界点测定、边界线及相关地形要素调绘、边界协议书附图制作；

5. 检查、验收测量成果，验校、维修测量仪器。

2-02-02-03　摄影测量与遥感工程技术人员 L

运用光学或其他传感设备，从事目标物影像或其他观测数据、时空辅助参数获取，确定、表达目标物形状、大小、空间位置、性质、变化的工程技术人员。

主要工作任务：

1. 运用航空航天飞行器、地面移动或固定观测平台及遥感设备，获取目标物遥感数据及辅助参数；

2. 指导作业人员进行目标物影像控制测量、区域网空中三角测量、立体测图影像处理；

3. 判译、分析目标物遥感影像，提取地形及专题要素，组织生产各比例尺地形原图和数字影像产品；

4. 处理、分析和解译影像数据，获取研究对象的变迁过程和规律等时空信息；

5. 检查、验收测量成果。

2-02-02-04　地图制图工程技术人员

从事模拟和数字地图研究、设计、编制、可视化表达的工程技术人员。

主要工作任务：

1. 运用地图制图理论和方法，编绘、设计地图出版原图；

2. 制订地图制作工艺流程，指导作业人员编制地图；

3. 采集、处理地图数据，设计、建立和维护地图数据库；

4. 设计开发并指导制作多媒体地图、专题地图、特型地图等新产品及可视化表达；

5. 检查、验收地图制图成果。

2-02-02-05　海洋测绘工程技术人员 L

从事海洋水体、海洋工程和海底测量，编制海图等航海资料的工程技术人员。

主要工作任务：

1. 设计、确定海洋深度基准，进行海

洋平面、高程控制测量和海洋重力测量；

2. 研究、测定海面、海底地形及其变化；

3. 设计、实施岸线测量、航道测量、海洋工程测量；

4. 设计、编制航海图、海底地形图、各种海洋专题图；

5. 进行海洋水文测量，监测水位、水温、盐度、水质、泥沙含量、流速流向、气象、海冰等要素；

6. 检查、验收测绘成果。

2-02-02-06 地理国情监测工程技术人员 L

从事地理国情监测工程设计、信息挖掘分析并指导产品制作的工程技术人员。

主要工作任务：

1. 定制开发地理国情监测、普查软件工具和生产技术平台；

2. 进行地理国情监测工程设计和指标体系构建，指导作业人员搜集、采集、整理地理信息数据资料；

3. 进行地形地貌、地表覆被、地理单元等地理国情要素动态、多时相的信息挖掘分析；

4. 编制地理国情监测图集、报告，指导地理国情监测产品生产制作；

5. 提供地理国情信息数据支持、设备管理和技术咨询；

6. 检查、验收地理国情监测、普查成果。

2-02-02-07 地理信息系统工程技术人员 L

从事地理信息系统（GIS）设计开发，地理信息数据库采集与集成、建库与管理、分析与应用、分发与服务的工程技术人员。

主要工作任务：

1. 研究、设计地理信息系统（GIS）开发、集成和可视化表达；

2. 研究、应用地理信息数据采集与集成的技术方法和工艺流程，指导作业人员对采集的数据进行标准化录入，建立地理信息数据库；

3. 应用地理信息系统（GIS）软件或工具，设计并组织实施地理信息数据库空间分析、数据建模；

4. 定制开发地理信息系统（GIS），提供图表或数据服务；

5. 维护、更新、管理地理信息系统（GIS）数据库；

6. 检验地理信息数据库准确性、精确性、完整性和逻辑性。

2-02-02-08 导航与位置服务工程技术人员 L

从事地图导航定位产品设计架构和系统开发，提供位置及位置关联信息服务的工程技术人员。

主要工作任务：

1. 进行地图导航定位产品设计架构和软硬件系统开发；

2. 指导作业人员完成导航兴趣点（POI）、道路、水系、绿地及其属性等导航地理信息采集、标准化录入、模型表达、整合、编译、转换测试；

3. 编绘设计导航电子地图，开发导航设备集成、服务平台；

4. 设计制作互联网地图产品，提供地图搜索、下载、发送和地理信息标注、引用服务；

5. 进行网络、通信系统技术集成，提供位置监控、危险预警、应急救援等位置信息和产品服务；

6. 进行导航产品室内和实地测试；

7. 检查、验收导航与位置服务成果。

2-02-02-09　地质测绘工程技术人员 L

从事地质地理要素测量，测绘图件绘制的工程技术人员。

主要工作任务：

1. 进行地质调查和矿产勘查地质点、剖面和勘探网测量；

2. 进行物化探、钻探掘进工程定位测量；

3. 进行矿区工程设计、施工控制测量和地形图测绘；

4. 研究、应用地质测绘新技术、新方法；

5. 研发地质测绘软硬件；

6. 进行测量成果图件编制、数据库建库和管理；

7. 编制地质测绘相关技术和质量标准、规程；

8. 进行地质测绘技术咨询服务。

2-02-03（GBM 20203）矿山工程技术人员

从事采矿、选矿与矿物加工生产工艺开发、设计并进行生产的工程技术人员。

本小类包括下列职业：

2-02-03-01　矿井建设工程技术人员

2-02-03-02　采矿工程技术人员

2-02-03-03　矿山通风工程技术人员

2-02-03-04　选矿与矿物加工工程技术人员

2-02-03-05　矿山环保复垦工程技术人员 L

2-02-03-01　矿井建设工程技术人员

从事矿井井筒设计、采区初步设计编制与审查，进行井筒、硐室、巷道等矿井工程项目施工组织与管理的工程技术人员。

主要工作任务：

1. 研究井工矿矿区地质构造、矿床、矿物的分布和赋存状况；

2. 编制矿井、采区初步设计，审查设计；

3. 制订井筒建设、巷道掘进使用的装备安全技术措施，制订并落实矿井建设工程施工安全、环境保护、健康保护措施；

4. 编制并落实开拓作业规程，指导施工人员作业，并进行质量控制；

5. 组织井筒、硐室、主要水平巷道等矿建工程项目施工及工程管理；

6. 组织编制近期开拓工程衔接安排，超前分析开拓煤量及区域衔接情况，调整开拓工程施工计划；

7. 排查开拓区域的安全隐患，参与开拓重大事故的抢救及事故分析；

8. 组织指导开拓新技术、新装备、新工艺、新材料的推广工作和技术攻关。

2-02-03-02　采矿工程技术人员

从事采矿生产工艺开发、设计，进行采矿生产、技术指导的工程技术人员。

主要工作任务：

1. 研究地质构造、矿床、矿物情况；

2. 研究露天、井下采矿生产工艺方法、开拓布置方式；

3. 研究提高产量、资源利用的方法；

4. 设计矿区开采规划、开拓方式、采矿生产工艺和装备、生产布局及生产系统；

5. 制订采掘技术指标；

6. 根据地质、矿床、作业面情况，调整操作方法、技术规程；

7. 进行矿山生产组织、调度；

8. 制订矿井疏干排水与防洪计划，制订矿山边坡防滑移措施；

9. 分析处理生产技术问题，指导生产人员作业；

10. 制订维护、保养、修理作业面、巷道的方法；

11. 研究与制订采矿机械化的技术方案与开采工艺；

12. 设计矿井安全系统，制订安全作业规程及预防事故措施。

2-02-03-03 矿山通风工程技术人员

从事矿山通风、防尘、防火、瓦斯防治、防突、矿井安全监测监控、矿山救护技术研究、管理的工程技术人员。

主要工作任务：

1. 研究煤矿瓦斯赋存状况、煤层自然发火机理、矿尘燃烧爆炸机理；

2. 研究矿井通风、瓦斯防治、煤层自然发火防治、防尘、矿井安全监测监控、矿山救护的技术、工艺、方法；

3. 制订通风、防尘、防火、瓦斯防治、防突、安全监测监控技术指标；

4. 制订通风、防尘、防火、瓦斯防治、防突、安全监测监控岗位操作规程和工作面生产作业规程；

5. 设计矿山通风系统、防尘系统、防火系统、瓦斯治理系统、监测监控系统；

6. 调整风量，改造通风设施，预测矿井需风量；

7. 进行井下人员业务知识、安全知识培训。

2-02-03-04 选矿与矿物加工工程技术人员

从事原煤等矿物精选生产工艺研究、设计，进行选矿生产及技术培训、管理等工作的工程技术人员。

主要工作任务：

1. 研究开发选矿技术，研制新的选矿工艺方法；

2. 研究使用重选、浮选、磁选等生产工艺方法，对矿物进行精选；

3. 研究提高选矿精度和回收有用矿物的方法；

4. 设计洗煤、选矿的生产工艺和生产布局；

5. 制订精煤指标、产品结构、精煤回收率等选矿技术指标；

6. 根据原矿变化情况，调整选矿操作方法、技术规程和生产工艺；

7. 制订选矿药剂等介质的配制方法；

8. 分析处理选矿生产技术问题，指导生产人员作业；

9. 研究矿物的综合利用。

2-02-03-05 矿山环保复垦工程技术人员 L

从事矿山环境保护、矿区生态恢复工程设计、施工组织、管理的工程技术人员。

主要工作任务：

1. 研究应用矿区环境保护管理与技术；

2. 监测、监察矿区环境；

3. 制订矿区环保管理制度、管理体系、应急预案；

4. 编制矿山污染物治理计划和减排规划；

5. 使用、管理及监测放射性同位素设备及危化品；

6. 编制并组织实施矿山排弃到位区域和矿井沉降区域填埋与复垦方案。

2-02-04（GBM 20204）

石油天然气工程技术人员

从事石油天然气钻井及开采技术研究、储运系统规划设计和运行的工程技术人员。

本小类包括下列职业：

2-02-04-01　石油天然气开采工程技术人员

2-02-04-02　石油天然气储运工程技术人员

2-02-04-01　石油天然气开采工程技术人员

从事石油与天然气钻井、开采技术和方法研究、设计与应用的工程技术人员。

主要工作任务：

1. 研究井眼轨迹和钻头破岩机理，改进钻井工艺，提高钻井速率和固井质量；

2. 设计油气田开发方案，研究应用采油工艺，优选采油方法和油气层保护技术；

3. 进行石油钻井工程设计、效益分析和钻井过程的生产技术管理；

4. 分析油藏地质资料，进行地下油气水流动状态研究和油藏数值模拟，判断剩余油的分布，提出提高油气采收率的方法；

5. 分析处理石油天然气开采的生产技术问题，指导生产人员作业。

2-02-04-02　石油天然气储运工程技术人员

从事石油与天然气储运系统规划、设计、生产指导的工程技术人员。

主要工作任务：

1. 计算油罐与管道强度，进行油气集输、油库建设和输油管道系统的规划、设计；

2. 研究应用油气多相管流与流变学，改进油气管输工艺；

3. 分析处理油气集输过程的生产技术问题，指导生产人员作业。

2-02-05（GBM 20205）

冶金工程技术人员

从事金属矿物冶炼、金属轧制、焦化、铸管、冶金热能利用及金属材料、耐火材料、炭素材料工艺技术研究、设计和生产的工程技术人员。

本小类包括下列职业：

2-02-05-01　冶炼工程技术人员

2-02-05-02　轧制工程技术人员

2-02-05-03　焦化工程技术人员

2-02-05-04　金属材料工程技术人员

2-02-05-05　耐火材料工程技术人员

2-02-05-06　炭素材料工程技术人员

2-02-05-07　冶金热能工程技术人员 L

2-02-05-08　铸管工程技术人员

2-02-05-01　冶炼工程技术人员

从事金属冶炼工艺技术研发、设计及生产技术应用的工程技术人员。

主要工作任务：

1. 研究应用烧结机、焙烧炉窑、焙烧机等设备进行原料预处理的工艺方法；

2. 研究应用高炉、转炉、电炉及炉外精炼等设备和使用火法、湿法、电冶等方法、流程冶炼金属及金属精炼的工艺方法；

3. 研究应用冶炼合金新品种、分离相似金属及提取伴生贵金属的工艺方法；

4. 研究应用连铸机、模铸等设备浇铸锭、坯的工艺方法；

5. 研究提高金属冶炼强度、冶炼和浇

铸质量、产品质量和产量、降低物料消耗的方法；

6. 计算冶炼过程物料平衡，优化工艺流程、技术装备和生产控制系统方案；

7. 进行新建、改造冶炼工厂的可行性研究、技术经济论证，设计冶炼工厂总图运输布置、管线配置、生产设施、公用系统和技术经济指标，进行冶炼工厂设计，配合冶炼工厂施工、试车投产和工程验收；

8. 进行冶炼、烧结、球团、铸锭工厂生产组织，分析处理生产技术问题，指导生产人员作业；

9. 制订与修订冶炼、烧结、球团、铸锭生产的操作方法、技术规程、专业管理制度；

10. 制订冶炼、烧结、球团、铸锭、铸坯产品标准、质量指标、设计规范和标准。

2-02-05-02 轧制工程技术人员

从事金属压力加工、退火、表面涂镀工艺技术研究、设计及生产技术应用的工程技术人员。

主要工作任务：

1. 研究金属锭、坯、材的压力加工特性，金属组织与性能转变；

2. 研究金属材退火、加热、保温、冷却过程的金属组织转变和性能控制；

3. 研究金属材的表面界面特性、表面界面组织性能转变、表面涂镀层成分、界面表面性能控制等；

4. 研究应用金属轧制、拉拔、挤压、锻造等压力加工过程，表面涂、镀、覆过程，退火等热处理过程的工艺方法；

5. 研究提高压力加工、退火、涂镀过程金属材的质量和性能及降低物料消耗的方法；

6. 计算压力加工、退火、涂镀过程物料平衡，优化工艺流程、技术装备和生产控制系统方案；

7. 进行新建、改造轧制等压力加工、退火、涂镀工厂的可行性研究、技术经济论证，设计轧制等压力加工、退火、涂镀工厂总图运输布置、管线配置、生产设施、公用系统和技术经济指标，进行轧制等压力加工、退火、涂镀工厂设计，配合施工、试车投产和工程验收；

8. 进行轧制等压力加工、退火、涂镀工厂生产组织，分析处理生产技术问题，指导生产人员作业；

9. 制订、修订轧制等压力加工、退火、涂镀生产的操作方法、技术规程、专业管理制度；

10. 制订轧制等压力加工、退火、涂镀产品标准、质量指标、设计规范和标准。

2-02-05-03 焦化工程技术人员

从事炼焦、焦炉煤气净化、煤气中化学产品回收、精制工艺技术研究、设计及生产技术应用的工程技术人员。

主要工作任务：

1. 研究煤的成分及性能；

2. 研究煤的结焦过程、炼焦工艺及干熄焦工艺；

3. 研究焦炉煤气净化及回收、精制化学品的工艺方法；

4. 研究提高焦化产品的质量和降低物料消耗的方法；

5. 计算物料平衡，研究焦化工艺流程、技术装备和生产控制系统方案，制订配煤方案并组织落实；

6. 进行新建、改造焦化工厂的可行性研究、技术经济论证，设计焦化工厂总图运输布置、管线配置、生产设施、公用系统和技术经济指标，进行焦化工厂设计，配合施工、试车投产和工程验收；

7. 进行炼焦、化工产品回收工厂的生产组织，分析处理生产技术问题，指导生产人员作业；

8. 制订、修订焦化生产的操作方法、技术规程、专业管理制度；

9. 制订焦化产品标准、质量指标、设计规范和标准。

2-02-05-04　金属材料工程技术人员

从事金属材料研究开发及生产技术应用的工程技术人员。

主要工作任务：

1. 进行金属材料的合金设计，金属材料的开发、实施、验证和管理工作；

2. 研究金属材料的制备方法、工艺路线；

3. 研究金属材料理化性能、应用性能；

4. 研究金属材料的化学冶金、物理冶金与力学性能、工艺性能的关系及规律；

5. 研究分析金属材料的外观质量和内在质量与生产过程质量控制的保证体系，指导金属材料特性的分析；

6. 设计优化冶金生产工艺，制订并改善加工工艺流程，分析解决生产技术问题，指导生产人员作业；

7. 进行金属材料的应用研究，提供应用指导与技术服务，指导调整金属材料品种结构；

8. 建立并完善金属材料数据库，收集、汇总、更新金属材料的信息；

9. 制订、修订金属材料产品技术标准、理化性能试验方法标准、应用技术标准以及仲裁规则等，进行标准化管理工作。

2-02-05-05　耐火材料工程技术人员

从事耐火材料工艺技术研究、设计及生产技术应用的工程技术人员。

主要工作任务：

1. 研究耐火材料结构性能，力学、热学、电学性能和使用性能；

2. 研究天然和人工合成原料的特性，研发新型耐火材料；

3. 研究耐火材料产品应用技术和生产工艺；

4. 计算物料平衡，研究耐火材料原料处理、烧制、成品加工等工艺流程、技术装备和生产控制系统方案；

5. 进行新建或改扩建耐火材料工程的可行性研究和技术经济论证，设计耐火材料工厂总图运输布置、管线配置、生产设施、公用系统和技术经济指标，进行耐火材料工程工艺设计，进行耐火材料工厂施工服务、配合工程验收，指导试车投产；

6. 进行耐火材料工厂的生产组织，分析处理生产技术问题，指导生产人员作业；

7. 指导原料、生产工艺过程和产品的检验；

8. 制订、修订耐火材料生产的操作方法、技术规程、专业管理制度；

9. 制订耐火材料产品标准、质量指标、设计规范和标准。

2-02-05-06　炭素材料工程技术人员

从事炭素及炭纤维复合材料工艺技术研究、设计及生产技术应用的工程技术人员。

主要工作任务：

1. 研究炭素材料、制品的特征和结晶构成；

2. 研究炭素制品生产工艺方法；

3. 研究提高炭素制品质量的方法；

4. 研发炭纤维及其复合材料、炭素新材料；

5. 计算物料平衡，研究工艺流程、技术装备和生产控制系统方案；

6. 进行新建、改造炭素工厂的可行性研究、技术经济论证，设计炭素工厂总图运输布置、管线配置、生产设施、公用系统和技术经济指标，进行炭素工程工艺设计，指导、配合炭素工厂施工、试车投产和工程验收；

7. 进行炭素工厂的生产组织，分析处理生产技术问题，指导生产人员作业；

8. 指导产品检验；

9. 制订、修订炭素生产的操作方法、技术规程、专业管理制度；

10. 制订炭素产品标准、质量指标、设计规范和标准。

2-02-05-07 冶金热能工程技术人员 L

从事冶金生产中热能利用工艺技术研究、设计及生产技术应用的工程技术人员。

主要工作任务：

1. 研究冶金生产中热能利用和节能理论技术；

2. 研究冶金炉窑等耗能设备的结构、操作、热工过程和冶炼、加热、处理金属等反应过程；

3. 进行冶金企业热能平衡研究计算和设备热平衡测试；

4. 进行冶金工厂设计中的能量平衡；

5. 进行新建、改造、修理冶金炉窑的设计；

6. 选用冶金炉窑等设备的耐火材料；

7. 制订能耗指标；

8. 制订、修改炉窑操作方法、技术规程及专业管理制度；

9. 分析处理炉窑生产技术问题，指导修理、生产人员作业。

2-02-05-08 铸管工程技术人员

从事离心铸铁管加工、退火、涂层等连续生产工艺研究、设计及生产技术应用的工程技术人员。

主要工作任务：

1. 研究、应用离心铸铁管连续生产工艺、设备配置及改进方法；

2. 研究、设计离心铸铁管接口形式、退火、内外涂层等方法及标准，组织指导产品试验；

3. 研究铸铁管线设计、管道安装、事故处理的方法，指导施工和维护单位铺敷、安装管道和处理事故；

4. 进行新建、改造铸管铁水调质、成型、退火、涂层、加工等连续生产机组工厂的可行性研究、技术经济论证，设计铸管工厂总图运输布置、管线配置、生产设施、公用系统和技术经济指标，进行铸管工程工艺设计，指导、配合铸管工厂施工、试车投产和工程验收；

5. 制订、调整产品的铁水调质、成型、退火、涂层等工艺，组织生产，分析处理生产技术问题，指导生产人员作业；

6. 评审铸管合同技术要求，分析产品质量及经济技术指标的控制水平，制订改进目标、方案和控制计划，制订、修改铸管生产的操作方法、技术规程、专业管理制度；

7. 指导原料、生产工艺过程和产品的检验；

8. 制订铸管产品标准、质量指标、设计规范和标准。

2-02-06（GBM 20206）

化工工程技术人员

从事化工产品生产的工艺实验、工艺设计和生产技术组织的工程技术人员。

本小类包括下列职业：

2-02-06-01　化工实验工程技术人员

2-02-06-02　化工设计工程技术人员

2-02-06-03　化工生产工程技术人员

2-02-06-01　化工实验工程技术人员

从事化工产品生产的工艺改进和新产品开发等实验的工程技术人员。

主要工作任务：

1. 制订化工工艺改进和新产品开发实验流程；
2. 安装化工实验设备和仪表；
3. 配备、配制化工实验原材料和试剂；
4. 调试化工实验装置；
5. 操作化工实验装置，调控工艺参数，进行条件实验；
6. 记录实验数据，整理分析实验结果；
7. 编写实验报告。

2-02-06-02　化工设计工程技术人员

从事化工产品生产的化工工艺设计的工程技术人员。

主要工作任务：

1. 编写设计项目的可行性报告；
2. 计算化工工艺的物料和热量平衡；
3. 进行定型设备的选型和非定型设备的工艺设计；
4. 提出化工设备、土建、电气、自控、安全、环保等设计条件；
5. 编制生产定员，分析产品生产成本和效益；
6. 绘制化工工艺流程图、生产工艺控制流程图、平面布置图和工艺管道配置图；
7. 进行化工工艺扩大设计；
8. 组织项目施工设计。

2-02-06-03　化工生产工程技术人员

从事化工产品生产过程技术指导或生产技术组织的工程技术人员。

主要工作任务：

1. 编写化工生产技术规程、操作方法；
2. 提出化工生产工艺实验和设计的改进要求；
3. 制订化工生产控制指标；
4. 参与编制生产计划和生产调度；
5. 处理生产中的异常现象和事故，指导生产人员作业。

2-02-07（GBM 20207）

机械工程技术人员

从事机械设计与制造，仪器仪表设计、制造和设备管理的工程技术人员。

本小类包括下列职业：

2-02-07-01　机械设计工程技术人员

2-02-07-02　机械制造工程技术人员

2-02-07-03　仪器仪表工程技术人员

2-02-07-04　设备工程技术人员

2-02-07-05　医学设备管理工程技术人员

2-02-07-06　模具设计工程技术人员

2-02-07-07　自动控制工程技术

2-02-07-01 机械设计工程技术人员

从事机械设计技术方法研究、产品和工厂设计、产品性能测试、设计流程管理的工程技术人员。

主要工作任务：

1. 研究、应用机械产品设计的方法与技术；

2. 分析机械产品动静态性能，研究、开发和设计机械零部件、流体传动与控制系统、机电一体化系统、机械工程成套设备等；

3. 制订机械产品性能测定方案与规范，确定检测技术参数并进行测试与试验；

4. 管理机械产品设计流程；

5. 进行新建、改建机械工厂的可行性研究、总体设计与规划，制订施工设计方案；

6. 制订机械产品设计标准和规范。

2-02-07-02 机械制造工程技术人员

从事机械制造加工工艺、工艺装备研发和生产技术组织的工程技术人员。

主要工作任务：

1. 研究、应用机械制造加工工艺技术和方法；

2. 仿真、分析产品生产过程及运行过程，制订工艺规划；

3. 编制工艺文件，集成设计和生产流程信息；

4. 组织生产及生产管理，进行技术鉴定，评价工艺装备；

5. 检验与控制加工工艺和装备质量，分析、处理机械制造中的技术问题；

6. 编制再制造加工工艺规程、加工程序及其后处理程序，评价再制造加工的质量、经济性和可靠性；

7. 制订、推广机械制造加工工艺标准和规范。

2-02-07-03 仪器仪表工程技术人员

从事仪器仪表产品或系统的研究、开发、设计、测试的工程技术人员。

主要工作任务：

1. 研究、应用仪器仪表制造工艺技术；

2. 研究、设计仪器仪表产品或系统并指导生产；

3. 指导安装、调试仪器仪表与系统；

4. 测试仪器仪表的质量与性能；

5. 指导运行、维护仪器仪表系统；

6. 研究、开发仪器仪表零部件，并推广应用；

7. 制订、应用仪器仪表产品及其系统标准。

2-02-07-04 设备工程技术人员

从事设备管理、选购、更新改造方案编制、使用及维护指导的工程技术人员。

主要工作任务：

1. 编制工程系统设备的选购计划并组织实施；

2. 监测、监控设备运行状况并定期检查；

3. 推广、应用设备修复新技术、新工

艺，指导设备的使用和维修；

4. 分析设备事故原因并进行处理；

5. 编制设备更新改造和报废方案；

6. 组织设备的备品、备件等采购供应；

7. 管理设备档案和维修资料。

2-02-07-05　医学设备管理工程技术人员

从事医学设备选购、安装调试、维护修理的工程技术人员。

主要工作任务：

1. 评估、选择购进设备；

2. 检验、安装、调试购进设备；

3. 计量、检测在用设备；

4. 维护、维修设备，分析、处理设备故障；

5. 组织设备管理使用技术知识培训；

6. 鉴定、处置拟报废设备。

2-02-07-06　模具设计工程技术人员

从事冲压模、注塑模、压铸模、铸造模、锻压模等模具研发、设计、生产指导的工程技术人员。

主要工作任务：

1. 分析制件材质与结构特点，确定成形（型）工艺方案和模具设计方案；

2. 计算设计参数，设计模具结构与零部件，确定、选择模具标准件、模具材质与热处理工艺；

3. 绘制模具工程结构图和零件图；

4. 编制模具设计与制造工艺说明；

5. 指导冲压模、注塑模、压铸模、铸造模、锻压模等模具的生产。

2-02-07-07　自动控制工程技术人员

从事自动化元器件、装置、系统设计和测试、集成，指导安装、维护的工程技术人员。

主要工作任务：

1. 设计、测试自动化元器件及装置，并指导安装、调试、维护；

2. 设计、测试生产流水线系统和运行控制系统，并指导安装、调试、维护；

3. 进行数控编程，指导数控加工；

4. 分析、处理生产技术问题；

5. 设计、测试、调试自动化仪表与检测设备；

6. 设计、测试、集成和运行自动化系统软件；

7. 编制、推广自动化控制标准规范。

2-02-07-08　材料成形与改性工程技术人员

从事铸造、锻压、热处理、表面处理等成形与改性技术、工艺装备研究，以及生产线设计、技术管理、生产指导的工程技术人员。

主要工作任务：

1. 研究、应用高强度灰铸铁制备控制技术、精密铸造技术和铸造工艺装备；

2. 研究、应用温热成形组织性能控制技术、精密锻造技术和锻压工艺装备；

3. 研究、应用离子渗氮技术、等离子体技术和热处理工艺装备；

4. 研究、应用电镀技术、涂装技术、转化膜技术和表面处理工艺装备；

5. 编制铸造、锻压、热处理、表面处理等成形与改性技术加工工艺文件，进行设备选型和生产线设计；

6. 使用拉伸机、扫描电镜、透射电镜、金相显微镜、冲刷腐蚀仪、电化学测量系统、摩擦磨损试验机等，采用金相、力学性能检测与分析、淬透性测试等技术，检验、检测铸造、锻压、热处理及表面技术材料的组织性能；

7. 制订、修订、应用工艺标准；

8. 研究、改进、应用安全生产与环保标准应用技术和铸造、锻压、热处理、电镀涂装废水处理、漆雾回收系统技术和设备；

9. 解决铸造、锻压、热处理及表面处理生产中的技术和质量问题，指导生产作业。

2-02-07-09　焊接工程技术人员

从事焊接工艺研发、结构设计、质量控制、生产指导的工程技术人员。

主要工作任务：

1. 研究、应用焊接技术工艺；

2. 研究、设计焊接结构；

3. 研发、推广焊接器材；

4. 监控、管理焊接工艺过程和产品质量；

5. 分析、处理生产技术问题，指导生产；

6. 制订并组织实施环境保护和人身防护措施。

2-02-07-10　特种设备管理和应用工程技术人员

从事特种设备管理和应用、维护技术指导的工程技术人员。

主要工作任务：

1. 编制特种设备质量检验等技术文件；

2. 编制特种设备安装、维修工艺及作业指导书；

3. 检查、管理在用特种设备，检验安全附件、安全保护装置、测量调控装置及仪器仪表；

4. 分析、处理技术问题，指导特种设备使用；

5. 进行特种设备风险分析和安全性能测试；

6. 安全事故分析与防范。

2-02-07-11　汽车工程技术人员 L

从事汽车产品、工艺、汽车商务研发、设计，并指导汽车产品生产和再制造的工程技术人员。

主要工作任务：

1. 研究、应用汽车整车及零部件制造技术工艺；

2. 研究、设计汽车整车、发动机、底盘、车身、电气等系统、总成及零部件；

3. 研究、开发汽车产品新材料；

4. 设计、应用汽车电子电器产品和饰件产品；

5. 分析、处理技术问题，指导汽车产品生产和再制造；

6. 设计、应用汽车售后维修服务技术等汽车商务系统；

7. 制订、应用汽车产品制造工艺标准和规范。

2-02-07-12　船舶工程技术人员

从事船舶及其辅助设备研究、设计和生产技术组织的工程技术人员。

主要工作任务：

1. 研究、应用船舶及其辅助设备制造技术工艺和新材料；

2. 研究、设计船体和船舶动力装置、电气、轮机、管系等系统及总成和零部件；

3. 研究、设计船舶电子电器设备等；

4. 设计船舶辅助设施、船员工作和生活区域，并指导建造、装配和装饰；

5. 分析、处理技术问题，进行船舶制造生产技术组织；

6. 指导船舶产品试验和装备维护、管理；

7. 编制、应用船舶制造工艺标准和规范。

2-02-08（GBM 20208）
航空工程技术人员

从事飞行器、航空动力装置及机载设备设计、制造、试验、支援的工程技术人员。

本小类包括下列职业：

2-02-08-01 飞行器设计工程技术人员
2-02-08-02 飞行器制造工程技术人员
2-02-08-03 航空动力装置设计工程技术人员
2-02-08-04 航空动力装置制造工程技术人员
2-02-08-05 航空产品试验与飞行试验工程技术人员
2-02-08-06 航空产品适航工程技术人员
2-02-08-07 航空产品支援工程技术人员
2-02-08-08 机载设备设计制造工程技术人员

2-02-08-01 飞行器设计工程技术人员

从事飞行器预先研究、项目论证、方案设计、工程研制、设计定型、生产定型的工程技术人员。

主要工作任务：

1. 进行飞行器预先研究；
2. 进行飞行器总体设计与试验、构型管理；
3. 进行飞行器气动力设计与试验验证；
4. 进行飞行器结构、结构完整性设计与试验验证；
5. 进行飞行器机电、航电、飞控和武器等系统的综合设计与试验验证；
6. 进行飞行器机载软件的开发设计、验证与管理；
7. 进行飞行器安全性、可靠性、维护性、测试性、保障性、环境适应性及经济性的综合设计、试验与验证；
8. 提供产品生产、试飞和使用中与设计相关的技术服务；
9. 编制、应用飞行器设计行业标准和规范。

2-02-08-02 飞行器制造工程技术人员

从事飞行器制造工艺和装备设计、试验、检验检测并指导生产的工程技术人员。

主要工作任务：

1. 设计飞行器可制造性工艺；
2. 制订飞行器制造工艺总方案；
3. 设计飞行器制造工艺和装配工艺；
4. 进行飞行器制造过程中工艺技术支持和适应性调整；
5. 进行飞行器制造新工艺、新技术、新材料的试验和应用；
6. 进行飞行器研制、试制和生产用工艺装备设计并指导生产；
7. 进行飞行器工艺规划和技术改造；
8. 研究与制订飞行器工艺标准；
9. 研究与推广飞行器检验检测技术。

2-02-08-03 航空动力装置设计工程技术人员

从事航空动力装置及衍生产品预先研究、项目论证、方案设计、工程研制、设计定型、生产定型的工程技术人员。

主要工作任务：

1. 进行航空动力装置发展规划和预先研究；

2. 进行航空动力装置及衍生产品总体设计与试验、构型管理；

3. 进行部件、系统的设计与试验验证；

4. 进行结构完整性设计和试验验证；

5. 进行零部件和整机生产的技术支持及交付后使用技术保障；

6. 进行整机研制及符合性验证；

7. 编制、应用航空动力装置及衍生产品标准和规范。

2-02-08-04 航空动力装置制造工程技术人员

从事航空动力装置及衍生产品制造工艺和装备设计、试验、检验检测并指导生产的工程技术人员。

主要工作任务：

1. 进行航空动力装置制造工艺设计；

2. 制订航空动力装置制造工艺方案；

3. 编制、修订航空动力装置制造工艺技术文件；

4. 进行航空动力装置制造新工艺、新技术、新材料的试验和应用；

5. 进行航空动力装置工艺装备设计，并指导生产；

6. 设计非标准设备；

7. 编制、应用航空动力装置制造标准和规范。

2-02-08-05 航空产品试验与飞行试验工程技术人员

从事航空产品、装备系统的整机及部件试验、验证及试验机改装、试验设备研制的工程技术人员。

主要工作任务：

1. 进行地面试验、高空模拟试验和飞行试验方案设计；

2. 研制试验专用设施、保障设备、测控设备及系统；

3. 出具被试产品的试验结论或鉴定意见；

4. 指导培训试飞员；

5. 进行被试航空产品的维修保障技术研究和维修保障；

6. 进行试验安全管理、组织与保障；

7. 进行航空产品交付使用的技术支持和技术保障；

8. 进行试验新技术、新方法、新设备研究和验证；

9. 编制、应用航空产品试验标准和规范；

10. 进行航空产品测试方案设计；

11. 进行被试航空产品测试加装、改装的方案设计与实施；

12. 研制飞行验证平台；

13. 实施与监控试验。

2-02-08-06 航空产品适航工程技术人员

从事航空产品适航符合性设计与验证工作的工程技术人员。

主要工作任务：

1. 制订、改进航空产品和服务的设计保证系统；

2. 提出等效安全及豁免项目，明确型号研制过程中的适航要求；

3. 制订适航符合性验证工作程序和标准；

4. 监督管理型号研制设计准则、规范和技术方案；

5. 制订和提交适航符合性验证计划，

组织适航符合性验证活动，评审和提交适航符合性验证文件和数据；

6. 协调实施工程适航审定和制造符合性检查等；

7. 组织跟踪航空产品运营情况，改进航空产品安全性，颁发服务通告；

8. 编制、应用航空产品适航标准和规范。

2-02-08-07　航空产品支援工程技术人员

从事航空产品支援设备研制、运行监控、维修管理、技术培训等工作的工程技术人员。

主要工作任务：

1. 进行航空产品飞行员、维护人员相关机型知识及特殊技术培训；

2. 设计航空产品的正常与非正常应急操作程序，进行复杂环境下使用研究并示范；

3. 分析、预测航空产品的备件需求；

4. 分析、设计航空产品维修任务、程序，制订金属及复合材料修理方案，研制地面支援设备；

5. 编制航空产品飞行运行、维修操作实施指南与规范；

6. 集成航空产品飞行运行、维修工程数据，研制支持航空运行的数字化产品；

7. 收集、分析航空产品使用期内机队的可靠性、故障维修和修理信息；

8. 监控航空产品运行状态，分析航空产品失效机理变化趋势。

2-02-08-08　机载设备设计制造工程技术人员

从事机载设备功能系统和部件的预先研究、方案论证、设计、试验并指导制造的工程技术人员。

主要工作任务：

1. 进行系统、部件预先研究、需求分析、指标论证、设计、试验、试制、定型和符合性验证；

2. 进行系统、部件与飞行器及其他系统的协调设计；

3. 进行系统、部件的应用软件需求分析、设计、编码、测试、验证与确认；

4. 进行系统、部件的集成、性能评估并指导制造；

5. 进行系统、部件地面测试保障设备的研制、试验；

6. 编制、应用系统、部件设计、试验、验证与确认的标准和规范；

7. 进行新工艺、新技术、新材料、新器件的试验和应用；

8. 进行部件、组件与模块的设计、集成、调试；

9. 提供系统、部件售后技术服务。

2-02-09（GBM 20209）
电子工程技术人员

从事电子材料、电子元器件、雷达导航设备与系统工程、电子仪器、广播视听设备等研究、设计、制造和使用维护的工程技术人员。

本小类包括下列职业：

2-02-09-01　电子材料工程技术人员

2-02-09-02　电子元器件工程技术人员

2-02-09-03　雷达导航工程技术人员

2-02-09-04　电子仪器与电子测量工程技术人员

2-02-09-01　电子材料工程技术人员

从事半导体材料、光纤光缆材料、电子陶瓷、电子元件材料研发、设计、生产指导的工程技术人员。

主要工作任务：

1. 研发、设计硅单晶、硅片及外延片、砷化镓单晶及外延片、半导体敏感材料，并指导生产；

2. 研发、设计单模光纤与光缆、偏振保持光纤、高强度光纤与光缆材料，并指导生产；

3. 研发、设计电子陶瓷材料、功能复合材料、功能聚合材料以及压电晶体与薄膜、铁电材料、敏感元器件材料，并指导生产；

4. 研发、应用电子材料测量技术。

2-02-09-02　电子元器件工程技术人员

从事电子元器件、电子封装和电子元器件试验与检测研发、设计、生产指导的工程技术人员。

主要工作任务：

1. 研发、设计集成电路、半导体分立器件、电真空器件和特种器件，并指导生产；

2. 研发、设计阻容元件、敏感元件、磁性器件、石英晶体与器件、电子陶瓷与压电、铁电晶体器件、机电组件、电子线缆、光纤光缆、化学物理电源及激光、红外技术的应用，并指导生产；

3. 研发、应用电子元器件封装技术；

4. 研发、应用电子元器件试验与检测技术。

2-02-09-03　雷达导航工程技术人员

从事雷达、导航设备和系统工程研发、设计并指导雷达、导航设备生产和维护管理的工程技术人员。

主要工作任务：

1. 研究、设计雷达系统、导航系统总体方案、技术方案和论证方案；

2. 研发、设计雷达系统的天线、发射、接收、伺服、信号与数据处理等系统工程技术与设备；

3. 研发、设计导航系统的信号接收与数据处理等系统工程技术与设备；

4. 调试、测试、管理雷达系统与设备，并进行生产指导和维护；

5. 调试、测试、管理导航系统与设备，并进行生产指导和维护。

2-02-09-04　电子仪器与电子测量工程技术人员

从事电子仪器、电子测量仪器、医疗电子仪器和设备、系统研发、检测并指导生产、维修、应用的工程技术人员。

主要工作任务：

1. 研发、设计电子测量仪器、设备和系统；

2. 研发、设计显示、诊断、监护、康复理疗等医疗电子仪器与设备；

3. 检测、测试、测量电子测量仪器和医疗电子仪器的指标；

4. 组织管理和指导生产、维护、应用电子仪器、电子测量仪器、医疗电子仪器、设备与系统。

2-02-09-05　广播视听设备工程技术人员

从事广播、视频、音频设备与系统研究、设计，并指导生产、使用、维护的工程技术人员。

主要工作任务：

1. 研究广播、视频、音频设备与系统技术；

2. 设计广播、视频、音频设备与系统及生产工艺；

3. 制订和推广广播、视频、音频设备标准和规范；

4. 分析、处理视频、音频设备与系统技术问题并指导生产；

5. 指导使用维护广播、视频、音频设备与系统。

2-02-10（GBM 20210）
信息和通信工程技术人员

从事信息和通信工程研究、设计、制造、使用与维护的工程技术人员。

本小类包括下列职业：

2-02-10-01 通信工程技术人员
2-02-10-02 计算机硬件工程技术人员
2-02-10-03 计算机软件工程技术人员
2-02-10-04 计算机网络工程技术人员
2-02-10-05 信息系统分析工程技术人员 L
2-02-10-06 嵌入式系统设计工程技术人员 L
2-02-10-07 信息安全工程技术人员
2-02-10-08 信息系统运行维护工程技术人员

2-02-10-01 通信工程技术人员

从事通信网络规划、设计，网络设备研发，网络工程建设，通信业务产品开发以及网络运行技术管理、网络技术应用管理的工程技术人员。

主要工作任务：

1. 研究、制订通信网络发展规划和技术标准、规范、规程；

2. 研发、应用通信网络设备、网络管理设备、网络安全设备、检测设备；

3. 设计、开发、安装、调测通信网络系统应用软件；

4. 规划、设计、实施、督导通信网络工程建设项目；

5. 应用通信网络技术，设计、开发通信网络业务产品；

6. 进行通信网络系统运行状况日常技术管理和技术督导；

7. 分析和处理通信网络系统设备安装、调测、运行、维护等技术问题；

8. 统计、分析、优化通信网络系统运行质量。

2-02-10-02 计算机硬件工程技术人员

从事计算机整机、主板、外设等硬件技术研究、设计、调试、集成、维护和管理的工程技术人员。

主要工作任务：

1. 研究、应用计算机主要部件、外设；

2. 调研计算机硬件产品市场，分析关键技术；

3. 规划、设计、预研计算机硬件产品，开发样机；

4. 设计、模拟计算机硬件逻辑系统，进行仿真测试验证；

5. 集成、维护和管理计算机硬件系统；

6. 诊断、检测、维修计算机硬件系统。

2-02-10-03　计算机软件工程技术人员

从事计算机软件研究、需求分析、设计、测试、维护和管理的工程技术人员。

主要工作任务：

1. 研究、应用计算机软件开发技术和方法；

2. 分析项目或产品需求，编写需求说明书及软件设计文档；

3. 设计、编码和测试计算机软件；

4. 部署和集成计算机软件；

5. 编写和管理软件开发文档；

6. 维护和管理计算机软件系统；

7. 评估软件质量和软件过程能力，改进软件过程实施；

8. 实施软件质量保证和软件质量控制。

2-02-10-04　计算机网络工程技术人员

从事互联网等计算机网络研究、设计、安装、集成、调试、维护、管理和服务的工程技术人员。

主要工作任务：

1. 研究、应用计算机网络技术、体系结构、协议和标准；

2. 规划、设计、仿真测试计算机网络系统；

3. 研究计算机网络安全性、可用性和可靠性，设计、实施解决方案；

4. 设计、安装、调试计算机网络设备；

5. 安装、配置网络操作系统、网络数据库和网络应用软件；

6. 设计、集成、管理计算机网络工程并指导施工；

7. 监视网络状况，管理和维护计算机网络系统；

8. 提供计算机网络系统技术咨询和技术支持。

2-02-10-05　信息系统分析工程技术人员 L

从事信息系统分析、设计、咨询的工程技术人员。

主要工作任务：

1. 分析、模拟和评价信息系统的目标、需求、可行性、系统架构、功能、性能、效益、安全、风险；

2. 编写系统需求说明书，建立信息系统逻辑模型；

3. 沟通、协调用户和信息系统开发人员；

4. 编制信息化建设规划和信息系统总体解决方案；

5. 制订系统集成项目实施方案和实施计划；

6. 调查分析应用需求，系统集成信息；

7. 提供信息系统建设项目咨询服务。

2-02-10-06　嵌入式系统设计工程技术人员 L

从事嵌入式应用系统和自动化控制系统的分析、编程、设计、集成、维护、评价、改进的工程技术人员。

主要工作任务：

1. 分析理解控制对象的要求并归纳成技术指标；

2. 配置嵌入式应用系统和自动化控制系统硬件，确定技术规格；

3. 编程和测试系统软件；

4. 设计、集成、调试与维护系统；

5. 分析、评价和改进系统。

2-02-10-07　信息安全工程技术人员

从事信息系统安全研究、规划、设计、实施、评估的工程技术人员。

主要工作任务：

1. 研究信息系统加密与解密、认证、存取管理、机密信息管理、防火墙、安全协议、安全技术；

2. 分析信息系统安全性需求，制订信息系统安全规划；

3. 设计、开发、评估信息系统安全解决方案；

4. 指导或实施信息安全方案；

5. 制订信息安全政策、策略，实施等级保护、网络隔离、安全监控；

6. 制订安全危害预防策略，发现并解决信息系统中的泄密、病毒、攻击、信息篡改等安全问题；

7. 评估信息系统的安全性和安全等级。

2-02-10-08 信息系统运行维护工程技术人员

从事信息系统开发、功能检测、运行管理和维护的工程技术人员。

主要工作任务：

1. 设计、开发、安装、配置信息系统；

2. 管理信息系统运行，维护系统运行环境；

3. 测试信息系统可靠性，预测系统故障，排查、分析信息系统故障和问题；

4. 制订系统、信息备份的安全策略，并提供技术支持；

5. 提供系统安全危害的预防、故障隔离与数据恢复技术保障服务；

6. 管理信息系统客户和技术信息，分配系统权限，调配系统资源；

7. 评估信息系统。

2-02-11（GBM 20211）电气工程技术人员

从事电机与电器、电线电缆与电工材料、光源与照明等研究、设计、制造、试验的工程技术人员。

本小类包括下列职业：

2-02-11-01 电工电器工程技术人员

2-02-11-02 电缆光缆工程技术人员

2-02-11-03 光源与照明工程技术人员

2-02-11-01 电工电器工程技术人员

从事发电、输配电、用电电器设备和电气功能材料研发、设计、检验、试验、技术服务的工程技术人员。

主要工作任务：

1. 研发、设计、检验、试验火电、水电、新能源及可再生能源发电设备；

2. 研发、设计、检验、试验变压器、高低压开关及成套、互感器、电力电容器、避雷器及其设备成套系统、继电保护装置、智能化设备等输配电设备；

3. 研发、设计、检验、试验发电机、电动机、微电机、特种电机，进行电机系统节能、绿色设计及再制造；

4. 研发、设计、检验、试验工业电热设备、电动工具、电焊机、防爆电器、电工专用设备；

5. 研发、设计、检验、测试电气绝缘材料、电工合金、电气储能设备，进行电气功能材料绿色设计、可回收再利用设计；

6. 研发、设计、试验发电、输配电设备成套系统并提供技术服务；

7. 设计、分析电器设备以及成套系统电气安全性、可靠性并进行模拟试验。

2-02-11-02 电缆光缆工程技术人员

从事电缆光缆产品设计、材料研发、测试检验、生产指导等的工程技术人员。

主要工作任务：

1. 研究、设计电缆光缆产品，制订电缆光缆产品生产工艺流程；

2. 测试检验电缆光缆材料和产品，出具测试检验报告；

3. 设计、维护和改进电缆光缆制造专用设备和工艺装备；

4. 监督管理电缆光缆生产工艺过程并进行技术指导；

5. 研究、开发和改进电缆光缆新材料、新产品、新技术、新工艺、新设备；

6. 编制、应用电缆光缆产品标准和规范。

2-02-11-03 光源与照明工程技术人员

从事光源与照明产品设计、工艺研发的工程技术人员。

主要工作任务：

1. 研究、开发电光源、照明器具产品和生产工艺；

2. 进行照明技术研究和经济分析；

3. 进行照明系统设计和照明产品选型；

4. 进行照明工程的光环境测量和视觉评价；

5. 进行光源与照明工程设计、实施的技术管理。

2-02-12（GBM 20212）
电力工程技术人员

从事电站与电力系统的研究、设计、安装、运行、检修、管理的工程技术人员。

本小类包括下列职业：

2-02-12-01 发电工程技术人员 L
2-02-12-02 供用电工程技术人员 L
2-02-12-03 变电工程技术人员 L
2-02-12-04 输电工程技术人员 L
2-02-12-05 电力工程安装工程技术人员 L

2-02-12-01 发电工程技术人员 L

从事发电厂规划设计，发电设备研发，指导发电设备运行、检修、改造的工程技术人员。

主要工作任务：

1. 研究、制订发电厂规划，编制投资概算；

2. 勘测、设计发电厂；

3. 研究、试验发电厂生产自动化技术；

4. 研究、应用发电设备检修技术；

5. 研究、分析发电设备的安全性和经济性；

6. 绘制发电厂系统设备的工作图，撰写设备操作说明书；

7. 进行发电设备运行技术督导；

8. 分析和处理设备安装、调试、运行、检修、维护、改造的技术问题，指导生产人员作业。

2-02-12-02 供用电工程技术人员 L

从事供用电系统设计和设备研发，指导供用电设备安装、调试、检修及用电营业的工程技术人员。

主要工作任务：

1. 研发、设计供用电系统及设备；

2. 指导用电营业，推广应用新技术；

3. 指导用电负荷控制器的安装、调试、检修、整定；

4. 监督、检查、指导用户安全、经济、

合理用电；

5. 研究、应用电能计量装置技术；

6. 指导电力内线工程检查、验收；

7. 分析、处理用户供电设备故障的技术问题；

8. 制订供用电指标，编制操作规程。

2-02-12-03　变电工程技术人员 L

从事变电站规划、设计，变电设备研发，指导变电设备安装、运行、检修、试验的工程技术人员。

主要工作任务：

1. 规划变电站布局；

2. 勘测、设计变电站，编制投资概算；

3. 制订变电设备安装方案、施工进度计划；

4. 研究、应用变电系统及其设备自动化技术；

5. 研究、应用变电设备检修、试验技术；

6. 绘制变电系统及其设备工作图，撰写系统和设备操作说明书；

7. 进行变电设备运行技术督导；

8. 分析处理变电设备安装、调试、运行、检修、改造的技术问题，指导生产人员作业。

2-02-12-04　输电工程技术人员 L

从事输电线路规划、设计，输电设备研发，指导输电设备安装、运行、检修、试验的工程技术人员。

主要工作任务：

1. 规划输电线路布局；

2. 勘测、设计输电线路，编制投资概算；

3. 制订输电设备安装方案、施工进度计划；

4. 研究、应用输电系统及其设备自动化技术；

5. 研究、应用输电设备检修、试验技术；

6. 进行输电网调度、运行分析；

7. 绘制输电设备的工作图，撰写设备操作说明书；

8. 进行输电设备运行技术督导；

9. 分析处理输电设备安装、调试、运行、检修、改造的技术问题，指导生产人员作业。

2-02-12-05　电力工程安装工程技术人员 L

从事电力工程安装施工方案编制、技术管理、安装指导的工程技术人员。

主要工作任务：

1. 编制电力工程安装施工方案，制订进度计划；

2. 组织施工图纸会审和技术安全交底；

3. 编制各工序作业指导书，解决工程进度、质量控制、施工技术、安全技术措施等问题；

4. 现场指导、检查电力设备安装；

5. 进行施工技术管理；

6. 收集、整理施工记录、文件；

7. 进行安装工程项目竣工后的移交和总结评价。

2-02-13（GBM 20213）
邮政和快递工程技术人员

从事邮政信息处理、邮政局所和网路建设管理、快递设备和服务以及快递网络建设管理工作的工程技术人员。

本小类包括下列职业：

2-02-13-01　邮政工程技术人员

2-02-13-02 快递工程技术人员

2-02-13-01 邮政工程技术人员

从事邮政通信网路规划、设计、技术管理、施工组织和运行指导的工程技术人员。

主要工作任务：

1. 规划邮政通信网路；

2. 规划、设计邮政通信网路生产作业流程及应急处理预案；

3. 研究、制订邮政通信网路工艺流程及设备配置方案并组织实施；

4. 指挥、调度邮政通信网路运能运力；

5. 维护邮政通信网路营业、网运、投递生产管理信息系统；

6. 检测邮政通信网路运行质量和运行安全状况；

7. 评估邮政通信网路的运行效率与效益，优化生产作业流程；

8. 制订、实施邮政通信网路技术标准、规范。

2-02-13-02 快递工程技术人员

从事快递设备、网路和信息网络设计与管理的工程技术人员。

主要工作任务：

1. 研究、设计快递生产作业所需设备；

2. 规划、设计、优化网点布局、路由方案及集散中心数量，监控网点运行情况；

3. 进行包机、散航资源利用与时效优化，规划、管理运力资源；

4. 进行退网分析、退后管理支援；

5. 规划、设计快递作业计算机网络和信息系统；

6. 采集、存储、应用快递网络系统信息；

7. 编制、应用设备维护、保养技术标准和规范。

2-02-14（GBM 20214）
广播电影电视及演艺设备工程技术人员

从事广播电视节目编播、信号传输和电影制作工艺设计及设备配置安装的工程技术人员。

本小类包括下列职业：

2-02-14-01 广播电视制播工程技术人员

2-02-14-02 广播电视传输覆盖工程技术人员

2-02-14-03 电影工程技术人员

2-02-14-04 演艺设备工程技术人员

2-02-14-01 广播电视制播工程技术人员

从事广播电视节目编辑制作、播出系统管理和设备运行、维护的工程技术人员。

主要工作任务：

1. 研究、设计广播电视节目制作系统、播出系统工艺；

2. 配置、调试广播电视节目制作、播出设备，指导施工安装；

3. 使用采集、编辑、制作、播出、存储等广播电视节目的系统设备，进行节目制作和播出；

4. 检修、维护、测试广播电视制作和播出设备、线路和系统；

5. 监测、管理节目播出质量；

6. 检测、管理节目存储系统。

2-02-14-02 广播电视传输覆盖工程技术人员

从事广播电视信号传输覆盖系统管理和设备运行、维护的工程技术人员。

主要工作任务：

1. 规划和设计广播电视信号传输覆盖

网络系统；

2. 进行频率指配、设备配置；

3. 指导安装、调试广播电视信号传输覆盖设备；

4. 进行节目传输发射管理及监测、节目接收与监测；

5. 运行、检测、维护及管理广播电视信号传输覆盖设备。

2-02-14-03　电影工程技术人员

从事电影摄制工艺设计和设备配置安装的工程技术人员。

主要工作任务：

1. 进行电影摄制、录音、剪接、洗印、放映等工艺设计；

2. 进行设备配置、安装、调试；

3. 进行电影摄制新技术、新设备的研发、应用。

2-02-14-04　演艺设备工程技术人员

从事舞台机械和灯光、音响等演艺设备工程设计、管理并指导调试、检测、维护的工程技术人员。

主要工作任务：

1. 进行舞台机械和灯光、音响等演艺设备工程的论证、评估，制订项目计划书，进行项目可行性研究；

2. 编制剧场、音乐厅等演出场所演艺设备工程的技术方案，设定系统性能技术指标及功能要求，制订施工组织设计方案并组织实施；

3. 进行演艺设备工程的组织与合同、项目集成、质量、安全、健康、环境等管理工作；

4. 编制演艺设备工程的调试方法和检测规程，指导施工人员作业；

5. 进行演艺设备和工程的故障分析，编制维护方案和后期技术支持方案并组织实施；

6. 进行演艺设备工程收尾与后评价工作。

2-02-15（GBM 20215）
道路和水上运输工程技术人员

从事汽车运用、船舶运用、水上交通、道路交通、水上救助打捞、船舶检验和航标等的工程技术人员。

本小类包括下列职业：

2-02-15-01　汽车运用工程技术人员
2-02-15-02　船舶运用工程技术人员
2-02-15-03　水上交通工程技术人员
2-02-15-04　水上救助打捞工程技术人员
2-02-15-05　船舶检验工程技术人员
2-02-15-06　无线电航标操作与维护工程技术人员
2-02-15-07　视觉航标工程技术人员
2-02-15-08　道路交通工程技术人员

2-02-15-01　汽车运用工程技术人员

从事汽车安全经济运行、技术性能检测、技术维护、修理与改装等工作的工程技术人员。

主要工作任务：

1. 分析汽车在运行条件下性能变化的规律，指导汽车驾驶员、维修人员操作；

2. 制订或修订汽车运用、维修技术管理制度及汽车运行消耗、汽车维修经济技术定额；

3. 编制并管理车辆技术档案和车辆维修档案；

4. 制订并优化汽车维修工艺；

5. 组织实施汽车运用、维修技术管理；

6. 制订或修订汽车运用、维修技术标准和规范；

7. 推广应用汽车节油、节胎驾驶和绿色汽车维修技术，组织实施汽车维修节能减排综合改造；

8. 进行汽车运行、维修事故技术分析与鉴定。

2-02-15-02 船舶运用工程技术人员

从事船舶、海上设施及其设备的运行技术工艺研究、检测，指导维护、修理的工程技术人员。

主要工作任务：

1. 研究、应用船舶和海上设施的运行、检测与维修技术工艺，并指导操作；

2. 编制船舶主、辅机及其系统、锅炉及受压容器、电气设备及其他装置运行的技术标准和规范；

3. 组织检测、维修船体及设备、主辅机及其系统、电气设备、锅炉及受压容器等；

4. 研究、设计船舶运输系统的经济运行技术方案和组织实施方案。

2-02-15-03 水上交通工程技术人员

从事水上安全监督、污染防治、航海保障和水上通信的工程技术人员。

主要工作任务：

1. 进行船舶安全监督管理；

2. 防治船舶污染，进行危险货物水上运输安全监督管理；

3. 监督管理通航环境和秩序，发布航行通告或警告；

4. 进行水上交通安全事故、污染事故的调查、处理和统计分析；

5. 进行船员、引水员的培训、考核和评估；

6. 编制船舶交通工程和导航工程规划并组织实施；

7. 监测、管理船岸通信（VHF）、船舶交通服务（VTS）、船舶自动识别系统（AIS）、全球卫星定位系统（GPS）、海事数字电视监控系统（CCTV）等。

2-02-15-04 水上救助打捞工程技术人员

从事水上遇险遇难船舶、飞行器的生命财产救助打捞及水域环境救助技术设计和装备研制、维护、修理的工程技术人员。

主要工作任务：

1. 搜寻、救助水上遇险遇难船舶、飞行器及其人员；

2. 组织水上生命、环境、财产专业救助打捞；

3. 打捞、清除沉船、沉物；

4. 研究、设计、应用、维护、修理潜水、救捞装备；

5. 研究潜水生理，监督潜水作业，提供潜水员生命支持；

6. 进行水上溢油、污染物清除等水域环境保护。

2-02-15-05 船舶检验工程技术人员

从事船舶和船用产品的技术标准制订、图纸和技术文件审查、检验、试验的工程技术人员。

主要工作任务：

1. 制订、修订船舶和海上设施及其设备、材料、产品、船用集装箱的技术标准；

2. 审核、审查或认可船舶、海洋平台及设备和相关系统及产品的设计图纸、文件和工艺；

3. 检验、检测、试验或检定船舶和海上设施的结构、设备、系统及其产品，并签发法定证书；

4. 检验、认可集装箱及其配套零部件、材料，并签发认可证书和集装箱证书；

5. 检验、认可船舶和海上设施建造及修理用材料、设备及零部件，并签发认可证书和船用产品证书；

6. 审核、检查船舶营运状况及相应文件，并签发证书或报告。

2-02-15-06　无线电航标操作与维护工程技术人员

从事无线电航标设备、设施和系统操作、监测、维护、保养和检修的工程技术人员。

主要工作任务：

1. 操作、设置、调整无线电指向标/差分全球导航卫星系统、雷达信标、岸基自动识别系统、遥测遥控终端、供电系统；

2. 监测无线电指向标/差分全球导航卫星系统、雷达信标、岸基自动识别系统、遥测遥控终端、供电系统的运行状态；

3. 维护和保养无线电指向标/差分全球导航卫星系统、雷达信标、岸基自动识别系统、遥测遥控终端、供电系统、防雷系统、接地系统；

4. 检修无线电指向标/差分全球导航卫星系统、雷达信标、岸基自动识别系统、遥测遥控终端、供电系统、防雷系统、接地系统；

5. 指挥单控和双控河段上的船舶通行；

6. 组接无线电话机、电信号灯的电源线、天地线、闪光器及更换熔线管；

7. 解决复杂情况下船舶通行指挥的技术难题，进行意外情况下的应变处理；

8. 填写与船舶无线电导航及通行指挥有关的值班日志。

2-02-15-07　视觉航标工程技术人员

从事视觉航标设备、设施及电源、能源、防雷系统等附属装备、设施的布设、安装、检修、维护和保养的工程技术人员。

主要工作任务：

1. 布设、安装、调试视觉航标设备、设施及配套和附属装备；

2. 拆除和更换视觉航标设备、设施及配套和附属装备；

3. 检测、维护视觉航标设备、设施及配套和附属装备；

4. 编报视觉航标设备、设施维修计划，并进行施工作业；

5. 分析、判断和排除视觉航标设备故障；

6. 解决复杂情况下视觉航标技术难题，进行意外情况下的应变处理；

7. 研究制订视觉航标技术更新计划和实施方案。

2-02-15-08　道路交通工程技术人员

从事道路交通政策研究、规划设计、管理控制、安全评估的工程技术人员。

主要工作任务：

1. 进行道路交通政策研究；

2. 编制道路交通规划；

3. 制订道路交通控制方案，绘制管控

设计图；

4. 进行道路交通组织优化设计；

5. 进行道路交通安全分析与评估；

6. 编制道路交通设施的运营及养护标准和规范并组织实施；

7. 进行城市轨道交通规划、设计并指导运营。

2-02-16（GBM 20216）民用航空工程技术人员

从事民用航空器维修与适航、空中交通管理、飞行签派、通用航空生产的工程技术人员。

本小类包括下列职业：

2-02-16-01 民用航空器维修与适航工程技术人员

2-02-16-02 民航空中交通管理工程技术人员

2-02-16-03 民航通用航空工程技术人员

2-02-16-01 民用航空器维修与适航工程技术人员

从事民用航空器维修技术研发应用和初始及持续适航管理的工程技术人员。

主要工作任务：

1. 制订航空器维修大纲，编写维修和加装、改装及重大特修方案；

2. 研究、分析重大、多发性故障并组织处理；

3. 进行民用航空器航前、航后、过站及例行检查；

4. 分解、检查、装配和调试民用航空器系统及连接件；

5. 检验、修理、更换民用航空器结构件；

6. 维护、修理、改装民用航空器；

7. 检验、分解、修理、装配和试验民用航空器离位零部件、附件；

8. 监督检查民用航空器初始和持续适航状况和运行安全；

9. 进行民用航空器维修、初始和持续适航的应用研究和技术开发；

10. 登记注册民用航空器，办理民用航空器出口适航证。

2-02-16-02 民航空中交通管理工程技术人员

从事空中交通管制、航空器运行管理及空中交通技术保障的工程技术人员。

主要工作任务：

1. 进行民用航空器空中交通管制；

2. 传递、分析、处理航行情报；

3. 进行空中交通流量管理；

4. 设计民用航空器飞行程序；

5. 规划管理民用航空器飞行空域；

6. 进行飞行签派；

7. 评估设计机场建设有关空域、净空条件、通信导航监视和气象设施布局；

8. 进行空中交通管理的应用研究和技术开发；

9. 评估民用航空器运行性能；

10. 提供通信导航监视服务保障和技术支持。

2-02-16-03 民航通用航空工程技术人员

从事航空摄影、探矿、吊挂、监测、喷施等通用航空领域设备研发、技术管理和应用的工程技术人员。

主要工作任务：

1. 研发航空摄影、探矿、吊挂、监测、喷施等通用航空专业设备，进行设备适用性检测和试验；

2. 研究、改进航空作业技术方法，制订作业标准和规范；

3. 分析航空作业区域的地形、地表下资源相关资料及飞行前气象条件，并根据用户要求和航空器性能，编制航空摄影、探矿、吊挂、监测、喷施等作业方案；

4. 检查和调校航摄、探测、监测、喷施等航空作业仪器、设备；

5. 指挥飞行员，按照任务要求保持飞行状态，分析飞行时的气象条件，调整作业方案；

6. 在飞行过程中，操作航摄仪，按预设的航向、旁向重叠精度及清晰度等要求，进行地形地貌摄影；

7. 在飞行过程中，操作探测仪器，探测地表下资源分布情况；

8. 在飞行过程中，操作直升机绞车起放物体，保持吊挂物体的动态平衡，以及紧急状态下进行应急处置，指挥地面人员进行吊挂、吊装、卸载物体；

9. 在飞行过程中，收集监测物样本或操作监测仪器，进行监测物的种类、分布、浓度或密度等监测；

10. 准备、调制喷施物，编制化学处理的防护方案，在飞行过程中，操作喷施设备，在作业区域内进行喷施作业。

2-02-17（GBM 20217）铁道工程技术人员

从事铁路研究、规划设计、运输组织、生产制造、试验检测、设备维护及管理的工程技术人员。

本小类包括下列职业：

2-02-17-01 铁道运输工程技术人员 L
2-02-17-02 铁道机务工程技术人员
2-02-17-03 铁道车辆工程技术人员
2-02-17-04 铁道电务工程技术人员
2-02-17-05 铁道供电工程技术人员
2-02-17-06 铁道工务工程技术人员

2-02-17-01 铁道运输工程技术人员 L

从事铁路运输组织及客、货运营销规划、设计、管理和组织实施的工程技术人员。

主要工作任务：

1. 编制铁路运输发展规划和路网规划；

2. 管理铁路运输能力，制订设备运用方案，研究、设计车站与枢纽；

3. 编制、实施铁路运输计划、技术计划、列车运行图、列车编组计划，制订、实施客流组织、货流组织和车流组织方案；

4. 实施铁路调度指挥、组织、管理车站和列车的作业和服务；

5. 运用、管理铁路行车、客运、货运和装卸设备；

6. 制订、实施铁路客、货运产品营销策略及措施，制订、实施运价和保价运输方案；

7. 制订、实施铁路行车、客运、行包、货运技术标准和规范；

8. 管理铁路线路、车站运营基本条件和客货运输条件、质量；

9. 分析运输指标，管理铁路运输安全。

2-02-17-02 铁道机务工程技术人员

从事铁路机务运用管理及机车和机务设备设计、维修、试验、检验、监造的工程技术人员。

主要工作任务：

1. 制订铁路机务生产技术标准、规范并组织实施；

2. 组织、管理铁路机车运用、牵引、检修、整备、救援、调度和动车组运用等安全生产；

3. 分析铁路机务生产、安全、质量、能耗指标；

4. 制订铁路机车及部件技术标准、技术条件；

5. 设计、试验、检验、监造铁路机车及部件，提供生产和维修技术支持；

6. 制订铁路机车检修、整备设备和机务行车安全设备技术标准；

7. 设计、检查、验收铁路机车检修、整备设备和机务行车安全设备，提供生产技术支持；

8. 制订铁路机车运用、救援、施工方案，编制机车周转图，管理、运用列车牵引计算和试验，指导机车操纵技术。

2-02-17-03 铁道车辆工程技术人员

从事铁路车辆设计、试验检测、运用维修管理、生产技术指导的工程技术人员。

主要工作任务：

1. 研究、开发铁路车辆技术和产品，确定车辆整体及零部件技术条件；

2. 设计、应用铁路车辆产品的结构、工艺；

3. 制订铁路车辆及零部件制造、检测、运用技术标准，试验车辆性能，检查、验收产品质量；

4. 制订铁路车辆检修规程、流程；

5. 开发、应用铁路车辆检测、试验、化验、维修设备并提供生产技术支持；

6. 编制铁路车辆运用及设备检修计划，制订、实施车辆管理规程和工艺标准，分析技术指标；

7. 制订铁路车辆设备设施能力查定办法并组织实施；

8. 组织、实施铁路车辆设备运用、检修和技术改造。

2-02-17-04 铁道电务工程技术人员

从事铁路通信、信号系统及设备设计、试验检验、运用运行、维护管理、生产技术指导的工程技术人员。

主要工作任务：

1. 研究、设计铁路通信、信号技术，开发系统及设备；

2. 制订铁路通信、信号在用系统、设备及零部件的运用方式，制订质量检测标准；

3. 制订铁路通信、信号系统专业检修规程、流程；

4. 鉴定铁路通信、信号系统及设备运行质量，分析、处理系统及设备运行中的技术问题；

5. 组织实施铁路通信、信号设备技术改造；

6. 制订、实施铁路通信、信号设备的维护计划，并指导作业。

2-02-17-05 铁道供电工程技术人员

从事铁路牵引供电、自动闭塞供电技术和设备的设计、试验检测、维护管理、生产技术指导的工程技术人员。

主要工作任务：

1. 研发、设计铁路牵引供电系统及安全运行技术工艺，并提供设备制造、安装、施工的技术支持；

2. 研发、设计、试验检测、管理铁路牵引变电所、分区所、自耦变电所（AT所）、开闭所及其高低压电气设备，并提供安装、运行、维护技术支持；

3. 研发、设计、试验检测、管理电气化铁道接触网及设备，并提供安装、运行、维护技术支持；

4. 研发、设计、试验检测、管理铁路自动闭塞供电、电力供配电系统及设备，并提供安装、运行、维护技术支持；

5. 组织实施铁路牵引供电的调度指挥，制订铁路和轨道供电设备检修计划，组织实施设备故障抢修和检修作业；

6. 制订铁路供电技术标准、规范、规程。

2-02-17-06　铁道工务工程技术人员

从事运营铁路轨道、路基、桥隧等固定设施检测、监测、管理，指导养护维修的工程技术人员。

主要工作任务：

1. 制订轨道、路基、桥涵、隧道、线路防护设施、高铁自然灾害及异物侵限监测系统技术标准、检修规程、流程，并组织实施；

2. 编制、实施轨道、路基、桥涵、隧道、安全防护等固定设施维修计划和技术方案，指导维修作业；

3. 检测、监测轨道、桥梁、隧道和路基设备，测量铁路线路线形，观测路基、桥梁沉降，制订整治方案和防灾预案；

4. 指导、监造钢轨、道岔、大型养路机械等铁道工务产品生产；

5. 研究、应用钢轨焊接、钢轨探伤技术，指导铁路养路机械、机具运用和维护；

6. 进行铁道工务安全和铁路防洪管理，监护铁路工务设备施工安全；

7. 应用高铁自然灾害及异物侵限监测系统，并进行管理；

8. 组织应急救援和抢险作业，组织灾害设施复原；

9. 研究、应用铁路造林绿化和防沙治沙技术，管理铁道线路周边环境。

2-02-18（GBM 20218）

建筑工程技术人员

从事城乡规划设计，建筑物、构筑物、公园、道路、桥梁、港口与航道、铁路、机场等建筑项目设计、建造及管理的工程技术人员。

本小类包括下列职业：

2-02-18-01　城乡规划工程技术人员 L

2-02-18-02　建筑和市政设计工程技术人员 L

2-02-18-03　土木建筑工程技术人员

2-02-18-04　风景园林工程技术人员 L

2-02-18-05　供水排水工程技术人员 L

2-02-18-06　工程勘察与岩土工程技术人员

2-02-18-07　城镇燃气供热工程技术人员 L

2-02-18-08　环境卫生工程技术人员 L

2-02-18-09　道路与桥梁工程技术人员

2-02-18-10 港口与航道工程技术人员
2-02-18-11 民航机场工程技术人员
2-02-18-12 铁路建筑工程技术人员
2-02-18-13 水利水电建筑工程技术人员
2-02-18-14 爆破工程技术人员

2-02-18-01 城乡规划工程技术人员 L

从事城乡土地利用、空间布局、综合部署研究、规划、设计的工程技术人员。

主要工作任务：

1. 调研踏勘、收集分析城乡规划基础资料；

2. 编制城乡规划阶段性方案及技术文件；

3. 编制城镇体系规划、城市总体规划、乡镇总体规划、村庄规划及其详细规划；

4. 编制规划成果前期审查文件；

5. 进行城乡规划理论研究和应用技术研发；

6. 提供规划实施的咨询服务。

2-02-18-02 建筑和市政设计工程技术人员 L

从事建筑物、构筑物和市政工程设计，工程项目管理、咨询及技术服务的工程技术人员。

主要工作任务：

1. 研究、设计建筑和市政工程项目布局、风格、规模、功能，准备材料、造价和工期资料；

2. 收集工程项目环境、地质、水文等技术资料；

3. 分析、确定建筑和市政工程项目布局、功能设置、工艺流程、技术参数，进行结构选型和优化、系统选择、设备选型和安放、交通组织、环境美化；

4. 编制建筑和市政工程方案设计、初步设计和施工图设计文件；

5. 进行设计技术交底，提供建筑和市政工程项目建设过程的设计技术服务；

6. 提供建筑和市政工程项目策划、规划、立项等技术咨询服务。

2-02-18-03 土木建筑工程技术人员

从事工业与民用建筑、市政基础设施等建造施工、监督管理的人员。

主要工作任务：

1. 编制建设项目任务书、标书，组织工程招投标活动；

2. 编制和管理工程量清单、概算、预算和结算；

3. 编制工程施工技术文件，组织指导施工；

4. 管理施工进度，控制工程成本；

5. 编制质量专项方案，控制、检验评定工程质量；

6. 编制安全文明施工专项方案，管理施工安全；

7. 验收工程材料、设备；

8. 组织指导检验检测工程施工原材料、成品、半成品；

9. 收集整理工程施工技术资料。

2-02-18-04 风景园林工程技术人员 L

从事风景园林研究、规划、设计、施工、养护、运营管理和技术咨询的工程技术人员。

主要工作任务：

1. 编制大地景物、风景名胜区、遗产地、休闲游憩地、城市景观规划；

2. 编制城市园林绿地系统、公园体系、生物多样性保护规划；

3. 设计公园、绿地、景区景观；

4. 设计园林建筑、小品、植物景观、水景；

5. 进行园林生态修复和立体绿化；

6. 进行风景名胜区、公园和绿地的运营管理；

7. 进行风景园林工程施工管理和养护管理；

8. 进行园林植物应用和生物多样性保护；

9. 进行城镇园林古树名木鉴定和复壮保护；

10. 收集风景区和城镇环境、地质、水文、乡土植物等技术资料；

11. 编制风景园林项目招投标文件，组织工程招投标活动；

12. 编制风景园林项目工程量清单及概算、预算和结算资料；

13. 提供风景园林工程项目策划、规划、建设、管理等技术咨询服务。

2-02-18-05　供水排水工程技术人员 L

从事城镇和工矿企业供水、排水系统规划、设计、建设、运行、维护技术研发和技术支持的工程技术人员。

主要工作任务：

1. 编制供水水源选择方案、污水处理与排放方案，分析技术经济指标；

2. 研究城镇和工矿企业供水、排水系统的型式，编制供水厂、污水处理厂、污泥处置站、再生水厂和管网的布局方案；

3. 设计城镇和工矿企业供水、排水设施，编制施工方案，指导施工、监理和验收；

4. 预测城镇和工矿企业供水、排水的水质和水量，编制生产技术方案，指导生产运行；

5. 编制城镇和工矿企业供水、排水设施的维护方案，指导维护作业；

6. 编制城镇和工矿企业供水、排水和城镇排涝应急预案，指导应急处置；

7. 优化城镇自来水、再生水终端用户用水与排水方案，提供技术支持；

8. 研究、应用城镇和工矿企业供水、排水的新技术、新设备、新材料、新工艺。

2-02-18-06　工程勘察与岩土工程技术人员

从事建设场地的地质地理环境特征和岩土工程条件查明、分析、评价，提供工程勘察服务和岩土工程设计、咨询的工程技术人员。

主要工作任务：

1. 进行建设场地工程地质测绘与调查；

2. 勘察与评价建设场地水文地质状况；

3. 进行现场勘测、试验、工程物探测试的技术管理；

4. 测量和分析工程场地、地形地貌、建筑物；

5. 进行岩土工程的检测、监测与分析；

6. 探测建设场地地层、地下水、岩土层物理力学参数，分析地层结构与构造；

7. 进行室内试验及分析；

8. 进行岩土工程咨询、设计、治理；

9. 综合分析评价，编制工程勘察文件。

2-02-18-07　城镇燃气供热工程技术人员 L

从事城镇燃气供热系统规划、设计、建设、运行、维护技术研发和技术支持的工程技术人员。

主要工作任务：

1. 编制气源热源选择方案，分析技术经济指标；

2. 研究城镇燃气供热管网系统类型，编制管网布局方案；

3. 设计城镇燃气供热设施，编制施工方案，指导施工、监理和验收；

4. 预测城镇燃气供热负荷，制订城镇燃气供热系统生产技术方案，指导生产运行；

5. 制订城镇燃气供热设施维护方案，指导维护作业；

6. 制订城镇燃气供热应急预案，指导应急处置；

7. 优化城镇燃气终端用户用气方案，提供用气技术支持；

8. 研究、应用城镇燃气供热的新技术、新设备、新材料、新工艺。

2-02-18-08 环境卫生工程技术人员 L

从事城乡环境卫生系统规划、设计、建设、运行、维护技术研发和技术支持的工程技术人员。

主要工作任务：

1. 编制城乡环境卫生设施系统规划；

2. 研究、设计生活垃圾收集、运输、处理、处置和再利用方案，分析技术经济指标；

3. 设计城乡环境卫生设施施工图纸，编制施工方案，指导施工、监理和验收；

4. 研究、应用粪便、生活垃圾收集、运输、处理和再利用的工艺、技术和装备；

5. 研究清扫保洁、清冰除雪的工艺、技术和装备；

6. 选择环境卫生作业工艺，制订技术方案，提供技术指导；

7. 检测、分析设施、装备运行参数并指导运行；

8. 制订、修订设施和装备操作规程、技术标准。

2-02-18-09 道路与桥梁工程技术人员

从事道路、桥梁与隧道地下工程的规划、勘测、设计，并指导施工、养护的工程技术人员。

主要工作任务：

1. 规划、勘测道路线路位置；

2. 规划、勘测、设计道路、桥梁、隧道、涵洞并指导施工；

3. 研究、设计道路沿线的生态环境、古迹、景观保护方案；

4. 制订道路、桥梁、隧道、涵洞的施工规范和安全操作规程；

5. 制订施工方案并核算施工成本；

6. 检测、评定道路、桥梁、隧道、涵洞的交通安全性能；

7. 制订道路、桥梁、隧道、涵洞及附属设施的养护计划并指导管理、维修。

2-02-18-10 港口与航道工程技术人员

从事港口、航道、通航建筑物、修造船水工建筑物规划、勘测、设计、检测、维护，并指导施工的工程技术人员。

主要工作任务：

1. 进行码头、防波堤、护岸、船闸、升船机、船坞、船台、滑道等工程的规划、勘测、设计、检测并指导施工；

2. 进行航道整治、航道疏浚、导助航设施的规划、勘测、设计、检测并指导施工；

3. 进行海上空港、人工岛、跨海大桥

基础、海上风电塔基础、海岸核电取排水建筑物的勘测、设计、检测并指导施工；

4. 进行港口基础设施与航道的维护管理；

5. 制订并实施港口、航道等水运工程建设标准。

2-02-18-11　民航机场工程技术人员

从事民航机场工程规划、勘测、设计、技术管理并指导施工的工程技术人员。

主要工作任务：

1. 规划机场选址；

2. 编制机场总体规划和总平面规划；

3. 规划机场跑道方位和长度；

4. 分析预测起降飞机机型、数量、客货运输量，规划停机坪面积和形状；

5. 勘测、设计机场跑道和停机坪并指导施工、维修；

6. 进行机场助航设施的选型和定位；

7. 确定和管理机场周围净空范围。

2-02-18-12　铁路建筑工程技术人员

从事铁路基础设施勘测、设计、检测、技术管理并指导施工的工程技术人员。

主要工作任务：

1. 勘测、设计线路，确定轨道平纵面参数；

2. 设计、检测轨道结构、部件、防灾及安全防护设施，并指导施工；

3. 勘测、设计路基及安全防灾设施并指导施工，检测路基工程质量；

4. 勘测、设计桥梁、隧道及设备安全防灾措施并指导施工，试验、检测、鉴定桥梁、隧道运用条件及技术状态；

5. 设计、检测、评估铁路牵引供电系统和通信信号系统，并指导施工；

6. 制订系统调试方案，进行部件和系统功能调试及安全评估。

2-02-18-13　水利水电建筑工程技术人员

从事水库、水电站、引（供）水工程、灌排工程等水利水电工程及辅助设施规划、勘测、设计并指导施工的工程技术人员。

主要工作任务：

1. 调查水能开发、利用和农田水利运用状况；

2. 规划、勘测、设计水利水电工程；

3. 编制水利水电工程施工组织方案和概、预算；

4. 制订、实施水利水电工程施工技术标准、规范、规程，指导施工；

5. 进行水利水电工程招投标的技术工作。

2-02-18-14　爆破工程技术人员

从事爆破工程理论和技术研究，指导爆破工作的工程技术人员。

主要工作任务：

1. 研读地质勘查报告，分析爆破区周围爆破环境；

2. 制订爆破工程项目施工计划或方案；

3. 进行爆破工程项目现场技术指导；

4. 制订爆破安全技术措施并检查实施情况；

5. 制订盲炮处理技术措施，指导盲炮处理；

6. 参加爆破事故调查、处理。

2-02-19（GBM 20219）
建材工程技术人员

从事建筑材料、非金属矿及制品、无机非金属新材料等产品的研究、设计并指导生产的工程技术人员。

本小类包括下列职业：

2-02-19-01 硅酸盐工程技术人员

2-02-19-02 非金属矿及制品工程技术人员

2-02-19-03 无机非金属材料工程技术人员

2-02-19-01 硅酸盐工程技术人员

从事水泥、玻璃、陶瓷等硅酸盐建筑材料的产品、生产工艺、技术、装备等研发应用的工程技术人员。

主要工作任务：

1. 分析、研究原料、半成品、成品的矿物组成、特性及对产品的影响；

2. 研究、设计硅酸盐产品的生产技术和工艺装备及自动化控制系统；

3. 研究提高硅酸盐产品质量、保护环境及降低能耗、资源综合利用、清洁生产的方法；

4. 研究硅酸盐生产的技术动态信息和新技术，开发新产品；

5. 研发无害化协同处置城市生活垃圾、工业废弃物、危险废弃物、自来水污泥等作为生产硅酸盐产品原料或替代燃料的技术与装备；

6. 制订建筑材料工业的发展战略、规划、管理规程、规范、准入条件及标准；

7. 分析硅酸盐产品生产故障、质量及技术、设备问题，并提出处理意见；

8. 组织进行工业窑炉的热工标定和热平衡计算及环境检测；

9. 组织进行硅酸盐产品的生产、检验。

2-02-19-02 非金属矿及制品工程技术人员

从事石墨、萤石、石膏、云母等非金属矿及制品的生产技术、工艺、装备等研发应用的工程技术人员。

主要工作任务：

1. 分析、研究非金属矿的矿物组成及性能；

2. 研发、应用非金属矿的加工技术及生产工艺；

3. 研究提高非金属制品的质量及性能；

4. 研发、应用非金属制品的新产品、新技术、新工艺；

5. 研发非金属矿及制品的生产装备；

6. 制订非金属矿行业发展规划、管理规程及质量标准；

7. 分析处理非金属制品的生产技术问题，指导生产人员作业。

2-02-19-03 无机非金属材料工程技术人员

从事玻璃纤维、纤维增强材料、特种陶瓷、人工合成晶体等无机非金属材料及产品的生产技术、工艺、装备等研发应用的工程技术人员。

主要工作任务：

1. 研究、设计无机非金属材料的生产工艺；

2. 研究无机非金属材料的质量及性能；

3. 研究、应用无机非金属材料的新产品、新工艺、新技术；

4. 研究、应用无机非金属材料的生产装备和自动化技术；

5. 制订无机非金属材料发展规划、管理规程及质量标准；

6. 分析处理非金属材料的生产技术问题，指导生产人员作业。

2-02-20（GBM 20220）
林业工程技术人员

从事林业生态环境建设、森林培育、园

林绿化、天然林经营与保护、野生动物繁育、森林保护和森林开发、利用的工程技术人员。

本小类包括下列职业：

2-02-20-01　防沙治沙工程技术人员 L
2-02-20-02　森林培育工程技术人员 L
2-02-20-03　园林绿化工程技术人员 L
2-02-20-04　野生动植物保护利用工程技术人员 L
2-02-20-05　自然保护区工程技术人员 L
2-02-20-06　森林保护工程技术人员 L
2-02-20-07　木竹藤棕草加工工程技术人员
2-02-20-08　森林采伐和运输工程技术人员
2-02-20-09　经济林产品加工工程技术人员
2-02-20-10　林业资源调查与监测工程技术人员 L
2-02-20-11　园林植物保护工程技术人员 L

2-02-20-01　防沙治沙工程技术人员 L

从事防沙治沙工程规划、项目设计、技术指导、资源调查、监测评估的工程技术人员。

主要工作任务：

1. 编制防沙治沙工程规划、项目实施方案，进行作业设计；
2. 进行防沙治沙工程施工技术指导；
3. 监测、调查沙化土地，预测和判断沙化土地动态变化；
4. 监测、调查沙化地区自然资源，评估区域自然生态状况；
5. 依据沙化地区生态环境调查、监测、评估的结果，编制区域规划方案；
6. 制订沙化地区植被保护、资源清查、恢复和保护方案，并组织实施；
7. 推广防沙治沙新技术、新方法、新材料；
8. 进行沙障设置、植树造林、飞播造林、封山（沙）育林育草作业设计、施工管理、成效检查；
9. 进行沙化地区作业道路和相关配套基础设施调查、设计、指导施工。

2-02-20-02　森林培育工程技术人员 L

从事用材林、经济林、防护林、薪炭林、特用林等林木育种、苗木培育、树种栽培作业指导与技术管理的工程技术人员。

主要工作任务：

1. 编制林木良种壮苗繁育作业规划和实施方案；
2. 利用生物技术选育林木新品种，指导温室大棚工厂化育苗；
3. 制订主要林木、经济林木、竹林的优化栽培模式，确定抚育方式及经营措施；
4. 进行种子采集储存、壮苗培育及造林、抚育的规划设计、实施方案和作业设计，制订造林方式、幼林抚育和间伐等经营措施；
5. 开发和推广温室大棚工厂化育苗及造林绿化的新技术、新方法，制订造林、抚育工程检查及验收标准和方法；
6. 指导和管理造林、抚育施工作业；
7. 进行造林、抚育的效益监测与评价研究；

8. 制订造林、抚育和营造林设计、施工、监理技术规范。

2-02-20-03 园林绿化工程技术人员 L

从事园林绿地规划、园林植物种植设计和指导园林树木、花卉的繁育、栽培施工及养护的工程技术人员。

主要工作任务：

1. 进行园林绿化规划设计，园林植物种植和造景设计；

2. 指导园林植物的种植施工、养护管理；

3. 进行野生园林植物资源的调查、保护、开发和利用；

4. 指导建立园林植物的良种繁育及育种基地，研究、开发园林植物苗圃、温室、大棚等生产的使用管理技术；

5. 调查园林绿地的生态环境效益、社会效益，设计改善方案；

6. 进行园林绿化工程的施工与养护管理和技术指导；

7. 进行园林绿化工程概算、预算及结算编制。

2-02-20-04 野生动植物保护利用工程技术人员 L

从事野生动植物拯救、保护、驯养、繁育和开发利用的工程技术人员。

主要工作任务：

1. 调查、监测和评估野生动植物及其生存环境，制订拯救保护措施；

2. 制订野生动物保护利用的总体规划、经营方案、技术措施；

3. 研究问题野生动植物与社区关系，制订防控措施；

4. 调查、监测、分析野生动植物的生态习性和生物学规律；

5. 研究野生动植物驯化、饲养、繁殖、育种技术和管理措施；

6. 研究、应用野生动植物产品测定、分析、储藏技术。

2-02-20-05 自然保护区工程技术人员 L

从事自然保护区规划设计，生物多样性研究、保护和资源监测的工程技术人员。

主要工作任务：

1. 调查和监测野生动植物物种；

2. 保护利用自然资源，保护生物多样性；

3. 保护、管理、利用森林、湿地、荒漠资源以及野生动植物栖息地景观资源，进行自然保护区规划设计；

4. 规划、设计自然保护区科普教育设施；

5. 进行野生动植物资源及栖息地保护与开发利用的技术指导。

2-02-20-06 森林保护工程技术人员 L

从事森林火险预测预报、林火阻隔、火情监测、防火通信、森林火灾扑救与损失评估、航空护林与林业有害生物防治等的工程技术人员。

主要工作任务：

1. 开发、应用森林火险预测预报、林火阻隔、生物防火林带工程和营林用火等技术；

2. 应用卫星、航空、地面瞭望台和地面调查等方式进行火情和林业有害生物灾情监测；

3. 应用地理信息辅助决策系统，制订扑火和林业有害生物防治技术措施；

4. 研制、维护管理和推广应用防火扑

火、林业有害生物防治机具设备；

5. 研究、预测森林火灾、林业有害生物发生发展规律和发生趋势；

6. 研究、推广使用林业有害生物监测调查、鉴定识别、预测预报等技术；

7. 研究、推广使用林业植物检疫检验、除害处理等技术；

8. 研究、推广使用以生物农药、低毒低残留农药等为主的无公害防治、应急防治等技术。

2-02-20-07　木竹藤棕草加工工程技术人员

从事木竹藤棕草等材料加工工艺研发、设计的工程技术人员。

主要工作任务：

1. 设计木竹藤棕草及其复合材料、生物质塑料复合材料的加工工艺；

2. 开发制材、木材干燥、木材漂白、木材染色、木材防腐、木材阻燃、木材改性、木材削片生产的新工艺、新技术；

3. 开发木竹藤棕草及其复合材料制品、生物质塑料复合材料制品的新工艺、新技术；

4. 研发、设计木竹藤棕草结构和制品的生产加工工艺；

5. 研究木竹藤棕草及其复合材料、生物质塑料复合材料加工设备、产品质量检验技术与标准。

2-02-20-08　森林采伐和运输工程技术人员

从事森林资源开发、采伐、利用规划设计、工程设计和技术指导的工程技术人员。

主要工作任务：

1. 编制森林资源开发与利用方案；

2. 进行伐区调查、伐区工艺设计与收益计算；

3. 确定森林采伐方式，进行采伐、集材、运材工艺设计及装车场、贮木场的工程设计；

4. 进行木材陆运和水运工程设计；

5. 进行森林采伐和运输的生产技术指导；

6. 进行采伐迹地更新方案设计、施工指导与技术管理。

2-02-20-09　经济林产品加工工程技术人员

从事经济林产品生产开发、加工工艺设计的工程技术人员。

主要工作任务：

1. 研究、开发经济林和森林植物原料产品采收与贮藏的新技术、新方法和采收后预处理和贮藏保鲜新技术；

2. 进行经济林产品加工工艺流程及其深加工工艺设计和技术经济效益评价；

3. 研究、开发干果、木本油脂、木本药材、木本调香料的加工工艺和深加工工艺；

4. 研究、开发名特天然药用植物、天然化工原料植物的精细加工和深加工工艺；

5. 研究、开发树木提炼物加工、水解与生物化学加工、木材热解加工工艺和深加工工艺；

6. 研究、开发木浆生产工艺和木浆生产原料基地化生产技术；

7. 进行经济林产品加工工程技术指导和评价检测。

2-02-20-10　林业资源调查与监测工程技术人员 L

从事林业资源调查、规划设计及生态状况动态监测与分析的工程技术人员。

主要工作任务：

1. 进行森林、林木、林地和森林生态系统等林业资源的区划、调查、监测；

2. 进行林业生态工程的规划、设计；

3. 进行林业资源数量、质量和空间位置等核查；

4. 编制森林经营方案和生产作业计划，制订森林资源可持续经营方案；

5. 研究、应用森林资源经营管理技术；

6. 制订林业资源及其生态状况调查、监测技术标准规范，进行成果检查与验收。

2-02-20-11 园林植物保护工程技术人员 L

从事园林植物有害生物测报、检疫、防治实用技术研究、推广与应用的工程技术人员。

主要工作任务：

1. 研究园林植物有害生物发生规律和生物防治技术；

2. 选育有害生物抗性寄主植物；

3. 进行有害生物疫情测报；

4. 进行园林植物有害生物防治药剂研发、药效试验、使用技术研究，监测、治理有害生物抗药性；

5. 研究综合防治技术体系，防控园林植物有害生物；

6. 研究、开发园林植物生物制品。

2-02-21（GBM 20221）
水利工程技术人员

从事水资源勘测利用、水生态及江河治理、防汛抗旱、水利工程管理的工程技术人员。

本小类包括下列职业：

2-02-21-01 水资源工程技术人员 L

2-02-21-02 水生态和江河治理工程技术人员 L

2-02-21-03 水利工程管理工程技术人员

2-02-21-04 防汛抗旱减灾工程技术人员 L

2-02-21-01 水资源工程技术人员 L

从事水资源调查评价、开发利用、配置调度、保护及水文勘测、预警预报等工作的工程技术人员。

主要工作任务：

1. 进行水资源调查评价、水资源论证；

2. 编制水资源规划和水量分配、水量调度方案；

3. 开发、利用水资源，保护水资源；

4. 勘测、收集水文资料并进行分析和整理；

5. 进行水文、水资源预报、预测；

6. 提供水文、水资源资料咨询服务。

2-02-21-02 水生态和江河治理工程技术人员 L

从事水生态保护与修复、江河湖库综合治理和水土流失治理的工程技术人员。

主要工作任务：

1. 保护与修复水生态，进行江河湖库健康评估；

2. 研究、分析江河冲淤变形规律，进行变化预测，提出治理措施；

3. 研究、分析泥沙淤积情况，提出清淤和泥沙利用方法；

4. 监测和防治水土流失，提出水土流失治理规划及工程措施。

2-02-21-03 水利工程管理工程技术人员

从事水利工程及设施管理、水利工程移

民管理等工作，维护水利工程运行的工程技术人员。

主要工作任务：

1. 编制并执行水利工程管理规划与计划；

2. 进行水利工程及设施的管理、维修和养护，指导操作人员作业；

3. 进行河流、湖泊等水域及其岸线的管理和保护；

4. 制订水利工程运行调度方案，并组织实施；

5. 编制和实施水利工程移民安置方案，进行后期扶持。

2-02-21-04 防汛抗旱减灾工程技术人员 L

从事防汛抗旱和水旱灾害防御工作，编制防汛抗旱应急预案，实施防汛抗旱应急调度的工程技术人员。

主要工作任务：

1. 进行防汛抗旱工程措施和非工程措施的技术管理；

2. 实施防汛抢险及抗旱减灾应急预案和应急调度，进行突发处置；

3. 监督检查山洪灾害易发区、重点大中型水库、蓄滞洪区及主要行洪河道等防汛预案的执行；

4. 进行防汛机动抢险队和抗旱服务组织建设与物资管理，指导操作人员作业；

5. 收集实时汛情、旱情和灾情，提出应对措施。

2-02-22（GBM 20222）
海洋工程技术人员

从事海洋调查与监测，海洋环境预报，海洋资源开发利用和保护，海洋工程勘察设计、咨询与监理的工程技术人员。

本小类包括下列职业：

2-02-22-01 海洋调查与监测工程技术人员 L

2-02-22-02 海洋环境预报工程技术人员 L

2-02-22-03 海洋资源开发利用和保护工程技术人员 L

2-02-22-04 海洋工程勘察设计工程技术人员

2-02-22-05 海水淡化工程技术人员

2-02-22-06 深潜工程技术人员

2-02-22-01 海洋调查与监测工程技术人员 L

从事海洋环境要素调查、海洋生态环境监测的工程技术人员。

主要工作任务：

1. 调查海岸带、海岛、近海、大洋、极区，研究、分析、处理资料；

2. 监测、观测海洋水文、海洋气象、海洋大气、海洋水体、海洋底质、海洋生物体、海洋灾害及海上目标；

3. 设计、研制、试验、计量、维修海洋调查、监测、观测、遥感遥测等海洋仪器设备；

4. 接受、标定、处理、分发和应用海洋遥感资料；

5. 进行新型遥感载荷预研和技术指标论证。

2-02-22-02 海洋环境预报工程技术人员 L

从事海洋环境、海洋灾害信息分析、预报、预警的工程技术人员。

主要工作任务：

1. 收集、存储、分析海洋环境与资源

数据资料，制订海洋信息提取及编码规范；

2. 建立数据库及专家系统、海洋地理信息系统；

3. 进行风暴潮、海浪、潮汐、海温、海冰、海啸、赤潮、漂油等海洋环境或海洋灾害预报预警、灾害评估和风险区划；

4. 建设、管理、维护海洋信息库、预报产品平台，进行海洋环境数值预报产品释用；

5. 提供海洋环境或海洋灾害决策信息咨询服务。

2-02-22-03　海洋资源开发利用和保护工程技术人员 L

从事海洋资源评价、利用，海洋生态修复的工程技术人员。

主要工作任务：

1. 调查、勘察、论证和评估海洋矿产、海洋油气等海洋资源；

2. 研究、应用海洋风能、潮汐能、波浪能、海流能、海洋温差及盐差等可再生海洋能源开发利用技术；

3. 进行海岸侵蚀、海水入侵、土壤盐碱化等海洋地质灾害风险评价与区划；

4. 调查、监测海岸带、海岛、滨海湿地、海洋保护区和其他特定生态系统，指导保护与修复；

5. 研究、应用海洋防腐、防污、防侵蚀技术；

6. 进行海洋功能区划和海洋开发、利用与保护规划的研究；

7. 防治海洋有机物污染、溢油、核污染及其他海洋污染；

8. 编制海洋环境影响评价和海域使用论证报告、海洋倾倒区选划报告。

2-02-22-04　海洋工程勘察设计工程技术人员

从事海洋工程勘察、设计、咨询服务的工程技术人员。

主要工作任务：

1. 进行海洋、海底勘察，编制勘察报告；

2. 编制沿岸工程、离岸工程及海岛开发规划；

3. 进行海洋工程的可行性研究和专题研究；

4. 制订海洋工程设计方案并指导实施；

5. 提供海洋工程勘察和设计、咨询服务。

2-02-22-05　海水淡化工程技术人员

从事海水淡化、海水直接利用、海水化学资源利用、海水净化工程规划、设计、设备研制和运行管理的工程技术人员。

主要工作任务：

1. 进行海水淡化与综合利用工程规划制订、可行性研究、技术经济评价和节能评估；

2. 进行海水淡化与综合利用工程选址、设计、调试和施工安装指导；

3. 研制海水淡化与综合利用工程专用设备；

4. 进行海水淡化与综合利用工程专用工艺的小试、中试，检验调试设备的性能；

5. 分析、处理海水淡化与综合利用设施运行问题，指导操作人员作业；

6. 提供海水淡化与综合利用工程技术咨询服务。

2-02-22-06　深潜工程技术人员

从事深潜装备及辅助装置研制、使用、

维护，应用深潜装备进行科学考察的工程技术人员。

主要工作任务：

1. 研究、设计深潜器及其他深海调查装备并指导制造；

2. 编制深潜器及其他深海调查装备应用技术规范、规程；

3. 集成、优化深潜器及其他深海调查装备；

4. 试验、改造深潜器及其他深海调查装备；

5. 驾驶深潜器进行海洋科学考察；

6. 进行深潜器海上调试、释放和回收；

7. 维护、保养深潜器及其他深海调查装备。

2-02-23（GBM 20223）纺织服装工程技术人员

从事纺纱、织造、染整、化学纤维制造、非织造、服装加工等工艺开发、设计，以及生产指导的工程技术人员。

本小类包括下列职业：

2-02-23-01　纺织工程技术人员
2-02-23-02　染整工程技术人员
2-02-23-03　化学纤维工程技术人员
2-02-23-04　非织造工程技术人员
2-02-23-05　服装工程技术人员

2-02-23-01　纺织工程技术人员

从事纱线、制丝、织造生产工艺设计，生产流程管理，产品设计，质量控制等工作的工程技术人员。

主要工作任务：

1. 研究、开发纱线、制丝、织物新产品、新工艺、新技术及再生资源综合利用的方法；

2. 制订纱线、制丝、织物生产工艺流程并组织实施；

3. 依据原料、品种的变化，调整工艺参数；

4. 组织实施纱线、制丝、织物原料、半制品、成品的理化试验与分析；

5. 制订纱线、制丝、织物半制品、成品的生产质量标准及生产人员的操作规范，并指导应用；

6. 制订生产过程的质量监控措施，并组织实施；

7. 参与设备安装、调试、维修的验收工作。

2-02-23-02　染整工程技术人员

从事纺织品的印染前处理、染色、印花、后整理等技术研究开发、工艺设计、生产组织与质量控制的工程技术人员。

主要工作任务：

1. 研究、开发、应用纺织品印染整理的新技术、新工艺，设计生产工艺流程；

2. 组织实施染化料、助剂、半制品、成品的试验、化验与中试、大试；

3. 制订纺织品染整生产的加工工艺技术要求及相应的操作规程；

4. 制订染整加工过程的质量保证措施，并组织实施应用；

5. 分析诊断染整生产过程中的产品质量问题，提出处理意见和改进办法，并组织实施；

6. 制订染整企业环境保护及再生资源综合利用等技术措施，并组织实施；

7. 参与设备安装、调试、试生产及验收工作。

2-02-23-03 化学纤维工程技术人员

从事以天然、合成的纤维单体及聚合物为原料，对经化学、物理方法制成纤维及材料的技术、生产工艺进行研究、开发及设计生产流程、组织生产等工作的工程技术人员。

主要工作任务：

1. 研究、开发、应用化学纤维及材料的新产品、新工艺、新技术；

2. 设计调整化学纤维及材料的生产工艺及流程；

3. 分析、处理生产技术问题，指导生产人员的操作；

4. 制订化学纤维及材料生产中各道制品的质量标准及生产人员的操作规程并指导应用；

5. 制订质量控制措施并组织实施；

6. 制订环保再生资源综合利用等技术措施并组织实施；

7. 组织或参与设备的安装、维修、测试的验收工作。

2-02-23-04 非织造工程技术人员

从事以天然纤维、化学纤维、高分子聚合体等为原料，制成非织造布的生产工艺、流程的研究、开发、设计、组织生产等工作的工程技术人员。

主要工作任务：

1. 研究、开发非织造布的新产品、新工艺、新技术；

2. 设计调整非织造布的生产工艺、生产流程；

3. 分析、处理非织造布生产技术问题，指导生产人员的操作；

4. 制订非织造布生产中的质量标准及生产人员的操作标准，并指导应用；

5. 组织、参与生产设备的技术改造和设备安装、维修、测试的验收工作；

6. 研究环境保护、再生资源综合利用方法，拓展非织造布新应用领域，推广应用新技术。

2-02-23-05 服装工程技术人员

从事服装成衣生产工艺设计，加工技术研究、开发、应用，生产流程管理和生产技术指导的工程技术人员。

主要工作任务：

1. 研究、开发、应用服装成衣生产新工艺、新技术；

2. 制订服装面料辅料、工艺技术标准，并在样品试制过程中调整工艺参数；

3. 进行服装产品生产工艺设计并指导生产；

4. 制订服装半制品、成品的生产质量标准及生产人员的操作规程，并指导应用；

5. 监管服装生产过程，分析、处理技术问题，控制产品质量；

6. 参与生产设备的技术改造和设备的安装、维修、测试及验收工作。

2-02-24（GBM 20224）

食品工程技术人员

从事食品原辅材料、工业产品、工艺技术和专用装备研发，生产流程管理和生产技术指导的工程技术人员。

本小类包括下列职业：

2-02-24-00 食品工程技术人员

2-02-24-00 食品工程技术人员

从事食品原辅材料、工业产品、工艺技术和专用装备研发，生产流程管理和生产技术指导的工程技术人员。

主要工作任务：

1. 研究、分析农、林、牧、渔业的食品原料，开发食品资源；

2. 研究、设计食品加工工艺、车间布局，并进行技术指导；

3. 研究、设计食品加工、包装、贮运机械设备，并指导应用；

4. 研究、应用食品贮存和运输技术；

5. 研究、利用天然资源开发新资源食品；

6. 监控、管理食品加工过程，分析解决生产技术问题；

7. 制订、修订产品标准、检测方法，进行食品营养分析和产品质量检测。

2-02-25（GBM 20225）
气象工程技术人员

从事大气特性、大气现象、大气运动以及气象环境、气候变化的探测、研究、预报、预测和应用服务的工程技术人员。

本小类包括下列职业：

2-02-25-01 气象观测工程技术人员 L
2-02-25-02 天气预报工程技术人员 L
2-02-25-03 气候监测预测工程技术人员 L
2-02-25-04 气象服务工程技术人员 L
2-02-25-05 人工影响天气工程技术人员
2-02-25-06 防雷工程技术人员

2-02-25-01 气象观测工程技术人员 L

从事大气以及陆地、海洋、空间等领域中与气象相关的物理过程、化学过程和生态过程信息观测的工程技术人员。

主要工作任务：

1. 运用卫星、气象雷达、自动气象站等气象装备、设施获取大气以及陆地、海洋、空间等领域中与气象相关的物理过程、化学过程和生态过程信息；

2. 控制观测数据质量，加工制作观测数据产品；

3. 进行观测仪器装备运行监控、维修保障、计量检定。

2-02-25-02 天气预报工程技术人员 L

从事气象信息研究、分析，制作天气预报的工程技术人员。

主要工作任务：

1. 运用气象资料、技术和方法，进行天气分析，制作短期、中期和长期气象要素预报及灾害性天气落区预报；

2. 跟踪监视天气演变，制作责任范围内短时和临近天气预报；

3. 制作、发布灾害性天气警报和气象灾害预警；

4. 制作空气污染气象条件、空气质量和重污染天气预报、预警；

5. 研发、应用天气预报新技术、新方法。

2-02-25-03 气候监测预测工程技术人员 L

从事气候、气候变化、重大气候事件及其影响的监测、诊断、预测、评估的工程技术人员。

主要工作任务：

1. 监测、诊断、分析气候、气候变化状况、重大气候事件，揭示气候与气候变化特征和规律；

2. 进行月、季、年等气候变化的研究、

预测和预估；

3. 分析、评估气候与气候变化和重大气候事件对国民经济和社会活动的影响；

4. 进行气象灾害及重污染气象条件气候趋势和重大过程预测；

5. 研发气候监测预测新技术、新方法；

6. 进行国家重点建设工程和大型太阳能、风能等开发项目气候可行性论证。

2-02-25-04 气象服务工程技术人员 L

从事气象服务产品研究、设计、制作以及相关技术开发的工程技术人员。

主要工作任务：

1. 运用气象观测、预报预测信息和其他信息，研究、设计、加工制作气象服务产品；

2. 运用公共气象服务平台和信息传播技术，提供气象咨询服务，评估气象服务效果；

3. 发布气象灾害监测预警信息，提供气象灾害防御建议，调查、评估气象灾害灾情；

4. 研究、应用气象灾害影响预报及评估技术；

5. 研究、应用农业、交通、环境、地质灾害、海洋、水文、能源、旅游、公共卫生等领域专业气象服务技术，提供气象服务产品及咨询服务，进行气象防灾减灾科学知识普及。

2-02-25-05 人工影响天气工程技术人员

从事人工增雨雪、防雹、消雾等人工影响天气作业条件监测预报、作业指挥和作业实施的工程技术人员。

主要工作任务：

1. 运用飞机、卫星、雷达等观测和分析技术，进行空中云水资源监测评估和人工增雨雪、防雹、消雾等人工影响天气作业条件监测、识别；

2. 运用数值模拟技术，进行人工影响天气作业条件预报、分析，制作、发布作业条件预报产品；

3. 进行人工增雨雪、防雹、消雾等作业方案设计、作业指挥和效果评估；

4. 运用飞机等设备实施人工影响天气作业，观测记录作业前后的气象宏、微观信息，记录报送作业信息，维护作业设备；

5. 采集、处理、存储和分析观测数据，操作、维护人工影响天气观测设备；

6. 研究、应用人工影响天气新技术、新方法、新装备。

2-02-25-06 防雷工程技术人员

从事雷电灾害防御技术研发、工程设计、检测、评估并指导施工的工程技术人员。

主要工作任务：

1. 进行大型建设工程、重点工程、爆炸和火灾危险环境、人员密集场所雷电灾害风险评估；

2. 调查灾害事故发生现场，提出雷电灾害鉴定意见，分析雷电灾害成因；

3. 设计防雷工程方案，指导防雷工程施工；

4. 检测在建和已投入使用工程项目防雷装置技术性能；

5. 研发防雷产品，测试防雷产品技术指标和性能。

2-02-26（GBM 20226）

地震工程技术人员

从事地震理论和应用研究、防震减灾技

术研究，地震监测和预报，应急救援和安全性评价的工程技术人员。

本小类包括下列职业：

2-02-26-01 地震监测预测工程技术人员

2-02-26-02 地震应急救援工程技术人员

2-02-26-03 地震安全性评价工程技术人员

2-02-26-01 地震监测预测工程技术人员

从事地震监测和地壳形变、大地电磁场、地下流体等信息采集、加工、处理并提出预测意见的工程技术人员。

主要工作任务：

1. 安装、调试及标定地震监测仪器，维护地震观测系统运转；

2. 采集地震信息，确定地震参数，编制地震观测报告和地震目录；

3. 监测、采集固体潮、地形变、地应力场、大地电磁场、地下流体变化，获取地震背景场信息；

4. 勘选观测台址，优化、改造地震观测技术系统；

5. 安装、调试、维护地震烈度速报及地震预警系统；

6. 判定中长期地震危险区域，划定地震重点监视防御区；

7. 监视、处理、分析地震监测数据变化，处理异常信息，判定地震趋势发展，提出地震短临预测意见，跟踪分析地震序列，判定震后趋势；

8. 研究、应用地震活动性异常提取和判别技术、地震前兆异常提取和判别技术；

9. 采集、汇总、分析、处置社会地震预测意见。

2-02-26-02 地震应急救援工程技术人员

从事地震应急准备、应急响应、应急处置，地震搜救技术、方法推广应用，地震灾害现场救援指导的工程技术人员。

主要工作任务：

1. 值守地震应急，收集、汇总、处理地震灾情信息；

2. 设计、绘制人员搜救重点区域分布图、重点目标和重要基础设施分布图等专用图件；

3. 设计、维护应急指挥大厅平台、数据库、卫星通信网、应急指挥车、现场应急装备等技术系统，并提供技术支持；

4. 设计、运行、维护防震减灾公益服务平台等；

5. 指导地震应急预案编制、修订、实施、演练，评估实施效能；

6. 判定地震灾害现场环境安全性，制订地震搜索、营救技术方案；

7. 指导并实施地震灾害现场人工搜索、犬搜索、仪器搜索；

8. 调查地震现场灾情，评定地震烈度区，评估灾害损失；

9. 指导地震应急避难场所规划设计、功能设计、人员疏散预案及运行维护方案编制；

10. 培训国内外地震灾害救援专业队员和志愿者，普及防震避险知识和技能。

2-02-26-03 地震安全性评价工程技术人员

从事建设工程及城镇场地地震地质环境调查、条件勘测，确定地震动参数并评价灾害影响的工程技术人员。

主要工作任务：

1. 调查、分析工程场地及周围地震活动与地震构造环境；

2. 勘测场地地震地质条件，分析、评价潜在地震地质灾害；

3. 分析、计算工程场地地震危险性；

4. 计算场地土层地震反应，给出场地地震动参数；

5. 编制地震区划和地震小区划；

6. 进行地震活断层探测与危险性评价；

7. 进行工程结构抗震鉴定与评价，指导城乡建设工程抗震设防。

2-02-27（GBM 20227）
环境保护工程技术人员

从事环境状态和结构改变、环境质量下降、环境功能衰退等过程监督管理、调查研究、分析监测及环境污染控制、治理与环境修复的工程技术人员。

本小类包括下列职业：

2-02-27-01 环境监测工程技术人员 L

2-02-27-02 环境污染防治工程技术人员 L

2-02-27-03 环境影响评价工程技术人员 L

2-02-27-04 核与辐射安全工程技术人员 L

2-02-27-05 核与辐射监测工程技术人员 L

2-02-27-06 健康安全环境工程技术人员 L

2-02-27-01 环境监测工程技术人员 L

从事环境变化监视、检测及其对人体健康和生态系统影响评价的工程技术人员。

主要工作任务：

1. 分析、评价区域环境质量；

2. 进行区域地表水环境质量、城市饮用水源地水质、城市空气质量、酸沉降监测，农村环境和环境背景值监测，近岸海域、物理和生态环境监测；

3. 进行重点监控企业监督、监测和建设项目竣工环境保护验收、监测；

4. 提供环境污染事故现场应急监测和技术指导；

5. 开发建设区域环境监测技术体系，提供区域环境监测网络和监测质量技术支持。

2-02-27-02 环境污染防治工程技术人员 L

从事环境污染防治工程设计、咨询，环境工程施工指导、监督，环境保护设施维护的工程技术人员。

主要工作任务：

1. 进行环境污染防治工程设计；

2. 提供环境污染防治工程设计、环境保护技术、设备招标采购咨询服务；

3. 指导、监督环境工程施工，维护环境保护设施。

2-02-27-03 环境影响评价工程技术人员 L

从事规划和建设项目环境影响评价、技术评估和环境保护验收、监测、调查的工程技术人员。

主要工作任务：

1. 进行环境现状调查；

2. 进行建设项目工程分析，识别建设项目或规划方案环境影响因素；

3. 预测、评价建设项目或规划方案环境影响；

4. 制订建设项目或者规划方案的环境保护措施；

5. 编制建设项目环境影响评价文件和规划方案环境影响报告书；

6. 编制建设项目竣工环境保护验收、监测、调查报告；

7. 编制建设项目环境影响或规划方案环境影响技术评估报告。

2-02-27-04 核与辐射安全工程技术人员 L

在核能和核技术应用及为核与辐射安全提供技术服务的单位中，从事核与辐射安全工作的工程技术人员。

主要工作任务：

1. 实施核与辐射安全法律法规要求和核与辐射安全许可证条件的相关技术工作；

2. 进行核与辐射质量保证工作，编制质量保证大纲等质量保证文件、程序，组织或参与质量保证、质保监察活动；

3. 进行辐射防护工作；

4. 进行民用核设施操纵人员培训、考核、执照申请、授权；

5. 操纵核反应堆运行；

6. 进行辐射环境监测与评价。

2-02-27-05 核与辐射监测工程技术人员 L

从事核与辐射监测规划、标准、导则、监测方案、监测报告编制和监测质量保证、数据分析与评价、技术研究、设备研发的工程技术人员。

主要工作任务：

1. 编制核与辐射监测规划；

2. 编制核与辐射标准、导则；

3. 编制核与辐射监测方案，出具监测报告；

4. 进行核与辐射监测质量保证；

5. 分析、评价核与辐射监测数据；

6. 编制核与辐射监测月报、季报、年报；

7. 研究、应用核与辐射监测技术；

8. 研究、开发核与辐射监测设备。

2-02-27-06 健康安全环境工程技术人员 L

从事企业健康安全环境（HSE）研究、设计、分析、评价、监督的工程技术人员。

主要工作任务：

1. 研究生产、储运等过程对健康安全环境的影响；

2. 进行生产、储运等过程健康安全环境工作现场分析，列出健康安全环境风险产生的原因、后果，制订应对风险的措施；

3. 进行生产、储运等过程健康安全环境评价，提出技术改进措施；

4. 进行工作现场健康安全环境监督，制订应急预案；

5. 通报健康安全环境危险信息，制订预防措施；

6. 进行健康安全环境教育和技术培训，组织实施健康安全环境考核；

7. 研究、设计生产、储运工艺的健康安全环境。

2-02-28（GBM 20228）
安全工程技术人员

从事安全防范设计评估、消防、安全生产管理、安全评价、房屋鉴定和防伪等工作的工程技术人员。

本小类包括下列职业：

2-02-28-01 安全防范设计评估工程技术人员

2-02-28-02 消防工程技术人员

2-02-28-03 安全生产管理工程技术人员

2-02-28-04 安全评价工程技术人员

2-02-28-05 房屋安全鉴定工程技术人员

2-02-28-06 防伪工程技术人员

2-02-28-01 安全防范设计评估工程技术人员

从事安全防范系统工程规划、设计，安全防范风险和系统防护效能评估并指导实施的工程技术人员。

主要工作任务：

1. 识别、分析和评价被防护对象的安全防范风险，编制系统建设规划；
2. 研究、设计被防护对象、系统自身的防护方案和系统工程施工技术方案；
3. 制订系统工程施工方案和施工计划，并指导工程施工；
4. 编制系统操作手册和报警处置预案；
5. 分析、评价系统防护效能，并出具评价报告；
6. 进行安全防范技术咨询。

2-02-28-02 消防工程技术人员

从事消防规划、工程设计、产品研发、安全评估、检测监测、技术咨询、施工管理的工程技术人员。

主要工作任务：

1. 编制消防规划；
2. 进行消防工程设计、施工管理；
3. 进行消防安全监测与检查；
4. 研究、设计建筑防火材料、构件和消防产品；
5. 进行消防设施技术检测和维修、保养；
6. 进行消防安全技术咨询和消防安全评估；
7. 进行火灾事故技术分析；
8. 组织消防安全管理与技术培训。

2-02-28-03 安全生产管理工程技术人员

从事安全生产工作计划、组织、实施、监督、检查的工程技术人员。

主要工作任务：

1. 制订安全生产工作思路，落实安全生产事项；
2. 制订安全生产计划、目标、岗位安全操作规程并指导实施；
3. 组织编制安全技术措施应用和安全培训方案；
4. 制订安全检查计划，监督、检查安全生产状况，进行事故危害预防预测，分析、评估、处理事故，进行伤亡事故统计、报告；
5. 制订、评估重大隐患的整改方案；
6. 组织编写生产安全事故应急预案，组织生产安全事故应急演练；
7. 进行职业卫生预防预测。

2-02-28-04 安全评价工程技术人员

从事生产安全风险度分析、事故影响范围预测、损害程度估算并制订防范措施的工程技术人员。

主要工作任务：

1. 收集案例资料，编制生产安全危险有害因素辨识、分析方案；
2. 实地勘查、测量、辨识、定性分析危险有害因素，确定危险源；
3. 量化计算风险度，预测可能发生事故的部位、原因、影响范围、损害程度；
4. 制订防范生产安全风险的技术、管理措施并指导实施；
5. 提供生产安全风险评价咨询服务，编制评价报告。

2-02-28-05　房屋安全鉴定工程技术人员

从事房屋结构安全检测、测试，确定建筑结构安全程度的工程技术人员。

主要工作任务：

1. 调查、收集房屋设计图纸、施工资料和改造、加固、维修、权属材料；

2. 制订房屋鉴定、检测方案；

3. 进行房屋现场查勘，检查、记录房屋存在的安全问题；

4. 复核验算建筑结构安全性能；

5. 综合分析判定建筑结构安全程度，做出鉴定结论，提出处理建议；

6. 编制房屋安全鉴定文书。

2-02-28-06　防伪工程技术人员

从事防伪技术产品设计、检测、验证、鉴定、推广应用等工作的工程技术人员。

主要工作任务：

1. 研究、应用防伪技术；

2. 进行防伪产品开发和工程设计；

3. 检测、验证、甄别、鉴定防伪技术产品；

4. 安装、调试、维护防伪仪器、设备；

5. 制订、修订防伪技术产品标准，并指导实施；

6. 推广、应用防伪技术产品。

2-02-29（GBM 20229）
标准化、计量、质量
和认证认可工程技术人员

从事标准化、计量、质量和认证认可等管理、监督、检验及其相关理论、技术与应用研究的工程技术人员。

本小类包括下列职业：

2-02-29-01　标准化工程技术人员

2-02-29-02　计量工程技术人员

2-02-29-03　质量管理工程技术人员

2-02-29-04　质量认证认可工程技术人员

2-02-29-05　可靠性工程技术人员

2-02-29-01　标准化工程技术人员

从事标准化管理、研究、服务和标准制定、修订、实施、监督的工程技术人员。

主要工作任务：

1. 制定标准化战略、规划、计划、规章制度和标准体系；

2. 研究、应用标准化理论、方法、技术；

3. 制定、修订、审查、管理标准（含标准样品）并监督实施；

4. 参与国际标准化活动；

5. 管理、研究组织机构代码和物品编码并推广应用；

6. 提供标准化技术咨询服务，普及标准化知识。

2-02-29-02　计量工程技术人员

从事计量研究、检定、校准、检测、检验、测试、测量、监督、管理及计量技术法规标准制定、修订、实施的工程技术人员。

主要工作任务：

1. 研究、建立、维护计量基准、计量标准及测量装置；

2. 制定、修订、审查和管理计量技术法规，并监督、实施；

3. 组织进行量值比对、量值传递和计量标准考核，监督管理计量器具与标准物质；

4. 组织进行计量新产品定型鉴定和计量仲裁，进行计量公证、评估与认证；

5. 研制、开发计量检测仪器、设备、系统及标准物质；

6. 维护、使用计量器具，管理企业计量工作；

7. 提供技术咨询服务，推广普及计量知识。

2-02-29-03　质量管理工程技术人员

从事产品、工程、服务质量管理和质量工程的工程技术人员。

主要工作任务：

1. 编制、实施质量管理规划；

2. 建立、运行质量管理体系；

3. 进行质量文化、诚信、品牌建设；

4. 研究、应用质量管理模式、方法和工具，实施质量策划、评价、控制和改进；

5. 建立质量信息系统，进行质量统计分析、考核奖励和教育培训；

6. 调解质量纠纷，调查、分析、处理质量事故；

7. 开发质量管理产品，提供质量管理咨询服务。

2-02-29-04　质量认证认可工程技术人员

从事质量管理体系、产品、服务、实验室等专业技术评价活动的工程技术人员。

主要工作任务：

1. 进行认证机构、检测机构、实验室能力技术评价和监督检查；

2. 进行认证、审核、实验室检测人员能力评价；

3. 进行委托方的管理体系、产品、服务与标准符合性技术评价。

2-02-29-05　可靠性工程技术人员

从事产品可靠性设计与分析、试验与评价、管理和信息统计的工程技术人员。

主要工作任务：

1. 确定产品维修性、测试性、保障性、安全性、环境适应性等可靠性的定性定量要求，制订可靠性保证大纲和工作计划；

2. 进行可靠性预计、分配和评价，建立可靠性模型；

3. 制订可靠性设计准则，应用可靠性设计和分析工具分析、处理已发生和可能出现的故障；

4. 设计可靠性增长、测定、鉴定试验方案，组织可靠性试验，评估、改进产品可靠性；

5. 参与产品可靠性评审，进行故障调查；

6. 设计、实施、改进、评价可靠性信息系统，采集产品可靠性信息。

2-02-30（GBM 20230）
管理（工业）工程技术人员

从事集成生产与服务系统研究、规划、设计、评价和创新的工程技术人员。

本小类包括下列职业：

2-02-30-01　工业工程技术人员
2-02-30-02　物流工程技术人员 L
2-02-30-03　战略规划与管理工程技术人员
2-02-30-04　项目管理工程技术人员
2-02-30-05　再生资源工程技术人员 L
2-02-30-06　能源管理工程技术人员 L
2-02-30-07　监理工程技术人员
2-02-30-08　信息管理工程技术人员

2-02-30-01　工业工程技术人员

从事组织架构、工作方法和运营程序规划、设计、控制与评价的工程技术人员。

主要工作任务：

1. 研究、规划、设计、改进组织架构、工作方法和运营程序；

2. 设计、改进操作方法、现场布置，分析、优化、改进工艺方法；

3. 设计、改进生产辅助手段，设计装配零件操作顺序，观察设备使用情况，验证设备的操作性；

4. 制订典型劳动作业或代表性产品的工时消耗量或产量的标准数据；

5. 统计、分析工时，测定、改进、评价工作定额、劳动定额，优化成本控制；

6. 分析、优化供应商的生产质量、生产过程和生产体系。

2-02-30-02　物流工程技术人员 L

从事物流系统、项目、装备与技术研发、设计、应用、集成并组织实施的工程技术人员。

主要工作任务：

1. 规划、设计、运筹物流系统和物流中心；

2. 组织、管理、实施物流工程项目；

3. 研究、应用物流装备与技术；

4. 设计、实施企业物流流程改造与重组；

5. 开发、应用物流自动化、集成化与智能化信息系统。

2-02-30-03　战略规划与管理工程技术人员

从事企事业单位发展规划编制、系统分析、设计评价、运行管理的工程技术人员。

主要工作任务：

1. 编制企事业单位发展规划，并指导实施；

2. 进行投资项目可行性研究、咨询与评估；

3. 规划、开发、论证与评价新产品、新技术；

4. 进行企业诊断与效益分析；

5. 分析、规划、设计生产工艺与生产流程，并指导实施；

6. 进行管理信息系统规划、设计、评估与实施。

2-02-30-04　项目管理工程技术人员

从事项目策划、选择、目标制订、组织、执行、控制、验收和收尾过程的工程技术人员。

主要工作任务：

1. 组织策划项目，筹划项目管理体系，制订项目管理方案；

2. 设计项目组织模式及管理模式；

3. 进行项目启动、计划、组织、执行、控制、收尾等过程及范围管理、风险管理、成本管理、时间管理、采购管理、合同管理、绩效管理、综合管理工作；

4. 进行项目团队建设和文化管理；

5. 负责项目收尾和后评价工作。

2-02-30-05　再生资源工程技术人员 L

从事可再生资源回收、加工、提取等综合利用技术研发、产品设计、生产监督检测的工程技术人员。

主要工作任务：

1. 开发、应用废钢铁、废塑料、废纸等废旧物资的回收、分类、加工、提取技术；

2. 规划、设计回收站、废旧物资分拣中心、废旧物资集散市场、加工利用园区的再生资源工程项目；

3. 监督、管理废旧物资拆解、破碎、压块等加工、利用过程；

4. 设计、检测、鉴定再生资源产品、材料、装备。

2-02-30-06 能源管理工程技术人员 L

从事企业生产能源研发、消耗审计与评估、设计评价与管理的工程技术人员。

主要工作任务：

1. 制订、实施企业能源发展策略与规划；

2. 研究、应用节能技术、设备和材料；

3. 进行用能工作现场分析和能源审计，评估能源使用效益；

4. 编制、审查节能技术改造方案，参与能源调度和控制；

5. 进行能源管理信息统计系统规划、设计、评估和实施；

6. 进行节能技术、标准、制度培训。

2-02-30-07 监理工程技术人员

从事项目设计、工程承包、设备供应、承揽等合同履约行为及过程监督和管理的工程技术人员。

主要工作任务：

1. 监督项目设计与实施过程；

2. 审查技术文件、计量支付文件、质量记录、进度计划、申请和变更需求；

3. 监督项目设计承包人、工程承包人、设备供应人、承揽人的履约行为；

4. 见证项目的重要过程、关键工序；

5. 审查项目的质量证明文件，检查质量状况；

6. 检查、确认、验收项目。

2-02-30-08 信息管理工程技术人员

从事单位信息化建设，信息技术和资源开发、应用，信息系统运作、管理的工程技术人员。

主要工作任务：

1. 制订、实施信息化战略规划、标准、规范；

2. 规划、分析、设计单位信息系统，并指导实施；

3. 规划、设计和管理单位网络；

4. 运行、维护单位信息系统；

5. 构建信息安全管理体系，进行单位信息安全管理；

6. 进行信息资源规划和信息收集、分析、综合利用。

2-02-30-09 数据分析处理工程技术人员

从事信息系统数据规划、采集、管理、分析及数据库设计与优化、数据资源整合、数据挖掘、数据分析等工作的工程技术人员。

主要工作任务：

1. 分析系统数据来源、数据应用需求；

2. 设计数据资源整合解决方案；

3. 进行数据库逻辑设计；

4. 进行数据库和数据服务应用编程；

5. 调整、优化数据库系统；

6. 进行数据分析、数据挖掘、数据展现、决策支持；

7. 运行维护数据库系统；

8. 进行数据和信息处理，提供数据咨

询服务。

2-02-30-10　工程造价工程技术人员

从事工程造价计价、定价、管理、咨询服务的工程技术人员。

主要工作任务：

1. 预测和估算建设项目未来发生的全部费用；

2. 编制、审核、修正工程概算、预算和结（决）算；

3. 参与工程结算和竣工决算。

2-02-31（GBM 20231）检验检疫工程技术人员

从事产品质量，出入境商品检验、卫生检疫、动植物检疫，进出口食品安全等工作的工程技术人员。

本小类包括下列职业：

2-02-31-01　产品质量检验工程技术人员

2-02-31-02　进出口商品检验鉴定工程技术人员

2-02-31-03　进出境动植物检验检疫人员 L

2-02-31-04　特种设备检验检测工程技术人员 L

2-02-31-05　纤维质量检验工程技术人员

2-02-31-06　卫生检疫人员

2-02-31-01　产品质量检验工程技术人员

从事产品质量检验、检测和鉴定的工程技术人员。

主要工作任务：

1. 检验、检测、试验产品；

2. 制订、修订、验证产品质量标准、技术规范、检验方法；

3. 出具检验报告；

4. 编写检验细则、作业标准指导书；

5. 进行技术指导和培训。

2-02-31-02　进出口商品检验鉴定工程技术人员

从事进出口商品检验、检测、鉴定和咨询服务的工程技术人员。

主要工作任务：

1. 检验、监装、监卸、监造进出口商品；

2. 进行承载进出口商品集装箱、船舱、飞机、车辆等运载工具和运输设备适载性检验；

3. 取样、制样、检测进出口商品；

4. 进行商品数重量鉴定、价值鉴定、残损鉴定、性能鉴定；

5. 分析、处理检验和检测数据；

6. 提供商品检验鉴定咨询服务。

2-02-31-03　进出境动植物检验检疫人员 L

从事进出境动植物、动植物产品及其他应检物检验、检疫的技术人员。

主要工作任务：

1. 进行进出境动植物、动植物产品和其他应检物风险分析、产地预检；

2. 进行进出境、过境动植物及动植物产品和其他应检物检疫许可、现场检验检疫、抽样、隔离检疫、实验室检测、检疫处理并签发证书；

3. 进行进出境动物流行病学、植物疫情调查与监测，进行进出境重大动物疫病、植物疫情防控和应急处置；

4. 进行进出境、过境动植物、动植物产品和其他应检物、运输工具防疫消毒和无害化处理；

5. 进行装载进出境动植物、动植物产品和其他应检物的装载容器、包装物、铺垫材料检疫，进行进出境邮寄物、旅客携带物检疫；

6. 进行进出境动植物物种资源、转基因动植物及其产品检验、检疫；

7. 进行进出境动植物、动植物产品和其他应检物的生产、加工、存放等监督管理；

8. 进行进出境动植物、动植物产品和其他应检物中涉及人类和动植物生命与健康安全的有毒有害物质监控；

9. 繁育、驯养和应用检疫犬。

2-02-31-04　特种设备检验检测工程技术人员 L

从事特种设备制造、安装、改造、维修过程监督检验、型式试验，在用设备定期检验、无损检测，锅炉水（介）质检测和高耗能特种设备能效检测的工程技术人员。

主要工作任务：

1. 进行特种设备安全性能检验检测技术研究，制订检验检测技术标准，开发检验检测仪器设备；

2. 进行锅炉、气瓶、氧舱、客运索道、大型游乐设施以及高耗能特种设备设计文件鉴定；

3. 进行特种设备产品、部件或者试制特种设备新产品、新部件、新材料的型式试验、能效测试；

4. 进行特种设备制造、安装、改造、重大修理过程监督、检验；

5. 进行在用特种设备安全性能检验；

6. 进行特种设备材料、焊接接头缺陷检测并评定质量等级；

7. 进行在用高耗能特种设备能效测试，锅炉水（介）质处理定期检验，锅炉化学清洗过程监督、检验；

8. 编制检验检测工艺和检验检测方案，校准、调试检验检测设备，实施检验、检测并出具报告、证书；

9. 进行在用特种设备的安全可靠性诊断性检验、安全评定。

2-02-31-05　纤维质量检验工程技术人员

从事纤维及其制品质量检验、技术研发的工程技术人员。

主要工作任务：

1. 设计抽样方案，抽取、制备样品；

2. 制作、使用和管理标准样品；

3. 检验、分析数据，评定纤维及其制品质量，编写、审核、批准检验报告；

4. 使用、维护和管理专用仪器设备；

5. 制订、修订检验标准；

6. 研究、应用纤维质量检验新技术、新方法；

7. 提供纤维及其制品质量检验咨询服务。

2-02-31-06　卫生检疫人员

在口岸从事检疫查验、卫生监督、传染病监测、卫生处理的技术人员。

主要工作任务：

1. 在国境口岸进行进出境交通工具、人员、集装箱、尸体、骸骨及可能传播传染病的行李、货物、邮包等检疫、查验、传染病监测、卫生监督、卫生处理和核辐射、核生物、核化学监测；

2. 收集、整理、报告国际和国境口岸传染病发生、流行和终息情况，进行数据分析和风险评估；

3. 进行国境口岸卫生状况监督；

4. 进行进出境微生物、生物制品、人体组织、血液及其制品等特殊物品卫生检疫。

2-02-32（GBM 20232）
制药工程技术人员

从事医药产品生产工艺设计、产品检验、技术指导的工程技术人员。

本小类包括下列职业：

2-02-32-00 制药工程技术人员

2-02-32-00 制药工程技术人员

从事医药产品生产工艺设计、产品检验、技术指导的工程技术人员。

主要工作任务：

1. 编制医药产品生产项目可行性研究报告；

2. 设计制药工艺流程和工艺管道配置；

3. 制订医药产品生产实验流程，选定实验装置设备和原辅料，控制实验条件和工艺参数，整理分析确定实验结果；

4. 编写医药产品生产技术规程，制订医药产品生产控制指标，编制生产计划和生产调度计划，并指导生产；

5. 进行医药产品生产、储运过程质量管理和成本控制，分析、处理生产中的技术问题；

6. 检验、检测医药产品，分析、收集、整理、保存质量认证相关资料；

7. 收集、监测、报告药品不良反应。

2-02-33（GBM 20233）
印刷复制工程技术人员

从事文图、音视频等信息印刷和复制技术研发、设计并指导作业的工程技术人员。

本小类包括下列职业：

2-02-33-00 印刷复制工程技术人员

2-02-33-00 印刷复制工程技术人员

从事文图、音视频等信息印刷和复制技术研发、设计并指导作业的工程技术人员。

主要工作任务：

1. 研究印刷材料、工艺、设备及使用技术，制订工艺流程；

2. 研究音视频信息技术，处理信息，生成输出的标准文件；

3. 研究印刷概论、色彩、质量控制、数字印刷技术，制订印刷标准化流程和行业标准；

4. 制订音视频复制技术标准、质量标准等；

5. 组织进行印刷新技术、新工艺、新材料的工业化试验，设计印刷技术和设备更新改造项目；

6. 分析处理工作母盘（带）生产技术问题，指导作业人员复制影像制品；

7. 解决研发项目技术问题；

8. 研究提高印刷品、音像制品质量方法，检查、验收印刷品、复制品；

9. 制订应用印刷、复制技术生产人员的培训标准、教程，进行生产人员的技术培训。

2-02-34（GBM 20234）
工业（产品）设计工程技术人员

从事制造业、服务业、移动互联网等领域工业设计和产品设计的工程技术人员。

本小类包括下列职业：

2-02-34-01 产品设计工程技术人员

2-02-34-02 工业设计工程技术人员

2-02-34-01 产品设计工程技术人员

在制造业、旅游业、服务业、文化产业等领域，从事产品创意设计、造型艺术设计、服务设计及咨询服务的工程技术人员。

主要工作任务：

1. 构思设计概念，确定设计方向及设计方案，并指导实施；

2. 根据地域特点，制订产品整体规划与设计方案，并指导实施；

3. 应用美学基础，提供符合大众审美和生产需求的产品艺术造型；

4. 提供制造业企业产品定位、产品线布局、产品营销等咨询服务；

5. 以消费者为中心，提供人性化设计服务。

2-02-34-02 工业设计工程技术人员

在高端智能装备业、商业、移动互联网、服务业等领域，从事商业模式设计、技术产业化设计、服务与体验设计等规划编制、技术集成、设计开发的工程技术人员。

主要工作任务：

1. 进行设计调研，设计企业品牌、产品商业模式；

2. 进行企业定制化商业规划与模式设计；

3. 以产品为载体，制订技术整合与产业化设计方案，并指导实施；

4. 分析产品美学特性、工业心理学特性，进行产品外观形态、色彩、人机工程设计；

5. 应用实验科学与设计手段，优化产品服务与体验；

6. 提供人机交互界面，增强人机互动；

7. 进行模型、样品制作与测试；

8. 提供工业设计咨询服务。

2-02-35（GBM 20235）
康复辅具工程技术人员

从事残障者康复辅具的工艺设计、功能评测、补偿替代规划和实施等工作的工程技术人员。

本小类包括下列职业：

2-02-35-01 矫形器师

2-02-35-02 假肢师

2-02-35-03 听力师

2-02-35-01 矫形器师

从事人体体外矫形康复装置设计、制作、适配和使用指导的工程技术人员。

主要工作任务：

1. 检查肢体功能障碍者身体情况，阅识医生诊断说明，制订应用矫形器恢复功能、矫治畸形方案；

2. 运用人体生物力学原理和康复工程技术，设计矫形器的结构和制造工艺，选用材料；

3. 指导装配人员制作矫形器；

4. 指导功能障碍者使用矫形器，评估矫形器的矫治、保护、固定和补偿等适配效果；

5. 检验矫形器制作质量，优化矫形器设计方案；

6. 复查矫形器使用效果。

2-02-35-02 假肢师

从事残肢功能评定、假肢设计，假肢制作、适配和使用指导的工程技术人员。

主要工作任务：

1. 检查肢体残缺状况，采集肢体缺失者身体状况、生活环境和功能代偿诉求信息；

2. 评估残肢运动功能状态；

3. 制订功能代偿、假肢适配和使用训练方案；

4. 运用人体生物力学原理，设计假肢；

5. 指导装配人员制作假肢；

6. 评定假肢适配效果，指导肢体缺失者穿戴假肢、进行使用训练；

7. 复查假肢使用效果。

2-02-35-03　听力师

从事听觉功能检测、评估、补偿、保护的工程技术人员。

主要工作任务：

1. 检查、测试听觉功能，获取听觉功能检测图和数据；

2. 评估、分析听觉功能状况，出具听觉功能评估报告；

3. 制订听觉功能康复方案；

4. 使用人工耳蜗、助听器等辅助产品，补偿听觉功能；

5. 进行噪声环境下人员听觉功能保护方案设计和咨询；

6. 分析、处理听觉功能障碍引起的眩晕、失眠问题。

2-02-36（GBM 20236）轻工工程技术人员

从事制浆与造纸、皮革化学、生物发酵、日用化工和塑料加工等领域的新材料、新产品、新工艺研究与开发，工程设计与实施，产品质量控制，生产技术指导的工程技术人员。

本小类包括下列职业：

2-02-36-01　制浆造纸工程技术人员

2-02-36-02　皮革化学工程技术人员

2-02-36-03　生物发酵工程技术人员

2-02-36-04　日用化工工程技术人员

2-02-36-05　塑料加工工程技术人员

2-02-36-01　制浆造纸工程技术人员

从事制浆造纸原辅材料、工艺技术、工业产品研发，工程项目咨询、设计，生产流程管理，生产技术指导的工程技术人员。

主要工作任务：

1. 研究、分析制浆造纸原辅材料的性能和特点，优化原料资源；

2. 设计、应用纸浆、纸和纸板产品及纸制品的生产加工工艺与技术，并指导生产；

3. 研究、应用制浆造纸领域的新原料、新工艺和新产品；

4. 优化、改进制浆、造纸、纸制品生产加工和包装专用设备，设计信息化和智能化控制的技术装备；

5. 监控、管理制浆造纸生产过程，分析解决生产技术问题；

6. 制订并组织实施制浆造纸产品生产的环境保护措施；

7. 编制、修订制浆造纸产品标准，并推广、应用；

8. 进行制浆、造纸及纸制品工程和项目的咨询、设计、建设和管理。

2-02-36-02 皮革化学工程技术人员

从事皮革、裘皮及其制品加工的化学品、产品、工艺技术、工程项目、环保措施设计与管理的工程技术人员。

主要工作任务：

1. 研发、应用天然动物蛋白科学与皮革化学加工技术；

2. 研发、应用加工皮革和裘皮及其制品的化学品；

3. 设计、管理皮革和裘皮及其制品生产的工程项目；

4. 研发、应用皮革和裘皮及其制品加工的生产工艺；

5. 设计皮革、裘皮及其制品的生产机械与装置；

6. 设计皮革、裘皮及其制品加工过程的“三废”治理和环境保护项目；

7. 进行皮革、裘皮及其制品生产的技术管理和质量控制等。

2-02-36-03 生物发酵工程技术人员

从事发酵培养基配制、菌种选育等生物发酵技术、工艺、产品的研发与应用，生产流程管理，生产技术指导的工程技术人员。

主要工作任务：

1. 研究、开发发酵工艺的培养基以及贮存保管技术；

2. 筛选、优化发酵生产菌种和对菌种优化的保藏技术；

3. 研究、设计微生物代谢途径和发酵工艺并指导生产；

4. 优化发酵产物的分离提取、纯化的工艺和技术，研究发酵副产物的综合利用技术；

5. 优化、改进发酵产品的包装、储运技术，开发、优化发酵过程装备；

6. 分析、诊断、监控、优化发酵生产工艺过程，分析解决生产技术问题；

7. 编制和修订生物发酵产品标准、检测方法，进行发酵产品营养分析，指导质量检测；

8. 研究、开发新型发酵制品及其应用领域，研究、利用发酵制品衍生物。

2-02-36-04 日用化工工程技术人员

从事日用化学品原材料、新产品、工艺装备研发和生产过程技术服务与管理的工程技术人员。

主要工作任务：

1. 研究、应用个人、家居、工业与公共设施清洁保养与美化修饰等日用化学品生产的新材料、新技术、新工艺和新装备；

2. 进行日用化工新建项目工程设计；

3. 制订、修订日用化学品生产质量标准，进行质量管理；

4. 进行日用化工新建项目工程和生产过程技术服务及管理；

5. 进行日用化学品生产企业的销售及售后服务技术管理。

2-02-36-05 塑料加工工程技术人员

从事将合成树脂等塑料原辅料转化为塑料制品的成型加工技术研发和应用的工程技术人员。

主要工作任务：

1. 研究、设计塑料制品的新品种；

2. 筛选塑料制品成型用的原料、助剂及配方技术；

3. 选择、设计塑料制品成型工艺及技术条件；

4. 设计塑料制品成型加工的模具；

5. 检测塑料制品的原料、半成品、成品的性能；

6. 研究、开发塑料制品应用的新技术及新领域。

2-02-37（GBM 20237）
土地整治工程技术人员

从事土地开发、整理、复垦等工程的勘测、规划、设计、施工、监测、监管工作的工程技术人员。

本小类包括下列职业：

2-02-37-00 土地整治工程技术人员 L

2-02-37-00 土地整治工程技术人员 L

从事土地开发、整理、复垦等工程勘测、规划、设计、监测、监管指导施工的工程技术人员。

主要工作任务：

1. 研究、确定农用地、农村居民点、城镇工矿建设用地、工矿废弃地、未利用地等土地整治工程边界；

2. 调查、确定土地类型、数量、质量、权属、价值；

3. 勘测土地利用和工程建设条件；

4. 分析土地利用限制条件，编制可行性报告；

5. 进行土地平整、灌溉排水、田间道路、生态环境保持等工程设计并指导施工；

6. 制订污染土地修复工程、土地生态景观建设方案并指导实施；

7. 进行土地权属调整设计，编制权属调整方案，变更、登记土地权属；

8. 监测、监管土地整治工程建设项目资金、质量、管护、运营。

2-02-99（GBM 20299）
其他工程技术人员

指未列入 2-02-01 至 2-02-37 的工程技术人员。

2-03（GBM 20300） 农业技术人员

从事土壤肥料、农业技术指导、植物保护、作物遗传育种栽培、兽医、畜牧、水产养殖利用和农业工程等工作的技术人员。

本中类包括下列小类：

2-03-01（GBM 20301）土壤肥料技术人员
2-03-02（GBM 20302）农业技术指导人员
2-03-03（GBM 20303）植物保护技术人员
2-03-04（GBM 20304）园艺技术人员
2-03-05（GBM 20305）作物遗传育种栽培技术人员
2-03-06（GBM 20306）兽医兽药技术人员
2-03-07（GBM 20307）畜牧与草业技术人员
2-03-08（GBM 20308）水产技术人员
2-03-09（GBM 20309）农业工程技术人员
2-03-99（GBM 20399）其他农业技术人员

2-03-01（GBM 20301）

土壤肥料技术人员

从事土壤质量评价、土壤培肥与改良、肥料高效利用及相关技术研发与推广的技术人员。

本小类包括下列职业：

2-03-01-00 土壤肥料技术人员

2-03-01-00 土壤肥料技术人员

从事土壤质量评价、土壤培肥与改良、肥料高效利用及相关技术研发与推广的技术人员。

主要工作任务：

1. 调查土壤性状的动态变化过程，进行土壤分类、规划和制图；

2. 分析土壤物理、化学及生物学指标，进行土壤质量评价，并探明土壤存在的主要问题；

3. 分析土壤改良剂以及配套措施对土壤质量的影响，提出土壤改良的技术措施；

4. 研究、应用作物的肥料配方以及施用技术；

5. 研发肥料的高效施用和机械配套等技术及推广措施；

6. 分析施肥措施及其配套技术对土壤质量的影响，提出土壤培肥措施；

7. 研发新型肥料与土壤改良剂等，监测相关产品的成分，并进行登记。

2-03-02（GBM 20302）

农业技术指导人员

从事农业技术指导、咨询、培训、技术开发和信息服务的技术人员。

本小类包括下列职业：

2-03-02-00 农业技术指导人员

2-03-02-00 农业技术指导人员

从事农业技术指导、咨询、培训、技术开发和信息服务的技术人员。

主要工作任务：

1. 采集、分类、加工、处理农业技术信息，向农户发送农业科技、农产品供求和生产资料等信息；

2. 向农民推荐农作物、畜禽、水产的优良品种并传授与之配套的种养技术；

3. 向农民传授动植物营养知识、病虫害诊断防治技术以及农产品标准化等先进、实用的生产技术；

4. 进行农业生产的田间或现场技术指导；

5. 开发推广农业科技产品，解答农业生产和农产品加工等技术问题，提供农业生产相关的法律、法规和技术咨询；

6. 编写有关生产的技术资料，组织技术培训。

2-03-03（GBM 20303）

植物保护技术人员

从事植物病、虫、草、鼠等有害生物的监测预警、综合治理技术、植物保护产品开发与推广的技术人员。

本小类包括下列职业：

2-03-03-00 植物保护技术人员 L

2-03-03-00 植物保护技术人员 L

从事植物病、虫、草、鼠等有害生物的监测预警、综合治理技术、植物保护产品开发与推广的技术人员。

主要工作任务：

1. 研究危害植物的有害生物种群结构及其变化、与寄主植物及环境间相互作用关系、植物抗有害生物机制及鉴定技术，进行有害生物物种分类与鉴定；

2. 调查有害生物的发生、发展、分布及灾变规律，进行预测预报；

3. 制订有害生物危害损失评估方法、经济阈值及防治指标，提出减轻危害的植物栽培措施；

4. 研发控制有害生物发生与危害的方法、措施和技术体系，运用农业、化学、生物和物理手段控制有害生物危害；

5. 研发植物保护产品及其应用技术并实施推广应用，监测评估农药带来的病虫抗药性、农产品质量安全及生态环境风险，研究相关风险控制和治理技术并实施管控；

6. 研发抗病虫育种技术、方法，并实施推广应用；

7. 研究植物检验检疫技术和方法，实施植物检验检疫、疫区封锁和控制措施及监管，防控检疫性有害生物传入、传播及危害。

2-03-04（GBM 20304）
园艺技术人员

从事园艺植物种质资源、遗传育种、栽培管理、采后处理与加工、质量安全与检测以及规划设计等研究、示范、推广和管理的技术人员。

本小类包括下列职业：

2-03-04-00　园艺技术人员 L

2-03-04-00　园艺技术人员 L

从事园艺植物种质资源、遗传育种、栽培管理、采后处理与加工、质量安全与检测以及规划设计等研究、示范、推广和管理的技术人员。

主要工作任务：

1. 搜集、保存和利用园艺植物种质资源；

2. 筛选、研发园艺植物育种材料，研究重要性状的遗传、育种新技术，培育新品种；

3. 研发园艺植物的高效优质栽培技术；

4. 研发园艺植物的主要病虫害抗性鉴定技术和综合防控技术；

5. 研发园艺植物的采后处理、贮藏运输和加工处理技术；

6. 指导园艺植物的生产、产品处理和加工等技术；

7. 开发园艺植物产品，规划设计、示范推广和评价管理园艺相关技术和产品；

8. 运用仪器设备和技术手段，对园艺植物产品进行质量安全评价、检测与管理。

2-03-05（GBM 20305）
作物遗传育种栽培技术人员

从事农作物新品种选育及栽培措施研究和推广的技术人员。

本小类包括下列职业：

2-03-05-00　作物遗传育种栽培技术人员

2-03-05-00　作物遗传育种栽培技术人员

从事农作物新品种选育及栽培措施研究和推广的技术人员。

主要工作任务：

1. 选育优质、高产、高抗、适宜机械化收获的农作物新品种，挖掘育种新资源，研发育种新方法；

2. 研究主要农作物生长发育规律及其影响因素，提出并推广与品种、耕作制度和生态环境相适应的作物栽培技术；

3. 研究农作物杂交种制种和常规种提纯复壮的轻简高效繁育技术；

4. 试验、示范、推广和评价农作物新品种及新技术；

5. 收集、整理、评价和保存农作物品种资源。

2-03-06（GBM 20306）
兽医兽药技术人员

从事动物疫病预防、诊断、治疗技术，动物疫情监测，动物及动物产品的检疫、检验技术，兽用生物制品、化学药品、兽用抗生素、中药及药物添加剂等技术推广应用和监督管理的技术人员。

本小类包括下列职业：

2-03-06-01 兽医

2-03-06-02 兽药技术人员

2-03-06-03 宠物医师

2-03-06-01 兽医

从事动物疾病预防、诊断、治疗，动物疫情监测，动物及动物产品的检疫、检验，并进行技术推广应用和监督管理的技术人员。

主要工作任务：

1. 调查动物流行病学，监测疫情；

2. 推广、应用动物疾病诊断、预防、治疗技术；

3. 实施动物及动物产品检疫，推广检疫技术；

4. 实施、监督动物防疫消毒和无害化处理；

5. 实施动物防疫监测、饲料和畜产品的抗生素和兽药残留安全检测；

6. 监督、管理动物及动物产品的检疫、检验。

2-03-06-02 兽药技术人员

从事兽用生物制品、抗生素、中药、化学药品及饲料药物添加剂的研究开发、生产检验、质量监管、推广应用和安全评价的技术人员。

主要工作任务：

1. 研究、应用兽用生物制品、抗生素、化学药品及饲料药物添加剂等，并指导生产、经营；

2. 监督、管理兽药产品质量；

3. 监测兽药不良反应、畜禽产品兽药残留和细菌耐药性；

4. 推广使用兽药技术；

5. 进行新兽药、新生物制品安全性和有效性评价并推广、应用。

2-03-06-03 宠物医师

从事宠物疾病诊断、治疗，宠物传染病、人畜共患病预防、控制的技术人员。

主要工作任务：

1. 询问宠物主人或看护人员关于宠物的病史，进行化验、影像、穿刺等诊断程序，书写病历、记录病案；

2. 分析化验和检查结果，作出诊断，制订宠物治疗方案；

3. 开具处方并指导宠物喂药和护理；

4. 运用医疗设备、器械、药物等手段治疗宠物疾病；

5. 隔离感染传染病或人畜共患病的宠物，采取预防措施，并上报疫情；

6. 出具宠物医学证明文件。

2-03-07（GBM 20307）
畜牧与草业技术人员

从事畜禽、特种经济动物和牧草、草坪生产，品种资源保护，品种（品系）选育、改良、繁育，经营管理等技术推广应用的技术人员。

本小类包括下列职业：

2-03-07-01　畜牧技术人员

2-03-07-02　草业技术人员 L

2-03-07-01　畜牧技术人员

从事畜禽和特种经济动物生产、遗传资源保护、品种选育、品种改良、繁育、饲料配制、畜禽饲养等技术推广应用的技术人员。

主要工作任务：

1. 调查、分析畜禽和特种经济动物资源分布及特征、特性，提出并实施保护措施和保护方法；

2. 制订畜禽品种改良方案，进行品种选育，推广畜禽繁育技术；

3. 推广畜禽良种，进行种畜禽生产管理；

4. 制订畜禽生长、生产的营养需要量，推广应用饲料配制技术，开发与推广新型饲料及饲料添加剂；

5. 推广应用先进的畜禽和特种经济动物饲养工艺和技术以及综合管理技术；

6. 推广应用动物产品的加工和贮藏技术；

7. 推广应用畜禽生产的生物技术；

8. 进行畜牧业统计监测，制订发展规划和对策；

9. 进行饲料及饲料添加剂、种畜禽、畜产品等质量安全监督检测。

2-03-07-02　草业技术人员 L

从事草原保护、建设与利用以及牧草与草坪生产、草种质资源保护、品种选育、种子生产、质量监督检验的技术人员。

主要工作任务：

1. 进行禁牧、休牧、划区轮牧、围栏、改良、飞播、人工补播、草畜平衡、生态保护等天然草原建设工作；

2. 生产、加工、贮藏、检测草种；

3. 生产、加工、管护、检测牧草和草坪；

4. 搜集、鉴定、评价牧草种质资源，做好种质资源的保护与利用；

5. 调查、分析、监测草地资源；

6. 保护草原植物，防控草原灾害；

7. 进行牧草品种选育、区域试验。

2-03-08（GBM 20308）

水产技术人员

从事水产养殖、渔业资源开发利用的技术人员。

本小类包括下列职业：

2-03-08-01　水产养殖技术人员

2-03-08-02　渔业资源开发利用技术人员

2-03-08-01　水产养殖技术人员

从事水生动植物亲体培育、苗种繁殖、成体养殖及相关技术开发与推广应用的技术人员。

主要工作任务：

1. 开发与推广应用水生动植物亲体培育、人工繁殖、苗种培育及成体养殖技术；

2. 开发与推广应用水生动植物疾病诊断、治疗与预防技术；

3. 开发与推广应用水产养殖用肥料、饲料的配制、生产与使用技术，以及生物饵料培养技术；

4. 设计、监造水生动植物繁育及养殖设施、设备；

5. 设计、监造与推广应用水产养殖机械装备；

6. 开发与推广应用水产养殖过程中的水产品质量安全控制技术；

7. 开发与推广应用养殖水体水质调节与控制技术。

2-03-08-02　渔业资源开发利用技术人员

从事渔业资源调查、评估、养护、增殖与开发利用，以及渔业生态环境评价与养护、修复的技术人员。

主要工作任务：

1. 调查评估渔业资源状况，预报可捕量、保留量及渔场分布状况；

2. 监测和分析渔业资源种群变动情况、环境质量及其相互关系；

3. 开发与推广应用渔业资源养护、增殖及管理技术，渔业资源探捕技术，渔业种质资源监测与保护技术；

4. 开发与推广应用新型渔具；

5. 开发与推广应用渔业生态环境监测、评价、养护与修复技术。

2-03-09（GBM 20309）
农业工程技术人员

从事农业机械运用、农田水土保持、土地资源利用、农村建筑和农业生物环境调控、农副产品加工、农村能源转化、农业电气化实施等的技术人员。

本小类包括下列职业：

2-03-09-00　农业工程技术人员

2-03-09-00　农业工程技术人员

从事农业机械运用、农田水土保持、土地资源利用、农村建筑和农业生物环境调控、农副产品加工、农村能源转化、农业电气化实施等的技术人员。

主要工作任务：

1. 进行农业机械需求调研、水平评估、技术推广、装备管理，实施农业机械试验鉴定、检验、安全监理；

2. 进行土壤基本状况调查、土壤成分监测，编制基本农田建设、水土流失治理规划，实施盐碱地综合治理、水土保持等；

3. 进行农业土地资源调查，实施农用土地的开发、利用、整治等；

4. 进行农村建筑、设施和农业生物环境的施工与运行监控，实施大田生产防冻、防霜、防雹等；

5. 进行设施农业的生物繁育、生产以及农产品贮藏保鲜管理，提供畜禽动物生产环境及设备管理服务；

6. 进行农副产品加工设备管理、工艺设计、生产控制、设备维护、产成品储运管理；

7. 进行役畜、生物质能、水能、风能、太阳能等农村能源资源状况调查，提供农村能源开发与利用的技术应用以及能源设施设备的运营、维护管理服务；

8. 进行农业电气化工程规划、农村输配电改造、设计施工，提供节能减排、安全用电培训、咨询、宣传等服务。

2-03-99（GBM 20399）
其他农业技术人员

指未列入 2-03-01 至 2-03-09 的农业技术人员。

2-04（GBM 20400） 飞机和船舶技术人员

从事飞机驾驶和领航、船舶指挥和引航，以及通信和设备运行保障等工作的技术人员。

本中类包括下列小类：

2-04-01（GBM 20401）飞行人员和领航人员

2-04-02（GBM 20402）船舶指挥和引航人员

2-04-99（GBM 20499）其他飞机和船舶技术人员

2-04-01（GBM 20401）飞行人员和领航人员

从事飞机驾驶与领航、通信和设备运行保障等工作的技术人员。

本小类包括下列职业：

2-04-01-01 飞行驾驶员

2-04-01-02 飞行机械员

2-04-01-03 飞行领航员

2-04-01-04 飞行通信员

2-04-01-01 飞行驾驶员

驾驶、操作、监控航空器，领导空勤组保证所载人员、财产的安全及服务质量的技术人员。

主要工作任务：

1. 研究、分析航线及有关机场的资料、飞行方法，进行飞行前的预先准备；

2. 研究、执行特殊情况的处置预案和空防措施，检查落实有关资料；

3. 进行飞行前直接准备，检查由签派员提供的气象情报及资料、航行通告、飞行计划、预计的载重平衡等有关文件，了解飞机的适航能力，与签派员共同签字放行航空器，遇到延迟或不正常情况，与签派员商讨处理方案；

4. 检查机载总油量，确认飞机适航能力，检查随机文件资料、证件、记录本，收取实际的载重平衡文件，并确认其在限制范围内；

5. 在飞行实施阶段，监督检查机组人员工作，按照操作规范驾驶飞机，处理发生的特殊情况；

6. 填写飞行记录，管理机组生活。

2-04-01-02 飞行机械员

操作飞机的动力装置和系统，监视其飞行中工作状态的技术人员。

主要工作任务：

1. 了解飞机的适航能力及状况，重温飞机各系统的正常操作程序和特殊情况下的操作方法及处置措施，检查飞行所需个人有效证件；

2. 按程序和内容对飞机进行机上总燃油量、滑油量、氧气量和随机设备、文件、资料、记录本以及飞机故障排除情况检查，确认机务值班人员是否签字放行；

3. 在无领航员的飞机上，填写起飞数据卡和着陆数据卡；

4. 按照操作程序和规范，操作飞机各系统，朗读检查单并落实其项目内容；

5. 遇到故障或特殊情况时，分析判断故障并向机长报告，按照机长指令进行处理，填写记录本；

6. 总结飞行经验，反映飞机故障情况

并汇报。

2-04-01-03　飞行领航员

使用机上领航仪器、设备，掌握全航程的无线电导航资料，向驾驶员和地面提供经过计算的航行数据的技术人员。

主要工作任务：

1. 领取并校对领航所需资料，查阅航行通告，拟订领航计划，熟悉有关航线、机场资料、飞行方法及规定，研究特殊情况的处置方案，准备并带齐领航用具和飞行所需个人有效证件；

2. 查阅由签派员提供的有关飞行文件，阅读航行通告，了解航行资料的最新改变情况并检查校对机组所带资料，通电检查机上领航设备的工作情况并向机长报告；

3. 按规定程序操作机上领航设备，检查修正航迹，使飞机保持在预定的航线上飞行，做好领航记录；

4. 遇到特殊情况，在机长的指令下进行处理；

5. 遇到复杂天气情况，及时提醒、准确引导飞机安全飞行；

6. 报告机上领航设备和地面导航设备的工作情况，送交飞行资料并汇报。

2-04-01-04　飞行通信员

使用机上通信设备，进行陆空通信的技术人员。

主要工作任务：

1. 领取并校对通信资料，查阅航行通告，了解有关资料的最新更改情况及临时规定，根据航线、任务等特点，制订通信方案，飞国际或地区航线时，领取机组成员的护照并检查校对签证有效性，填写机组申报单并送交有关部门；

2. 查阅由签派员提供的有关文件资料，通电检查机上通信设备工作情况，检查机上证书、随机资料、通信设备齐全完好，向机长报告检查情况；

3. 飞国际或地区航线时，协助机组人员办理海关、边防、检疫等出入境手续；

4. 操作通信设备进行陆空通信，传达空中交通管制和机长的指令，保持陆空通信畅通，填写通信记录，根据有关规定和机长指令处理特殊情况，提供大气资料供机组参考，协助驾驶员、领航员收听和鉴别无线电导航设备的频率和呼号；

5. 向地面人员或有关部门反映通信设备工作情况和通信保障工作情况。

2-04-02（GBM 20402）
船舶指挥和引航人员

从事船舶甲板部、轮机部指挥、协调及引航等工作的技术人员。

本小类包括下列职业：

2-04-02-01　甲板部技术人员
2-04-02-02　轮机部技术人员
2-04-02-03　船舶引航员

2-04-02-01　甲板部技术人员

从事船舶的指挥、驾驶、通信、货物操作与保管、船舶运营管理及相关海事活动的技术人员。

主要工作任务：

1. 驾驶船舶，进行航行值班；

2. 进行船舶操作管理，组织培训和演习；

3. 编制、审核货物配积载和作业图表，监督货物操作作业，保管货物；

4. 使用、保养、维护航海仪器、通信导航设备及资料；

5. 执行通信规定，进行无线电通信；

6. 安排船体、应急设备及舱面设备的检修、维护和保养；

7. 判断、排除助航仪器、电气及部分甲板机械设备故障；

8. 撰写相关海事报告和事故报告；

9. 保管工作日志和记录文件。

2-04-02-02　轮机部技术人员

从事船舶机械、电子电气和通信等设备管理，指挥、协调轮机部门工作的技术人员。

主要工作任务：

1. 操作、保养、维修船舶机械、电子电气设备、无线电通信设备、局域网络和应急设备；

2. 制订油水加装和耗用计划，核定燃料和锅炉用水储量；

3. 管理轮机设备，组织培训和演习；

4. 分析、判断和排除主机、辅机及附属装置、电子电气等设备故障；

5. 编制修船计划和航次修理项目，并组织实施；

6. 保管轮机技术文件和资料；

7. 保管轮机日志和除由甲板部保管以外的设备证书；

8. 撰写相关海事报告和事故报告。

2-04-02-03　船舶引航员

引领船舶进出港口及在特殊水域航行，进行船舶引航管理，并提供引航技术和咨询服务的技术人员。

主要工作任务：

1. 引领船舶进出港口及在江河、水道、海峡等特殊水域航行和靠、离泊位；

2. 维修、保养船舶引航系统设施，分析处理故障；

3. 进行船舶引航管理，组织引航业务培训与应变演习；

4. 提供港口、航道建设和水域公共安全咨询服务；

5. 参与船舶、港口应急抢险、救助；

6. 记录、保管引航日志和业务文件，撰写引航事故、险情报告，参与或协助海事调查。

2-04-99（GBM 20499）
其他飞机和船舶技术人员

指未列入 2-04-01 至 2-04-02 的飞机和船舶技术人员。

2-05（GBM 20500）　卫生专业技术人员

从事医疗、预防、康复、保健以及相关工作的专业技术人员。

本中类包括下列小类：

2-05-01（GBM 20501）临床和口腔医师
2-05-02（GBM 20502）中医医师
2-05-03（GBM 20503）中西医结合医师
2-05-04（GBM 20504）民族医医师
2-05-05（GBM 20505）公共卫生与健康医师
2-05-06（GBM 20506）药学技术人员

2-05-07（GBM 20507）医疗卫生技术人员
2-05-08（GBM 20508）护理人员
2-05-09（GBM 20509）乡村医生
2-05-99（GBM 20599）其他卫生专业技术人员

2-05-01（GBM 20501）临床和口腔医师

在医疗、预防、保健机构中，运用现代医学技术，从事人体疾病诊断、治疗、预防及康复的专业人员。

本小类包括下列职业：

2-05-01-01　内科医师
2-05-01-02　外科医师
2-05-01-03　儿科医师
2-05-01-04　妇产科医师
2-05-01-05　眼科医师
2-05-01-06　耳鼻咽喉科医师
2-05-01-07　口腔科医师
2-05-01-08　皮肤科医师
2-05-01-09　精神科医师
2-05-01-10　传染病科医师
2-05-01-11　急诊科医师
2-05-01-12　康复科医师
2-05-01-13　麻醉科医师
2-05-01-14　病理科医师
2-05-01-15　放射科医师
2-05-01-16　核医学科医师
2-05-01-17　超声科医师
2-05-01-18　肿瘤科医师
2-05-01-19　全科医师
2-05-01-20　医学遗传科医师
2-05-01-21　妇幼保健医师
2-05-01-22　疼痛科医师
2-05-01-23　重症医学科医师
2-05-01-24　临床检验科医师
2-05-01-25　职业病科医师

2-05-01-01　内科医师

从事内科疾病诊断，应用处方药物及合理介入等手段对患者进行治疗、预防和康复的专业人员。

主要工作任务：

1. 询问和检查患者，书写病历，记录病案；

2. 实施临床检验、影像学、介入方法、穿刺技术以及其他辅助诊断程序；

3. 开具饮食、辅助治疗、处方药物及具体实施药物治疗等医嘱，提出康复、预防建议；

4. 选择适应证，应用介入、腔镜等诊疗手段治疗内科疾病；

5. 提出会诊请求或介绍患者转科治疗意见。

2-05-01-02　外科医师

从事外科疾病诊断，以手术或手法等手段对患者进行治疗和康复的专业人员。

主要工作任务：

1. 询问和检查患者，书写病历，记录病案；

2. 医嘱或实施化验、影像学、介入方法、手术、穿刺技术以及其他诊断程序；

3. 分析化验和检查报告及结果，作出诊断，确定是否施行外科手术或组织器官移植治疗；

4. 医嘱手术前准备，制订施行外科手术方案，并实施手术；

5. 开具处方，进行药物治疗、化学疗

法、输血、补铁等辅助支持治疗；

6. 术后观察患者病情变化并采取相应的治疗措施，书写病历，记录备案。

2-05-01-03　儿科医师

根据儿童身体发育特点和疾病特征，进行 18 岁以下儿童疾病诊断和治疗的专业人员。

主要工作任务：

1. 询问和检查患者，书写病历，记录病案；

2. 医嘱或实施化验、影像学、介入方法、穿刺技术及其他诊断程序；

3. 分析化验、检查结果，确定治疗方案，并实施治疗措施；

4. 使用药物、手术及其他医疗手段，治疗婴幼儿常见病、多发病及先天性疾病；

5. 操作插管、呼吸机等器械，实施新生儿抢救、心肺复苏；

6. 隔离儿童常见传染性疾病患者，并采取切断传染源等预防措施。

2-05-01-04　妇产科医师

从事妇女生殖系统疾病诊断、治疗、康复、保健、预防和产前检查、待产、接产及孕期、围产期保健、疾病诊断治疗的专业人员。

主要工作任务：

1. 询问和检查患者，书写病历，记录病案；

2. 医嘱或实施化验、影像学、介入方法、穿刺技术以及其他诊断程序；

3. 分析化验和检查报告及结果，作出诊断，确定采取保守治疗或手术治疗；

4. 开具处方，使用有关医疗辅助设备及药物，治疗妇女生殖系统疾病；

5. 制订手术方案，医嘱手术准备，实施手术；

6. 术后观察患者病情变化并采取相应措施；

7. 在产妇分娩时进行助产、接生；

8. 对妇女孕期及围产期出现的不良反应、异常进行治疗；

9. 使用药物或器械避免、终止妊娠；

10. 采用助孕技术治疗不孕。

2-05-01-05　眼科医师

从事眼球、眼附属器、视路等视觉器官疾病诊断、治疗和预防的专业人员。

主要工作任务：

1. 询问病史，书写病历；

2. 使用医疗设备、仪器，测定视觉器官的功能状态；

3. 医嘱或实施化验、影像学等其他诊断措施；

4. 分析物理检查、化验及其他检查结果，作出诊断；

5. 开具处方，给予药物、激光、手术等治疗；

6. 医嘱手术前准备，制订手术方案，并实施手术治疗；

7. 术后观察患者病情变化并采取相应措施；

8. 实施角膜移植，使用人工辅助器官；

9. 指导患者验光配镜，矫正视力；

10. 进行视觉器官疾病防治的科普教育、疾病筛查。

2-05-01-06　耳鼻咽喉科医师

从事耳、鼻、咽、喉等疾病诊断、治疗的专业人员。

主要工作任务：

1. 询问患者，书写病历，记录病案；

2. 使用医疗辅助设备及仪器，检查并治疗耳、鼻、咽、喉，以及非中枢神经系统、眼球、牙体的头颈疾病；

3. 医嘱手术准备，制订手术方案，实施手术治疗；

4. 术后观察患者病情变化并采取相应措施；

5. 开具处方，给予药物治疗；

6. 进行听力和语言测验，确定听力和语言受损程度，指导患者进行音声及语言矫治；

7. 实施危重病患者气管切开手术，建立呼吸通道；

8. 实施面部美容手术；

9. 操作食道镜，诊断和治疗食道疾病。

2-05-01-07　口腔科医师

从事牙齿、口腔及颌面部疾病诊断、治疗和预防的专业人员。

主要工作任务：

1. 使用药物、牙科设备、器械、材料及有关影像学、病理学、检验学诊断手段，诊治牙齿、牙列、牙周组织及口腔黏膜的疾病，拔除无法保留或不宜保留的牙齿；

2. 诊治唾液腺、颞下颌关节和颌面部神经疾患，口腔颌面部良恶性肿瘤，牙颌面畸形，创伤性及感染性疾患；

3. 修复牙齿、牙列及颌面器官的缺损与缺失；

4. 术后观察患者病情变化并采取相应措施，书写病历，记录备案；

5. 进行预防龋病、牙周病及其他口腔疾病的科普教育、疾病筛查。

2-05-01-08　皮肤科医师

从事皮肤疾患及性病诊断、治疗和预防的专业人员。

主要工作任务：

1. 询问和检查患者，书写病历，记录病案；

2. 医嘱或实施化验、影像学及其他诊断程序；

3. 分析化验报告和检查结果，作出诊断；

4. 开具处方，给予药物治疗；

5. 采用手术、物理方法治疗；

6. 术后观察患者病情变化并采取措施；

7. 进行皮肤病防治的科普教育、疾病筛查；

8. 进行正常皮肤的维护、保养和防护。

2-05-01-09　精神科医师

从事患者心理卫生和精神障碍疾病研究、诊断、治疗、康复的专业人员。

主要工作任务：

1. 获取患者病史，研究、分析患者病因、发病机理、临床表现；

2. 进行患者认知、情感、意志和行为等心理活动过程精神检查、心理测验和躯体检查；

3. 运用影像学、电生理、生化等手段，对患者进行辅助检查；

4. 对患者实施药物治疗、心理治疗、物理治疗、康复治疗。

2-05-01-10　传染病科医师

从事传染性疾病诊断、治疗和预防的专业人员。

主要工作任务：

1. 询问和检查患者，了解病史和流行

病学史；

2. 医嘱和实施化验及其他检查，寻找病原体；

3. 分析检查和化验结果，作出诊断；

4. 开具处方，给予药物治疗；

5. 隔离患者，采取切断传染源等预防措施。

2-05-01-11 急诊科医师

从事急症患者诊断和紧急救治的专业人员。

主要工作任务：

1. 现场询问和检查患者，书写病历，记录病案；

2. 现场紧急救治危重患者；

3. 医嘱或实施化验、影像学、介入方法、穿刺技术及其他诊断检查；

4. 分析化验和检查报告，作出病情初步诊断；

5. 采取药物或手术等急救措施；

6. 观察患者病情变化并采取措施稳定、支持基本生命体征；

7. 视病情建议患者住院治疗、门诊治疗、留观、转院或出院；

8. 转运伤病员。

2-05-01-12 康复科医师

从事患者综合康复治疗，功能恢复、改善的专业人员。

主要工作任务：

1. 询问和检查患者，应用设备进行功能评测；

2. 分析、评估检查和功能测试的结果，制订康复治疗计划和康复目标，开具康复处方；

3. 指导并实施综合康复治疗，防控并发症及意外风险；

4. 进行出院患者康复效果评定，提出康复建议；

5. 进行患者恢复生活能力、工作能力等方面的技术指导和咨询服务；

6. 指导社区康复工作。

2-05-01-13 麻醉科医师

从事患者镇痛、肌肉松弛、情绪安定和呼吸、循环功能监测、调整，协助内、外等科医师进行手术和其他治疗的专业人员。

主要工作任务：

1. 运用药物、针刺、物理疗法手段，使患者在手术治疗或检查时安全、无痛、舒适；

2. 使用呼吸循环生理监测仪和气管插管、心脏按压、控制呼吸等方法，监测、调整患者呼吸和循环功能；

3. 参与临床科室对重症患者、心肺脑复苏患者救治；

4. 监测、治疗麻醉恢复期患者，诊断、治疗麻醉后并发症；

5. 治疗、观察急性疼痛，参与慢性疼痛患者诊断和治疗。

2-05-01-14 病理科医师

从事病理诊断，并指导、协助临床诊断和治疗的专业人员。

主要工作任务：

1. 获取临床资料；

2. 检查活检标本、手术切除标本或细胞学标本；

3. 作出病理诊断或提供病理形态学依据，参加临床会诊，为临床医师提供病理咨询；

4. 进行遗体解剖检查，作出病理诊断；

5. 手术中进行冰冻快速诊断，指导制订临床治疗措施。

2-05-01-15　放射科医师

从事疾病影像学诊断和介入性放射学治疗的专业人员。

主要工作任务：

1. 获取患者病史及相关资料，必要时检查患者并掌握该种检查的适应征；

2. 医嘱进行 X 射线透视、拍片，电子计算机体层摄影（CT）与磁共振成像（MRI）等影像学检查；

3. 分析对比影像资料，作出诊断意见；

4. 进行介入性放射学检查和治疗；

5. 介入性放射学的检查和治疗术中、术后，与临床医师共同处理出现的并发症，术后观察反应和疗效。

2-05-01-16　核医学科医师

使用开放型放射性核素及放射性探测仪器，诊断、治疗患者疾病的专业人员。

主要工作任务：

1. 询问、检查患者，查阅病史；

2. 组织实施放射性核素显像，分析结果，作出诊断；

3. 医嘱进行化验及其他诊断程序；

4. 分析检查结果和化验报告，确定是否适宜放射性核素治疗并组织实施；

5. 复查治疗后患者，观察疗效，必要时辅以内科治疗。

2-05-01-17　超声科医师

使用超声仪器，诊断、治疗患者疾病的专业人员。

主要工作任务：

1. 使用超声诊断仪检查患者，作出诊断；

2. 分析化验和其他检查的报告和结果，决定是否实施特殊腔内超声检查和介入超声活检；

3. 使用超声仪器，进行介入诊断和治疗。

2-05-01-18　肿瘤科医师

从事肿瘤疾病诊断和治疗的专业人员。

主要工作任务：

1. 询问和检查患者；

2. 查阅病史，医嘱实施化验、影像学等诊断程序；

3. 分析检查报告和结果，制订综合性治疗方案；

4. 运用手术、化学药物和放射治疗设备，进行综合治疗；

5. 根据病情发展，阶段性调整肿瘤治疗方案；

6. 观察患者反应及病情变化，必要时给予相应的药物治疗。

2-05-01-19　全科医师

从事基层医疗卫生服务的专业人员。

主要工作任务：

1. 建立并使用家庭、个人健康档案，对社区人群进行连续、系统、全面的健康管理；

2. 进行社区常见病、多发病、慢性病的诊疗、会诊或转诊；

3. 进行疾病预防、筛查与咨询等；

4. 进行居家医疗照顾；

5. 进行社区老人、妇女、儿童和残疾人等重点人群保健，提供基本的精神卫生服务；

6. 进行健康教育、生活干预等大众健

康促进工作；

7. 参与社区诊断，掌握社区人群健康状况；

8. 协调提供康复服务。

2-05-01-20　医学遗传科医师

从事遗传病、遗传相关疾病诊断、治疗、预防、风险评估和咨询的专业人员。

主要工作任务：

1. 检查患者，书写病历，记录病案，采集病史，询问家族史并绘制系谱；

2. 医嘱或实施化验、影像学、电生理等临床诊断程序以及细胞、生化和分子遗传检测；

3. 分析临床诊断和遗传检测报告及结果，作出诊断；

4. 开具处方，借助药物或有关医疗器械对遗传病进行治疗；

5. 为遗传病患者及家庭等高风险人群提供咨询，评估再发风险，提供生育指导；

6. 利用遗传学和基因组学技术，进行胚胎、胎儿及新生儿遗传病筛查及诊断；

7. 解释遗传检测结果及意义。

2-05-01-21　妇幼保健医师

在妇幼保健机构及基层医疗机构中，从事妇女和儿童保健及疾病预防的专业人员。

主要工作任务：

1. 进行女性青春期保健；

2. 进行女性婚前保健；

3. 进行育龄妇女和计划生育保健；

4. 进行孕妇孕期和胎儿保健；

5. 进行产妇产时、产褥期、哺乳期保健；

6. 进行妇女更年期保健；

7. 进行新生儿、婴幼儿、学龄前儿童生长发育、喂养与营养、心理行为等保健。

2-05-01-22　疼痛科医师

从事疼痛性疾病治疗的专业人员。

主要工作任务：

1. 询问和检查患者，书写病历，记录病案；

2. 医嘱或实施化验、影像学、介入方法、穿刺技术以及其他诊断程序；

3. 分析化验和检查报告及结果，作出诊断，确定是否采取保守治疗或手术治疗；

4. 开具处方，借助医疗器械及药物对疼痛性疾病进行治疗；

5. 制订微创介入等手术方案；

6. 医嘱手术准备，实施手术；

7. 使用医学设备，对疼痛性疾病进行物理因子治疗。

2-05-01-23　重症医学科医师

从事综合性重症患者疾病诊断、救治的专业人员。

主要工作任务：

1. 进行威胁患者生命的疾病早期发现、早期干预；

2. 进行重症患者病情严重度评估；

3. 监测、评估重症患者重要器官、系统功能并采取救治措施。

2-05-01-24　临床检验科医师

从事临床检验指导，以及出具诊断性检验报告的专业人员。

主要工作任务：

1. 进行检验申请、样品采集、检验检测等检验工作指导、培训、答疑和咨询；

2. 进行生物学、微生物学、血清学、生物化学、血液免疫学、生物物理学、细胞学等检验并出具诊断性临床检验报告；

3. 参与临床查房和疑难危重病例会诊，解释检验结果，提出临床诊断和治疗建议；

4. 评价检验项目，制订、应用临床检验标准、规程。

2-05-01-25 职业病科医师

从事急性职业中毒和职业病诊断、鉴别、治疗的专业人员。

主要工作任务：

1. 询问患者病史和职业史并进行检查；

2. 协助或配合公共卫生医师进行现场公共卫生学调查；

3. 提出体检、化验和辅助检查内容、项目并指导实施；

4. 作出职业病诊断或鉴别诊断意见；

5. 制订诊疗方案并实施；

6. 作出治疗转归结论和劳动能力鉴定意见；

7. 提出康复、疗养和劳保待遇建议。

2-05-02（GBM 20502）中医医师

在医疗、预防、保健机构中，运用中医药传统方法和手段，从事人体疾病诊断、治疗、预防、保健和康复等的专业人员。

本小类包括下列职业：

2-05-02-01 中医内科医师
2-05-02-02 中医外科医师
2-05-02-03 中医妇科医师
2-05-02-04 中医儿科医师
2-05-02-05 中医眼科医师
2-05-02-06 中医皮肤科医师
2-05-02-07 中医骨伤科医师
2-05-02-08 中医肛肠科医师
2-05-02-09 中医耳鼻咽喉科医师
2-05-02-10 针灸医师
2-05-02-11 中医推拿医师
2-05-02-12 中医营养医师
2-05-02-13 中医整脊科医师
2-05-02-14 中医康复医师
2-05-02-15 中医全科医师
2-05-02-16 中医亚健康医师

2-05-02-01 中医内科医师

运用中医药理论，诊断、治疗、预防、康复内科疾病的专业人员。

主要工作任务：

1. 运用望、闻、问、切等中医诊断方法，进行内科疾病诊断；

2. 运用现代医学诊察技术和设备，进行辅助诊断；

3. 开具治疗处方，制订治疗方案；

4. 使用药物和设备进行综合治疗；

5. 预防、控制传染性疾病；

6. 书写病历，记录病案；

7. 指导患者运用精神调理、体能锻炼、饮食调配等措施，调整心理、生理状态。

2-05-02-02 中医外科医师

运用中医药理论和外治法，诊断、治疗、预防、康复外科疾病的专业人员。

主要工作任务：

1. 运用望、闻、问、切等中医诊断方法，进行外科疾病诊断；

2. 运用现代医学诊察技术和设备，进行辅助诊断；

3. 判断确定是否符合手术适应症；

4. 制订手术方案和综合治疗方案；

5. 运用手术治疗局部疾患；

6. 运用膏剂、药捻剂、散剂等中药外用药剂型，并配合内服中药治疗体表疾患；

7. 书写病历，记录病案；

8. 指导术后康复。

2-05-02-03　中医妇科医师

运用中医药理论，预防、诊断、治疗、康复妇科疾病的专业人员。

主要工作任务：

1. 运用望、闻、问、切等中医诊断方法，进行妇科疾病诊断；

2. 运用现代医学诊察技术和设备，进行辅助诊断；

3. 开具治疗处方、提供手术方案或综合治疗方案，进行手术治疗和综合治疗；

4. 运用药物、手术、心理引导、针灸、推拿按摩等方法对患者进行综合治疗；

5. 指导孕妇孕期保健，进行产妇分娩接生，指导产妇产后护理和保健；

6. 书写病历，记录病案；

7. 指导女性进行妇科疾病的预防及康复锻炼。

2-05-02-04　中医儿科医师

运用中医药理论，诊断、治疗、康复、预防儿科疾病的专业人员。

主要工作任务：

1. 运用望、闻、问、切等中医诊断方法，进行儿科疾病诊断；

2. 运用现代医学诊察技术和设备，进行辅助诊断；

3. 开具中医治疗处方，制订治疗方案；

4. 运用药物、针灸、推拿按摩等方法对患儿进行综合治疗；

5. 书写病历，记录病案；

6. 指导、实施患儿病后康复调理和疾病预防。

2-05-02-05　中医眼科医师

运用中医药理论，诊断、治疗、康复、预防眼科疾病的专业人员。

主要工作任务：

1. 运用望、闻、问、切等中医诊断方法，进行眼科疾病诊断；

2. 运用现代眼科诊察技术和设备，进行辅助诊断；

3. 开具中医治疗处方，制订手术方案或综合治疗方案；

4. 运用药物、手术、激光屈光矫正等现代技术和方法对眼部疾患进行治疗或矫正；

5. 运用外治、针灸、按摩等传统疗法治疗眼疾；

6. 指导或实施眼部按摩、药熏美容、经络疏理等保健方法；

7. 书写病历，记录病案；

8. 指导、实施眼疾预防、恢复。

2-05-02-06　中医皮肤科医师

运用中医药理论，诊断、治疗、康复、预防皮肤科疾病的专业人员。

主要工作任务：

1. 运用望、闻、问、切等中医诊断方法，进行皮肤科疾病诊断；

2. 运用现代诊察技术和设备，进行辅助诊断；

3. 开具中医治疗处方，制订治疗方案；

4. 运用内服药物配合外用药物治疗皮肤疾患；

5. 运用清疮、换药、洗浴、针灸、理疗、手术等方法治疗皮肤疾患；

6. 书写病历，记录病案；

7. 指导患者进行疾病预防和皮肤健康保健。

2-05-02-07 中医骨伤科医师

运用中医药理论，诊断、治疗、康复、预防骨伤科疾病的专业人员。

主要工作任务：

1. 运用望、闻、问、切等中医诊断方法，进行骨伤科疾病诊断；

2. 运用现代医学诊察技术和设备，进行辅助诊断；

3. 开具中医治疗处方，制订手术方案或非手术方案；

4. 运用手法、手术、牵引、外固定、药物等方法，治疗脊柱、关节、创伤以及骨病等骨伤科疾病；

5. 书写病历，记录病案；

6. 指导患者康复锻炼、功能锻炼和运动保健。

2-05-02-08 中医肛肠科医师

运用中医药理论，诊断、治疗、康复、预防肛肠科疾病的专业人员。

主要工作任务：

1. 运用望、闻、问、切等中医诊断方法，进行肛肠科疾病诊断；

2. 运用现代医学诊察技术和设备，进行辅助诊断；

3. 开具中医治疗处方，制订围手术期和治疗方案；

4. 运用药物、手术及其他外治疗法，治疗肛肠疾患；

5. 书写病历，记录病案；

6. 制订术后康复措施，指导肛肠保健、疾病预防。

2-05-02-09 中医耳鼻咽喉科医师

运用中医药理论，诊断、治疗、康复、预防耳鼻咽喉科疾病的专业人员。

主要工作任务：

1. 运用望、闻、问、切等中医诊断方法，进行耳鼻咽喉科疾病诊断；

2. 运用现代医学诊察技术和设备，进行辅助诊断；

3. 开具处方，制订治疗方案；

4. 运用药物、外治法等多种方法及现代医学手段，进行治疗；

5. 书写病历，记录病案；

6. 指导患者康复及预防保健。

2-05-02-10 针灸医师

运用中医药理论和针灸技术诊断、治疗、康复、预防人体疾病的专业人员。

主要工作任务：

1. 运用望、闻、问、切等中医诊断方法和经络腧穴理论，进行诊断；

2. 运用现代医学诊察技术和设备，进行辅助诊断；

3. 开具中医治疗处方，制订治疗方案；

4. 运用针灸、理疗、手法、药物，治疗针灸适宜疾病；

5. 书写病历，记录病案；

6. 指导康复锻炼、养生调理和预防保健。

2-05-02-11 中医推拿医师

运用中医药理论和推拿手法、功法，诊断、治疗、预防疾病的专业人员。

主要工作任务：

1. 运用望、闻、问、切等中医诊断方法，进行诊断；

2. 运用现代医学诊察技术和设备，进行辅助诊断；

3. 开具中医推拿治疗处方和中药方剂治疗处方，制订治疗方案；

4. 运用推、摩、按、叩、振、扳、拔伸、摇等手法，配合外治法和药物疗法，治疗适应性疾病；

5. 书写病历，记录病案；

6. 指导患者运用导引练功、自我推拿等方法进行预防保健。

2-05-02-12　中医营养医师

运用药食同源等中医药理论，进行人体营养情况诊断、营养评估、膳食调理的专业人员。

主要工作任务：

1. 运用望、闻、问、切等中医诊断方法，进行人体营养情况诊断；

2. 结合现代医学和营养学手段，进行人体营养情况综合诊断；

3. 进行人体营养评估；

4. 运用中医食疗营养治疗原则，为患者制订合理膳食计划；

5. 书写病历，记录病案；

6. 指导患者合理饮食、体育锻炼。

2-05-02-13　中医整脊科医师

运用中医药理论和调曲复位技术，诊断、治疗、预防脊柱伤病及脊源性疾病的专业人员。

主要工作任务：

1. 运用望、闻、问、切等中医诊断方法，进行脊柱伤病及脊源性疾病诊断；

2. 依据脊柱和脊神经的症状体征及影像学检查，进行辅助诊断；

3. 开具药物辨证论治处方，制订调曲复位治疗方案；

4. 运用中医外治法，以理筋、正脊骨法、四维调曲复位为主，并配合功能锻炼进行治疗；

5. 运用强身健脊十八式方法，指导患者治疗后护理和预防保健；

6. 书写病历，记录病案。

2-05-02-14　中医康复医师

运用中医药理论，进行患者身体功能康复治疗的专业人员。

主要工作任务：

1. 运用望、闻、问、切等中医诊断方法，进行诊断；

2. 运用现代医学诊察技术和方法，进行辅助诊断；

3. 进行中医康复评定；

4. 制订合理的中医康复计划和综合康复计划；

5. 使用药物、中医技术和现代康复技术，进行康复治疗；

6. 书写病历，记录病案。

2-05-02-15　中医全科医师

运用中医药和现代医学理论，从事社区人群常见病与慢性病诊断、治疗、康复、预防和健康管理等中医药服务的专业人员。

主要工作任务：

1. 运用望、闻、问、切等中医诊断方法，诊断社区人群常见病与慢性病，并提供中医药及刮痧、拔罐、针灸、推拿、按摩等适宜技术治疗；

2. 进行急、危、重症急救或转诊；

3. 进行疾病预防性筛查、咨询，提供中医药防病服务；

4. 对社区老人、妇女、儿童和残疾人等重点人群提供体质辨识、小儿捏脊等中医药特色服务；

5. 进行居家医疗照顾；

6. 建立社区人群健康管理档案；

7. 进行中医养生保健和健康教育。

2-05-02-16 中医亚健康医师

运用中医药及亚健康理论，进行亚健康人群测评、调理、咨询和管理的专业人员。

主要工作任务：

1. 运用中医亚健康学诊断方法，进行咨询、记录；
2. 运用亚健康状态测评系统、设备，进行亚健康状态分析；
3. 制订亚健康调理方案；
4. 调理亚健康状态；
5. 运用亚健康状态测评系统、设备，评估调理效果；
6. 指导实施预防保健、身体锻炼和康复调理；
7. 建立亚健康调理档案，进行随访观察。

2-05-03（GBM 20503）
中西医结合医师

在医疗、预防、保健机构中，综合运用中、西医学理论和技术方法，从事人体疾病诊断、治疗、康复和预防的专业人员。

本小类包括下列职业：

2-05-03-01	中西医结合内科医师
2-05-03-02	中西医结合外科医师
2-05-03-03	中西医结合妇科医师
2-05-03-04	中西医结合儿科医师
2-05-03-05	中西医结合骨伤科医师
2-05-03-06	中西医结合肛肠科医师
2-05-03-07	中西医结合皮肤与性病科医师

2-05-03-01 中西医结合内科医师

运用中、西医学理论和技术方法，诊断、治疗和预防内科疾病的专业人员。

主要工作任务：

1. 采集病史，检查患者，书写病历；
2. 运用中医学和现代医学内科诊法诊查；
3. 分析病情和检查结果并运用中西医结合思维作出诊断；
4. 制订治疗方案，开具医嘱或处方；
5. 运用中西医结合方法，以药物为主要手段，治疗疾病；
6. 观察治疗效果，调整治疗方案；
7. 进行中西医结合内科疾病预防。

2-05-03-02 中西医结合外科医师

运用中、西医学理论和技术方法，诊断、治疗和预防外科疾病的专业人员。

主要工作任务：

1. 采集病史，检查患者，书写病历；
2. 运用中医学和现代医学外科诊法诊查；
3. 分析病情和检查结果并运用中西医结合思维作出诊断；
4. 制订治疗方案，开具医嘱或处方；
5. 实施中医和西医外科治疗；
6. 指导患者术后康复；
7. 观察治疗效果，调整治疗方案；
8. 进行中西医结合外科疾病预防。

2-05-03-03 中西医结合妇科医师

运用中、西医学理论和技术方法，从事妇科疾病诊断、治疗和预防的专业人员。

主要工作任务：

1. 采集病史，检查患者，书写病历；
2. 运用中医学和现代医学妇科诊法

诊查；

3. 分析病情和检查结果并运用中西医结合思维作出诊断；

4. 制订治疗方案，开具医嘱或处方；

5. 运用中西医结合方法治疗妇科疾病；

6. 观察治疗效果，调整治疗方案；

7. 进行中西医结合妇科疾病预防。

2-05-03-04　中西医结合儿科医师

运用中、西医学理论和技术方法，从事儿科疾病诊断、治疗和预防的专业人员。

主要工作任务：

1. 采集病史，检查患者，书写病历；

2. 运用中医学和现代医学儿科诊法诊查；

3. 分析病情和检查结果并运用中西医结合思维作出诊断；

4. 制订治疗方案，开具医嘱或处方；

5. 运用中西医结合方法治疗儿科疾病；

6. 观察治疗效果，调整治疗方案；

7. 进行中西医结合儿科疾病预防。

2-05-03-05　中西医结合骨伤科医师

运用中、西医学理论和技术方法，从事骨伤科疾病诊断、治疗和预防的专业人员。

主要工作任务：

1. 采集病史，检查患者，书写病历；

2. 运用中医学和现代医学骨伤科诊法诊查；

3. 分析病情和检查结果并运用中西医结合思维作出诊断；

4. 制订治疗方案，开具医嘱或处方；

5. 实施中医和西医骨伤科治疗；

6. 指导患者进行功能锻炼和康复训练；

7. 观察治疗效果，调整治疗方案；

8. 进行中西医结合骨伤疾病预防。

2-05-03-06　中西医结合肛肠科医师

运用中、西医学理论和技术方法，从事肛肠科疾病诊断、治疗和预防的专业人员。

主要工作任务：

1. 采集病史，检查患者，书写病历；

2. 运用中医学和现代医学肛肠科诊法诊查；

3. 分析病情和检查结果并运用中西医结合思维作出诊断；

4. 制订治疗方案，开具医嘱或处方；

5. 运用中西医结合方法治疗肛肠疾病；

6. 观察治疗效果，调整治疗方案；

7. 指导患者术后康复；

8. 进行中西医结合肛肠疾病预防。

2-05-03-07　中西医结合皮肤与性病科医师

运用中、西医学理论和技术方法，从事皮肤病与性病诊断、治疗和预防的专业人员。

主要工作任务：

1. 采集病史，检查患者，书写病历；

2. 运用中医学和现代医学皮肤病与性病诊法诊查；

3. 分析病情和检查结果并运用中西医结合思维作出诊断；

4. 制订治疗方案，开具医嘱或处方；

5. 运用中西医结合方法治疗皮肤病与性病；

6. 观察治疗效果，调整治疗方案；

7. 进行中西医结合皮肤病与性病预防。

2-05-04（GBM 20504）
民族医医师

运用民族医学理论，从事人体疾病诊断、治疗、康复、预防的专业人员。

本小类包括下列职业：

2-05-04-00　民族医医师

2-05-04-00　民族医医师

运用民族医学理论，从事人体疾病诊断、治疗、康复、预防的专业人员。

主要工作任务：

1. 运用藏、蒙、维、傣、朝、壮、哈萨克等少数民族医药理论和技术，诊断疾病；

2. 运用现代医学诊察技术和设备，进行辅助诊断；

3. 开具民族医治疗处方，制订治疗方案；

4. 运用民族药物、药浴、放血、推拿、针刺、泻脉、火灸、奄熨、沙疗、熏蒸、睡药、洗药、坐药、包药、针挑、穴位刺血、经筋、药罐等疗法进行治疗；

5. 书写病历，记录病案；

6. 指导患者的护理和康复；

7. 指导患者预防保健。

2-05-05（GBM 20505）
公共卫生与健康医师

从事卫生防病和公共卫生监督监测的专业人员。

本小类包括下列职业：

2-05-05-01　疾病控制医师
2-05-05-02　健康教育医师
2-05-05-03　公共卫生医师

2-05-05-01　疾病控制医师

在疾病预防控制机构中，从事传染病、寄生虫病、慢性非传染性疾病、地方病等控制工作的专业人员。

主要工作任务：

1. 运用监测、病例报告等手段，描述疾病在辖区内的发生、分布和变化情况；

2. 分析疾病的分布原因，提出预防控制对策，参与预防控制效果评价；

3. 进行疾病控制中的公共卫生监督管理；

4. 调查、处理新发传染病、再发传染病或其他特殊疾病事件；

5. 研究、分析病因学与危险因素，制订干预措施，指导消毒、杀虫和灭鼠；

6. 进行预防接种与药品治疗性预防；

7. 查治高危人群疾病状况，指导慢性非传染性疾病危险因素干预。

2-05-05-02　健康教育医师

从事健康知识传播、健康技能普及、健康行为危险因素干预的专业人员。

主要工作任务：

1. 评估社区人群健康素养和健康信息，检测、分析健康危害因素、行为危险因素；

2. 组织健康知识、健康技能传播、普及活动；

3. 进行个人健康行为危险因素干预；

4. 进行预防保健、疾病治疗、健康康复培训和咨询服务；

5. 组织禁止吸烟、合理膳食、科学运动、心理健康、安全性行为、个人卫生习惯等健康促进活动；

6. 指导医护人员、社区卫生服务人员、妇幼保健人员、疾病预防控制人员进行健康知识传播和健康教育；

7. 规划、指导社区、医院、学校、企事业单位等健康教育与健康促进工作；

8. 进行公共卫生事件应急健康教育。

2-05-05-03　公共卫生医师

在食品卫生、环境卫生、职业卫生、放

射卫生和学校卫生等领域，从事公共卫生监测、评价和监督的专业人员。

主要工作任务：

1. 进行公共场所、工作场所、生活及学校环境中健康危害因素的卫生学调查、监测和评价；

2. 配合进行食品生产经营单位和新建、扩建、改建工程项目及校舍等卫生学监测、评价；

3. 进行食品、生活饮用水、化妆品等卫生调查、检测与评价；

4. 进行学生文具、娱乐器具、保健用品卫生监督；

5. 进行从业人员职业性健康检查，提出疾病预防控制建议；

6. 参与调查、处理食物中毒、食品污染、公共场所污染、环境放射性污染等事件。

2-05-06（GBM 20506）
药学技术人员

在医疗、预防或药品供应机构中，根据医师处方进行药物配置和分发，并辅助医师合理用药的专业人员。

本小类包括下列职业：

2-05-06-01　药师
2-05-06-02　中药师
2-05-06-03　民族药师

2-05-06-01　药师

在医疗机构或药品经营生产、科研单位中，从事药品配置、配伍、调剂、制剂和检验检测、评价并指导患者用药的专业人员。

主要工作任务：

1. 进行药品采购供应、处方或用药医嘱审核、药品调剂、静脉用药调配和医院制剂配制；

2. 保存配方档案；

3. 控制、记载特殊管理药品的使用并进行管理；

4. 提供用药信息与药学咨询服务，向医护人员和公众宣传用药知识；

5. 进行药物血药浓度监测和药物基因多态性监测，提出调整用药建议；

6. 进行药品质量监测，收集、整理、报告药品不良反应、药物警戒和药品损害情况；

7. 参与临床药物治疗并提出意见或调整建议，参加查房、会诊、病例讨论和疑难、危重患者的医疗救治；

8. 参与新药临床试验和新药上市后安全性与有效性监测，进行处方点评与超常预警；

9. 进行药品质量检验检测、审验核查、标准制修订、风险监控等。

2-05-06-02　中药师

从事中药药品购销储存、饮片加工、质量检验、制剂调配并指导生产和用药的专业人员。

主要工作任务：

1. 进行中药材收购、饮片加工炮制、中成药生产制备技术指导和质量管理；

2. 监督、检查、抽验中药质量；

3. 购销、储存、管理中药药品；

4. 进行饮片加工，制成丸、散、膏、丹、片、霜、液体等剂型；

5. 制备医疗机构内部制剂，进行处方配伍、质量和稳定性检查、药效及毒性控制；

6. 协助医师用药，进行医师处方审方、调配、复核；

7. 向患者发放药物并向患者说明用药注意事项；

8. 保存配方档案，供应临床用药。

2-05-06-03 民族药师

从事民族药药品购销储存、饮片加工、质量检验、制剂调配并指导生产和用药的专业人员。

主要工作任务：

1. 进行藏药、蒙药、维药、傣药、朝药、壮药、哈萨克药等药材收购，饮片、卡擦药等草药加工炮制，成药生产制备技术指导；

2. 监督、检查、抽检民族药质量；

3. 购销、储存、管理民族药品种；

4. 进行民族药材加工，制成丸、散、膏、露剂、蜜膏剂、酒剂、片剂、胶囊剂、液体等剂型；

5. 制备医疗机构内部制剂，进行处方配伍、质量和稳定性检查、药效及毒性控制；

6. 协助医师用药，进行医师处方审方、调配、复核和煎药过程控制、质量检验；

7. 向患者发放药物并向患者说明用药注意事项；

8. 保存配方档案，供应临床用药。

2-05-07（GBM 20507）
医疗卫生技术人员

在医疗和预防保健机构中，使用医疗、预防设备，从事临床服务的技术人员。

本小类包括下列职业：

2-05-07-01 影像技师
2-05-07-02 口腔医学技师
2-05-07-03 病理技师
2-05-07-04 临床检验技师
2-05-07-05 公卫检验技师
2-05-07-06 卫生工程技师
2-05-07-07 输血技师
2-05-07-08 临床营养技师
2-05-07-09 消毒技师
2-05-07-10 肿瘤放射治疗技师
2-05-07-11 心电学技师
2-05-07-12 神经电生理脑电图技师
2-05-07-13 康复技师
2-05-07-14 心理治疗技师
2-05-07-15 病案信息技师
2-05-07-16 中医技师

2-05-07-01 影像技师

操作医学成像设备，从事患者身体内部结构影像诊断并对成像设备进行质量控制检测的技术人员。

主要工作任务：

1. 使用普通X射线机、血管造影机和CT机等成像设备，提供患者身体内部结构影像；

2. 操作磁共振成像仪，提供患者身体内部结构影像；

3. 操作超声成像机，提供患者身体内部结构影像；

4. 使用核医学成像设备，提供患者身体内部结构影像；

5. 进行医学成像设备质量控制检测。

2-05-07-02 口腔医学技师

从事口腔修复体及口腔矫治器装置制作的技术人员。

主要工作任务：

1. 参加口腔及颌面部常见病诊疗；

2. 镶装制作义齿、牙垫、口腔护板和

矫治器；

3. 使用口腔修复设备和修复材料，设计和制作口腔修复体；

4. 进行口腔预防保健的科普教育。

2-05-07-03 病理技师

从事病理制片、染色及病理实验并协助病理医师进行病理诊断的技术人员。

主要工作任务：

1. 制作人体组织或动物组织标本切片；

2. 进行特殊染色酶与免疫组织化学染色；

3. 进行细胞学标本制片；

4. 协助病理医师进行尸体解剖；

5. 管理病理档案信息资料；

6. 维护和保养病理科仪器和设备。

2-05-07-04 临床检验技师

运用医学检验方法，从事临床试验、检验的技术人员。

主要工作任务：

1. 接收、采集血液、尿液、大便等人体标本，进行检验分析前处理和分类；

2. 进行生物学、微生物学、免疫血清学、生物化学、血液免疫学、血液学、生物物理学、细胞学等检验、分析，出具检验报告；

3. 进行实验室室内、室间质量控制；

4. 使用、维护、保养实验室仪器设备。

2-05-07-05 公卫检验技师

运用检验手段，为公共卫生科学研究、专项调查、事件处置、疾病监测和卫生监督、监测工作提供检测结果的技术人员。

主要工作任务：

1. 分离和鉴定病原体，测定其引发疾病易感人群和动物宿主等的感染水平、免疫水平、免疫效果；

2. 进行食品、食品添加剂、生活饮用水、水源水、化学处理剂、净水设备、公共场所采光、化妆品、日用化学品、医疗卫生用品以及消毒杀虫灭鼠用药械等微生物、理化检验和运行效果评价；

3. 运用毒理学技术，进行新资源、新材料、新产品、农药、消毒杀虫剂等毒理学安全性评价；

4. 监测生产、生活和特殊场所环境中噪声、微波、振动、高频、射线等物理因素以及有毒有害气体等化学因素；

5. 开发、应用检验、检测的新技术、新方法。

2-05-07-06 卫生工程技师

从事工程项目卫生防护措施设计、审查和卫生学评价的技术人员。

主要工作任务：

1. 受理建设性工程项目卫生审查的申报；

2. 进行建设性工程项目选址卫生学审查、预评价；

3. 进行卫生防护工程设计，或对已设计的图纸进行审查、修改；

4. 参与建设性工程项目的施工检查、竣工验收和现场卫生工程学监测。

2-05-07-07 输血技师

使用采供血器材及贮存、运输等设备，从事血液采集、加工、贮存、运输等工作的技术人员。

主要工作任务：

1. 采集献血者的血液；

2. 使用储血冰箱等进行血液保存、运

输，做好记录；

3. 使用成分血制备设备，制备成分血；

4. 控制、管理、检查、检测血液质量；

5. 配合进行输血安全与技术研究。

2-05-07-08 临床营养技师

从事患者营养风险筛查、膳食指导、临床营养治疗的技术人员。

主要工作任务：

1. 进行住院患者营养风险筛查、营养状况评估，制订和实施治疗方案；

2. 监测营养治疗过程，预防和处理并发症；

3. 评估营养治疗效果；

4. 培训营养厨师和营养配餐员，指导和监督治疗饮食制作、分发，反馈患者要求。

2-05-07-09 消毒技师

从事卫生学调查、消毒产品和消毒工作监测与评价的技术人员。

主要工作任务：

1. 进行消毒产品的检测；

2. 评价消毒工作的效果；

3. 检查、指导医院消毒工作；

4. 指导疫区、灾区等突发公共卫生事件的消毒工作；

5. 检查、指导医疗废物的处理；

6. 指导生物安全防护。

2-05-07-10 肿瘤放射治疗技师

从事肿瘤放射治疗设备操作与维护的技术人员。

主要工作任务：

1. 参与肿瘤疾病的常规临床治疗；

2. 核对肿瘤放射治疗计划；

3. 操作肿瘤放射设备，实施放射治疗计划；

4. 维护、保养肿瘤放射设备。

2-05-07-11 心电学技师

从事心电图、动态心电图、运动心电图、食管心房调搏、起搏器程控等心电学设备操作的技术人员。

主要工作任务：

1. 操作心电图机，描记心电图，出具描述性心电图报告；

2. 操作动态心电图仪，描记动态心电图，出具描述性报告；

3. 操作运动心电图仪，进行平板运动试验，出具描述性运动心电图报告；

4. 操作食管心房调搏仪，描记食管心房调搏心电图，出具描述性食管心房调搏报告；

5. 操作起搏器程控仪，描记心电图，出具描述性报告。

2-05-07-12 神经电生理脑电图技师

从事脑电图、诱发电位仪等神经电生理脑电图设备操作的技术人员。

主要工作任务：

1. 操作脑电图和诱发电位仪，从颅外或颅内采集脑电图或诱发电位信号；

2. 操作脑电图和诱发电位仪，记录、分析和描述；

3. 整理、保存脑电图和诱发电位资料。

2-05-07-13 康复技师

运用物理治疗、作业治疗、言语治疗等手段或方法，从事康复对象治疗和训练的技术人员。

主要工作任务：

1. 询问和检查患者，采集和整理患者相关信息；

2. 分析、评估患者的检查结果，制订康复治疗计划和方案；

3. 实施康复训练；

4. 指导康复对象进行自我康复训练，并对其家属或相关人员进行康复指导培训；

5. 总体评定出院患者康复效果，提出全面康复建议；

6. 提供恢复生活能力、工作能力方面的技术指导和咨询服务；

7. 指导社区康复工作。

2-05-07-14　心理治疗技师

从事减轻或消除来访者的心理痛苦，促进其发展适应环境能力的技术人员。

主要工作任务：

1. 获取来访者心理问题、心理障碍的资料；

2. 全面评估来访者心理成长、人格发展、社会功能、生活事件及心理困扰和精神痛苦等，实施心理测查；

3. 制订、实施心理治疗或心理干预方案；

4. 在心理咨询中发现来访者有精神障碍或躯体疾病时及时请求会诊或转往其他专科。

2-05-07-15　病案信息技师

从事病案信息管理的技术人员。

主要工作任务：

1. 进行病案信息收集、整理、加工、存储、传输、发布；

2. 统计医院医疗工作量；

3. 进行国际疾病分类编码；

4. 进行手术操作分类编码。

2-05-07-16　中医技师

运用中医药理论和物理治疗、作业治疗、言语治疗等技术，辅助医师进行疾病治疗和训练的技术人员。

主要工作任务：

1. 协助医师询问和检查病人，采集和书写患者相关信息，记录和整理诊疗过程；

2. 评估、判断检查结果，制订治疗计划和方案或执行医嘱；

3. 操作治疗仪器设备，出具描述性报告；

4. 指导患者使用物理治疗仪器和设备进行自我康复训练，并对其家属进行专业指导；

5. 评定中医技术效果；

6. 协助指导社区中医保健、调理、康复工作。

2-05-08（GBM 20508）
护理人员

从事患者、社会人群的身心整体护理、辅助医疗、指导康复和预防保健、健康教育的专业人员。

本小类包括下列职业：

2-05-08-01　内科护士
2-05-08-02　儿科护士
2-05-08-03　急诊护士
2-05-08-04　外科护士
2-05-08-05　社区护士
2-05-08-06　助产士
2-05-08-07　口腔科护士
2-05-08-08　妇产科护士
2-05-08-09　中医护士

2-05-08-01　内科护士

从事内科疾病护理和健康教育，执行医

嘱并配合医生完成患者的诊疗活动，对患者进行护理的专业人员。

主要工作任务：

1. 应用内科护理程序，制订护理计划及措施；

2. 执行基础护理及内科护理常规；

3. 执行医嘱，配合各项诊疗工作，实施护理措施；

4. 观察患者治疗后的反应及病情变化，发现异常及时向相关人员报告并记录；

5. 参与危重患者抢救并记录；

6. 进行健康教育和康复指导。

2-05-08-02 儿科护士

从事儿科疾病护理和健康教育，执行医嘱并配合医生完成患者的诊疗活动，对 18 岁以下儿童患者进行护理的专业人员。

主要工作任务：

1. 应用儿科护理程序，制订护理计划及措施；

2. 执行基础护理及儿科护理常规；

3. 执行医嘱，配合各项诊疗工作，实施护理措施；

4. 观察患儿治疗后的反应及病情变化，发现异常及时向相关人员报告并记录；

5. 参与危重患儿抢救并记录；

6. 进行健康教育和康复指导。

2-05-08-03 急诊护士

从事急诊患者检诊、抢救、治疗、护送并提供健康教育的专业人员。

主要工作任务：

1. 按病情轻重安排就诊先后次序；

2. 配合医师对危重患者进行抢救，观察、检查和治疗留观患者；

3. 执行相关规章制度和技术操作规程；

4. 领取、保管及维护急救药品、器材；

5. 及时、主动报告不良事件和隐患；

6. 应用急诊护理程序，对患者进行护理评估，制订护理计划，实施护理措施，进行效果评价；

7. 进行健康教育和康复指导；

8. 执行基础护理及专科护理常规。

2-05-08-04 外科护士

从事外科疾病护理和健康教育，执行医嘱并配合医生完成患者的诊疗活动，对患者进行护理的专业人员。

主要工作任务：

1. 应用外科护理程序，制订术前、术中、术后护理康复计划，进行术前准备及术后护理；

2. 执行基础护理及外科护理常规；

3. 执行医嘱，配合各项诊疗工作，实施护理措施；

4. 观察手术后的反应及病情变化，发现异常及时向相关人员报告并记录；

5. 参与危重患者抢救并记录；

6. 进行健康教育和康复指导。

2-05-08-05 社区护士

从事个人、家庭和社区疾病预防、辅助治疗、康复、健康教育的专业人员。

主要工作任务：

1. 配合医师进行检查、治疗，执行相关规章制度和技术操作规程；

2. 配合医师建立个人、家庭健康档案；

3. 参与面向家庭、社区和社会的公共卫生服务工作；

4. 对个人、家庭和社区人群进行健康教育；

5. 配合医师完成社区常见病、多发病

的诊疗活动，急危重症患者的院前急救与转诊，疾病预防筛查与咨询，社区慢性病患者的系统管理；

6. 进行社区老人、妇女、儿童和残疾人等重点人群保健。

2-05-08-06　助产士

辅助产科医师，从事产妇接产、婴儿护理的专业人员。

主要工作任务：

1. 进行产妇咨询和健康教育；

2. 进行产妇产前与产后护理；

3. 配合医师采取措施，防止滞产、产后感染、产伤和产后出血；

4. 进行产程观察，为产妇接生，协助产科医师对异常情况进行抢救和处置；

5. 护理新生儿；

6. 进行孕期保健、产后妇婴保健；

7. 填写“孕产妇保健手册”“分娩记录”“出生医学证明”等，执行孕产妇死亡、婴儿死亡和出生缺陷报告制度。

2-05-08-07　口腔科护士

运用口腔护理技术，协助、配合医生诊断、治疗口腔疾病，并进行口腔健康知识教育的专业人员。

主要工作任务：

1. 采用四手操作技术，完成口腔疾病诊疗的椅旁配合工作；

2. 观察患者病情，执行操作流程；

3. 参与急危重症患者及突发事件的抢救与处理；

4. 进行患者及其家属口腔健康教育，参与面向家属、社区和社会的口腔卫生服务；

5. 进行患者追踪管理；

6. 进行口腔诊疗器械清洗、消毒、灭菌及材料、设备管理。

2-05-08-08　妇产科护士

从事妇女生殖系统疾病护理和健康教育，孕期及围产期保健护理，配合医生完成患者诊疗并对患者进行护理的专业人员。

主要工作任务：

1. 应用妇产科护理程序，制订护理计划及措施；

2. 执行基础护理及妇产科护理常规，以及产前、产中、产后护理；

3. 执行医嘱，协助医生在产妇分娩时的助产和接生；

4. 观察分娩前、中、后的临床表现，观察妇科疾病治疗后的反应及病情变化，发现异常及时报告并记录；

5. 参与妇科危重患者抢救并记录；

6. 进行健康教育和康复指导。

2-05-08-09　中医护士

运用中医药理论，从事患者辨证施护的专业人员。

主要工作任务：

1. 应用中医护理程序，制订护理计划及措施；

2. 执行基础护理及中医护理常规；

3. 执行医嘱，进行病情观察，书写护理记录；

4. 进行具有中医特色的健康教育、康复指导；

5. 参与社区的慢性病管理、养老护理及健康管理。

2-05-09（GBM 20509）
乡村医生

在村卫生室，从事基本公共卫生和基本

医疗服务的专业人员。

本小类包括下列职业：

2-05-09-00 乡村医生

2-05-09-00 乡村医生

在村卫生室，从事基本公共卫生和基本医疗服务的专业人员。

主要工作任务：

1. 进行疾病预防控制、健康教育和其他与居民健康相关的公共卫生服务；

2. 进行一般常见病初级诊治及提供转诊服务；

3. 进行居民健康管理及妇幼保健；

4. 收集、统计、填报疾病控制、卫生监督、妇幼保健等相关数据；

5. 协助处置突发公共卫生事件；

6. 协助专业公共卫生机构提供其他公共卫生服务。

2-05-99（GBM 20599）
其他卫生专业技术人员

指未列入 2-05-01 至 2-05-09 的卫生专业技术人员。

2-06（GBM 20600） 经济和金融专业人员

从事经济、统计、财会、审计、税务、资产和资源评估、商务和人力资源、银行、保险、证券和知识产权等业务工作的专业人员。

本中类包括下列小类：

2-06-01（GBM 20601）经济专业人员
2-06-02（GBM 20602）统计专业人员
2-06-03（GBM 20603）会计专业人员
2-06-04（GBM 20604）审计专业人员
2-06-05（GBM 20605）税务专业人员
2-06-06（GBM 20606）评估专业人员
2-06-07（GBM 20607）商务专业人员
2-06-08（GBM 20608）人力资源专业人员
2-06-09（GBM 20609）银行专业人员
2-06-10（GBM 20610）保险专业人员
2-06-11（GBM 20611）证券专业人员
2-06-12（GBM 20612）知识产权专业人员
2-06-99（GBM 20699）其他经济和金融专业人员

2-06-01（GBM 20601）
经济专业人员

从事行业经营、生产、资金、价格、项目及工作计划编制并监控实施的专业人员。

本小类包括下列职业：

2-06-01-01 经济规划专业人员
2-06-01-02 合作经济专业人员
2-06-01-03 价格专业人员

2-06-01-01　经济规划专业人员

从事经营、生产、资金、项目及工作计划编制并监控实施的专业人员。

主要工作任务：

1. 研究、分析行业发展方向，编制发展规划；

2. 编制年度、季度经营、生产、工作、资金、项目计划；

3. 监督、协调、控制计划实施过程；

4. 检查、反馈、调整计划指标；

5. 进行项目论证，办理项目立项申报等手续；

6. 评估规划、计划实施效果。

2-06-01-02　合作经济专业人员

从事合作经济组织规划制订、建设发展、组织引领、管理运营的专业人员。

主要工作任务：

1. 制订合作经济组织发展规划，组织引领合作经济组织活动；

2. 提供信息、技术、法律、政策等服务；

3. 指导合作经济组织进行标准化生产，培育优质、高效、安全、健康产品；

4. 指导合作经济组织进行社会化服务；

5. 指导合作经济组织资本运营和财务管理；

6. 指导合作经济组织间合作与协作。

2-06-01-03　价格专业人员

从事商品和服务价格状况分析，为单位提供价格决策和决策支持的专业人员。

主要工作任务：

1. 建立价格核算和决策体系，拟订单位价格计划；

2. 进行市场调研，收集国内外价格信息，分析、预测相应商品市场供求关系，设计定价目标、定价原则、定价策略和方法；

3. 核定生产经营成本，制订内部核算价格，制订产品、劳务、配套零部件和协作加工价格；

4. 建立、维护产品询价、报价和招投标报价系统；

5. 协调、调解单位内外部价格纠纷。

2-06-02（GBM 20602）
统计专业人员

从事国民经济和社会的宏观、微观情况统计调查、统计分析，提供统计资料和统计咨询意见，实行统计监督的专业人员。

本小类包括下列职业：

2-06-02-00　统计专业人员

2-06-02-00　统计专业人员

从事国民经济和社会的宏观、微观情况统计调查、统计分析，提供统计资料和统计咨询意见，实行统计监督的专业人员。

主要工作任务：

1. 设计统计调查方案；

2. 组织实施统计调查；

3. 指导、培训统计调查员；

4. 采集统计数据和资料；

5. 汇总、整理统计数据；

6. 评估、分析统计数据和资料；

7. 撰写统计调查分析报告；

8. 提供预测和决策咨询服务；

9. 建立、管理统计台账；

10. 进行统计工作监督检查。

2-06-03（GBM 20603）
会计专业人员

从事国家机关、社会团体、企事业单位

和其他经济组织会计核算和会计监督的专业人员。

本小类包括下列职业：

2-06-03-00 会计专业人员

2-06-03-00 会计专业人员

从事国家机关、社会团体、企事业单位和其他经济组织会计核算和会计监督的专业人员。

主要工作任务：

1. 进行单位会计事项的会计核算；
2. 进行单位经济活动会计监督和控制；
3. 制订单位办理会计事务的具体办法；
4. 参与拟订经济计划，考核、分析财务计划的预算及执行情况。

2-06-04（GBM 20604）
审计专业人员

从事对审计单位财政、财务收支及其他经济活动的真实性、合法性、合理性、效益性进行监督、鉴证、评价等工作的专业人员。

本小类包括下列职业：

2-06-04-00 审计专业人员

2-06-04-00 审计专业人员

从事对审计单位财政、财务收支及其他经济活动的真实性、合法性、合理性、效益性进行监督、鉴证、评价等工作的专业人员。

主要工作任务：

1. 编制审计计划，拟订审计工作方案、实施方案和调查提纲；
2. 收集、整理审计证据；
3. 分析、评价审计证据；
4. 编制审计工作底稿；
5. 撰写审计报告；
6. 建立审计档案。

2-06-05（GBM 20605）
税务专业人员

在税务师事务所等涉税专业服务机构中，从事税务代理、税务鉴证、税务审核、税务咨询等服务的专业人员。

本小类包括下列职业：

2-06-05-00 税务专业人员

2-06-05-00 税务专业人员

在税务师事务所等涉税专业服务机构中，从事税务代理、税务鉴证、税务审核、税务咨询等服务的专业人员。

主要工作任务：

1. 提供税务登记与注销登记，纳税申报，税款扣缴申报，税收优惠申报，发票领购，涉税账簿建立，涉税文书制作，税收政策协商，税务行政听证、复议和诉讼等代理服务；
2. 提供纳税情况、税务风险和纳税信誉的鉴证、鉴定服务；
3. 提供纳税事项及涉税资料的审核服务；
4. 提供与涉税事项有关的筹划、顾问、培训以及同期资料准备等咨询服务。

2-06-06（GBM 20606）
评估专业人员

从事资产和资源状况鉴定、价值估算和咨询服务的专业人员。

本小类包括下列职业：

2-06-06-01 资产评估专业人员

2-06-06-02 房地产估价专业人员

2-06-06-03 森林资源评估专业人

员 L

2-06-06-04 矿业权评估专业人员

2-06-06-05 海域海岛评估专业人员

2-06-06-01 资产评估专业人员

从事对单项资产、资产组合、企业价值和其他经济权益等各类资产进行价值估算和咨询服务的专业人员。

主要工作任务：

1. 编制评估计划；
2. 进行现场调查，收集评估资料；
3. 评定估算委估资产价值；
4. 编写和出具评估报告；
5. 提供资产价值及相关事项的评估咨询服务；
6. 参与制订资产评估技术标准、规范。

2-06-06-02 房地产估价专业人员

从事房地产价值和价格评估及相关咨询服务的专业人员。

主要工作任务：

1. 制订房地产估价技术路线、作业方案；
2. 收集、整理估价资料，实地查勘估价对象；
3. 分析影响估价对象价值的自身和外部因素，并进行价值测算；
4. 比较、检查、确认、分析测算结果，确定估价对象价值；
5. 编制、出具估价报告；
6. 提供房地产资产评估咨询服务。

2-06-06-03 森林资源评估专业人员 L

从事森林资源及生态效益评估的专业人员。

主要工作任务：

1. 复核森林资源数量、质量和空间位置；
2. 估算森林资源价值形态；
3. 评估森林资源生态效益；
4. 评估森林自然灾害损失；
5. 编写评估报告，复核评估结果；
6. 提供森林资源及生态效益评估咨询服务；
7. 制订森林资源评估技术标准、规范。

2-06-06-04 矿业权评估专业人员

从事矿业权出让、转让评估和咨询服务的专业人员。

主要工作任务：

1. 收集矿业权评估项目资料；
2. 实地勘测矿业权评估项目；
3. 进行矿业权出让、转让评估，并出具评估报告；
4. 报审备案或确认矿业权评估报告；
5. 提供矿业权出让、转让评估咨询服务。

2-06-06-05 海域海岛评估专业人员

从事海域、海岛价格影响因素分析、价格估算、咨询服务的专业人员。

主要工作任务：

1. 收集、分析海域、海岛基础地理信息资料；
2. 研究、确定海域、海岛使用面积、建筑物及构筑物面积等调查要素；
3. 进行现场调查、测量；
4. 建立海域、海岛价格测算模型；
5. 估算海域、海岛价格；
6. 撰写评估报告；
7. 提供海域、海岛评估、鉴证服务。

2-06-07（GBM 20607）
商务专业人员

从事市场营销、商务策划、管理咨询等商务活动的专业人员。

本小类包括下列职业：

2-06-07-01　国际商务专业人员
2-06-07-02　市场营销专业人员
2-06-07-03　商务策划专业人员
2-06-07-04　品牌专业人员
2-06-07-05　会展策划专业人员
2-06-07-06　房地产开发专业人员
2-06-07-07　医药代表
2-06-07-08　管理咨询专业人员
2-06-07-09　拍卖专业人员
2-06-07-10　物业经营管理专业人员
2-06-07-11　经纪与代理专业人员
2-06-07-12　报关专业人员
2-06-07-13　报检专业人员

2-06-07-01　国际商务专业人员

从事国际间商品、技术贸易等商务活动的专业人员。

主要工作任务：

1. 办理国际商品贸易业务；
2. 办理国际技术贸易业务；
3. 办理国际劳务输出、输入业务；
4. 办理国际租赁业务；
5. 办理国际商务调研与咨询业务；
6. 办理国际贸易仓储与运输业务；
7. 办理援外项目或受援项目，进行双边或多边经济合作谈判；
8. 办理国际工程承包业务；
9. 办理国际投资及国际贷款业务；
10. 办理国际商务运营业务。

2-06-07-02　市场营销专业人员

从事市场分析、产品宣传促销、生产经营决策咨询服务的专业人员。

主要工作任务：

1. 进行市场调研，收集市场信息，分析市场动态；
2. 研究、提出新产品开发计划；
3. 研究、提出产品定价和调整建议；
4. 策划并组织实施产品销售、促销方案；
5. 管理用户服务系统，组织售后服务活动。

2-06-07-03　商务策划专业人员

从事社会经济组织商务活动调查、分析、设计的专业人员。

主要工作任务：

1. 进行商务活动目标定位；
2. 进行商务活动诊断、调查；
3. 进行商务活动创意、构想、设计；
4. 进行商务活动方案论证；
5. 指导商务活动实施；
6. 提供商务活动评估服务。

2-06-07-04　品牌专业人员

从事品牌规划、品牌塑造、品牌推广、品牌维护和品牌运营的专业人员。

主要工作任务：

1. 确定品牌精髓、核心定位和品牌特性；
2. 设计品牌标识；
3. 制订品牌目标和品牌制度；
4. 维护品牌知名度、美誉度和忠诚度；
5. 进行品牌组合、品牌延伸和品牌特许工作。

2-06-07-05　会展策划专业人员

从事会展项目调研、策划、运营、推广的专业人员。

主要工作任务：

1. 确定展览主题并进行可行性研究；

2. 策划会展项目实施方案；

3. 实施会展项目招商、招展、赞助、预算和运营管理；

4. 策划开幕式、闭幕式、同期活动；

5. 制订推广方案和宣传材料；

6. 维护、管理与参展商、专业观众、赞助商、参会者、会展场馆客户关系；

7. 管理展览会合同、档案；

8. 进行会展项目风险评估与风险管理；

9. 提供会展项目信息咨询服务。

2-06-07-06　房地产开发专业人员

从事房地产项目中后期实施阶段规划设计、组织管理、投融资分析、成本管控的专业人员。

主要工作任务：

1. 按照房地产开发项目的规划设计、策划定位，组织实施工程；

2. 管控项目进度，协调项目施工过程中出现的问题；

3. 进行房地产项目投融资收益分析，筹措项目资金；

4. 组织协调项目竣工验收；

5. 进行房地产项目成本分析及成本控制。

2-06-07-07　医药代表

代表药品生产企业，从事药品信息传递、沟通、反馈的专业人员。

主要工作任务：

1. 制订医药产品推广计划和方案；

2. 向医务人员传递医药产品相关信息；

3. 协助医务人员合理使用本企业医药产品；

4. 收集、反馈药品临床使用情况及医院需求信息。

2-06-07-08　管理咨询专业人员

从事企事业单位发展战略和经营管理调研、诊断、分析并提供解决方案的专业人员。

主要工作任务：

1. 研究、分析客户的管理需求；

2. 调研、诊断客户经营战略和经营管理状况；

3. 研究、拟订改善方案；

4. 指导、协助客户实施改善方案；

5. 总结、评估改善方案实施效果。

2-06-07-09　拍卖专业人员

从事拍卖活动策划、组织、管理和主持的专业人员。

主要工作任务：

1. 制订拍卖营销策略和方案；

2. 搜集、品鉴拍卖品；

3. 策划、组织拍卖活动；

4. 主持拍卖会和竞价过程；

5. 进行拍卖成本控制和风险管理。

2-06-07-10　物业经营管理专业人员

从事物业管理项目市场拓展、资产经营和管理的专业人员。

主要工作任务：

1. 拓展物业项目，进行物业项目招投标及合同管理；

2. 分析物业管理风险，设计物业管理风险防范方案，指导紧急事件处置；

3. 参与配合物业的承接查验；

4. 组织、管理入住与装修，对房屋及设备设施和物业环境进行维护和管理；

5. 维护和管理客户关系；

6. 经营管理物业资产。

2-06-07-11 经纪与代理专业人员

从事经济活动中居间、行纪或代理等业务的专业人员。

主要工作任务：

1. 研究、分析、核实委托事项；

2. 评估、核算交易价格，设计经纪与代理规则；

3. 制订居间、行纪、代理策略和方案；

4. 指导、监督交易活动；

5. 控制交易成本，防范交易风险。

2-06-07-12 报关专业人员

从事进出口货物的申报、纳税及相关事宜的专业人员。

主要工作任务：

1. 填制进出口货物报关单，申报进出口货物情况；

2. 提交报关单、贸易管制证件、进出口商业单证；

3. 配合海关查验进出口货物；

4. 申报货物的税费核算、缴纳、减免和退补；

5. 办理加工贸易货物手册设立、深加工结转、外发加工、核销；

6. 办理暂时进出口货物的核准；

7. 提供进出口货物商品名称及编码的预归类服务；

8. 提供进出口货物通关方案策划、合规管理及咨询服务。

2-06-07-13 报检专业人员

从事出入境货物、集装箱、交通工具等报检及检验检疫相关事宜的专业人员。

主要工作任务：

1. 进行进出口货物、集装箱、交通工具的报检；

2. 联系并配合检验检疫机构实施查验、抽样以及检验、检疫、鉴定等事务；

3. 办理进出口货物检验检疫通关事务；

4. 管理经检验检疫合格的进出口货物；

5. 申办进出境检验检疫审批手续；

6. 向检验检疫机构报告不合格入境货物情况，并提供相关建议；

7. 搜集整理客户进出境货物质量方面信息，并进行分析和反馈；

8. 传达、落实检验检疫机构的监管措施和相关要求。

2-06-08（GBM 20608）
人力资源专业人员

在单位内或人力资源服务机构中，从事人力资源规划设计、招聘配置、培训开发、绩效考核、薪酬福利、劳动关系等工作或咨询服务的专业人员。

本小类包括下列职业：

2-06-08-01 人力资源管理专业人员

2-06-08-02 人力资源服务专业人员

2-06-08-03 职业信息分析专业人员

2-06-08-01 人力资源管理专业人员

从事企事业单位人力资源规划设计、招聘配置、培训开发、绩效考核、薪酬福利、劳动关系管理的专业人员。

主要工作任务：

1. 编制单位人力资源发展规划和年度计划，进行定员定额和工作岗位分析；

2. 建立人员绩效考核体系，制订标准，组织实施绩效考核；

3. 制订、实施单位人员招聘、甄选和配置计划；

4. 制订单位人员职业生涯发展规划和职业技能开发计划，组织培训活动；

5. 制订、实施单位人员薪酬福利和激励保障方案；

6. 协调、处理单位内部的劳动关系；

7. 进行组织文化建设。

2-06-08-02　人力资源服务专业人员

在人力资源服务机构中，从事人力资源招聘、职业指导、人力资源和社会保障事务代理、人力资源培训、人才测评、劳务派遣、高级人才寻访、人力资源外包、人力资源管理咨询、人力资源信息软件服务等多种服务的专业人员。

主要工作任务：

1. 研究、分析客户需求；

2. 调查、诊断客户人力资源管理状况；

3. 制订、实施客户人力资源招聘、职业指导、人力资源和社会保障事务代理、人力资源培训、人才测评、劳务派遣、高级人才寻访、人力资源外包、人力资源管理咨询、人力资源信息软件服务的服务方案；

4. 维护客户关系；

5. 评估方案实施效果。

2-06-08-03　职业信息分析专业人员

从事人力资源和社会保障信息采集、传递、整理、分析以及发布、应用的专业人员。

主要工作任务：

1. 进行人力资源和社会保障及相关信息采集与传递；

2. 进行人力资源和社会保障及相关信息数据审核和汇总、整理加工；

3. 进行人力资源和社会保障信息数据分析、数据解读；

4. 研究、应用人力资源和社会保障信息，并进行预测预警；

5. 提供人力资源和社会保障信息决策咨询服务；

6. 发布人力资源和社会保障及相关信息，并收集反馈。

2-06-09（GBM 20609）

银行专业人员

在储蓄性金融机构中，以货币及其衍生物为工具，从事资金筹措与资金运营、客户委托事项办理以及非资金服务的专业人员。

本小类包括下列职业：

2-06-09-01　银行货币发行专业人员
2-06-09-02　银行国库业务专业人员
2-06-09-03　银行外汇市场业务专业人员
2-06-09-04　银行清算专业人员
2-06-09-05　信贷审核专业人员
2-06-09-06　银行国外业务专业人员

2-06-09-01　银行货币发行专业人员

在中央银行从事货币发行政策研究，货币发行、调剂和回收工作的专业人员。

主要工作任务：

1. 编制货币需求计划，研究、制订货

币发行政策；

2. 组织办理新版人民币的发行和旧版人民币的回收工作；

3. 编制、执行和调整发行基金调拨计划和损伤货币销毁计划，组织商业银行办理货币兑换和挑残工作，调节市场流通货币的面额结构；

4. 宣传货币发行政策，组织反假人民币工作；

5. 办理人民币发行基金的保管、调运、销毁和核算业务；

6. 办理商业银行存取现金业务，并监督、检查、协调商业银行办理现金出纳业务；

7. 办理发行业务的会计核算，反映货币市场投放和回笼情况。

2-06-09-02　银行国库业务专业人员

在中央银行从事中央库和地方库业务办理的专业人员。

主要工作任务：

1. 组织、办理国家预算收入的收纳、划分、报解和入库，以及国家预算支出的分解和拨付工作；

2. 编制、组织和执行国家预算收入和支出的会计核算各项报表，推广应用实施电脑联网报解库款和传递数据报表；

3. 监督管理财政、税收、海关等征收机关自收汇缴所收款项及时足额交入国库，协调财、税、库、行的业务关系；

4. 预测国债承销能力，组织、协调国债发行工作，上划国债发行款项，向发行单位兑付发行费用；

5. 制订国债兑付办法，组织金融机构进行国债兑付工作，下拨、回收国债兑付基金，拨付兑付费用，销毁已兑付的国债；

6. 组织地方金库执行国库法规及实施细则，办理地方预算收入的收纳、报解、入库、退库存以及库款的支拨；

7. 管理地方财政资金的开户和商业银行经办国库业务情况。

2-06-09-03　银行外汇市场业务专业人员

从事外汇市场和货币市场外汇买卖、拆借办理、头寸调拨等业务的专业人员。

主要工作任务：

1. 研究、分析国际金融市场发展态势和主要国家的利率、汇率政策；

2. 利用自有或自筹资金进行自营外汇买卖，或受客户委托进行代客外汇买卖；

3. 与境内中资金融机构进行境内外汇同业拆借，与境外金融机构、境内外资金融机构进行境外外汇同业拆借；

4. 在国库券市场和证券回购市场上进行即期和远期资本性融投资业务；

5. 根据外汇账户余额，调入和调出外汇头寸（含外币现钞），进行外汇成交平盘，对冲外汇风险，降低资金使用成本；

6. 核算所辖行的外汇付款入账头寸，对所辖行和向上级行进行外汇存借款的询价和报价，保证辖内结售汇工作正常进行。

2-06-09-04　银行清算专业人员

利用资金清算网络系统，从事银行业务资金的汇划和结计电子汇划汇差业务的专业人员。

主要工作任务：

1. 设置清算系统安全密码使用办法，生成本有清算密钥并向上级清算中心申请密钥，向会计柜台颁发和更换密钥；

2. 接受和审查会计柜台传入的汇划清单等会计凭证，录入清算业务的金额、行名等各要素，复核确认无误后上网发送；

3. 录入或接收会计柜台传来的查询和查复信息，向会计柜台分发上级清算中心发来的他行查询、查复，确认本行接收的模糊信息并向发报行发出查询；

4. 监控清算设备运行状况、网络通信状况、相邻结点工作状态等，与上下联行和有关部门联系，保证清算数据流畅；

5. 整理、分析需在本行落地的资金计划、电子文件、查询和查复信息，送达有关行处或会计柜台，办理签收、付交接手续；

6. 与相邻结点进行每日日勾兑和汇差核对，对不符信息向有关行申请明细核对，查明原因并做相应处理；

7. 结平当日本级清算账户，接受上级行及向所属行发送汇总对账信息，进行日终汇总对账；

8. 整理、备份和保管纸质档案资料和磁质数据信息。

2-06-09-05　信贷审核专业人员

从事审查贷款申请人资信情况，确定申请人信贷额度工作的专业人员。

主要工作任务：

1. 研究分析经营贷款的种类、期限、利率、条件等；

2. 调查借款人的合法性等因素，核实抵押物、质物、保证人情况，测定贷款风险度；

3. 进行贷款人偿债能力、获利能力、经营管理、履约情况、发展能力与潜力等方面的等级评定；

4. 建立和完善贷款质量保全制度，对不良贷款进行分类、登记、考核和催收，并及时进行呆账贷款的核销工作。

2-06-09-06　银行国外业务专业人员

从事国际金融市场外币及其衍生物投融资业务的专业人员。

主要工作任务：

1. 办理境内外汇贷款和境外外汇贷款；

2. 办理境内外汇借款和境外外汇借款；

3. 发展海外代理行，代理国外银行在国内的业务；

4. 发行或代理发行股票以外的外币有价证券；

5. 买卖或代理买卖股票以外的外币有价证券；

6. 进行外汇票据的承兑和贴现；

7. 进行进口信用证开立、付款保函、进口代收、售汇付汇等贸易和非贸易国际结算；

8. 进行进出口押汇、打包贷款、搭桥贷款等贸易融资业务；

9. 为境内外债权人和收益人出具境内外汇担保和涉外外汇担保；

10. 为客户提供资信调查和信用见证业务；

11. 安排客户进行海外融资并承担融资顾问；

12. 办理离岸业务和商人银行业务；

13. 进行外汇市场的即期和远期交易、调期市场的外汇和利率周期交易、期货和期权市场的衍生交易。

14. 进行国际收支申报、跨境收支及结售汇统计。

2-06-10（GBM 20610）

保险专业人员

从事精算和保险核保、理赔、资金运用等业务的专业人员。

本小类包括下列职业：

2-06-10-01 精算专业人员
2-06-10-02 保险核保专业人员
2-06-10-03 保险理赔专业人员
2-06-10-04 保险资金运用专业人员

2-06-10-01 精算专业人员

从事退休金与人寿、健康、意外伤害及财产保险等设计、估算、评价等业务的专业人员。

主要工作任务：

1. 确定保险费率、现金储备，以及用于确保对于未来保障赔付所需要的负债；

2. 确定或帮助确定公司政策，并向公司高管、政府官员、股东、保单持有人或公众解释复杂的技术事项；

3. 设计、审查并帮助管理保险、企业年金和养老金计划，确定财务稳健性和计算保险费；

4. 分析统计信息，估计死亡率、意外事故发生率、疾病发生率、残疾发生率和退休率；

5. 与核保人员、会计、理赔专家和高级管理人员合作，帮助保险公司制订新业务线计划或改进现有业务的计划；

6. 帮助金融机构管理风险，提高投资产品或信贷产品相关的回报率；

7. 确定分红险业务、年金合同及其他业务的盈余公平分配的基础。

2-06-10-02 保险核保专业人员

从事衡量被保险人或保险标的物风险状况，并作出承保决定的专业人员。

主要工作任务：

1. 分析保险标的物或被保险人的各种相关信息，评估其危险程度，作出是否承保以及以何种条件承保的决定；

2. 与业务人员、医师以及其他相关人员沟通，了解被保险人或保险标的的相关信息，给出风险评估意见，或对于承保决策作出解释；

3. 根据被保险人财务状况或保险标的的价值决定合理的可承保额度；

4. 评估业务可能存在的巨灾或超赔风险，并合理安排再保险以转移风险；

5. 制订业务规则，对保险产品的风险把关；

6. 参与新产品开发设计工作，并提出专业意见。

2-06-10-03 保险理赔专业人员

从事调查取证、核赔定损、确权明责等保险索赔业务的专业人员。

主要工作任务：

1. 会见索赔客户，了解索赔的有关情况；

2. 核查索赔申请单及有关证明和资料；

3. 走访事故现场及医院、公安等相关部门，调查案件真实情况；

4. 调查存疑业务，了解是否存在不符合保险责任或理赔欺诈等情况；

5. 根据索赔内容和理赔调查结果做出是否赔付的决定，并确定保险公司的责任范围和应赔款额；

6. 向客户解释是否理赔的原因。

2-06-10-04 保险资金运用专业人员

从事保险资金投资运作及风险管控的专业人员。

主要工作任务：

1. 根据保险负债特征，研究制订资产配置策略和配置方案；

2. 研究分析宏观经济金融形势和政策，为投资决策提供支持；

3. 调查分析投资品种和对象的收益状况、风险状况、流动性状况等；

4. 跟踪分析投资品种表现，监控投资风险；

5. 选聘保险资金运用的相关专业机构，监督、评价其履约情况；

6. 汇总统计投资结果，编制报送各项投资分析报告、报表。

2-06-11（GBM 20611）

证券专业人员

从事证券发行、证券交易、理财投资等业务的专业人员。

本小类包括下列职业：

2-06-11-01　证券发行专业人员

2-06-11-02　证券交易专业人员

2-06-11-03　证券投资专业人员

2-06-11-04　理财专业人员

2-06-11-05　黄金投资专业人员

2-06-11-01　证券发行专业人员

在证券经营机构中，从事证券代理发行业务的专业人员。

主要工作任务：

1. 代理客户发行有价证券；

2. 对发行股票的企业进行股份制知识和法规的辅导；

3. 对上市公司进行上市后持续辅导。

2-06-11-02　证券交易专业人员

在证券经营机构中，从事证券交易市场分析、投资策略研究、管理业务设计的专业人员。

主要工作任务：

1. 调查、分析证券市场和上市公司情况，并为所在机构提供投资建议；

2. 根据客户投资标的确定交易方案，进行营利和风险控制；

3. 研究、分析市场信息和走势，即时向客户反馈投资目标的市场信息，为客户调整投资策略提供依据；

4. 协助清算数据处理，提供交易分析报告及投资组合；

5. 参与证券投资类信托产品交易、管理业务设计。

2-06-11-03　证券投资专业人员

从事证券市场调查分析、资本运营设计和投资咨询服务的专业人员。

主要工作任务：

1. 调查、分析上市和拟上市公司的财务状况、经营风险及证券的收益率、安全性、担保情况等；

2. 跟踪市场行情，监控市场风险；

3. 向客户提供证券市场参考性统计分析资料，提出证券投资建议；

4. 根据客户要求，代拟资本运营计划；

5. 按照与客户签订的代理协议，提供证券筹资策略；

6. 参加上市公司的董事会，指导经营管理。

2-06-11-04　理财专业人员

从事理财产品设计、理财管理咨询服务的专业人员。

主要工作任务：

1. 调查、分析个人或机构投资需求，设计理财产品；

2. 推介、销售理财产品；

3. 进行理财产品的收益与风险测算、

估值分析；

4. 办理理财产品的登记、交易、托管、结算、信息统计；

5. 制订并协助个人或机构实施理财方案，提供理财产品咨询服务；

6. 评估、优化个人或机构理财方案；

7. 建立和维护客户关系。

2-06-11-05　黄金投资专业人员

从事黄金价值分析、投资运作、风险管理及咨询服务的专业人员。

主要工作任务：

1. 研究、预测黄金市场和黄金价格变化趋势，了解黄金投资客户需求；

2. 制订黄金投资策略和投资计划；

3. 分析黄金投资风险和收益，指导客户投资黄金；

4. 为黄金生产、经营、经纪、投资和代理机构提供咨询服务；

5. 制订黄金投资风险管理、产品研发和营销策略。

2-06-12（GBM 20612）知识产权专业人员

从事著作权、专利权与商标权等知识产权的申请、审查、核准、评估、转让、代理、管理等业务的专业人员。

本小类包括下列职业：

2-06-12-01　专利代理专业人员
2-06-12-02　专利审查专业人员
2-06-12-03　专利管理专业人员
2-06-12-04　专利信息分析专业人员
2-06-12-05　版权专业人员
2-06-12-06　商标代理专业人员
2-06-12-07　商标审查审理专业人员
2-06-12-08　商标管理专业人员

2-06-12-01　专利代理专业人员

在专利代理机构中，从事专利申请、无效、转让、诉讼和咨询服务的专业人员。

主要工作任务：

1. 代理申请专利；

2. 代理宣告专利权无效；

3. 代理转让专利申请权、专利权以及订立专利实施许可合同；

4. 代理与专利有关的诉讼；

5. 进行专利申请、无效、转让、诉讼等咨询服务。

2-06-12-02　专利审查专业人员

在专利管理机构中，从事专利申请审查，作出专利申请是否符合法律规定结论的专业人员。

主要工作任务：

1. 受理专利申请及审理各类与专利申请和审批相关的手续；

2. 进行发明专利申请实质审查；

3. 进行实用新型专利申请和外观设计专利申请初步审查；

4. 进行实用新型专利和外观设计专利审查，出具专利权评价报告；

5. 进行国际申请的国际检索和初步审查；

6. 进行集成电路布图设计申请审查和登记；

7. 审查不服驳回的专利申请及集成电路布图设计登记复审请求；

8. 审理宣告专利权无效的请求及集成电路布图设计专有权撤销案件。

2-06-12-03　专利管理专业人员

在企事业单位中，从事专利战略规划，专利布局、维护和运营的专业人员。

主要工作任务：

1. 制订单位专利战略规划；
2. 制订单位专利申请策略，进行专利布局；
3. 管理和维护单位专利知识产权资产；
4. 进行单位专利权许可、转让、转化；
5. 进行知识产权培训和宣传活动。

2-06-12-04　专利信息分析专业人员

从事专利信息检索、产业专利导航、预警分析、价值评价、咨询服务的专业人员。

主要工作任务：

1. 检索、筛选和处理专利信息；
2. 进行产业专利导航分析，规划创新发展方向、路径；
3. 挖掘、分析专利披露的法律、技术、经济等信息；
4. 绘制专利地图，分析技术领域发展和竞争态势，判断、预警专利风险；
5. 分析、评价专利的使用价值和市场作用；
6. 提供专利信息检索和分析的咨询服务。

2-06-12-05　版权专业人员

从事版权登记、交易、代理、咨询服务的专业人员。

主要工作任务：

1. 进行作品登记、版权合同备案、质权登记及作品保管；
2. 进行版权咨询、法律服务；
3. 指导版权交易和交易代理业务；
4. 指导版权贸易业务。

2-06-12-06　商标代理专业人员

在商标代理机构中，从事商标代理业务的专业人员。

主要工作任务：

1. 代理商标注册申请；
2. 代理商标异议；
3. 代理商标的续展、变更、转让、使用许可和质权登记、补发注册证等后续事宜；
4. 代理商标连续三年不使用或退化为通用名称的撤销申请；
5. 代理商标驳回复审、无效宣告、撤销复审等评审事宜；
6. 代理与商标有关的行政复议或诉讼；
7. 进行商标申请、异议、后续业务、评审、诉讼等咨询服务。

2-06-12-07　商标审查审理专业人员

在商标管理机构中，从事商标审查审理的专业人员。

主要工作任务：

1. 受理各类商标申请；
2. 审查商标注册申请；
3. 审查商标异议；
4. 审查商标的续展、变更、转让、使用许可和质权登记、补发注册证等后续事宜；
5. 审查商标连续三年不使用或退化为通用名称的撤销申请；
6. 审核与检查商标审查质量；
7. 审理商标驳回复审、无效宣告、撤销复审等事宜；
8. 受理商标评审申请业务；
9. 进行商标评审案件审理。

2-06-12-08 商标管理专业人员

在企事业单位、社会团体中，从事商标管理的专业人员。

主要工作任务：

1. 制订单位商标战略规划并组织实施；
2. 进行单位商标设计与申请；
3. 管理、维护单位商标资产；
4. 进行商标保护；
5. 进行商标培训与宣传。

2-06-99（GBM 20699）

其他经济和金融专业人员

指未列入 2-06-01 至 2-06-12 的经济和金融专业人员。

2-07（GBM 20700） 法律、社会和宗教专业人员

从事律师、公证、司法鉴定、社会服务和宗教活动以及依法行使审判权、检察权等工作的专业人员。

本中类包括下列小类：

2-07-01（GBM 20701）法官
2-07-02（GBM 20702）检察官
2-07-03（GBM 20703）律师
2-07-04（GBM 20704）公证员
2-07-05（GBM 20705）司法鉴定人员
2-07-06（GBM 20706）审判辅助人员
2-07-07（GBM 20707）法律顾问
2-07-08（GBM 20708）宗教教职人员
2-07-09（GBM 20709）社会工作专业人员
2-07-99（GBM 20799）其他法律、社会和宗教专业人员

2-07-01（GBM 20701）

法官

在最高人民法院、地方各级人民法院和专门人民法院，依法行使国家审判权的人员。

本小类包括下列职业：

2-07-01-00 法官

2-07-01-00 法官

在最高人民法院、地方各级人民法院和专门人民法院，依法行使国家审判权的人员。

主要工作任务：

1. 依法审理案件；
2. 依法参加合议庭或独任审判案件；
3. 法律规定的其他职责。

2-07-02（GBM 20702）

检察官

在最高人民检察院、地方各级人民检察院和军事检察院等专门人民检察院，依法行使国家检察权的人员。

本小类包括下列职业：

2-07-02-00 检察官

2-07-02-00 检察官

在最高人民检察院、地方各级人民检察院和军事检察院等专门人民检察院，依法行使国家检察权的人员。

主要工作任务：

1. 依法进行法律监督工作；

2. 代表国家进行公诉；

3. 对法律规定由人民检察院直接受理的犯罪案件进行侦查；

4. 法律规定的其他职责。

2-07-03（GBM 20703）

律师

接受委托或者指定，依法为当事人提供法律服务的专业人员。

本小类包括下列职业：

2-07-03-00 律师

2-07-03-00 律师

接受委托或者指定，依法为当事人提供法律服务的专业人员。

主要工作任务：

1. 接受自然人、法人或者其他组织的委托，担任法律顾问；

2. 接受民事案件、行政案件当事人的委托，担任代理人，参加诉讼；

3. 接受刑事案件犯罪嫌疑人的委托，为其提供法律咨询，代理申诉、控告；

4. 为被逮捕的犯罪嫌疑人提请取保候审，接受犯罪嫌疑人、被告人的委托或者人民法院的指定，担任辩护人；

5. 接受自诉案件自诉人、公诉案件被害人或其近亲属的委托，担任代理人，参加诉讼；

6. 接受委托，代理各类诉讼案件的申诉；

7. 接受委托，参加调解、仲裁活动；

8. 接受委托，提供非诉讼法律服务；

9. 解答有关法律的咨询，代写诉讼文书和有关法律事务的其他文书。

2-07-04（GBM 20704）

公证员

在公证机构，从事公证业务的专业人员。

本小类包括下列职业：

2-07-04-00 公证员

2-07-04-00 公证员

在公证机构，从事公证业务的专业人员。

主要工作任务：

1. 证明合同的真实性、合法性；

2. 证明继承的真实性、合法性；

3. 证明委托、声明、赠与、遗嘱的真实性、合法性；

4. 证明财产分割的真实性、合法性；

5. 证明招标投标、拍卖的真实性、合法性；

6. 证明婚姻状况、亲属关系、收养关系的真实性、合法性；

7. 证明出生、生存、死亡、身份、经历、学历、学位、职务、职称、有无违法犯罪记录的真实性、合法性；

8. 证明公司章程的真实性、合法性；

9. 证明保全证据的真实性、合法性；

10. 证明文书上的签名、印鉴、日期，文书的副本、影印本与原本相符的真实性、合法性；

11. 证明自然人、法人或者其他组织自愿申请办理的其他公证事项的真实性、合法性；

12. 证明提存的真实性、合法性；

13. 证明保管遗嘱、遗产或者其他与公证事项有关的财产、物品、文书的真实性、合法性；

14. 证明代写与公证事项有关的法律事务文书的真实性、合法性；

15. 证明提供公证法律咨询的真实性、合法性；

16. 证明法律、行政法规规定由公证机构登记的事务的真实性、合法性。

2-07-05（GBM 20705）
司法鉴定人员

从事诉讼活动中涉及的专门问题检验、分析、鉴别和判断的专业人员。

本小类包括下列职业：

2-07-05-01　法医

2-07-05-02　物证鉴定人员

2-07-05-01　法医

从事与司法活动有关的法医技术鉴定的专业人员。

主要工作任务：

1. 进行人身、尸体、物品或物质等法医学检验鉴定；

2. 依法出庭履行鉴定人义务；

3. 进行案件、事件现场勘查。

2-07-05-02　物证鉴定人员

从事案件、事件相关物证检验、鉴定等司法活动的专业人员。

主要工作任务：

1. 进行案件、事件相关物证检验、鉴定；

2. 依法出庭履行鉴定人义务；

3. 进行案件、事件现场勘查。

2-07-06（GBM 20706）
审判辅助人员

在各级人民法院，协助法官履行审判职责的专业人员。

本小类包括下列职业：

2-07-06-00　审判辅助人员

2-07-06-00　审判辅助人员

在各级人民法院，协助法官履行审判职责的专业人员。

主要工作任务：

1. 办理民事案件裁决和裁定的执行事项，办理刑事案件判决和裁定中关于财产部分的执行事项；

2. 在法官指导下履行审查诉讼材料、组织庭前证据交换，接待案件诉讼参与人，准备与案件审理相关的参考资料，协助法官进行调解，草拟法律文书；

3. 进行案件审理过程中的记录工作，整理、装订、归档案卷材料；

4. 进行值庭、押解、看管等审判保障工作，执行死刑，配合民事、行政等案件执行事项，协助维护机关安全和办公秩序；

5. 在诉讼活动中对鉴定文书、检验报告、勘验检查笔录、医疗会计资料等技术性证据提出咨询意见，为审判执行活动提供技术支持与保障。

2-07-07（GBM 20707）
法律顾问

在企事业单位、社会组织内部，从事经营决策、合同、规章及规范性文件法律审核，合规管理、宣传教育和咨询服务的专业人员。

本小类包括下列职业：

2-07-07-00　法律顾问

2-07-07-00　法律顾问

在企事业单位、社会组织内部，从事经营决策、合同、规章及规范性文件法律审核，合规管理、宣传教育和咨询服务的专业人员。

主要工作任务：

1. 进行企业事业单位、社会组织经营决策的法律审核，提出法律意见和法律风险防范措施；
2. 起草、审核单位合同、规章制度及规范性文件；
3. 进行涉及单位权益活动的法律审核；
4. 处理单位工商登记、知识产权等法律事务；
5. 处理单位合规管理事务；
6. 处理单位涉及的诉讼、仲裁等法律纠纷案件；
7. 进行单位法律风险评估、分析、预警；
8. 组织单位进行法制宣传教育与培训；
9. 提供单位涉法问题咨询服务；
10. 进行单位外部律师的聘请与管理。

2-07-08（GBM 20708）
宗教教职人员

专门从事佛教、道教、伊斯兰教、天主教、基督教等宗教教务活动的人员。

本小类包括下列职业：

2-07-08-00　宗教教职人员

2-07-08-00　宗教教职人员

专门从事佛教、道教、伊斯兰教、天主教、基督教等宗教教务活动的人员。

2-07-09（GBM 20709）
社会工作专业人员

在社区、社会服务机构和社会组织中，从事社区建设、社会服务、社会组织发展等工作的专业人员。

本小类包括下列职业：

2-07-09-01　社会工作者
2-07-09-02　社会组织专业人员
2-07-09-03　心理咨询师

2-07-09-01　社会工作者

从事社会服务项目开发设计、个案服务、小组服务、社区建设等专门化社会服务的专业人员。

主要工作任务：

1. 调查、分析社会服务需求，开发、设计社会服务项目；
2. 预估服务对象需求，制订服务计划；
3. 进行困难帮扶、情绪疏导、危机干预、行为矫治、关系调适、资源链接、能力建设、社会融入等服务；
4. 帮助面临共同困境或需求的群体建立同伴支持系统；
5. 培育社区组织，组织社区活动，参与社区协商，化解社区矛盾，促进社区发展；
6. 进行专业督导，提升服务团队专业反思和专业服务能力；
7. 进行服务成效评估。

2-07-09-02　社会组织专业人员

在社会团体、基金会、民办非企业单位等组织内部，从事机构运营和业务督导的专业人员。

主要工作任务：

1. 制订社会组织发展战略；
2. 指导并建立分支代表机构、办事机构等管理机构；
3. 研究、制订非营利市场营销策略；

4. 创建、维护由捐赠者和志愿者组成的社会组织支持群体；

5. 制订社会组织预、决算实施细则；

6. 制订、应用行业标准和规范；

7. 监督社会组织活动执行情况；

8. 制订志愿者招募、培训、激励、使用及评估方案。

2-07-09-03　心理咨询师

运用心理咨询技术与方法，从事咨询对象心理问题分析、测评、咨询、疏解的专业人员。

主要工作任务：

1. 与咨询对象进行交谈，了解其心理状况；

2. 分析咨询对象提供的信息，引导其寻求诱发心理问题的原因和认知因素；

3. 确定咨询切入点和切入方式，指导咨询对象解决心理问题；

4. 运用心理测验方法，进行咨询对象心理测评，解释测验结果；

5. 提出基于咨询对象个人性格特点的心理问题解决方法；

6. 研究、改进心理问题分析和咨询技术；

7. 介绍心理问题严重的咨询对象接受专业的心理治疗。

2-07-99（GBM 20799）
其他法律、社会和宗教专业人员

指未列入 2-07-01 至 2-07-09 的法律、社会和宗教专业人员。

2-08（GBM 20800）　教学人员

从事各级各类教育教学工作的专业人员。

本中类包括下列小类：

2-08-01（GBM 20801）高等教育教师
2-08-02（GBM 20802）中等职业教育教师
2-08-03（GBM 20803）中小学教育教师
2-08-04（GBM 20804）幼儿教育教师
2-08-05（GBM 20805）特殊教育教师
2-08-99（GBM 20899）其他教学人员

2-08-01（GBM 20801）
高等教育教师

在高等学校，专门从事教育教学及科学研究工作的专业人员。

本小类包括下列职业：

2-08-01-00　高等教育教师

2-08-01-00　高等教育教师

在高等学校，专门从事教育教学及科学研究工作的专业人员。

主要工作任务：

1. 讲授、辅导高等学校的基础课、专业基础课、专业课课程，答疑、批改作业，组织课堂讨论；

2. 参加实验室建设，指导实验教学；

3. 组织、指导生产实习、社会实践和社会服务；

4. 指导课程设计、毕业设计、毕业论文；

5. 负责学生思想政治工作，担任班主任或政治辅导员；

6. 编写教材及讲义，进行教育教学研究；

7. 编审教材及教学参考书；

8. 进行学生学习成绩的考试、考核；

9. 进行科学研究、技术开发和成果转化。

2-08-02（GBM 20802）

中等职业教育教师

在中等职业教育培训机构中，从事教育教学工作的专业人员。

本小类包括下列职业：

2-08-02-00　中等职业教育教师

2-08-02-00　中等职业教育教师

在中等职业教育培训机构中，从事教育教学工作的专业人员。

主要工作任务：

1. 讲授政治课、文化课、专业基础课和专业课课程，辅导、答疑、批改作业；

2. 指导实验、实训教学、课程设计、毕业设计；

3. 组织指导生产实践、社会实践和社会服务；

4. 负责学生思想政治工作，担任班主任或辅导员；

5. 进行学生学习成绩的考试、考核；

6. 编写教案、讲义、教材；

7. 进行教学研究、教学管理。

2-08-03（GBM 20803）

中小学教育教师

在中小学，专门从事教育教学工作的专业人员。

本小类包括下列职业：

2-08-03-01　中学教育教师

2-08-03-02　小学教育教师

2-08-03-01　中学教育教师

在中学，专门从事教育教学工作的专业人员。

主要工作任务：

1. 承担教学任务，备课、授课、辅导、批改作业；

2. 对学生进行考试、考核；

3. 对学生进行思想品德教育，担任班主任或组织、辅导学生课外活动；

4. 进行教育教学研究工作。

2-08-03-02　小学教育教师

在小学，专门从事教育教学工作的专业人员。

主要工作任务：

1. 承担教学任务，备课、授课、辅导、批改作业；

2. 对学生进行考试、考核；

3. 对学生进行思想品德教育，担任班主任、少先队辅导员，组织、辅导学生课外活动；

4. 进行教育教学研究工作。

2-08-04（GBM 20804）

幼儿教育教师

在幼儿教育机构中，专门从事幼儿教育工作的专业人员。

本小类包括下列职业：

2-08-04-00 幼儿教育教师

2-08-04-00 幼儿教育教师

在幼儿教育机构中，专门从事幼儿教育工作的专业人员。

主要工作任务：

1. 制订幼儿教育计划，并组织实施；

2. 设计幼儿教育教学活动，并组织实施；

3. 观察、分析并记录幼儿生长、发育情况；

4. 执行幼儿园安全、卫生保健制度；

5. 与家长联系，商讨符合幼儿特点的教育措施，养成幼儿良好的基本生活习惯；

6. 进行幼儿教育研究工作。

2-08-05（GBM 20805）

特殊教育教师

在各级各类学校中，专门从事残疾儿童、残疾青少年和残疾成人教育教学工作的专业人员。

本小类包括下列职业：

2-08-05-00 特殊教育教师

2-08-05-00 特殊教育教师

在各级各类学校中，专门从事残疾儿童、残疾青少年和残疾成人教育教学工作的专业人员。

主要工作任务：

1. 矫正和补偿生理与心理缺陷；

2. 传授特殊信息传递的方式；

3. 培养学生生活自理能力和社会交往能力；

4. 传授文化科学知识；

5. 培养学生择业、求职的能力。

2-08-99（GBM 20899）

其他教学人员

指未列入 2-08-01 至 2-08-05 的教学人员。

2-09（GBM 20900） 文学艺术、体育专业人员

从事文学、艺术和体育工作的专业人员。

本中类包括下列小类：

2-09-01（GBM 20901）文艺创作与编导人员

2-09-02（GBM 20902）音乐指挥与演员

2-09-03（GBM 20903）电影电视制作专业人员

2-09-04（GBM 20904）舞台专业人员

2-09-05（GBM 20905）美术专业人员

2-09-06（GBM 20906）工艺美术与创意设计专业人员

2-09-07（GBM 20907）体育专业人员

2-09-99（GBM 20999）其他文学艺术、体育专业人员

2-09-01（GBM 20901）文艺创作与编导人员

从事一种或几种艺术门类创作的专业人员。

本小类包括下列职业：

2-09-01-01　文学作家
2-09-01-02　曲艺作家
2-09-01-03　剧作家
2-09-01-04　作曲家
2-09-01-05　词作家
2-09-01-06　导演
2-09-01-07　舞蹈编导
2-09-01-08　舞美设计

2-09-01-01　文学作家

从事文学创作的专业人员。

主要工作任务：

1. 深入社会，体验生活，积累创作素材；

2. 运用语言文字进行诗歌、小说、散文等作品的创作。

2-09-01-02　曲艺作家

从事曲艺文学或曲艺音乐创作的专业人员。

主要工作任务：

1. 以述事、代言结合为主的韵、散和韵散相间的口头或书面曲词为手段，在曲艺文学组织结构形式下，创作适宜于不同曲种形式演出的曲目；

2. 以通用的记谱法为手段或以口头的演唱为手段，在曲艺音乐组织结构形式下，创作适宜于时调、琴书、单弦、清音、道情以及西河大鼓等诸多不同曲种形式演出的曲目音乐脚本。

2-09-01-03　剧作家

从事戏剧、戏曲、电影、电视剧等文学剧本创作或将小说、历史故事、人物传记等改编成戏剧、戏曲文学脚本或影视文学剧本的专业人员。

主要工作任务：

1. 深入生活，研究社会生活现象和人物形象的历史及现状；

2. 以独特的视角剖析生活现象和人物形象，形成明确的思想意图和艺术构思；

3. 以充满戏剧冲突的戏剧行动、结构故事情节和人物形象创作文学剧本；

4. 以代言体的文学形式，对原作进行剪裁、重新编排故事情节、塑造剧中人物形象；

5. 适应直观、大众观赏的特点，力求剧作具有思想性、艺术性、观赏性。

2-09-01-04　作曲家

从事器乐曲、声乐曲创作及在综合艺术品种中担任音乐创作的专业人员。

主要工作任务：

1. 研究中外音乐发展史及其规律，深入观察生活，将独特体验加工提炼为音乐意象，并用一种或数种通用谱式记录下来；

2. 根据音乐体裁、声音载体的特点与性能，进行音乐体现和创作；

3. 作品进入二度创作时，帮助音乐指挥或综合艺术编导者及演奏、演唱者理解和表现作品。

2-09-01-05　词作家

从事声乐作品或戏剧作品歌词、唱词、剧诗创作的专业人员。

主要工作任务：

1. 分析、吸纳古今中外诗词歌赋创作

遗产，研究音乐艺术及相关艺术门类的基本规律和音乐文学理论；

2. 了解历史、观察生活，并将获得的独特体验加工提炼为艺术意象；

3. 运用歌唱性与文学性相统一的诗化语言抒发情感、表达思想、塑造形象，为作曲家的音乐创作提供诗化文本；

4. 运用歌词创作美学，指导音乐文学创作。

2-09-01-06 导演

从事影视作品和戏剧作品构思、创作、艺术元素整合，并组织指导拍摄制作的专业人员。

主要工作任务：

1. 组织创作人员研究和分析剧本，进行艺术表达形式总体构思，制订总体规划；

2. 以统一的思想主题、创作意图指导各部门进行创作；

3. 与剧团、剧组负责人或制片人、摄制组确定演员角色人选及艺术生产场所；

4. 按计划组织、指导演员进行排演、练习演出、拍摄；

5. 配合制片部门对作品进行宣传、营销。

2-09-01-07 舞蹈编导

在舞蹈、舞剧、歌舞剧、音乐剧及其他艺术表演形式中，编创、排练与合成舞蹈动作及其组合，直至达到可供公演完整作品的专业人员。

主要工作任务：

1. 通过舞蹈特有的动态想象、艺术夸张、高度凝练和完整构思等特点，编创排练；

2. 合成及公演优美、流畅、完整、独创、乐感突出、传情达意的动作段落，直至舞蹈作品；

3. 研究中外舞蹈史，以及多种流派舞蹈创作、表演、鉴赏美学的理论与方法，识读并运用一种或一种以上舞谱；

4. 以古今中外的生活现实、历史传说、文学、音乐、美术等各种源泉为灵感，关注可歌可泣的事迹，编导剧本。

2-09-01-08 舞美设计

从事舞台表演艺术的美术、灯光、服装化妆造型、道具、音响设计的专业人员。

主要工作任务：

1. 创意和构思舞美设计；

2. 设计舞美草图并定稿；

3. 指导舞台模型制作及手绘、电脑制作图；

4. 指导舞美制作，评估舞美设计效果。

2-09-02（GBM 20902）
音乐指挥与演员

从事音乐指挥和电影、戏剧、舞蹈、曲艺、杂技、歌唱、乐器艺术表演等的专业人员。

本小类包括下列职业：

2-09-02-01 音乐指挥
2-09-02-02 电影电视演员
2-09-02-03 戏剧戏曲演员
2-09-02-04 舞蹈演员
2-09-02-05 曲艺演员
2-09-02-06 杂技魔术演员
2-09-02-07 歌唱演员
2-09-02-08 皮影戏木偶戏演员
2-09-02-09 民族乐器演奏员
2-09-02-10 外国乐器演奏员

2-09-02-01　音乐指挥

运用自身手势击拍、形体语言和表情语言，从事音乐作品创造性阐述，并统率全体演奏者将其转化为直观音响的专业人员。

主要工作任务：

1. 阅读、分析和体验乐谱或总谱，以内心听觉和艺术想象把握作品的内涵，诠释作品并形成自身的独特理解；

2. 在案头分析、排练演出过程中，通过理性设计与即兴发挥两种途径的交互作用，逐步形成与对作品诠释及个人指挥风格相适应的形体语言和表情语言；

3. 经过排练，指导并带领全体演奏人员逐步接近对作品的创造性诠释，并达到默契；

4. 统率全体演奏人员将对作品诠释转化为直观音响。

2-09-02-02　电影电视演员

从事电影电视角色扮演，直接体现和创造影视形象的专业人员。

主要工作任务：

1. 在导演的指导下，研究、分析所扮演的剧本人物形象；

2. 在摄影棚或实景中，实现表演艺术与影视技术结合；

3. 运用表演技巧，塑造人物。

2-09-02-03　戏剧戏曲演员

从事话剧、戏曲、歌剧、舞剧、音乐剧等剧中角色扮演，表现戏剧作品的专业人员。

主要工作任务：

1. 依据剧本分析、研究所扮演的角色；

2. 掌握角色的台词、歌唱、舞蹈和形体动作；

3. 以导演为中心，与同台演员探讨、配合、沟通，通过排练逐步完成角色塑造；

4. 运用表演技巧，塑造剧中人物。

2-09-02-04　舞蹈演员

以有节奏的动作为主要表现手段，从事艺术形象塑造的专业人员。

主要工作任务：

1. 阅读、分析剧本，把握作品内涵，以形体语言和表情语言诠释作品；

2. 按照舞蹈编导的设计和舞剧、歌舞剧、音乐剧的剧本，揣摩舞蹈段落，进行二度创作；

3. 理解音乐给予的特定意境和舞台美术的典型环境，通过排练，实现舞蹈动作与音乐、舞美的结合；

4. 运用舞蹈技巧，塑造艺术形象。

2-09-02-05　曲艺演员

从事评书、相声、快板、评弹、京韵大鼓等说唱艺术形式表演的专业人员。

主要工作任务：

1. 遵从不同曲种节目内容与形式的要求，对曲艺脚本进行二度创作；

2. 独自或与合作者排练、演出曲目脚本；

3. 以自身艺术技法将曲目内容呈现给观众。

2-09-02-06　杂技魔术演员

从事蹬技、手技、顶技、踩技、口技、车技、柔技、翻腾、爬杆、走索以及马术、魔术、戏法、杂耍和驯化动物技艺表演的专业人员。

主要工作任务：

1. 根据各种类型的杂技、魔术节目对

内容与形式的不同要求，以成熟的专业技巧和有编排创意的表现形式，对节目作出具有自我意识和风格特色的表演创造；

2. 独自或搭档（包括驯养的动物）排练、表演作品；

3. 演练新技巧、新节目，创作新作品；

4. 进行基本功训练；

5. 研究、分析观众诉求，进行节目再创作。

2-09-02-07 歌唱演员

从事歌曲和其他声乐作品演唱的专业人员。

主要工作任务：

1. 掌握、应用歌唱发声方法和歌唱技巧；

2. 阐释歌曲或其他声乐作品，把握其结构、旋律、语言及风格特征；

3. 根据个人嗓音条件和歌唱特色，表现艺术作品；

4. 加深艺术修养，拓宽演唱曲目，完善声乐技巧。

2-09-02-08 皮影戏木偶戏演员

操纵剪影、木偶，进行戏剧表演的专业人员。

主要工作任务：

1. 用驴、牛、羊等兽皮或纸板和布料及照明器材，制作人物剪影、幕布、灯具及道具；

2. 用木材、布料，制作布袋木偶、杖头木偶、提线木偶和铁线木偶等的形体及相应服饰、幕布、布景、道具；

3. 依据剧目内容或规定情境，在幕后操纵剪影、木偶进行表演并配词、配乐；

4. 改进、应用皮影戏、木偶戏表演新技术、新技巧。

2-09-02-09 民族乐器演奏员

从事中国传统拉弦乐器、弹拨乐器、吹奏乐器、打击乐器等民族乐器演奏的专业人员。

主要工作任务：

1. 掌握、应用民族乐器演奏方法和表现技巧；

2. 理解民间乐曲、传统乐曲和现代专业创作作品内涵与风格，领会指挥对作品的阐释意图，进行二度创作；

3. 作为一个独立声部或其一部分，在集体演奏中担任演奏；

4. 在独奏曲、合奏曲、协奏曲中，担任独奏与领奏。

2-09-02-10 外国乐器演奏员

从事外国传统管弦乐器、打击乐器、键盘乐器及电声乐器演奏的专业人员。

主要工作任务：

1. 掌握、应用外国乐器的演奏方法和表现技巧；

2. 理解其他国家民间作品、古典作品和现代专业创作作品及中国作曲家为外国乐器而写的作品内涵与风格，领会指挥对作品的阐释意图，进行二度创作；

3. 作为一个独立声部或其一部分，在集体演奏中担任演奏；

4. 在各种音乐表演形式中担任独奏与领奏。

2-09-03（GBM 20903）
电影电视制作专业人员

从事电影、电视片拍摄、制作及发行，以及戏剧、演出管理等工作的专业人员。

本小类包括下列职业：

2-09-03-01　电影电视制片人

2-09-03-02　电影电视场记

2-09-03-03　电影电视摄影师

2-09-03-04　电影电视片发行人

2-09-03-05　电视导播

2-09-03-06　剪辑师

2-09-03-01　电影电视制片人

从事影视片生产组织、成本核算和摄制组管理的专业人员。

主要工作任务：

1. 根据出品方项目规划和影片创作要求，制订影视片的摄制计划；

2. 代表出品方组织摄制团队；

3. 进行影视片的拍摄计划调度、成本控制和质量管理；

4. 参与电影电视艺术创作。

2-09-03-02　电影电视场记

从事影视片拍摄过程现场记录的专业人员。

主要工作任务：

1. 运用视听语言知识与方法，记录影视片拍摄现场每一个镜头的场号、镜号、景名、气氛、拍摄内容、拍摄方法、镜头长度及导演意见；

2. 记录导演、主要创作人员在拍摄过程中特定和即兴的艺术处理方式；

3. 记录和核对每一场戏的场景布置和道具摆放情况，演员的服装、造型、特效化妆情况；

4. 记录和核对演员对白，并整理台词本；

5. 记录每天拍摄时长、任务完成情况、群众演员使用情况等，并形成制片报告；

6. 整理场记单，提供后期剪辑、配音、洗印所需的资料。

2-09-03-03　电影电视摄影师

从事电影、电视摄影、摄像的专业人员。

主要工作任务：

1. 依据创作剧本，进行电影、电视艺术创作的摄影阐述；

2. 参与分镜头剧本讨论、外景场地选择、美术设计和灯光设计商议并为主要演员试镜头；

3. 根据导演的要求，运用摄影艺术手段进行影视片影像造型。

2-09-03-04　电影电视片发行人

从事国内外影视片发行、策划、营销的专业人员。

主要工作任务：

1. 发行、代理发行影视片及影视片载体；

2. 进口、出口影视片及影视片载体；

3. 开拓、培育国内外电影电视片市场；

4. 策划、营销影视片及其衍生品。

2-09-03-05　电视导播

从事多部摄像机调机、切换指挥，进行电视节目同期录制和现场直播的专业人员。

主要工作任务：

1. 根据整体节目内容，设计录制程序，并进行分镜头；

2. 制作节目录制计划表、主创人员联络表、节目录制工作单；

3. 根据场地功能及节目内容，进行多机位的部署；

4. 提出灯光、音响、演员、布景道具

的定位调度要求；

5. 进行现场连排、彩排的带机组合演练；

6. 制订直播节目应急方案，录制直播备播带；

7. 检验直播前的节目程序衔接、大屏幕视觉设计效果和字幕，并下达直播倒计时口令；

8. 指挥直播镜头切换及直播录制；

9. 检验节目录制技术质量，保管录制节目带。

2-09-03-06 剪辑师

从事电影电视声画素材剪辑的专业人员。

主要工作任务：

1. 根据导演创作构思，制订剪辑方案；

2. 编剪、组接摄制镜头；

3. 进行完成片声画套剪、合成。

2-09-04（GBM 20904）
舞台专业人员

从事电影、电视片拍摄、制作过程中舞台效果处理的专业人员。

本小类包括下列职业：

2-09-04-01 灯光师
2-09-04-02 音像师
2-09-04-03 美工师
2-09-04-04 化妆师
2-09-04-05 装置师
2-09-04-06 服装道具师
2-09-04-07 演出监督
2-09-04-08 演出制作人

2-09-04-01 灯光师

从事舞台演出、影视片摄制造型艺术及其他艺术形式光线处理的专业人员。

主要工作任务：

1. 运用各类灯具和设备，进行舞台演出、影视片等艺术形式灯光设计，绘制灯位图及效果图；

2. 选定特定灯具与光源；

3. 进行舞台演出、影视片等艺术形式所需光线效果、光线气氛的照明光线处理；

4. 指导灯光工作人员；

5. 管理、维护灯光系统。

2-09-04-02 音像师

从事影视片等声音设计、录制、处理的专业人员。

主要工作任务：

1. 进行影视片音乐、音响、效果、对话设计、录音；

2. 进行拍摄画面前期录音、同期录音和后期录音；

3. 进行影视片最终混录、处理。

2-09-04-03 美工师

从事舞台艺术、影视片等造型设计的专业人员。

主要工作任务：

1. 进行舞台艺术、影视片场景设计、人物造型设计、陈设道具设计及镜头画面设计；

2. 组织、指导服装、化妆、道具、置景、绘景、特技美术、字幕部门工作。

2-09-04-04 化妆师

从事舞台演出、影视等人物化妆造型设计并进行造型体现的专业人员。

主要工作任务：

1. 研究、分析剧本内容、导演要求、

服装设计和演员形貌等，进行化妆造型设计并绘制化妆设计图；

2. 监制化妆造型所需要的毛发、饰品、塑形等零配件；

3. 实施绘画化妆、毛发化妆、塑形化妆、饰物造型等化妆造型体现；

4. 试妆、定型。

2-09-04-05　装置师

从事舞台演出、影视片等场景组织制作的专业人员。

主要工作任务：

1. 根据演出和影视片创作意图，进行舞台演出、影视片的场景构造；

2. 根据设计图，组织、指导木、漆、瓦、纸等部门进行演出及影视片内容所需场景的加工、制作；

3. 在舞台演出中，组织人员迁换场景。

2-09-04-06　服装道具师

从事舞台演出、影视片等服装道具创作和管理的专业人员。

主要工作任务：

1. 根据美工造型意图，设计舞台演出、影视片等服装道具；

2. 监制舞台演出和影视片所需要的服装道具并组织陈设；

3. 组织服装道具收集、装置、置换；

4. 在舞台演出和影视片拍摄中，组织人员陈设、迁换服装道具。

2-09-04-07　演出监督

从事文艺演出和排练中剧目或曲目统筹、监督、管理的专业人员。

主要工作任务：

1. 了解演出艺术构思，统筹艺术各部门工作进程；

2. 了解演出场地与场地空间、设备，组织指挥布景道具迁换和灯光等效果配制；

3. 协助导演完成演员调度，记录导演的调度情况；

4. 在演出中，发出舞台指令及提示，监督演出进行；

5. 记录、分析、处理演出中出现的问题。

2-09-04-08　演出制作人

从事演出工作策划、组织、成本核算和剧组管理的专业人员。

主要工作任务：

1. 掌握演出市场的信息，了解观众对演出的欣赏要求，组织、策划剧目演出的创意；

2. 筹措创作、排练、制作、演出、宣传、推广的经费；

3. 制订项目运行方案、经费收支计划、项目周期、演出计划、销售计划和宣传方案；

4. 进行项目创作、制作、推广、营销、宣传、商务人员的合同管理；

5. 组织观众、推销剧票；

6. 调查市场反馈，组织学术讨论及开发衍生产品。

2-09-05（GBM 20905）

美术专业人员

从事造型艺术创作的专业人员。

本小类包括下列职业：

2-09-05-01　画家

2-09-05-02　篆刻家

2-09-05-03　雕塑家

2-09-05-04　书法家

2-09-05-01 画家

使用画笔、颜料及其他工具材料，进行绘画创作的专业人员。

主要工作任务：

1. 对作品进行完整的构思；
2. 选择或制作绘画材料；
3. 制订绘制程序；
4. 进行绘制；
5. 在大型作品绘制中，指挥辅助人员参与作品绘制。

2-09-05-02 篆刻家

以中国文字的多种书体，在特选材质上进行镌刻，制成具有艺术风格印章的专业人员。

主要工作任务：

1. 选择镌刻材料和工具；
2. 选择、构思篆刻作品文字内容；
3. 确定入印书体，设计印文风格及形式；
4. 创作具有风格特征的篆刻艺术作品。

2-09-05-03 雕塑家

以泥料、石料、木料、金属、陶瓷、玻璃、石膏化工材料以及综合材料等为依托物，进行造型艺术及观念创作的专业人员。

主要工作任务：

1. 完整构思作品并通过文字、图稿、模型、小样等方式表达；
2. 选择创作材料，设计制作工具；
3. 根据创作的需要，确定制作加工程序；
4. 进行雕塑制作，在创作大型作品时指挥其他专业人员参与制作；
5. 调整作品构思，完善雕塑形式，制成具有一定艺术水准的作品。

2-09-05-04 书法家

使用毛笔及其他工具，在纸张、绢帛等依托物上，以汉字楷、行、草、隶、篆等书体为基础进行书法艺术创作的专业人员。

主要工作任务：

1. 构想书法作品的内容和形式；
2. 选择书写工具和材料；
3. 确定书体和书法风格及书写形式；
4. 动手书写，完成具有一定风格特征的书法艺术作品。

2-09-05-05 摄影家

运用摄影技术和器材，进行摄影艺术创作的专业人员。

主要工作任务：

1. 构思摄影作品的内容和形式；
2. 选择摄影工具和器材，确定摄影场景和对象；
3. 运用摄影技术和摄影器材，记录自然环境、社会现状和人民生活，完成具有一定艺术特征的摄影作品。

2-09-06（GBM 20906）
工艺美术与创意设计专业人员

从事工艺美术造型设计和构思的专业人员。

本小类包括下列职业：

2-09-06-01 视觉传达设计人员
2-09-06-02 服装设计人员
2-09-06-03 动画设计人员
2-09-06-04 环境设计人员
2-09-06-05 染织艺术设计人员
2-09-06-06 工艺美术专业人员

2-09-06-07 数字媒体艺术专业人员
2-09-06-08 公共艺术专业人员
2-09-06-09 陈列展览设计人员

2-09-06-01 视觉传达设计人员

在书籍、印刷、形象识别、环境视觉等领域运用可视艺术形式，从事设计的专业人员。

主要工作任务：

1. 进行视觉传达设计调研；
2. 进行视觉传达设计创意与构思；
3. 编写视觉传达设计文案；
4. 绘制视觉传达设计图稿；
5. 进行视觉传达计算机辅助设计；
6. 制作、测试视觉传达模型、样品；
7. 选择视觉传达设计材料；
8. 参与工艺流程制订与工艺图纸绘制。

2-09-06-02 服装设计人员

从事服装成衣、个人定制服装、戏剧影视舞台艺术服装、特种服装及服装饰品等创意风格、款式造型等设计的专业人员。

主要工作任务：

1. 研究、分析服装及饰品搭配的国际国内流行信息与市场信息；
2. 制订服装及饰品的设计方案并组织实施；
3. 设计服装及饰品的创意风格及款式造型，绘制效果图；
4. 提出服装及饰品的面料、色彩、辅料、里料、用线、纽扣、拉锁等使用意见；
5. 指导服装样品制作，调整、修改设计方案；
6. 参与制订服装及饰品的营销方案。

2-09-06-03 动画设计人员

从事动画、漫画、游戏项目创意、设计、开发制作的专业人员。

主要工作任务：

1. 进行动画、漫画、游戏项目创意构思，制订设计方案；
2. 进行剧本分镜头设计；
3. 进行项目的场景、角色、特效设计；
4. 制订关键画设计和绘制标准，并指导实施；
5. 进行特殊要求偶片人物及动画、游戏环境设计与制作；
6. 开发制作动画、漫画、游戏产品及衍生品；
7. 进行模型、样品制作与测试；
8. 参与动画、漫画、游戏工艺流程制订与工艺图纸绘制。

2-09-06-04 环境设计人员

在建筑、景观等相关领域，从事公共建筑室内外、居住空间、城市与社区景观等设计的专业人员。

主要工作任务：

1. 进行环境设计调研；
2. 进行环境设计创意与构思；
3. 编写环境设计文案；
4. 绘制环境设计图稿；
5. 进行环境计算机辅助设计；
6. 制作、测试环境模型、样品；
7. 选择环境设计材料；
8. 进行环境设计沟通与协调；
9. 参与工艺流程制订与工艺图纸绘制。

2-09-06-05 染织艺术设计人员

从事织物图案、色彩等艺术风格设计的人员。

主要工作任务：

1. 调查、分析染织品市场信息和流行趋势，提炼流行要素；

2. 分析产品用途，进行市场定位，研究设计方向；

3. 设计织物图案、色彩等的艺术风格，绘制效果图；

4. 制作产品，调整、修改设计方案；

5. 参与产品生产工艺流程制订。

2-09-06-06 工艺美术专业人员

从事传统工艺美术品和现代实用工艺产品的设计、制作的专业人员。

主要工作任务：

1. 收集民俗、民风素材，分析工艺美术品收藏和消费市场需求；

2. 进行工艺美术设计构思、筛选与新产品创意；

3. 编写工艺美术设计文案，绘制设计图稿；

4. 进行工艺美术品计算机辅助设计；

5. 研究、选择制作工艺美术品材料；

6. 创作工艺美术作品，制作工艺美术产品模型和样品；

7. 绘制工艺美术品的生产图样，设计生产工艺。

2-09-06-07 数字媒体艺术专业人员

在广播、电视、网络、电影、会展、娱乐等领域，从事数字艺术、媒体、游戏、动画、图形与图像、界面、交互设计的专业人员。

主要工作任务：

1. 进行数字媒体艺术设计调研；

2. 进行数字媒体艺术设计创意与构思；

3. 进行数字媒体艺术设计文案编写；

4. 进行数字媒体艺术设计图稿绘制；

5. 进行数字媒体艺术计算机辅助设计；

6. 进行数字媒体艺术原型制作、测试；

7. 参与数字媒体艺术软件和代码编写。

2-09-06-08 公共艺术专业人员

从事室内外公共空间艺术景观、设施、装置设计的专业人员。

主要工作任务：

1. 进行公共艺术设计调研；

2. 进行公共艺术设计创意与构思；

3. 编写公共艺术设计文案；

4. 绘制公共艺术设计图稿；

5. 进行公共艺术计算机辅助设计；

6. 制作、测试公共艺术模型、样品；

7. 进行公共艺术材料选择；

8. 参与工艺流程制订与工艺图纸绘制。

2-09-06-09 陈列展览设计人员

从事陈列展览研究与策划、设计工作的专业人员。

主要工作任务：

1. 进行陈列展览总体策划，制订工作计划；

2. 确定展品，编制陈列展览的内容设计文本，撰写文字说明；

3. 进行陈列展览总体布局、展品组合和展具、灯光等形式设计；

4. 进行辅助展品和展具的制作；

5. 安装、布置、检查、监督陈列设备和展品。

2-09-07（GBM 20907）
体育专业人员

从事竞技体育运动员的培养、竞赛结果的裁定和运动项目训练、比赛、运动损伤防护的专业人员。

本小类包括下列职业：

2-09-07-01　教练员

2-09-07-02　裁判员

2-09-07-03　运动员

2-09-07-04　运动防护师

2-09-07-01　教练员

在体育运动训练和竞赛中，培养、训练和指导运动员的专业人员。

主要工作任务：

1. 进行运动员综合素质、职业道德规范、体育竞技规则的教育培养；

2. 指导运动员进行技战术等专项训练，提高运动水平；

3. 制订训练计划和参赛方案；

4. 指导运动员进行比赛。

2-09-07-02　裁判员

在体育运动竞赛中，依据竞赛规程、规则和裁判法，对竞赛过程进行管理，对结果进行成绩、胜负和名次裁定或评定的专业人员。

主要工作任务：

1. 依据竞赛规程、规则，启动体育比赛；

2. 依据竞赛规程、规则，管理比赛过程；

3. 对违规者依照竞赛规则给予相应的判罚；

4. 依据竞赛规程、规则，评定比赛结果。

2-09-07-03　运动员

从事各类运动项目训练和比赛的专业人员。

主要工作任务：

1. 在教练员的指导下，进行体育专项训练，提高运动能力和技术水平；

2. 参加各级各类比赛，争取优异的运动成绩。

2-09-07-04　运动防护师

从事运动损伤和疾病预防、评估、急救、治疗、康复的专业人员。

主要工作任务：

1. 评估运动损伤和疾病等内外部风险；

2. 制订与实施运动损伤和疾病的预防措施；

3. 进行运动损伤和疾病的现场急救；

4. 评估与治疗运动损伤和疾病；

5. 指导运动损伤和疾病的康复；

6. 进行运动防护宣传教育和管理。

2-09-99（GBM 20999）
其他文学艺术、体育专业人员

指未列入2-09-01至2-09-07的文学艺术、体育专业人员。

2-10（GBM 21000）　新闻出版、文化专业人员

从事新闻采访报道、文图编辑校对、翻译、播音与节目主持、图书资料与档案管理、考古及文物保护等工作的专业人员。

本中类包括下列小类：

2-10-01（GBM 21001）记者

2-10-02（GBM 21002）编辑
2-10-03（GBM 21003）校对员
2-10-04（GBM 21004）播音员及节目主持人
2-10-05（GBM 21005）翻译人员
2-10-06（GBM 21006）图书资料与微缩摄影专业人员
2-10-07（GBM 21007）档案专业人员
2-10-08（GBM 21008）考古及文物保护专业人员
2-10-99（GBM 21099）其他新闻出版、文化专业人员

2-10-01（GBM 21001）
记者

从事新闻采访和新闻报道的专业人员。

本小类包括下列职业：

2-10-01-01 文字记者
2-10-01-02 摄影记者

2-10-01-01 文字记者

从事新闻采访并以文字形式撰写新闻报道及作品的专业人员。

主要工作任务：

1. 运用观察、访问、调查等方式，收集有新闻价值的素材；
2. 确定题目和构思作品；
3. 撰写新闻报道及作品；
4. 提供新闻报告及作品；
5. 审读、审听、审看拟发表、播出、登载的新闻报告及作品。

2-10-01-02 摄影记者

从事新闻采访并以图片、影像形式提供新闻报道及作品的专业人员。

主要工作任务：

1. 使用摄影器材，捕捉有新闻价值的画面及素材；
2. 提供图片影像新闻及作品；
3. 审听、审看拟发表、播出、登载的图片影像及作品。

2-10-02（GBM 21002）
编辑

从事文稿、图片等的组织、修改和编排的专业人员。

本小类包括下列职业：

2-10-02-01 文字编辑
2-10-02-02 美术编辑
2-10-02-03 技术编辑
2-10-02-04 音像电子出版物编辑
2-10-02-05 网络编辑
2-10-02-06 电子音乐编辑

2-10-02-01 文字编辑

从事稿件的策划、组织、审读、加工的专业人员。

主要工作任务：

1. 策划选题，拟订编辑方案；
2. 组织稿件，物色作者；
3. 审读和选择稿件；
4. 加工、整理稿件。

2-10-02-02 美术编辑

从事出版物封面、版面、页面美术设计和装帧的专业人员。

主要工作任务：

1. 规划、设计出版物封面、版面、页面；

2. 选用、设计、编排图片；

3. 核对封面、版面和插图并进行装帧。

2-10-02-03 技术编辑

从事出版物版式设计，组织排版、印刷和复制的专业人员。

主要工作任务：

1. 进行出版物版式设计，并组织排版、印制；

2. 核对、付型图书、报纸、期刊等出版物；

3. 协调、处理版式设计、印刷复制过程中的技术问题；

4. 检查出版物印装制作质量。

2-10-02-04 音像电子出版物编辑

从事音像电子出版物及数字出版产品的策划、编辑、加工、数字化转换的专业人员。

主要工作任务：

1. 策划音像电子出版物及数字出版产品；

2. 物色脚本创作者和制作者，收集素材、资料；

3. 组织产品内容并主持制作；

4. 进行产品内容数字化转换，修改、标注并建立索引；

5. 编辑、加工产品内容，主持制作、合成音像电子出版物及数字出版产品；

6. 检查、监督产品内容和质量。

2-10-02-05 网络编辑

从事互联网等网络媒体内容策划、稿件组织、加工管理的专业人员。

主要工作任务：

1. 策划网站内容；

2. 组织网站稿件；

3. 运用信息发布系统或相关软件，制作网页；

4. 编辑网页内容；

5. 进行网站内容的检查、管理。

2-10-02-06 电子音乐编辑

使用计算机等设备和工具，从事音乐创作、录音和制作的专业人员。

主要工作任务：

1. 调查、分析图像、画面、歌词的音乐审美需求；

2. 进行广播、电视、电影、电视剧配乐；

3. 制作歌曲音乐伴奏；

4. 制作舞蹈、体操、滑冰等背景音乐；

5. 制作大型活动仪式背景音乐；

6. 制作通信、网络、动漫、游戏音乐；

7. 制作广告音乐；

8. 制作音乐教学或其他教学课件或演示等音乐。

2-10-03（GBM 21003）
校对员

从事图书、报纸、期刊等出版物原稿和校样核对工作的专业人员。

本小类包括下列职业：

2-10-03-00 校对员

2-10-03-00 校对员

从事图书、报纸、期刊等出版物原稿和校样核对工作的专业人员。

主要工作任务：

1. 核对、校正校样与原稿不符的文字、

符号、标点、图表、版式差错；

2. 发现原稿的疏漏和差错，提出修改意见和建议。

2-10-04（GBM 21004）
播音员及节目主持人

从事广播、电视播音及节目主持的专业人员。

本小类包括下列职业：

2-10-04-01 播音员

2-10-04-02 节目主持人

2-10-04-01 播音员

在广播电台、电视台，从事播音工作的专业人员。

主要工作任务：

1. 将编辑部门发播的文字稿件，创作成准确、生动的语言，向受众传播；

2. 主持现场转播、报道及解说，参加文艺演出、影视剧制作活动；

3. 随机处置稿件差错，随机处置突发情况。

2-10-04-02 节目主持人

在各种节目中，以语言驾驭节目进程的专业人员。

主要工作任务：

1. 参与现场采访和现场评述；

2. 参与节目的策划、编排、制作，

3. 撰写、润色节目讲稿或串联词，主持各类节目，处置突发事件；

4. 参与节目的管理、运作。

2-10-05（GBM 21005）
翻译人员

从事外国与中国语言和文字互译、中国各民族语言和文字互译以及听力残疾人士与非听力残疾人士之间互译的专业人员。

本小类包括下列职业：

2-10-05-01 翻译

2-10-05-02 手语翻译

2-10-05-01 翻译

以口头或书面形式，从事两种及以上语言文字间信息转换的专业人员。

主要工作任务：

1. 运用双语或多语技能、相关专业领域知识和辅助工具，把一种语言所表达的信息通过口头形式用另一种语言同步或接续表达出来，或通过书面形式用另一种语言文字表达出来；

2. 对照原文对笔译译文进行修改和审定，或对机器翻译的结果进行译后编辑审核；

3. 创建、审核和管理双语或多语对照术语表、词汇库和翻译记忆库；

4. 进行翻译理论与实践研究；

5. 进行翻译教学。

2-10-05-02 手语翻译

在听力残疾人士与非听力残疾人士之间，从事手语、口语翻译工作的专业人员。

主要工作任务：

1. 聆听语音信息，将口语翻译成手语，为听力残疾人士提供服务；

2. 观看手势动作，将手语翻译成口语，为非听力残疾人士提供服务；

3. 观看手势动作，将一种手语翻译成另一种手语，为不同地区或民族的听力残疾人士与非听力残疾人士提供服务。

2-10-06（GBM 21006）
图书资料与微缩摄影专业人员

从事图书资料收集、整理、编目、保管、利用等服务的专业人员。

本小类包括下列职业：

2-10-06-01　图书资料专业人员

2-10-06-02　微缩摄影专业人员

2-10-06-01　图书资料专业人员

从事图书资料、信息资源收集、整理加工、保存保护以及开发利用的专业人员。

主要工作任务：

1. 收集多种类型、载体的图书资料；

2. 编制、加工图书资料目录体系或检索系统，关联、整合外部图书资料；

3. 整理、保存、保护图书资料及其辅助设备设施并管理库房；

4. 提供图书资料借阅服务、展览服务、咨询服务以及再整理出版服务；

5. 建立、运用、维护图书资料数据库；

6. 进行阅读引导和阅读推广活动。

2-10-06-02　微缩摄影专业人员

从事文献资料微缩拍摄、制作和微缩文献揭示、开发、管理的专业人员。

主要工作任务：

1. 明确摄制要求，制订拍摄方案；

2. 了解原件状况，确定缩率、曝光量、曝光时间等技术数据，使用光学和数字微缩摄影设备进行拍摄；

3. 配制冲洗药液，根据试片数据，确定药液温度和走片速度，进行冲洗、拷贝；

4. 检查冲洗、拷贝质量，分卷、装盒；

5. 维护保养微缩摄影设备，排除设备故障；

6. 进行微缩文献数字化加工，编制微缩文献书目数据；

7. 编辑出版微缩文献汇编，管理微缩品库房。

2-10-07（GBM 21007）
档案专业人员

从事档案接收、征集、整理、编目、鉴定、保管、保护、利用、编研的专业人员。

本小类包括下列职业：

2-10-07-00　档案专业人员

2-10-07-00　档案专业人员

从事档案接收、征集、整理、编目、鉴定、保管、保护、利用、编研的专业人员。

主要工作任务：

1. 接收或征集档案资料；

2. 进行档案资料登记造册、价值鉴定，确定保管期限；

3. 进行档案资料分类、编号和组卷；

4. 进行档案资料排架、入库、移出及其登记、统计，清点、核对档案资料；

5. 进行档案库房日常管理和档案资料的安全监护，保护、修复档案；

6. 编制检索工具，建立数据库；

7. 提供档案资料借阅和咨询服务；

8. 进行档案资料考证研究与编纂。

2-10-08（GBM 21008）
考古及文物保护专业人员

从事考古发掘及文物保护、保管、陈列和研究的专业人员。

本小类包括下列职业：

2-10-08-01　考古专业人员

2-10-08-02　文物藏品专业人员

2-10-08-03 可移动文物保护专业人员
2-10-08-04 不可移动文物保护专业人员

2-10-08-01 考古专业人员

从事古代实物遗存调查、发掘、评估、研究的专业人员。

主要工作任务：

1. 组织探寻、发现陆地、水域埋藏或淹没古代实物遗存的科研活动；

2. 编制考古计划，进行考古调查；

3. 发掘地下、水下遗存，清理堆积和遗迹，提取遗物、标本以及重要的遗迹，采集、记录发掘过程信息；

4. 分析、整理出土、出水遗存，确定实物遗存的年代、属性、功能等；

5. 整理考古所获得实物及信息，制成专业阅读、研究资料；

6. 评估地下、水下遗存，提供文物保护或展示咨询服务；

7. 运用考古资料和考古学方法，研究考古遗存历史及相关问题。

2-10-08-02 文物藏品专业人员

从事文物藏品征集、鉴定、登编、保管、摄影及研究工作的专业人员。

主要工作任务：

1. 进行社会文物调查、征集；

2. 进行文物藏品鉴定、定名及定级；

3. 进行文物藏品登记、编目及建档；

4. 管理文物藏品总账、分类账等账册及藏品档案；

5. 进行文物藏品入库、排架、保养及管理；

6. 进行文物藏品影像资料采集、编辑及管理；

7. 进行文物藏品研究，为陈列展览、社会教育等提供咨询服务。

2-10-08-03 可移动文物保护专业人员

从事文物本体材料分析、病害调查，保护修复材料与技术工艺研究、应用的专业人员。

主要工作任务：

1. 进行文物本体材质、组织结构、制作工艺研究、应用；

2. 进行文物信息数字化提取记录；

3. 进行文物病害评估及病害机理研究；

4. 进行文物表面清洗、粘接、补全等技术研究、应用；

5. 进行保护材料和技术筛选及应用试验；

6. 进行传统保护修复材料及工艺研究、应用；

7. 进行文物保存环境监测与控制技术研究、应用；

8. 编制文物现状调查报告、保护方案、行业规范及技术手册。

2-10-08-04 不可移动文物保护专业人员

从事不可移动文物保护和修复工艺技术、材料研究、应用，保护和修复工程设计和规划编制的专业人员。

主要工作任务：

1. 进行不可移动文物历史及其工艺技术和材料的研究、应用；

2. 进行不可移动文物损伤、病害、隐患现状现场勘察、记录、测绘、拍照，收集技术资料；

3. 进行不可移动文物价值、现状损毁成因的研究、分析、评估；

4. 编制不可移动文物保护和修复工程设计方案，并指导实施；

5. 制订不可移动文物保护规划，并指导实施。

2-10-99（GBM 21099）

其他新闻出版、文化专业人员

指未列入 2-10-01 至 2-10-08 的新闻出版、文化专业人员。

2-99（GBM 29900） 其他专业技术人员

指未列入 2-01 至 2-10 的专业技术人员。

本中类包括下列小类：

2-99-00（GBM 29900）其他专业技术人员

2-99-00（GBM 29900）

其他专业技术人员

指未列入 2-01 至 2-10 的专业技术人员。

第三大类

办事人员和有关人员

3（GBM 30000） 办事人员和有关人员

在公共管理和社会组织机构中，从事行政业务、行政事务、行政执法和仲裁、安全保卫、消防和应急救援等工作的人员。

本大类包括下列中类：

3-01（GBM 30100）办事人员

3-02（GBM 30200）安全和消防人员

3-99（GBM 39900）其他办事人员和有关人员

3-01（GBM 30100） 办事人员

在公共管理和社会组织机构中，从事行政业务、行政事务、行政执法和仲裁工作的人员。

本中类包括下列小类：

3-01-01（GBM 30101）行政业务办理人员

3-01-02（GBM 30102）行政事务处理人员

3-01-03（GBM 30103）行政执法和仲裁人员

3-01-99（GBM 30199）其他办事人员

3-01-01（GBM 30101）行政业务办理人员

在公共管理和社会组织及相关机构中，从事行政业务办理的人员。

本小类包括下列职业：

3-01-01-01 行政办事员

3-01-01-02 社区事务员

3-01-01-03 统计调查员

3-01-01-04 社团会员管理员

3-01-01-05 劝募员

3-01-01-01 行政办事员

在公共管理和社会组织机构中，从事具体行政业务办理，以及基层人民政府和派出机构中，从事司法助理、民政助理等行政业务的人员。

主要工作任务：

1. 草拟规章、政策或实施细则等文件；
2. 了解规章、政策执行情况，指导有关工作，报告调查研究情况；
3. 提出有关业务工作改进建议；
4. 接待来访者和办事人员，处理有关事宜；
5. 完成领导交办的其他工作。

3-01-01-02 社区事务员

从事社区居民政务和事务工作的人员。

主要工作任务：

1. 访问社区居民，讲解有关政策，收集、掌握和反馈信息；
2. 指导和帮助社区居民办理相关政务和事务；

3. 受理、登记社区居民服务需求；

4. 审核社区居民办理相关政务、事务提供的材料，提出办理或处理意见；

5. 向政务、事务管理部门提供数据和材料；

6. 向社区居民反馈政务和事务办理结果；

7. 为特殊群体提供政务和事务的代理服务。

本职业包含但不限于下列工种：

劳动保障专理员

3-01-01-03　统计调查员

从事社会活动和经济活动等领域信息采集、整理等工作的人员。

主要工作任务：

1. 分析调查目标，制订调查实施方案；

2. 运用调查工具和方法，开展实地调查；

3. 采集调查对象信息；

4. 分类整理调查资料。

3-01-01-04　社团会员管理员

在社会团体中，从事会员资格认定、会员权益维护、会员履行义务监督、会籍管理等工作的人员。

主要工作任务：

1. 根据社会团体章程或会员管理办法，组织发展会员，筹办会员（代表）大会、理事会及常务理事会会议；

2. 受理入会申请，审查资格，履行报批手续，反馈审批结果；

3. 发放会员证书，讲解会员权利和义务；

4. 收缴会费，提出会费使用办法，监督使用会费票据；

5. 收集归档资料，建立、维护档案；

6. 反映会员需求，组织会员活动，评估反馈服务信息；

7. 办理退会手续。

3-01-01-05　劝募员

在社会组织中，从事公益宣讲、筹集款物、捐赠管理等工作的人员。

主要工作任务：

1. 宣讲公益慈善理念、价值观及相关政策法规；

2. 收集、整理、分析社会公益捐赠信息，研究公益市场需求；

3. 制订募集方案；

4. 与捐赠主体联合拟订捐赠协议；

5. 跟进捐赠协议执行情况，执行保值增值，公开捐赠信息；

6. 报告公益项目执行进展情况；

7. 组织捐赠主体等合作伙伴，参与考察公益项目实施；

8. 撰写公益项目总结报告。

3-01-02（GBM 30102）
行政事务处理人员

从事公共管理和社会组织机构内部日常行政管理事务及相关服务工作的人员。

本小类包括下列职业：

3-01-02-01　机要员
3-01-02-02　秘书
3-01-02-03　公关员
3-01-02-04　收发员
3-01-02-05　打字员
3-01-02-06　速录师
3-01-02-07　制图员
3-01-02-08　后勤管理员

3-01-02-01 机要员

从事机要函件收录、登记分送，机要文件交换，信息保密等工作的人员。

主要工作任务：

1. 办理秘密载体的收寄，判断、处理不合规的载体；

2. 开拆处理进口的机要袋，分拣封发进、出、转口的秘密载体；

3. 接收和发运进、出、转口的机要袋；

4. 投交秘密载体，并办理签收手续；

5. 办理机要内参的代订代发；

6. 平衡合拢秘密载体和机要袋，保管并妥善处理未投出的秘密载体和机要内参；

7. 受理秘密载体的查询、查验、改寄、撤回、局内投交等业务，归档整理业务单据。

本职业包含但不限于下列工种：

机要通信业务员

3-01-02-02 秘书

从事文书、会议办理，并为各类办公事务处理提供服务的人员。

主要工作任务：

1. 使用办公设备，处理公文和信函；

2. 接待来访，进行信息分流、客户分流及其他事务性工作，处理查询事项；

3. 安排各类会议，整理、发放会议资料；

4. 进行业务联系、事务处理，辅助上级决策，并随从服务；

5. 管理文件、档案；

6. 管理、使用办公设备与用品。

3-01-02-03 公关员

从事组织机构信息传播、关系协调、形象管理事务的咨询、策划、实施和服务等工作的人员。

主要工作任务：

1. 进行组织机构与内外重要公众关系的沟通、协调，处理公众咨询和投诉，接待和安排公众来访；

2. 收集、整理、监测和分析与组织机构形象有关的公众信息，提供组织机构形象管理的咨询建议；

3. 制订组织机构的公众传播计划，编辑、制作和发行组织机构的宣传材料，进行组织机构的新闻发布、形象传播工作；

4. 参与制订组织机构和产品或服务的形象管理计划，策划和组织专题性公众活动，并进行评估；

5. 协助组织机构及有关部门发现并处理组织机构与公众之间的矛盾、问题和突发或危机事件。

3-01-02-04 收发员

从事报刊、信函、文件等收发与传送工作的人员。

主要工作任务：

1. 接收报刊、信函、文件等资料，进行登记、归类；

2. 分送有关资料；

3. 进行资料安全防护。

3-01-02-05 打字员

使用计算机、打字机等文字处理设备，进行文字录入、排版等工作的人员。

主要工作任务：

1. 使用计算机、打字机，进行中英文等文字及图表资料的录入、排版；

2. 修正已校对的稿件；

3. 保管、维护文字处理设备及文件媒体。

3-01-02-06 速录师

操作速录设备，进行汉语言信息实时记录采集并生成电子文本的人员。

主要工作任务：

1. 操作速录设备，同声记录会议、庭审、采访等现场的汉语言信息，并即时整理、提交电子文本；

2. 操作速录设备，记录音像资料、手稿或印刷稿中的汉语言信息，并整理、提交电子文本；

3. 操作速录设备，跟随记录行进场合的汉语言信息，整理后提交电子文本；

4. 进行速录技能技巧的培训教学与速录现场指导工作。

3-01-02-07 制图员

使用绘图仪器、装备，根据工程或产品的设计方案、草图和技术说明，绘制正图(原图)、底图及其他技术图样的人员。

主要工作任务：

1. 使用绘图仪器，根据原图进行描图；

2. 使用绘图仪器，根据草图及技术说明绘制正规图及其他技术图样；

3. 使用计算机绘图系统绘图；

4. 管理图档。

3-01-02-08 后勤管理员

在国家机关、社会团体、企业和事业单位中，从事单位内部的水、电、气、供暖等后勤事务管理工作的人员。

主要工作任务：

1. 进行水、电力与煤气、暖气供应等保障服务；

2. 进行专用车辆调配与派发；

3. 进行单位食堂膳食管理与卫生安全管理；

4. 进行单位基础设施建设与绿化管理。

3-01-03（GBM 30103）
行政执法和仲裁人员

在特定国家机关依法从事行政监督和行政处罚，在仲裁机构从事争议案件仲裁工作的人员。

本小类包括下列职业：

3-01-03-01 行政执法员

3-01-03-02 仲裁员

3-01-03-01 行政执法员

在工商、税务、海关、食品药品、劳动保障、环保等特定国家机关，依法从事行政监督和行政处罚工作的人员。

主要工作任务：

1. 监督、检查国家行政法律、法规执行情况；

2. 纠正和查处违反国家行政法律、法规的行为；

3. 依法办理其他有关业务。

3-01-03-02 仲裁员

在仲裁机构从事争议案件的调查取证、调解，对案件提出裁决意见等工作的人员。

主要工作任务：

1. 接受当事人仲裁申请，审阅纠纷案卷，制订审理方案；

2. 组织调查取证，查阅档案资料，询问证人，核查证据；

3. 组织纠纷双方当事人先行调解，促使当事人达成调解协议；

4. 组织开庭审理，依法审查证据，组织当事人辩论，接受当事人证据保全、财产保全申请并移交基层法院，进行仲裁庭合议，对纠纷案件作出裁决；

5. 先行裁定权利义务关系明确的纠纷；

6. 制作并下达仲裁调解书或裁决书。

本职业包含但不限于下列工种：

劳动人事争议仲裁员　农村土地承包仲裁员

3-01-99（GBM 30199）

其他办事人员

指未列入 3-01-01 至 3-01-03 的办事人员。

3-02（GBM 30200）　安全和消防人员

从事国家安全和社会治安秩序维护、公共财产与个人财产和生命安全保护，以及防火、灭火等工作的人员。

本中类包括下列小类：

3-02-01（GBM 30201）人民警察

3-02-02（GBM 30202）保卫人员

3-02-03（GBM 30203）消防和应急救援人员

3-02-99（GBM 30299）其他安全和消防人员

3-02-01（GBM 30201）

人民警察

在公共安全部门，依法从事国家安全和社会治安秩序维护，公民人身安全、人身自由和合法财产保护，公共财产保护，违法犯罪预防、制止和惩治等工作的警务人员。

本小类包括下列职业：

3-02-01-00　人民警察

3-02-01-00　人民警察

在公共安全部门，依法维护国家安全和社会治安秩序，保护公民人身安全、人身自由和合法财产、公共财产，预防、制止和惩治违法犯罪等工作的警务人员。

主要工作任务：

1. 维护国家安全；

2. 维护社会治安秩序，制止危害社会治安秩序的行为，预防、制止和侦查违法犯罪活动；

3. 维护交通安全和交通秩序，处理交通事故；

4. 组织、实施消防工作，实行消防监督；

5. 管理枪支弹药、管制刀具和易燃易爆、剧毒、放射性等危险品；

6. 管理法律、法规规定的特种行业；

7. 警卫国家规定的特定人员，守卫重要的场所和设施；

8. 管理集会、游行、示威活动；

9. 管理户政、国籍、入境出境事务和外国人在中国境内居留、旅行的有关事务；

10. 维护国（边）境地区的治安秩序；

11. 对被判处管制、拘役、剥夺政治权利的罪犯和监外执行的罪犯执行刑罚，对被宣告缓刑、假释的罪犯实行监督、考察；

12. 监督管理计算机信息系统的安全保护工作；

13. 指导和监督国家机关、社会团体、企事业组织和重点建设工程的治安保卫工作，指导治安保卫委员会等群众性组织的治安防范工作；

14. 执行法律、法规规定的其他职责。

3-02-02（GBM 30202）
保卫人员

在机关、团体、企业和事业单位中，从事单位内部治安保卫和安全防范管理工作的人员。

本小类包括下列职业：

3-02-02-00　保卫管理员

3-02-02-00　保卫管理员

从事维护机关、团体、企业和事业单位内部治安秩序，开展治安防范，预防违法犯罪，保护单位内部人员和财产安全工作的人员。

主要工作任务：

1. 组织制定内部治安保卫制度和防范措施；
2. 维护单位内部治安秩序，预防并制止违法犯罪行为；
3. 组织保安巡逻防范工作，发现并整改治安隐患；
4. 组织建设并维护单位物防、技防设施；
5. 制订突发事件应急处置预案，组织演练。

3-02-03（GBM 30203）
消防和应急救援人员

从事消防安全管理和建筑物与构筑物、水上与森林及危险品等消防和应急救援工作的人员。

本小类包括下列职业：

3-02-03-01　消防员
3-02-03-02　消防指挥员
3-02-03-03　消防装备管理员
3-02-03-04　消防安全管理员
3-02-03-05　消防监督检查员
3-02-03-06　森林消防员 L
3-02-03-07　森林火情瞭望观察员 L
3-02-03-08　应急救援员

3-02-03-01　消防员

在专职消防组织中，从事火灾扑救、重特大灾害事故抢险和其他应急救援工作的人员。

主要工作任务：

1. 受理报警信息，调度灭火救援力量；
2. 驾驶操作消防救援车辆、船艇、飞行器；
3. 使用灭火救援装备，扑救火灾，进行应急救援；
4. 组织灭火救援现场应急通信联络；
5. 收集、记录灭火救援现场各种数据和有关情况；
6. 训练、使用消防搜救犬；
7. 在灭火救援现场，进行伤员先期紧急救护；
8. 执行其他以抢救人员生命为主的应急救援任务。

本职业包含但不限于下列工种：

灭火救援员　火警调度员　火场通信员　搜救犬训导员

3-02-03-02　消防指挥员

在公安消防部队、专职消防队及其他消防组织中，从事灭火救援行动组织指挥工作的人员。

主要工作任务：

1. 编制、修订灭火救援预案；
2. 掌握灭火救援现场情况，制订灭火

救援方案；

3. 部署灭火救援任务，指挥灭火救援行动；

4. 承担其他灭火救援现场处置指挥。

3-02-03-03 消防装备管理员

在专职消防组织中，从事消防装备采购验收、仓储保养、使用操作、检查检测、维护维修、调集调配、退役报废等管理工作的人员。

主要工作任务：

1. 组织实施消防装备仓储保养；

2. 组织实施消防装备的采购验收及检查检测；

3. 组织实施消防装备的维护维修及退役报废；

4. 组织指导消防员按照规程、规定操作使用消防装备；

5. 组织实施消防装备的调集、调配；

6. 进行其他消防装备管理工作。

3-02-03-04 消防安全管理员

在国家机关、社会团体、企业、事业单位和其他组织中，实施日常消防安全管理、组织扑救初起火灾和应急疏散等消防管理工作的人员。

主要工作任务：

1. 制订消防工作计划，组织实施日常消防安全管理；

2. 组织制订消防安全制度、操作规程、灭火和应急疏散预案，并检查督促落实；

3. 编制消防安全资金投入和组织保障方案；

4. 进行消防安全巡查，组织实施火灾隐患整改；

5. 检查消防设施、灭火器材和消防安全标志的完好有效，疏散通道和安全出口畅通无阻；

6. 组织管理专职消防队、志愿消防队，开展消防宣传教育和培训，组织灭火和应急疏散预案演练；

7. 组织扑救初起火灾和应急疏散；

8. 进行其他消防安全管理。

3-02-03-05 消防监督检查员

运用消防业务知识，使用消防监督装备，从事消防监督检查、建设工程消防设计审核验收、火灾事故调查等工作的人员。

主要工作任务：

1. 监督检查单位遵守消防法律、法规的情况；

2. 进行建设工程消防设计审核、消防验收和备案、抽查；

3. 调查火灾原因，统计火灾损失；

4. 承担其他消防安全监督、检查工作。

3-02-03-06 森林消防员 L

从事预防、扑救森林火灾工作的人员。

主要工作任务：

1. 进行森林防火预警和森林火源监控管理；

2. 进行森林火灾扑救及森林航空消防；

3. 进行森林消防通信；

4. 进行森林防火检查和森林防火宣传。

本职业包含但不限于下列工种：

森林防火预防员　森林防火通信员　森林航空消防员　森林火灾扑火员　森林火灾扑救指挥员

3-02-03-07 森林火情瞭望观察员 L

在地面或空中，进行森林火灾瞭望和观察的人员。

主要工作任务：

1. 使用监控系统等设备，瞭望、观察森林火情；

2. 实时报告森林火情信息；

3. 使用卫星定位、标绘系统，侦察处理火场；

4. 提供化学灭火、机（索）降灭火、吊桶（机载水箱）洒水灭火等扑火建议；

5. 使用红外探测设备，监测火情。

本职业包含但不限于下列工种：

森林消防瞭望员　森林航空护林观察员

3-02-03-08　应急救援员

从事突发事件的预防与应急准备，受灾人员和公私财产救助，组织自救、互救及救援善后工作的人员。

主要工作任务：

1. 进行突发事件现场处置，指导和帮助遇险者避险、逃生，组织现场群众自救互救，抢救公私财物；

2. 搜索解救受困人员，进行伤员检伤分类并实施院前急救；

3. 评估灾情性质、程度及范围等情况，沟通汇报，维持现场秩序，防止、抑制灾害发生或进一步发展；

4. 组织、协调、管理救灾资源；

5. 配合专业心理援助组织，进行受灾群众心理疏导；

6. 进行救援善后工作；

7. 制订、演练应急预案，并与相关部门沟通协作；

8. 进行紧急救助培训教育活动，普及自救互救知识和技能。

3-02-99（GBM 30299）

其他安全和消防人员

指未列入3-02-01至3-02-03的安全和消防人员。

3-99（GBM 39900）　其他办事人员和有关人员

指未列入3-01至3-02的办事人员和有关人员。

本中类包括下列小类：

3-99-00（GBM 39900）其他办事人员和有关人员

3-99-00（GBM 39900）

其他办事人员和有关人员

指未列入3-01至3-02的办事人员和有关人员。

第四大类

社会生产服务和生活服务人员

4（GBM 40000） 社会生产服务和生活服务人员

从事商品批发零售、交通运输、仓储、邮政和快递、住宿和餐饮、信息传输、软件和信息技术以及金融、房地产、租赁和商务、技术辅助、生态保护、文化、体育和娱乐等社会生产服务与生活服务工作的人员。

本大类包括下列中类：

4-01（GBM 40100）批发与零售服务人员

4-02（GBM 40200）交通运输、仓储和邮政业服务人员

4-03（GBM 40300）住宿和餐饮服务人员

4-04（GBM 40400）信息传输、软件和信息技术服务人员

4-05（GBM 40500）金融服务人员

4-06（GBM 40600）房地产服务人员

4-07（GBM 40700）租赁和商务服务人员

4-08（GBM 40800）技术辅助服务人员

4-09（GBM 40900）水利、环境和公共设施管理服务人员

4-10（GBM 41000）居民服务人员

4-11（GBM 41100）电力、燃气及水供应服务人员

4-12（GBM 41200）修理及制作服务人员

4-13（GBM 41300）文化、体育和娱乐服务人员

4-14（GBM 41400）健康服务人员

4-99（GBM 49900）其他社会生产和生活服务人员

4-01（GBM 40100） 批发与零售服务人员

从事生活用品、生产资料的采购与销售、贸易经纪代理、再生物资回收等工作的人员。

本中类包括下列小类：

4-01-01（GBM 40101）采购人员

4-01-02（GBM 40102）销售人员

4-01-03（GBM 40103）贸易经纪代理人员

4-01-04（GBM 40104）再生物资回收人员

4-01-05（GBM 40105）特殊商品购销人员

4-01-99（GBM 40199）其他批发与零售服务人员

4-01-01（GBM 40101）
采购人员

从事生活用品、生产资料采购工作的人员。

本小类包括下列职业：

4-01-01-00　采购员

4-01-01-00　采购员

从事市场供求信息调查、商品采购工作的人员。

主要工作任务：

1. 进行市场调查，采集商品信息和供应商信息；
2. 分析商品信息，确定采购需求；
3. 制订、编排采购计划，订购原材料和控制交货期；
4. 评估、认证目标商品体系的产能、设备、交期、技术、品质等状况；
5. 比价，选择供应商，进行议价、谈判；
6. 签订采购合同；
7. 监督采购合同的履行；
8. 跟踪、掌握原材料市场价格行情及品质变化情况。

4-01-02（GBM 40102）
销售人员

从事生活用品、生产资料销售工作的人员。

本小类包括下列职业：

4-01-02-01　营销员
4-01-02-02　电子商务师
4-01-02-03　商品营业员
4-01-02-04　收银员
4-01-02-05　摊商

4-01-02-01　营销员

从事市场调查、商品与服务推销工作的人员。

主要工作任务：

1. 调查了解市场信息，分析、预测、开发市场，寻找潜在客户；
2. 进行客户洽谈、产品介绍；
3. 提供售前、售中、售后服务；
4. 办理商品的交付、发运；
5. 处理商品销售过程中的纠纷；
6. 签订销售合同；
7. 结算货款；
8. 维护客户关系。

4-01-02-02　电子商务师

在互联网及现代信息技术平台上，从事商务活动的人员。

主要工作任务：

1. 运用互联网的相关工具和技术，进行企业产品网络推广；
2. 运用相关工具和技术，进行企业商务网站（店）编辑、装修及内容维护；
3. 进行企业商务网站（店）网上交易及运营管理；
4. 采集相关数据，进行企业网络经营状况和销售数据分析；
5. 分析企业业务需求，规划设计商务网站。

本职业包含但不限于下列工种：

网商

4-01-02-03　商品营业员

在零售实体店中，进行商品整理、销售、管理，并为客户提供服务的人员。

主要工作任务：

1. 陈列商品，维持商品充足，检查产

品和价签的一致性；

2. 组装、调试商品，并进行商品展示、演示；

3. 维护保养、清点验收商品；

4. 进行售出商品的检查、包装、开票等；

5. 进行特殊商品使用知识说明，提供售后技术咨询服务；

6. 给付商品并整理、保管、补充、盘点、验收商品；

7. 分析商品销售情况。

4-01-02-04 收银员

在消费场所，从事顾客现金、支票收取或金融卡支付办理等工作的人员。

主要工作任务：

1. 收验现金、支票，办理银行卡、二维码、移动支付及可支付类卡券支付消费款业务；

2. 甄别假币，辨识银行卡真伪；

3. 提供销售小票和发票；

4. 分析处理个人或部门销售收入核算，上缴销售货款，做出差异报告；

5. 清点、清付商品，检查包装，进行扫描、分类和交付；

6. 审核处理优惠销售权限及退货款批准手续；

7. 使用与保养收款机、POS 机、计算器、验钞机等工具。

4-01-02-05 摊商

在固定或流动摊位上，从事商品销售并提供服务的人员。

主要工作任务：

1. 购买、运输所售商品或半成品；

2. 确定所售商品出售价格；

3. 运用道具、海报、灯光等，分类展示所售商品；

4. 简单加工半成品，包装并销售；

5. 配发、调拨商品，进行退换货商品的跟进工作；

6. 收集、整理商品服务信息。

4-01-03（GBM 40103）

贸易经纪代理人员

从事商品交易、贸易经纪、销售代理等工作的人员。

本小类包括下列职业：

4-01-03-01 农产品经纪人

4-01-03-02 粮油竞价交易员

4-01-03-01 农产品经纪人

从事农产品收购、储运、销售以及销售代理、信息传递等中介服务工作的人员。

主要工作任务：

1. 进行农产品市场信息采集、分析、咨询以及信息传递；

2. 维护客户关系，与客户谈判并签订购销合同；

3. 鉴别、评定农产品等级；

4. 代理储藏、运输农产品；

5. 核算、结算货款和佣金。

本职业包含但不限于下列工种：

粮食经纪人

4-01-03-02 粮油竞价交易员

在粮油竞价交易机构中，从事粮油公开竞价交易活动的人员。

主要工作任务：

1. 接待委托客户，洽谈销售、采购业务；

2. 审核客户资格，建立客户档案，进

行客户分类，起草委托合同；

3. 使用计算机，处理数量、质量、储存及运输等委托标的信息；

4. 接待交易客户，介绍交易主体、标的、日期、方式、保证金和价格等竞价交易事项；

5. 准备、提供交易材料，安排交易会场；

6. 实施交易活动，维护交易系统，组织和管理交易现场；

7. 传递成交确认书等信息和资料，核对、统计竞价交易成交信息，分类管理成交合同；

8. 制作成交汇总及明细等报表，进行委托交易结算。

4-01-04（GBM 40104）
再生物资回收人员

从事废金属、废弃电器电子产品及设备等废旧物资回收挑选、再生资源加工等工作的人员。

本小类包括下列职业：

4-01-04-00　废旧物资回收挑选工 L

4-01-04-00　废旧物资回收挑选工 L

运用感官和工具，鉴别、回收、分类、挑选废旧金属、废弃电器电子产品等可再生资源的人员。

主要工作任务：

1. 根据国家相关法规，辨识可收购物品和来源；

2. 查验、登记生产性废旧金属等物资出售单位与个人的证明、证件和物品规格等；

3. 点数、检重、验级；

4. 区别单价，计算应付款项，结算、付款；

5. 发现、辨别回收物品的文物价值，移交相关管理部门；

6. 鉴别、区分回收物品的品种、规格、等级；

7. 使用工具，剪切、破碎、压块、堆放回收品；

8. 处理、保管、移交易燃易爆、含毒、密闭件等危险品；

9. 进行无利用价值废弃物的环保处理。

本职业包含但不限于下列工种：

废旧物资回收工　废旧物资挑选工

4-01-05（GBM 40105）
特殊商品购销人员

从事农产品、医药商品等特殊生活用品、生产资料采购和销售工作的人员。

本小类包括下列职业：

4-01-05-01　农产品购销员
4-01-05-02　医药商品购销员
4-01-05-03　出版物发行员
4-01-05-04　烟草制品购销员

4-01-05-01　农产品购销员

从事农产品的采购、初加工、运输、保鲜储藏、销售及相关信息服务工作的人员。

主要工作任务：

1. 批量收购农产品，并进行分级包装等初加工；

2. 运输、保鲜储藏农产品；

3. 批量销售农产品；

4. 建立购销台账，整理交易信息。

本职业包含但不限于下列工种：

粮油购销员　农副土特产品收购员

4-01-05-02　医药商品购销员

从事药品、医疗器械等医药商品采购、销售、验收等工作的人员。

主要工作任务：

1. 进行市场调研，收集、分析医药市场供需情况；

2. 与生产、经营企业洽谈，索取客户合法资质资料，并协助审核其资质；

3. 编制采购计划，签订购货合同，购进医药商品，并填制、传递采购凭证；

4. 进行医药商品进货、销售、储存等管理工作及接待顾客等服务工作；

5. 销售医药商品，填制、传递销售凭证，收集不良反应信息，提供药学咨询服务；

6. 维护客户关系，签订销售合同；

7. 进行新品推广，调剂余缺，办理缺货登记、退换货手续等；

8. 进行合同履行跟进服务，协调开票、送货、回收货款等；

9. 进行医药商品验收、养护、效期管理等工作。

本职业包含但不限于下列工种：

药品购销员　医疗器械购销员　中药材购销员　中药饮片购销员　中药调剂员

4-01-05-03　出版物发行员

从事图书、期刊、报纸、音像制品、电子出版物等征订、发送及相关工作的人员。

主要工作任务：

1. 收集出版信息及市场信息，开展进销业务，推介、征订出版物；

2. 进行出版物信息的数字化处理，利用网络推介出版物；

3. 办理出版物的进出库手续，检查出、入库出版物质量并进行处理，收退、付退，保管出版物，盘点库存；

4. 集配分发出版物，捆包、分包制作标签，贴签，倒包装卸，编制运输计划，办理交付运输手续查询，处理差错事故；

5. 沟通客户，收集客户信息，进行客户管理，开展大宗客户业务；

6. 分类、陈列摆放销售的出版物，进行计价、制票、捆扎和推荐等，填写进销码洋账，分析、核算进销业务经济指标；

7. 运用网上书店或数字发行平台，发行出版物或数字出版产品。

4-01-05-04　烟草制品购销员

从事卷烟、雪茄烟、不燃烧卷烟、电子烟、口含烟、咀嚼烟等烟草制品销售及管理工作的人员。

主要工作任务：

1. 分析预测卷烟市场需求，制订烟草制品品牌战略规划与区域市场规划；

2. 制订烟草制品商品采购计划并进行货源组织管理工作；

3. 进行烟草制品商品推介与营销策划等工作；

4. 进行烟草制品相关信息系统管理维护等工作；

5. 进行烟草制品终端营销、烟草制品货源投放等管理；

6. 进行烟草制品零售客户管理、经营分析与指导、服务设计并监测、评估和改进服务；

7. 培训销售人员。

4-01-99（GBM 40199）

其他批发与零售服务人员

指未列入 4-01-01 至 4-01-05 的批发与零售服务人员。

4-02（GBM 40200） 交通运输、仓储和邮政业服务人员

从事客运、货运等运输服务，以及仓储和邮政服务等工作的人员。

本中类包括下列小类：

4-02-01（GBM 40201）轨道交通运输服务人员
4-02-02（GBM 40202）道路运输服务人员
4-02-03（GBM 40203）水上运输服务人员
4-02-04（GBM 40204）航空运输服务人员
4-02-05（GBM 40205）装卸搬运和运输代理服务人员
4-02-06（GBM 40206）仓储人员
4-02-07（GBM 40207）邮政和快递服务人员
4-02-99（GBM 40299）其他交通运输、仓储和邮政业服务人员

4-02-01（GBM 40201）轨道交通运输服务人员

从事铁路和城市轨道旅客运送，以及铁路货物运输等工作的人员。

本小类包括下列职业：

4-02-01-01 轨道列车司机 L
4-02-01-02 铁路列车乘务员
4-02-01-03 铁路车站客运服务员
4-02-01-04 铁路行包运输服务员
4-02-01-05 铁路车站货运服务员
4-02-01-06 轨道交通调度员
4-02-01-07 城市轨道交通服务员

4-02-01-01 轨道列车司机 L

驾驶轨道机车、动车组，运输乘客和货物的人员。

主要工作任务：

1. 接受、记录、传达行车指示、命令；
2. 进行机车、动车组技术性能试验，办理交接手续；
3. 驾驶机车、动车组驶入指定线路、位置，连接列车车列、车辆，进行列车制动和电气性能试验；
4. 牵引列车、车辆、动车组运行，进行车机联控；
5. 检查机（动）车运行途中和终到站后关键部位状态，应急处理运行途中机（动）车故障；
6. 填写台账、报告，办理退乘。

本职业包含但不限于下列工种：

电力机车司机 动车组司机 内燃机车司机 城市轨道交通列车司机 厂矿用机车司机

4-02-01-02 铁路列车乘务员

从事铁路列车旅客旅行、安全、餐饮、卫生服务的人员。

主要工作任务：

1. 查验票证，组织旅客上、下车，办理旅客补票及旅行变更手续；
2. 整理旅客行李、卧具，提供卫生、餐饮、商品服务；
3. 处理旅客投诉及突发事件，维持车厢秩序；

4. 宣传旅行常识，协助乘警检查易燃、易爆等危险品；

5. 管理车厢服务设施、备品；

6. 组织实施标准化作业，办理站车联系交接。

本职业包含但不限于下列工种：

列车员　列车长　餐车长　列车值班员

4-02-01-03　铁路车站客运服务员

从事铁路旅客运输计划的编制、实施，组织、提供旅客购票、安检、候车、乘降服务工作的人员。

主要工作任务：

1. 编制、调整日班客运计划，分配和调整车票票额；

2. 调查分析客流，提出增减车辆、增开或停运列车的建议；

3. 办理旅客购买、改签车票（含电话、网络购票）及退票；

4. 组织旅客进站、候车、乘降，办理进出站检票、补票；

5. 检查旅客携带的违禁物品，处理违章乘车人员；

6. 维护候车厅、站台、股道卫生环境；

7. 接发列车，为列车上水、补水，办理站车交接；

8. 处理旅客问询、投诉及突发事件。

本职业包含但不限于下列工种：

铁路车站综控员　铁路客运员　客运计划员　铁路客户服务员　客车给水员　客运值班员　售票值班员

4-02-01-04　铁路行包运输服务员

从事铁路行李、包裹运输计划编制及运输作业的人员。

主要工作任务：

1. 调查货源，编制、调整行李和包裹运输计划；

2. 统计分析数据，提出运能调整方案；

3. 办理和组织办理行李、包裹运输业务；

4. 处理和组织处理行李、包裹缺损事故和突发事件；

5. 办理行李、包裹查询业务。

本职业包含但不限于下列工种：

行李值班员　铁路行李员　行李计划员

4-02-01-05　铁路车站货运服务员

从事铁路货物承运、检查、保管、交付及费用核收等工作的人员。

主要工作任务：

1. 组织货源调查分析，调整货物运输计划和运能；

2. 办理货物承运、保管、交付，组织装、卸车作业；

3. 请领、保管货运票据、报表，清算、核收运杂费；

4. 办理国际联运货物业务与车辆交接；

5. 调查、处理货运事故和无主货物；

6. 检查、处理货车装载及施封状态，办理交接；

7. 组织货车洗刷、消毒和货运篷布收缴、修理、保管；

8. 处理旅客问询、建议、投诉及突发事件。

本职业包含但不限于下列工种：

货运计划员　铁路货运员　货运调度员　货运核算员　货运检查员　交接员　货检值班员　货运值班员

4-02-01-06　轨道交通调度员

从事轨道交通列车运行组织指挥工作的

人员。

主要工作任务：

1. 指挥和协调各行车岗位的运作；

2. 执行运营时刻表；

3. 指挥和协调行车、供电、环控各岗位的运作；

4. 监控系统运行状态，处理紧急事件，调整列车运行。

本职业包含但不限于下列工种：

铁路运输调度员　城市轨道交通调度员

4-02-01-07　城市轨道交通服务员

从事城市轨道交通车站安全、行车、机电设备运行等工作的人员。

主要工作任务：

1. 从事车站运营组织工作；

2. 执行控制中心命令，监控列车运行；

3. 监控和操作车站信号、消防等设备；

4. 在车站监控设备调度权下放情况下办理行车组织；

5. 监控站内安全，处理各类突发事件。

本职业包含但不限于下列工种：

城市轨道交通站务员　城市轨道交通行车值班员

4-02-02（GBM 40202）
道路运输服务人员

从事客、货运汽车运输服务，以及调度、收费等运输服务工作的人员。

本小类包括下列职业：

4-02-02-01　道路客运汽车驾驶员 L
4-02-02-02　道路货运汽车驾驶员 L
4-02-02-03　道路客运服务员
4-02-02-04　道路货运业务员
4-02-02-05　道路运输调度员
4-02-02-06　公路收费及监控员
4-02-02-07　机动车驾驶教练员
4-02-02-08　油气电站操作员

4-02-02-01　道路客运汽车驾驶员 L

驾驶客运机动车，运送乘客并提供服务的人员。

主要工作任务：

1. 驾驶客运机动车，按照指定路线或指定目的地运送乘客；

2. 进行乘客上下车引导等服务；

3. 检查和维护客运机动车；

4. 报告故障、延误或者事故，处理运输突发事件。

本职业包含但不限于下列工种：

大中型客车司机　公交车司机　出租汽车司机

4-02-02-02　道路货运汽车驾驶员 L

驾驶货运机动车，运输货物并提供服务的人员。

主要工作任务：

1. 驾驶货运机动车，按照指定目的地运输货物；

2. 驾驶货运机动车，在称重站进行装载货物前后的称重，并沿线做载重记录；

3. 检查和维护货运机动车；

4. 报告故障或者事故，处理运输突发事件。

本职业包含但不限于下列工种：

货运汽车司机　低速载货汽车司机　超重型汽车列车司机　超重型汽车列车挂车工

4-02-02-03　道路客运服务员

从事道路客运售票、检票、退票等站务

服务和为乘客提供在途乘务服务工作的人员。

主要工作任务：

1. 办理客运接车、问询、检票、小件行李寄存；

2. 进行车辆运行途中的售票、检票工作，办理退票、结算业务；

3. 为乘客提供车站广播、导乘服务和在途乘务服务，协助司机处置意外事件；

4. 受理、交接、中转、装卸、发还旅客行李；

5. 检查旅客携带的禁运物品并协助处理；

6. 对行包的配载及装卸质量提出改进意见。

本职业包含但不限于下列工种：

道路客运站务员　道路客运行包员　道路客运乘务员

4-02-02-04　道路货运业务员

从事道路货运站场管理和道路货物运输服务的人员。

主要工作任务：

1. 管理停车场、库场、称重等货运站场，租赁堆场、库房及设备；

2. 受理货运业务，填写、签发、查验营运单据；

3. 组织配载和装卸货物；

4. 编制货运计划，进行货运业务结算和核算；

5. 统计分析货运营运指标；

6. 进行货运站场安全保卫。

本职业包含但不限于下列工种：

道路货运站务员　货运业务信息员

4-02-02-05　道路运输调度员

从事汽车客、货运输计划安排和组织实施的人员。

主要工作任务：

1. 编制客流图，编排运行计划；

2. 编制货流图，编排运行计划；

3. 协调督促运输计划的实施；

4. 根据客货流、运力、道路、装卸能力情况的变化，提出开辟、延伸运输线路和增减班次建议；

5. 整理分析业务资料，制订优化运输和优化调度方案。

本职业包含但不限于下列工种：

道路客运调度员　道路货运站场调度员

4-02-02-06　公路收费及监控员

从事高速公路通行收费及公路监控、路况信息采集与发布等工作的人员。

主要工作任务：

1. 操作、维护和检修公路监控设备；

2. 组织实施常规交通情况等路况信息调查，计算、汇总路况信息调查资料，绘制日交通量图表；

3. 汇总、整理、发布路况信息；

4. 根据车辆类型，确定收费金额并收取车辆通行费；

5. 预测和计算月、季、年收取的通行费，进行账务结算。

本职业包含但不限于下列工种：

路况监控与信息采集发布员　车辆通行费收费员

4-02-02-07　机动车驾驶教练员

使用机动车辆及辅助教学设备，为培训对象传授道路交通安全知识和安全驾驶技能的人员。

主要工作任务：

1. 使用多媒体教学设备、互动教学磁板等教学手段，进行理论教学活动；

2. 按照培训教学与考试大纲进行道路交通安全、基础驾驶操作规范和场地驾驶知识教学；

3. 使用机动车教学车辆、驾驶模拟器、教练场地、公共道路及交通设施，进行实际驾驶教学活动；

4. 进行安全文明驾驶意识和习惯培训。

4-02-02-08 油气电站操作员

在加油站、加气站和充电站，为车辆提供动力补充及相关服务工作的人员。

主要工作任务：

1. 使用加油机、计量器具、采样器具等设备设施、仪器、工具，进行成品油进货、销售、储存管理，并给车（船）加油；

2. 操作加气设备，进行压缩天然气（CNG）、液化天然气（LNG）、压缩液化天然气（LCNG）、液化石油气（LPG）等储存、调运、计量、销售，并给车辆加气；

3. 操作卡管理系统对加油卡、充值卡等进行发售及信息处理，并提供相关服务。

本职业包含但不限于下列工种：

加油站操作员　车用加气站操作员　电动汽车充换电设施运维员

4-02-03（GBM 40203）

水上运输服务人员

从事水上、港口客货船舶运输服务工作的人员。

本小类包括下列职业：

4-02-03-01　客运船舶驾驶员

4-02-03-02　船舶业务员

4-02-03-03　港口客运员

4-02-03-04　水上救生员

4-02-03-05　航标工

4-02-03-01 客运船舶驾驶员

驾驶客船、滚装客船，运送乘客和车辆的人员。

主要工作任务：

1. 驾驶客船、滚装客船，运送乘客和车辆；

2. 停泊时控制客船、滚装客船；

3. 维护保养客船、滚装客船设备和设施；

4. 分析处理客船、滚装客船故障；

5. 进行客船、滚装客船安全营运、安全管理和污染防治等工作。

4-02-03-02 船舶业务员

从事船舶运输经营、运输管理、客货运服务、运输支持保障和辅助性业务工作的人员。

主要工作任务：

1. 提供水上货物运输和旅客运输服务；

2. 签订有关协议、接收订舱、商定和收取运费、签发提单及其他相关运输单证；

3. 协调船舶进出港和中转运输，办理货物装卸、保管交接，安排旅客上下船舶；

4. 协调集装箱装卸、堆存、清洗、熏蒸、检疫、修理、检验、交接、签发，办理集装箱拆箱、拼箱业务等；

5. 办理船舶进出港的申请、船员登岸及遣返、转递船员邮件，安排船员医治疾病，联系海上救助等；

6. 管理船舶机务、海务，检查保养船舶；

7. 招聘、培训和管理船员，买卖、租赁船舶，管理船舶资产。

本职业包含但不限于下列工种：

船舶客运员　船舶货运员

4-02-03-03　港口客运员

为进、出港口旅客提供客、货运输服务的人员。

主要工作任务：

1. 检验船票；

2. 辨别、处理旅客携带危险品，识别禁运品、行李包装标志及目测自带行李的超标情况；

3. 填写报表、单证、单据，计算运费，记录和处理溢、缺、残、损货物及货物差错；

4. 处理旅客运输中发生的争议和事故；

5. 处理逾期、无主、错运、错发、丢失的行李。

本职业包含但不限于下列工种：

港口客服员　港口行李员

4-02-03-04　水上救生员

使用专业搜寻、救助、抢险等设备和器材，进行水上人命救助及应急抢险作业的人员。

主要工作任务：

1. 使用专业搜寻设备，采用专业技术，搜寻水上遇险人员；

2. 指导和帮助水上遇险人员逃生；

3. 使用专业救助器材和装备，救助水上遇险人员；

4. 使用应急抢险器材和装备，进行应急抢险作业；

5. 使用专业消防器材和装备，扑救水上船舶火灾及救助遇险人员；

6. 使用防化和防爆装备，救助遇险危化品等特殊船舶及人员；

7. 使用应急医疗器材，现场紧急医疗救护遇险人员。

4-02-03-05　航标工

从事无线电航标、视觉航标设备操作的人员。

主要工作任务：

1. 操作无线电航标、视觉航标设备；

2. 检修保养无线电航标、视觉航标设施、设备；

3. 统计无线电航标、视觉航标设备维修养护工作情况；

4. 分析、处理无线电航标、视觉航标设备故障；

5. 进行无线电航标、视觉航标蓄电池的维护保养；

6. 填写无线电航标、视觉航标值班日志。

本职业包含但不限于下列工种：

无线电航标操作工　视觉航标工

4-02-04（GBM 40204）

航空运输服务人员

从事民用航空客运、货运的空中和地面服务工作的人员。

本小类包括下列职业：

4-02-04-01　民航乘务员

4-02-04-02　航空运输地面服务员

4-02-04-03　机场运行指挥员

4-02-04-01　民航乘务员

从事民用航空器客舱安全管理和旅客服务工作的人员。

主要工作任务：

1. 检查机上客舱安全设施设备；

2. 引导旅客就座并核对人数，介绍乘

机的安全常识及机上安全设施设备；

3. 检查航班携带的服务供应品、食品、饮料、餐食的质量和数量，以及客舱卫生及供水情况；

4. 为婴儿、孕妇、伤残旅客、老年旅客、限制性旅客等提供适当的服务；

5. 操作客舱内的紧急救护设施设备，为旅客提供适当的紧急医疗救护，出现紧急情况时，采取应急措施帮助旅客安全撤离。

4-02-04-02　航空运输地面服务员

从事航空港地面或地面设施内旅客、行李、货物及邮件运输服务工作的人员。

主要工作任务：

1. 办理旅客值机手续；

2. 办理旅客、行李进出港和中转手续；

3. 进行航班的配载和平衡；

4. 办理货物、邮件的接收、进出港和中转手续；

5. 办理货物、邮件变更运输及查询、赔偿手续；

6. 存储、搬运、装卸货物和邮件；

7. 监控、记录集装设备的存储、使用情况。

本职业包含但不限于下列工种：

民航客运员　民航货运员

4-02-04-03　机场运行指挥员

从事机场信息采集处置和发布、航班保障和服务、机坪管理和应急救援组织与指挥协调等工作的人员。

主要工作任务：

1. 采集处置、发布机场信息，指挥协调各驻场单位，保障机场有序运行；

2. 组织协调实施航班保障与服务，监管机场运转区、机坪等活动区内保障车辆、设施设备、人员，保障航空器在场停留期间安全顺畅运行；

3. 启动事故或紧急事件应急救援程序，协调指挥应急救援；

4. 组织实施机场应急救援预案和检查应急救援工作。

4-02-05（GBM 40205）

装卸搬运和运输代理服务人员

从事货物装卸搬运作业和运输代理服务工作的人员。

本小类包括下列职业：

4-02-05-01　装卸搬运工

4-02-05-02　客运售票员

4-02-05-03　运输代理服务员

4-02-05-04　危险货物运输作业员

4-02-05-01　装卸搬运工

使用工具、机具，进行车船货物装卸、堆垛、入库、出库等作业的人员。

主要工作任务：

1. 使用装卸搬运工具、机具，装卸、搬运货物；

2. 统计记录装卸货物数量和去向；

3. 维护保养装卸工具、机具和设施；

4. 维护工作场所安全和清洁卫生。

4-02-05-02　客运售票员

从事铁路、道路、港口、民航客运票据服务工作的人员。

主要工作任务：

1. 发售旅客票据；

2. 办理退票、补票和团体票及中转业务；

3. 解答旅客购票询问，查询售票信息；

4. 填写售票记录、售票日报，办理售

票结算业务；

5. 统计旅客流量、流向；

6. 维护、保管售票服务设施。

本职业包含但不限于下列工种：

铁路售票员　道路客运售票员　港口售票员　民航售票员

4-02-05-03　运输代理服务员

从事道路客运与货运业务代理服务工作的人员。

主要工作任务：

1. 代办道路客运客源组织和道路货运货源组织；

2. 代办道路客运行李托运及交付手续；

3. 代办道路客运售票、检票、退票等工作；

4. 代办道路客运发车、费用结算等服务；

5. 接受货主委托办理货物托运及交付手续；

6. 接受货主委托办理货物托运费用结算。

本职业包含但不限于下列工种：

道路客运代理服务员　货运代办业务员

4-02-05-04　危险货物运输作业员

从事易燃、易爆、剧毒、放射性物品等危险货物申报、验证、检查、装卸、运输、储存、拆装箱等作业的人员。

主要工作任务：

1. 检查危险货物运输工具和库区的安全装置、工具；

2. 检查证件材料、危险货物运输标志等；

3. 办理危险货物申报手续；

4. 装卸危险货物；

5. 使用交通工具，运输危险货物；

6. 检查危险货物运输和移动过程中的装载情况；

7. 根据交通运输的环境和装载条件，按照危险货物特性采取相应操作；

8. 进行危险货物运输事故的防护和应急处置。

本职业包含但不限于下列工种：

道路危险货物运输员　水路危险货物运输员

4-02-06（GBM 40206）
仓储人员

从事货物的储存、保管、物流服务工作的人员。

本小类包括下列职业：

4-02-06-01　仓储管理员

4-02-06-02　理货员

4-02-06-03　物流服务师 L

4-02-06-04　冷藏工

4-02-06-01　仓储管理员

从事仓储物品出入库、储存、账务等管理工作的人员。

主要工作任务：

1. 进行物品出入库数量、质量监督、控制和现场作业管理；

2. 安排物品的存放地点，登录出入库凭证、保管账（卡）和货位编号等仓储物品信息及资料；

3. 盘点、清仓查库，向存货部门报告并催调处理积压、呆滞、残损、变质等物品；

4. 协助实施物品配送方案，根据物品出库凭证付货并复核，签发出库单；

5. 检查、维护物品储存设施及环境，

安全储存物品；

6. 使用信息系统，管理仓储物品。

本职业包含但不限于下列工种：

盐斤收放保管工　粮油保管员　粮库中控工　医药商品储运员　烟叶仓管员　航空器材员

4-02-06-02　理货员

从事商品与货物的整理、拣选、配货、包装、复核、置唛和货物交接、验收、堆码、计量等工作的人员。

主要工作任务：

1. 核对货物品种、数量、规格、等级、型号和重量等；

2. 按照凭单拣选货物并进行复核；

3. 检验货物的包装、标志，进行出库待运货物的包装、拼装、改装或加固包装并填写装箱单；

4. 进行销售店面内商品标价、排面整理、展示与排列；

5. 在出库货物的外包装上设置收货人的标记；

6. 按货物的运输方式、流向和收货地点将出库货物分类整理、分单集中，填写货物启运单，通知运输部门提货发运；

7. 指导货物搬运、整理、堆码，鉴定货运质量和记录货物残损；

8. 办理船舶水尺计量，易流态化固体散装货物取样、制样、送检、监装等；

9. 办理货物交接手续。

本职业包含但不限于下列工种：

商品理货员　汽车货运理货员　船舶理货员　港口理货员

4-02-06-03　物流服务师 L

在生产、流通和服务领域中，从事物品采购、货运代理、物流信息服务，并组织进行仓储运输、配送包装、装卸搬运、流通加工等工作的人员。

主要工作任务：

1. 确定采购方式，编制采购计划与预算，选择、管理供应商，实施采购操作并制定采购风险应对措施；

2. 处理物品仓储入库、在库、出库等业务，缮制仓储单据，根据仓库货区布置，进行区域布局优化和作业流程优化；

3. 选择运输方式，并估算运输成本、计算运费、缮制运输单据，优化运输方案；

4. 根据生产流程和厂区的地理特性进行生产物流布局，实施并监控生产物流流程；

5. 针对货物的国际运输的需求，缮制国际单证，处理订舱（或签订租约）、换单和货物交付业务，处理事故与争议；

6. 根据企业需求，规划、运用、维护物流管理信息系统，组织实施物流信息化方案可行性论证。

4-02-06-04　冷藏工

从事冷藏品、冻藏品搬运、堆码、保管，制冷设备维护保养等工作的人员。

主要工作任务：

1. 进行冷库库房清扫、消毒，人工加湿、除湿和除冰、除霜作业；

2. 操作搬运设备，装卸、搬运、堆码货物和人造冰；

3. 操作制冷设备，制造冷冻用冰；

4. 控制冷藏的温度与湿度，进行冷藏品、冻藏品日常养护和管理；

5. 监护冷藏品、冻藏品质量；

6. 观察库房内的温度、湿度、气密性，发现问题及时反馈；

7. 维护保养库内的搬运机械、制冷设备和工具。

本职业包含但不限于下列工种：

制冰工

4-02-07（GBM 40207）
邮政和快递服务人员

从事邮件、报刊处理，集邮、邮政信息业务服务工作的人员。

本小类包括下列职业：

4-02-07-01 邮政营业员
4-02-07-02 邮件分拣员
4-02-07-03 邮件转运员
4-02-07-04 邮政投递员
4-02-07-05 报刊业务员
4-02-07-06 集邮业务员
4-02-07-07 邮政市场业务员
4-02-07-08 快递员
4-02-07-09 快件处理员

4-02-07-01 邮政营业员

从事邮件收寄、报刊收订、邮政汇兑、代办、集邮、票务等业务办理工作的人员。

主要工作任务：

1. 进行邮政业务客户咨询服务；

2. 验视、封装、称重客户交寄的邮件，录入信息；

3. 办理报刊的窗口收订、改寄、退订等；

4. 销售邮资凭证，代办按址汇款、票务、费用收缴等业务；

5. 办理窗口投交邮件的接收、投交等；

6. 收取费用，打印单据，出具收据等；

7. 封发邮件，制作封发清单、路单；

8. 结算并上缴当日营业票款，办理营业款、票券、邮政专用品和设备的交接、入库。

4-02-07-02 邮件分拣员

从事邮政函件分拣封发处理工作的人员。

主要工作任务：

1. 接收、验视、开拆大陆、台港澳和国际邮件总包；

2. 检查邮件的规格和资费，处理不合规格邮件；

3. 送交需海关查验或验关的邮件，批译国际邮件名址；

4. 分拣函件、包裹等邮件；

5. 制作封发清单、路单和袋牌，选择容器封装邮件；

6. 平衡合拢邮件，交发邮件总包；

7. 缮发验单和复验，归档业务单式。

本职业包含但不限于下列工种：

国内邮件分拣员　国际邮件分拣员

4-02-07-03 邮件转运员

从事邮件总包接收、处理、发运和火车邮件押运、汽车邮件驾押工作的人员。

主要工作任务：

1. 解车扫描派车单条码信息，下载路单信息；

2. 卸交、验视、核对大陆、台港澳和国际邮件总包和机要袋；

3. 处理不合格的邮件总包，缮发验单；

4. 开拆邮件总包，配发邮件总包信息，填写平衡合拢表；

5. 封车扫描派车单条码信息，上传路单信息；

6. 驾驶、维护邮政专用汽车，押运邮件总包和机要袋。

本职业包含但不限于下列工种：

国内邮件接发员　国际邮件接发员　火车邮件押运员　汽车邮件驾押员

4-02-07-04　邮政投递员

从事邮件和报刊分发、投交工作的人员。

主要工作任务：

1. 接收、开拆寄达本区域的邮件总包和报刊袋捆；

2. 分发投递道段邮件、报刊，打印给据邮件或期刊投递清单，平衡合拢给据邮件信息；

3. 排列投递邮件、报刊顺序；

4. 投交邮件、报刊，代收订报刊，开取邮政信筒、信箱；

5. 处理再投、改退、无着及破损、欠资、违章夹寄等邮件，录入给据邮件妥投等信息，封发转退邮件；

6. 维护邮编名址信息，受理新建单位和住宅邮件通邮投递的申请；

7. 处理查询、验单，整理归档业务单据。

4-02-07-05　报刊业务员

从事报刊及其他出版物接办、零售、分发、交运工作的人员。

主要工作任务：

1. 签订报刊及其他出版物发行合同，制作发行报刊征订目录；

2. 订阅报刊、汇总要数、审核并通知印数，结算、拨付报刊款；

3. 制作报刊分发簿、标签和邮运路单，分发、交运报刊；

4. 销售报刊及其他出版物；

5. 进行业财对账，编制、分析统计报表；

6. 受理客户查询，归档报刊业务档案。

4-02-07-06　集邮业务员

从事邮资票品、集邮品、其他集邮类商品和集邮用品用具销售等工作的人员。

主要工作任务：

1. 调查客户需求，制订邮资票品、集邮品、其他集邮类商品和集邮用品用具等的需求计划；

2. 开发、制作卡、折、册等集邮品及以邮票元素为主要内涵的其他集邮类商品；

3. 操作集邮业务系统，办理邮资票品、集邮品和集邮用品用具等入库、出库，登记入账；

4. 宣传集邮业务，进行集邮业务客户咨询；

5. 销售邮资票品、集邮品、其他集邮类商品和集邮用品用具等；

6. 操作集邮业务系统，打印营业日结单，上缴营业款；

7. 退缴、盘存邮资票品、集邮品和集邮用品用具等，并进行盘点对账。

4-02-07-07　邮政市场业务员

从事邮政业务市场信息收集、客户开发、宣传推广和客户维护等工作的人员。

主要工作任务：

1. 调查函件、报刊、集邮和包裹等邮政业务市场需求，收集客户信息；

2. 分类整理市场信息，确定目标客户；

3. 拜访目标客户，了解客户需求，宣传、推介邮政业务；

4. 整合邮政业务资源，制订综合性或个性化的客户服务方案；

5. 签订用邮协议，提供相应的邮政产品和服务；

6. 维护客户关系，处理客户意见；

7. 建立、维护、更新客户档案。

4-02-07-08　快递员

从事快件揽收、派送和客户信息收集、关系维护及业务推广工作的人员。

主要工作任务：

1. 揽收快件，并进行验视、封装、称重、收费等；

2. 结算并上缴当日营业票款，进行快件交接；

3. 接收、开拆快件总包，按址分装快件；

4. 按址投递快件；

5. 处理再投、改退快件，封发转退快件等；

6. 收集客户信息，了解客户需求，宣传、推介快递业务；

7. 建立、维护、更新客户档案；

8. 处理客户投诉和赔偿诉求。

本职业包含但不限于下列工种：

快件揽收员　快件派送员

4-02-07-09　快件处理员

从事快件及总包的接收、卸载、分拨、集包、装载、发运等工作的人员。

主要工作任务：

1. 接收、验视、核对大陆、台港澳和国际快件或总包，卸载、开拆并复核快件数量、重量和规格；

2. 检查名址信息，按区域分拨快件，建立总包；

3. 按照发运计划，核对路由信息，制作路单，装车发运；

4. 制作网购商品订单，进行商品分拣、组包、封装；

5. 登记处理破损、油污、名址信息有误等问题快件或快件总包；

6. 批译国际快件名址信息，协助海关进行国际及台港澳邮件验关；

7. 核对、采集、汇总、传输快件及总包处理信息；

8. 受理客户咨询、预约、查询、投诉和理赔，跟踪、查询、采集业务管理信息和快件状态信息，并进行汇总、统计、分析。

本职业包含但不限于下列工种：

快递信息处理员　国内快件处理员　国际快件处理员

4-02-99（GBM 40299）

其他交通运输、仓储和邮政业服务人员

指未列入 4-02-01 至 4-02-07 的交通运输、仓储和邮政业服务人员。

4-03（GBM 40300）　住宿和餐饮服务人员

在宾馆、酒店、旅店等地和餐饮服务场所，从事宾客住宿服务与餐饮服务等工作的人员。

本中类包括下列小类：

4-03-01（GBM 40301）住宿服务人员

4-03-02（GBM 40302）餐饮服务人员

4-03-99（GBM 40399）其他住宿和餐饮服务人员

4-03-01（GBM 40301）
住宿服务人员

从事宾馆、酒店、旅店等前厅服务和客房服务的人员。

本小类包括下列职业：

4-03-01-01　前厅服务员
4-03-01-02　客房服务员
4-03-01-03　旅店服务员

4-03-01-01　前厅服务员

为宾客提供咨询、迎送、入住登记、结账等前厅服务的人员。

主要工作任务：

1. 迎送宾客；
2. 预订房间；
3. 提供酒店问询服务；
4. 住宿登记，分配客房，核发客房磁卡或钥匙；
5. 提运宾客行李；
6. 保管宾客物品；
7. 收费结账；
8. 进行公关推销与协调。

本职业包含但不限于下列工种：

宾客行李员

4-03-01-02　客房服务员

在饭店、宾馆、旅游客船等住宿场所，清洁和整理客房，并提供宾客迎送、住宿等服务的人员。

主要工作任务：

1. 在客房区域迎候宾客，接待住宿，登记访客；
2. 办理住宿宾客委托事项；
3. 为客房送饮水，补充客房酒水；
4. 整理和清洁客房和楼层区域的卫生，消毒器皿；
5. 补充客房和卫生间配备用品；
6. 收发洗涤客衣；
7. 维护客房设备设施，报修；
8. 维护客房区域的安静，处理并上报险情和异常现象；
9. 登记、保管和上交宾客遗留物品；
10. 进行客房日常管理与成本控制。

4-03-01-03　旅店服务员

在旅店、旅社、民居客栈、公寓、家庭旅馆等场所，为宾客提供咨询、住宿、客房、餐饮、结算、代办等服务的人员。

主要工作任务：

1. 迎宾送客、问讯查询、预订客房；
2. 办理住宿和访客登记；
3. 进行收发信件、存物、订票、订餐等委托服务；
4. 清洁、整理客房和公共区域卫生；
5. 提供餐饮服务，消毒器皿，保管物品；
6. 维护设备设施及服务用品；
7. 收费、结账。

4-03-02（GBM 40302）
餐饮服务人员

在餐饮服务场所，从事顾客餐饮服务工作的人员。

本小类包括下列职业：

4-03-02-01　中式烹调师
4-03-02-02　中式面点师
4-03-02-03　西式烹调师
4-03-02-04　西式面点师
4-03-02-05　餐厅服务员
4-03-02-06　营养配餐员
4-03-02-07　茶艺师
4-03-02-08　咖啡师

4-03-02-09 调酒师

4-03-02-01 中式烹调师

运用刀法与烹调技法，对原材料进行加工，制作中式菜肴的人员。

主要工作任务：

1. 辨别原料特性、产地等，选用不同菜肴品种、风味的原料，去掉原料中的非食用部分；

2. 进行畜、禽、水产品净料加工，分档取料和整料出骨，涨发干货原料；

3. 根据成菜要求及原料特性，运用切、片、斩、剞、剁等刀法切配原料；

4. 运用焯水、过油、汽蒸、酱制等技法，进行原料初步熟处理；

5. 调制芡、浆、糊，进行菜品原料挂糊上浆；

6. 搭配菜品的主料和辅料；

7. 根据成菜风味特色和原料特性，选择调味品和调味方法，控制用量、投放的时间、顺序，调和菜肴滋味和香气；

8. 运用烹调技法，将切配后的原料烹制成热菜；

9. 运用拼摆手法和调拌方法等，将熟料或可食生料制作成造型不同的冷菜；

10. 运用食品雕刻、糖艺、面塑等盘饰方法，选择器皿，整形装盘；

11. 核算菜肴成本、计算菜肴售价、创新菜品、管理厨房、主理宴会等。

本职业包含但不限于下列工种：

药膳制作师

4-03-02-02 中式面点师

运用中式面点成型技术和成熟方法，进行面点主料和辅料加工，制作中式面食、小吃的人员。

主要工作任务：

1. 根据面点品种，选用面粉、米粉和其他原料、辅料、调料，按比例配料；

2. 根据面点风味、坯皮、季节、顾客口味等情况，制作馅心；

3. 根据面点要求，运用揉、抻、搓等手法，调制面团；

4. 运用包、卷、捏、切、削、钳花等成型方法，制成所需形状的半成品；

5. 运用蒸、煮、烤、烙、煎、炸等熟制方法，制成面点，装盘。

4-03-02-03 西式烹调师

运用俄、法等西式加工切配技巧和烹调方法，进行烹饪原料、辅料、调料加工，制作西式菜肴的人员。

主要工作任务：

1. 进行原料选择和初加工；

2. 运用切、片、斩等刀法，配制半成品；

3. 搭配菜品的主料和辅料；

4. 调制冷、热调味汁；

5. 运用蒸、烤、炸、炒、焖、煨、烩、焗等烹调技法和腌、渍、泡、拌、凝等制作方法，烹制菜品；

6. 拼摆造型；

7. 编制菜单。

4-03-02-04 西式面点师

运用西式面点成型技术和成熟方法，进行面点主料和辅料加工，制作西式面食、点心的人员。

主要工作任务：

1. 选择原、辅料，调制面团；

2. 运用切、擀、卷、自然流体等成型技巧，加工制作坯皮；

3. 运用烘、烤、烙、炒等成熟技法，制成面点；

4. 进行点心的艺术造型制作。

4-03-02-05　餐厅服务员

在餐饮场所中，安排顾客座位，点配菜点，进行宴会设计、装饰、布置等就餐服务的人员。

主要工作任务：

1. 了解厨房当日饮料、酒水、水果等货源及菜品的供应情况；

2. 检查餐厅的桌椅、照明、空调等设备，准备餐具、酒具、水具等器具；

3. 根据宴会要求，设计整体台型，选配、摆放器皿和餐具；

4. 进行菜点介绍、推荐，菜单记录、传递等席前服务；

5. 进行上菜、报菜名、布菜、斟酒倒水、更换餐具等席间服务；

6. 迎宾送客；

7. 进行结账收款、清理餐桌等席后服务；

8. 清洗、消毒、分类保管餐具、厨具和酒具等。

本职业包含但不限于下列工种：

侍酒师

4-03-02-06　营养配餐员

从事就餐对象营养需求调查、分析和平衡膳食与食疗养生食谱设计工作的人员。

主要工作任务：

1. 调查市场供应食材的品种、营养、性味特点和食疗功能；

2. 计算不同菜点的营养素含量；

3. 调查、分析就餐对象营养与食疗的差异性需求；

4. 运用营养学知识、结合烹饪技法和食材的食疗功能，设计菜点的营养标签和食疗功能说明；

5. 依人群、餐次和就餐要求，计算热量及三大产能营养素需要量；

6. 设计符合就餐对象要求的主副食品种，配制相应的食疗养生膳和营养配餐食谱。

4-03-02-07　茶艺师

在茶室、茶楼等场所，展示茶水冲泡流程和技巧，以及传播品茶知识的人员。

主要工作任务：

1. 鉴别茶叶品质；

2. 根据茶叶品质，选择相适的水质、水量、水温和冲泡器具，选配茶点；

3. 根据茶艺要求，选配音乐、服装，插花、熏香等；

4. 展示、解说茶水冲泡流程和技巧；

5. 介绍名茶、名泉及饮茶知识、茶叶保管方法等。

4-03-02-08　咖啡师

在咖啡馆或西餐厅等咖啡服务场所，进行咖啡拼配、焙炒、制作、销售及咖啡技艺展示工作的人员。

主要工作任务：

1. 鉴别咖啡豆，依咖啡豆的特性，选用、拼配咖啡；

2. 使用咖啡设备，焙炒咖啡；

3. 使用咖啡设备、器具，制作、调配咖啡；

4. 使用咖啡设备、器具，制作咖啡饮品及其他饮料；

5. 制作与咖啡有关的轻食；

6. 展示咖啡技艺，推介特色咖啡饮品

与有关的轻食；

7. 维护保养咖啡设备、器具，清洁工作和服务区域卫生；

8. 进行咖啡服务场所日常管理与核算。

4-03-02-09 调酒师

在酒吧或餐厅等场所，进行酒水配制、销售及调酒技艺展示工作的人员。

主要工作任务：

1. 补充酒水和调酒所需辅料、装饰物；

2. 清洁酒吧，消毒调酒用具；

3. 装饰酒吧，陈设酒水；

4. 设计酒品调制方案，调制混合酒、鸡尾酒或时令饮品；

5. 进行调酒技艺表演；

6. 展示、推介酒店的特色饮品；

7. 进行酒吧日常管理与核算。

4-03-99（GBM 40399）
其他住宿和餐饮服务人员

指未列入 4-03-01 至 4-03-02 的住宿和餐饮服务人员。

4-04（GBM 40400） 信息传输、软件和信息技术服务人员

从事信息通信、广播电视传输、软件信息技术服务等工作的人员。

本中类包括下列小类：

4-04-01（GBM 40401）信息通信业务人员
4-04-02（GBM 40402）信息通信网络维护人员
4-04-03（GBM 40403）广播电视传输服务人员
4-04-04（GBM 40404）信息通信网络运行管理人员
4-04-05（GBM 40405）软件和信息技术服务人员
4-04-99（GBM 40499）其他信息传输、软件和信息技术服务人员

4-04-01（GBM 40401）
信息通信业务人员

从事电信营业、报务和电报投递、信息通信业务等工作的人员。

本小类包括下列职业：

4-04-01-01 信息通信营业员
4-04-01-02 电报业务员
4-04-01-03 信息通信业务员

1. 引导、分流营业厅客户；

2. 接待业务咨询，演示服务项目，进行产品销售；

3. 办理信息通信业务的开通、变更和退订；

4. 整理、优化营业厅店内布局；

5. 处理用户投诉，维系客户关系；

6. 统计、整理营业数据。

4-04-01-01 信息通信营业员

从事信息通信业务咨询、营销与办理，投诉处理、客户维系等业务工作的人员。

主要工作任务：

4-04-01-02 电报业务员

操作电报终端设备，收发电报、译电，处理机上电报业务查询及电报投递的服务人员。

主要工作任务：

1. 使用电传，收、发电报；
2. 监控、修正、拦截、查询电报；
3. 分发、理订来报；
4. 译电、缮封；
5. 处理国际会晤业务；
6. 稽核电报信息；
7. 按来报名址和时限规定，向用户投送电报。

4-04-01-03　信息通信业务员

从事信息通信业务市场开发、业务推广、客户维系、产品管理等工作的人员。

主要工作任务：

1. 进行信息通信业务市场调查；
2. 制订业务推广方案，进行业务推广；
3. 宣传、演示信息通信网络业务产品；
4. 拜访、回访、接待信息通信业务客户；
5. 使用业务信息化管理系统，进行业务受理和变更；
6. 整理、统计用户业务信息，进行产品开发和销售支撑。

4-04-02（GBM 40402）信息通信网络维护人员

从事信息通信网络系统安装、调测，检修、维护和故障处理等工作的人员。

本小类包括下列职业：

4-04-02-01　信息通信网络机务员
4-04-02-02　信息通信网络线务员
4-04-02-03　信息通信网络动力机务员
4-04-02-04　信息通信网络测量员
4-04-02-05　无线电监测与设备运维员

4-04-02-01　信息通信网络机务员

从事信息通信网络设备安装、调测、检修、故障处理及应急通信处理工作的人员。

主要工作任务：

1. 维护交换、传输、移动、数据和卫星等信息通信网络设备；
2. 查找、判断和排除信息通信网络设备故障；
3. 维护及运用信息通信网络监控系统；
4. 统计、分析信息通信网络设备质量；
5. 安装、配置和调测信息通信网络设备；
6. 协调工程施工与割接；
7. 搭建应急通信系统设备环境，开通和维护、检修应急通信设备，处理设备故障等。

本职业包含但不限于下列工种：

电报通信机务员　微波通信机务员　卫星通信机务员　数据通信机务员　移动通信机务员　短波通信机务员　传输机务员　交换机务员　电力通信运维员

4-04-02-02　信息通信网络线务员

从事信息通信网络传输线路及天馈线架（敷）设和维护、综合布线系统及宽带接入的安装和维护等工作的人员。

主要工作任务：

1. 架（敷）设电缆、光缆及天馈线等传输线路；
2. 巡查、维护传输线路；
3. 查找、判断及修复传输线路故障；
4. 分析、统计线路传输质量；
5. 安装、调测、维护综合布线系统和终端；
6. 安装、维护宽带接入设备，开通宽带业务；

7. 检查、验收传输线路及综合布线系统施工质量。

本职业包含但不限于下列工种：

通信网络电缆线务员　天线线务员　宽带接入装维员　综合布线装维员　光缆线务员　信息通信网络施工员

4-04-02-03　信息通信网络动力机务员

从事信息通信网络系统供电、空调、动力环境监控设备的安装、调测、监控、维护、故障处理等工作的人员。

主要工作任务：

1. 测试和维护信息通信网络系统的供电、空调、动力环境监控设备；

2. 巡视机房及设备使用点的电源、空调使用情况；

3. 查找、判断和修复网络系统的供电、空调、动力环境监控设备故障；

4. 监测、维修防雷系统、接地系统；

5. 统计、分析网络系统的供电、空调、动力环境监控设备的运行质量；

6. 检查、验收网络系统的供电、空调、动力环境监控设备施工；

7. 安装、调测、开通和维护、检修应急通信系统供电设备，处理应急通信系统供电设备故障等。

4-04-02-04　信息通信网络测量员

从事用户故障申告处理、通信系统故障测试、派修和配合工程割接，以及装、拆、移机和调整改线等工作的人员。

主要工作任务：

1. 受理用户电话、宽带等通信系统故障申告，检查并测试机、线设备，判断故障性质、部位；

2. 安排派修，配合维修；

3. 配合专线及固话、宽带业务装、拆、移机和调整改线工程，布放、割接、测试跳线；

4. 维护测量和告警设备、仪器仪表；

5. 提取、处理日装、拆、移机工单，上报竣工；

6. 记录、统计和上报工作情况。

4-04-02-05　无线电监测与设备运维员

从事无线电监测、无线电监测设备的测试和运行维护、无线电台站操作等工作的人员。

主要工作任务：

1. 测试无线电台站及电气设备的电磁环境、电磁辐射和城市电磁背景噪声等；

2. 监测、检查已核准的无线电台站的发射信号、技术条件和要求；

3. 监测专用频率、重要单位或重大活动所使用的频率；

4. 监测、分析干扰信号，确定并排除干扰源，监测违规和违法使用的无线电台（站）并实施管控处理；

5. 测试无线电监测设备软件模块、硬件模块及总体的功能、性能，并提出修改建议；

6. 维护无线电监测和检测设备或系统，并进行故障处理；

7. 为无线电监测、检测等设备或系统安装、拆卸、升级、改造、故障查找提供支持；

8. 操作无线电台站，填写记录；

9. 核准测试无线电发射设备型号，出具检测报告。

本职业包含但不限于下列工种：

无线电监测员　无线电监测设备测试员　无线电设备运维员

4-04-03（GBM 40403）
广播电视传输服务人员

从事有线和无线广播电视信号传输服务工作的人员。

本小类包括下列职业：

4-04-03-01　广播电视天线工
4-04-03-02　有线广播电视机线员

4-04-03-01　广播电视天线工

从事广播电视天线、馈线及塔桅支持物的架设、敷设、安装、调试、大修或维护工作的人员。

主要工作任务：

1. 安装中、短波广播天线、馈线；
2. 调测与维护调频、电视天线、馈线；
3. 敷设地网；
4. 安装、调测、维护、大修广播电视专用的高架式微波天线和馈线；
5. 安装、架设、调测、维护、大修自立式塔桅或拉线式杆塔以及馈线杆、架；
6. 安装、架设、调测、维护、大修卫星上行站和地面接收站高架式天线。

本职业包含但不限于下列工种：

中、短波广播天线工　电视调频天线工

4-04-03-02　有线广播电视机线员

从事有线广播电视系统设备和传输、分配网络的安装、操作、运行、维护检修等作业的人员。

主要工作任务：

1. 安装、运行、维护和检修有线广播电视前端信源设备、复用调制设备、条件接收系统、互动电视系统、监控设备、传输设备及相关支撑系统和设备；
2. 安装、运行、维护和检修有线广播电视宽带数据前端传输设备、认证系统、计费系统及相关支撑系统和设备；
3. 安装、测量、调试、维护、检修有线广播电视光传输网与同轴电缆分配网线路和设备；
4. 安装、测量、调试、维护、检修有线广播电视前端的广播电视接收天线、馈线、卫星地面接收站等。

本职业包含但不限于下列工种：

有线广播电视机务员　有线广播电视数据机务员　有线广播电视线务员

4-04-04（GBM 40404）
信息通信网络运行管理人员

从事信息通信网络运行维护、系统管理等工作的人员。

本小类包括下列职业：

4-04-04-01　信息通信网络运行管理员
4-04-04-02　网络与信息安全管理员
4-04-04-03　信息通信信息化系统管理员

4-04-04-01　信息通信网络运行管理员

从事信息通信网络运行配置管理、性能管理、优化管理和故障排除等工作的人员。

主要工作任务：

1. 监控、优化和管理信息通信网络及设备；
2. 监控、分析和优化信息通信网络的性能及承载能力；
3. 分析、评估信息通信网络性能和质量，采集、汇总、处理数据，并形成数据库；
4. 测试信息通信网络及设备，查找、

判断和排除故障；

5. 使用网管系统，进行数据查询、统计；

6. 管理、调度、整合和优化信息通信网络资源；

7. 演练、实施通信网络的应急通信保障预案。

本职业包含但不限于下列工种：

通信网络管理员　互联网网络管理员　应急通信管理员

4-04-04-02　网络与信息安全管理员

从事网络及信息安全管理、防护、监控工作的人员。

主要工作任务：

1. 监视通信网络系统和信息系统安全告警信息，进行常规分析和相关审计信息统计；

2. 实施通信网络系统和信息系统安全策略；

3. 管理、监控和维护通信网络系统运行状态；

4. 处理通信网络系统安全和信息系统安全的突发事件；

5. 预防、发现并解决通信网络阻塞、中断、瘫痪或者被非法控制等问题；

6. 预防、发现并解决通信网络传输、存储、处理的数据信息丢失、泄露或者被篡改等问题；

7. 审查通信网络上公共信息内容的安全性、合法性。

本职业包含但不限于下列工种：

网络安全管理员　信息安全管理员

4-04-04-03　信息通信信息化系统管理员

从事信息通信信息化系统和通信业务支撑系统使用、维护和管理等工作的人员。

主要工作任务：

1. 监控、日常维护和管理信息通信信息化系统、信息通信支撑系统等；

2. 排除系统运行故障；

3. 管理、维护信息通信信息化系统和通信业务支撑系统；

4. 存储、更新系统数据；

5. 实施系统备份、安全防护、灾害防范等安全措施；

6. 处理系统应急突发事件。

4-04-05（GBM 40405）
软件和信息技术服务人员

从事应用软件、计算机系统相关软件开发及信息咨询等服务工作的人员。

本小类包括下列职业：

4-04-05-01　计算机程序设计员

4-04-05-02　计算机软件测试员

4-04-05-03　呼叫中心服务员

4-04-05-01　计算机程序设计员

从事计算机和移动终端应用程序设计、编制工作的人员。

主要工作任务：

1. 分析开发需求的概要和细节；

2. 编写、提交模块设计详细文档；

3. 编写、修改程序代码；

4. 验证程序代码的正确性和模块功能的实现程度。

4-04-05-02　计算机软件测试员

使用计算机及附属设备、测试工具、测试用例，验证计算机软件产品功能、性能及参数的人员。

主要工作任务：

1. 使用功能测试用例等工具，测试计算机软件功能；

2. 使用性能测试用例等工具，进行计算机软件负载测试和压力测试；

3. 使用计算机及附属设备，测试计算机软件的稳定性、兼容性等参数；

4. 记录测试数据和案例；

5. 编写、制作测试报告。

4-04-05-03　呼叫中心服务员

从事信息查询、业务咨询和受理、投诉处理、客户回访及话务管理等工作的人员。

主要工作任务：

1. 受理信息查询和业务咨询；

2. 提醒缴费和到期续约，催缴欠费；

3. 受理客户故障申告及业务投诉；

4. 回访客户，抽巡检服务质量；

5. 挽留维系零次呼、高呼转等离网预警客户；

6. 进行电话营销和网络营销；

7. 统计、整理、上报话务服务信息。

4-04-99（GBM 40499）

其他信息传输、软件和信息技术服务人员

指未列入4-04-01至4-04-05的信息传输、软件和信息技术服务人员。

4-05（GBM 40500）　金融服务人员

从事银行、证券、期货、保险、典当及信托等金融服务业务工作的人员。

本中类包括下列小类：

4-05-01（GBM 40501）银行服务人员
4-05-02（GBM 40502）证券服务人员
4-05-03（GBM 40503）期货服务人员
4-05-04（GBM 40504）保险服务人员
4-05-05（GBM 40505）典当服务人员
4-05-06（GBM 40506）信托服务人员
4-05-99（GBM 40599）其他金融服务人员

4-05-01（GBM 40501）

银行服务人员

从事银行存取款、汇兑、信贷以及银行信用卡业务等工作的人员。

本小类包括下列职业：

4-05-01-01　银行综合柜员
4-05-01-02　银行信贷员
4-05-01-03　银行客户业务员
4-05-01-04　银行信用卡业务员

4-05-01-01　银行综合柜员

受理银行存取款、汇兑等综合业务的人员。

主要工作任务：

1. 办理按址汇款等国内外汇兑的收汇、兑付等；

2. 办理汇兑业务的查询、改汇、退汇、挂失等；

3. 办理银行、邮政储蓄业务的开户、销户、存款、取款、转账、挂失、查询等；

4. 查询和打印汇兑等业务报表，审核交易信息，核对票款、现金、凭证等；

5. 对汇兑等业务进行资金清算、管理，并进行核对和监督检查。

本职业包含但不限于下列工种：

邮政储汇业务员

4-05-01-02 银行信贷员

从事银行贷款项目宣传咨询、业务办理的人员。

主要工作任务：

1. 向借款人提供所营贷款的种类、期限、利率、条件等咨询；

2. 了解借款人需求，指导其填写借款申请书，为其办理贷款申请；

3. 根据借款人的资金结构等因素，协助评定借款人的信用等级；

4. 回复借款人的贷款申请，与借款人签订借款合同，并根据需要与保证人签订保证合同或到公证部门进行公证；

5. 办理贷款发放手续，并对借款人执行合同情况及其经营情况进行追踪调查和检查；

6. 根据借款人要求与借款人协商并办理提前还款和贷款展期业务；

7. 对到期借款向借款人发送还本付息通知单，敦促借款人还付借款；

8. 对逾期贷款发出催收通知单，催收逾期贷款本息；

9. 收集有关资料，协助有关部门对不能落实还本付息的借款人依法进行起诉；

10. 协助办理商业汇票的承兑、贴现和再贴现工作。

4-05-01-03 银行客户业务员

从事银行客户理财、转账、兑现及相关服务工作的人员。

主要工作任务：

1. 宣传理财产品，联系客户，并进行理财咨询；

2. 办理客户理财；

3. 办理账户资金转账、兑现等。

4-05-01-04 银行信用卡业务员

以信用卡为中介，从事资产负债并提供中间服务工作的人员。

主要工作任务：

1. 开拓和发展代理境外信用卡业务，开发人民币信用卡信用范围，设计信用卡业务新品种；

2. 编制、执行信用卡机具、卡片的购买、印制计划，管理信用卡机具和凭证；

3. 发展持卡人，审查申请人及担保人的资信，为其办理开户、发卡；

4. 发展特约商户，为特约商户办理进账，并与发卡行清算资金；

5. 办理信用卡存取现金业务、异地大额购物转账清算业务，发送对账单；

6. 对持卡人、特约商户和取现网点进行信用控制和信用授权；

7. 办理信用卡的挂失和补卡工作，更换到期、污染、损坏的信用卡；

8. 处理逾期信用卡，没收止付卡、假卡和冒用卡；

9. 确认、上报和接收信用卡止付名单，并送达收单行、特约商户和取现网点；

10. 办理信用卡销户。

4-05-02（GBM 40502）
证券服务人员

从事证券交易、基金发行等金融业务工作的人员。

本小类包括下列职业：

4-05-02-01 证券交易员

4-05-02-02 基金发行员

4-05-02-01 证券交易员

在证券交易所大厅，从事证券代理交易和自营业务交易工作的人员。

主要工作任务：

1. 接受客户委托，代理客户买卖在国内合法证券交易所上市的证券；
2. 代收证券本息和红利；
3. 分析证券市场行情和所委托品种交易价格趋势，提供投资建议；
4. 为所在机构买卖证券；
5. 办理证券交易资金交付等业务。

4-05-02-02 基金发行员

从事银行各类基金发行服务工作的人员。

主要工作任务：

1. 向客户介绍各种银行基金；
2. 为客户销售银行基金；
3. 帮助客户办理基金申购等手续。

4-05-03（GBM 40503）
期货服务人员

从事实物商品或金融商品的期货交易等业务服务工作的人员。

本小类包括下列职业：

4-05-03-00 期货交易员

4-05-03-00 期货交易员

在期货交易所，从事期货合约签订、履约担保、交易结算等服务工作的人员。

主要工作任务：

1. 为客户提供期货信息，帮助客户签订期货合约；
2. 办理履约担保、交易结算等业务；
3. 传递客户下达的交易指令，进行交易风险监控，实时反馈市场信息；
4. 依国内期货、外汇市场状况，研判行情走势，提交分析报告。

4-05-04（GBM 40504）
保险服务人员

从事保险代理、保险保全等业务工作的人员。

本小类包括下列职业：

4-05-04-01 保险代理人

4-05-04-02 保险保全员

4-05-04-01 保险代理人

从事保险业务代理、保险产品推介，协助客户办理保险业务手续的人员。

主要工作任务：

1. 与保险人签署代理协议；
2. 发现并约见潜在客户，推荐保险产品；
3. 调查被保险人财务、健康等状况，或保险标的的可保价值、风险程度等情况，并推荐保险产品组合方案；
4. 为客户选择保险产品提供咨询，并解释保险产品的保险期间、保险责任、理赔要求及除外责任等内容；
5. 根据核保规则要求，协助客户准备相关资料并提供给保险人；
6. 协助填写保险单，计算并收取保险费；
7. 协助客户准备理赔申请资料、办理理赔手续；
8. 根据代理协议，与保险人结算佣金。

4-05-04-02 保险保全员

从事保单续保、信息变更、保单挂失、理赔代办等业务工作的人员。

主要工作任务：

1. 受理客户保单信息变更需求，审核申请资料，操作业务系统，变更保单信息；

2. 根据客户申请，办理退保、保单贷款及附加服务等业务；

3. 提醒投保人按时交纳保险费；

4. 办理保单挂失、补发手续；

5. 收取理赔资料，协助客户办理理赔手续。

4-05-05（GBM 40505）
典当服务人员

从事实物、财产权利质押或抵押等工作的人员。

本小类包括下列职业：

4-05-05-01 典当业务员
4-05-05-02 鉴定估价师

4-05-05-01 典当业务员

从事典当物的验物、验证、典当金额确定等工作的人员。

主要工作任务：

1. 鉴别典当物的真伪、成色、新旧程度等；

2. 查验典当物品的来源及当物者的证件；

3. 确定典当金额；

4. 开具典据（当票），支付当款；

5. 当面查验当期内需赎当的典据（当票）和其他需要的证明材料；

6. 收取赎金，将质押物品交客户当面验收。

4-05-05-02 鉴定估价师

从事旧货，库存积压商品，罚没、抵押或收藏物品价值鉴定和评估工作的人员。

主要工作任务：

1. 了解鉴估物品的情况、特点；

2. 观察、检测鉴估物品，鉴定物品真伪、质量优劣、新旧程度及残损情况；

3. 估算物品价值；

4. 填制鉴定结果证明或定价单等单据；

5. 提供鉴定和评估信息。

本职业包含但不限于下列工种：

珠宝首饰评估师 名贵钟表鉴定师 二手车鉴定评估师 二手工程机械评估师

4-05-06（GBM 40506）
信托服务人员

从事代表受益人管理信托基金、房地产账户或代理账户等业务工作的人员。

本小类包括下列职业：

4-05-06-01 信托业务员
4-05-06-02 信用管理师

4-05-06-01 信托业务员

在信托机构，从事商事信托、民事信托、公益信托等信托服务工作的人员。

主要工作任务：

1. 进行信托存款或委托存款；

2. 办理信托贷款或委托贷款；

3. 办理融资性租赁和操作性租赁；

4. 经办融资信托、基金信托等委托投资或信托投资；

5. 进行保管信托和仓库信托，代理财产保管和处理；

6. 为公司上市发行、兼并重组、破产清算承担顾问或分配人；

7. 提供经济担保和信用见证；

8. 进行或代理进行证券的发行和交易；

9. 开展资产证券业务和商人银行业务。

4-05-06-02　信用管理师

在企业中，从事信用交易、信用风险控制和征信技术工作的人员。

主要工作任务：

1. 编制企业信用政策和实施指南，设计企业和消费者信用风险防范、控制和转移的技术操作流程；

2. 参照国家信用标准，指导企业建立信用制度；

3. 组合选购征信、信用评级、信用担保、商账管理等信息产品或服务，进行信用风险控制日常管理；

4. 采集客户信用信息，根据客户信用档案，评价客户的信用风险等级或计算个人信用评分分值；

5. 管理商业合同，依据应收账款账龄进行客户预警提示，运用商业保理、信用保险、信用担保和债权交易方法，转移信用风险；

6. 选用第三方商账管理机构或法律诉讼手段，处置逾期应收账款，并核实、报送坏账；

7. 选择市场上的征信数据库或大数据服务。

4-05-99（GBM 40599）
其他金融服务人员

指未列入 4-05-01 至 4-05-06 的金融服务人员。

4-06（GBM 40600）　房地产服务人员

从事物业管理、房地产中介服务工作的人员。

本中类包括下列小类：

4-06-01（GBM 40601）物业管理服务人员

4-06-02（GBM 40602）房地产中介服务人员

4-06-99（GBM 40699）其他房地产服务人员

4-06-01（GBM 40601）
物业管理服务人员

从事房屋及配套设施设备和相关场地维修、养护、管理等业务工作的人员。

本小类包括下列职业：

4-06-01-01　物业管理员

4-06-01-02　中央空调系统运行操作员

4-06-01-03　停车管理员

4-06-01-01　物业管理员

在物业管理区域内，组织安排物业设施维修养护、环境卫生美化绿化、公共秩序维护等工作的人员。

主要工作任务：

1. 组织、管理修理人员，维修、养护房屋及配套设施设备和相关场地等；

2. 组织、管理保洁和垃圾清运人员，清扫、维护物业管理区域内的环境卫生；

3. 组织、管理园林绿化人员，维护、保养物业管理区域内的绿化环境；

4. 组织、管理保安人员，使用门禁、安防设备等，维护物业管理区域内的安全和公共秩序；

5. 协调相关部门处理物业管理区域内停水、停电、火灾等紧急突发情况；

6. 编写、公示各类需公布的通知及事项；

7. 收缴物业管理费；

8. 协助业主委员会开展工作；

9. 为业主和使用人提供与物业管理相关的其他综合服务；

10. 填报工作记录，管理物业档案资料。

4-06-01-02 中央空调系统运行操作员

从事中央空调系统运行、保养、维修工作的人员。

主要工作任务：

1. 按照中央空调运行方案，运行值机；

2. 操作、检测、调节参数，统计能耗量，管理中央空调系统；

3. 监测中央空调系统的新风系统和水系统；

4. 检测、调试、维护、保养中央空调系统的设备、仪器、仪表，更换耗材和零部件，排除故障，处理安全事故；

5. 填写中央空调系统的运行、调试、维护、检修记录。

4-06-01-03 停车管理员

从事公共停车区域汽车停放管理及收费工作的人员。

主要工作任务：

1. 引导公共停车区域汽车停车入位；

2. 收取停车费用；

3. 劝阻、纠正违章停车行为；

4. 保持停车区域卫生，维护停车区域设备、设施；

5. 填写值班记录。

4-06-02（GBM 40602）
房地产中介服务人员

从事房地产经纪、房地产策划等工作的人员。

本小类包括下列职业：

4-06-02-01 *房地产经纪人*

4-06-02-02 *房地产策划师*

4-06-02-01 房地产经纪人

在房地产交易活动中，提供房源、客源及房地产交易等信息，协助实地查看房地产，代拟交易合同、代办贷款和不动产登记手续等服务工作的人员。

主要工作任务：

1. 采集、核实、发布和匹配房源、客源等信息，协助客户编制房屋状况说明书；

2. 陪同客户实地看房，协助测算贷款和税费等购房费用；

3. 代拟房地产交易合同，提供房地产贷款咨询，代办房地产贷款，协助结算房地产交易资金；

4. 代办不动产登记手续，代缴税费，协助查验和交接房屋；

5. 调研房地产市场，策划新建商品房营销方案，代理销售新建商品房。

4-06-02-02 房地产策划师

从事房地产项目前期市场调研、方案规划、项目定位、营销策划等服务工作的人员。

主要工作任务：

1. 进行房地产项目的市场调研和咨询

策划；

2. 整合设计、建设、营销、广告、服务等资源，制订策划方案；

3. 进行房地产项目的产品定位；

4. 进行房地产项目的营销策划。

4-06-99（GBM 40699）
其他房地产服务人员

指未列入 4-06-01 至 4-06-02 的房地产服务人员。

4-07（GBM 40700） 租赁和商务服务人员

从事机械设备、耐用消费品租赁和咨询、人力资源、安全保护等商务服务工作的人员。

本中类包括下列小类：

4-07-01（GBM 40701）租赁业务人员
4-07-02（GBM 40702）商务咨询服务人员
4-07-03（GBM 40703）人力资源服务人员
4-07-04（GBM 40704）旅游及公共游览场所服务人员
4-07-05（GBM 40705）安全保护服务人员
4-07-06（GBM 40706）市场管理服务人员
4-07-07（GBM 40707）会议及展览服务人员
4-07-99（GBM 40799）其他租赁和商务服务人员

4-07-01（GBM 40701）
租赁业务人员

从事机械设备、耐用消费品租赁服务工作的人员。

本小类包括下列职业：

4-07-01-00　租赁业务员

4-07-01-00　租赁业务员

从事机械设备及耐用消费品租赁手续办理并提供后续服务工作的人员。

主要工作任务：

1. 根据待租物品的价值，确定押金和租金；

2. 审核、登记承租人资信证明或身份证明；

3. 收取押金和租金；

4. 开具租赁票据，交接租赁物品，提供租后服务；

5. 维护、保养、保管待租物品；

6. 填报租赁工作记录；

7. 进行客户档案登记、整理，建立、管理客户档案。

本职业包含但不限于下列工种：

汽车租赁业务员　工程机械租赁业务员

4-07-02（GBM 40702）
商务咨询服务人员

从事科技咨询、风险管理等专业性商务咨询服务工作的人员。

本小类包括下列职业：

4-07-02-01　风险管理师
4-07-02-02　科技咨询师
4-07-02-03　客户服务管理员

4-07-02-01　风险管理师

从事整体风险评估、监测、预警，进行风险管理活动督导、协调、控制并提供咨询服务工作的人员。

主要工作任务：

1. 传播风险管理文化，建立风险管理环境，制订组织的风险准则；
2. 识别、分析和评价风险；
3. 提供风险应对决策的参考意见；
4. 跟踪、监测风险信息；
5. 建立、维护风险信息档案；
6. 审查合规性，策划、实施风险信息披露；
7. 制订风险预警和控制、应对危机的应急预案；
8. 组织、协调、检查、督导、评价风险管理工作。

4-07-02-02　科技咨询师

从事科技创新、创业、成果转移与转化等技术经济活动独立分析结果及解决方案咨询工作的人员。

主要工作任务：

1. 采用信息分析方法，挖掘、传递科技情报；
2. 进行宏观环境、产业和市场竞争政策等分析与竞争情报服务；
3. 运用专业知识、工具与经验，为用户发展规划、科技投融资、技术成果转移与产业化等技术经济活动提供技术咨询服务；
4. 进行科技活动的评估咨询、企业诊断及用户管理工作技术支持咨询；
5. 为用户提供培训。

4-07-02-03　客户服务管理员

在企业中，从事售前、售中、售后客户服务活动管理工作的人员。

主要工作任务：

1. 策划、组建客户服务管理体系，进行资源配置、人员配置等；
2. 设计、组织现场客户服务活动；
3. 制订售前、售中和售后客户服务制度规范；
4. 进行客户服务培训；
5. 管理和监督一线服务人员工作；
6. 调研企业产品市场发展、用户满意度、产品质量信息等；
7. 管理和监控客户投诉，维护顾客关系；
8. 代表企业进行外部沟通、谈判，处理危机事件，维护企业合法权益；
9. 设计、制订合同中的客户服务条款。

4-07-03（GBM 40703）
人力资源服务人员

从事职业指导、劳动关系协调、创业指导等人力资源服务工作的人员。

本小类包括下列职业：

4-07-03-01　职业指导员
4-07-03-02　劳动关系协调员
4-07-03-03　创业指导师

4-07-03-01　职业指导员

为劳动者就业和职业发展，用人单位合理用人，提供咨询、指导及帮助的人员。

主要工作任务：

1. 调查、分析劳动力市场供求状况并作出判断，撰写调查、分析报告；
2. 为劳动力市场供求双方提供法律、法规、政策咨询；
3. 提供求职者的心理和求职咨询，指导求职者参加职业培训；

4. 设计职业指导宣传材料，提供劳动力市场人才供求信息；

5. 对失业者、残疾人、境外就业者等特殊就业群体，进行专门的指导服务；

6. 使用专业测评系统等，进行求职人员的职业能力测试及分析评价；

7. 利用职业信息网络，为劳动力市场供求双方提供信息查询。

4-07-03-02　劳动关系协调员

从事劳动保障法律法规宣传、用人单位劳动标准和劳动规章制度制定、劳动合同管理，参与集体协商、劳资沟通、劳动争议预防与处理等工作的人员。

主要工作任务：

1. 宣传劳动保障法律法规，依据国家、地方、行业劳动标准制定用人单位劳动标准，并进行实施过程管理；

2. 依法设计劳动合同管理制度和选择用工形式，起草各项劳动合同相关文本，办理劳动合同订立、履行、变更和终止、解除的手续；

3. 代表一方参与集体协商，订立集体合同，开展履行集体合同的活动；

4. 依法制定用人单位劳动规章制度并监督实施；

5. 设计劳资沟通策略，组织劳资沟通协商活动和召开职工代表大会，监督落实职代会决议和协商决定事项，建立职工董事监事制度；

6. 设计用人单位劳动关系预警机制和劳动争议预防策略，处理员工申诉，组织劳动争议的协商和调解，代表当事人一方参与劳动争议仲裁和诉讼活动，依法处理用人单位劳动关系群体性突发事件。

本职业包含但不限于下列工种：

劳动人事争议调解员

4-07-03-03　创业指导师

从事创业指导辅导、企业经营咨询服务及职业培训工作的人员。

主要工作任务：

1. 收集、整理、归纳创业相关信息，解答创业所涉及的知识、政策、法规以及常见问题；

2. 采用分析诊断、信息调研、方案制定、信息服务等方法，帮助解决创办、经营、管理企业过程中遇到的问题和困难；

3. 指导开展项目市场调研、项目可行性分析、风险评估、投资效益预测等，制订企业的产品、客户、市场发展前景和商业模式等发展规划；

4. 讲授创业知识和技能；

5. 指导创业者执行解决方案、评价绩效、完善或代办方案、文案，协助创业者实施商业计划以及问题解决方案；

6. 采用回访调查、后期支持和长期顾问等方式，协助创业者应对和解决问题，帮助改善企业经营管理；

7. 策划、开发培训项目，制订、实施培训工作方案，从事培训管理、教学和咨询活动。

本职业包含但不限于下列工种：

企业培训师

4-07-04（GBM 40704）

旅游及公共游览场所服务人员

在风景名胜、公园等旅游、游览场所，从事宾客旅游等服务工作的人员。

本小类包括下列职业：

4-07-04-01　导游

4-07-04-02　旅游团队领队

4-07-04-03 旅行社计调
4-07-04-04 旅游咨询员
4-07-04-05 公共游览场所服务员
4-07-04-06 休闲农业服务员

4-07-04-01 导游

从事旅游向导、讲解及旅途服务工作的人员。

主要工作任务：

1. 执行旅行社行程计划，陪同、带领旅游者完成旅游行程安排；

2. 引导旅游者游览，介绍当地文化、民俗、历史、景点风貌、科普知识；

3. 衔接、落实行程计划中的住宿、餐饮、交通、游览等事项；

4. 提示旅途安全注意事项，采取规定措施，防止危害发生；

5. 协调、处理旅途中的突发事件。

4-07-04-02 旅游团队领队

从事出境旅游团队全程陪同服务，并协调督促境外接待社履行旅游行程计划等工作的人员。

主要工作任务：

1. 预告行程安排，解说目的地国家（地区）旅游事项；

2. 全程陪同出境旅游者（团队），维护旅游者合法权益；

3. 协调、督促境外接待社完成旅游行程计划；

4. 协助旅游者办理出入境、登机（船）和行李存取等手续；

5. 提示旅途安全注意事项，采取规定措施，防止危害发生；

6. 提醒旅游者维护国家利益和民族尊严，防止、劝阻旅游者参与违反我国法律的活动和其他危险性活动；

7. 提醒旅游者遵守目的地国家（地区）法律，尊重当地宗教信仰、风俗文化和生活习惯等；

8. 向组团社和我国驻当地机构报告并协调处理旅游者在境外遇到的困难、安全、境外滞留不归等情况；

9. 协助处理旅途中的事件和纠纷。

4-07-04-03 旅行社计调

在旅行社中，从事旅游服务的采购、计价，旅游产品设计与实施，旅游业务协调、服务监控、费用结算等工作的人员。

主要工作任务：

1. 实地考察旅游线路，根据游客特点和市场需求，设计、完善旅游产品；

2. 对交通、住宿、餐饮等相关旅游服务进行询价、预订及支付定金；

3. 核算旅游成本，确定旅游产品价格；

4. 制订旅游产品市场营销推广方案，采集旅游产品市场信息；

5. 安排跟团导游或领队，并按照旅游线路产品要求分解落实行程安排；

6. 协调处理出团过程中的突发事件；

7. 清查、落实、结清团款和临时发生账目等费用。

4-07-04-04 旅游咨询员

在旅游咨询服务场所，提供公益性旅游信息服务工作的人员。

主要工作任务：

1. 提供旅游线路、产品、资源、食宿、交通、气象、安全、医疗救助以及法律法规等信息咨询服务；

2. 使用、管理旅游咨询服务中心（站/点）设备设施，指导游客使用电脑、触摸屏等旅游电子服务设备；

3. 发放旅游宣传资料，展示和推介旅游商品、地方特产等，协助预订吃、住、行、游、购、娱等服务；

4. 接待游客投诉，调研、统计和报送游客信息、宣传品发放情况等。

4-07-04-05　公共游览场所服务员

在公园、影剧院、礼堂、博物馆、展览馆等公共游览场所，为顾客提供综合服务工作的人员。

主要工作任务：

1. 公布游乐、公映、演出、展览等活动项目内容、时间安排；

2. 售票、检票；

3. 提供游览信息咨询等服务；

4. 管理、操作、维护游乐、游艺设施及其他公共设施。

4-07-04-06　休闲农业服务员

在休闲农业场所，为消费者提供咨询、示范、讲解、辅导、技术指导的人员。

主要工作任务：

1. 介绍休闲农业场所的情况和特色；

2. 带领消费者游览，讲解和介绍休闲地农村民俗、农耕文化、农事体验、农业现代科技、农业生产等知识；

3. 介绍、示范农事体验活动及注意事项；

4. 指导、辅导消费者参与农事体验活动及项目；

5. 处理农事体验活动中的突发情况。

4-07-05（GBM 40705）
安全保护服务人员

从事公共安全保护、管理、防范技术支持等服务工作的人员。

本小类包括下列职业：

4-07-05-01　保安员
4-07-05-02　安检员
4-07-05-03　智能楼宇管理员
4-07-05-04　消防设施操作员
4-07-05-05　安全防范系统安装维护员

4-07-05-01　保安员

为公民、法人和其他组织提供安全防范服务的人员。

主要工作任务：

1. 守护出入口和目标部位，进行单位或个人安全检查；

2. 巡视、检查、警戒特定区域、地段和目标；

3. 护送指定物品安全抵达指定地点；

4. 利用技术防范措施，提供安全服务；

5. 实时保护个体服务对象的人身及财产安全；

6. 观察或使用专用器材，探测、检查人员和车辆所携带的物品，防控危险物品或违禁物品进入指定区域；

7. 调查分析安全风险因素，并提出防范解决方案。

4-07-05-02　安检员

使用安检仪等检查设备，从事机场、车站、码头等公共场所安检工作的人员。

主要工作任务：

1. 使用仪器，依法检查进出海关、码头、机场和车站等场所的人员及其随身携带、寄存、交运的物品；

2. 手工或使用开箱包、X射线机、防爆仪器等设备，检查、检测可疑物品；

3. 检查进入特殊场所或隔离区人员的身份证或有效证件及随身携带的物品；

4. 检查进出海关的运输工具、货物和证件；

5. 依法依规对可疑物品进行暂存、没收等处置，对违规或违法者移交执法部门处置；

6. 汇总并上报突发事件、特殊情况及应急预案的启动信息，撰写自检报告及整改措施。

本职业包含但不限于下列工种：

民航安全检查员

4-07-05-03　智能楼宇管理员

从事建筑智能化系统操作、调试、检测、维护等工作的人员。

主要工作任务：

1. 布设、检修、维护信息通信线缆和无线网络，进行网络系统的局部调整设计和组网；

2. 操作火灾自动报警与消防联动控制系统，维护自动灭火设备；

3. 维护、操作卫星电视与有线电视（CATV）系统，安装、连接数字电视机顶盒及多功能会议设备；

4. 安装测试、维护、管理综合布线系统；

5. 调试、维护建筑设备监控系统；

6. 操作、维护周界监控系统，检修小区闭路监控系统，排除故障。

4-07-05-04　消防设施操作员

从事建（构）筑物消防设施运行、操作和维修、保养、检测等工作的人员。

主要工作任务：

1. 值守消防控制室；

2. 操作、维修保养火灾自动报警、自动灭火系统等消防设施；

3. 检测火灾自动报警、自动灭火系统等消防设施。

4-07-05-05　安全防范系统安装维护员

从事安全防范系统（工程）基础施工、设备安装调试、系统调试、维护维修工作的人员。

主要工作任务：

1. 根据安全防范系统设计方案，进行基础施工和线缆施工，安装设备和器材，调试系统；

2. 进行安全防范设备和器材的日常检测和维护；

3. 排查、维修安全防范系统（设备）故障。

4-07-06（GBM 40706）
市场管理服务人员

从事商品监督、防损和市场管理等服务工作的人员。

本小类包括下列职业：

4-07-06-01　商品监督员
4-07-06-02　商品防损员
4-07-06-03　市场管理员

4-07-06-01　商品监督员

在商业企业中，从事商品质量、标识、价签、包装、计量、知识产权等要件监管，并进行程序控制和商品购进台账追溯管理等工作的人员。

主要工作任务：

1. 审核管辖范围内商品供货商营业执照、税务登记证、组织机构代码、生产许可以及商品的生产厂家、生产批准文件、文号、产品质量确认文件等；

2. 审核订货合同，签署进货意见，监管有潜在质量风险问题的商品；

3. 审核、记录管辖范围内的商品名称、厂址、厂名、商标、品牌等要件以及商品供货渠道，进行追溯管理和程序控制；

4. 收集、归类、建档和更新企业内部质量管理资料；

5. 处理和解决问题商品和顾客投诉，进行质量问题商品公示、召回；

6. 进行商品质量安全事故应急处置。

4-07-06-02　商品防损员

在商业企业中，运用人防、物防、技防等技术，防止和减少企业资产损失的人员。

主要工作任务：

1. 操作声磁、无线射频等防损系统，控制商业损失；

2. 检查、排除建筑、设备或仓库存在的安全和损毁隐患；

3. 处理内外盗等事件；

4. 分析营运数据和例外报告，找出造成商业损失的原因，协助相关部门改进工作；

5. 进行员工纪律监督和诚信教育；

6. 协助调查欺诈和行贿、受贿等违法、违规事件；

7. 提出应对突发事件的建议，并紧急采取相关措施；

8. 回顾分析人员、财产安全事故，查找风险点，制订改进计划；

9. 预防灾难性经营事故，制订业务连续性计划。

4-07-06-03　市场管理员

在商品集贸市场中，从事市场经营秩序组织、协调、管理工作的人员。

主要工作任务：

1. 出租市场摊位，收缴租金和管理费；

2. 维护市场环境卫生及安全；

3. 检查物价，控制假冒伪劣产品入市；

4. 监督摊商公平交易，协调摊商纠纷；

5. 查报市场整修事项。

4-07-07（GBM 40707）
会议及展览服务人员

在会议及展览场所，从事空间视觉化表现设计、美术制作、产品展示等服务工作的人员。

本小类包括下列职业：

4-07-07-01　会展设计师

4-07-07-02　装饰美工

4-07-07-03　模特

4-07-07-01　会展设计师

在会议、展览及节事活动中，从事空间环境视觉化表现设计工作的人员。

主要工作任务：

1. 分析招标要求，撰写投标书；

2. 分析展品、参展企业、参展环境等资料；

3. 设计标准展位及特装展位；

4. 策划、安排展台照明；

5. 设计会展项目标识（LOGO）和配色方案；

6. 设计产品展示、图文和声像演示方案；

7. 监督现场展台搭建、布展及展具安全；

8. 管理展架、材料与服务，监督现场撤展，监督、协调展会过程；

9. 核算项目经费；

10. 维护客户关系。

4-07-07-02 装饰美工

使用专用工具，进行文化、商业、展览及广告等美术制作的人员。

主要工作任务：

1. 识别平面、立体、色彩设计图，使用专业工具，制作模型、板面、台架、道具；
2. 按照美术设计图，制作文字图形，进行平面装饰，并在依托面上进行拼贴、安装；
3. 使用专用工具，在陈列台架、道具、板面、背景依托面上进行效果处理；
4. 在陈设环境中配置照明设施；
5. 使用木质、石膏或铝合金等材料，配制油画作品外框。

本职业包含但不限于下列工种：

油画外框制作工

4-07-07-03 模特

运用自身运动或静止的步态、形态和神态，进行产品展示、形象塑造、品牌推广以及辅助美术、摄影教学和艺术创作的人员。

主要工作任务：

1. 以肢体语言和个人形象进行产品的动态、静态展示；
2. 在场景以及其他环境中，配合摄影师、导演等进行产品广告和形象片的拍摄；
3. 参加产品性能以及产品形象的商业推广和公益宣传；
4. 辅助设计师、制版师进行服装制版工作；
5. 以自身的形体协助美术、摄影教学和艺术创作工作。

4-07-99（GBM 40799）
其他租赁和商务服务人员

指未列入 4-07-01 至 4-07-07 的租赁和商务服务人员。

4-08（GBM 40800） 技术辅助服务人员

从事气象、海洋、测绘、质检、环境保护监测、地质勘查、专业化设计等专业技术辅助服务工作的人员。

本中类包括下列小类：

4-08-01（GBM 40801）气象服务人员
4-08-02（GBM 40802）海洋服务人员
4-08-03（GBM 40803）测绘服务人员
4-08-04（GBM 40804）地理信息服务人员
4-08-05（GBM 40805）检验、检测和计量服务人员
4-08-06（GBM 40806）环境监测服务人员
4-08-07（GBM 40807）地质勘查人员
4-08-08（GBM 40808）专业化设计服务人员
4-08-09（GBM 40809）摄影扩印服务人员
4-08-99（GBM 40899）其他技术辅助服务人员

4-08-01（GBM 40801）
气象服务人员

从事气象探测、预报等服务工作的人员。

本小类包括下列职业：

4-08-01-00 航空气象员

4-08-01-00 航空气象员

从事民用航空气象观测、探测、情报交换和气象设备设施维护维修工作的人员。

主要工作任务：

1. 使用仪器和目测手段，观测、记录机场或航线上的天气实况，制作并发布机场天气报告；
2. 监视机场及其终端区天气，发布机场天气警报和预警；
3. 收集、整理、交换国内外飞行气象情报，并对飞行气象情报进行质量控制；
4. 操作天气雷达、气象自动观测系统和航空气象信息系统，提供气象观测、探测等数据资料；
5. 维护、维修航空气象设备设施。

本职业包含但不限于下列工种：

航空气象观测员　航空气象雷达设备机务员　航空气象自动观测系统机务员　航空气象信息系统机务员　航空气象情报员

4-08-02（GBM 40802）
海洋服务人员

从事海洋环境监测及水文气象观测等工作的人员。

本小类包括下列职业：

4-08-02-01 海洋水文气象观测员 L
4-08-02-02 海洋浮标工
4-08-02-03 海洋水文调查员 L
4-08-02-04 海洋生物调查员 L

4-08-02-01 海洋水文气象观测员 L

在沿海、岛屿、平台的海洋观测站，进行海洋水文气象要素观测、资料处理和数据传输作业的人员。

主要工作任务：

1. 使用验潮仪，进行潮位、潮时观测，填写潮汐观测记录簿；
2. 使用岸用光学测波仪，进行波形、周期、波高的观测和记录；
3. 使用表层水温表、盐度计等设备，测定表层海水温度、盐度并进行记录；
4. 观测和记录海冰的冰量、冰形、浮冰密度、漂流方向等特征；
5. 使用风速风向观测仪、气压计等仪器设备，观测和记录风向、风速、气压、温度、湿度和降水量等要素；
6. 观测和记录海面有效能见度和雾；
7. 根据观测数据，编制海洋站海洋水文气象情报报文，进行数据处理和传输；
8. 维护保养观测仪器和传输设备。

4-08-02-02 海洋浮标工

使用船用吊车、绞盘等，进行海洋浮标的布放、回收，巡检、维修和保养浮标的人员。

主要工作任务：

1. 安装浮标的电源、牺牲阳极、电缆和锚系以及水文气象传感器、数据采集器、通信机等设备；
2. 检测浮标的水密封状况、锚系的长度状况；
3. 排列、固定和记录浮标及其锚系组件；
4. 利用船用吊车、绞盘等设施，布放、

回收浮标；

5. 使用浮标岸站设备，接收处理资料并监视浮标状态；

6. 定期巡检、维修、保养、更换浮标及设施。

4-08-02-03 海洋水文调查员 L

使用温、盐、深测定仪（CTD）等仪器设备，进行海水温度、盐度、深度、海流、潮位、波浪等要素的数据采集和资料整理的人员。

主要工作任务：

1. 检查温、盐、深测定仪（CTD），海流计，潮位计，波浪仪等仪器设备，进行出海作业准备；

2. 安装调试绞车，下放回收温、盐、深测定仪（CTD），使用水温表测量海水温度；

3. 连接和布放浮标、潜标测流系统或使用绞车，悬挂海流计，进行海流数据的采集、转换和分析；

4. 布放和回收波浪仪，进行波浪数据的采集和分析，安装水尺，进行潮位数据的采集、分析和校正；

5. 观测海面气象，安装船载海洋气象观测仪器，进行海洋气象数据的采集和分析；

6. 维护保养仪器设备。

4-08-02-04 海洋生物调查员 L

使用网具、采泥器和显微镜等设备，采集海洋浮游生物、底栖生物、潮间带生物、游泳生物等样品，并进行物种分类鉴定、计数和资料整理的人员。

主要工作任务：

1. 检查网具、采泥器等采样设备，准备样品瓶、固定剂和其他器材；

2. 使用网具等采样设备，拖网采集浮游生物、游泳生物和底栖生物样品；

3. 操作采泥器等采样设备，采集底栖生物样品；

4. 使用铁铲、采样框、过筛器等工具，采集潮间带生物样品；

5. 使用挂板方法，采集污损生物样品；

6. 使用采水器等工具，采集叶绿素 a 样品，并进行过滤处理；

7. 使用固定剂或冰冻等方法，标识、固定和保存采集的生物样品并填写采样记录表；

8. 在现场初步分类游泳生物；

9. 操作显微镜等设备，分类、计数采集的生物样品并填写记录；

10. 维护保养仪器设备。

4-08-03（GBM 40803）

测绘服务人员

从事地面点位测量和地表形态描绘等测绘服务工作的人员。

本小类包括下列职业：

4-08-03-01 大地测量员 L
4-08-03-02 摄影测量员 L
4-08-03-03 地图绘制员
4-08-03-04 工程测量员
4-08-03-05 不动产测绘员
4-08-03-06 海洋测绘员 L
4-08-03-07 无人机测绘操控员 L

4-08-03-01 大地测量员 L

使用卫星定位仪、水准仪、重力仪等仪器和工具，进行选点、造标、埋石、量距，以及天文、三角、水准、重力、卫星定位测量的人员。

主要工作任务：

1. 进行大地控制点的选点、造标、埋石，绘制点之记；

2. 使用卫星定位仪、水准仪、重力仪等仪器，进行天文、三角、水准、重力、精密导线测量的观测和记簿；

3. 进行全球定位系统（GNSS）接收机的观测、记录工作；

4. 进行外业观测成果资料整理、概算，提供测量数据；

5. 维护保养仪器、设备、工具。

4-08-03-02　摄影测量员 L

使用大中型飞行器观测平台、数字摄影测量仪、交换机等仪器设备，进行航空航天影像数据和遥感影像的采集、调绘、加密、纠正、判译、测图等，并绘制地形原图和生产数字影像产品的人员。

主要工作任务：

1. 使用大中型飞行器观测平台，获取航空航天影像数据和遥感影像；

2. 布设野外控制点标志，进行野外控制点测量和地物、地貌等的调绘；

3. 区域网空中三角测量，加密供测图使用的控制点和数据；

4. 使用摄影测量工作站，进行影像数据的处理、几何纠正、影像判译、立体测图，绘制各种比例尺地形原图；

5. 使用遥感影像处理软件和图形工作站等，进行卫星遥感影像数据的纠正、配准、平差、融合、拼接和裁切等；

6. 生产数字地面模型（DTM）、数字高程模型（DEM）、数字正射影像（DOM）等数字影像产品；

7. 操作地面移动或固定的观测平台及遥感设备，获取目标的观测数据；

8. 维护保养仪器、设备、工具。

4-08-03-03　地图绘制员

使用图形编辑计算机、工程扫描仪等信息化设备或手绘，设计、编制地图，制作地图出版原图或其他特型地图，以及进行地图安全审校的人员。

主要工作任务：

1. 收集地图制图的资料和数据；

2. 操作数字化仪、工程扫描仪等信息化设备，进行地图定向、地图数据采集、数据转换和比例尺变化等作业；

3. 操作图形编辑计算机，或结合手绘方法，设计、整饰、编绘地图出版原图和专题图及各种数字化地图；

4. 进行地图安全审校和印前处理；

5. 手工或操作数控设备，加工、印制、组装普通地图和其他特型地图；

6. 维护保养仪器、设备、工具。

4-08-03-04　工程测量员

使用全站仪、水准仪、测深仪、断面仪、陀螺经纬仪等仪器和设备，进行工程建设目标测量的人员。

主要工作任务：

1. 选点，标识工程测量的控制点和目标点；

2. 使用工程测量仪器，进行控制测量、地形测量、规划测量、建筑工程测量、变形形变与精密测量、市政工程测量、水利工程测量、线路与桥隧测量、地下管线测量、矿山测量等专项测量；

3. 进行外业观测成果资料的整理、概算，以及工程地形图数据的编辑处理等；

4. 检验测量成果资料，提供测量数据和测量图件；

5. 维护保养仪器、设备、工具。

本职业包含但不限于下列工种：

地质测量员　矿山测量员

4-08-03-05　不动产测绘员

使用手持测距仪、全站仪、卫星定位仪、钢尺等仪器和工具，测绘土地、房屋、行政区域界线等不动产，并进行权属调查的人员。

主要工作任务：

1. 进行法定界线测量前的选点、埋石，实地标定界址点；

2. 使用手持测距仪、全站仪、钢尺等仪器和工具，测量和记录土地、房屋、行政区域界线等的位置、数量、面积等；

3. 调查和记录土地、房屋、行政区域境界的类别、权属、质量等信息；

4. 整理、归档不动产簿册、数据、文档、图集等测绘资料；

5. 维护保养仪器、设备、工具。

本职业包含但不限于下列工种：

地籍测绘员　房产测量员　行政区域界线测绘员

4-08-03-06　海洋测绘员 L

使用卫星定位仪、声速仪、水位计、验流计等仪器和设备，进行海洋测量和海图编绘的作业人员。

主要工作任务：

1. 进行海洋测量控制点选点和布设；

2. 使用测量仪器，观测和记录海洋控制、水准、地形、水深、助航标志、障碍标志、障碍物、底质等；

3. 整理成果资料，编绘海图、航道图；

4. 维护保养仪器、设备、工具。

4-08-03-07　无人机测绘操控员 L

使用地面监控系统，操控无人飞行器搭载的航摄仪、传感器及其他设备，进行地表数据采集和影像预处理的人员。

主要工作任务：

1. 布设地面标志、飞行检校场；

2. 组装无人机设备、安装相机和装调弹射架等；

3. 操作地面监控系统，操控无人飞行器或其他无人机设备，采集地表数据和航空影像数据；

4. 进行航空遥感数据预处理或冲印处理；

5. 维护保养仪器、设备、工具。

4-08-04（GBM 40804）

地理信息服务人员

从事空间位置信息和属性信息采集、处理、应用和服务工作的人员。

本小类包括下列职业：

4-08-04-01　地理信息采集员 L

4-08-04-02　地理信息处理员 L

4-08-04-03　地理信息应用作业员 L

4-08-04-01　地理信息采集员 L

使用移动测量系统、激光扫描仪、卫星定位仪等，采集和记录地物空间位置和属性信息的人员。

主要工作任务：

1. 根据作业要求，布设采集方案和线路；

2. 使用移动测量车、卫星定位仪、惯性导航系统等仪器和设备，行驶设计路线，采集地物的实景地理信息；

3. 使用激光扫描仪、立体测量摄影机

等仪器和设备，获取地物的二维、三维及全景影像信息；

4. 使用卫星定位仪、数码相机和惯性导航系统，获取道路和导航兴趣点（POI）的位置信息和属性信息；

5. 采集、记录作业对象的地表自然要素、人文地理要素等属性信息；

6. 检查获取影像、数据的数量和质量；

7. 维护保养仪器、设备、工具。

本职业包含但不限于下列工种：

实景地理信息采集员　多维地理信息采集员　兴趣点（POI）地理信息采集员　地理国情信息调查员

4-08-04-02　地理信息处理员 L

使用地理信息系统（GIS）软件和工作平台，进行地理信息数据标准化录入，建立地理信息数据库和空间模型，以及管理、维护、格式化转换地理信息数据的人员。

主要工作任务：

1. 使用地理信息软件和工作平台，进行地理信息数据标准化录入，建立地理信息数据库，进行数据库逻辑检验和修改；

2. 利用收集的现状资料和辅助资料，制作地理信息二维、三维和实景空间模型；

3. 进行社会经济数据等非空间化数据的扫描、录入和数字化，地理信息数据和非空间化数据的关联、叠加和集成；

4. 进行交换格式数据与所需的物理存储格式数据的转换；

5. 进行地理信息数据（库）的整理、存储、备份、维护管理和数据安全保密；

6. 维护地理信息系统、遥感和卫星导航定位系统等。

本职业包含但不限于下列工种：

地理信息建库员　地理信息建模员　地理信息工程操控员　导航地理信息制作员　地理国情处理员

4-08-04-03　地理信息应用作业员 L

使用专业软件和操作平台，进行地理信息集成、开发和利用，生产导航地理信息、互联网地理信息等产品，并辅助专业人员进行定位、导航、监测、规划等地理信息应用服务的人员。

主要工作任务：

1. 搜集和整理影像、资料和数据；

2. 根据导航定位产品设计架构，集成、编绘、制作导航地理信息产品，提供位置监控、灾害预警、应急救援等导航与位置服务；

3. 基于互联网平台和标准，制作互联网地理信息产品，提供地图搜索、下载、发送和地理信息标注、引用服务；

4. 根据地理国情监测工程设计和指标体系，对监测对象的变化情况进行比对、标注和汇总，生产地理国情监测产品；

5. 提供国土、交通、农林、地矿、环境、建设、城市管理等方面的地理信息应用技术服务；

6. 使用测评软件，进行室内外地理信息数据产品的质量和功能测评。

本职业包含但不限于下列工种：

导航与位置服务作业员　互联网地图服务作业员　地理国情统计分析员

4-08-05（GBM 40805）
检验、检测和计量服务人员

从事动植物、工业产品、商品的检验、检测、测试、鉴定等工作的人员。

本小类包括下列职业：

4-08-05-01　农产品食品检验员 L

4-08-05-02 纤维检验员
4-08-05-03 贵金属首饰与宝玉石检测员
4-08-05-04 药物检验员
4-08-05-05 机动车检测工
4-08-05-06 计量员

4-08-05-01 农产品食品检验员 L

从事农产品、粮油、食品及相关产品、食品添加剂等质量安全检验检测工作的人员。

主要工作任务：

1. 采集样品，试样制备；
2. 准备试剂与配制标准溶液；
3. 进行样品前处理；
4. 运用感官等方法，判定农产品、粮油、食品质量或等级；
5. 使用仪器设备，检测农产品蛋白质、脂肪、维生素 C 等理化指标，检测农产品中农兽药残留、污染物、生物毒素等安全指标；
6. 使用仪器设备，检测粮油水分、杂质、容重、不完善粒、脂肪酸值、脂肪酸组成、品尝指标等理化指标，检测粮油中真菌毒素、重金属、农药残留等安全指标；
7. 使用仪器设备，检测食品中维生素类、淀粉、还原糖等理化指标，检测食品中生物性、化学性、物理及放射性安全指标；
8. 使用仪器设备，检测食品中防腐剂、抗氧化剂、着色剂等添加剂安全指标，以及食品中违法添加的非食用物质；
9. 记录检测数据，计算检测结果；
10. 编写检验检测报告；
11. 检查、维护仪器设备，维护检测场所卫生和安全。

本职业包含但不限于以下工种：

农产品质量安全检测员 粮油质量检验员 食品检验员

4-08-05-02 纤维检验员

运用感官或使用仪器设备，进行纤维及其制品质量检验的人员。

主要工作任务：

1. 进行样品抽取、制备及检验前的准备；
2. 使用和保管标准样品；
3. 进行纤维及其制品理化性能及外观检验；
4. 进行纤维公量检验，等级、类型评定；
5. 记录、计算和判定检验数据，编制检验报告；
6. 使用和日常维护仪器设备；
7. 参与标准制订和修订、科研验证和技术管理。

4-08-05-03 贵金属首饰与宝玉石检测员

从事贵金属首饰、钻石、翡翠、珍珠等宝玉石以及经原料加工、镶嵌、连接组合成饰品的检验、鉴别、分级和评估工作的人员。

主要工作任务：

1. 检验贵金属首饰、钻石、宝玉石的元素含量及物理性质；
2. 鉴别、分级和评估贵金属首饰、钻石、翡翠、珍珠等；
3. 检验半成品切磨质量，经原料加工、镶嵌、连接组合成饰品的外观、质量等；
4. 记录、计算、判定和分析检验数据；
5. 检查、维护仪器设备。

本职业包含但不限于下列工种：

贵金属首饰检验员 钻石检验员 玉石

检验员

4-08-05-04　药物检验员

从事原料药、制剂等药物成品、中间产品、原辅料及包装材料的检查、检验、检定、测试、分析等工作的人员。

主要工作任务：

1. 进行被检物品的取样和留样；
2. 使用仪器设备，配制培养基；
3. 选择传代菌种，进行微生物发酵分析；
4. 进行原料药、制剂等药物的成品、中间产品、原辅料、包装材料常规理化分析；
5. 进行无菌检查；
6. 检定抗生素药品的效价；
7. 依药典进行药品药理毒性检查；
8. 监控生产洁净区的环境条件；
9. 记录、计算、复核、判定检验数据并编写检验报告。

本职业包含但不限于下列工种：

药物分析员　药物微生物检定员　药理毒理试验员　兽药检验员

4-08-05-05　机动车检测工

使用专业检验设备或仪器，进行汽车整车、系统、总成、零部件的功能、性能、质量检测、检验和试验等工作的人员。

主要工作任务：

1. 检测机动车与发动机性能；
2. 检验电控与液压系统；
3. 检验车身修复和车身涂装质量；
4. 操作专业设备，进行未出厂的汽车整车、部件、总成系统维修、检验和试验；
5. 检测和检验检测线上汽车的安全性、可靠性、动力性、经济性、排放性和噪声污染等；
6. 检测和试验不同工况条件下汽车整车的性能指标。

4-08-05-06　计量员

从事计量器具的计量检定、检查、校准、调整、修理及测试等工作的人员。

主要工作任务：

1. 检定示值或标称值；
2. 检查计量器具外观；
3. 使用较高等级的计量器具，校准较低等级的计量器具；
4. 调整计量器具的部件，使其达到规定的指标；
5. 修理、研磨或更换计量器具零部件；
6. 使用计量器具，测量物件的尺寸、形状、位置等；
7. 记录、计算、判定计量检定数据；
8. 协助主检人员完成检定报告；
9. 检查、维护仪器设备。

本职业包含但不限于下列工种：

长度计量员　热工计量员　电学计量员　化学计量员　声学计量员　光学计量员　电离辐射计量员　力学计量员　无线电计量员　时间频率计量员

4-08-06（GBM 40806）
环境监测服务人员

从事污染源排放的液体、气体、固体等污染物测试和监测等工作的人员。

本小类包括下列职业：

4-08-06-00　环境监测员 L

4-08-06-00　环境监测员 L

使用采样器、监测分析仪器，进行样品采集、样品分析和数据处理等工作的人员。

主要工作任务：

1. 根据技术规范，确定污染源的采样点位；

2. 采集样品，处理、保存样品；

3. 分析样品，统计监测数据，编制实验报告；

4. 维护、保养仪器。

本职业包含但不限于下列工种：

辐射环境监测员　海洋环境监测员　水环境监测员　大气环境监测员　固体废物监测员　环境噪声与振动监测员

4-08-07（GBM 40807）
地质勘查人员

从事岩石、地层、构造、地下水、地貌等地质情况及矿产资源的调查、评价、勘探等工作的人员。

本小类包括下列职业：

4-08-07-01　地勘钻探工

4-08-07-02　地勘掘进工

4-08-07-03　物探工

4-08-07-04　地质调查员 L

4-08-07-05　地质实验员

4-08-07-01　地勘钻探工

操作钻机，进行地质矿产资源勘查以及水井、基础工程施工等作业的人员。

主要工作任务：

1. 平整机台，铺设基台木，安装钻塔、钻机及其辅助设备并进行调试；

2. 操作钻机，进行成孔钻孔和孔口作业；

3. 配制泥浆材料和处理剂，进行泥浆性能测定和维护；

4. 预防和处理施工过程中的机械、孔内事故，进行现场管理和设备维修保养；

5. 采集、整理岩矿心样；

6. 起、下套管，封孔，拆卸钻塔、基台木、钻机及其辅助设备，搬迁设备；

7. 填写钻探记录报表。

本职业包含但不限于下列工种：

固体矿产钻探工　水文水井钻探工　工程地质工程施工钻探工

4-08-07-02　地勘掘进工

操作掘进机械及配套器具，进行地质矿产勘探开发、井巷或隧道掘进等作业的人员。

主要工作任务：

1. 进行掘进前的准备工作；

2. 操作凿岩机械或使用手工工具，钻凿炮眼，装填炸药进行爆破；

3. 进行坑道的通风、钉道、支护、排水作业；

4. 操作挖装机械，进行装岩作业；

5. 锻修钎杆、修补风筒，回收支架、风管、水管、道钉等材料；

6. 编制掘进报表和作业图表；

7. 维修保养凿岩、挖装机械。

4-08-07-03　物探工

使用地球物理勘探的仪器设备和工具，运用重力、磁法、电法、地震、核物探等地球物理勘探方法技术，进行地球物理勘探的人员。

主要工作任务：

1. 检查、维护和保管物探设备、工具和材料；

2. 安置磁力仪、重力仪、绞车等仪器设备，布设电极，收放电缆线，埋放检波器；

3. 采集磁、电、密度标本，检查原始

资料，记录野外观察数据；

4. 使用重（磁）力仪器，进行基点联测、重（磁）测点观测、仪器一致性检查等作业；

5. 使用地震勘探设备仪器，进行地震排列布设、震源操作与激发作业；

6. 使用电法仪器，进行电阻率法、激发极化法、瞬变电磁法等作业；

7. 使用核物探仪器设备，进行放射性物探测量等作业；

8. 整理资料，编制基本图件。

本职业包含但不限于下列工种：

海洋勘探震源工　可控震源工　海洋物探定位工

4-08-07-04　地质调查员 L

从事基础地质、专项地质调查及地质灾害调查工作的人员。

主要工作任务：

1. 野外踏勘，观察、描述地质现象，进行地质剖面测量、样品采集、地质编录、地质填图；

2. 收集地质、物化探、遥感、测绘、测试等数据资料，进行资料综合解释；

3. 分析基础地质问题及成矿规律，圈定找矿靶区；

4. 调查大陆架和海底地质结构及可能的矿产资源；

5. 调查地质景观、地质遗迹、古生物化石等；

6. 调查地下水资源情况，进行地下水动态监测；

7. 调查工程建设区地质条件，评价地质稳定性，评估工程地质风险，监测工程后续地质影响；

8. 调查评估各类地质灾害的成因，评价地质灾害的危险性；

9. 指导矿山闭坑及矿山地质环境恢复治理；

10. 调查土壤化学元素和来源等农业生态地质环境；

11. 整理地质调查资料，完成地质调查报告。

本职业包含但不限于下列工种：

区域地质调查员　矿产地质调查员　海洋地质调查员　环境地质调查员　水文地质调查员　工程地质调查员　地质灾害调查员　农业地质调查员　矿山地质调查员

4-08-07-05　地质实验员

从事岩石、土壤、水系沉积物、矿石等地质样品采集、加工、制作、观察、测试、分析、鉴定等工作的人员。

主要工作任务：

1. 采集岩石、土壤、水系沉积物、矿石等地质样品；

2. 使用淘洗设备和工具，进行重砂样品粗淘、精淘和磁选，将矿物分离成强磁、电磁和重矿物等不同组合；

3. 操作切片机、磨片机、抛光机，进行光片、薄片制作；

4. 操作样品制备设备，破碎、过筛、混匀、缩分地质样品，制备分析试样，填写样品制备质量记录；

5. 运用特殊样品制备技术和现代分离富集技术，制作液态、气态等特殊样品；

6. 操作显微镜、电镜，进行岩矿样薄片、光片镜下观察；

7. 使用光谱仪、色谱仪、质谱仪等仪器，测试地质试样；

8. 记录地质、岩土样品测试分析鉴定结果，分析测试图像和数据，鉴定岩石、矿物成分，形成测试分析鉴定报告；

9. 维护、保养实验仪器设备。

本职业包含但不限于下列工种：

地质采样工　地质样品制备工　岩矿鉴定员

4-08-08（GBM 40808）专业化设计服务人员

从事环境、产品及其生产工艺、包装、广告、人物形象等专业化设计服务工作的人员。

本小类包括下列职业：

4-08-08-01　花艺环境设计师
4-08-08-02　纺织面料设计师
4-08-08-03　家用纺织品设计师
4-08-08-04　色彩搭配师
4-08-08-05　工艺美术品设计师
4-08-08-06　装潢美术设计师
4-08-08-07　室内装饰设计师
4-08-08-08　广告设计师
4-08-08-09　包装设计师
4-08-08-10　玩具设计师
4-08-08-11　首饰设计师
4-08-08-12　家具设计师
4-08-08-13　陶瓷产品设计师
4-08-08-14　陶瓷工艺师
4-08-08-15　地毯设计师
4-08-08-16　皮具设计师
4-08-08-17　鞋类设计师
4-08-08-18　灯具设计师
4-08-08-19　照明设计师
4-08-08-20　形象设计师

4-08-08-01　花艺环境设计师

从事室内、外特定空间花卉布置的咨询、设计、施工和养护等工作的人员。

主要工作任务：

1. 进行花艺布置项目可行性分析、方案和造价咨询；
2. 选用观赏植物材料和其他装饰性材料，设计特定空间的花卉布置；
3. 指导、实施花卉布置项目的营造；
4. 管理、养护花卉布置作品。

4-08-08-02　纺织面料设计师

从事纺织面料的色彩、组织、纹样、质地、风格等设计工作的人员。

主要工作任务：

1. 进行纺织面料市场调研与分析；
2. 确定流行要素，研究流行趋势；
3. 选择产品定位；
4. 设计织物的色彩、组织、纹样、质地、风格等；
5. 指导试生产。

4-08-08-03　家用纺织品设计师

从事床上用品、窗帘、沙发布、地毯、毛巾等室内用纺织品的色彩、图案、配套、造型、立体终端产品设计工作的人员。

主要工作任务：

1. 进行家用纺织品市场调查与分析；
2. 设计制作床上用品、窗帘、沙发布、地毯、毛巾、厨卫及空间装饰等织物；
3. 设计制作印染图案；
4. 设计制作绣品；
5. 设计家用纺织品空间装饰；
6. 设计产品造型。

4-08-08-04　色彩搭配师

从事客户色彩需求分析、色彩流行趋势研究、色彩搭配与设计、色彩表达等工作的人员。

主要工作任务：

1. 分析客户的色彩需求；

2. 收集和整理色彩信息，研究色彩流行趋势；

3. 按照色彩特性，分析色彩需求和色彩调查结果；

4. 设计色彩搭配方案，使用色彩工具对色彩进行表达；

5. 调整和修改方案；

6. 实施色彩方案，解决实施中的问题。

4-08-08-05　工艺美术品设计师

从事玉雕、牙雕、景泰蓝、漆器等传统工艺品设计，或以玻璃、纤维、金属、漆木等为材料设计现代实用工艺美术品的人员。

主要工作任务：

1. 研究、分析优秀传统工艺的历史沿革及必须保持过程控制的技艺；

2. 研究、分析消费者对现代实用工艺美术品的市场需求；

3. 采用传统技艺、天然材料或具有民族特色创作方法，进行玉雕、牙雕、景泰蓝、漆器等玩赏类特种工艺品设计；

4. 进行日用器皿、器具、抽纱刺绣、环境布置等造型和色彩具有美学特性的实用工艺美术品设计；

5. 借助现代科技手段或采用新工艺，以玻璃、纤维、金属、漆木等为材料进行现代工艺美术品设计；

6. 使用计算机辅助设计软件，进行系列化产品设计和新产品开发；

7. 运用物质和艺术手段，制作新产品的手工样板或产品模型；

8. 进行工业化生产的技术和工艺培训，指导施艺人员制作；

9. 对设计文件进行管理，保护知识产权。

4-08-08-06　装潢美术设计师

从事商品标志、装潢、广告等视觉传达设计的人员。

主要工作任务：

1. 调研商品装潢流行趋势，分析消费者风俗习惯和审美取向；

2. 根据商品的形状、性能和特征，设计标志、装潢、宣传广告等；

3. 使用设计软件，进行计算机辅助设计；

4. 监督、检查、完成商品装潢设计作品的制作；

5. 进行设计文件管理，保护知识产权。

4-08-08-07　室内装饰设计师

从事建筑物及飞机、车、船等内部空间环境设计的人员。

主要工作任务：

1. 运用物质技术和艺术手段，设计建筑物及飞机、车、船等内部空间形象；

2. 进行室内装修设计和物理环境设计；

3. 进行室内空间分隔组合、室内用品及成套设施配置等室内陈设艺术设计；

4. 指导、检查装修施工。

4-08-08-08　广告设计师

从事广告创意、宣传、形象设计的人员。

主要工作任务：

1. 分析宣传物的内容及相关资料；

2. 依广告内容进行构思、策划，以及平面、立体形象或多媒体形象设计；

3. 设计文案和美术图稿；

4. 进行广告美术的制作、监督和检查。

4-08-08-09 包装设计师

从事商品生产和流通领域储运包装、防护包装、销售包装和包装工艺设计的人员。

主要工作任务：

1. 调研、分析储运环境和商品、物品的特性；
2. 选择包装材料、包装结构和包装技法，设计容器成型和包装工艺；
3. 设计防护包装和销售包装；
4. 使用计算机辅助设计软件，设计包装装潢、包装造型、包装结构；
5. 检测、评价包装设计。

4-08-08-10 玩具设计师

从事玩具和玩具类儿童用品设计的人员。

主要工作任务：

1. 分析玩具样品的外观和功能，拆解、组装、测绘玩具样品；
2. 创意设计玩具的外观、功能和功能模块的结构；
3. 分析研究国内外玩具市场和流行趋势，制订玩具和玩具类儿童用品整体设计方案；
4. 按照产品主题要求和创意，对玩具和玩具类儿童用品进行系列化产品设计和自主开发；
5. 绘制玩具的创意草图、零部件图和总装图；
6. 制作玩具设计的手工样板或模型；
7. 进行设计评审、工艺评审、设计成本控制，组织协调整体设计工作；
8. 进行产品的加工指导和质量检测。

4-08-08-11 首饰设计师

使用珠宝玉石、贵金属等材料，设计首饰外观和结构的人员。

主要工作任务：

1. 进行人性化、个性化和艺术化首饰的创意设计，手绘设计效果图；
2. 结合设计图样，选择制作首饰的材料；
3. 编制创意设计作品结构、材料和制作工艺的说明，绘制首饰制作三视图；
4. 使用计算机辅助设计软件进行首饰设计；
5. 使用机械或手工，制作首饰样品。

4-08-08-12 家具设计师

从事工业化生产或个性化定制家具设计的人员。

主要工作任务：

1. 根据建筑空间和环境，运用物质技术和艺术手段，进行家具产品创意设计，制作模型样品；
2. 绘制家具产品的立体效果图、结构拆装图、设计草图和施工图；
3. 制订生产工艺流程；
4. 进行设计阶段成本控制；
5. 组织、协调产品设计工作；
6. 制订企业的产品质量标准与规范；
7. 进行家具的卖场设计、展览设计和品牌设计。

4-08-08-13 陶瓷产品设计师

从事陶瓷产品造型设计和装饰设计的人员。

主要工作任务：

1. 根据新产品设计任务，拟订设计方案；
2. 根据使用功能及审美需求，进行产品造型设计；

3. 按设计方案或实物制作模型；

4. 试验、调整和修改设计方案，确定产品造型；

5. 进行产品装饰设计。

4-08-08-14 陶瓷工艺师

从事陶瓷产品生产工艺流程、工艺参数、质量标准制订和监控的人员。

主要工作任务：

1. 选取陶瓷原料；

2. 研制陶瓷坯料和釉料的配方；

3. 制订、监控生产陶瓷坯料和釉料的工艺技术参数；

4. 制订、监控陶瓷产品成型工艺及技术参数；

5. 制订、监控生产石膏模型的工艺参数；

6. 制订、监控陶瓷坯体、石膏模型的干燥工艺及技术参数；

7. 制订、监控烧成工艺、窑炉温度、压力、气氛等技术参数；

8. 选择窑具及装窑方法。

4-08-08-15 地毯设计师

从事地毯、壁毯等产品的图案纹样创作、色彩搭配、工艺设计的人员。

主要工作任务：

1. 分析地毯、壁毯产品市场需求及流行趋势；

2. 创意设计地毯、壁毯等产品图案纹样；

3. 根据设计图案纹样的文化元素及市场需求，进行色彩搭配设计；

4. 根据设计图案、地毯类型及纤维材料特性，进行织作工艺设计；

5. 指导织作。

4-08-08-16 皮具设计师

从事皮箱、皮包、皮袋等皮具产品设计开发、试制的人员。

主要工作任务：

1. 分析皮具流行趋势和流行元素；

2. 创意设计皮具产品，制作皮具样品；

3. 制订生产工艺流程，编写生产技术文件；

4. 选择、鉴定皮具生产的原辅料；

5. 进行设计阶段的成本控制；

6. 组织与协调产品设计工作；

7. 辅助制订企业的产品质量标准与规范。

4-08-08-17 鞋类设计师

从事鞋类产品、加工工艺设计的人员。

主要工作任务：

1. 进行鞋类流行元素、流行趋势市场调研；

2. 根据人体脚型、运动机理、美学原理和制鞋材料的性质，设计鞋楦、鞋帮部、鞋底部造型和结构；

3. 进行计算机辅助设计，制作手工样板；

4. 制订鞋类产品加工工艺；

5. 进行设计阶段的成本控制；

6. 进行鞋类产品生产管理和工艺管理；

7. 辅助制订企业的产品技术标准和质量检验规范；

8. 选择、检验和验收鞋类原辅料。

4-08-08-18 灯具设计师

从事室内和室外照明灯具的光学系统、电路系统、外观、结构设计的人员。

主要工作任务：

1. 根据使用场合和功能，设计灯具的

外观和结构，确定安装和固定方式；

2. 根据发光部件特性和产品性能要求，设计灯具的光学系统；

3. 根据产品性能、工作环境和体积要求，设计灯具的电路系统；

4. 进行灯具的防火、防水、防潮、防爆、防触电等安全性能设计；

5. 绘制灯具产品的外观设计图和机械、电路系统工作图；

6. 根据灯具制造材料，制订生产工艺；

7. 设计、开发制造灯具的模具；

8. 编制物料清单、成本控制方式等生产辅助性文件；

9. 进行产品开发设计验证。

4-08-08-19 照明设计师

从事室内、外光环境综合设计的人员。

主要工作任务：

1. 收集相关资料，进行现场调研和分析；

2. 根据空间的功能性质，建立照明设计环境的计算机模型，绘制设计草图；

3. 进行照明创意设计，绘制效果图及照明设计分析图；

4. 进行照明工程的技术设计和艺术设计；

5. 进行照明电器产品选型；

6. 制订照明设施的安装、供配电和照明控制系统设计方案；

7. 进行工程施工、安装、调试、验收技术指导；

8. 制订照明工程设施的日常维护方案。

4-08-08-20 形象设计师

运用美学原理、设计方法、造型手段，对人的自然形态进行有目的的整体形象再塑造的人员。

主要工作任务：

1. 咨询了解、分析设计对象的自然生理特征；

2. 依据设计对象在特需场合的需求，制订整体设计方案，编制整体设计说明和程序，绘制整体设计效果图；

3. 运用造型手段和色彩与服饰搭配技巧，进行服饰、化妆、发型等形象的再设计；

4. 为设计对象提供礼仪指导、形体训练、体态语言表达指导及时尚流行趋势资讯。

4-08-09（GBM 40809）
摄影扩印服务人员

从事相片拍摄、放大冲印等服务工作的人员。

本小类包括下列职业：

4-08-09-01 商业摄影师

4-08-09-02 冲印师

4-08-09-01 商业摄影师

使用照相器材、光源和造型技艺，按与顾客确定的方案，拍摄人像、风景、产品及采集生产或生活图像信息的人员。

主要工作任务：

1. 接待顾客，了解需求，制订拍摄方案，与顾客协商、修改、确定拍摄方案；

2. 选择拍摄场景、场地，布置场地、道具、灯光，检查照相器材及相关设备；

3. 按确定的方案，依被摄人物和物品等对象的特征和需求，确定拍摄角度和道具构成画面；

4. 调整照相机等器材，选择光线、造型，确定曝光量；

5. 拍摄人物、风景、物品等；

6. 操作影像后期加工装备，调整、存储并输出影像样片；

7. 向顾客介绍拍摄结果，根据顾客要求修改影像或补拍。

4-08-09-02　冲印师

使用胶片冲印器材和数码输出设备，制作、输出照片的人员。

主要工作任务：

1. 配制显影、定影液，冲洗黑白、彩色负片和反转片等胶片；

2. 操作印相机、放大机等设备，冲洗、放大胶片影像，制作黑白、彩色照片，复制正负系统底片，修整底片、照片，进行照片着色；

3. 使用工具或计算机，进行胶片或数码照片色温控制、色彩平衡、色彩还原等整修处理；

4. 操作印相机、放大机、镜头、喷墨打印机、干式扩印机、数字印刷机、热转印刷机等设备，设定数码输出设备的工作参数、调整频道、校正，印制数码照片；

5. 评价、判断照片及数码底片的质量；

6. 检查、清洁、维护保养冲印设备和器材。

本职业包含但不限于下列工种：

数码冲印师　暗室师

4-08-99（GBM 40899）
其他技术辅助服务人员

指未列入 4-08-01 至 4-08-09 的技术辅助服务人员。

4-09（GBM 40900）　水利、环境和公共设施管理服务人员

从事水利设施管理维护、生态保护、环境治理、环境卫生、园林绿化等服务工作的人员。

本中类包括下列小类：

4-09-01（GBM 40901）水利设施管养人员
4-09-02（GBM 40902）水文服务人员
4-09-03（GBM 40903）水土保持人员
4-09-04（GBM 40904）农田灌排人员
4-09-05（GBM 40905）自然保护区和草地监护人员
4-09-06（GBM 40906）野生动植物保护人员
4-09-07（GBM 40907）环境治理服务人员
4-09-08（GBM 40908）环境卫生服务人员
4-09-09（GBM 40909）有害生物防制人员
4-09-10（GBM 40910）绿化与园艺服务人员
4-09-99（GBM 40999）其他水利、环境和公共设施管理服务人员

4-09-01（GBM 40901）
水利设施管养人员

从事河道、堤防、水库等水利设施检查、维修、管理、养护的人员。

本小类包括下列职业：

4-09-01-01 河道修防工
4-09-01-02 水工混凝土维修工
4-09-01-03 水工土石维修工
4-09-01-04 水工监测工
4-09-01-05 水工闸门运行工

4-09-01-01 河道修防工

使用工具、机具等，检查、维修、养护和管理河道、堤防，并进行防汛抢险及其技术指导等工作的人员。

主要工作任务：

1. 巡查、观测，记录河道情况；
2. 维修、养护堤防；
3. 巡堤查险，处理常见险情；
4. 种植、养护、修整护坡草皮，养护防浪林、防护林；
5. 观测和维护防渗、导渗工程；
6. 查勘汛期河势、工情，预估发展变化趋势，发现、上报险情，进行防汛抢险及其技术指导；
7. 管理、维修、养护穿堤涵；
8. 查寻、防治处理白蚁及蛇、兽等影响堤防安全的动物巢穴。

4-09-01-02 水工混凝土维修工

使用工具、设备等，检查、维护水工混凝土工程，修补处理工程碳化、裂缝、气蚀等病害的人员。

主要工作任务：

1. 检查水工混凝土工程碳化、裂缝、气蚀、冲刷破损等病害；
2. 制备水工混凝土；
3. 处理蜂窝、麻面、空洞等缺陷面；
4. 维修水下混凝土设施；
5. 维护保养水工混凝土维修设备；
6. 填写水工混凝土维修作业记录。

4-09-01-03 水工土石维修工

使用工具、设备等，检修维护土石堤坝等土石工程，预防、修补和加固处理工程风化裂缝、渗透、变形等病害的人员。

主要工作任务：

1. 检查、处理土石堤坝的塌坑、裂缝、管涌、流土、滑坡等破坏情况；
2. 挖掘探坑、探槽、探井，检查防渗体质量，并回填恢复；
3. 加固、修补土石护坡；
4. 排查土石工程运行中的险情及隐患；
5. 维护保养土石维修仪器设备。

4-09-01-04 水工监测工

使用水工建筑物监测仪器，测控水工建筑物稳定与安全的人员。

主要工作任务：

1. 埋设、安装水平位移仪、垂直沉降仪、测压管、测缝计等监测仪器并进行率定；
2. 使用经纬仪、水准仪、全球定位系统（GNSS）、大坝视准仪等，进行坝体外部变形监测；
3. 使用测压管、测深钟、电测水位器、渗流透明度管、量水堰等，进行渗流监测；
4. 使用水平位移仪、垂直沉降仪等，进行坝体内部变形监测；
5. 使用温度计、测缝计等，进行应力变形监测；
6. 保养、维护仪器、仪表；

7. 整理填报监测资料。

4-09-01-05　水工闸门运行工

从事水工建筑物闸门及启闭设备等检查、操作、养护、维修的人员。

主要工作任务：

1. 检查水工闸门、启闭机及其配套设备运行情况；
2. 操作运行水工闸门、启闭机及其配套设备；
3. 维修和养护水工闸门、启闭机及其配套设备；
4. 填写检查、运行、维修记录。

4-09-02（GBM 40902）
水文服务人员

从事水文测量、记录、整理、测报等工作的人员。

本小类包括下列职业：

4-09-02-01　水文勘测工
4-09-02-02　水文勘测船工

4-09-02-01　水文勘测工

使用勘测仪器设备，勘测、记录、整理、传送水体的水位、流量、含沙量等水文资料和信息，进行水体水质变化取样、化验的人员。

主要工作任务：

1. 观测水位、降水量、蒸发量等项目，记录数据，计算和绘图；
2. 测验和计算流量、含沙量；
3. 监测水质，进行取样和现场处理；
4. 进行水情的拟报、发报和收报；
5. 整编水位、降水量、蒸发量等项目资料，电算整编、数据加工；
6. 进行水文巡测；
7. 编制测站洪水预报方案，进行预报作业；
8. 维修、保养测量仪器设备，排除故障。

4-09-02-02　水文勘测船工

从事使用、维修、养护水文勘测船只和设施等工作的人员。

主要工作任务：

1. 驾驶水文测船，安装、收回测验（量）仪器设备，保管、养护在船测验（量）仪器设备；
2. 测定、校正助航、导航仪器和仪表误差，调整电器设备整定值；
3. 判断和选择测船操纵、航行方法，操纵水文测船，配合进行水文测验、水质监测、河道勘测等；
4. 操纵、维修、保养绞车设备；
5. 养护、维修测船船体，检查、养护测船动力、机电、液压等设备；
6. 处理测船机损、海事突发事故，进行消防、救生、堵漏等。

4-09-03（GBM 40903）
水土保持人员

从事水土保持、水土流失防治工作的人员。

本小类包括下列职业：

4-09-03-00　水土保持员 L

4-09-03-00　水土保持员 L

从事水土流失防治设施的布设、施工、管理，开展水土流失及其防治效果监测、水土保持试验及防治人为水土流失等工作的人员。

主要工作任务：

1. 布设水土保持监测、观测站点和试验设施；

2. 组织水土保持和试验项目施工，监督、指导、验收、鉴定水土流失防治措施；

3. 种植、养护、修整水土保持防护林带、草皮等；

4. 维修、加固、管护水土保持设施；

5. 使用常规仪器、工具，选采样品，观测、试验水土保持状况；

6. 统计、计算、分析数据，整编资料；

7. 预防、监督、管护水土流失，协助调查违反水土保持法规的行为。

本职业包含但不限于下列工种：

水土保持治理工　水土保持监测工

4-09-04（GBM 40904）
农田灌排人员

从事农田灌排工程施工运行、管理和养护，调配供水等工作的人员。

本小类包括下列职业：

4-09-04-00　灌区管理工

4-09-04-00　灌区管理工

操作灌排工程和灌溉试验设施、设备、仪器，运行和管护灌排工程及配置灌溉用水的人员。

主要工作任务：

1. 测定土壤含水量、密实度；

2. 观测、记录沟渠水位、流量；

3. 检查、养护、维修灌溉排水工程并处置问题；

4. 管理、养护机井及泵站；

5. 检修水泵及配套动力设备、机械设备。

本职业包含但不限于下列工种：

渠道维护工　灌区供水工　灌排工程工　灌排泵站运行工

4-09-05（GBM 40905）
自然保护区和草地监护人员

从事自然保护区、草地保护和管理等工作的人员。

本小类包括下列职业：

4-09-05-01　自然保护区巡护监测员 L

4-09-05-02　草地监护员 L

4-09-05-01　自然保护区巡护监测员 L

从事自然保护区野外生态环境巡护、监测、检查、数据收集管理、联络沟通等工作的人员。

主要工作任务：

1. 监测、记录、报告自然保护区内物种以及气象、水文、土壤等环境因子变化情况；

2. 检查、监管出入自然保护区的人员、车辆；

3. 普及防火、消防安全、资源保护知识，规范访客行为；

4. 维护自然保护区内的设施、设备；

5. 收集自然保护区及周边社区的情况，沟通信息，提供咨询。

本职业包含但不限于下列工种：

自然保护区环境巡护监测工　自然保护区检查工　自然保护区社区共管联络工

4-09-05-02　草地监护员 L

从事草地资源监测保护、草地病虫鼠害防治工作的人员。

主要工作任务：

1. 采集、分析草地植被种类、数量、产量、质量信息，以及土壤、水质的样本；

2. 调查、分析、上报草地病虫害的种类、发生的面积、虫鼠密度等；

3. 使用工具或设施，捕杀鼠虫、除灭毒害草；

4. 巡护草地，制止破坏行为，维护设施；

5. 调查、保护、培育草地珍稀濒危植物资源。

本职业包含但不限于下列工种：

草地监测员　草地管护员

4-09-06（GBM 40906）
野生动植物保护人员

从事野生及濒危动植物培育、繁殖等保护工作的人员。

本小类包括下列职业：

4-09-06-01　野生动物保护员 L
4-09-06-02　野生植物保护员 L
4-09-06-03　标本员
4-09-06-04　展出动物保育员

4-09-06-01　野生动物保护员 L

从事野生动物及栖息地的保护，拯救、驯养繁殖濒危珍稀野生动物，合理开发利用野生动物的作业人员。

主要工作任务：

1. 进行自然保护区或野生动物栖息地的野外巡护、监测、数据收集管理，制止并报告发生的非法猎捕野生动物和破坏野生动物栖息环境及进入保护区对区内资源破坏的行为，协助打击犯罪；

2. 驯养繁殖野生动物，为野生动物及幼雏配制饲料、喂食、看护、配种并进行疫病防治；

3. 采收、分割、加工可利用的野生动物及其产出品，并制成产品；

4. 合理并合法猎捕野生动物；

5. 在狩猎区域对合法狩猎活动进行技术指导和监督，并按要求对猎获物进行处理；

6. 引导访客观赏野生动物。

本职业包含但不限于下列工种：

野生动物饲养繁殖工　野生动物实验辅助工　导猎员　野生动物疫病防治工　野生动物监测工　野生动物管护工　野生动物产品采集加工利用工

4-09-06-02　野生植物保护员 L

从事野生植物及其生长环境的保护工作，管护、监测、救护、培植利用野生植物的作业人员。

主要工作任务：

1. 巡护、监测野生植物的生长环境，收集管理数据，报告并制止非法行为和犯罪活动；

2. 试验引种，育苗、定植、抚育野生植物，防治病虫害，扩大野生种群；

3. 采集批准区域、种类和数量的野生植物；

4. 救护受损野生植物，扩繁目的植物，恢复和重建适生环境。

本职业包含但不限于下列工种：

野生植物培植工　野生植物采集工　野生植物监测工　野生植物救护工　野生植物管护巡护工

4-09-06-03　标本员

从事动植物及其他生物标本的采集、制作和保管工作的人员。

主要工作任务：

1. 采集、制作动植物及其他生物标本；

2. 采集、整理、录入标本基本信息、

数据及其图像，建立纸质和电子档案；

3. 交流和交换标本，丰富标本种类和数量；

4. 分类并归档，检查标本的保存状况，处理、更新损坏和变质的标本；

5. 进行标本消毒、杀虫等处理。

本职业包含但不限于下列工种：

禽兽类动物标本采集制作工　植物标本采集制作工　昆虫标本采集制作工　菌物标本采集制作工　标本保管员

4-09-06-04　展出动物保育员

从事展出动物饲养、繁育和展示工作的人员。

主要工作任务：

1. 观察展出动物状况；

2. 饲养、训练动物，繁殖育幼，协助动物保定与转移；

3. 加工配制动物日粮；

4. 维护、改善动物场馆展区，丰富环境多样性，保障动物福利；

5. 配合实施动物疾病防治措施；

6. 展示动物，进行动物保护科普宣传教育。

本职业包含但不限于下列工种：

水生哺乳动物驯养员　观赏鱼养殖工

4-09-07（GBM 40907）
环境治理服务人员

从事城镇生活污水、污泥、固体废物、危险废弃物处理工作的人员。

本小类包括下列职业：

4-09-07-01　污水处理工 L

4-09-07-02　工业固体废物处理处置工 L

4-09-07-03　危险废物处理工 L

4-09-07-01　污水处理工 L

从事城镇污水和污泥处理设施的运行、维护，化验处理结果，记录日常处理情况等工作的人员。

主要工作任务：

1. 运行、维护城镇污水、雨水处理设施和设备，进行水净化处理与再生；

2. 运用、维护城镇污泥处理设施和设备，进行污泥无害化处理与利用；

3. 填写生产运行记录，整理归档。

本职业包含但不限于下列工种：

城镇污水处理工　污泥处理工

4-09-07-02　工业固体废物处理处置工 L

从事工业固体废物收集、储存、处理、利用和处置工作的人员。

主要工作任务：

1. 使用包装容器和运输工具，将固体废物收集和运输到处理处置场所；

2. 操作水平式压实器、三向垂直式压实器等设备，进行固体废物压实；

3. 操作颚式破碎机、锤式破碎机等设备，破碎固体废物；

4. 操作振动筛、滚筒筛、磁选机等设备，分选固体废物；

5. 操作水泥、石灰、沥青、化学试剂等添加剂的注入设备和搅拌设备，进行固体废物固化和稳定化；

6. 操作加热炉，将固体废物在高温下熔化成玻璃体，进行固体废物固化；

7. 操作好氧堆肥、厌氧消化等生物反应设备和设施，进行固体废物生物处理；

8. 操作炉排炉、热解炉、回转窑等加热设备，进行固体废物热处理；

9. 操作推土机、压实机等设备，填埋和覆盖固体废物；

10. 操作制砖机、制板机、粉磨机、焙烧炉等设备，进行固体废物再生处理和资源回收利用；

11. 操作燃料供应、换热、压缩空气供应等设备，处理处置固体废物；

12. 操作废气、废水等二次污染物收集和控制设备，处理二次污染物；

13. 操作污染物监测设备，监测固体废物处理处置效果和污染物排放浓度；

14. 维护和检修设备，管理备品备件。

4-09-07-03　危险废物处理工 L

从事危险废物或放射性废物收集、运输、储存和处理处置工作的人员。

主要工作任务：

1. 使用专用包装容器和运输工具，收集危险废物并运输到处置场所；

2. 根据危险废物的特性，分析危险废物毒性，进行危险废物分类和预处理；

3. 进行危险废物再生处理和资源回收利用；

4. 进行危险废物焚烧处理和相关工作；

5. 进行危险废物固化、稳定化处理和安全填埋处置等。

本职业包含但不限于下列工种：

医疗废物处理工　放射性废物治理工　工业危险废物处理工

4-09-08（GBM 40908）

环境卫生服务人员

从事公共区域保洁，生活垃圾清运、处理和相关作业的人员。

本小类包括下列职业：

4-09-08-01　保洁员 L
4-09-08-02　生活垃圾清运工 L
4-09-08-03　生活垃圾处理工 L

4-09-08-01　保洁员 L

从事公共场所、公共区域、公共设施、公共水域水面以及建筑物内外清洁、维护工作的人员。

主要工作任务：

1. 使用清扫、冲洗等机具或人工方式，清扫、清洗道路、广场等公共场所和公共区域；

2. 使用清洁、冲洗等机具或人工方式，清洁、维护公共设施及建筑物外立面和内部公共区域；

3. 使用清洁、冲洗等机具或人工方式，清洁、打扫公共厕所；

4. 清理、保洁和维护公共水域水面。

本职业包含但不限于下列工种：

清扫工　公厕保洁员　高空外墙清洗员　水面保洁员

4-09-08-02　生活垃圾清运工 L

从事生活垃圾收集、转运、分拣、运输工作的人员。

主要工作任务：

1. 使用压缩式、非压缩式垃圾收集车或人工方式，进行垃圾收集、装卸、运输；

2. 操作压缩或非压缩设备，进行垃圾从小型车辆到大型运输车辆的转送；

3. 在垃圾收集、转运过程中，使用筛分、分拣等设备或人工方式，分拣垃圾；

4. 操作密封式真空吸粪车等设备，清运粪便；

5. 使用密封式专用车辆等或人工方式，清运餐厨垃圾；

6. 操作和驾驶清扫、洒水、收集、运输等专用车辆，进行环境卫生作业。

本职业包含但不限于下列工种：

粪便清运工　生活垃圾收集工　餐厨垃

圾收集工　生活垃圾转运分拣工

4-09-08-03　生活垃圾处理工 L

从事生活垃圾无害化处理、处置和资源化利用工作的人员。

主要工作任务：

1. 操作固液分离、絮凝脱水、反应器等设备，进行粪便处理和资源化利用，防治处理过程中产生的二次污染；

2. 操作填埋压实机等设备，进行生活垃圾卫生填埋和资源化利用，防治填埋过程中产生的二次污染，维护封场后的填埋场；

3. 操作焚烧炉等设备，进行生活垃圾焚烧处理和资源化、能源化利用，防治焚烧过程中产生的二次污染；

4. 操作破碎机、筛分机、生物反应器等设备，进行生活垃圾堆肥处理和资源化利用，防治堆肥过程中产生的二次污染；

5. 操作固液分离、反应器等设备，进行餐厨垃圾处理和资源化利用，防治处理过程中产生的二次污染；

6. 操作破碎机、分选机等设备，进行建筑垃圾处理和资源化利用，防治处理过程中产生的二次污染。

本职业包含但不限于下列工种：

生活垃圾填埋作业工　生活垃圾焚烧操作工　餐厨垃圾处理工　生活垃圾堆肥操作工　粪便处理工

4-09-09（GBM 40909）
有害生物防制人员

从事危害人类健康、影响人类生活的有害生物预防和控制工作的人员。

本小类包括下列职业：

4-09-09-00　有害生物防制员 L

4-09-09-00　有害生物防制员 L

从事危害人类健康、影响人类生活并造成经济损失的有害生物预防和控制工作的人员。

主要工作任务：

1. 识别蚊、蝇、鼠、蟑、白蚁等有害生物；

2. 调查有害生物密度，制订防制方案；

3. 运用综合防制措施，防制有害生物；

4. 评估有害生物防制效果，并提出巩固效果的措施；

5. 进行死畜等有害生物的无害化处理。

本职业包含但不限于下列工种：

白蚁防治工　死畜无害化处理工

4-09-10（GBM 40910）
绿化与园艺服务人员

从事园林及城市绿化、盆景和假山制作等园林景观营造及插花艺术工作的人员。

本小类包括下列职业：

4-09-10-01　园林绿化工 L
4-09-10-02　草坪园艺师
4-09-10-03　盆景工
4-09-10-04　假山工
4-09-10-05　插花花艺师

4-09-10-01　园林绿化工 L

从事园林植物的繁殖栽培，苗木出圃，园林绿化施工、养护，园林有害生物防制工作的人员。

主要工作任务：

1. 耕作土壤、施肥、浇水、修剪等，养护花圃及园林绿地；

2. 选纯复壮，繁殖、培育树木和花卉等园林植物良种；

3. 栽培、移植、支护园林植物；

4. 诊治、复壮园林古树名木；

5. 收获、储藏和采后保鲜园林花卉；

6. 调配、喷洒药剂，防治树木、花卉、草坪等园林植物的病虫害；

7. 维护园林设备和机具。

本职业包含但不限于下列工种：

花卉园艺工　园林植保工

4-09-10-02　草坪园艺师

使用草坪建植机具和设施，培育、制取草皮卷，建植、养护草坪的人员。

主要工作任务：

1. 识别、选择草坪良种，采用嗑、压、浸、照等技法，处理种子；

2. 使用机具，翻耕、整理苗床，播种草籽，培植草皮；

3. 使用工具，切分、起挖草皮，制取、标识草皮卷；

4. 使用机具，翻耕土地、清除杂草及根茎和垃圾，成形坪床；

5. 混匀并回填客土，施肥，调配建植土的成分；

6. 使用喷播器具或草坪种子植生带，播种，或移植草皮；

7. 使用修剪机和灌溉设施，施肥、浇水、修剪和养护草坪；

8. 调配、喷洒药剂，防治草坪病虫害；

9. 检验监测草坪绿地的质量，并出具报告；

10. 维护保养草坪设备和机具。

本职业包含但不限于下列工种：

草坪建植工　草坪管护工　草坪检测工

4-09-10-03　盆景工

使用植物的根、桩以及山石和花卉等材料，制作具有观赏价值的盆景并进行管护的人员。

主要工作任务：

1. 识别和收集根、桩、摆件、器皿等盆景制作材料；

2. 设计盆景造型，加工、制作盆景；

3. 养护盆景；

4. 鉴赏、评价盆景作品。

本职业包含但不限于下列工种：

树桩盆景工　山石盆景工

4-09-10-04　假山工

运用传统工艺或仿真技术，模拟自然山景，进行掇山和置石，营造园林景观的人员。

主要工作任务：

1. 识别、选择假山制作材料；

2. 运用传统工艺，按照安、连、接、斗、挎、拼、悬、垂、挑、撑等山石构建技法，进行假山施工；

3. 运用传统工艺，按照特置、对置、散置、群置等形式，进行置石施工；

4. 使用工具和机具，堆砌、修饰山石驳岸；

5. 搭建假山结构骨架，手工塑造或翻模塑石。

本职业包含但不限于下列工种：

塑石工　山石工

4-09-10-05　插花花艺师

从事鲜花、干花和人造花等花材及配材加工整理、艺术构思、色彩与构图设计，制成插花艺术品等工作的人员。

主要工作任务：

1. 修整、分类鲜花、干花、人造花等花材和配材；

2. 进行鲜花、配材保鲜处理；

3. 整理、加工花材，进行艺术构思、色彩与构图设计，制成花篮、花钵、花束等插花艺术品；

4. 进行插花艺术品的陈设和环境装饰。

4-09-99（GBM 40999）
其他水利、环境和公共设施管理服务人员

指未列入 4-09-01 至 4-09-10 的水利、环境和公共设施管理服务人员。

4-10（GBM 41000） 居民服务人员

从事家庭、保健、婚姻等居民生活服务工作的人员。

本中类包括下列小类：

4-10-01（GBM 41001）生活照料服务人员
4-10-02（GBM 41002）服装裁剪和洗染织补人员
4-10-03（GBM 41003）美容美发和浴池服务人员
4-10-04（GBM 41004）保健服务人员
4-10-05（GBM 41005）婚姻服务人员
4-10-06（GBM 41006）殡葬服务人员
4-10-07（GBM 41007）宠物服务人员
4-10-99（GBM 41099）其他居民服务人员

4-10-01（GBM 41001）
生活照料服务人员

从事育婴、家政等服务工作的人员。

本小类包括下列职业：

4-10-01-01 婴幼儿发展引导员
4-10-01-02 育婴员
4-10-01-03 保育员
4-10-01-04 孤残儿童护理员
4-10-01-05 养老护理员
4-10-01-06 家政服务员

4-10-01-01 婴幼儿发展引导员

从事 0～3 岁婴幼儿身心健康发展引导，并对婴幼儿看护人提供辅助咨询服务工作的人员。

主要工作任务：

1. 指导孕期夫妇了解孕期营养需求，依孕期生理、心理及角色变化，营造适宜的胎儿激励环境；

2. 指导婴幼儿看护人了解 0～3 岁婴幼儿发展发育标准，使用测评工具，检测婴幼儿发育指标；

3. 帮助婴幼儿看护人掌握养育理念，分析养育情况，并提供改善建议；

4. 帮助婴幼儿看护人掌握喂养知识，指导婴幼儿的营养补充；

5. 在婴幼儿家庭等地布置适宜环境，组织开展婴幼儿游戏，并提供互动示范；

6. 实施婴幼儿应急救援，指导婴幼儿看护人规避婴幼儿安全风险。

4-10-01-02 育婴员

在 0～3 岁婴幼儿家庭从事婴幼儿日常生活照料、护理和辅助早期成长的人员。

主要工作任务：

1. 指导母乳喂养、人工喂养和婴幼儿

辅食添加，选择婴幼儿食品，并进行婴幼儿科学喂养；

2. 培养婴幼儿饮食、睡眠、入厕、盥洗和洗澡等生活习惯，提供相应照料；

3. 测量婴幼儿的身高和体重、体温、脉搏及呼吸，早期发现婴幼儿的常见疾病或不适，并进行意外伤害初步处理；

4. 对婴幼儿进行抚触按摩；

5. 依婴幼儿生长发育特点，选择适当游戏，进行个性化的大动作、精细动作、认知能力、语言能力、社会交往能力训练。

4-10-01-03　保育员

在托幼园所、社会福利机构及其他保育机构中，从事儿童基本生活照料、保健、自理能力培养和辅助教育工作的人员。

主要工作任务：

1. 安排、管理儿童生活，根据儿童生长发育和个体差异，采取措施促进儿童正常生长发育；

2. 配制消毒液，进行室内外清洁和日常消毒；

3. 协助保健人员进行传染区的日常消毒；

4. 进行晨、午、晚检，根据儿童情绪、身体异常变化，发现、鉴别儿童常见疾病，进行常见意外伤害初步处理；

5. 配合教师，组织教育、游戏、体育活动；

6. 训练儿童基本生活自理能力和良好品德行为习惯。

4-10-01-04　孤残儿童护理员

从事孤残儿童日常生活照料和护理，并协助专业人员对其进行康复、教育、保健服务工作的人员。

主要工作任务：

1. 为不同年龄和不同残疾类型的孤残儿童提供全天候生活照料；

2. 根据孤残儿童生活、患病和手术后的照料要求，进行疾病观察、体温测量、保暖、降温等护理；

3. 清洁、消毒室内外环境及日常用品，隔离传染源，保护易感儿童；

4. 采取约束、特殊辅具保护等方式，预防意外伤害；

5. 配合康复训练师进行康复训练；

6. 进行情绪、情感关怀，辅助教师进行早期教育。

4-10-01-05　养老护理员

从事老年人生活照料、护理服务工作的人员。

主要工作任务：

1. 照料老年人的饮食、清洁、睡眠和排泄等日常生活；

2. 采取安全保护措施，预防意外伤害；

3. 进行用药、观察、消毒、冷热应用等，做好相关记录；

4. 协助开展急救，进行常见病、危重病和临终护理；

5. 进行健康教育和康复护理。

本职业包含但不限于下列工种：

失智老人照护员

4-10-01-06　家政服务员

从事家务料理、家庭成员照护、家庭事务管理等工作的人员。

主要工作任务：

1. 清洁家庭卫生、洗熨衣物、烹调饭菜、采购物品、料理家庭相关事务；

2. 照护家庭中的孕妇生活起居，配制

营养膳食，进行妊娠保健护理，制订、实施胎儿教育计划；

3. 照护家庭中的产妇生活起居，配制营养膳食，指导产妇形体恢复训练，进行产妇心理卫生疏导；

4. 照护家庭中的新生儿生活，配制新生儿饮食，喂养新生儿，进行新生儿保健护理；

5. 照护家庭中的婴幼儿生活起居，配制婴幼儿膳食，进行婴幼儿保健护理，辅助婴幼儿启蒙教育；

6. 照护家庭中的老年人起居，配制老年人膳食，进行老年人健康保健指导，陪伴老年人出行，照护老年人安全；

7. 照护家庭中的病患生活起居，配制病患营养膳食，照护病患饮食，进行病患康复与保健指导；

8. 管理家庭有关事务，规划家庭服务岗位，安排家政服务人事，管理家庭生活开支，策划、安排家庭宴会，规划、美化家庭环境。

4-10-02（GBM 41002）服装裁剪和洗染织补人员

从事个体服装制衣以及衣物洗涤、染色、织补等工作的人员。

本小类包括下列职业：

4-10-02-01 裁缝
4-10-02-02 洗衣师
4-10-02-03 染色师
4-10-02-04 皮革护理员
4-10-02-05 织补师

4-10-02-01 裁缝

依顾客个性化要求，进行人体测量、服装款式草图绘制、服装样板制作，裁剪、缝制、拆改服装的人员。

主要工作任务：

1. 根据顾客个性化要求，绘制或向顾客推荐设计效果图、款式图；

2. 测量、记录顾客人体尺寸；

3. 根据设计效果图，制作服装样板、裁剪面料、缝制成衣；

4. 试衣，调整成衣尺寸并定型、熨烫；

5. 根据顾客要求，进行成衣款式、尺寸的拆改和翻新。

4-10-02-02 洗衣师

使用洗涤、整烫设备和工具、洗涤剂等，洗涤、保养、整理衣物的人员。

主要工作任务：

1. 分类待洗衣物；

2. 进行待洗衣物洗前处理；

3. 检查、保养洗涤设备；

4. 使用洗涤工具或设备、洗涤剂，洗涤衣物；

5. 使用熨烫专用工具、设备，熨烫衣物；

6. 进行衣物的消毒处理。

4-10-02-03 染色师

使用染色工具和设备、染料、助剂，染色加工衣物的人员。

主要工作任务：

1. 识别被染衣物的纤维成分；

2. 根据衣物纤维选择染料；

3. 使用染料拼色和调色；

4. 选择染色助剂；

5. 根据衣物面料和染料性质，调节染色的温度、时间、浴比、酸碱度（pH 值）等参数；

6. 进行衣物染色；

7. 修复衣物颜色瑕疵。

4-10-02-04　皮革护理员

从事皮衣、皮具等皮革制品的清洗、养护、修饰等工作的人员。

主要工作任务：

1. 使用洗涤工具、设备，清洗皮革制品上的污垢；
2. 修复皮革制品上的划伤、磨损、裂纹等破损；
3. 进行皮革制品加脂和涂饰上色处理；
4. 进行皮革制品手感、光泽处理；
5. 修补、翻新与更换皮革制品及其饰件。

4-10-02-05　织补师

使用织补针、织补圈等专用工具和手工技能，对破损衣物，依其原色、原纱、原结构进行修复的人员。

主要工作任务：

1. 分析织物的组织结构；
2. 辨别织物经、纬纱的捻向、捻合度和紧密度；
3. 抽取原织物上的纱线用于织补；
4. 根据破洞形状、组织特点确定织补法；
5. 进行织补部位的绷织补圈；
6. 采用隔针、加针等技术，排纬纱和经纱，织补破损部位；
7. 修整织补部位；
8. 熨烫织补部位，使织物接近原貌。

4-10-03（GBM 41003）
美容美发和浴池服务人员

从事美容、美发、美甲以及浴池服务等工作的人员。

本小类包括下列职业：

4-10-03-01　美容师
4-10-03-02　美发师
4-10-03-03　美甲师
4-10-03-04　浴池服务员
4-10-03-05　修脚师

4-10-03-01　美容师

从事顾客面部护理、身体护理和美化修饰容颜的人员。

主要工作任务：

1. 进行皮肤清洁、基面化妆、点妆修饰等；
2. 运用基面化妆技巧，使用化妆用品及辅助药物及工具，进行保健美容及修饰；
3. 使用药物、激光仪器及其他美容工具设备，预防和治疗面部的面疱、暗疮、色斑等；
4. 根据顾客肤质特点和要求，提供美容护理方案；
5. 提供皮肤保养、护理、美容化妆等咨询服务。

4-10-03-02　美发师

使用美发工具，设计、修剪、制作顾客发型的人员。

主要工作任务：

1. 根据顾客发质，选用洗发产品和方式，为顾客洗发；
2. 根据顾客头型，设计发型，并使用理发工具为顾客剪发；
3. 根据顾客外形及要求，使用染发剂、烫发剂等，为顾客染发或烫发；
4. 根据顾客脸型，运用束发工具和盘发技巧，为顾客束发造型；
5. 运用按摩手法、指法，为顾客进行

按摩；

6. 使用刮刀等净面工具，为顾客净面；

7. 根据顾客发质，选择护发、固发产品，为顾客护发或固发；

8. 根据顾客头皮状态，使用护理仪器和产品，为顾客进行头皮护理。

4-10-03-03　美甲师

使用美甲工具，进行顾客手足部的消毒、清洁、护理、修饰设计的人员。

主要工作任务：

1. 进行顾客手、足指（趾）甲分析，选择护理项目及产品，进行消毒清洁及护理保养；

2. 根据顾客的手型、甲型、肤质、服饰色彩及要求，进行指甲美化设计；

3. 整理清点产品柜，补充缺货品种及物资。

4-10-03-04　浴池服务员

在公共沐浴场所，为顾客提供沐浴、休闲服务，并进行浴区、浴具清洁消毒的人员。

主要工作任务：

1. 检查沐浴场所的设备设施，补给沐浴物品，清洁浴池、地面、座椅、更衣箱等；

2. 更换、洗涤、消毒浴巾、毛巾、浴衣裤、拖鞋等；

3. 检查沐浴场所的室温、水温、水质以及温度、空气质量和照明度等情况；

4. 为顾客进行干身服务；

5. 处理、报告沐浴场所内的问题和顾客的投诉。

4-10-03-05　修脚师

使用刀具、器械和药物，护理足部及修治足部疾病的人员。

主要工作任务：

1. 诊断皮表病变、病菌感染和机械性挤压摩擦等足部疾病；

2. 运用支、抠、捏、卡、拢、攥、挣、推等手法和修、挖、起、片、撕、分、刮、拉等修治刀法，修治足部趾甲、表皮以及足部角化症状；

3. 根据顾客的脚型、甲型、皮损、肤质，提供足部修护、保养建议以及药物护理；

4. 进行修脚刀具及用品、器械等的消毒、磨砺、保养。

4-10-04（GBM 41004）

保健服务人员

从事保健按摩、足疗等保健服务工作的人员。

本小类包括下列职业：

4-10-04-01　保健调理师

4-10-04-02　保健按摩师

4-10-04-03　芳香保健师

4-10-04-01　保健调理师

运用中医经络腧穴理论知识，使用刮具、罐具、灸具、砭具等器具和相关介质，在顾客体表特定部位进行刮痧、拔罐、灸术、砭术等保健调理操作的人员。

主要工作任务：

1. 接待、询问并判断顾客身体状况；

2. 根据顾客需求和身体状况，确定保健方法和调理部位；

3. 准备刮具、罐具、灸具、砭具等调理器具和介质，进行消毒处理；

4. 使用牛角、玉石等材质的刮具，运用刮痧、放痧、撮痧等方法，在顾客体表特定部位或穴位进行刮痧调理操作；

5. 使用艾炷、艾条、药饼等灸具和材料，运用艾炷灸、艾条灸、温灸器灸等方法，在顾客体表特定部位或穴位进行灸术调理操作；

6. 使用玻璃、竹、陶瓷、抽气罐等罐具，运用留罐、闪罐、走罐等方法，在顾客体表特定部位或穴位进行拔罐调理操作；

7. 使用板形、锥棒形、块形、球形、复合形和电热等砭具，运用摩擦、摆动、挤压、叩击、熨敷等方法，在顾客体表特定部位或穴位进行砭术调理操作；

8. 清洁调理操作部位，并整理物品；

9. 根据顾客身体状况，提出饮食、作息、运动等生活方式建议；

10. 告知顾客调理后的注意事项，提出调理计划，进行日常保健方法培训。

本职业包含但不限于下列工种：

保健刮痧师　保健艾灸师　保健拔罐师　保健砭术师

4-10-04-02　保健按摩师

运用经络腧穴知识和中医按摩手法，进行人体特定部位或穴位按摩的人员。

主要工作任务：

1. 接待顾客，询问需求及身体不适情况；

2. 判断并提出按摩方案；

3. 准备工作环境；

4. 依顾客需求，选择仰卧、俯卧等体位，进行按摩；

5. 进行按摩后的整理，并提出按摩后的保健建议；

6. 进行按摩培训指导。

本职业包含但不限于下列工种：

脊柱按摩师　足部按摩师　反射疗法师

4-10-04-03　芳香保健师

使用天然芳香植物精油和其他芳香植物材料，运用香薰、水疗、按摩和精油调理等方法，进行顾客身心保健的人员。

主要工作任务：

1. 接待顾客，并提供咨询服务；

2. 根据顾客所选护理项目，布置周围场景环境；

3. 根据顾客所选护理项目，选择香薰精油和护理方式；

4. 根据精油的成分及特质，调配精油比例，进行皮肤护理；

5. 消毒用具，调整场所温度，运用芳香疗法和按摩手法进行保健护理。

4-10-05（GBM 41005）

婚姻服务人员

从事婚姻介绍、婚庆典礼、婚姻咨询等服务工作的人员。

本小类包括下列职业：

4-10-05-01　婚介师

4-10-05-02　婚礼策划师

4-10-05-03　婚姻家庭咨询师

4-10-05-01　婚介师

利用信息网络，提供婚姻伴侣找寻服务工作的人员。

主要工作任务：

1. 收集、登记、核实客户信息；

2. 咨询、了解、登记客户择偶意向；

3. 展示“准客户”，并与其他注册会员匹配；

4. 安排、促成双方约见或见面；

5. 跟进双方交往情况，引导婚恋观，解决交往中的问题与困惑；

6. 建立婚介服务档案；

7. 举办婚介服务活动，提供咨询服务。

4-10-05-02　婚礼策划师

从事婚礼庆典方案创意策划、人财物统筹、监督方案执行等服务工作的人员。

主要工作任务：

1. 接待客户，提供婚礼的咨询服务；

2. 确定婚礼服务项目、服务人员和费用预算；

3. 根据婚礼主题，策划婚礼流程，进行场景布置、花艺、道具、化妆、音乐、影像等设计，制作婚礼策划书；

4. 根据婚礼风格和预算，安排婚礼主持人、音响师、摄影师、摄像师、花艺师、化妆师等，组建婚礼执行团队；

5. 组织实施婚礼彩排；

6. 现场调度婚礼庆典活动；

7. 策划影视后期制作的效果方案，提交影像作品；

8. 回访客户。

4-10-05-03　婚姻家庭咨询师

在恋爱、婚姻及家庭生活中，进行情感、家庭人际关系、家庭危机等咨询服务的人员。

主要工作任务：

1. 提供解决情感问题的建议；

2. 进行婚前、夫妻关系调适及家庭人际关系调适的咨询服务和辅导；

3. 提出排解婚姻、家庭危机的建议；

4. 进行父母自我教育及亲子教育的咨询服务和辅导；

5. 进行离婚或再婚者的咨询服务和辅导；

6. 进行家庭和谐、稳定、家庭成员身心健康的咨询服务和辅导。

4-10-06（GBM 41006）

殡葬服务人员

从事殡仪服务、遗体火化、墓地管理等服务工作的人员。

本小类包括下列职业：

4-10-06-01　殡仪服务员

4-10-06-02　遗体防腐整容师

4-10-06-03　遗体火化师

4-10-06-04　公墓管理员

4-10-06-01　殡仪服务员

从事追悼、告别场所布置，接待、引导家属和宾客，组织治丧活动等殡仪服务工作的人员。

主要工作任务：

1. 接待逝者家属和丧事活动参与者，提供咨询和洽谈服务，安排治丧业务；

2. 布置追悼、告别仪式会场，安放遗体，摆放花圈、鲜花等，组织治丧活动；

3. 接待逝者家属和丧事活动参与者，提供引导服务；

4. 清洁殡仪服务场所和设施，进行消毒；

5. 收集、整理、保管殡仪服务档案；

6. 销售殡葬用品；

7. 宣传殡葬改革和管理政策，倡导丧葬习俗改革；

8. 书写殡葬文书，策划、实施殡葬礼仪。

本职业包含但不限于下列工种：

遗体接运工　殡葬礼仪师

4-10-06-02　遗体防腐整容师

从事遗体防腐与整容工作的人员。

主要工作任务：

1. 进行遗体的防腐操作；

2. 进行遗体的整容操作。

本职业包含但不限于下列工种：

遗体防腐师　遗体整容师

4-10-06-03　遗体火化师

从事遗体、遗骸火化及骨灰处理等殡葬服务工作的人员。

主要工作任务：

1. 核对、录入待火化的遗体或遗骸信息；

2. 操作火化设备，火化遗体或遗骸；

3. 收集、整理、装殓或处理骨灰；

4. 维护、检测、保养火化设备。

4-10-06-04　公墓管理员

从事公共墓园和墓地维护管理、墓穴施工，并提供骨灰寄存、安葬和祭奠等殡葬服务工作的人员。

主要工作任务：

1. 为客户提供建墓所用建筑材料的品种、用途、性能和价格的咨询服务；

2. 为客户提供建墓服务；

3. 根据本地区主要民族和宗教信仰者埋葬遗体或骨灰的方法和礼俗，提供葬礼和祭奠服务；

4. 遵照碑文内容、格式、写法，提供立碑服务；

5. 建立和管理墓地业务档案；

6. 管理维护墓地园区，进行环境绿化和美化；

7. 接待服务对象，检查、核对火化证明等材料；

8. 办理骨灰收取、寄存、安放和保管等手续，调节骨灰寄存场所条件，保管骨灰；

9. 实施骨灰撒散、海葬、花葬、树葬、草坪葬等多样化、生态化处理工作；

10. 进行骨灰寄存和安放场所防火、防盗及有关安全工作；

11. 负责骨灰祭奠、登记管理，收集逝者音像和文字资料，建立骨灰管理档案，做好日常管理；

12. 利用骨灰存放设施等资源，进行死亡和殡葬文化等生命教育。

本职业包含但不限于下列工种：

墓地管理员　骨灰管理员

4-10-07（GBM 41007）

宠物服务人员

从事宠物健康护理、驯导、美容服务等工作的人员。

本小类包括下列职业：

4-10-07-01　宠物健康护理员

4-10-07-02　宠物驯导师

4-10-07-03　宠物美容师

4-10-07-01　宠物健康护理员

从事保持宠物健康的养护管理等工作的人员。

主要工作任务：

1. 诊断、预防宠物常见疾病；

2. 护理、养护、管理宠物；

3. 护理伤病宠物。

4-10-07-02　宠物驯导师

从事训练、培养宠物的良好习性，使其完成指定动作和任务等工作的人员。

主要工作任务：

1. 进行宠物完成指令动作等目的性训练；

2. 根据宠物的心理及性格，驯导宠物参赛，发布指令，完成竞赛规定动作；

3. 根据犬防技术要求，训练犬只；

4. 根据宠物习性，制定宠物食谱；

5. 根据宠物生长规律，设计宠物饲养环境；

6. 制定实施纠正宠物不良习惯的解决方案，进行针对性训练。

4-10-07-03 宠物美容师

从事宠物清洁养护、毛发修剪、造型设计、装饰装扮工作的人员。

主要工作任务：

1. 使用宠物浴液、洗耳液、吹水机、吹风机等用品和用具，进行宠物日常健康护理与清洁；

2. 根据宠物品种，设计造型；

3. 使用电剪、针梳、开结刀等工具，修剪宠物毛发；

4. 使用染发工具等，进行宠物毛发染色；

5. 使用束发工具等，进行宠物束发造型；

6. 进行宠物其他非手术类美容清洁。

4-10-99（GBM 41099）
其他居民服务人员

指未列入 4-10-01 至 4-10-07 的居民服务人员。

4-11（GBM 41100） 电力、燃气及水供应服务人员

从事电力、燃气和城镇水供应服务工作的人员。

本中类包括下列小类：

4-11-01（GBM 41101）电力供应服务人员

4-11-02（GBM 41102）燃气供应服务人员

4-11-03（GBM 41103）水供应服务人员

4-11-99（GBM 41199）其他电力、燃气及水供应服务人员

4-11-01（GBM 41101）
电力供应服务人员

从事工农业生产及居民生活电力供应服务工作的人员。

本小类包括下列职业：

4-11-01-00 供电服务员

4-11-01-00 供电服务员

从事客户业务受理、用电监督指导、用电量计量、电力负荷监控等工作的人员。

主要工作任务：

1. 接待客户，受理查询、咨询、投诉、举报、业扩报装、变更用电等业务；

2. 抄录客户用电计量装置数据，核算电量，收取电费；

3. 分析表计运行情况和电量变动原因；

4. 监控电力负荷控制装置及附属设备，并对其进行定值整定、巡视检查、定期检验及轮换；

5. 监督检查客户用电安全、客户侧有序用电执行情况、电能质量，审核客户业扩工程设计资料，并进行中间检查和竣工验收；

6. 监督并查处客户违约用电和窃电行

为，检查客户供用电合同的履约情况，在线监测、分析营销服务异常情况并开展现场稽查；

7. 安装、调换及调试电能计量装置、用电信息采集设备，检查错误接线；

8. 检查验收客户端用电工程，进行接电；

9. 进行农网10千伏及以下等级电网线路施工，安装、运行与维护配电设备。

本职业包含但不限于下列工种：

用电客户受理员　抄表核算收费员　电力负荷监测运维员　用电检查（稽查）员　装表接电工　农网配电营业工

4-11-02（GBM 41102）

燃气供应服务人员

从事燃气销售、供应等服务工作的人员。

本小类包括下列职业：

4-11-02-00　燃气供应服务员

4-11-02-00　燃气供应服务员

从事城镇用户燃气、燃煤供应服务与用气安全指导工作的人员。

主要工作任务：

1. 办理燃气用户开户、销户、通气预约等业务；

2. 抄录、核查用户的燃气用量；

3. 结算、收缴燃气费用；

4. 采用窗口、电话、网络等方式，为用户提供用气咨询服务；

5. 为燃气用户提供安全用气上门检查服务；

6. 进行安全用气知识宣传；

7. 回访燃气用户，处理投诉；

8. 进行瓶装燃气供气站气瓶现场管理；

9. 为瓶装燃气用户送换气瓶并连接用气设备进行放散点火；

10. 为用户提供生活型煤加工、供应服务；

11. 收录、管理用户资料档案。

本职业包含但不限于下列工种：

管道燃气客服员　瓶装气客服员　生活燃煤供应工

4-11-03（GBM 41103）

水供应服务人员

从事居民家庭、企业和其他用户水销售与供应服务工作的人员。

本小类包括下列职业：

4-11-03-01　水供应服务员

4-11-03-02　村镇供水员

4-11-03-01　水供应服务员

从事供排水水表安装和售后服务、供排水业务咨询、违章用水和违规服务稽查监督等工作的人员。

主要工作任务：

1. 进行水表校验、安装及售后服务；

2. 进行供排水业务咨询、热线服务，办理自来水与再生水用水申请、排水许可与排水接入等；

3. 稽查监督违章用水和违规服务；

4. 填写有关记录、报表，整理归档。

本职业包含但不限于下列工种：

供排水客户服务员　供水稽查员　水表装修工

4-11-03-02　村镇供水员

从事农村饮水工程运行管理、水质净化与检测、管道维护、水源保护和水费征收工作的人员。

主要工作任务：

1. 运行、维护、管理农村饮水工程供水设施；

2. 进行农村饮水的水质净化、消毒与检测；

3. 操作、维护、管理供水泵站；

4. 巡查、维修、养护供水管道及其附属构筑物；

5. 巡查、管护农村饮用水水源；

6. 安装维护农村饮水工程水量计量设备，征收水费。

4-11-99（GBM 41199）
其他电力、燃气及水供应服务人员

指未列入 4-11-01 至 4-11-03 的电力、燃气及水供应服务人员。

4-12（GBM 41200） 修理及制作服务人员

从事汽车、计算机和办公设备、家用电器和日用产品、乐器修理及印章制作等服务工作的人员。

本中类包括下列小类：

4-12-01（GBM 41201）汽车摩托车修理技术服务人员
4-12-02（GBM 41202）计算机和办公设备维修人员
4-12-03（GBM 41203）家用电子电器产品维修人员
4-12-04（GBM 41204）日用产品修理服务人员
4-12-05（GBM 41205）乐器维修人员
4-12-06（GBM 41206）印章制作人员
4-12-99（GBM 41299）其他修理及制作服务人员

4-12-01（GBM 41201）
汽车摩托车修理技术服务人员

从事汽车、摩托车维护、保养、修理、清洗等服务工作的人员。

本小类包括下列职业：

4-12-01-01 汽车维修工
4-12-01-02 摩托车修理工

4-12-01-01 汽车维修工

使用工、夹、量具和仪器仪表、检修设备，维护、修理和调试汽车及特种车辆的人员。

主要工作任务：

1. 安装调整工艺装备，准备维护修理工具；

2. 使用工、夹、量具和仪器仪表，进行汽车及特种车辆的发动机、底盘、车身、电气等总成（系统）及其零部件检查、调整、更换与修理、故障排除，对汽车外部、内部及轮毂、轮胎等进行安装、装潢；

3. 维护汽车维修使用的工、夹、量具，仪器仪表及设备，排除使用过程中出现的故障；

4. 执行工艺规范，填写维修记录；

5. 清洁作业场地。

本职业包含但不限于下列工种：

汽车检测工 汽车机械维修工 汽车电器维修工 汽车玻璃维修工 汽车美容装潢

工　汽车车身整形修复工　汽车车身涂装修复工

4-12-01-02　摩托车修理工

使用工、夹、量具和仪器仪表、检修设备，修理摩托车电气及机械故障的人员。

主要工作任务：

1. 安装调整工艺装备，准备维护修理工具；
2. 使用工、夹、量具和仪器仪表，进行摩托车的发动机、底盘、车身、电气等总成（系统）及其零部件检查、调整、更换与修理、故障排除；
3. 维护维修使用的工、夹、量具，仪器仪表及设备，排除使用过程中出现的故障；
4. 执行工艺规范，填写维修记录；
5. 清洁作业场地。

4-12-02（GBM 41202）
计算机和办公设备维修人员

从事计算机、复印机、信息通信网络终端等设备维修服务工作的人员。

本小类包括下列职业：

4-12-02-01　计算机维修工
4-12-02-02　办公设备维修工
4-12-02-03　信息通信网络终端维修员

4-12-02-01　计算机维修工

使用螺丝刀、万用表、电烙铁等工具、仪表，诊断故障，保养、维修计算机的人员。

主要工作任务：

1. 询问、了解送修设备故障现象，区别软、硬件故障；
2. 使用测试设备和仪器仪表，检查、分析硬件故障的现象和部位；
3. 判定修理工作量和需更换的零部件，确定修理价格和修理期限；
4. 使用工具，更换、修理损坏的零部件；
5. 使用检测设备和仪器仪表，检测送修设备；
6. 安装、启动操作系统，调整系统设置，恢复送修设备使用性能。

本职业包含但不限于下列工种：

计算机板级维修工　计算机芯片级维修工

4-12-02-02　办公设备维修工

使用万用表、数字逻辑表等仪表和工具，保养、修理复印机、打印机、投影机等办公设备的人员。

主要工作任务：

1. 核检、分析报修件故障；
2. 判定修理、更换的零部件和修理量，确定修理价格和工期；
3. 排除故障及隐患；
4. 使用检测仪器，调试电气性能参数；
5. 使用检测仪器和工具，装配机械传动装置，调试灵活性；
6. 使用专用调试版，检验和评估图像质量，恢复使用性能；
7. 清洁、保养设备。

本职业包含但不限于下列工种：

复印打印设备维修工　幻灯机与投影机维修工

4-12-02-03　信息通信网络终端维修员

从事信息通信网络终端设备安装、配置、检测和维修等工作的人员。

主要工作任务：

1. 安装、开通信息通信网络终端；

2. 测试、调整通信终端设备主要技术指标；

3. 测试通信终端设备性能运用状况；

4. 分析故障原因，排除故障；

5. 安装、调试及配置通信终端设备软硬件；

6. 联网配置通信终端设备。

4-12-03（GBM 41203）
家用电子电器产品维修人员

从事电视机、空调等家用电子电器修理服务工作的人员。

本小类包括下列职业：

4-12-03-01 家用电器产品维修工

4-12-03-02 家用电子产品维修工

4-12-03-01 家用电器产品维修工

使用万用表、定量充灌设备和工具，拆装、保养、修理家用电器产品的人员。

主要工作任务：

1. 查阅报修产品资料，了解设备现状，分析判断故障部位，进行维护保养或故障修理的技术准备；

2. 拆卸产品外壳、相关部件，使用仪器、仪表检测参数，判断、确定故障部件；

3. 使用仪表、设备、工装、工具，添加或更换消耗材料，检测关键部件部位状态，调整电气性能参数，升级、调试软件控制程序；

4. 说明修理方案、收费项目、价格、质量保证、修理期限等，经用户同意更换故障部件；

5. 检测、保养产品的相关部位和部件；

6. 重新组装、装配报修产品；

7. 验证维修设备状态及主要性能；

8. 填写工单，收费开票，交付，解答用户问题。

本职业包含但不限于下列工种：

空调器维修工 家用电冰箱维修工 洗衣机维修工 电热水器维修工

4-12-03-02 家用电子产品维修工

使用高频、超高频振荡器、示波器、万用表等仪器仪表，对家用电视机、录像机、音响等家用电子产品进行调试、检测、拆装、维护、修理的人员。

主要工作任务：

1. 搭建检测、维修环境，准备维修工具和防护措施；

2. 使用检测工具，对电子产品的电路、芯片或部件故障进行检查、定位；

3. 选择合格的维修备件；

4. 使用维修工具，对电子产品进行电路、芯片或部件维修；

5. 维护维修环境，保养维修工具；

6. 验证维修结果，填写维修记录。

本职业包含但不限于下列工种：

家用音频产品维修工 家用视频产品维修工

4-12-04（GBM 41204）
日用产品修理服务人员

从事自行车、钟表、燃气具等日用产品修理服务工作的人员。

本小类包括下列职业：

4-12-04-01 自行车与电动自行车维修工

4-12-04-02 修鞋工

4-12-04-03 钟表维修工

4-12-04-04 锁具修理工

4-12-04-05　燃气具安装维修工
4-12-04-06　照相器材维修工

4-12-04-01　自行车与电动自行车维修工

使用工具、辅助装置及仪器仪表等，修理、调试和检测自行车、电动自行车及其他非机动车辆的人员。

主要工作任务：

1. 检查送修车辆的故障及损坏程度；
2. 根据修理情况、更换的部件确定修理价格；
3. 使用工具、辅助装置及仪器仪表等，修理送修车辆，更换零部件；
4. 安装、调试和检测修复后的车辆。

4-12-04-02　修鞋工

使用维修工具、设备和鞋类专用材料及皮革化工制剂，清洗、养护、修理鞋类制品的人员。

主要工作任务：

1. 使用专用工具、设备，清洗鞋类制品上的污垢；
2. 使用专用工具，采用捶、割、钉、粘、缝补等方式，修理鞋类制品上的划伤、磨损、裂纹、破漏等破损部位；
3. 使用专用工具、设备，进行鞋类制品的皮革部分加脂、涂饰上色或改色处理；
4. 使用专用工具，修改鞋子的样式、结构等。

4-12-04-03　钟表维修工

使用专业工具和检测仪器，检测、维修、保养钟表的人员。

主要工作任务：

1. 使用专业工具，进行钟表的拆装、清洗、加油、调校；
2. 使用专业工具和检测仪器，检测、辨别、排除钟表故障；
3. 使用专业工具，更换钟表坏损零件；
4. 使用专业工具，制作钟表一般零部件；
5. 维修、保养、调校钟表检测仪器；
6. 使用专业工具，修复、修饰和保养有收藏价值的钟表。

4-12-04-04　锁具修理工

使用专用工具和设备，安装和修理锁具，配制和复制钥匙，以及技术开启锁具的人员。

主要工作任务：

1. 使用专用设备和工具，配制、复制机械锁具的钥匙；
2. 操作专用设备，配制电子防盗锁的钥匙；
3. 使用专用工具，修理机械锁、电子锁、密码锁等锁具；
4. 使用专用工具和方法，技术开启无钥匙的锁具；
5. 使用专用工具，安装机械、电子等锁具和门禁、监控等技防系统。

4-12-04-05　燃气具安装维修工

使用工具，安装、调试、维护和修理燃气灶具等燃气燃烧器具及附属设施的人员。

主要工作任务：

1. 安装燃气燃烧器具；
2. 维护燃气燃烧器具；
3. 诊断、排除、修理燃气燃烧器具的故障；
4. 进行燃气具及其附属设备燃气泄漏等事故的应急处理；
5. 改装燃气燃烧器具。

4-12-04-06　照相器材维修工

使用专用仪器、设备或工具，维护和修理照相机、照片输出、摄影灯具等器材的人员。

主要工作任务：

1. 使用专用仪器、仪表、设备或运用经验，检查、检测照相机、摄影灯具等设备情况，判断故障；

2. 使用色彩分析仪等设备，检测印相机、放大机、打印机、扩印机等输出照片的饱和度、反差、层次、精度情况，或根据设备运行情况，判断设备故障；

3. 确定维修方案、价格和修理时间；

4. 使用专用工具，修理照相机的机械故障，调校镜头，更换照相机、照片输出、摄影灯具设备的故障零部件；

5. 使用仪器、仪表，调试、检测修理后的设备，出具维修项目清单、质量合格报告；

6. 维护保养设备，进行设备维护、使用的技术咨询。

本职业包含但不限于下列工种：

照相机与辅助器材维修工　冲印彩扩设备维修工

4-12-05（GBM 41205）
乐器维修人员

从事钢琴等乐器维修、调试等工作的人员。

本小类包括下列职业：

4-12-05-01　乐器维修工

4-12-05-02　钢琴调律师

4-12-05-01　乐器维修工

使用专业工具和检测仪器，检测、维修、调试乐器的人员。

主要工作任务：

1. 检查、分析、判断报修乐器的故障部位及损坏程度；

2. 根据修理的难易程度和更换零部件的价值，计算维修价格和期限；

3. 使用专业工具，维修乐器，更换零部件；

4. 调试修复后的乐器，进行具有发音装置的乐器调音、定律和检验。

4-12-05-02　钢琴调律师

使用工具或仪器，运用听觉，调整钢琴音律、机械与音质，以及修复钢琴的人员。

主要工作任务：

1. 使用专用工具和音准仪，运用听觉，根据国际音高标准，以十二平均律为依据，调整琴弦的张力；

2. 制定钢琴标准音高、基准音组音高，调同度八度，检验全音域；

3. 使用专用材料、调整工具及设备，调整、维修和更换钢琴键盘系统、击弦机系统、共鸣盘系统、踏板系统等；

4. 使用专用工具和材料，调整钢琴的音质；

5. 进行钢琴的检验调试和维修保养。

4-12-06（GBM 41206）
印章制作人员

从事印章雕刻制作工作的人员。

本小类包括下列职业：

4-12-06-00　印章制作工

4-12-06-00　印章制作工

使用雕刻机、激光机等专用雕刻设备和手工专用刀具，运用印学理论及书法、章法、刀法等技能，设计、制作印章印面图文的人员。

主要工作任务：

1. 运用印学理论及书法、章法、刀法等，根据印材属性，设计印章印面图文；

2. 识别印材属性，选择雕刻工具；

3. 使用工具，运用刀法等制作技能，手工雕刻印章；

4. 操作印章雕刻、制作设备，雕刻印章；

5. 修磨、维护手工及机械印章刻制专业工具。

4-12-99（GBM 41299）

其他修理及制作服务人员

指未列入4-12-01至4-12-06的修理及制作服务人员。

4-13（GBM 41300） 文化、体育和娱乐服务人员

从事广播电视电影、文物保护、文化艺术、体育及娱乐等服务工作的人员。

本中类包括下列小类：

4-13-01（GBM 41301）群众文化活动服务人员
4-13-02（GBM 41302）广播、电视、电影和影视录音制作人员
4-13-03（GBM 41303）文物保护作业人员
4-13-04（GBM 41304）健身和娱乐场所服务人员
4-13-05（GBM 41305）文化、娱乐、体育经纪代理人员
4-13-99（GBM 41399）其他文化、体育和娱乐服务人员

4-13-01（GBM 41301）

群众文化活动服务人员

从事礼仪主持、社会文化指导等工作的人员。

本小类包括下列职业：

4-13-01-01 群众文化指导员
4-13-01-02 礼仪主持人
4-13-01-03 讲解员

4-13-01-01 群众文化指导员

从事群众文化艺术传授、文艺表演和创作指导，搜集、整理和开发民间文化艺术等工作的人员。

主要工作任务：

1. 对参加群众文化活动的人员进行咨询与指导；

2. 进行群众文化活动专业能力辅导；

3. 策划、组织、实施群众性文化活动；

4. 管理和使用群众文化活动场地、设备、器材、服装、道具等；

5. 搜集、整理和开发利用民族民间文化艺术遗产。

4-13-01-02 礼仪主持人

从事礼仪活动方案策划、程序推进、现场气氛营造和人际互动等工作的人员。

主要工作任务：

1. 联络主、承办方或者委托人，确认礼仪活动需求；

2. 参与方案和主持词的构思和撰写，进行礼仪活动细节筹划；

3. 运用主持技巧导入、串联、收合礼

仪活动等环节，推进礼仪活动程序；

4. 与礼仪活动参与者进行现场交流互动，营造气氛。

4-13-01-03　讲解员

在展览与游览场所，从事接待、解说、引导等工作的人员。

主要工作任务：

1. 编写讲解词；

2. 引导观众参观展览及人文、自然景观等，进行现场讲解；

3. 提醒观众保护展览及人文景观、自然生态等环境；

4. 策划组织专题讲座、流动展览等宣传教育活动；

5. 培训志愿讲解人员；

6. 处理突发事件等。

4-13-02（GBM 41302）
广播、电视、电影和影视录音制作人员

从事广播、影视内容制作、播出等工作的人员。

本小类包括下列职业：

4-13-02-01　影视置景制作员
4-13-02-02　动画制作员
4-13-02-03　影视烟火特效员
4-13-02-04　电影洗印员
4-13-02-05　电影放映员
4-13-02-06　音响调音员
4-13-02-07　照明工
4-13-02-08　影视服装员
4-13-02-09　电视摄像员

4-13-02-01　影视置景制作员

从事电影电视拍摄所需典型环境的布景制作，实现特定环境造型等工作的人员。

主要工作任务：

1. 了解剧本剧情或节目内容，以及置景设计人员的设计意图，阅识置景设计图及工艺要求，编制置景制作的技术方案；

2. 查勘拍摄场地条件以及制作条件，准备制作材料及工具，提出对制作经费统筹安排的建议；

3. 使用工具、机具，进行置景的结构搭建；

4. 运用雕刻装饰、涂绘布景、泥塑搭景、制作纸塑、围幔背景等艺术及技术手段，进行造型处理，并制作表面视觉效果，实现电影电视特定环境造型；

5. 根据拍摄的艺术和技术要求，在拍摄现场进行置景陈设与摆放；

6. 在拍摄及演出现场，提供置景的维护及技术保障，制作风、雨、雪等特殊的置景现场效果；

7. 拆除拍摄使用后的置景。

4-13-02-02　动画制作员

从事影视动画中间画绘制、描线上色、音乐音效、数字特效、后期合成、影像编辑等制作工作的人员。

主要工作任务：

1. 绘制二维、三维、定格等动画中间画；

2. 依动画片稿对复描线条和颜色设计的要求，使用计算机上描线、上色；

3. 制作动画音乐音效、数字特效，并进行后期合成、影像编辑等。

4-13-02-03　影视烟火特效员

在影视创作、拍摄过程中，运用烟、火、爆炸等技术与艺术手段，营造剧中烟、火、爆炸、中弹等效果的人员。

主要工作任务：

1. 使用氧化剂、可燃物、电桥、电爆管、中弹药头，制作火药、烟剂、发光剂等爆炸装置和点火用具；

2. 按机位、场面及剧本要求等，设计炸点和烟、雾、燃烧位置；

3. 安放火药、烟剂、发光剂等爆炸装置和点火用具，检查导通炸点、安全位置，设置标识，进行安全警戒；

4. 在影视拍摄过程中，按爆炸时间点起爆，控制烟、雾、燃烧大小等效果，营造剧中烟、火、爆炸场面及其他效果，塑造人物形象，营造环境气氛；

5. 布置中弹药头、电爆管、火花弹，制作人体、物体、地面、水中等中弹效果；

6. 清理检查拍摄后现场烟火等遗留物。

4-13-02-04　电影洗印员

从事电影胶片曝光、化学冲洗、拷贝制作等工作的人员。

主要工作任务：

1. 配制加工洗印用药液；

2. 冲洗摄影原片、声底片、样片、试验片，校正标准拷贝、翻正片、翻底片、浮雕片和发行拷贝片；

3. 清洁影片，整备待用的素材片，修复影片的机械性损伤；

4. 修整、接补、裁切包装影片拷贝。

4-13-02-05　电影放映员

操作电影放映设备，放映影片的人员。

主要工作任务：

1. 安装、调试放映设备；

2. 放映数字电影或胶片电影；

3. 保养、维修设备；

4. 检修影片拷贝；

5. 进行放映厅自动化管理。

4-13-02-06　音响调音员

使用音响设备和系统，调控文艺演出、影视制作、录音制作等场所声源的音质、音效等的人员。

主要工作任务：

1. 依建声环境特点及节目要求，设计、配置相应规模的音响系统，并组织设备的安装调试；

2. 操作音响系统，依总体艺术构思，选配音响器材，进行语言、音乐、音效等调音；

3. 参与测试和调校音响设备和系统，并进行主观音质评价；

4. 排除故障。

4-13-02-07　照明工

使用照明灯具、调光设备，进行影视节目和舞台表演中的人物造型、环境所需灯光艺术效果处理的人员。

主要工作任务：

1. 安装、调试、管理灯具，布置剧情所需要的照明设备和灯光配置；

2. 操作调光设备，运用照明艺术和技术手段，调配、控制灯光色彩、照度，进行影视、舞台灯光效果处理；

3. 维修设备，排除故障。

4-13-02-08　影视服装员

在影视节目摄制过程中，配置、发放、衔接、管理演员服装的人员。

主要工作任务：

1. 依年代、剧情设计，配置影视摄制中的戏用服装；

2. 租借、发放影视戏用服装；

3. 衔接、管理戏用服装；
4. 设计、制作临时性戏用服装。

4-13-02-09 电视摄像员

操作电视摄像器材，拍摄电视新闻、广告、纪录片等电视画面的人员。

主要工作任务：

1. 选择使用摄像器材，进行现场工作准备；
2. 操作摄像器材，实时记录电视新闻、广告、纪录片或其他专栏节目现场画面、声音；
3. 整理拍摄素材，辅助后期编辑。

4-13-03（GBM 41303）
文物保护作业人员

从事考古发掘，文物保护、修复、复制、拓印等作业的人员。

本小类包括下列职业：

4-13-03-01 *考古探掘工*
4-13-03-02 *文物修复师*

4-13-03-01 考古探掘工

使用探铲、手铲，水声物探设备、水下冲砂抽泥设备等专门工具和方法，勘探、发掘陆地、水域埋藏或淹没的古代遗存，并进行记录、绘图和修复工作的人员。

主要工作任务：

1. 勘探地下埋藏遗存，获取遗存的分布、深度、厚度、性状以及其他属性的基本信息；
2. 进行探方或探沟和墓葬的发掘、清理以及相关遗存的提取；
3. 记录田野或水下考古工作过程、揭露的迹象和获取的信息；
4. 绘制田野发掘遗存和出土遗物的图纸；
5. 整理出土遗存，拼合、加固和修复残损遗物。

4-13-03-02 文物修复师

从事文物本体历史、艺术与科学价值研判，保存状况分析，并进行加固、清洗、补全、表面封护等工作的人员。

主要工作任务：

1. 分析文物本体材质、制作工艺、病害及发生机理，开展相关实验室与现场试验，编写保护修复方案；
2. 使用除尘、干湿、浸泡等方式方法，清洗文物表面；
3. 使用涂覆、注射、喷涂、灌浆等设备，进行文物本体的预加固或加固；
4. 使用湿式、器皿、循环水槽等设施，进行文物本体的脱盐；
5. 使用专业工具及材料，进行文物残损部位的补全、黏结及表面全色；
6. 使用涂覆工具或设施，封护文物表面；
7. 进行有机质文物的消毒、揭展、清洗、平整、修补；
8. 留存照片、绘图、文档等修复信息，编写修复档案。

本职业包含但不限于下列工种：

壁画及泥质彩绘文物修复师　纺织品文物修复师　复合材质文物修复师　金属文物修复师　石质文物修复师　陶瓷、玻璃文物修复师　油画文物修复师　纸张、书画文物修复师　竹、木、漆、牙、角器文物修复师

4-13-04（GBM 41304）
健身和娱乐场所服务人员

从事社会体育健身、游泳救生和休闲娱

乐等服务工作的人员。

本小类包括下列职业：

4-13-04-01　社会体育指导员

4-13-04-02　体育场馆管理员

4-13-04-03　游泳救生员

4-13-04-04　康乐服务员

4-13-04-01　社会体育指导员

在群众性体育活动中，从事运动技能传授、锻炼指导和组织管理工作的人员。

主要工作任务：

1. 提供健身项目和健身方法咨询；
2. 制订健身计划和方案；
3. 讲解、示范技术动作，指导参加体育活动的人员掌握、提高运动技能；
4. 检查运动场地、器械的安全性，为参加体育活动的人员提供安全保护；
5. 评价体育锻炼效果；
6. 组织管理群众体育活动。

本职业包含但不限于下列工种：

游泳指导员　滑雪指导员　潜水指导员　攀岩指导员

4-13-04-02　体育场馆管理员

在体育运动场所，从事场地、器材和设备的布置、调试、维护等工作的人员。

主要工作任务：

1. 根据运动项目规则，进行场地的铺设、布线、贴线等布置；
2. 操作抛光机、打蜡机、剪草机等专用器械，维护、保养场地；
3. 检查、调整、保养、布置运动器材和设备；
4. 讲解、示范运动器材和设备的操作使用方法；
5. 排查体育场馆的安全隐患；
6. 操作体育场馆信息管理系统，进行场地、器材、设备的信息化管理；
7. 维护、保养专用器械。

4-13-04-03　游泳救生员

在游泳场所，观察游泳者，进行安全防护，并对溺水者进行赴救和现场急救的人员。

主要工作任务：

1. 检查游泳场所的安全，排除安全隐患；
2. 观察游泳者的状况，并进行安全防护；
3. 对溺水者进行现场赴救；
4. 对游泳运动中常见的运动损伤进行初步应急处理；
5. 在医务人员到来之前，运用人工呼吸和心肺复苏等方法对溺水者进行现场急救。

4-13-04-04　康乐服务员

在健身和娱乐场所，为宾客提供服务的人员。

主要工作任务：

1. 办理健身和娱乐服务项目预订手续；
2. 迎送宾客，介绍设施、器材的使用方法，进行技术指导；
3. 进行游泳池、健身房、保龄球馆等康乐场所的日常维护管理，处理救生、器械伤害等意外事故；
4. 保持康乐场所卫生、舒适；
5. 为宾客提供酒水、饮料；
6. 结账、收费；
7. 进行公关销售与日常管理。

4-13-05（GBM 41305）

文化、娱乐、体育经纪代理人员

从事演艺、体育经纪等工作的人员。

本小类包括下列职业：

4-13-05-01 文化经纪人

4-13-05-02 体育经纪人

4-13-05-01 文化经纪人

从事文化市场交易活动中演员、演出项目、艺术品等文化产品签约、推广等工作的人员。

主要工作任务：

1. 运用艺术鉴赏知识，分析观众群体的类型及分布，选择演出项目，进行谈判、签约；

2. 进行演出项目成本核算与风险评估，编制演出计划，落实演出场所，根据演出项目的类型制订票价及营销策略，组织票务销售；

3. 判断演员的潜质和发展前景，进行签约演员的培训、包装、签约、推广等业务，制订演员职业规划；

4. 制订现场演出活动的安全预案，组织演出活动安保工作，处理演员和演出活动中的突发事件；

5. 运用艺术品鉴赏和中外美术史等知识，分析和预测市场变化，签约代理艺术品的展览展示和拍卖、销售。

4-13-05-02 体育经纪人

在体育市场中，从事运动员、体育活动、组织等中介服务工作的人员。

主要工作任务：

1. 代理运动员转会、参赛、表演、无形资产开发与经营以及日常事务管理等；

2. 策划、包装、推广体育赛事、表演以及旅游等；

3. 代理体育组织的市场开发与推广、无形资产开发与经营以及非体育组织介入体育事务等；

4. 代理教练员等体育人才流动、体育保险、体育赞助以及体育广告等。

4-13-99（GBM 41399）

其他文化、体育和娱乐服务人员

指未列入 4-13-01 至 4-13-05 的文化、体育和娱乐服务人员。

4-14（GBM 41400） 健康服务人员

从事医疗临床、药房、咨询、康复、卫生保健等辅助服务工作的人员。

本中类包括下列小类：

4-14-01（GBM 41401）医疗辅助服务人员

4-14-02（GBM 41402）健康咨询服务人员

4-14-03（GBM 41403）康复矫正服务人员

4-14-04（GBM 41404）公共卫生辅助服务人员

4-14-99（GBM 41499）其他健康服务人员

4-14-01（GBM 41401）医疗辅助服务人员

从事患者病案管理、辅助护理等医疗辅助服务工作的人员。

本小类包括下列职业：

4-14-01-00　医疗临床辅助服务员

4-14-01-00　医疗临床辅助服务员

在医疗机构中，从事病案管理、护理、妇幼保健、药房辅助服务、配膳、卫生检验、医疗救护、医院污水处理等工作的人员。

主要工作任务：

1. 使用计算机或手工整理、保存、提取病案资料；

2. 辅助护理住院患者；

3. 进行围产期、产褥期妇女及0～3岁婴幼儿日常保健及护理；

4. 在医院药房中，调剂、制剂、调配、保管西药药品；

5. 在医院药房中，进行中药制剂操作、中药调配、保管、养护等；

6. 预订、配送膳食，清洗、消毒餐具；

7. 登记、统计、收取检验标本，发送检验报告单，洗刷、消毒和保管检验器具；

8. 对各种急性病症、意外事故、创伤和突发公共卫生事件中的伤病员施行现场初步紧急救护；

9. 使用污水、污泥净化设备、工具和消毒剂，对医院污水、污泥进行监测、消毒，达到无害化标准。

本职业包含但不限于下列工种：

病案员　医疗护理员　妇幼保健员　西药药剂员　中药药剂员　配膳员　卫生检验员　医疗救护员　医院污水处理工

4-14-02（GBM 41402）健康咨询服务人员

从事社会组织或个体专业性健康咨询服务工作的人员。

本小类包括下列职业：

4-14-02-01　公共营养师

4-14-02-02　健康管理师

4-14-02-03　生殖健康咨询师

4-14-02-01　公共营养师

从事人群或个人膳食营养状况的评价与指导，传播营养、平衡膳食与食品安全知识，促进社会公共健康工作开展的人员。

主要工作任务：

1. 运用膳食调查、人体体格测量、实验室检测以及营养失衡或缺乏的临床检查等方法，进行特定人群或个体营养状况评价，并提供指导；

2. 运用食物摄入量调查、膳食营养素摄入量计算、膳食营养分析和评价等方法，进行人群或个人的膳食结构营养评价、管理和指导；

3. 测定营养和食物需要量，编制和调整食谱，进行食物营养评价和食物选购指导；

4. 提供营养与食品安全知识咨询和开展社会宣教工作；

5. 收集营养与健康信息，建立和管理营养与健康档案，设计和实施营养干预方案，对社区人群进行营养管理和营养干预。

4-14-02-02　健康管理师

从事个体或群体健康状况监测、分析、评估，以及健康咨询指导和健康危险因素干预等工作的人员。

主要工作任务：

1. 采集和管理个人或群体的健康信息；

2. 运用健康风险识别和风险分析等方法，评估个人或群体的健康危害和疾病发生的风险；

3. 对需求者进行个人或群体的健康咨询与指导；

4. 制订个体或群体的健康促进和非医疗性疾病管理计划；

5. 对个人或群体进行健康维护和非医疗性疾病管理；

6. 对个体或群体进行健康教育和适宜技术推广；

7. 进行健康管理技术的研究、开发与推广；

8. 进行健康管理技术应用的成效评估。

4-14-02-03　生殖健康咨询师

从事计划生育、优生优育等生殖健康教育、咨询、服务工作的人员。

主要工作任务：

1. 进行人口基本国情和计划生育政策的宣传咨询；

2. 进行计划生育、出生缺陷防治、避孕节育、不孕不育、母婴保健等性与生殖健康相关知识的咨询及宣传教育；

3. 在城乡社区、家庭、学校和企事业单位，进行生殖系统疾病的咨询；

4. 进行计划生育手术和病残儿鉴定的咨询；

5. 收集计划生育和生殖健康相关信息，确定服务项目，进行咨询、服务、干预的效果评估。

4-14-03（GBM 41403）
康复矫正服务人员

从事助听器、眼镜等康复辅助器具适配工作的人员。

本小类包括下列职业：

4-14-03-01　助听器验配师
4-14-03-02　口腔修复体制作工
4-14-03-03　眼镜验光员
4-14-03-04　眼镜定配工
4-14-03-05　听觉口语师

4-14-03-01　助听器验配师

为听障者提供听力检查、助听器配置及调试服务的人员。

主要工作任务：

1. 评估经医师诊断确认临床治疗无效的听障者听功能，并建立档案；

2. 解释听力检查结果，分析听障者听力障碍状况和需求；

3. 向听障者及家属介绍助听器的种类、性能、使用环境和价位等；

4. 根据听力障碍状况和听障者的具体需求，制订听力放大方案；

5. 取耳印模；

6. 调试助听器，评估助听效果；

7. 进行听力康复指导；

8. 进行跟踪随访和评估。

4-14-03-02　口腔修复体制作工

从事口腔修复体及口腔治疗装置制作工作的人员。

主要工作任务：

1. 制作固定义齿模型和熔模；

2. 铸造铸型；

3. 铸造、焊接、切割固定义齿铸件；

4. 打磨抛光固定义齿铸件并进行表面处理；

5. 上瓷，烧结成型；

6. 修整瓷体外形，上釉，进行仿真美

学修复，协助临床医生比配色；

7. 制作可摘局部义齿；

8. 弯制钢丝卡环，铸造支架熔模；

9. 制作可摘局部义齿蜡型或熔模并包埋、铸造、切割、打磨、就位；

10. 排牙或雕牙；

11. 进行塑料聚合成型；

12. 打磨抛光可摘义齿；

13. 修理义齿；

14. 制作颌面缺损赝复体、种植义齿和附着体；

15. 制作正畸矫治器、保持器。

4-14-03-03　眼镜验光员

使用验光仪器及辅助设备，检查视力、眼睛屈光度及融像机能，开具眼镜验光处方并指导视觉康复训练的人员。

主要工作任务：

1. 进行眼睛视力和一般性外观检查；

2. 运用验光仪、视网膜镜、测试镜架和测试镜片，检测眼睛屈光度，对老视眼、低视力进行定量测定并开具验光处方；

3. 运用中和法或操作焦度检测仪，进行镜片顶焦度检测和鉴定；

4. 进行球柱镜片联合、光学中心移位、三棱镜数值计算和光度转换；

5. 根据验光处方，确定眼镜定配方案；

6. 进行眼镜戴用校配和指导；

7. 进行角膜接触镜验配和护理指导；

8. 进行双眼视觉功能评估，提供训练方法；

9. 维护、保养、调校仪器和设备。

4-14-03-04　眼镜定配工

操作光学加工设备，进行眼镜镜片磨边或割边、加工、装配、校配、检验的人员。

主要工作任务：

1. 按照配镜加工单进行模板制作，进行镜片磨边或割边、加工、装配；

2. 使用专用工具，进行眼镜改型，调校和修理眼镜，排除戴用不适；

3. 进行镜片后顶焦度、柱镜轴位、光学中心距离和棱镜度及底向的测量、计算和检验；

4. 维护、保养加工设备和仪器。

4-14-03-05　听觉口语师

在康复、医疗或教育机构中，从事听障儿童及青少年听觉和口语康复、评估及训练，并为其家庭提供康复指导服务的人员。

主要工作任务：

1. 使用标准化测量工具或非标准化评估方法，进行听障儿童及青少年听觉、语言能力与水平评价及心理测评；

2. 制订和调整个性化康复训练计划；

3. 运用听觉口语法等技术，对听障儿童及青少年实施听觉、语言、发音、认知和沟通等康复训练；

4. 指导和培训家长掌握日常听能管理和家庭康复知识与技能；

5. 使用助听设备保养及监听工具，监控助听设备工作状况；

6. 维护并保管康复服务的档案资料；

7. 为听障儿童及青少年所在普通教育机构人员提供技术支持。

4-14-04（GBM 41404）
公共卫生辅助服务人员

从事公共卫生防疫、防病等卫生辅助服务工作的人员。

本小类包括下列职业：

4-14-04-00　**公共卫生辅助服务员**

4-14-04-00 公共卫生辅助服务员

从事公共场所卫生防疫、防病和环境、物品有害微生物清除、杀灭等辅助服务工作的人员。

主要工作任务：

1. 监测、控制社区传染病；
2. 进行社区计划免疫服务；
3. 监测、统计社区慢性病；
4. 进行医疗药械消毒灭菌；
5. 进行墙壁、地面、水、空气等环境要素消毒和生活用品用具消毒。

本职业包含但不限于下列工种：

防疫员　消毒员　公共场所卫生管理员

4-14-99（GBM 41499）
其他健康服务人员

指未列入 4-14-01 至 4-14-04 的健康服务人员。

4-99（GBM 49900） 其他社会生产和生活服务人员

指未列入 4-01 至 4-14 的社会生产和生活服务人员。

本中类包括下列小类：

4-99-00（GBM 49900）其他社会生产和生活服务人员

4-99-00（GBM 49900）
其他社会生产和生活服务人员

指未列入 4-01 至 4-14 的社会生产和生活服务人员。

第五大类

农、林、牧、渔业生产及辅助人员

5（GBM 50000） 农、林、牧、渔业生产及辅助人员

从事农、林、牧、渔业生产活动及辅助生产的人员。

本大类包括下列中类：

5-01（GBM 50100）农业生产人员

5-02（GBM 50200）林业生产人员

5-03（GBM 50300）畜牧业生产人员

5-04（GBM 50400）渔业生产人员

5-05（GBM 50500）农、林、牧、渔业生产辅助人员

5-99（GBM 59900）其他农、林、牧、渔业生产及辅助人员

5-01（GBM 50100） 农业生产人员

从事农、牧、园艺作物种苗繁育和种植生产的人员。

本中类包括下列小类：

5-01-01（GBM 50101）作物种子（苗）繁育生产人员

5-01-02（GBM 50102）农作物生产人员

5-01-99（GBM 50199）其他农业生产人员

5-01-01（GBM 50101）
作物种子（苗）繁育生产人员

从事农、牧、园艺作物种子（苗）和其他繁育材料生产加工工作的人员。

本小类包括下列职业：

5-01-01-01 种子繁育员

5-01-01-02 种苗繁育员

5-01-01-01 种子繁育员

使用农机具和制繁工具，培植、繁育、加工作物种子的人员。

主要工作任务：

1. 耕作、平整田地，翻晒、消毒、浸泡亲本种子，选择、安排播期；

2. 播种育秧、移栽定植，观察、诊断作物生长健康状况，调节土壤养分和水分，防治病虫草害；

3. 观察、诊断作物生长发育状况，去杂去劣、调节花期、去雄授粉；

4. 记录种子播前处理、田间生长与栽培管理情况，测定种子生产产量；

5. 收获种子，处理秸秆等剩余废弃物；

6. 操作干燥、清选等设备，加工种子。

本职业包含但不限于下列工种：

作物制种工 饲草种子繁育工 种子加工工

5-01-01-02 种苗繁育员

使用育苗设施和工具，培育、加工农作物种苗的人员。

主要工作任务：

1. 采集或培养农作物种子、接穗、砧

木等作物繁殖材料，储藏、处理繁殖材料；

2. 整理、消毒育苗设施，准备苗床和育苗容器，翻耕、填充、整理苗床或配制、填充育苗基质；

3. 播种、扦插、嫁接、接种农作物繁殖材料；

4. 使用育苗设施，调节温度、光照、湿度等，控制调整植株长势；

5. 灌溉施肥、防治病虫草害、炼苗等，培育作物成苗；

6. 起苗，检验种苗质量，包装种苗。

本职业包含但不限于下列工种：

蔬菜种苗工　花卉种苗工　桑树育苗工　果树育苗工　茶树育苗工　橡胶育苗工

5-01-02（GBM 50102）
农作物生产人员

从事大田、园艺等农作物栽培管理、收获储藏等工作的人员。

本小类包括下列职业：

5-01-02-01　农艺工
5-01-02-02　园艺工
5-01-02-03　食用菌生产工
5-01-02-04　热带作物栽培工
5-01-02-05　中药材种植员

5-01-02-01　农艺工

使用耕种、灌溉等农机具，耕整田地、改良土壤、栽培和收获农作物的人员。

主要工作任务：

1. 使用耕作机具，耕整、改良农田土壤；

2. 使用育苗设施和器具，选择、消毒、浸泡、翻拌种子，培育大田种苗；

3. 使用播种、栽插机具或人工，播种或移植种苗；

4. 使用耕作机具，进行中耕、除草等作业；

5. 使用灌溉、喷洒机具，浇水、施肥、施药；

6. 使用收获机具或人工，收割、采摘大田收获物；

7. 清理、运送秸秆等剩余废弃物，或处理后还田；

8. 维护保养农机具。

本职业包含但不限于下列工种：

粮食作物栽培工　糖料作物栽培工　棉花栽培工　油料作物栽培工　麻料作物栽培工　烟类作物栽培工　啤酒花栽培工　牧草栽培工

5-01-02-02　园艺工

使用农机具、工具和设施，改良、耕整园地土壤，栽培、收获园艺作物的人员。

主要工作任务：

1. 使用耕作机具，翻耕、平整、培肥园地土壤；

2. 使用育苗设施和器具，选择、消毒、浸泡、翻拌种子，培育种苗；

3. 使用播种、栽插机具或人工，播种或移植种苗；

4. 使用灌溉、喷洒机具，浇水、施肥；

5. 使用通风、遮阳、调温等设施和器具，控制园艺设施或场所的日照、温湿度；

6. 使用耕作机具，中耕、除草，或人工修剪、嫁接；

7. 使用授粉器、喷洒器械，授粉、施药；

8. 使用收获机具或人工，采摘、收获花、果、叶等产出品；

9. 使用加工机械或人工，清洗、整理、分级、包装采收物；

10. 维护保养农机具和设施。

本职业包含但不限于下列工种：

蔬菜栽培工　花卉栽培工　果树栽培工　桑树栽培工　茶树栽培工

5-01-02-03　食用菌生产工

使用设施、设备和工具，制作菌种、菌袋，培植、采收食用菌产品的人员。

主要工作任务：

1. 使用设备和工具，制作固体母种、原种、栽培种或液体菌种；
2. 使用冷藏设施和器具，保藏母种、原种和栽培种；
3. 操作搅拌、蒸煮设备，粉碎、配制培养料，常压或高压蒸料灭菌；
4. 使用装填、打孔设备或手工，制作菌袋、包、瓶等培养基；
5. 操作接种机或手工，接种菌种，送至培养发菌；
6. 使用自动或人工控制设施，调控棚室温湿度、光线和氧气等，培养出菇；
7. 使用喷、注等装置，调节培养基水分、施药；
8. 使用机具或人工，采摘子实体；
9. 使用机械或人工，保鲜、烘干、加工产品；
10. 修建棚室，维护保养栽培、加工设施。

5-01-02-04　热带作物栽培工

使用农具，育苗、栽培、植保及采收热带作物初级原料的人员。

主要工作任务：

1. 采选剑麻、橡胶等热带作物的繁殖材料，建设育苗圃，繁育和抚管种苗；
2. 维护热带作物种植园灌溉、道路、防护等设施，耕整和改良土壤；
3. 定标，栽种和补、换植苗木；
4. 施肥、灌溉、修枝整形，管护树体；
5. 采收初级原料，保鲜、包装和储运等；
6. 维护保养农具。

本职业包含但不限于下列工种：

剑麻栽培工　橡胶栽培工　橡胶割胶工

5-01-02-05　中药材种植员

从事药用植物种植、采收、产地加工工作的人员。

主要工作任务：

1. 鉴别中药材种子、种苗的真伪优劣；
2. 选种、育苗；
3. 翻耕、平整土地；
4. 播种、栽插；
5. 进行锄草、施肥、灌溉等田间管理；
6. 防治病虫害；
7. 适时采收药材，并进行产地加工、储存。

5-01-99（GBM 50199）
其他农业生产人员

指未列入 5-01-01 至 5-01-02 的农业生产人员。

5-02（GBM 50200）　林业生产人员

从事森林资源管护、营林造林、木材采伐、收集运输等工作的人员。

本中类包括下列小类：

5-02-01（GBM 50201）林木种苗繁育人员
5-02-02（GBM 50202）营造林人员
5-02-03（GBM 50203）森林经营和管护人员
5-02-04（GBM 50204）木材采运人员
5-02-99（GBM 50299）其他林业生产人员

5-02-01（GBM 50201）林木种苗繁育人员

从事林木种子选育和繁殖，以及苗木培育等工作的人员。

本小类包括下列职业：

5-02-01-00　林木种苗工 L

5-02-01-00　林木种苗工 L

使用耕整、嫁接工具，培育、生产林木种子、种条的人员。

主要工作任务：

1. 调查林木种源，预测种实和林木种条产量；
2. 采集、调制、检验及储藏林木种子；
3. 进行母树林、种子园、采穗圃、苗圃标准地的打桩、划线、调查和记录；
4. 耕整苗圃，播种或扦插，嫁接苗木；
5. 除草、松土、施肥、打药，防治林木种苗常见的病、虫、鸟、兽害等；
6. 检验、出圃，假植或移植苗木。

本职业包含但不限于下列工种：

林木育种工

5-02-02（GBM 50202）营造林人员

从事造林更新、森林抚育、营林试验等工作的人员。

本小类包括下列职业：

5-02-02-00　造林更新工 L

5-02-02-00　造林更新工 L

使用农林机具，整地、造林和更新迹地，补植和抚育幼林的人员。

主要工作任务：

1. 清理造林地，按带状、块状等类型整地；
2. 播种、植苗或分殖，补植种苗；
3. 除草、松土、施肥，防治常见的病、虫、鸟、兽害等；
4. 修剪和嫁接林木；
5. 开辟防火线和林道，参与森林灭火；
6. 选设标准地，进行立地调查、造林设计以及检查验收造林成活率。

本职业包含但不限于下列工种：

沙地治理工

5-02-03（GBM 50203）森林经营和管护人员

从事森林资源防火，防止破坏森林资源行为等护林工作的人员。

本小类包括下列职业：

5 02 03 01　护林员 L
5-02-03-02　森林抚育工 L

5-02-03-01　护林员 L

从事巡护森林、报告火情、保护森林资源工作的人员。

主要工作任务：

1. 巡护森林，制止并报告违法砍伐、占地、捕猎、采挖等破坏野生动植物资源的行为；

2. 检查、维修护林设施和标志；

3. 观察、报告森林火情隐患，制止违章违纪野外用火行为；

4. 瞭望、报告森林火情，参与森林灭火；

5. 观察、报告林业有害生物发生情况；

6. 观察、报告野生动植物异常情况；

7. 填写护林工作记录。

5-02-03-02 森林抚育工 L

从事林分内抚育采伐、修枝、除草、割灌等森林抚育工作及清理迹地的人员。

主要工作任务：

1. 辨识、认定应予砍伐的树木，进行伐木、打枝、造材、吊卯、集材、归楞；

2. 人工修枝；

3. 进行低产林改造作业；

4. 选设森林抚育采伐标准地；

5. 割灌、除草；

6. 清理森林经营作业现场、恢复场地环境等。

5-02-04（GBM 50204）
木材采运人员

从事林木采伐、装卸、运输等作业活动的人员。

本小类包括下列职业：

5-02-04-01 林木采伐工

5-02-04-02 集材作业工

5-02-04-03 木材水运工

5-02-04-01 林木采伐工

使用油锯等采伐工具，进行伐木、打枝及造材的人员。

主要工作任务：

1. 使用采伐工具，伐倒经森林调查挂号的树木；

2. 根据集材和迹地更新要求，控制树倒方向，保留母、幼树；

3. 使用机具，对伐倒木进行打枝、造材；

4. 维护保养油锯，排除油锯故障。

本职业包含但不限于下列工种：

油锯工　人力采伐工

5-02-04-02 集材作业工

使用集材、装卸、运输机具，进行捆木、挂钩、清障、集运木材的人员。

主要工作任务：

1. 进行集运前的捆木、挂钩；

2. 控制所集木材不出集材道，保护母、幼树；

3. 操作集材拖拉机进行集材作业；

4. 维护保养拖拉机及绞盘机；

5. 使用绞盘机进行集材，调整集材方向、角度。

本职业包含但不限于下列工种：

集材工　集材拖拉机司机　绞盘机司机

5-02-04-03 木材水运工

操作出河机等木材水运机械，进行水运木材出河作业的人员。

主要工作任务：

1. 将采伐木推入河道，进行赶漂；

2. 编扎便于人力或轮拖运送的原木木排，进行河道放排；

3. 整治河道；

4. 收储出绠流送的木材，进行收漂工程的施工；

5. 操作纵、横向出河机，进行木材的出河作业；

6. 维护、保养出河机和收漂设施。

本职业包含但不限于下列工种：

单漂流送工　木材收储工　缩放排工　出河机司机

5-02-99（GBM 50299）
其他林业生产人员

指未列入5-02-01至5-02-04的林业生产人员。

5-03（GBM 50300）　畜牧业生产人员

从事家畜、家禽及特种经济动物繁育、饲养、护理等工作的人员。

本中类包括下列小类：

5-03-01（GBM 50301）畜禽种苗繁育人员
5-03-02（GBM 50302）畜禽饲养人员
5-03-03（GBM 50303）特种经济动物饲养人员
5-03-99（GBM 50399）其他畜牧业生产人员

5-03-01（GBM 50301）
畜禽种苗繁育人员

从事种畜、种禽饲养、配种和繁育仔苗等工作的人员。

本小类包括下列职业：

5-03-01-01　家畜繁殖员
5-03-01-02　家禽繁殖员

5-03-01-01　家畜繁殖员

使用家畜繁殖工具、监测仪器，监测调控繁殖活动，配种和繁育仔畜的人员。

主要工作任务：

1. 选择、饲喂、调教种畜；
2. 使用采精器械，采集种畜精液；
3. 使用显微镜等工具，检查、稀释、保存种畜精液；
4. 操作精液冷冻设备，制作细管冻精或颗粒冻精；
5. 测定、控制供体和受体的排卵与发情；
6. 使用输精、胚胎采移器具，输精或移植胚胎；
7. 观察、记录母畜受孕和妊娠情况，帮助分娩仔畜；
8. 测定、记录与统计分析种畜繁殖和生产性能。

本职业包含但不限于下列工种：

种畜冻精制作工　家畜人工授精员　种畜胚胎移植工

5-03-01-02　家禽繁殖员

使用家禽繁殖器具，进行人工授精和孵化雏禽的人员。

主要工作任务：

1. 选择、饲喂、调教种禽；
2. 使用集精杯，采集种禽精液；
3. 使用显微镜等器具，检查、稀释、保存精液；
4. 捕捉、保定受体母禽，使用输精器，人工授精；
5. 收集、检查、处理种蛋；
6. 使用孵化器，控制孵化温度和流程，孵化种蛋；
7. 填写配种、繁殖及孵化记录；

8. 清洗、消毒家禽授精和孵化器具。

本职业包含但不限于下列工种：

孵化工　家禽人工授精员

5-03-02（GBM 50302）
畜禽饲养人员

从事家畜、家禽喂养、护理等工作的人员。

本小类包括下列职业：

5-03-02-01　家畜饲养员

5-03-02-02　家禽饲养员

5-03-02-01　家畜饲养员

操作供料设备和圈养设施，饲喂家畜和收集乳、毛绒等产出品的人员。

主要工作任务：

1. 操作配制和供料设备，饲喂圈养家畜；
2. 放牧、调教马牛羊等草食家畜；
3. 操作挤奶器具，收集生鲜乳；
4. 使用推毛机和梳毛器具，收集毛绒；
5. 观察母畜妊娠状况，助产与护理仔畜；
6. 清扫、排除粪污和杂物，控制圈舍环境；
7. 填写饲养记录和统计报表，协助生产性能测定工作；
8. 辅助兽医免疫防疫和消毒，无害化处理病、死畜。

本职业包含但不限于下列工种：

驯马工　养猪工　草食家畜饲养工

5-03-02-02　家禽饲养员

使用饲养器具、设施，喂养家禽、收集蛋品的人员。

主要工作任务：

1. 操作配料、投料器，喂养家禽；
2. 捕捉、淘汰、转移家禽，收集蛋品；
3. 观察调整禽舍内温度、湿度、光照；
4. 配制消毒液，进行禽舍和饲养器具的消毒作业；
5. 监测家禽健康状况，协助兽医注射疫苗；
6. 无害化处理病死禽；
7. 填写生产记录和报表。

本职业包含但不限于下列工种：

养鸡工　水禽饲养员

5-03-03（GBM 50303）
特种经济动物饲养人员

从事具有经济价值或特殊用途动物的繁育、喂养、护理等工作的人员。

本小类包括下列职业：

5-03-03-01　经济昆虫养殖员

5-03-03-02　实验动物养殖员

5-03-03-03　特种动物养殖员

5-03-03-01　经济昆虫养殖员

使用养殖器具、设施，饲养经济昆虫、采集产出品的人员。

主要工作任务：

1. 制作养殖器具和简单工具；
2. 选择饲喂或放飞的目标场所；
3. 收集、配制昆虫饲料；
4. 选择配种亲体，繁育或孵化幼虫；
5. 采集、加工、储运产出品；
6. 清洁、消毒饲养场所，防治疫病。

本职业包含但不限于下列工种：

养蜂员　蚕饲养员　益虫饲养工

5-03-03-02　实验动物养殖员

使用专用器具和设施，繁育和饲养鼠、

兔等实验动物的人员。

主要工作任务：

1. 操作饲育环境管控系统和设备，调控温湿度、噪声、光照、气流、洁净度等环境参数；

2. 使用器皿、工具，检测、加工、配制动物日粮；

3. 使用笼具和饮水、饲料装置，添加动物饮用水和饲料，更换垫料；

4. 检查、选择、配对发情动物，调整笼具、垫料和饲料；

5. 观察受孕动物妊娠状况，帮助分娩，清理、抚育幼仔；

6. 使用清扫工具、设施，清理消毒动物排泄物和饲喂废弃物并进行无害化处理；

7. 记录、填报实验动物生长发育数据及其相关情况。

本职业包含但不限于下列工种：

实验动物饲养员　实验动物繁殖员

5-03-03-03　特种动物养殖员

使用棚、圈养设施和工具，繁育、饲养药用动物和昆虫的人员。

主要工作任务：

1. 建造和维护棚、圈等养殖设施，制作养殖器具；

2. 使用搅拌机械或手工，采集、加工、配制饲料；

3. 使用饲喂装置，投放饲料、水等；

4. 使用加热、遮盖、通风设施，调节温度、湿度、光照和空气质量；

5. 选择繁殖亲体，配种和繁育仔苗；

6. 收集产出品，初加工药用原料；

7. 清扫、消毒养殖场所、设施和器具。

本职业包含但不限于下列工种：

特种禽类饲养员　特种经济动物繁育员　药用动物养殖员

5-03-99（GBM 50399）
其他畜牧业生产人员

指未列入 5-03-01 至 5-03-03 的畜牧业生产人员。

5-04（GBM 50400）　渔业生产人员

从事鱼、贝、藻等水生动植物的繁殖、饲养和捕捞等工作的人员。

本中类包括下列小类：

5-04-01（GBM 50401）水产苗种繁育人员

5-04-02（GBM 50402）水产养殖人员

5-04-03（GBM 50403）水产捕捞及有关人员

5-04-99（GBM 50499）其他渔业生产人员

5-04-01（GBM 50401）
水产苗种繁育人员

从事鱼、贝、藻等水生动植物苗种繁育工作的人员。

本小类包括下列职业：

5-04-01-01　水生动物苗种繁育工

5-04-01-02　水生植物苗种培育工

5-04-01-01　水生动物苗种繁育工

使用产卵、孵化、培育等繁育设施设备与工具，培育水生动物亲体、繁育苗种的人员。

主要工作任务：

1. 检查、保养、消毒水生动物苗种繁育设施和工具；

2. 选择、运输与强化培育水生动物亲体和后备亲体；

3. 使用捕捞工具，选择、捕捉亲体，注射催产素；

4. 人工挤卵、授精；

5. 使用孵化器具或设施，调节控制水温、水流，孵化受精卵；

6. 使用培育设施，投饵、施肥、控制水质，培育水生动物苗种；

7. 使用生物饵料培养设施，调节水质和光照，培养水生动物苗种用生物饵料；

8. 观察水生动物发育情况，预防常见疾病；

9. 优选、驯化苗种，苗种出池、计数、包装。

本职业包含但不限于下列工种：

海水鱼类繁育工　淡水鱼类繁育工　生物饵料培养员　爬行类繁育工　棘皮类繁育工　两栖类繁育工　贝类繁育工　甲壳类繁育工

5-04-01-02　水生植物苗种培育工

使用苗床、池塘等设施，培育藻类及高等水生植物亲本、繁殖苗种的人员。

主要工作任务：

1. 检查、维修、消毒水生植物繁育用设施、设备与工具，制作采苗器；

2. 选择和强化培育亲本，调控温度、光照等，促进孢子或苞芽发育；

3. 诱导放散孢子、附苗，播种或栽插幼苗；

4. 配制和施用肥料或营养液，调控水质；

5. 管理苗床，观察生长情况，除杂草(藻)，防治病虫害；

6. 移植苗种，检查、计数、包装，暂养及运输。

本职业包含但不限于下列工种：

海藻繁育工　淡水水生植物繁育工

5-04-02（GBM 50402）
水产养殖人员

从事鱼、贝、藻等水生动植物饲养、栽培及质量管理等工作的人员。

本小类包括下列职业：

5-04-02-01　水生动物饲养工
5-04-02-02　水生植物栽培工
5-04-02-03　水产养殖潜水工

5-04-02-01　水生动物饲养工

使用池塘、网箱等设施和工具，养殖、捕捞水生动物的人员。

主要工作任务：

1. 清整和消毒池塘，进行工厂化或网箱养殖设施、设备与工具的消毒；

2. 使用水质检测仪、增氧机等仪器设备，检测和调控水质；

3. 使用苗种箱袋，移运、投放苗种；

4. 使用投饵机，选择、投喂饲料；

5. 施用石灰或有机肥，调节水质养分；

6. 观察水生动物生长情况，预防常见疾病；

7. 捕捞、收获水产品；

8. 维修、保养增氧机、投饵机等养殖机械和设施。

本职业包含但不限于下列工种：

海水鱼类养殖工　淡水鱼类养殖工　棘皮类养殖工　爬行类养殖工　两栖类养殖工　贝类养殖工　甲壳类养殖工　淡水珍珠养殖工　海水珍珠养殖工

5-04-02-02　水生植物栽培工

使用池塘、大田、筏架等设施，栽培、收获水生植物的人员。

主要工作任务：

1. 检查、维修、清整、消毒池塘和筏架等设施、设备及工具；
2. 挑选、运送苗种，栽插、移植苗种；
3. 观察生长情况，分苗、除杂草（藻），预防病虫害；
4. 调配和施用肥料，调节水位（深度），控制水质；
5. 收获水生植物，计数、包装、运送；
6. 整理、晾晒、初加工水生植物。

本职业包含但不限于下列工种：

大型藻类栽培工　水生高等植物栽培工

5-04-02-03　水产养殖潜水工

从事潜水观察、检查、维修水产养殖设施、设备，采捕、收获养殖产品等工作的人员。

主要工作任务：

1. 检查、维修、装配、调试潜水设备与器具；
2. 潜水检查、评估水产养殖设施与设备风险情况，维修、维护养殖设施与设备坏损点；
3. 潜水检查、评估水下养殖的水生生物生长、发育、发病及其他损失情况；
4. 潜水采捕或收获水下养殖的水产品。

5-04-03（GBM 50403）

水产捕捞及有关人员

从事水生动植物采集、捕捉、捞取及水产品运输等工作的人员。

本小类包括下列职业：

5-04-03-01　水产捕捞工
5-04-03-02　渔业船员
5-04-03-03　渔网具工

5-04-03-01　水产捕捞工

使用渔船及捕捞、采集工具和设施，捕捞、采收、处理水生动植物产出品的人员。

主要工作任务：

1. 根据不同季节和采集对象，选择作业区域和时间；
2. 检查、装配捕捞网具、器械或工具；
3. 使用工具和设施，采摘、收获水生植物产出品；
4. 驾驶渔船，进行投放网具、起网等捕捞作业；
5. 处理、加工捕捞采收物；
6. 维护保养渔船、设备和作业器具。

本职业包含但不限于下列工种：

水生动植物采集工　淡水捕捞工　海水捕捞工

5-04-03-02　渔业船员

使用渔业船舶、捕捞器具与设施，驾驶渔船实施捕捞作业和处理渔获物的人员。

主要工作任务：

1. 根据不同季节和捕捞对象，选择作业区域和时间；
2. 操作导航、舵机等设备，控制渔船的启航、停靠、航向和航速；
3. 操作动力、电气等设备，供应行驶动力和作业电力；

4. 操作渔船通讯设备，发送、接收渔船行驶和生产作业通讯信息；

5. 操作绞机、钓机等设备，进行放、收网或放、收钓等捕捞作业；

6. 操作清洗、切割、冷冻等设备，分拣、分割、整理、冷冻渔获物；

7. 检查、清理、维护、保养渔业船舶设施、设备与工具。

本职业包含但不限于下列工种：

渔船驾驶员　渔船电机员　渔船无线电操作员　渔船机驾长　渔船普通船员　渔船轮机员

5-04-03-03　渔网具工

使用织网机和缝扎工具，加工网片及成型渔具的生产人员。

主要工作任务：

1. 准备织网原料和设备；

2. 操作织网机，制作有结或无结网片；

3. 巡回检查织网机运转情况；

4. 检查下机产品质量，处理外观质量缺陷；

5. 剪裁网片；

6. 使用缝扎工具，将网片、属具等缝扎成特定形状的渔具；

7. 检验成型渔具装配质量。

本职业包含但不限于下列工种：

渔网具装配工　机织有结网片工　机织无结网片工

5-04-99（GBM 50499）
其他渔业生产人员

指未列入 5-04-01 至 5-04-03 的渔业生产人员。

5-05（GBM 50500）　农、林、牧、渔业生产辅助人员

从事农业生产技术推广、农机操作、农村能源利用等生产辅助工作的人员。

本中类包括下列小类：

5-05-01（GBM 50501）农业生产服务人员
5-05-02（GBM 50502）动植物疫病防治人员
5-05-03（GBM 50503）农村能源利用人员
5-05-04（GBM 50504）农村环境保护人员
5-05-05（GBM 50505）农机化服务人员
5-05-06（GBM 50506）农副林特产品初加工人员
5-05-99（GBM 50599）其他农、林、牧、渔业生产辅助人员

5-05-01（GBM 50501）
农业生产服务人员

从事农、林、牧、渔业生产、机械化服务、农副产品初加工等技术指导的人员。

本小类包括下列职业：

5-05-01-00　农业技术员

5-05-01-00　农业技术员

从事农、林、牧、渔业生产技术推广和服务活动的人员。

主要工作任务：

1. 采集、加工、处理农林牧渔的生产技术、产品供求、生产资料供应等信息，提

供生产安排的信息服务；

2. 指导农户选择种植、养殖品种，示范、讲解配套的生产技术；

3. 传授动植物营养状况以及病虫害的诊断、防治技术；

4. 指导农户选用肥料、农药，示范、讲解肥药配制和施用技术；

5. 推广营造林生产技术，指导、监理营造林工程施工；

6. 推荐新型生产机具和设施，示范、讲解使用与维护保养方法；

7. 进行生产现场的技术指导，帮助解决生产安排、技术措施等方面的问题；

8. 推广标准化等生产技术，提供农业生产法律、法规咨询服务；

9. 编写农业生产的技术资料，组织开展技术培训。

本职业包含但不限于下列工种：

农作物种植技术员　园艺生产技术员　畜牧技术员　水产技术员　营造林技术员　烟草栽培技术员　中药材生产技术员　农机技术员　农化技术员　肥料配方师　饲料配方师

5-05-02（GBM 50502）动植物疫病防治人员

从事动植物疫病预防、检测、诊断、治疗工作的人员。

本小类包括下列职业：

5-05-02-01	农作物植保员 L
5-05-02-02	林业有害生物防治员 L
5-05-02-03	动物疫病防治员
5-05-02-04	动物检疫检验员
5-05-02-05	水生物病害防治员
5-05-02-06	水生物检疫检验员

5-05-02-01　农作物植保员 L

使用检测仪器和设施，调查、检验农作物遭受生物灾害的情况并实施防控措施的人员。

主要工作任务：

1. 使用监测调查工具和目测，调查、检验农作物遭受生物灾害的种类和规模，制定防治措施；

2. 保管储藏农药，配制施用农药，科学安全施药；

3. 释放农作物病虫的天敌及干扰种群，实施生物防治措施；

4. 布设灯光、色板、捕集器等器材和诱剂，实施物理防治措施；

5. 安排选用抗病虫作物品种、轮作倒茬、调整种植时间、耕翻土地等手段，实施生态防控措施；

6. 维护、保养药械和物理防治设施设备。

本职业包含但不限于下列工种：

病虫害防治工　植物检疫工

5-05-02-02　林业有害生物防治员 L

从事林业有害生物预防、除治作业及技术服务的人员。

主要工作任务：

1. 调查、监测和报告林业害虫、病害、有害植物、害鼠、害兔等有害生物发生危害的情况；

2. 选择和配制药剂，安装、操作、保养和维修防治器械；

3. 施药，释放天敌，清除虫（病）害木；

4. 调查林业有害生物防治效果，统计和报告调查结果；

5. 提供林业有害生物防治技术咨询

服务。

5-05-02-03 动物疫病防治员

从事动物疫病预防，协助兽医诊断、治疗动物疾病，护理患病动物等工作的人员。

主要工作任务：

1. 制订动物预防免疫计划；

2. 保管兽用疫苗、兽药、兽用医疗器械、溯源设备；

3. 注射兽用疫苗，加挂动物免疫标识，填写免疫档案；

4. 检查动物饲养厩舍卫生，消毒、杀菌，驱除动物寄生虫，采集动物组织样本；

5. 包装和运送动物检疫材料；

6. 观察动物形态，发现、报告患病动物和临床症状，或使用实验室仪器进行检查；

7. 协助兽医治疗患病动物，护理患病动物；

8. 观察、搜集、上报和协助处置疫情，填写疫情记录；

9. 汇总兽药、疫苗使用统计表。

本职业包含但不限于下列工种：

中兽医员　兽医化验员

5-05-02-04 动物检疫检验员

从事动物、动物产品疫病检查工作，并出具健康证明的人员。

主要工作任务：

1. 检查动物健康状况、养殖档案、佩戴的畜禽标识，出具动物健康证明；

2. 进行动物、动物产品运载工具的消毒，出具消毒证明；

3. 使用检疫、检验仪器或运用感官，鉴别、检查动物健康状况和动物产品品质；

4. 识别病、死动物和病害动物产品；

5. 监督货主或屠宰场对其不符合检疫标准的动物及动物产品进行防疫消毒和无害化处理；

6. 上报动物疫情，并采取防范措施；

7. 填写动物检疫日志和检疫报表。

5-05-02-05 水生物病害防治员

使用取样、显微、解剖等器具，诊断、预防、控制水生生物病害的人员。

主要工作任务：

1. 制订水生生物病害防治计划，并指导实施；

2. 检查、维护、消毒、保养水生生物病害防治用设备和工具，保管试剂、药物；

3. 使用取样工具，巡查池塘等生产场所，采集水质和水生生物样本；

4. 使用解剖、显微器具，检测样本，判断病害发生情况；

5. 分析病害状况，配制药物或施放天敌等，预防、治疗病害；

6. 观察、搜集、报告水生生物疾病发生情况，建立病害防治档案；

7. 使用填埋、高温、焚烧等方法，无害化处理病死水生动物。

本职业包含但不限于下列工种：

水生植物病害防治员　水生动物病害防治员

5-05-02-06 水生物检疫检验员

使用高倍显微镜、聚合酶链式反应分析仪（PCR）等检测设备，检查水生生物病理、病原，诊断疾病，出具检疫证明的人员。

主要工作任务：

1. 检查、消毒、维护水生生物疾病诊断设备和工具，保管试剂；

2. 处理、保存病料和病原样品，进行真菌、细菌、细胞的鉴别、提纯与扩繁；

3. 操作高倍显微镜、聚合酶链式反应分析仪（PCR）等设备，检测水生生物疾疫病理、病原；

4. 根据检测和观察结果，诊断水生动物疾病，出具诊断和检验报告、检疫证明；

5. 指导、监督实施含疫病病原水生动物及其产品的消毒和无害化处理。

本职业包含但不限于下列工种：

水生植物疫病检疫员　水生动物检疫防疫员

5-05-03（GBM 50503）
农村能源利用人员

从事沼气、太阳能、水电、风电等农村小型能源利用设施建造、安装与维修工作的人员。

本小类包括下列职业：

5-05-03-01　沼气工 L

5-05-03-02　农村节能员 L

5-05-03-03　太阳能利用工 L

5-05-03-04　微水电利用工 L

5-05-03-05　小风电利用工 L

5-05-03-01　沼气工 L

从事户用沼气池和沼气工程的建设、设备安装、运行维护、技术指导、生产经营等工作的人员。

主要工作任务：

1. 选定施工地点，准备施工机具、材料和设备，开挖基槽，修建沼液、沼渣储存等构建筑物及设备基础；

2. 建设沼气池，安装厌氧消化装置、储气装置、净化装置、输料泵、搅拌机、输配管网、流量计、监控装置、灶具、沼液沼渣生产利用装置等；

3. 调试设备，试压试水，调试系统运行；

4. 预处理原料，调配发酵原料，投放接种物，进、出物料；

5. 调控厌氧消化装置内原料成分、温度、压力、产气量、气体成分、酸碱度（pH 值）等参数；

6. 维修维护储气、净化、输配管网、沼气管路及沼气利用等设备，定期更换易损件；

7. 操作沼气动力机械和发电机械，检测、分析进出料液和气体成分，检查和记录日常安全、消防及卫生状况，排除故障，维护设备；

8. 进行技术指导与培训，指导用户安全生产和使用沼气，并进行沼液、沼渣综合利用。

本职业包含但不限于下列工种：

沼气生产工　沼气物管员

5-05-03-02　农村节能员 L

从事农村生活和生产用节能设施设备建造及安装工作的人员。

主要工作任务：

1. 识读施工图，估工备料，选址定位，准备施工设备；

2. 使用模具，生产预制件，现场建造灶、炕、窑等农村节能设施；

3. 指导用户选购清洁节能炉、灶用具，并进行现场安装；

4. 备制燃料，调试清洁节能灶、炕、炉、窑，控制温度、湿度、风量和安全阀门；

5. 检查清洁节能灶、炕、炉、窑的运行情况，排查漏烟、通道堵塞等故障；

6. 指导用户使用和维护清洁节能灶、炕、炉、窑等设施设备。

5-05-03-03 太阳能利用工 L

从事太阳能光热或光伏利用系统建造、安装和调试、维修工作的人员。

主要工作任务：

1. 识读太阳能光热或光伏利用系统施工图，核算建造、安装系统所需用料，准备工具、设备；
2. 安装建造太阳能光热或光伏利用系统；
3. 调试运行太阳能光热或光伏利用系统；
4. 讲解太阳能光热或光伏利用系统日常使用与运行维护常识；
5. 排查太阳能光热或光伏利用系统故障；
6. 修复、更换故障部件，排除系统运行故障。

5-05-03-04 微水电利用工 L

使用施工设备和安装工具，建造配套设施，安装、调试、运行维护装机功率 100 千瓦及以下微水能利用系统的人员。

主要工作任务：

1. 识读微型水力发电系统工艺流程图和施工图，准备施工材料和安装工具；
2. 建造微型水力发电系统的蓄水池和基础工程；
3. 安装微型水力发电系统，架接输电线路，连接控制器及用电器等装置；
4. 调试微型水力发电系统，检查系统运行情况；
5. 指导用户使用微型水力发电系统；
6. 维护、检修微型水力发电系统。

5-05-03-05 小风电利用工 L

使用施工设备和安装工具，安装、调试、运行维护单机功率 100 千瓦及以下的风力发电或风光互补发电系统的人员。

主要工作任务：

1. 识读小型风力发电或风光互补发电系统施工图，选购发电系统所需设备，准备施工材料和安装工具；
2. 建造小型风力发电或风光互补发电系统基础工程；
3. 安装、调试小型风力发电或风光互补发电系统；
4. 指导用户使用小型风力发电或风光互补发电系统；
5. 进行小型风力发电或风光互补发电系统的售后服务、维修、管理；
6. 记录发电量，进行电量计价和电价结算。

5-05-04（GBM 50504）
农村环境保护人员

从事农产品产地环境和农业资源保护、农业面源污染防控、农业生产废弃物和生活垃圾收集处理等活动的人员。

本小类包括下列职业：

5-05-04-00 农村环境保护工 L

5-05-04-00 农村环境保护工 L

从事农产品产地污染监测、污染区农产品安全生产、农业资源监测、农村废弃物资源收集处理，并进行设施设备管护工作的人员。

主要工作任务：

1. 分类、收集、运送、处理农村生活垃圾，并进行资源化利用；
2. 收集、运送、处理农药瓶、农药袋、

化肥袋、废旧地膜等农业生产废弃物，并进行资源化利用；

3. 收集、运送、处理农作物秸秆、畜禽粪便等农业废弃物资源，并进行资源化利用；

4. 维修、维护有机生活垃圾、农作物秸秆、畜禽粪便等农村有机固体废弃物资源处理利用设施；

5. 维修、维护农村生活污水收集处理系统、生态拦截沟等农田尾水净化处理设施；

6. 监测农业面源污染情况，推广利用农业面源污染防治的新技术、新模式和新产品；

7. 监测农产品产地土壤重金属污染情况，指导农产品产地污染区域农产品安全生产；

8. 维护农业野生植物原生境管护设施；

9. 防控外来入侵物种。

5-05-05（GBM 50505）
农机化服务人员

从事农业机械操作、维护、修理以及机械化中介服务工作的人员。

本小类包括下列职业：

5-05-05-01　农机驾驶操作员

5-05-05-02　农机修理工

5-05-05-03　农机服务经纪人

5-05-05-01　农机驾驶操作员

操作拖拉机、联合收割机等农业机械，进行耕整地、种植施肥、排灌、植保、收获和收获后处理等作业的人员。

主要工作任务：

1. 检查机具技术状态和田块、作物等作业条件，做好机具挂接、运输转移等作业前准备；

2. 调整幅宽、耕深、留茬高度、喂入量、种植密度等机具结构和作业操作，进行试作业和作业质量检查；

3. 操作拖拉机及其配套农具，进行耕地、耙地、播种、中耕、植保、施肥等农田作业、运输作业和固定式作业；

4. 操作联合收割机、玉米收获机、棉花收获机等，进行小麦、水稻、玉米、棉花等收获作业；

5. 操作微耕机、自走式旋耕机、机耕船等，进行翻耕、碎土、平地等耕整地作业；

6. 操作插秧机、移栽机、播种施肥机等，进行水稻插秧、钵苗移栽和播种施肥等种植施肥作业；

7. 操作农用水泵、喷灌机等排灌机械设备，进行灌溉、排水等作业；

8. 诊断、排除机具运转故障，检查作业达标情况；

9. 维护保养机具。

本职业包含但不限于下列工种：

拖拉机驾驶员　耕整地机械操作工　插秧机操作工　移栽机操作工　植保机械操作工　茶叶采摘机操作工　棉花收获机操作工　联合收割机驾驶员　玉米收获机操作工　施肥机械操作工　灌溉机械操作工

5-05-05-02　农机修理工

使用修理工具和设备，拆装、清洗、修理、调整和保养农机具的人员。

主要工作任务：

1. 检查送修农业机械，填写送修单，诊断故障类别，确定修理项目和内容；

2. 拆卸、鉴定零部件损毁情况，修理、修复机械零部件；

3. 使用工具、量具、仪器、仪表及专用设备等，拆卸、清洗、调试、安装、修理农业机械的发动机、底盘、作业机构、液压和电气系统等；

4. 操作喷油泵试验台、喷油器试验器等专用设备，修理调试高压喷油泵和喷油器总成等燃油供给系统；

5. 使用工具、量具及专用设备等，修补、翻修农业机械轮胎；

6. 检验承修项目质量，进行承修项目说明和交付；

7. 维护保养农机修理用的工量具、仪器仪表和设备。

5-05-05-03 农机服务经纪人

从事农机作业中介服务活动的人员。

主要工作任务：

1. 采集、分析与发布农机作业服务市场信息；

2. 联系农机合作社等服务组织和农场、农民等服务对象，组织洽谈和签订农机作业服务合同；

3. 协调农机作业服务前的机具维修、油料供应及生活服务等准备或保障工作；

4. 调度、实施农机作业服务，跟踪和监督农机作业服务质量；

5. 调解农机作业服务过程中的质量、费用等纠纷；

6. 管理农机作业人员，结算服务费用。

5-05-06（GBM 50506）
农副林特产品初加工人员

从事农、林、牧、渔业产出品初级加工处理活动的人员。

本小类包括下列职业：

5-05-06-01 园艺产品加工工
5-05-06-02 棉花加工工
5-05-06-03 热带作物初制工
5-05-06-04 植物原料制取工
5-05-06-05 竹麻制品加工工
5-05-06-06 经济昆虫产品加工工
5-05-06-07 水产品原料处理工

5-05-06-01 园艺产品加工工

使用工具和设备，进行园艺作物产品初加工的人员。

主要工作任务：

1. 操作整理、清洗、分级、切分等设备，处理园艺作物根茎叶花果实等，包装、冷藏或速冻；

2. 使用腌渍设备和器具，加入食品调味剂，腌渍或发酵，将前处理后产品制成腌渍制品；

3. 操作脱水或膨化干制设备，脱去前处理后产品可食部分的水分，制成可食或观赏干品；

4. 操作冷藏设备与设施，控制园艺作物产品质量。

本职业包含但不限于下列工种：

果蔬分级整理工　花卉加工工　啤酒花加工工

5-05-06-02 棉花加工工

操作轧花、剥绒等设备，进行籽棉的预处理、轧花、剥绒、打包等工作的人员。

主要工作任务：

1. 操作输送、清理设备，清除籽棉杂质；

2. 操作配棉系统、轧花机、皮棉清理机，将籽棉加工成皮棉；

3. 操作输送设备、剥绒机、清绒机，将毛棉籽加工成短绒、光籽；

4. 分送皮棉、短绒，打包、称重、刷唛；

5. 处理棉籽、短绒、小花头、灰杂等，打包；

6. 堆放成包皮棉垛。

本职业包含但不限于下列工种：

轧花工　锯齿剥绒工　絮棉加工工　棉花加工辅助工

5-05-06-03　热带作物初制工

使用加工设备和工具，加工剑麻、橡胶等热带作物初级产品的人员。

主要工作任务：

1. 查看热带作物初级原料，进行检验、分类、分级处理；

2. 使用加工设备和工具，制成干胶、植物纤维等初级产品；

3. 储藏、包装热带作物初级原料、初制品或制成品，并进行仓储及运销管理；

4. 检验热带作物初制品或制成品；

5. 维护保养设备。

本职业包含但不限于下列工种：

剑麻制品工　剑麻纤维生产工　橡胶制胶工

5-05-06-04　植物原料制取工

操作浸提、过滤、浓缩等设备，制取树脂、生漆、芳香油等植物原料和产品的人员。

主要工作任务：

1. 使用采集工具，割取林木脂液，或采收植株、花、实等原料；

2. 操作分拣、清洗、粉碎等设备，进行切丝、切段或粉碎等原料加工，准备辅料；

3. 操作浸提、过滤、蒸馏等设备，设定工艺参数，制取精油类提取物；

4. 操作脱色设备，添加吸附剂，设定工艺参数，脱色；

5. 操作浓缩设备，设定工艺参数，制取浸膏类提取物；

6. 操作干燥、造粒设备，喷粉、混匀、成型，制取粉、晶体类提取物；

7. 操作灌装、充填、包装设备，包装、标识产品；

8. 维护保养设备和工具。

本职业包含但不限于下列工种：

树脂采收工　生漆加工工　芳香油原料加工工

5-05-06-05　竹麻制品加工工

使用编织工具、设备，制取竹麻等编织原材料并编织制品的人员。

主要工作任务：

1. 使用工具、设备，制取竹质原料，编织、加工竹凉席等日用品和工艺品；

2. 制取麻类纤维，编织、加工麻线、麻绳、麻袋等制品；

3. 制取藤质原料，编织、加工藤绷、藤席、藤篮等制品；

4. 制取棕质原料，加工成棕片、棕丝、棕绳等，再加工成棕绷等日用品；

5. 制取草质原料，编织、加工草袋、草绳、草片、草帘和草垫等日用品。

本职业包含但不限于下列工种：

竹藤制品加工工　棕草编织工

5-05-06-06　经济昆虫产品加工工

从事驯化饲养昆虫，加工、检验产出品的人员。

主要工作任务：

1. 对昆虫清洗、消毒等，使其可直接

食用；

2. 操作加工设备，进行昆虫分泌物解冻、过滤、包装、储存等加工；

3. 操作烘烤、包装等设备，进行昆虫幼虫等干燥、消毒灭菌等加工；

4. 操作提取、加热、过滤等设备，进行昆虫排泄物浸提、过滤和包装等加工；

5. 使用溶剂和吸附剂，提取、脱色昆虫分泌物；

6. 使用检验器具或通过感官，检验昆虫及相关产品质量。

本职业包含但不限于下列工种：

蚕茧烘烤工　蜂产品加工工

5-05-06-07　水产品原料处理工

操作清洗、分割等设备，进行水产品原料分级、清洗、加工的人员。

主要工作任务：

1. 操作解冻设备，解冻冷冻水产品；

2. 操作清洗设备或手工，进行鲜水产品的分类、分级、整理、清洗，并加冰、保鲜；

3. 操作分割、剥皮、剖片等设备，剖割、加工鲜（冻）水产品原料；

4. 感官检验和记录水产品处理前后的情况；

5. 称重、装盘，或装箱、冻结、冷藏；

6. 清洗、消毒加工工具、设备和场地，维护保养设备。

本职业包含但不限于下列工种：

水产品分级整理工　水产品冻结工

5-05-99（GBM 50599）

其他农、林、牧、渔业生产辅助人员

指未列入 5-05-01 至 5-05-06 的农、林、牧、渔业生产辅助人员。

5-99（GBM 59900）　其他农、林、牧、渔业生产及辅助人员

指未列入 5-01 至 5-05 的农、林、牧、渔业生产及辅助人员。

本中类包括下列小类：

5-99-00（GBM 59900）**其他农、林、牧、渔业生产及辅助人员**

5-99-00（GBM 59900）

其他农、林、牧、渔业生产及辅助人员

指未列入 5-01 至 5-05 的农、林、牧、渔业生产及辅助人员。

第六大类

生产制造及有关人员

6（GBM 60000）　生产制造及有关人员

从事产品生产及设备制造、矿产开采、工程施工和运输设备操作的人员及有关人员。

本大类包括下列中类：

6-01（GBM 60100）农副产品加工人员

6-02（GBM 60200）食品、饮料生产加工人员

6-03（GBM 60300）烟草及其制品加工人员

6-04（GBM 60400）纺织、针织、印染人员

6-05（GBM 60500）纺织品、服装和皮革、毛皮制品加工制作人员

6-06（GBM 60600）木材加工、家具与木制品制作人员

6-07（GBM 60700）纸及纸制品生产加工人员

6-08（GBM 60800）印刷和记录媒介复制人员

6-09（GBM 60900）文教、工美、体育和娱乐用品制作人员

6-10（GBM 61000）石油加工和炼焦、煤化工生产人员

6-11（GBM 61100）化学原料和化学制品制造人员

6-12（GBM 61200）医药制造人员

6-13（GBM 61300）化学纤维制造人员

6-14（GBM 61400）橡胶和塑料制品制造人员

6-15（GBM 61500）非金属矿物制品制造人员

6-16（GBM 61600）采矿人员

6-17（GBM 61700）金属冶炼和压延加工人员

6-18（GBM 61800）机械制造基础加工人员

6-19（GBM 61900）金属制品制造人员

6-20（GBM 62000）通用设备制造人员

6-21（GBM 62100）专用设备制造人员

6-22（GBM 62200）汽车制造人员

6-23（GBM 62300）铁路、船舶、航空设备制造人员

6-24（GBM 62400）电气机械和器材制造人员

6-25（GBM 62500）计算机、通信和其他电子设备制造人员

6-26（GBM 62600）仪器仪表制造人员

6-27（GBM 62700）废弃资源综合利用人员

6-28（GBM 62800）电力、热力、气体、水生产和输配人员

6-29（GBM 62900）建筑施工人员

6-30（GBM 63000）运输设备和通用工程机械操作人员及有关人员

6-31（GBM 63100）生产辅助人员

6-99（GBM 69900）其他生产制造及有关人员

6-01（GBM 60100） 农副产品加工人员

从事谷物、植物油、饲料、糖、畜禽制品、水产品，以及蔬菜、水果和坚果等农副产品加工的人员。

本中类包括下列小类：

6-01-01（GBM 60101）粮油加工人员
6-01-02（GBM 60102）饲料加工人员
6-01-03（GBM 60103）制糖人员
6-01-04（GBM 60104）畜禽制品加工人员
6-01-05（GBM 60105）水产品加工人员
6-01-06（GBM 60106）果蔬和坚果加工人员
6-01-07（GBM 60107）淀粉和豆制品加工人员
6-01-99（GBM 60199）其他农副产品加工人员

6-01-01（GBM 60101）粮油加工人员

从事食用大米、面粉和食用油脂生产及精制生产加工的人员。

本小类包括下列职业：

6-01-01-01 制米工
6-01-01-02 制粉工
6-01-01-03 制油工

6-01-01-01 制米工

操作粮食加工机械，将原粮制成成品米的人员。

主要工作任务：

1. 操作清理、计量、输送等设备，接收、清理原粮；
2. 操作砻谷机、谷糙分离等设备，脱壳、分离谷糙；
3. 操作碾米、抛光、色选、配米等设备，精加工糙米；
4. 操作称重、打包、封口设备，计量、包装成品；
5. 处理、回收生产过程中的副产品及下脚料；
6. 操作风网，通风除尘；
7. 操作中央控制系统，监控生产过程；
8. 维护生产设备，处理故障，填写生产记录。

6-01-01-02 制粉工

操作粮食加工机械，将原粮制成面粉的人员。

主要工作任务：

1. 操作谷物清理和水分调节等设备，清理原料，调质；
2. 操作磨粉、糠麸处理等设备，将胚乳磨制成一定精度和细度的面粉；
3. 操作定量秤、批量混合机等设备及其控制系统，配制各种用途面粉；
4. 操作清粉、筛理设备，筛理面粉；
5. 操作称重、打包、封口设备，计量、

包装成品；

6. 操作风网和气力输送系统，进行物料输送；

7. 整理谷物加工的副产品及下脚料；

8. 操作中央控制系统，监控生产过程；

9. 维护生产设备，处理故障，填写生产记录。

6-01-01-03　制油工

操作油加工等设备，进行植物油料预处理、油脂制取、油脂精炼、产品包装的人员。

主要工作任务：

1. 操作原料输送、筛选、干燥调质、分离壳（皮、仁）、破碎、软化、轧胚、挤压膨化等设备，清理除杂原料，制取油脂，提取胚料；

2. 操作蒸炒、榨油、油渣分离等设备，蒸炒胚料、压榨取油和压榨毛油除渣；

3. 操作油脂浸出器、湿粕蒸脱机、混合油蒸发器和汽提塔、溶剂蒸汽冷凝器、分水器和尾气回收等设备，进行油料浸出取油、湿粕脱溶、混合油脱溶、溶剂回收；

4. 操作油脂水化脱胶、碱炼脱酸、吸附脱色、水蒸气蒸馏脱臭、冷冻脱蜡等设备，进行毛油精炼，生产食用油；

5. 操作油脂输送、计量、灌装、充氮、包装、储存、接收、发放等设备，包装、储存和发放预包装油脂和散装油脂；

6. 操作油料饼粕、皮壳的计量、包装、输送、储存、发放等设备，包装、储存和发放油料饼粕；

7. 操作中央控制系统，监控生产过程；

8. 维护生产设备，处理故障，填写生产记录。

6-01-02（GBM 60102）
饲料加工人员

从事畜禽饲料（草）和宠物食品等生产加工的人员。

本小类包括下列职业：

6-01-02-00　饲料加工工

6-01-02-00　饲料加工工

操作饲料加工设备，粉碎、混合饲用原料，生产成型饲料（草）的人员。

主要工作任务：

1. 检验、标识、入库和记录饲用原料；

2. 操作设备，对饲料原料和辅料进行清理、输送、上仓，操作粉碎设备对部分原料进行粉碎；

3. 使用配料秤，按配方分配各种原料，操作混合设备对原辅料进行混合或预混合；

4. 操作破碎、成型设备，将粉状饲料加工成特定形状的饲料；

5. 操作中央控制系统，控制和监视饲料生产过程；

6. 检验成品饲料质量指标；

7. 维修保养饲料机械设备。

本职业包含但不限于下列工种：

饲草产品加工工　饲料加工中控工

6-01-03（GBM 60103）
制糖人员

从事食用成品糖制作和精制糖生产加工的人员。

本小类包括下列职业：

6-01-03-00　食糖制造工

6-01-03-00　食糖制造工

操作制糖设备，将甘蔗、甜菜制成食糖的人员。

主要工作任务：

1. 操作输蔗机，破碎甘蔗；

2. 操作压榨机等设备，进行甘蔗或切丝甜菜榨汁；

3. 操作中和设备，中和糖汁；

4. 操作加热蒸发设备，将澄清后的糖汁制成糖浆；

5. 操作煮糖和助晶设备，将糖浆结晶成糖膏；

6. 操作分蜜机，将糖膏分离成食糖和糖蜜；

7. 操作化糖、熬糖、结晶、分蜜等设备，将食糖制成冰糖。

本职业包含但不限于下列工种：

输蔗破碎工　压榨机工　糖汁中和工　碳酸饱充工　硫漂工　糖汁过滤工　糖汁蒸发工　煮糖助晶工　分蜜机工　冰糖加工工

6-01-04（GBM 60104）
畜禽制品加工人员

从事牲畜、禽类宰杀，以及肉制品、蛋类制品加工等工作的人员。

本小类包括下列职业：

6-01-04-01　畜禽屠宰加工工
6-01-04-02　畜禽副产品加工工
6-01-04-03　肉制品加工工
6-01-04-04　蛋类制品加工工

6-01-04-01　畜禽屠宰加工工

使用致昏、分割等屠宰设备和工具，加工生鲜、冷却或冷冻畜禽肉产品的人员。

主要工作任务：

1. 检查畜禽来源证明和健康状况，识别品种，称量体重，分组入圈，管理待宰畜禽；

2. 使用专用设备或工具，将猪致昏、放血、打毛、开膛、劈半，整理副产品，将胴体分割后进行冷却或冷冻并将产品包装、入库；

3. 使用专用设备或工具，将牛羊致昏、放血、剥皮、开膛、劈半，整理副产品，将胴体分割后进行冷却或冷冻并将产品包装、入库；

4. 使用专用设备或工具，将家禽致昏、放血、去毛、开膛，整理副产品，将胴体分割后进行冷却或冷冻并将产品包装、入库；

5. 识别畜禽的品种和营养状况，计算宰后胴体的出品率，判定胴体和分割肉的质量等级；

6. 运用感官或使用仪器，测定屠宰分割过程中肉品的质量指标，控制加工技术参数，纠正偏差；

7. 操作专用设备，急宰或无害化处理体弱、有害的畜禽；

8. 配制消毒液剂，进行生产环境、设备工具和人员的消毒处理。

本职业包含但不限于下列工种：

生猪屠宰加工工　牛羊屠宰加工工　家禽屠宰加工工　肉品分级员　畜禽屠宰无害化处理工

6-01-04-02　畜禽副产品加工工

操作粉碎、干燥等专用设备，将畜禽屠宰副产品制成肠衣、血粉等产品的人员。

主要工作任务：

1. 使用工具，清洗、刮除、盐渍、干燥屠宰动物肠管，加工成盐渍或干肠衣；

2. 操作粉碎机、煮沸锅等设备，粉碎、萃取、熔炼、净化骨物或油脂原料，制取工业或食用油脂；

3. 操作分离、干燥等加工设备，加工骨、血、皮原料，制取骨粉、血粉、蛋白胨等工业用或食用制品；

4. 操作加工设备，处理骨、血、内脏等原料，制取动物源饲料；

5. 运用感官或使用仪器，测定产品加工过程的质量指标，控制技术参数。

本职业包含但不限于下列工种：

肠衣加工工

6-01-04-03 肉制品加工工

使用斩拌机、充填机、烟熏蒸煮炉和高压杀菌釜等专用加工设备、工具和仪器，将畜禽肉制成火腿和香肠等产品的人员。

主要工作任务：

1. 修整、腌制畜禽肉；

2. 操作斩拌机、充填机，将肉馅或肉块切碎、斩拌、充填入肠衣；

3. 操作蒸煮锅或烟熏蒸煮炉，进行酱卤肉、香肠、火腿等半成品的加热；

4. 操作干燥机，进行肉松、肉脯等半成品的烘干；

5. 操作高压杀菌釜，进行香肠、火腿等半成品的高温高压灭菌；

6. 接种微生物发酵菌种，制成发酵肉制品；

7. 操作包装机，包装产品。

本职业包含但不限于下列工种：

腌腊发酵制品加工工　蒸煮熏烤制品加工工　调理肉制品加工工

6-01-04-04 蛋类制品加工工

使用粉碎机、腌渍装置、冷冻机和喷雾干燥机等专用加工设备、工具和仪器，加工鲜蛋和再制蛋品的人员。

主要工作任务：

1. 清洗，预处理禽蛋；

2. 操作加工设备，消毒、涂膜、分级，加工清洁、无致病菌危险的新鲜蛋品，并包装入库；

3. 操作加工设备，浸渍、糟制、卤制、冷却、高压灭菌，加工咸蛋、卤蛋等即食制品，并包装入库；

4. 操作加工设备，杀菌、冷冻、发酵、烘烤、喷雾干燥，加工液状或粉状蛋制品，并包装入库；

5. 运用感官或使用仪器及试剂，调整、控制加工技术参数。

6-01-05（GBM 60105）
水产品加工人员

从事水产品、水产制品等加工工作的人员。

本小类包括下列职业：

6-01-05-01　水产品加工工

6-01-05-02　水产制品精制工

6-01-05-01 水产品加工工

使用工具和设备，腌制、干制、烘烤、蒸煮水产品的人员。

主要工作任务：

1. 腌制经初加工处理的水产品；

2. 使用工具，分割和采集鱼肉、鱼糜；

3. 配料、调味；

4. 操作加工设备，干燥、熟化、熏蒸水产品；

5. 整形、称量、灭菌、包装；

6. 清理、消毒加工场地、设备。

本职业包含但不限于下列工种：

水产品腌熏干制品制作工　鱼糜制作工　鱼粉制作工

6-01-05-02 水产制品精制工

操作反应、蒸发、干燥、粉碎等设备，

提炼鱼油、鱼蛋白、海藻胶等生物制品的人员。

主要工作任务：

1. 浸泡、清洗、切碎水产品原料；
2. 消化原料，制取消化物；
3. 分离、纯化消化物；
4. 浓缩、压榨、脱水、干燥物料；
5. 粉碎、配料、灭菌、包装；
6. 清洗、消毒生产场地、设备。

本职业包含但不限于下列工种：

鱼油提炼工　水产蛋白提炼工　甲壳多糖提炼工　海藻制碘工　海藻制醇工　海藻胶提取工　海藻饲料肥料制作工

6-01-06（GBM 60106）
果蔬和坚果加工人员

从事坚果（仁）、果蔬籽（仁）、水果、蔬菜的脱水、干制、熟制、冷藏、冷冻、腌制等工作的人员。

本小类包括下列职业：

6-01-06-00　果蔬坚果加工工

6-01-06-00　果蔬坚果加工工

操作清洗、熟制、分装等设备，加工、制作果蔬、果蔬籽、坚果类制品的人员。

主要工作任务：

1. 操作清洗、分级、筛选等设备或手工，剔除废料，分类、清洗原辅料；
2. 操作剖切、去壳或开口等加工机械，预处理原料；
3. 操作脱水、速冻设备，调整控制工艺参数，进行蔬菜、坚果（仁）、果蔬籽（仁）的脱水、速冻加工；
4. 操作烘干、膨化设备，调整控制工艺参数，加工干果、果片、坚果（仁）、果蔬籽（仁）等制品；
5. 操作调味、入味设备，称量、混合调味料，进行原料入味、调味加工；
6. 操作蒸煮、烘炒、裹衣、油炸等设备，加工坚果（仁）、果蔬籽（仁）、豆类等制品；
7. 操作称量、分装、真空设备，进行制成品的包装；
8. 操作洗菜机、切菜机等设备，对蔬菜等原料进行清洗、除根、制形，采用盐渍、酱渍等方法制作酱腌菜；
9. 维护保养加工设备。

本职业包含但不限于下列工种：

果蔬加工工　坚果果蔬籽加工工　酱腌菜制作工

6-01-07（GBM 60107）
淀粉和豆制品加工人员

从事淀粉及淀粉糖、植物蛋白、豆制品等加工制作的人员。

本小类包括下列职业：

6-01-07-01　淀粉及淀粉糖制造工
6-01-07-02　植物蛋白制作工
6-01-07-03　豆制品制作工

6-01-07-01　淀粉及淀粉糖制造工

操作清洗、浸泡、磨碎、分离、干燥等设备，将玉米和薯类等原料加工成淀粉，并对淀粉进行液化、糖化等工序加工，制取淀粉糖及其副产品的人员。

主要工作任务：

1. 操作设备，进行玉米和薯类等原料清洗、净化和除杂；
2. 操作制酸浸泡设备，制备亚硫酸溶液，调整、控制工艺参数，浸渍软化玉米，操作蒸发浓缩设备，制备玉米浆；
3. 操作磨碎、旋流分离、筛分及辅助

设备，分离胚芽、纤维、薯渣和淀粉；

4. 操作挤压、脱水和干燥等设备，烘干胚芽；

5. 操作设备，进行渣皮脱水、干燥和粉碎，制备纤维粉；

6. 操作离心分离设备，精制淀粉乳，经脱水干燥制成商品淀粉；

7. 操作气浮槽，分离出浓麸质，进行蛋白浓缩、脱水和干燥，制成蛋白粉；

8. 进行淀粉或淀粉乳调浆，使用喷射液化器进行物料液化；

9. 操作糖化罐进行物料糖化和升温灭酶；

10. 操作压滤机，加入活性炭对糖液进行过滤脱色处理，操作离子交换柱吸附糖液中的无机离子；

11. 操作多效蒸发器，浓缩精制糖液，制成液体糖产品；

12. 操作异构化柱，脱色、离交、浓缩制成果葡糖浆，操作色谱分离设备制备果糖；

13. 操作结晶罐、离心机、气流干燥或喷雾干燥设备，结晶分离和干燥处理糖料；

14. 操作设备，对淀粉、淀粉糖及其副产品进行称重和包装，标识产品信息；

15. 对生产设备进行清洗和消毒灭菌。

本职业包含但不限于下列工种：

淀粉加工工　淀粉糖制造工

6-01-07-02　植物蛋白制作工

操作榨油、浸泡、分离、酸沉、中和、干燥等设备，将大豆、花生、小麦等植物种子加工成植物蛋白产品的人员。

主要工作任务：

1. 清洗、压榨原物料；

2. 制备植物蛋白产品；

3. 监视设备运行情况；

4. 监视物料流量情况；

5. 调控碱溶、酸沉、水洗、中和的碱酸浓度和酸碱度（pH 值）等工艺参数；

6. 清洗各种专用设备、器具；

7. 填写生产记录。

6-01-07-03　豆制品制作工

操作清理、粉碎、烘干、浸泡、分离、脱水等设备，加工处理大豆等豆类原料，制作豆制品的人员。

主要工作任务：

1. 操作筛选、除尘、烘干、计量等设备，去除大豆等豆类的杂质，烘干、计量、配制原料；

2. 操作泡料、细磨、挤浆、离心、煮浆等设备，浸泡、磨制豆类原料，分离豆浆、豆渣，煮浆；

3. 将盐卤或石膏等凝固剂加入豆浆中，点浆，制取凝胶，压制脱水，制成豆腐；

4. 操作压榨机、切块机、熏炉等设备，制作豆干、豆片、熏制品等；

5. 在豆腐上接种菌种，发酵、腌制，加卤汤制作腐乳；

6. 操作包装机、封口机等设备，包装成品；

7. 清洗、维护保养生产、包装设备及器具，填写生产记录。

本职业包含但不限于下列工种：

腐乳制作工

6-01-99（GBM 60199）
其他农副产品加工人员

指未列入 6-01-01 至 6-01-07 的农副产品加工人员。

6-02（GBM 60200） 食品、饮料生产加工人员

从事烘焙食品、糖制品、方便食品、罐头食品、乳制品、调味品、食品添加剂，以及酒、饮料、精制茶等生产加工的人员。

本中类包括下列小类：

6-02-01（GBM 60201）焙烤食品制造人员
6-02-02（GBM 60202）糖制品加工人员
6-02-03（GBM 60203）方便食品和罐头食品加工人员
6-02-04（GBM 60204）乳制品加工人员
6-02-05（GBM 60205）调味品及食品添加剂制作人员
6-02-06（GBM 60206）酒、饮料及精制茶制造人员
6-02-99（GBM 60299）其他食品、饮料生产加工人员

6-02-01（GBM 60201）焙烤食品制造人员

从事蛋糕、饼干等焙烤食品加工制作的人员。

本小类包括下列职业：

6-02-01-01 糕点面包烘焙工
6-02-01-02 糕点装饰师

6-02-01-01 糕点面包烘焙工

操作和面机、打蛋机、烘烤炉、蒸箱、油炸生产线等设备，将面粉、油脂、糖和禽蛋等原料加工成糕点或面包的人员。

主要工作任务：

1. 按照配方将面粉、油脂、糖和禽蛋等原料制作成面团与馅心；
2. 操作自动生产线，设定和调整工艺参数，加工成品及半成品；
3. 操作设备或手工包馅；
4. 操作设备，进行半成品的烘烤、油炸或蒸煮等加工；
5. 操作设备或手工，包装成品。

本职业包含但不限于下列工种：

中式糕点制作工 西式糕点制作工 饼干制作工 面包制作工

6-02-01-02 糕点装饰师

使用奶油、巧克力和糖等原料，进行西式糕点造型、裱花，制作食品装饰插件等艺术加工的人员。

主要工作任务：

1. 手工或使用搅拌机、恒温锅等，对奶油、翻糖、巧克力、果膏、杏仁膏等材料进行配料和调制；
2. 使用计算机和刮板、裱花嘴、捏塑棒、糖灯、喷笔等工具，进行糕点的造型、配色、文字等设计和艺术加工；
3. 使用铜锅熬糖，采用吹、拉、烫、拔、压、推等手工技法，制作花卉、水果、动物和人物等造型；
4. 使用翻糖包面，采用工笔画、喷画等艺术表现形式手工作画；
5. 融化巧克力，在大理石上调温，采用雕、刻、挤、削等手工技法，制作动物、人物和花草的立体或平面造型；

6. 使用专用工具，组装糖艺插件和巧克力塑型插件。

本职业包含但不限于下列工种：

糖艺师 巧克力塑形师 蛋糕装饰师

6-02-02（GBM 60202）
糖制品加工人员

从事糖果、巧克力等糖制品加工制作的人员。

本小类包括下列职业：

6-02-02-01 糖果巧克力制造工

6-02-02-02 果脯蜜饯加工工

6-02-02-01 糖果巧克力制造工

操作烊糖、熬糖、搅拌、精磨、冷却、成型等设备，将砂糖、葡萄糖浆、饴糖和可可豆等原料制成糖果或巧克力的人员。

主要工作任务：

1. 按照配方备料、投料；
2. 使用烊糖锅熔化糖水；
3. 操作烊胶机、炼胶机，进行烊胶和炼胶；
4. 使用熬糖锅，控温熬糖；
5. 操作搅拌机打泡，添加辅料制成糖坯，冷却；
6. 操作挤出、轧皮、搓切和成型等设备，将糖坯成型；
7. 操作机械或手工，对可可豆进行拣选、清洁、焙炒、冷却、破碎、分离和粗磨等前处理；
8. 配制巧克力混合原料，操作精磨缸，研磨浆料；
9. 使用调温缸，进行浆料调温、保温；
10. 浆料浇注成型，操作冷却设备，硬化巧克力，脱模；
11. 操作专用设备，进行巧克力产品涂层和抛光处理；
12. 拣选，包装成品。

本职业包含但不限于下列工种：

糖坯制造工 糖果成型工 胶基糖制造工 巧克力原料处理工 巧克力成型工

6-02-02-02 果脯蜜饯加工工

操作原料处理和打浆、灌装、杀菌等设备，以果蔬、坚果等原料制作果酱、果脯、蜜饯等食品的人员。

主要工作任务：

1. 操作清洗、破碎、打浆等设备，制取果肉、核、皮、浆等原料，调配辅料；
2. 操作打浆、配料、灌装、杀菌等设备，将原料加工成果酱、果冻等产品；
3. 操作打浆、配料、成型、干燥、杀菌等设备，将原料加工成果糕、果卷、果片等产品；
4. 操作腌渍、干燥、杀菌设备或手工，调味、浸渍或腌制，制成果脯、蜜饯等产品；
5. 操作设备或手工，包装、储存产成品；
6. 清扫加工场所，维护保养生产设备。

6-02-03（GBM 60203）
方便食品和罐头食品加工人员

从事具有易于储藏、食用简便等特点的方便食品和罐头食品加工制作的人员。

本小类包括下列职业：

6-02-03-01 米面主食制作工

6-02-03-02 冷冻食品制作工

6-02-03-03 罐头食品加工工

6-02-03-01 米面主食制作工

操作和面、熟化、压延、切断、烘干设

备或方便面生产线，进行挂面和方便面等米面主食品制作的人员。

主要工作任务：

1. 操作和面设备，将面粉或米粉、水、碱及添加剂等混合，调制面团；

2. 熟化面团，操作复合压延或异径辊等设备，进行面团压延和切条；

3. 调控挂面烘烤房温度、湿度及时间，干燥面条，制成挂面，切断、称量和包装；

4. 操作喂料机和蒸面机等设备，进行面团熟化、复合压延、切条折花成型和蒸煮；

5. 操作方便面生产线，进行面条定量切断、折叠分排、面块油炸或热风烘干定型，冷却；

6. 操作调配、蒸煮、浓缩和包装设备，按照工艺配方制作方便面的液态调料包、调味粉包或脱水蔬菜包；

7. 操作设备，进行方便面定型面块及调料包装袋或装碗等成品包装。

本职业包含但不限于下列工种：

挂面制作工　方便面制作工

6-02-03-02　冷冻食品制作工

操作调配、灭菌、和面、成型、蒸煮、凝冻、速冻等设备，制作冷冻食品的人员。

主要工作任务：

1. 操作设备，净化原料水，配制、调配冷食品的原辅料；

2. 操作设备，进行浆料灭菌、均质、冷却和老化；

3. 操作凝冻机和成型机，添加辅料、灌注浆料、浇模插扦、冻结成型、脱模，制作冰棒和冰激凌等冷食品；

4. 进行果蔬原料清洁和切刈，使用蒸汽锅，进行原料熬制、蒸煮和漂烫等加工；

5. 调制馅心和面团，操作成型机，进行预速冻米面制品成型；

6. 使用蒸箱，进行米面制品控温蒸制；

7. 操作连续式速冻机，进行米面制品和果蔬控温急速冷冻；

8. 操作包装机，进行成品包装，入冷库。

本职业包含但不限于下列工种：

冷食品制作工　速冻米面制品制作工　速冻果蔬制作工

6-02-03-03　罐头食品加工工

操作专用加工和辅助设备，将农副产品加工成罐头食品的人员。

主要工作任务：

1. 操作洗涤、分级、去皮、拆骨等设备，进行罐头食品原料预处理；

2. 进行预处理后的原料调味配料，采用预煮、油炸、浓缩或浸渍、斩、拌等方法制成罐头食品的半成品物料；

3. 操作设备，进行包装容器或包装材料灭菌；

4. 操作设备，将调味食品物料及汤汁定量充填入包装容器或包材，进行封口；

5. 操作杀菌器等设备，进行封口的罐头食品杀菌、冷却、干燥和成品包装；

6. 操作设备，进行高温杀菌后的调味食品物料及汤汁定量无菌包装。

本职业包含但不限于下列工种：

罐头原料处理工　罐头调味工　罐头封装工　罐头杀菌工

6-02-04（GBM 60204）
乳制品加工人员

从事原料乳或标准化物料加工及乳品质量评判工作的人员。

本小类包括下列职业：

6-02-04-01 乳品加工工

6-02-04-02 乳品评鉴师

6-02-04-01 乳品加工工

操作乳制品加工专用设备，将原料乳或标准化物料加工成乳制品的人员。

主要工作任务：

1. 收储、冷却原料乳，按照配方进行标准化处理；
2. 操作设备，进行物料均质和脱气；
3. 操作设备，进行原料乳、标准化物料杀菌或灭菌；
4. 操作发酵设备，制成发酵乳，或使用发酵剂或酶制剂或酸味剂，对巴氏杀菌乳进行酸化、发酵，制成凝乳；
5. 操作干酪设备，将凝块压榨成型，进行成熟或不经成熟；
6. 操作设备，分离脱脂乳中的酪蛋白、乳清；
7. 进行杀菌的稀奶油物理、生化成熟；
8. 处理酸或酶乳清及其浓缩物；
9. 操作单效、双效、多效浓缩设备，进行杀菌乳、标准化物料或乳清等产品浓缩；
10. 操作间歇式或连续式炼乳、结晶设备，进行浓缩乳中的乳糖强制结晶；
11. 干燥浓缩乳，结晶乳糖、酪蛋白及其钠盐；
12. 操作专用包装设备，包装液态乳和固态乳制品；
13. 清洗设备和管道。

本职业包含但不限于下列工种：

原料乳处理工 乳品配料工 乳品杀菌工 乳品浓缩工 乳品干燥工 炼乳结晶工 乳品发酵工 奶油搅拌压炼工 干酪素点制工 乳清工 乳制品充灌工

6-02-04-02 乳品评鉴师

运用口、舌、鼻、眼睛等感觉器官，评鉴乳及乳制品质量和特点的人员。

主要工作任务：

1. 采样，运用感官评价原料乳、液态奶、乳制品的色泽和组织状态等外观质量；
2. 采样，运用感官评价原料乳、液态奶、乳制品的滋味和气味等感官质量；
3. 评鉴乳粉和配方乳粉的冲调性；
4. 评价保质期内乳制品的感官质量，提出产品保质期建议；
5. 评鉴新开发、存在质量问题和质量改进过程中乳制品的感官质量；
6. 提出乳制品配料和加工工艺的改进意见；
7. 分析和判定有争议原料和成品的感官质量；
8. 评价乳制品配料的感官质量；
9. 编制、填写乳制品感官质量评价记录。

6-02-05（GBM 60205）
调味品及食品添加剂制作人员

从事味精、酱油、食醋、精制盐等调味品及食品添加剂加工制作等工作的人员。

本小类包括下列职业：

6-02-05-01 味精制造工

6-02-05-02 酱油酱类制作工

6-02-05-03 食醋制作工

6-02-05-04 精制制盐工

6-02-05-05 酶制剂制造工

6-02-05-06 柠檬酸制造工

6-02-05-07 调味品品评师

6-02-05-01　味精制造工

操作原料处理、糖化、发酵、结晶等设备，采用深层发酵、提取、精制等方法，将含淀粉质的粮食、淀粉或糖蜜制成味精的人员。

主要工作任务：

1. 制备微生物发酵生产味精的菌种；

2. 操作去杂、浸泡、磨浆、配料等设备，进行原料预处理；

3. 操作蒸汽喷射液化塔、层流罐、压滤机等设备，进行物料液化、灭菌、过滤；

4. 操作糖化罐、压滤机，制取发酵所需醪液；

5. 控制发酵罐，将葡萄糖转化为谷氨酸；

6. 操作离心机，去除发酵液中的菌体，使用多效蒸发器浓缩发酵液；

7. 操作调酸罐等设备，制取谷氨酸结晶液，使用离子交换柱提取结晶液中的谷氨酸；

8. 操作转晶罐、离心机、中和桶、压滤机，将谷氨酸制成中和液，并脱色、除铁、过滤；

9. 操作浓缩结晶罐，将脱色液制成结晶液，操作离心机将结晶液进行固液分离；

10. 操作流化床、干燥器、多层筛，干燥、筛分味精，进行成品称重包装；

11. 进行发酵生产原料及工艺设备消毒灭菌；

12. 在线监测发酵过程、半成品及成品质量。

本职业包含但不限于下列工种：

味精原料粉碎工　味精微生物菌种工　味精发酵工　味精提取工　味精充填封装工

6-02-05-02　酱油酱类制作工

使用酿造设备和装置，采用固态酿造技术，将大豆、豆粕、豆饼、面粉、小麦、麸皮、食盐、水等原料制成酱油和酱类制品的人员。

主要工作任务：

1. 操作粉碎机等设备，粉碎原料，润水；

2. 操作蒸煮罐等设备，蒸料；

3. 使用接种机、圆盘制曲机、曲池、翻曲机、竹匾等设备和装置，对蒸料进行接种和制曲；

4. 使用发酵池、发酵罐或发酵缸等装置，在成曲中拌入适量盐水后进行发酵；

5. 使用淋油池，对热水浸泡过的酱醅进行淋油；

6. 操作压榨机，压榨尊醪；

7. 操作夹层锅、列管式热交换器等设备，进行酱油或酱类制品加热灭菌；

8. 操作计量、配兑等设备，配兑成品酱油；

9. 操作包装机，包装成品酱油或酱类制品；

10. 清理、维护机器设备并填写生产记录。

本职业包含但不限于下列工种：

酱油制作工　酱类制品制作工

6-02-05-03　食醋制作工

使用食醋酿造设备和装置，采用固态酿造技术，将淀粉质材料、麸皮、谷糠和水等原料制成食醋的人员。

主要工作任务：

1. 操作分选机、洗涤机等设备，除杂、清洗原料；

2. 操作轧碎机、粉碎机、钢磨等设备，进行原料粉碎，润水；

3. 操作蒸煮罐等设备，蒸料；

4. 使用曲池、竹匾等，将淀粉质原料和麸皮、谷糠等制成糖化曲；

5. 操作卡式罐、酒母罐等设备，制取酒母；

6. 操作培养缸、种子罐等设备，制取醋母；

7. 使用发酵罐、发酵池、发酵缸等装置，将蒸料冷却后与糖化曲、酒母混合，进行淀粉糖化和酒精发酵；

8. 将酵母加入酒醪中，利用醋酸菌进行醋酸发酵；

9. 使用淋池，进行醋醅淋醋；

10. 操作列管式热交换器等设备，加热灭菌食醋；

11. 操作计量、配兑设备，配兑食醋；

12. 操作包装机，包装成品食醋或使用存储罐储存；

13. 维护保养机器设备。

6-02-05-04　精制制盐工

操作粉碎、洗涤等设备，进行原盐粉碎、洗涤、脱水、干燥，加工成精制盐，以及包装精制盐的人员。

主要工作任务：

1. 操作粉碎、洗涤等设备，除去原盐中的石膏等杂质，脱水、干燥加工成精制盐；

2. 根据工艺要求，添加不同添加剂，制成多品类精制盐；

3. 操作输盐设备，输送精制盐；

4. 操作盐斤分装设备，进行精制盐定量包装；

5. 操作专用检测设备，检测精制盐质量；

6. 判断并处理生产运行故障，维护保养设备。

本职业包含但不限于下列工种：

精制盐工　盐斤分装设备操作工

6-02-05-05　酶制剂制造工

操作原料处理、发酵、浓缩、干燥等设备，采用微生物菌种发酵淀粉质原料等工艺，制成酶制剂产品的人员。

主要工作任务：

1. 制备微生物发酵生产酶制剂的菌种；

2. 操作磨粉设备，粉碎原料，进行液化处理；

3. 使用调浆罐、蒸汽喷射器、板式换热器、发酵罐等设备和装置，进行物料消毒灭菌，制备醪液；

4. 控制发酵罐中微生物生长培养条件，进行发酵；

5. 添加沉淀剂、絮凝剂，调整酸碱度，沉降固形物；

6. 操作过滤等设备，将发酵液、絮凝液、盐析液等物料液固分离成滤液和滤渣；

7. 操作浓缩、干燥等设备，进行物料脱水浓缩；

8. 操作混合机、筛分机、封口机，包装产品；

9. 进行发酵生产原料及工艺设备消毒灭菌；

10. 在线监测发酵过程、半成品及成品质量。

本职业包含但不限于下列工种：

酶制剂微生物菌种工　酶制剂发酵工
酶制剂提取工　酶制剂充填封装工

6-02-05-06　柠檬酸制造工

操作原料处理、发酵、提取、干燥等设备，采用微生物菌种发酵工艺，将淀粉质、糖蜜或葡萄糖等原料制成柠檬酸产品的人员。

主要工作任务：

1. 制备微生物发酵生产柠檬酸的菌种；

2. 操作磨粉设备，粉碎原料，进行液化糖化处理；

3. 使用调浆罐、蒸汽喷射器、板式换热器、发酵罐等设备或装置，进行物料消毒灭菌，制备醪液；

4. 控制发酵罐中微生物生长培养条件进行发酵；

5. 操作过滤、中和等设备，将发酵液液固分离制成清液，对清液预热，制备柠檬酸钙盐；

6. 操作酸介反应器、过滤器等设备，对物料加热、过滤、洗涤，制备酸介清液；

7. 操作离子交换柱，去除阴阳离子杂质，制备柠檬酸液；

8. 操作多效蒸发器、结晶罐、离心机等设备，制成柠檬酸结晶；

9. 操作设备，干燥和筛分湿晶，包装产品；

10. 对发酵生产原料及工艺设备进行消毒灭菌；

11. 在线监测发酵过程、半成品及成品质量。

本职业包含但不限于下列工种：

柠檬酸原料粉碎工　柠檬酸微生物菌种工　柠檬酸发酵工　柠檬酸提取工　柠檬酸充填封装工

6-02-05-07　调味品品评师

运用感觉器官，对酱油、酱类、食醋等调味品的色泽、香气、滋味和体态等品质进行综合评价的人员。

主要工作任务：

1. 进行采样和制样准备；

2. 进行品评实验室及品评专用设施、器皿的准备；

3. 评定调味品样品的色泽、香气、滋味和体态等；

4. 对品评对象进行评分和文字描述；

5. 对品评结果进行综合计算，并作出品质等级的评定。

6-02-06（GBM 60206）

酒、饮料及精制茶制造人员

从事酒类酿造、饮料制作及茶叶加工、品评等工作的人员。

本小类包括下列职业：

6-02-06-01　酿酒师
6-02-06-02　酒精酿造工
6-02-06-03　白酒酿造工
6-02-06-04　啤酒酿造工
6-02-06-05　黄酒酿造工
6-02-06-06　果露酒酿造工
6-02-06-07　品酒师
6-02-06-08　麦芽制麦工
6-02-06-09　饮料制作工
6-02-06-10　茶叶加工工
6-02-06-11　评茶员

6-02-06-01　酿酒师

从事酒类酿造指导及酒类新产品开发工作的人员。

主要工作任务：

1. 选用酿酒原料和辅料；

2. 选择、操作酿酒设备；

3. 制备、选择糖化发酵剂；

4. 编制酿酒生产和质量控制的工艺文件；

5. 指导蒸煮、糖化、发酵、蒸馏、储存、灌装等生产工艺的实施；

6. 监控酿酒生产环节的工艺技术参数；

7. 开发酿酒新原料、新工艺及酒类新产品。

6-02-06-02 酒精酿造工

以粮谷、薯类或糖质物料为原料，操作粉碎、液糖化、发酵、蒸馏等设备，酿造酒精和燃料乙醇等产品的人员。

主要工作任务：

1. 操作筛理、除杂设备，进行原料预处理；

2. 操作粉碎机，粉碎物料，按粮水比制成料浆；

3. 操作蒸煮机，进行料浆糊化；

4. 使用液化、糖化酶制剂，采用高温高压喷射装置，进行糊化液糖化；

5. 使用发酵罐，在液糖化料浆中添加糖化醪和酒精酵母进行液态发酵；

6. 操作粗馏塔、精馏系统塔等设备，分离发酵醪，精制成酒精。

本职业包含但不限于下列工种：

酒精原料粉碎工　酶制剂和酵母制备工　液糖化工　酒精发酵工　酒精蒸馏工

6-02-06-03 白酒酿造工

以粮食或粮食代用料为原料，使用原料处理、发酵等设备和装置，将酒曲和酒母进行固态或液态发酵，蒸馏、勾调和陈化酿制白酒的人员。

主要工作任务：

1. 保藏、复壮、分离、纯化、筛选和培养白酒生产中使用的菌种；

2. 操作专用设备，扩大培养白酒的发酵酵母；

3. 操作筛理、除杂、粉碎等设备，进行谷物原料预处理；

4. 按粮水比与粮醅比进行润料、配料、蒸料；

5. 将熟料扬冷，掺入曲与酵母入酒窖或酒池或酒缸，封窖，进行固态发酵或液态发酵；

6. 酒醅出窖、装甑，操作设备，蒸馏发酵醪，使用香酯对白酒进行串香；

7. 对酿造白酒进行基础酒的组合和调味，对白酒的发酵原酒进行人工老熟处理；

8. 操作设备，进行白酒灌装、封口、贴标和装箱。

本职业包含但不限于下列工种：

白酒微生物培菌工　白酒酵母工　白酒制曲工　白酒原料粉碎工　白酒发酵工　白酒贮酒工　白酒蒸馏串香工　白酒配酒工　白酒灌装工

6-02-06-04 啤酒酿造工

以水、麦芽、酒花等为主要原料，操作原料处理、糖化发酵、过滤灌装等设备，酿制啤酒的人员。

主要工作任务：

1. 操作水处理设备，制备酿造用水；

2. 操作粉碎机等设备，进行啤酒原辅料清理、除杂和粉碎，添加料水制成料浆；

3. 操作麦汁制备设备，进行糊化、糖化、过滤、麦汁煮沸和冷却等，制取冷麦芽汁；

4. 操作发酵设备，将麦芽汁发酵为成熟发酵液，过滤稀释；

5. 操作杀菌设备，进行啤酒液高温瞬时热灭菌，使用膜过滤系统进行无菌冷过滤；

6. 操作洗瓶机等设备，清洗包装容器；

7. 操作等压灌装机，进行啤酒灌装、封口；

8. 操作隧道式喷淋灭菌机，进行成品啤酒热灭菌；

9. 清洗设备和管路；

10. 回收酒液、水、碱液、二次蒸汽、工艺废弃物等。

本职业包含但不限于下列工种：

啤酒原料粉碎工　麦汁制备工　啤酒发酵工　啤酒过滤工　啤酒灭菌工　啤酒灌装工

6-02-06-05　黄酒酿造工

以谷物为原料，进行酒药、麦曲等多种微生物的糖化发酵，酿造黄酒的人员。

主要工作任务：

1. 分离和筛选黄酒药的微生物；

2. 分离、筛选、复壮、保管和培养黄酒生产中使用的糖化菌种；

3. 操作筛选、浸泡等设备，进行谷物等原料预处理；

4. 操作蒸煮机，对物料进行蒸煮、摊饭；

5. 使用设备及手工，将熟料送入前酵罐、后酵罐进行发酵；

6. 操作压榨机、过滤机等设备，对后酵成熟的混浊液进行固液分离；

7. 对分离出的液体进行澄清、精滤、灭菌；

8. 对热灭菌的黄酒清酒进行入坛、封缸、陈化；

9. 按照配方对黄酒半成品或黄酒成品进行掺混和调配；

10. 清洗容器，操作设备，进行成品黄酒灌装、封口、贴标和装箱。

本职业包含但不限于下列工种：

黄酒培菌工　麦曲制曲工　黄酒发酵工　黄酒压滤工　煎酒工　黄酒勾兑工　黄酒灌装工

6-02-06-06　果露酒酿造工

以葡萄或其他水果的鲜果、汁液为原料，使用原料处理、发酵等设备和装置，酿造葡萄酒及其他发酵型果酒，或以发酵酒、蒸馏酒、食用酒精为酒基酿造浸泡型果酒或露酒的人员。

主要工作任务：

1. 操作清洗拣选、破碎压榨、干燥粉碎等设备，进行酿造果露酒原辅材料预处理；

2. 操作设备，进行酵母活化，对料液进行控温发酵；

3. 进行料液调配、过滤、冷热处理、贮存；

4. 将水果加入发酵酒、蒸馏酒等酒基中浸泡，调配；

5. 操作设备，从动植物或微生物原料中浸出香源功能性物质，与基酒进行调配；

6. 添加澄清剂，制取澄清酒液；

7. 操作蒸馏等设备，蒸馏料液；

8. 操作专用设备，进行成品酒包装。

本职业包含但不限于下列工种：

葡萄酒酿造工　浸泡型果酒酿造工　露酒酿造工

6-02-06-07　品酒师

运用感觉器官品评酒体质量，指导酒类酿造、储存和勾调，进行酒体设计的人员。

主要工作任务：

1. 运用感觉器官看色、闻香、尝味，进行半成品酒的分级和质量评价；

2. 监控酒产品生产和储存过程的感官质量；

3. 选择酿酒工艺，提出发酵蒸馏工艺

改进建议；

4. 进行酒体设计和调味方案评价；

5. 鉴定酒类新产品的感官质量。

6-02-06-08 麦芽制麦工

操作专用设备，进行大麦清选、浸渍、发芽、干燥等加工，制成麦芽产品的人员。

主要工作任务：

1. 操作振动筛、分级筛、旋风分离、去石机等设备，清选和分级大麦；

2. 操作输送设备，进行原料大麦输送、入仓、储存、出仓；

3. 操作浸麦设备的控制系统，进行原料大麦清洗和浸麦；

4. 操作刮板机、翻麦机、发芽箱等设备，对大麦进行布麦和发芽的过程控制；

5. 将出箱麦芽输送到麦芽干燥炉、烘烤炉等设备中，进行烘干和焙制；

6. 对麦芽制麦过程中使用的添加剂、加工助剂进行控制和调整；

7. 操作设备，进行干燥麦芽出炉和除根抛光，储存或包装成品麦芽。

6-02-06-09 饮料制作工

操作原辅料处理、物料调配、杀菌、灌装等设备，制作饮料的人员。

主要工作任务：

1. 操作过滤、软化、杀菌、制冷等设备，将原料水制成饮料成品水；

2. 操作化糖设备，制备糖浆，并与饮料成品水和原辅料进行物料调配；

3. 操作设备，进行物料杀菌和均质；

4. 操作清洗、破碎、打浆或榨汁设备，进行果蔬原料预处理；

5. 操作清洗、破碎或打浆设备，进行固体饮料原料预加工；

6. 操作设备，对固体饮料的物料进行浓缩、喷雾干燥或混合；

7. 操作设备，进行包装容器的清洗和杀菌；

8. 操作设备，进行液态饮料的定量灌装封口和固体饮料的定量充填包装；

9. 在线检查包装容器、调配、清洗和灌装质量；

10. 清洗设备。

本职业包含但不限于下列工种：

饮料调配工 饮料灌装工 果蔬汁加工工 果蔬汁浓缩工 固体饮料加工工 固体饮料喷雾造粒工

6-02-06-10 茶叶加工工

操作制茶设备，将茶鲜叶加工成初制茶、精制茶及再加工茶的人员。

主要工作任务：

1. 操作揉捻、杀青、做青和烘干等设备，将茶鲜叶加工成毛茶；

2. 操作筛分、风选、拣剔和烘干等设备，对毛茶进行整理、筛选分级，调剂品质制成精制茶；

3. 操作窨制或压制等设备，将精制茶加工成花茶或紧压茶等再加工茶；

4. 进行茶叶质量检验、包装和储存。

本职业包含但不限于下列工种：

茶叶初制工 茶叶精制工

6-02-06-11 评茶员

运用感官评定茶叶色、香、味、形的品质及等级的人员。

主要工作任务：

1. 运用感官评定茶叶的外形、内质，评定茶叶品质的优次、品类，鉴定产地或品种；

2. 对照茶叶实物标准样，评判茶叶外形、内质各因子的品质，评定等级；

3. 分析各类茶叶外形、内质存在的品质弊病及产生原因，提出品种、生产工艺或贮藏保鲜方面的改进措施；

4. 分析茶叶的品质和特点，对茶叶进行综合评判；

5. 维护、保管被评茶叶。

6-02-99（GBM 60299）
其他食品、饮料生产加工人员

指未列入 6-02-01 至 6-02-06 的食品、饮料生产加工人员。

6-03（GBM 60300） 烟草及其制品加工人员

从事原烟调制、分级、复烤，进行卷烟及其他烟草制品制造的人员。

本中类包括下列小类：

6-03-01（GBM 60301）烟叶初加工人员

6-03-02（GBM 60302）烟用材料生产人员

6-03-03（GBM 60303）烟草制品生产人员

6-03-99（GBM 60399）其他烟草及其制品加工人员

6-03-01（GBM 60301）
烟叶初加工人员

从事烟叶调制、分级工作的人员。

本小类包括下列职业：

6-03-01-01 烟叶调制员

6-03-01-02 烟叶评级员

6-03-01-01 烟叶调制员

使用烤、晾房设施和工具，调制、加工原料烟叶的人员。

主要工作任务：

1. 了解烟叶种植规模和成熟情况，指导烤、晾房的搭建、设施安装与维护并检查、验收；

2. 研判烟叶的成熟度，确定采收区域、时间，以及采收部位和叶片数，指导采收鲜叶；

3. 检查鲜叶部位、成熟度和营养状况，剔除病虫侵害过度、过熟或过生鲜叶；

4. 使用烟杆、烟夹、分风板等器具，分类编、夹、装鲜叶；

5. 区别装烟室内不同空间的温度、湿度和风速，分质、分层摆放待调鲜叶；

6. 分析鲜叶品质，选择调制工艺，设定、调整工艺参数；

7. 使用供热、通风排湿、温湿度控制等设备，调整装烟室的温度、湿度，控制调制时间；

8. 使用加湿机或手工器具，控制烟叶回潮，整理、包装原料烟叶；

9. 分析烟叶调制质量问题和成因，提出改善栽培措施、调制工艺、装烟操作的建议。

6-03-01-02 烟叶评级员

运用视觉、触觉等感觉经验和感官分析技术，鉴定烟叶原料品质、评定购销等级的人员。

主要工作任务：

1. 查看烟叶成熟度、叶片结构、色度、油分等品级因素，区分不同组别、级别，评审、制作不同用途的烟叶等级实物样品；

2. 对照烟叶等级实物样品，评定收购、备货、接收等环节的烟叶等级；

3. 分析烟叶感官属性的因子特性及差异，研判烟叶类型、产地、品种；

4. 分析烟叶和片烟属性因子特性，研制、验证、评审感官因子参比样品、区域特征样品、品种特征样品；

5. 进行打叶复烤加工预投料烟叶的挑选、分级、提纯；

6. 评析收购烟叶的品质优劣及成因，提出栽培、采收与调制等方面的改进措施；

7. 评析仓储烟叶和片烟的品质变化，提出储存、养护技术建议；

8. 评析成品片烟的品质优劣及成因，提出烟叶分选、铺叶配比、打叶复烤等方面的改进建议。

6-03-02（GBM 60302）烟用材料生产人员

从事烟用二醋片、烟用丝束等烟用材料加工生产的人员。

本小类包括下列职业：

6-03-02-01 烟用二醋片制造工

6-03-02-02 烟用丝束制造工

6-03-02-01 烟用二醋片制造工

操作二醋片生产设备，制造二醋酸纤维素片并回收提纯稀醋酸的人员。

主要工作任务：

1. 操作粉碎、研磨等设备，粉碎木浆粕卷，制备木浆；

2. 预处理木浆，制备混酸结晶；

3. 操作醋化、水解设备，醋化反应预处理木浆和混酸结晶，熟化反应物料；

4. 操作沉析、洗涤、挤压设备，沉析浆液，洗涤、脱水醋片；

5. 操作干燥机等设备，干燥醋片；

6. 配制醋酸镁等催化剂；

7. 使用裂解、蒸馏、萃取等装置，制备醋酐，回收醋酸，处理废水；

8. 取样分析，检查运行工况，监控、记录、调整工艺参数。

本职业包含但不限于下列工种：

二醋片加工操作工　醋酐制备与醋酸回收工

6-03-02-02 烟用丝束制造工

操作配制釜、纺丝机、打包机等设备，加工烟用醋酸纤维丝束，回收提纯丙酮气体的人员。

主要工作任务：

1. 输送二醋酸纤维素片等物料，制备二氧化钛溶液及其辅料；

2. 操作预热空气、预热水、油剂制备等系统，预热空气和水，制备油剂；

3. 操作搅拌、过滤设备，制取二醋酸纤维素片浆液；

4. 操作纺丝机，将二醋酸纤维素片浆液干纺成烟用丝束；

5. 操作卷曲机，卷曲、牵引丝束；

6. 操作干燥机，控制丝束水分和残余丙酮；

7. 操作摆丝机、打包机，摆放丝束、打包；

8. 操作风机，抽吸烟用丝束生产过程中的丙酮气体；

9. 操作冷却、蒸馏等设施，回收丙酮；

10. 取样分析，检查运行工况，监控、

记录、调整质量和工艺参数。

本职业包含但不限于下列工种：

丝束加工操作工　浆液制备与丙酮回收工

6-03-03（GBM 60303）
烟草制品生产人员

从事成品卷烟制作、烟草评吸等工作的人员。

本小类包括下列职业：

6-03-03-01　烟机设备操作工

6-03-03-02　烟草评吸师

6-03-03-01　烟机设备操作工

操作烟机设备，处理原料，生产卷烟制品的人员。

主要工作任务：

1. 操作打叶复烤设备，进行烟叶真空回潮、铺叶配比、切尖解把、热风润叶、杂物剔除、叶梗分离、复烤和包装；

2. 操作烟叶（梗）处理设备，进行烟叶（梗）回潮和加料处理；

3. 操作切叶（梗）丝、增温增湿、叶（梗）丝干燥、加香设备，生产烟丝；

4. 操作膨胀烟丝加工设备，浸渍、膨胀、回潮烟丝；

5. 操作再造烟叶生产线，混合烟梗、碎片、烟末，加工成再造烟叶；

6. 操作纤维丝束开松机、滤棒成型机及辅联设备，加工、输送滤棒；

7. 操作卷烟卷接机组，卷制烟支、接装滤嘴；

8. 操作卷烟盒装、条装、箱装设备，封装卷烟烟支、烟包、烟条；

9. 操作转运设备，输送、流转和储存烟叶、滤棒、烟支等。

本职业包含但不限于下列工种：

打叶复烤设备操作工　烟叶回潮设备操作工　烟叶制丝设备操作工　膨胀烟丝设备操作工　再造烟叶设备操作工　滤棒成型设备操作工　卷烟卷接设备操作工　卷烟封装设备操作工　烟草制品转运设备操作工

6-03-03-02　烟草评吸师

运用视觉、嗅觉、味觉等感官经验和分析技术，评定烟叶原料、卷烟制品品质的人员。

主要工作任务：

1. 制订评吸方案，调整评吸场所温、湿度，准备评吸环境和标准样品；

2. 使用取样器具、切丝机、平衡箱等，抽取原烟、复烤烟叶、再造烟叶、梗丝、烟用香精香料等样品原料，平衡水分，制备评吸样品；

3. 评吸烟叶原料样品，区分烟叶类型、烤烟烟叶香型和部位，评价感官质量和风格特征；

4. 评吸卷烟制品样品，区分卷烟类型，鉴别产品差异，评价感官质量、口感和风格特征；

5. 记录评吸结果，处理分析结果数据，编制和审核评吸报告；

6. 设计叶组配方，调配烟用香精香料；

7. 提出工艺改进、质量改善等方面的建议和措施。

6-03-99（GBM 60399）
其他烟草及其制品加工人员

指未列入 6-03-01 至 6-03-03 的烟草及其制品加工人员。

6-04（GBM 60400） 纺织、针织、印染人员

从事纤维预处理及纺织、针织、非织造布、印染产品生产的人员。

本中类包括下列小类：

6-04-01（GBM 60401）纤维预处理人员
6-04-02（GBM 60402）纺纱人员
6-04-03（GBM 60403）织造人员
6-04-04（GBM 60404）针织人员
6-04-05（GBM 60405）非织造布制造人员
6-04-06（GBM 60406）印染人员
6-04-99（GBM 60499）其他纺织、针织、印染人员

6-04-01（GBM 60401）纤维预处理人员

从事棉、丝、麻、毛等天然纤维和化学纤维机械加工或化学处理并制成纺丝纤维的人员。

本小类包括下列职业：

6-04-01-01 开清棉工
6-04-01-02 丝麻毛纤维预处理工
6-04-01-03 纺织纤维梳理工
6-04-01-04 并条工
6-04-01-05 粗纱工

6-04-01-01 开清棉工

操作抓棉、开棉、清棉、成卷等设备，混棉和去杂除疵，将不同规格的原棉制成棉卷和纤维生条的人员。

主要工作任务：

1. 将棉包输送至棉台拆包，按排包图进行棉包排包、平包并拣杂；

2. 操作清梳设备，进行原棉开棉、清棉、混棉、喂棉、去异纤、梳棉等加工，制成棉卷或纤维生条；

3. 巡回检查，处理加工过程出现的故障；

4. 在成型棉卷上置放票签、划粉记，将棉卷放置于棉卷台；

5. 回收回花。

6-04-01-02 丝麻毛纤维预处理工

操作加湿、煮茧、精炼等设备，进行丝、麻、毛等天然纤维分选、去杂等预处理的人员。

主要工作任务：

1. 清洗原毛，并去除草杂；

2. 调配预处理所用化学或生物制剂；

3. 使用反应锅、加湿器等装置，对麻纤维进行加湿、软麻处理；

4. 将处理后的麻纤维分类、分批进行机械加工后，堆仓养生；

5. 操作剥茧机、选茧机、混茧机等设备，将毛茧加工成生茧；

6. 操作煮茧设备，将生茧加工成熟茧；

7. 操作开切茧机，将未压瘪茧切开、除蛹，加工制成削口茧；

8. 操作专用设备或手工，进行绢纺原料切料、抖料、扯松、去杂、清洁等处理，

并分级定等；

9. 操作精炼设备，进行绢纺原料脱胶等处理，制成精干绵。

本职业包含但不限于下列工种：

洗毛炭化挡车工　麻纤维脱胶工　加湿软麻工　选剥混茧工　煮茧操作工　开切茧工　绢纺原料选别工　绢纺精炼操作工

6-04-01-03　纺织纤维梳理工

操作梳棉机、精梳机等设备，进行纺织纤维并合、牵伸、梳理的人员。

主要工作任务：

1. 操作梳棉机、精梳机，进行纤维并合牵伸或分束、梳理（栉梳）、除杂、混合；

2. 将原料中呈束、块状的纤维梳理成单纤维，并制成生条；

3. 进行升头、接头、换卷、换筒（落纱）；

4. 巡回检查设备运转情况及产品质量；

5. 清理机台。

6-04-01-04　并条工

操作并条机、针梳机或条并卷机等设备，将纤维条制成熟条或条卷的人员。

主要工作任务：

1. 操作并条机、针梳机或条并卷机等设备，进行纤维条并合、混条、牵伸、梳理，加工成熟条或条卷；

2. 巡回检查，处理停台故障，进行换卷、接头、换筒；

3. 将加工后的熟条或条卷运送到存放位置；

4. 清洁机台及地面，填写生产记录。

6-04-01-05　粗纱工

操作粗纱机，将熟条制成粗纱的人员。

主要工作任务：

1. 检查粗纱机喂入部分，换条倒筒，分段和排筒；

2. 操作粗纱机，上条、接头；

3. 巡回检查，预防断头等疵点及异常情况；

4. 使用落纱设备或手工，将粗纱落下挽头；

5. 引头、开车；

6. 回收回花，清洁机台。

6-04-02（GBM 60402）

纺纱人员

从事纺织纤维加工，并制成纱、线的人员。

本小类包括下列职业：

6-04-02-01　纺纱工

6-04-02-02　缫丝工

6-04-02-01　纺纱工

操作细纱机、络筒机、并线机、捻线机、线团机等设备，将粗纱或纤维条、管纱、多根纱分别加工制成细纱、筒子纱、线及线团的人员。

主要工作任务：

1. 检查、更换粗纱或条筒，进行分段或定台供应；

2. 操作细纱机，进行开车、生头、接头、包卷；

3. 操作自动落纱机或手工，将纺满的管纱落下，生头、开车；

4. 操作络筒设备，进行开车、生头、清纱、接头；

5. 操作并线机、捻线机，更换并线或捻线筒子，接头；

6. 操作制线设备，将筒子线、绞线加

工成线团和宝塔线；

7. 检查设备运转情况，处理粗纱、条子、细纱、筒纱、并线及捻线的断头和纱疵等；

8. 巡回操作，清理机台。

本职业包含但不限于下列工种：

细纱机操作工 筒并摇工 捻线工 制线工

6-04-02-02 缫丝工

操作缫丝机，将熟茧缫制成生丝的人员。

主要工作任务：

1. 将熟茧装入新茧补充装置，索出绪丝，理绪；

2. 操作缫丝机，进行集绪和黏鞘；

3. 巡回观察设备运转情况，进行给茧、添绪、接绪；

4. 排除丝条加工过程中产生的故障；

5. 更换满䈅的丝片；

6. 调配平衡室温度和湿度，平衡小䈅丝片回潮率；

7. 操作复摇机，将小䈅丝片退绕在大䈅上形成大䈅丝片，或络在筒管上形成筒子丝；

8. 操作绞丝机，将大䈅丝片整理成绞装丝，配色、打包成件。

6-04-03（GBM 60403）

织造人员

从事织物经、纬纱线准备，并织造和整理织物的人员。

本小类包括下列职业：

6-04-03-01 整经工

6-04-03-02 浆纱浆染工

6-04-03-03 织布工

6-04-03-04 意匠纹版工

6-04-03-01 整经工

操作整经机，将筒子纱、线、丝制成经轴的人员。

主要工作任务：

1. 将筒子纱、线、丝插挂在整经架上，接头、过结、整理经纱（丝）、插叶；

2. 操作整经机，巡回检查，处理断头（毛丝）；

3. 上轴、下轴、放绞线、分股，制成经轴；

4. 将分条整经机辊筒上的经纱倒成经轴；

5. 清洁机台及工作环境。

6-04-03-02 浆纱浆染工

操作浆纱或浆染机，将经轴并轴、上浆或上浆染色制成浆轴的人员。

主要工作任务：

1. 将经轴配轴、上机、分绞，调配浆液；

2. 巡回检查，处理断头及停台；

3. 调控烘房和浆锅温度、浆纱速度、上浆率、伸长率和墨印长度；

4. 落轴、了机、清洗浆锅，包卷更换毛布；

5. 核对标样，判别色光，检查色差、色条、色花、纱线丝断头等；

6. 发现并处理染色过程中的异常现象；

7. 清洁机台。

本职业包含但不限于下列工种：

调浆工 浆纱机操作工 浆染联合机挡车工

6-04-03-03　织布工

操作织布机等设备，将经纱、纬纱交织成织物的人员。

主要工作任务：

1. 操作穿经机、结经机，使用穿综钩、扒筘刀，将经轴或浆轴制成织轴；
2. 操作上轴车，更换了机织轴；
3. 安装绞边装置等附件，设定参数，整理织轴及经纱通道，处理断头并开车；
4. 操作织布机，处理断经、断纬等停台；
5. 巡回检查布面、织轴、纬纱状况，消除隐患；
6. 操作卷纬机等设备，将纬纱制成管纱；
7. 将纬纱放置于机台规定位置，更换纬纱，处理纱管回丝；
8. 操作落布车，将布辊从织机上落下；
9. 操作验布机，对织物进行检验、修补、清洗和开剪；
10. 清洁机台，填写生产记录。

本职业包含但不限于下列工种：

穿经工　织布机操作工　织布上轴落布工　织物验修工

6-04-03-04　意匠纹版工

使用计算机或手工，按照提花织物的品种纹样绘制意匠图，操作轧纹版机、纹版复制机、串花机等设备轧制提花纹版并串接花本的人员。

主要工作任务：

1. 使用计算机或手工，将提花织物的纹样绘制成意匠图；
2. 操作轧纹版机或电脑制版机，按意匠图进行纹版轧孔；
3. 操作纹版复制机，复制纹版原样；
4. 使用串花机或人工，将纹版按顺序和间距串接成花本；
5. 清洁保养机器，处理设备运行故障。

本职业包含但不限于下列工种：

意匠工　纹版复制工　纹版连接工

6-04-04（GBM 60404）

针织人员

从事毛衫、袜子等针织品编织加工的人员。

本小类包括下列职业：

6-04-04-01　纬编工

6-04-04-02　经编工

6-04-04-03　横机工

6-04-04-01　纬编工

操作计算机、圆纬机和织袜机等设备，进行图案打样，将纱、线、丝编织成坯布、衣片或袜子的人员。

主要工作任务：

1. 确认机型、针型、筒径和纱支；
2. 使用计算机绘制图案花形，编制程序进行打样；
3. 操作圆纬机和织袜机等纬编设备，将纱、线、丝编织成坯布、衣片或袜子；
4. 巡回检查设备运转情况；
5. 清洁保养机台，填写生产记录。

本职业包含但不限于下列工种：

圆机操作工　织袜工　图案打样工

6-04-04-02　经编工

使用经编机、辅助设备及专用工具，将丝、线、纱编织成坯布，并校对、调整和更换机台织针的人员。

主要工作任务：

1. 操作上轴机，将经轴装在经编机上；

2. 操作经编机，套丝套纱、穿丝穿纱，编织坯布；

3. 巡回检查，查找断头，进行穿丝，换针和落布；

4. 校对机台织针，使用专用工具拆换损坏的织针，调整织针状态；

5. 清洁保养机台，填写生产记录。

本职业包含但不限于下列工种：

经编机操作工　经编钳针工

6-04-04-03　横机工

操作横机，将纱、线、丝编织成衣片和辅料的人员。

主要工作任务：

1. 调节手摇横机弯纱三角，或调整计算机横机度目参数，确定编织密度；

2. 检查纱线外观质量；

3. 穿纱、排针；

4. 操作横机，起头、接头、编织、落片、下机整理和修补落片等；

5. 巡回检查，处理断头，换针、更换筒子等；

6. 清洁保养机台，填写生产记录。

6-04-05（GBM 60405）
非织造布制造人员

从事非织造物成网、固结成布和后处理的人员。

本小类包括下列职业：

6-04-05-00　非织造布制造工

6-04-05-00　非织造布制造工

操作针刺、水刺、纺粘等设备，生产非织造布的人员。

主要工作任务：

1. 操作清花机、梳理机等设备，将纤维原料开松、梳理成网或熔融纺成网；

2. 操作针刺、水刺、热粘合、化学粘合等设备，将网固结成型；

3. 操作混合调整制浆等设备，制作上浆剂；

4. 操作卷绕机、下卷机、拔轴机等设备，进行固结纤网的烘燥、卷绕、落卷、后整理；

5. 操作分切机等设备，分切、包装非织造布；

6. 清洗检验纺熔组件；

7. 回收废料、废品。

本职业包含但不限于下列工种：

非织造布制作工　非织造布调浆工　非织造布卷绕分切工　纺粘和熔喷精密组件清理工

6-04-06（GBM 60406）
印染人员

从事纱、线、丝、织物等纺织品的炼漂、染色、印花及后整理的人员。

本小类包括下列职业：

6-04-06-01　印染前处理工
6-04-06-02　纺织染色工
6-04-06-03　印花工
6-04-06-04　纺织印花制版工
6-04-06-05　印染后整理工
6-04-06-06　印染染化料配制工
6-04-06-07　工艺染织品制作工

6-04-06-01　印染前处理工

操作烧毛机、退浆机、丝光机等设备，对纱、线、丝、棉、化纤等织物进行烧毛、退浆、煮炼、漂白、丝光、碱减量、脱胶、水洗等印染前处理的人员。

主要工作任务：

1. 配制退浆、煮炼、漂白、酸、碱等浴液，并测定浓度；

2. 缝头接布，穿布引头；

3. 使用吸边器、对中装置，平直进布；

4. 操作退、煮、漂及上酸设备，浸轧浴液，控制温度、压力、时间、车速和浴液浓度等参数；

5. 进行织物堆置或汽蒸、水洗、烘燥等处理；

6. 操作烧毛机，进行棉及含棉织物烧毛处理；

7. 操作炼桶，进行蚕丝织物脱胶、精炼等处理；

8. 操作碱减量设备，进行涤纶织物碱减量处理；

9. 检查落布毛效、白度、纬斜度、干湿度、含酸度、含氯度等指标，识别布面疵点，处理病疵；

10. 检查并处理印染前处理的异常现象；

11. 填写生产记录。

本职业包含但不限于下列工种：

坯布缝接工　印染烧毛工　退煮漂操作工　印染洗涤工　印染丝光工　碱减量操作工

6-04-06-02　纺织染色工

操作染色机等设备，进行纺织纤维、纱、线、丝、织物等染色的人员。

主要工作任务：

1. 操作洗涤、脱水、烘干等设备，进行纺织纤维分支、分级、选毛、洗毛、烘干等处理；

2. 操作染色机，进行本色散纤维或纤维条子染色，以及脱水、烘干、合毛等后处理；

3. 操作染色打样设备，根据标样仿染色样，确定染色工艺处方技术数据；

4. 检查织物平整度、毛效、幅宽、含碱度等；

5. 称重、融化染料；

6. 将被染纱、线、丝、织物、成衣、染化料等导入或加入染浴；

7. 操作染色机，控制升温过程及车速，调节张力、温度、浓度等工艺参数，进行纱、线、丝、织物、成衣等染色；

8. 核对染样并控制色光；

9. 对染成的纱、线、丝、织物、成衣进行预烘、固色、皂洗（洗涤）等处理；

10. 核对标样，判别色光和深浅，检查色差、色条、色花、纱线丝断头等；

11. 检查并处理染色过程中的异常现象；

12. 清理刷洗染色设备，填写生产记录。

本职业包含但不限于下列工种：

纤维染色工　染色小样工　纺织染色机操作工

6-04-06-03　印花工

操作印花机和蒸化设备等，进行织物有色图案及花纹印制和固色的人员。

主要工作任务：

1. 检查织物纬斜度、幅宽、毛效等指标，鉴别花筒、平网和圆网质量，确定花筒、平网、圆网排列，选用并修磨刮刀；

2. 操作打样设备，打样，核对色光，检查印制效果；

3. 操作印花机或使用手工工具，调整花位，调节花筒或花网压力、刮刀位置和刮刀压力等参数，控制色浆用量，进行织物印花；

4. 操作吸边器、整纬器、张力调节器等装置，控制印坯、衬布、花布的运行；

5. 操作蒸化机、焙烘机，调节时间、温度、湿度和车速等参数，进行固色处理；

6. 检查并处理设备运行的异常现象；

7. 将印后刮刀、花筒、平网、圆网等辅助工具下机并送制网间，回收色浆等，填写生产记录。

本职业包含但不限于下列工种：

印花机挡车工　蒸化机挡车工　数码印花挡车工　印花配色打样工

6-04-06-04　纺织印花制版工

使用计算机和印花制版设备、工具，进行花稿分色和制作印花平网、圆网的人员。

主要工作任务：

1. 使用扫描仪扫描花型，按照花型尺寸和制版套数，用计算机分色软件对描稿进行分色；

2. 操作照相机、拷贝机、连晒机等设备，对印花描样稿进行拍摄和制片；

3. 配制感光胶、显影液；

4. 操作喷墨、喷蜡、激光制网机等设备，制作圆网；

5. 操作喷墨、喷蜡制网机等设备，制作平网；

6. 操作激光雕刻机，选择或确认花型，输入计算机，并进行印花辊筒的激光雕刻；

7. 操作设备，对平网、圆网进行清洗、上胶、曝光、洗网、烘焙等处理；

8. 使用刻刀等工具，修补印花辊筒平网、圆网上的云纹、干笔、闪光、雪花点、杂纹点等瑕疵，清洁机台。

本职业包含但不限于下列工种：

印花分色工　印花制网工　印花辊筒激光雕刻工　印花版修复工

6-04-06-05　印染后整理工

操作印染后整理设备，进行织物定型、功能性整理、轧光、防缩和起绒等加工的人员。

主要工作任务：

1. 检查织物的幅宽、色牢度、干湿度等；

2. 配制防水、抗静电、柔软等功能性整理液，并测定浓度；

3. 缝头接布，穿头引布；

4. 使用吸边器、对中装置，平直进布；

5. 操作拉幅机、涂层机、轧光机、煮呢机、洗缩蒸呢机、磨毛机、起绒机等设备，控制压力、温度、车速、功能性整理液浓度、织物张力、预缩率、车速等参数，进行织物扩幅、干湿热整理、轧光、磨毛、起绒等加工；

6. 检查落布幅宽、纬斜度、纬密度、整理效果、强力、色差等质量指标，核对标样，处理病疵；

7. 检查并处理设备运转异常现象，填写生产记录。

本职业包含但不限于下列工种：

液氨整理机挡车工　涂层整理机挡车工　煮呢机挡车工　蒸呢机挡车工　磨毛（绒）机挡车工　轧光（轧花）机挡车工　印染定型工　印染烘干操作工　洗缩联合挡车工　起毛挡车工　烫呢（光）挡车工　印染成品定等工

6-04-06-06　印染染化料配制工

操作研磨、化料、搅拌、过滤、自动调浆等设备，进行印染碱液、染液、色浆、树脂、乳化浆等配制、储存和回收的人员。

主要工作任务：

1. 操作搅拌机、磨料机，控制流量、

浴比，研磨染料，测定染料细度；

2. 称量染料、化工原料、助剂等，操作设备配制碱液、染液、树脂、乳化浆等；

3. 操作煮糊设备，调制原糊、原浆、原液；

4. 操作搅拌机和自动调浆系统等设备，调制色浆料液；

5. 填写制浆、耗浆、剩浆及剩液记录，拼、并剩浆，适当改用部分剩旧浆；

6. 操作液氨回收设备，回收液氨；

7. 操作苛化、三效设备，进行回收淡碱苛化和蒸浓处理；

8. 发现并处理染化料配制过程中的异常现象。

本职业包含但不限于下列工种：

染化料配制操作工　印花色浆配制操作工

6-04-06-07　工艺染织品制作工

操作手摇机等设备，采用传统手工工艺，进行纺织品织造、手绘、蜡染、泼染等制作的人员。

主要工作任务：

1. 操作传统手摇织机，点意匠、挑花结本、装机、织布；

2. 手工用笔蘸取染液，在织物上描绘花纹，或用隔离胶绘出纹样边线；

3. 配制染液，在织物上刷色，自然风干；

4. 使用手工工具和融化蜡，在织物上描绘图案花纹，浸染、去蜡、漂洗、晾干熨平；

5. 使用容器等工具，手工配制染液，在织物上泼色或刷色，使织物形成花纹，漂洗、晾干熨平；

6. 修整成品疵点。

本职业包含但不限于下列工种：

手绘工　织造工　工艺蜡染工　工艺泼染工

6-04-99（GBM 60499）

其他纺织、针织、印染人员

指未列入 6-04-01 至 6-04-06 的纺织、针织、印染人员。

6-05（GBM 60500）　纺织品、服装和皮革、毛皮制品加工制作人员

从事纺织、皮革、毛皮、羽毛等材料加工并制成服装、服饰、鞋帽类等工作的人员。

本中类包括下列小类：

6-05-01（GBM 60501）纺织品和服装剪裁缝纫人员

6-05-02（GBM 60502）皮革、毛皮及其制品加工人员

6-05-03（GBM 60503）羽绒羽毛加工及制品制造人员

6-05-04（GBM 60504）鞋帽制作人员

6-05-99（GBM 60599）其他纺织品、服装和皮革、毛皮制品加工制作人员

6-05-01（GBM 60501）

纺织品和服装剪裁缝纫人员

从事纺织品和服装的制版、裁剪、缝制、绒线编织、拼接、整型等工作的人员。

本小类包括下列职业：

6-05-01-01　服装制版师

6-05-01-02 裁剪工
6-05-01-03 缝纫工
6-05-01-04 缝纫品整型工
6-05-01-05 服装水洗工
6-05-01-06 绒线编织拼布工

6-05-01-01 服装制版师

使用测量、裁剪、人台等专用工具或计算机专用软件，制作服装版型或编写成型编织服装编织程序的人员。

主要工作任务：

1. 依据服装设计效果图和样衣规格，设定拟制版型相关尺寸参数；

2. 使用测量、人台、剪刀等工具和计算机专用软件，制作服装基础版型或编写成型编织服装样衣编织程序；

3. 依据服装样品成型效果，调整服装基础版或修改成型编织服装样衣编织程序；

4. 核定、标注版型工艺要求，制作服装批量生产版样或批量编织服装编织程序；

5. 使用计算机专用软件，依据服装各号型规格尺寸进行推版，制作服装系列号型批量生产版样或编织程序。

6-05-01-02 裁剪工

使用裁剪设备或专用工具，进行纺织品、皮革、复合材料等裁剪工作的人员。

主要工作任务：

1. 备料，确认主、辅料；

2. 使用划线等专用工具，按照版样进行划样；

3. 使用裁剪设备或专用工具，将主、辅料裁剪成坯料；

4. 查验片和配片，打号或标记坯料，配套分类、扎包；

5. 回收边角料，清洁设备及工作场地，填写生产记录。

本职业包含但不限于下列工种：

服装裁剪工　纺织品裁剪工

6-05-01-03 缝纫工

使用缝纫设备或工具，将纺织品、皮革等主、辅料裁片缝制成半成品或成品的人员。

主要工作任务：

1. 识别缝纫制品裁片的正反面、纹路、疵点等，核对裁片编号；

2. 使用熨烫等设备或专用工具，对缝纫制品的裁片及半成品进行整理、定型等处理；

3. 使用缝纫机、套口机、包缝机等设备或专用工具，缝合裁片；

4. 使用锁眼机、钉扣机、套结机等设备或专用工具，锁眼、钉扣、打结等；

5. 清洁设备及工作场地，填写生产记录。

本职业包含但不限于下列工种：

服装制作工　毛衫套口工　纺织品缝纫工　缝纫制品充填工

6-05-01-04 缝纫品整型工

使用定型熨烫等设备或专用工具，进行服装及纺织品等缝纫制品定型整烫的人员。

主要工作任务：

1. 操作洗缩设备，对缝合后的毛衫进行浸泡、洗涤、漂洗、柔软、脱水、烘干等处理；

2. 设定定型熨烫设备或专用工具的温度、时间等参数；

3. 使用熨烫设备或工具，进行服装、饰品、纺织品等定型熨烫；

4. 复核服装、纺织品等成品的规格型

号，按不同规格型号码放；

5. 清洁设备及工作场地，填写生产记录。

本职业包含但不限于下列工种：

毛衫缩毛工　服装定型工　服装及纺织品整烫工

6-05-01-05　服装水洗工

操作洗衣设备，使用化学原料和浮石，进行服装水洗的人员。

主要工作任务：

1. 配制化学原料，添加浮石，设定水洗时间；

2. 调节水洗机水温，添加助剂，进行服装退浆；

3. 操作水洗机、烘干机、甩干机等设备，进行服装磨洗和烘干等处理；

4. 清洁设备及工作场地。

6-05-01-06　绒线编织拼布工

使用棒针、钩针等工具进行绒线、棉线等的编织加工，或使用缝纫设备、手工将小片织物拼缝成服装、日用品、工艺品等成品的人员。

主要工作任务：

1. 向顾客询问对编织或拼接成品的要求；

2. 制订编织加工或拼缝设计方案，绘制花型、图案草图；

3. 使用棒针或钩针，按花型、图案进行绒线、棉线等的编织；

4. 使用缝纫设备或手工，进行面料的裁剪、搭配、拼接、缝制；

5. 使用熨烫设备，将编织品或缝制品熨烫、整理为成品。

本职业包含但不限于下列工种：

绒线编织工　拼布工

6-05-02（GBM 60502）

皮革、毛皮及其制品加工人员

从事动物原皮、毛皮鞣制加工并制成熟毛皮、成品革及其制品的人员。

本小类包括下列职业：

6-05-02-01　皮革及皮革制品加工工

6-05-02-02　毛皮及毛皮制品加工工

6-05-02-01　皮革及皮革制品加工工

使用设备或工具，将动物原皮加工为成品革，以及将成品革等材料制作成服装、服饰和皮具的人员。

主要工作任务：

1. 组批动物原皮，操作浸水、脱脂、脱毛、浸灰、软化等设备和装置，进行原皮预处理；

2. 操作转鼓，添加化工材料，鞣制原皮；

3. 操作设备，进行半成品革剖层和削匀；

4. 使用设备和工具，进行半成品革整饰；

5. 操作设备，冲裁皮革等原辅材料，分解成裁片；

6. 操作缝制机械，进行皮革制品的半成品裁片缝合和车线；

7. 使用机械或手工，制作服装扣眼，固定纽扣；

8. 使用机械或工具，进行皮具半成品裁片擦胶、压边等加工；

9. 使用打钉机或手工，装配皮具的五金件；

10. 使用熨烫台或熨斗，进行皮革制品平整和服帖处理。

本职业包含但不限于下列工种：

皮革加工工 皮革服装服饰制作工 皮具制作工

6-05-02-02 毛皮及毛皮制品加工工

使用设备或工具，将动物生毛皮加工成熟毛皮，并制成毛皮制品的人员。

主要工作任务：

1. 调配软化、浸酸、鞣制剂，使用设备或工具，将生毛皮加工成熟毛皮；
2. 进行熟毛皮染色；
3. 使用设备和工具，整饰熟毛皮；
4. 感官筛选毛皮原料，配型；
5. 进行毛皮原料整理、裁割和钉整；
6. 使用机器或手工，将毛皮裁片缝制成制品部件和成品；
7. 进行毛皮制品的辅样定型、制里、绷衬、缝制和整饰等加工。

本职业包含但不限于下列工种：

毛皮加工工 毛皮制品制作工

6-05-03（GBM 60503）
羽绒羽毛加工及制品制造人员

从事鹅、鸭等禽类羽绒羽毛加工，并填充制成羽绒制品等工作的人员。

本小类包括下列职业：

6-05-03-00 羽绒羽毛加工及制品充填工

6-05-03-00 羽绒羽毛加工及制品充填工

使用专用设备和工具，进行禽类羽绒羽毛水洗、烘干、分毛等，并充填加工羽绒羽毛制品的人员。

主要工作任务：

1. 使用设备或工具，进行羽绒羽毛水洗、脱水、烘干、冷却、分毛、拼堆和包装，制作成标准毛；
2. 使用设备和工具，进行羽绒羽毛除杂、分类和梳理；
3. 进行羽绒羽毛称重；
4. 使用设备和工具，将羽绒羽毛充填到服装、寝具、睡袋等制品内，封口；
5. 使用设备和专用工具，将羽绒羽毛缝纫制品梳理成型；
6. 清洁设备及工作场地。

本职业包含但不限于下列工种：

羽绒羽毛加工处理工 羽绒羽毛充填处理工

6-05-04（GBM 60504）
鞋帽制作人员

从事纺织品、皮革等材料加工并制成鞋、帽的人员。

本小类包括下列职业：

6-05-04-01 制鞋工

6-05-04-02 制帽工

6-05-04-01 制鞋工

使用黏合机、缝制机械、压合机、抛光机等设备或工具，将皮革、纺织品和塑料等材料制作成皮鞋、旅游鞋和布鞋的人员。

主要工作任务：

1. 操作黏合机等设备，进行布鞋的主、辅材料黏合、烘干；
2. 在原材料上进行帮片、底片的划样；
3. 使用裁断机及刀模，冲裁帮片和底片；
4. 使用黏合剂，镶接装配帮样；
5. 操作缝制机械等设备，将帮面部件缝制成鞋帮；

6. 使用定型设备或手工，进行绷帮成型或鞋楦定型；

7. 操作缝制机械、压合机、胶粘机等设备，进行帮面与鞋底缝合、压合或胶合；

8. 使用抛光机及辅助材料，进行成品鞋整饰。

本职业包含但不限于下列工种：

布鞋制作工　皮鞋制作工　旅游鞋制作工

6-05-04-02　制帽工

操作缝制机械等设备，将纺织品、皮革等材料制作成帽子的人员。

主要工作任务：

1. 使用划线、裁剪、冲压等工具、设备，进行划样、裁剪、冲压；

2. 操作缝制机械，将裁片与冲压片缝制成帽子；

3. 使用缝制机械、粘合机等设备或工具，钉、缝、黏合帽子附件及饰品等；

4. 使用熨烫设备，进行帽子熨烫定型。

6-05-99（GBM 60599）
其他纺织品、服装和皮革、毛皮制品加工制作人员

指未列入6-05-01至6-05-04的纺织品、服装和皮革、毛皮制品加工制作人员。

6-06（GBM 60600）　木材加工、家具与木制品制作人员

从事木材、人造板、木制品、家具加工制造等工作的人员。

本中类包括下列小类：

6-06-01（GBM 60601）木材加工人员

6-06-02（GBM 60602）人造板制造人员

6-06-03（GBM 60603）木制品制造人员

6-06-04（GBM 60604）家具制造人员

6-06-99（GBM 60699）其他木材加工、家具与木制品制作人员

6-06-01（GBM 60601）
木材加工人员

从事木材制材、干燥等作业的人员。

本小类包括下列职业：

6-06-01-01　制材工

6-06-01-02　木竹藤材处理工

6-06-01-01　制材工

操作削片、锯、堆垛及修锯等设备，将原木加工成锯材、工艺木片，修整锯具和搬运、堆垛、保管木材的人员。

主要工作任务：

1. 操作带锯、框锯、圆锯等设备，对原木进行截断、锯剖，锯解成板材、方材等，并进行毛板边的裁边与截断等；

2. 操作运输、堆垛设备，按类按级进行木材堆垛和保管作业；

3. 操作修磨锯设备，进行锯条、锯片的焊接、修整和锯齿强化等作业；

4. 操作削片机或锯削联合机，对小径原木、枝丫材及制材剩余物进行削片。

本职业包含但不限于下列工种：

积材工　修锯工　木材削片工

6-06-01-02　木竹藤材处理工

使用干燥、加压处理设施、设备或手工，进行木材、竹材或藤材干燥、改性处理的人员。

主要工作任务：

1. 操作木材处理设备，进行木材、竹材或藤材人工干燥；

2. 将木材、竹材或藤材堆在干燥场院内，进行自然干燥；

3. 将木材、竹材或藤材进行码垛及辅助作业；

4. 检验木材、竹材或藤材干燥质量；

5. 操作高温热处理设备，生产热处理木材；

6. 操作机具，进行木材防腐、阻燃、漂白染色和改性处理。

本职业包含但不限于下列工种：

木竹藤材干燥工　木材保护与改性处理工

6-06-02（GBM 60602）
人造板制造人员

从事胶合板、纤维板、刨花板、浸渍纸层压板制造及人造板饰面加工工作的人员。

本小类包括下列职业：

6-06-02-01　胶合板工

6-06-02-02　纤维板工

6-06-02-03　刨花板工

6-06-02-04　浸渍纸层压板工

6-06-02-05　人造板饰面工

6-06-02-01　胶合板工

操作机具，将木竹材料加工成胶合板的人员。

主要工作任务：

1. 操作旋切机等机具、设备，蒸煮木段，对原木段定芯，安置木段，进行木段旋切；

2. 操作刨切机等设备，安置木方，制取单板；

3. 使用工具或设备，进行单板分拣、拼接、分等；

4. 使用涂胶机和工具，进行单板涂胶、配坯；

5. 操作热压机，将板坯热压成胶合板；

6. 操作裁边锯和砂光机，进行人造板锯边、砂光；

7. 使用工具和设备，拆卸、修磨、安装刀具（锯片）。

本职业包含但不限于下列工种：

单板加工工　胶合板胶合工

6-06-02-02　纤维板工

操作纤维板制取设备，将木质或非木质植物原料加工成纤维板的人员。

主要工作任务：

1. 操作配料、筛选、水洗和热磨设备，进行木片等原料的配料、筛选、清洗、热磨；

2. 操作纤维调施胶、干燥设备，进行纤维调施胶和干燥；

3. 操作铺装成型机，制成纤维板坯；

4. 操作预压机、热压机、装卸板机，预压和热压成型的板坯，制成纤维板。

本职业包含但不限于下列工种：

纤维板原料制备工　纤维板铺装工　纤维板热压工　纤维调施胶干燥工

6-06-02-03　刨花板工

操作刨片、分选、打磨、干燥、铺装、

热压等设备，将木质或非木质植物原料加工成刨花板的人员。

主要工作任务：

1. 操作刨片机、分选机、打磨机等设备，进行原料刨片、分选、打磨、输送；

2. 操作干燥机，干燥刨花；

3. 操作调施胶设备，进行刨花施胶；

4. 操作铺装机，将刨花铺装成型；

5. 操作热压机，进行板坯热压。

本职业包含但不限于下列工种：

刨花制备工　刨花板调施胶工　刨花板铺装工　刨花板热压工　刨花干燥工

6-06-02-04　浸渍纸层压板工

操作机具，将表层纸、装饰纸、底层纸加工成浸渍纸层积板的人员。

主要工作任务：

1. 使用工具，分拣纸张；

2. 操作浸渍机，进行纸张浸渍；

3. 操作干燥机，干燥浸渍纸；

4. 使用工具，分拣浸渍纸，对浸渍纸分层组坯；

5. 操作热压机，将板坯热压成浸渍纸层压板；

6. 操作设备，对浸渍纸层压板裁边、拉毛；

7. 使用工具，进行浸渍纸层压板修饰、分等。

本职业包含但不限于下列工种：

裁边拉毛工　浸渍干燥工　组坯热压工

6-06-02-05　人造板饰面工

操作机具，将薄木、合成树脂浸渍纸、塑料薄膜或金属箔等饰面材料覆贴在人造板基材上，生产饰面人造板的人员。

主要工作任务：

1. 操作机具，进行基材人造板加工处理和饰面材料的选配；

2. 操作调制和涂布设备，调制遮蔽剂，进行基材人造板涂布作业；

3. 操作调、涂胶设备，调制胶黏剂，进行基材人造板或饰面材料涂胶；

4. 操作铺装和加压机具，进行组坯、热压（或冷压）制板。

本职业包含但不限于下列工种：

涂胶工　遮蔽剂调制与涂布工　基材人造板处理与饰面材料选配工　饰面板组坯及预压工

6-06-03（GBM 60603）
木制品制造人员

从事建筑用木料和木材组件及其他木制品生产制造的人员。

本小类包括下列职业：

6-06-03-01　手工木工

6-06-03-02　机械木工

6-06-03-03　木地板制造工

6-06-03-01　手工木工

使用木工工具和机具，进行木制结构件和木制品等加工、制作、安装的人员。

主要工作任务：

1. 使用工具和机具，进行划线，锯割原木和板材、方材，并下料装配；

2. 进行木制品构件的刨光、打眼、开榫、凿槽、裁口；

3. 装配木制品，并进行砂光、雕刻、抛光、修饰；

4. 制作和安装门窗隔扇、天花藻井、栏杆等木装修；

5. 进行室内轻质龙骨隔墙、吊顶、木饰墙面和木地板等施工作业；

6. 制作及安装家具；

7. 保管、维修工具和机具。

本职业包含但不限于下列工种：

精细木工

6-06-03-02 机械木工

操作木工机械，将木材加工成木制半成品或成品的人员。

主要工作任务：

1. 选择锯片、刀具、钻头、砂带等，装夹工件；

2. 操作锯切木工机械，进行木材开料和配料；

3. 操作刨、车、铣、钻孔等木工机械，将木材坯料加工成木制件；

4. 使用砂光机具，进行木制件表面抛光；

5. 操作软化、定型压制、冷却等装置和设备，加工压缩木的型材、薄板或成型器；

6. 操作设备或使用工具，进行木制件表面涂饰；

7. 检验木制件成品外观质量；

8. 清除加工木屑，维护保养设备。

6-06-03-03 木地板制造工

操作机具，将木质基材加工成木地板的人员。

主要工作任务：

1. 操作锯机，将地板原料加工成规格料；

2. 操作设备，进行木地板原料平衡处理；

3. 操作设备，进行木地板原料砂光处理；

4. 操作四面刨，进行坯料开槽/榫加工；

5. 操作刨、凿等机具，进行木地板表面特效造型处理。

本职业包含但不限于下列工种：

木地板坯料制备工 木地板加工工 木地板表面造型处理工

6-06-04（GBM 60604）
家具制造人员

从事木材、金属、塑料、竹、藤等材料加工并制成家具的人员。

本小类包括下列职业：

6-06-04-00 家具制作工

6-06-04-00 家具制作工

使用机械和工具，将木材、金属、玻璃、竹藤、塑料等材料制作成家具的人员。

主要工作任务：

1. 使用机械、工装和工具，对木材、竹藤等原材料进行干燥、切割、蒸煮等处理；

2. 使用机械和工具，将木材毛料加工成净料；

3. 使用机械和工具，加工家具零部件；

4. 操作机械设备，进行金属材料折弯、压花、钻孔、冲孔、焊接等加工；

5. 操作机械设备，将家具的塑料零部件注塑成型；

6. 手工进行竹藤材料的编织与缠扎；

7. 进行玻璃工件钢化、热弯处理；

8. 进行零部件打磨、修边、砂光处理；

9. 操作机械，进行工件或成品表面涂饰；

10. 制作软体家具的包覆外套、内部填充物、弹簧内胆及内部支撑架等；

11. 进行质量检验、成品组装、板式家

具包装。

本职业包含但不限于下列工种：

木质家具制作工　竹藤家具制作工　金属玻璃家具制作工　塑料家具制作工　软体家具制作工

6-06-99（GBM 60699）其他木材加工、家具与木制品制作人员

指未列入 6-06-01 至 6-06-04 的木材加工、家具与木制品制作人员。

6-07（GBM 60700）　纸及纸制品生产加工人员

从事制浆造纸及纸制品生产加工的人员。

本中类包括下列小类：

6-07-01（GBM 60701）制浆造纸人员
6-07-02（GBM 60702）纸制品制作人员
6-07-99（GBM 60799）其他纸及纸制品生产加工人员

6-07-01（GBM 60701）制浆造纸人员

从事木材、竹、芦苇等原生植物纤维和废纸等再生纤维加工并制浆、造纸的人员。

本小类包括下列职业：

6-07-01-01　制浆工
6-07-01-02　制浆废液回收利用工 L
6-07-01-03　造纸工
6-07-01-04　纸张整饰工
6-07-01-05　宣纸书画纸制作工

6-07-01-01　制浆工

操作破碎、磨浆、蒸煮、洗漂等设备，对原生植物纤维原料进行初加工，采用机械或化学方法生产纸浆，以及使用废纸原料生产纸浆的人员。

主要工作任务：

1. 操作剥皮机、锯断机等设备，进行原木剥皮和截断；
2. 操作削片机或切竹机等，将木材、竹材等原料加工成片料，进行筛选；
3. 操作切草机、切苇机等设备，切断禾草，筛选、除尘；
4. 操作金属探测设备，检查原料，去除金属杂物；
5. 操作磨浆机，加压片料，离解纤维，磨成纸浆；
6. 使用化学药品浸渍木片，操作盘磨机将木片磨成纸浆；
7. 操作专用设备，制成化学法制浆蒸煮液；
8. 将片料和蒸煮液输送至蒸煮器，制成化学浆；
9. 操作洗漂设备，进行洗浆、筛选、除杂、漂白和浓缩；
10. 进行废纸碎解、除杂、脱墨、洗选和浓缩。

本职业包含但不限于下列工种：

制浆备料工　化学制浆工　机械制浆工　废纸制浆工

6-07-01-02　制浆废液回收利用工 L

操作蒸发、喷射、煅烧等设备，进行造

纸制浆废液回收利用和提取副产品的人员。

主要工作任务：

1. 进行制浆废液过滤、氧化等前处理；

2. 操作蒸发器，浓缩废液；

3. 操作喷射炉等设备，燃烧浓缩废液，进行碱回收，并利用燃烧产生的热能；

4. 操作煅烧设备，回收苛化后白泥中的石灰；

5. 提取造纸制浆废液中的有机物质；

6. 分离加工制浆黑液，制成乳化剂、肥料和有机溶剂等产品；

7. 分离加工制浆红液，制成酒精、酵母和黏合剂等产品。

本职业包含但不限于下列工种：

制浆废液回收工　制浆废液利用工

6-07-01-03　造纸工

操作打浆、抄造等设备，生产纸张和纸板的人员。

主要工作任务：

1. 操作打浆等设备，对纸浆进行打浆、磨浆；

2. 操作调料等设备，进行纸浆施胶、填料；

3. 操作造纸自动生产线，进行纸浆脱水、压榨、干燥、压光，制成纸张及纸板。

6-07-01-04　纸张整饰工

操作复卷、切纸、压光等设备，进行纸张复卷、分切、整选、超级压光、包装等后期精细加工的人员。

主要工作任务：

1. 操作复卷机，进行纸张复卷，除纸病、接断头，加工成卷筒纸；

2. 操作切纸机，分切平板纸；

3. 操作超级压光机，进行纸面压光；

4. 检查、挑拣出平板纸中的纸病，计数，包装成品。

6-07-01-05　宣纸书画纸制作工

使用工具和设备，采用传统手工工艺，将青檀皮等长纤维原料破碎成浆，与稻草浆混合，抄造宣纸和书画纸的人员。

主要工作任务：

1. 操作蒸煮设备，蒸煮青檀枝条；

2. 将蒸煮后的枝条剥皮、晒干，制成皮料；

3. 进行皮料蒸煮、洗涤、撕选、浸泡、漂白；

4. 操作打浆机，将皮料打碎成浆；

5. 进行稻草浸泡、洗涤、堆放，蒸煮后制成草料；

6. 使用石碾，碾碎草料成浆；

7. 操作洗漂机，漂白草浆；

8. 进行皮浆和草浆混合、搅拌、除砂、筛选；

9. 使用竹帘手工抄纸，榨干、焙干；

10. 手工选纸、分类，修整、计数、包装。

6-07-02（GBM 60702）
纸制品制作人员

从事纸板、纸箱、纸盒等纸制品加工制作的人员。

本小类包括下列职业：

6-07-02-00　纸箱纸盒制作工

6-07-02-00　纸箱纸盒制作工

操作瓦楞纸机或切纸机、模切机、粘合机等设备，制作瓦楞纸箱或纸容器和纸板容器的人员。

主要工作任务：

1. 操作瓦楞纸机，将瓦楞原纸轧成瓦楞，并与纸板粘合成多层的瓦楞纸板，烘干、裁切；

2. 操作印刷开槽机、印刷模切机等设备，进行瓦楞纸板印刷、开槽和模切；

3. 操作钉箱机、粘箱机，制成瓦楞纸箱；

4. 操作切纸机，裁切纸板；

5. 操作贴合机，进行纸板、单面瓦楞纸板裱合；

6. 操作模切机、粘合机、钉合机等设备，制成纸盒、纸筒和纸管等纸容器。

本职业包含但不限于下列工种：

瓦楞纸板制作工　瓦楞纸箱成型工　纸盒制作工

6-07-99（GBM 60799）
其他纸及纸制品生产加工人员

指未列入 6-07-01 至 6-07-02 的纸及纸制品生产加工人员。

6-08（GBM 60800）　印刷和记录媒介复制人员

从事印前处理、印刷及印后制作等工作的人员。

本中类包括下列小类：

6-08-01（GBM 60801）印刷人员
6-08-02（GBM 60802）记录媒介复制人员
6-08-99（GBM 60899）其他印刷和记录媒介复制人员

6-08-01（GBM 60801）
印刷人员

从事图文处理、制版、印刷以及印后加工等工作的人员。

本小类包括下列职业：

6-08-01-01　印前处理和制作员
6-08-01-02　印刷操作员
6-08-01-03　印后制作员

6-08-01-01　印前处理和制作员

操作图文处理、制版设备，处理文图，进行排版、合版的印前生产人员。

主要工作任务：

1. 操作计算机、扫描仪或照相机，输入字符、扫描或拍摄图像；

2. 操作计算机，进行稿件图像分色预处理、图文排版、图文制作、存储和传输，制作标准电子文件；

3. 操作计算机等设备，进行数字打样，输出胶片、印版；

4. 操作晒版和显影冲洗设备，制作 PS 版、CTP 版、网印版、柔性版、固体树脂版；

5. 操作计算机和凹版雕刻设备，雕刻凹版滚筒，打样；

6. 操作切割、焊接、车磨、电镀等设备，进行凹版滚筒体制备、筒体加工、筒体表面处理；

7. 使用放大镜和相关仪器，检验与控制制版质量、胶片和印版质量。

本职业包含但不限于下列工种：

印前图文制作员　平版制版员　柔性版制版员　网版制版员　凹版制版员　固体树脂版制版员　珂罗版制版员　盲文制版员

木刻水印雕刻版员

6-08-01-02　印刷操作员

操作印刷设备或以其他方式，将图文、电子信息转印到承印物上的人员。

主要工作任务：

1. 调配油墨与溶剂，准备承印物、印版等材料；

2. 调整、监控纸台输纸、收纸装置，调控输墨装置、印刷系统压力、输纸及收纸装置和机组其他功能；

3. 监控、调整纸张和油墨供应，检查、评估印刷质量，诊断、排除故障；

4. 进行盲文版的装版、印压材料准备，调整设备，精选木料，雕刻木版，配制色料，进行木版水印；

5. 配制感光胶，经烤版使感光胶固化，晒版，调配墨色，进行珂罗版印刷；

6. 操作印刷机等设备和联动加工系统，制作印刷品；

7. 制作数字印刷图像，转移和输出图像；

8. 维护、调整、修理和清洁设备。

本职业包含但不限于下列工种：

平版印刷员　柔性版印刷员　网版印刷员　凹版印刷员　固体树脂版印刷员　珂罗版印刷员　盲文印刷员　木刻水印雕刻版印刷员　数字印刷员　金属版印刷员

6-08-01-03　印后制作员

操作装订设备或手工，装订、整饰本册或印刷品的人员。

主要工作任务：

1. 调整和监控自动装订和精整设备，操作上光、覆膜、裁切印后设备，进行印刷品上光、覆膜，裁切物料或本册；

2. 使用手工和设备，折叠、装订和线装贴号，装订精装和平装书本，修饰封皮；

3. 编写自动裁切装置操作程序，控制裁切机，裁切和光边；

4. 操作设备或人工，将印刷品插入报纸、杂志和信封；

5. 操作压凹凸、烫印、模切等设备，进行印刷品的压凹凸、烫印、模切、压痕；

6. 操作包装或印品成型系统，整饰成型印刷品；

7. 自动或手工修饰印刷品；

8. 检查产品质量，处理产品在印前、印中、印后所产生的质量问题。

本职业包含但不限于下列工种：

装订工　裁切工　印品整饰工　印后成型工

6-08-02（GBM 60802）
记录媒介复制人员

从事磁带、光盘等音像制品制作和批量翻录工作的人员。

本小类包括下列职业：

6-08-02-00　音像制品复制员

6-08-02-00　音像制品复制员

操作专用设备，制作工作母带（盘），复制音像带、光盘等音像制品的人员。

主要工作任务：

1. 检测音像源等可复制内容，调整、补偿音像源信号；

2. 操作检测专用设备，检查母带（盘）所用材料，调试设备；

3. 操作专用设备，制作复制所用工作母带（盘）；

4. 准备和检测载体生产材料（空白磁带、光盘等），操作复制设备，复制音像带、压制光盘等，制作音像制品；

5. 抽检、比对产成品，操作计算机、VCD、DVD等播放设备，测试音像带、光盘等制品质量；

6. 保养维护复制设备。

6-08-99（GBM 60899）其他印刷和记录媒介复制人员

指未列入6-08-01至6-08-02的印刷和记录媒介复制人员。

6-09（GBM 60900） 文教、工美、体育和娱乐用品制作人员

从事文教办公用品、乐器、工艺美术品、体育用品和玩具制作的人员。

本中类包括下列小类：

6-09-01（GBM 60901）文教用品制作人员
6-09-02（GBM 60902）乐器制作人员
6-09-03（GBM 60903）工艺美术品制作人员
6-09-04（GBM 60904）体育用品制作人员
6-09-05（GBM 60905）玩具制作人员
6-09-99（GBM 60999）其他文教、工美、体育和娱乐用品制作人员

6-09-01（GBM 60901）文教用品制作人员

从事笔、墨、绘图仪器等文教办公用品制作的人员。

本小类包括下列职业：

6-09-01-01 自来水笔制造工
6-09-01-02 圆珠笔制造工
6-09-01-03 铅笔制造工
6-09-01-04 毛笔制作工
6-09-01-05 记号笔制造工
6-09-01-06 墨制作工
6-09-01-07 墨水墨汁制造工
6-09-01-08 绘图仪器制作工
6-09-01-09 印泥制作工

6-09-01-01 自来水笔制造工

操作制笔专用设备，将金属和非金属材料制成自来水笔的人员。

主要工作任务：

1. 操作专用设备，进行金属材料粉碎、挤条、切粒、熔珠等加工，制成合金铱粒；

2. 将金、银、铜配制冶炼成金合金条，压延成带材；

3. 操作专用设备，将金合金带材、不锈钢带材制成笔尖；

4. 使用设备和工装，将金属和非金属材料制成自来水笔零件，并进行表面涂饰和印刷；

5. 操作专用设备，对金属套和金属杆等进行攻丝、刻花、镶嵌；

6. 进行零件金属层电镀和铝合金零件的阳极氧化；

7. 进行镀铬、镀镍、铜基、不锈钢基等零件真空镀膜，以及纯金、K金、钛混合金镀膜；

8. 使用专用机械或工具，进行自来水笔零部件和成品组装。

6-09-01-02 圆珠笔制造工

操作通用设备和制笔专用设备，将金属和非金属材料制成圆珠笔的人员。

主要工作任务：

1. 操作专用设备，将硬质合金或其他材料制成圆珠笔头的球珠；

2. 操作机械，将专用金属线材和高分子材料制成球座体，配以球珠制成圆珠笔头；

3. 操作专用机械，将圆珠笔头、储墨管、油墨或墨水、液体浮塞等加工成圆珠笔芯；

4. 使用设备和工装，将金属和非金属材料制成圆珠笔零件，并进行表面涂饰和印刷；

5. 操作专用设备，对金属套和金属杆等进行攻丝、刻花、镶嵌；

6. 进行零件金属层电镀和铝合金零件的阳极氧化；

7. 进行镀铬、镍、铜基、不锈钢基等零件真空镀膜，以及纯金、K 金、钛混合金镀膜；

8. 使用专用机械或工具，进行圆珠笔零部件和成品组装；

9. 使用检测仪器，检测圆珠笔头与墨水匹配性能以及产品专项质量指标。

6-09-01-03 铅笔制造工

操作铅笔制造设备，将黏土、石墨、木材、再生纸等原材料制成铅笔和化妆笔的人员。

主要工作任务：

1. 操作粉碎、研磨等设备，将黏土、石墨、色料等加工配制成铅笔芯料；

2. 操作捏炼、辊压、压芯等设备，制作铅芯；

3. 操作烘芯机、烧芯炉等设备，进行铅芯烧结、润滑、定型；

4. 操作设备，进行原木开解、截断、开方、锯块，制成原坯铅笔板；

5. 进行原坯板着色、干燥、烧焙，以及软化变性处理；

6. 操作设备，刨削铅笔板芯槽，胶合铅芯，刨削磨光制成白杆铅笔；

7. 将再生纸和铅芯卷制、固化、磨光，制成纸杆白坯铅笔；

8. 操作切光、打印、皮头等设备，制成木杆铅笔和纸杆铅笔；

9. 操作专用设备，加工活动铅笔的橡塑件和金属件，进行零部件和成品组装；

10. 对铅笔笔杆进行涂饰、印刷、电镀、氧化、电泳、刻花镶嵌等外观装饰加工；

11. 使用检测仪器和设备，在线检测原材料及成品质量；

12. 操作包装机械，进行成品铅笔的包装。

6-09-01-04 毛笔制作工

使用工具，采用传统工艺方法，制作毛、发类材质笔的人员。

主要工作任务：

1. 手工挑拣毛发原料，鉴别毛峰、毛身和弹力优劣，进行分类和配料；

2. 使用工具和材料，进行毛发原料除脂；

3. 手工浸润、梳理毛发，逐层披铺及顿踩毛发制成笔头坯片，用刀具压挤坯片，团卷成圆形笔头；

4. 笔头脱水，扎固笔头根部；

5. 将笔头根部涂布胶结材料，固套在笔杆腔内，整毛、刷毛、定笔型；

6. 手工蘸黏结材料收聚笔头，抹理笔锋；

7. 使用车床和工具，加工笔杆和笔腔；

8. 使用工具，装饰笔杆或贴标分类；

9. 安装笔碗、笔套、尾头、挂绳等配件。

6-09-01-05 记号笔制造工

操作制笔专用设备，将高分子和金属材料制成记号笔的人员。

主要工作任务：

1. 操作专用设备，将毛毡、合成纤维和塑料等非金属材料制成记号笔笔头；

2. 操作专用设备，将高分子材料等制成记号笔储水芯；

3. 使用设备和工装，将金属和非金属材料制成记号笔零件，并进行表面涂饰和印刷；

4. 使用专用机械或工具，进行记号笔零部件和成品组装；

5. 使用检测仪器，检测记号笔笔头与墨水匹配性能以及产品专项质量指标。

6-09-01-06 墨制作工

使用工具，采用传统手工方法，制作墨锭、墨模的人员。

主要工作任务：

1. 使用烊胶锅溶化胶液，添加墨锭色素等原辅材料加热拌和，制成墨团；

2. 手工捶打、摊拓、氽滚墨团，称重、揉搓后置入墨模加压成型；

3. 将成型墨晾干，进行外形修整；

4. 使用毛笔，填描墨面凹凸纹样图案；

5. 使用木工工具和刀具，制作墨锭的木质模具。

本职业包含但不限于下列工种：

墨锭制作工　墨模制作工

6-09-01-07 墨水墨汁制造工

使用研磨、溶解、调配、搅拌、过滤、轧制等设备，将颜料、染料、色素等原辅材料制成墨水、圆珠笔油墨、墨汁、美术颜料的人员。

主要工作任务：

1. 操作设备，纯化、净化墨水的原辅料，进行原料水净化、软化、杀菌；

2. 操作设备，研磨、分散墨水颜料，制备颜料色浆；

3. 将原料及色浆半成品配制成墨水原料；

4. 进行墨水原料溶解、混合、稀释、过滤提纯，制成墨水成品；

5. 提纯染料原料，将染料和溶剂等进行加热、搅拌混合、脱水、过滤提纯，制备染料色浆，制成圆珠笔油墨；

6. 使用烊胶锅溶化胶液，操作搅拌设备，将色素、连接料、添加料制成墨汁的浆状物料；

7. 操作三辊机，辊轧墨汁浆状物料；

8. 操作搅拌设备，投放稀释剂和添加剂，稀释浆状物料；

9. 操作均质和研磨设备，细化和混合物料，制成墨汁成品；

10. 操作漂洗、烘干、调配、轧制等设备，使用颜料、染料、乳化剂等原辅材料，制成美术颜料；

11. 取样检测，操作设备，包装成品。

本职业包含但不限于下列工种：

墨水制造工　墨汁制造工　美术颜料制造工

6-09-01-08 绘图仪器制作工

使用设备、工具和仪器，将金属和非金属材料制成圆规、分规、三角板、曲线板等绘图仪器的人员。

主要工作任务：

1. 使用机械和工具，制作金属和非金属材料的绘图仪器零件；

2. 操作设备，刻制丁字尺、三角板、半圆尺等绘图仪器的标尺；

3. 操作设备，进行金属绘图仪器零件的表面涂饰；

4. 镶装圆规、分规、鸭嘴笔等绘图仪器，并进行测试。

6-09-01-09 印泥制作工

操作三辊机等设备，将分散剂、填充剂、显色剂和吸附剂等制成印泥的人员。

主要工作任务：

1. 制备分散剂、填充剂、显色剂和吸附剂等原材料；

2. 进行原材料混合搅拌；

3. 操作三辊机，研磨原材料；

4. 操作印泥分装机，将散印泥装盒、整形、包装。

6-09-02（GBM 60902）
乐器制作人员

从事乐器制作、装配、调试和定律等工作的人员。

本小类包括下列职业：

6-09-02-01 钢琴及键盘乐器制作工
6-09-02-02 提琴吉他制作工
6-09-02-03 管乐器制作工
6-09-02-04 民族拉弦弹拨乐器制作工
6-09-02-05 吹奏乐器制作工
6-09-02-06 打击乐器制作工
6-09-02-07 电鸣乐器制作工

6-09-02-01 钢琴及键盘乐器制作工

使用设备、工装、工具和仪器，将木材、毡、呢、皮革、金属等材料制成钢琴及其他键盘乐器的人员。

主要工作任务：

1. 操作木工机械和专用组合机床，制作发音装置、键盘、击弦机和风箱等零部件；

2. 对毡、呢进行开坯，砂磨成型；

3. 操作专用设备，制作钢琴及键盘乐器的木制件和金属零部件；

4. 涂装修饰外壳、支撑结构、共鸣盘等；

5. 使用工具和仪器，进行钢琴及键盘乐器的发音装置定律；

6. 使用工装和工具，进行钢琴及键盘乐器的部装、总装和调试。

本职业包含但不限于下列工种：

钢琴共鸣盘制作工 钢琴键盘机械制作工 钢琴装配工 手风琴零件制作工 手风琴装配工 手风琴校音工

6-09-02-02 提琴吉他制作工

使用木工机械、专用设备和工具，将木材、金属、塑料等材料制成提琴或吉他的人员。

主要工作任务：

1. 干燥木材，操作设备，开制坯料；

2. 使用木工机械、手工工具，刨凿琴板，黏结音梁等；

3. 制作琴框，琴板上胶，合共鸣箱；

4. 进行琴身嵌线、修光；

5. 加工琴头、琴颈、指板，装入琴身；

6. 进行琴身表面打底、上色、上漆等涂饰；

7. 操作机械或自动绕线机，将金属丝、尼龙丝制成琴弦；

8. 使用手工工具，将木材、马尾、化纤材料制成琴弓；

9. 使用专用设备和工具，制作木质、金属、塑料零部件；

10. 装配和调试提琴、吉他。

本职业包含但不限于下列工种：

提琴制作工　琴弓制作工　琴弦制作工　吉他制作工

6-09-02-03　管乐器制作工

使用设备、工具和仪器，将木材、金属、毛毡、橡塑等材料制成管乐器的人员。

主要工作任务：

1. 使用机械设备、工具和仪器，制作管乐器的活塞附件；

2. 使用设备、工具和仪器，将红木、乌木、胶木、铜带和铜管等材料加工成木管乐器的管身；

3. 进行按键装配和管身外表面抛光，制成木管乐器；

4. 将铜带、铜管、铜棒等材料焊接成型，加工成铜管乐器的管身；

5. 装调音管及附件，手工焊接、装配，抛光管身外表面，制成铜管乐器；

6. 进行管乐器的调试和校音。

本职业包含但不限于下列工种：

木管乐器制作工　铜管乐器制作工

6-09-02-04　民族拉弦弹拨乐器制作工

使用机械或手工，将木材、竹材、皮膜等原材料制成民族拉弦类乐器和弹拨类乐器的人员。

主要工作任务：

1. 预整理皮膜，并进行拼接、黏合、抛磨等加工，制作乐器共鸣体；

2. 操作设备，加工琴梗和弦轴；

3. 进行共鸣体与支撑体、弦轴、皮膜装配；

4. 使用机械或手工，制作琴弓和琴弦；

5. 进行面板的烘烤、拼合、成型、加工、黏合；

6. 加工乐器头饰，安装于背板上部；

7. 进行琴体表面涂饰和抛光；

8. 进行琴弦配置、压扁、绞绳、缠磨、试音；

9. 进行琴首、复手、音孔、背板等处装饰；

10. 进行乐器成品装配和调音。

本职业包含但不限于下列工种：

民族拉弦乐器制作工　民族弹拨乐器制作工

6-09-02-05　吹奏乐器制作工

使用机械或手工，将竹木材、簧片、陶土、塑料、金属等材料制成吹奏乐器的人员。

主要工作任务：

1. 使用机械和手工，加工竹、木材等原材料，定音和涂饰；

2. 进行簧片切削、订压、铲舌、研磨和定音等；

3. 使用设备和工具，进行金属零件冲压、钻孔、焊接、抛光、镀饰；

4. 操作设备，加工管脚、管身、镶饰；

5. 使用设备和工具，进行按键锉光、键盖焊接、键桩定位、安装弹簧及外表面抛光；

6. 进行哨片选材、成型扎结；

7. 进行乐器装配和调音。

6-09-02-06 打击乐器制作工

使用设备、工具和仪器，将金属、木材、皮革等材料制成鼓乐、铜响和击弦乐器的人员。

主要工作任务：

1. 使用机械或手工，锯、刨、黏接木材，制成鼓腔；

2. 操作鼓皮加工机械，进行鼓腔鼓皮成型；

3. 使用机械或手工，制作鼓腔的金属配件；

4. 使用工具和仪器，进行鼓类乐器调音定律；

5. 使用机械或手工，进行有色金属材料熔炼、锻打、冲压、旋削等加工，制成铜响乐器；

6. 使用机械或手工，进行锣类乐器烤坯、切削、淬火；

7. 进行铜响乐器定音、镲类产品配对；

8. 使用机械或手工，将金属板材和木材加工成击奏乐器的共鸣体，配置扩音管；

9. 制作击奏乐器琴弦、琴架、琴箱，装配琴钉、琴弦、琴码、音板；

10. 进行击奏乐器音板调音和总装配；

11. 进行乐器成品涂饰、装饰或表面抛光。

本职业包含但不限于下列工种：

击奏乐器制作工　鼓类乐器制作工　铜响乐器制作工

6-09-02-07 电鸣乐器制作工

使用设备、工具和仪器，将木材、塑料、金属等材料及电子元器件制成电鸣乐器的人员。

主要工作任务：

1. 使用专用设备和工具，将木材等材料制成电鸣乐器的琴体和箱体；

2. 进行琴体、箱体表面涂饰；

3. 使用专用设备和工具，焊接、制作乐器的电子组件和结构组件；

4. 使用工具，组合装配乐器零配件；

5. 使用仪器仪表，调试和检测电鸣乐器电子部件、成品。

本职业包含但不限于下列工种：

琴身箱体制作工　电鸣乐器接装工　电鸣乐器调试工

6-09-03（GBM 60903）
工艺美术品制作人员

从事石雕、木雕、陶瓷、景泰蓝、漆器、壁画、版画、刺绣、地毯、宝石等工艺美术品制作及相关工作的人员。

本小类包括下列职业：

6-09-03-01　工艺品雕刻工
6-09-03-02　雕塑翻制工
6-09-03-03　陶瓷工艺品制作师
6-09-03-04　景泰蓝制作工
6-09-03-05　金属摆件制作工
6-09-03-06　漆器制作工
6-09-03-07　壁画制作工
6-09-03-08　版画制作工
6-09-03-09　人造花制作工
6-09-03-10　工艺画制作工
6-09-03-11　抽纱刺绣工
6-09-03-12　手工地毯制作工
6-09-03-13　机制地毯制作工
6-09-03-14　宝石琢磨工
6-09-03-15　贵金属首饰制作工

6-09-03-16　装裱师
6-09-03-17　民间工艺品制作工
6-09-03-18　剧装工
6-09-03-19　民间工艺品艺人

6-09-03-01　工艺品雕刻工

使用专用工具，切割加工玉料、石材、象牙、贝壳、骨角、果核、木竹材等原材料，雕刻或雕琢成雕刻工艺品的人员。

主要工作任务：

1. 根据设计图案选择原材料，或根据原材料设计工艺品的造型；
2. 使用专用工具，切割加工玉料、石材、象牙、贝壳、骨角、果核、木竹材等原材料；
3. 使用磨玉机、软轴机、雕刻刀等，进行原料手工雕刻或雕琢；
4. 打磨和抛光雕刻品；
5. 根据成品需要选配木座。

本职业包含但不限于下列工种：

木雕工　石雕工　玉雕工　牙骨雕刻工　贝雕工　玉器抛光工　砚台雕刻工

6-09-03-02　雕塑翻制工

使用石膏、水泥、树脂、硅胶膜等材料，翻制雕塑作品的人员。

主要工作任务：

1. 制作雕塑翻制的专用工具；
2. 确定软模、硬模、活模、胶膜、死模翻制程序；
3. 选择、配制原材料；
4. 使用石膏、水泥、树脂、硅胶膜等材料，翻制雕塑作品；
5. 处理翻制过程中的技术问题；
6. 进行大型雕塑作品的翻制及安装。

6-09-03-03　陶瓷工艺品制作师

从事青花瓷、唐三彩等具有民族性、地域性和乡土气息陶瓷工艺品成型、彩绘和雕塑制作的人员。

主要工作任务：

1. 操作陶瓷成型设备或手工拉坯，进行陶瓷坯体浇注成型和可塑成型；
2. 使用绘画工具，绘制陶瓷工艺品素烧的半成品的表面纹饰图案；
3. 使用钻石刀、凿锤等专用工具，在陶瓷工艺品的坯体上进行构图、设计、雕塑或造型等加工；
4. 使用手工工具，修整陶瓷坯体。

本职业包含但不限于下列工种：

陶瓷工艺品成型师　陶瓷工艺品彩绘师　陶瓷工艺品雕塑师

6-09-03-04　景泰蓝制作工

使用专用设备及手工，将金属材料、珐琅釉料等制成景泰蓝工艺品的人员。

主要工作任务：

1. 使用设备及手工，将铜板或铜片冲切成片料；
2. 使用擀棍施压，将铜片片料制成半成品，进行焊接、上线、挂底等，制成胎型；
3. 使用专用工具，将铜丝掐成纹饰并手工针焊在铜胎上，酸洗；
4. 研磨、筛分釉料原料，调制珐琅釉料，手工将其填充在装饰纹样中，并进行烧制；
5. 使用专用设备及手工，用砂石、木炭抛光磨平烧成产品的釉面表层及铜丝、铜线；
6. 将抛光后的景泰蓝放入镀金液中镀金。

本职业包含但不限于下列工种：

景泰蓝制胎工　景泰蓝掐丝工　景泰蓝釉料工　景泰蓝点蓝工　景泰蓝烧蓝工　景泰蓝磨蓝工

6-09-03-05　金属摆件制作工

使用专用设备和手工工具，将金属材料、宝石或装饰材料加工制成金属摆件的人员。

主要工作任务：

1. 使用专用设备和手工，将金属片裁剪、锻制、錾刻成零件；

2. 使用专用设备和手工，将金属丝掐制成纹样焊接在零件上；

3. 选配镶嵌的宝石或装饰材料；

4. 装配、焊接零部件，打磨抛光。

6-09-03-06　漆器制作工

从事漆器工艺品原坯制作、彩绘、雕填、镶嵌和表面装饰的人员。

主要工作任务：

1. 选配腻子、天然或化工涂料，进行熬炼、搅拌、过滤；

2. 使用机械或手工，将漆料、腻子、木、麻、布等材料制作成漆器原坯；

3. 进行原坯涂刮腻子，髹涂或喷涂，打磨抛光；

4. 进行漆坯勾、绘、堆漆、勾刺、填漆、戗金银；

5. 在漆坯表面雕、刻、剔、铲成浮雕图案；

6. 雕刻、磨退漆器表面；

7. 制作玉石、骨、贝等饰件，并堆、嵌、粘在漆器表面；

8. 进行漆器成品整饰。

本职业包含但不限于下列工种：

漆器制胎工　漆器制漆工　漆器髹漆工　漆器彩绘雕填工　漆器镶嵌装饰工

6-09-03-07　壁画制作工

使用壁画制作材料，放大、制作壁画作品的人员。

主要工作任务：

1. 领会壁画设计意图，按照设计方案和设计效果图，确定工作程序；

2. 操作投影和幻灯等设备，放大壁画设计稿，制作画面依托基础；

3. 识别和使用壁画材料；

4. 使用专用设备及工具，制作、维护、修复壁画作品。

6-09-03-08　版画制作工

使用印刷机械和手工工具，辅助制作版画作品的人员。

主要工作任务：

1. 确定并实施版画制作工艺流程；

2. 识别版画种类，使用印刷手段及专用设备、工具，辅助专业人员制作版画作品；

3. 复制版画作品；

4. 维护、管理设备和材料。

6-09-03-09　人造花制作工

使用专用设备和手工，以鲜花为蓝本，将纸张、纺织品、塑料等材料制成人造花的人员。

主要工作任务：

1. 手工浆料、凿活、染色、握瓣、粘活、攒活，将丝绸、化纤无纺布、棉布和麻布等材料制成人造花；

2. 手工刷纸、裱活、凿活、粘活，将纸张制成人造花；

3. 操作专用设备，冲片、染色、模压、

加压定型和着色等，制作机制塑料工艺花；

4. 制作人造花的手工样板。

6-09-03-10　工艺画制作工

运用手工镶嵌、剪切和拼贴等技艺，将贝壳、软木、纤维织物等材料制成装饰工艺画的人员。

主要工作任务：

1. 手工拣选原材料；

2. 利用天然贝壳的色、形，进行雕磨或镶嵌，手工制成浮雕画或镶嵌画等；

3. 剪切、雕刻、拼贴天然软木，手工制成软木画等；

4. 剪切或拼贴树皮、羽毛、芦苇、麦秆等材料，手工制成树皮画、羽毛画、芦苇画和麦秆贴画等；

5. 剪切、拼贴、编织纤维材料，手工制成棉花画和毛线画等；

6. 选配画框。

6-09-03-11　抽纱刺绣工

操作缝纫机、刺绣机等设备，在织物上刺绣图案和花边，或使用手工抽纱、刺绣、挑编技艺制成日用纺织工艺品的人员。

主要工作任务：

1. 将机绣图案设计稿揩印在面料上；

2. 将计算机辅助设计的机绣程序装入自动刺绣机操作系统；

3. 操作缝纫机、刺绣机，进行织物刺绣；

4. 操作缝纫机，进行织物的漏绣处绣补；

5. 进行织物剪毛、割边；

6. 将手绣画稿描摹到绣料上，绘制轮廓线，标明各部位的颜色和针路走势；

7. 将手绣绣料固定在绷架上，选针、配线，标明出线部位；

8. 运用勾、挑、刺等指法和针法，进行掺色手工刺绣；

9. 将抽纱画稿描摹到底布，按照画稿将底布花纹部分的经线或纬线抽去，连缀后形成镂空装饰花纹；

10. 将画稿描摹到底布，手工在布料上绣花、补花；

11. 将画稿描摹到挑编底纸，手工在纸上挑编，除去底纸后拼接编织物；

12. 进行织物、绣品、编结物干洗和整烫，目测检验质量。

本职业包含但不限于下列工种：

机绣工　手绣工　抽纱挑编工

6-09-03-12　手工地毯制作工

运用绘、织、剪、整等手工技艺，操作纺、染、平、洗等辅助设备，将纤维编织成地毯的人员。

主要工作任务：

1. 绘制手工地毯编织工艺图；

2. 使用专用工具，手工将色纱编织在以棉纱为经纬线组成的毯基上，织成地毯实体；

3. 使用工具或手工，进行地毯纹样剪雕和定型；

4. 使用平毯机，进行毯面栽绒层的厚度剪平处理；

5. 使用专用设备和化学试剂，进行半成品地毯水洗处理；

6. 使用专用工具或手工，修饰地毯外观，修补疵点。

本职业包含但不限于下列工种：

手工地毯图案工　手工织毯工　手工平毯工　地毯剪花工　洗毯工　地毯整修工

6-09-03-13 机制地毯制作工

操作地毯织机，织造地毯，以及进行地毯涂胶、剪毛、检验和修补的人员。

主要工作任务：

1. 绘制机制地毯编织工艺图；
2. 将设计图样转换成织毯机的计算机辅助加工文件；
3. 操作整经机，将经纱卷绕成经轴；
4. 对染好的毛纱进行络筒；
5. 操作专用织造机械，制成编织、簇绒或针刺等地毯；
6. 进行半成品地毯涂胶、剪毛、整型、烘干；
7. 使用专用工具或手工，修饰地毯外观，修补疵点。

本职业包含但不限于下列工种：

机制地毯图案工　地毯后整工　地毯整经工　地毯络筒工　机制地毯挡车工　地毯纱架工　机制地毯修整工

6-09-03-14 宝石琢磨工

操作专用设备，进行钻石及宝石剖钻、琢磨的人员。

主要工作任务：

1. 对钻石及宝石的原石进行分类、筛选、鉴别；
2. 按原石的外形和品质，确定造型和琢磨方法；
3. 操作剖钻机，剖切原石；
4. 操作磨钻机等设备，将原石琢磨成钻石或宝石制品；
5. 使用专用仪器，评估钻石和宝石成品的剖钻和琢磨质量。

本职业包含但不限于下列工种：

宝玉石鉴别工　钻石琢磨工　宝玉石琢磨工

6-09-03-15 贵金属首饰制作工

使用专用设备或工具，将贵金属材料制成首饰和摆件的人员。

主要工作任务：

1. 将设计图转换成立体的具体形状，用石膏和锡合金将塑成的造型翻制成模具；
2. 进行贵金属板模压成型并拼焊连接，进行初步成型产品表面的锉、刮、打磨；
3. 对产品表面的纹样和细微部位进行錾刻和抬压，镶嵌珠宝；
4. 开制橡胶模注蜡，将注出的蜡样修整组成蜡树，灌制石膏模，焙烧、干燥；
5. 操作雕刻机，制作铜、石膏、蜡模版，开制钢模；
6. 熔化贵金属材料，使用浇铸机或电铸机，铸造首饰或首饰零件；
7. 操作压片机、拉丝机、冲床和喷砂机等设备，制作首饰零件；
8. 制作电极，对首饰零件进行线切割或电火化加工；
9. 操作激光机，进行首饰点焊和打印；
10. 操作批花机，进行首饰半成品批花；
11. 操作制链机，制作首饰的链身；
12. 进行首饰电解、抛光等表面装饰处理。

本职业包含但不限于下列工种：

贵金属首饰手工制作工　贵金属首饰机制工

6-09-03-16 装裱师

使用专业工具及宣纸、绫、绢等材料，进行中国字画背面和四周衬托、装饰、保护的人员。

主要工作任务：

1. 制作、选用装裱专用工具；

2. 配制黏接剂；

3. 识别中国字画作品的类型、特点和材质，选用装裱材料；

4. 按照书画装裱工艺流程，根据作品的材料、质地、性能、规格和用途，选择工具装裱中国字画作品。

6-09-03-17　民间工艺品制作工

运用传统民间手工艺，将泥、面粉、纸、绢、布、棉、竹木等原材料制成泥塑、面塑、剪纸、年画、风筝、内画、布艺等民间工艺美术品的人员。

主要工作任务：

1. 手工将泥、面粉、糯粉等制成泥塑、面塑工艺品；

2. 手工使用剪刀、刻刀制成剪纸工艺品；

3. 手工以纸和绢等材料制成风筝；

4. 手绘年画、农民画、唐卡；

5. 手工将布、丝、绢、棉、竹等原料制成工艺伞、工艺扇、香包和布艺等；

6. 使用工具，手工将竹木材料制成木刻画、烙画等工艺品；

7. 制作变形细笔，在玻璃、水晶等材质的壶坯内手绘内画类工艺品；

8. 使用雕塑、彩绘、缝制、造型、装饰等手工技艺，制作绢人；

9. 手工将纤维材料和金属制成民族服饰等产品。

本职业包含但不限于下列工种：

剪纸工　泥面塑工　风筝工　布艺工　内画工　绢人工

6-09-03-18　剧装工

从事戏剧、戏曲、歌舞、杂技演出和影视拍摄使用的服装、鞋帽、头饰、道具制作等工作的人员。

主要工作任务：

1. 使用专用工具和手工，印染面料、刺绣、镶沿；

2. 使用缝制设备和手工，剪裁、缝制演出服装；

3. 对戏曲古装盔头进行立粉；

4. 对戏曲古装盔头和头面进行贴金、雕花、摆锡和点绸等；

5. 制作戏曲、戏剧、歌舞使用的古装发髻和髯口；

6. 制作戏曲、舞蹈使用的专用鞋帽；

7. 配装剧装上的饰物；

8. 制作戏曲表演中使用的道具。

本职业包含但不限于下列工种：

头套髯口工　头面工　盔帽工　戏鞋工　戏服制作工　道具制作工

6-09-03-19　民间工艺品艺人

运用手工技艺，制作具有地域特征或民族文化内涵的民间传统工艺品的人员。

主要工作任务：

1. 利用不同材料质地和色彩的固有特性，就地取材选择原材料；

2. 手工制作剪纸、风筝、皮影、蛋雕、微雕等绘画类和剪刻类民间工艺品；

3. 手工制作彩绘泥塑、面人、糖人、民间传统玩具等塑作类民间工艺品；

4. 手工制作藤编、竹编、草编、棕编、编织、纸扎、花灯、风车等编织类民间工艺品；

5. 手工制作蓝印花布、蜡染等印染类民间工艺品。

6-09-04（GBM 60904）
体育用品制作人员

从事体育用球、球拍、球网、健身器材

等体育用品制作工作的人员。

本小类包括下列职业：

6-09-04-01 制球工

6-09-04-02 球拍球网制作工

6-09-04-03 健身器材制作工

6-09-04-01 制球工

使用机械或工具，将皮革、橡胶、塑料等材料制成体育用球的人员。

主要工作任务：

1. 操作专用设备，将赛璐珞、皮革等材料制成球片；

2. 操作专用设备，将橡胶加工成橡胶内胆或橡胶球片；

3. 缝合或胶合皮革球片和内胆，制成足球、篮球、排球；

4. 使用专用设备或手工工具，胶合橡胶球片，外表面黏结毛毡坯料裁片，制成网球；

5. 使用专用设备或手工工具，胶合橡胶球片，外表面砂光，充填惰性气体，制成壁球；

6. 操作专用设备，进行赛璐珞片料轧片、胶合、膨球，制成乒乓球；

7. 使用专用设备或手工工具，将羽毛、软木、合成革等材料制成羽毛球。

本职业包含但不限于下列工种：

足篮排球制作工 乒乓球制作工 网球制作工 羽毛球制作工 壁球制作工

6-09-04-02 球拍球网制作工

使用机械设备和手工，将木材、橡胶、金属、尼龙线等材料制成球拍和球网的人员。

主要工作任务：

1. 使用设备或工具，将橡胶制成乒乓球拍的橡胶贴面；

2. 使用设备或工具，进行木材锯切、贴面、冲裁、粘贴、涂漆，制成乒乓球拍；

3. 使用弯管机或工具，编网、穿线，制成网球和羽毛球拍；

4. 使用设备或手工，编网、上浆、烘干、缝边、整理，制成球类运动的球网。

本职业包含但不限于下列工种：

球网制作工 羽毛球拍制作工 乒乓球拍制作工

6-09-04-03 健身器材制作工

使用机械设备、测试仪器和工具，将金属等材料制作成健身器材零部件并进行组装和调试的人员。

主要工作任务：

1. 使用机械设备和专用工装，制作健身器材零部件；

2. 进行金属零部件热处理；

3. 操作设备，对零部件进行电镀、抛光、喷涂等表面装饰处理；

4. 使用专用或手工工具，将零部件装配成健身器材；

5. 使用工具和仪器，现场组装、调试大型健身器材。

6-09-05（GBM 60905）
玩具制作人员

从事布绒、塑料、木制、金属玩具和童车类玩具产品制作的人员。

本小类包括下列职业：

6-09-05-00 玩具制作工

6-09-05-00 玩具制作工

使用机械或工具，将布绒、木材、塑胶、金属等材料制成玩具的人员。

主要工作任务：

1. 操作裁剪、缝纫等设备，进行布绒材料下料和缝纫；

2. 使用专用设备或工具，装订布绒玩具配件，填充布绒玩具空壳；

3. 进行布绒玩具后期整理、整烫和金属异物探测；

4. 制作搪塑膜具，使用衡器配制搪塑原料，操作搪塑机，制作搪塑玩具半成品；

5. 操作下料、黏合等设备，进行塑胶裁片和黏合，制成充气玩具半成品；

6. 操作塑料机械，加工塑料玩具的零部件；

7. 操作专用木工机械，将木材加工成白坯木制件，黏结或组装成木制玩具半成品；

8. 操作专用设备或使用工具，制作金属玩具和童车类玩具产品的零部件；

9. 操作设备或使用工具，对玩具或玩具装饰物进行刺绣、印刷、涂饰等表面装饰处理；

10. 装订玩具的机芯等配套件和外观饰物；

11. 使用设备和工具，进行电子、金属、塑料玩具和童车类玩具产品的部装和总装，调试成品。

本职业包含但不限于下列工种：

布绒玩具制作工　塑料玩具制作工　木制玩具制作工　金属玩具制作工

6-09-99（GBM 60999）
其他文教、工美、体育和娱乐用品制作人员

指未列入 6-09-01 至 6-09-05 的文教、工美、体育和娱乐用品制作人员。

6-10（GBM 61000）　石油加工和炼焦、煤化工生产人员

从事石油炼制、炼焦和煤化工生产的人员。

本中类包括下列小类：

6-10-01（GBM 61001）石油炼制生产人员

6-10-02（GBM 61002）炼焦人员

6-10-03（GBM 61003）煤化工生产人员

6-10-99（GBM 61099）其他石油加工和炼焦、煤化工生产人员

6-10-01（GBM 61001）
石油炼制生产人员

从事原油分馏，汽油、煤油、柴油、润滑油、润滑脂等石油制品生产的人员。

本小类包括下列职业：

6-10-01-01　原油蒸馏工

6-10-01-02　催化裂化工

6-10-01-03　蜡油渣油加氢工

6-10-01-04　渣油热加工工

6-10-01-05　石脑油加工工

6-10-01-06　炼厂气加工工

6-10-01-07　润滑油脂生产工

6-10-01-08　石油产品精制工

6-10-01-09　油制气工

6-10-01-10　油品储运工

6-10-01-11　油母页岩提炼工 L

6-10-01-01 原油蒸馏工

以原油为原料，进行石脑油、煤油、柴油、蜡油、渣油等馏分生产的人员。

主要工作任务：

1. 操作电脱盐等设备，进行原油脱盐、脱水处理；

2. 操作加热炉、换热器等设备，进行加热、冷却等操作；

3. 操作初馏塔（闪蒸塔）、常压塔、减压塔、压缩机、吸收与解吸塔、稳定塔等设备，分离出中间产品；

4. 操作余热回收、蒸汽发生器、低温热回收等设备，回收热量；

5. 操作仪表及自动控制系统，进行开工、停工、事故判断及应急处理，保持安全、环保、连续化生产。

本职业包含但不限于下列工种：

轻烃回收装置操作工 常减压蒸馏装置操作工

6-10-01-02 催化裂化工

以石油馏分中蜡油、渣油等为原料，进行催化裂化，生产汽油、柴油及液化石油气等中间产品的人员。

主要工作任务：

1. 操作主风机、增压机组、催化裂化（或裂解）反应器等设备，裂化原料；

2. 操作分馏塔、气压机、吸收塔、解吸塔、稳定塔等设备，切割分离出产品；

3. 操作烟气轮机、余热锅炉、蒸汽发生器、低温热回收等设备，平衡或回收热量；

4. 操作再生器，进行催化剂再生，添加与回收催化剂；

5. 操作仪表及自动控制系统，进行开工、停工、事故判断及应急处理，保持安全、环保、连续化生产。

6-10-01-03 蜡油渣油加氢工

以石油馏分中蜡油或渣油为原料，进行加氢裂化或加氢处理，生产轻质油品或中间原料的人员。

主要工作任务：

1. 操作加热炉、反应器、压缩机等设备，进行加氢裂化，将蜡油或中间馏分转变为轻质油品及尾油；

2. 操作加热炉、反应器、压缩机等设备，进行加氢处理，脱除蜡油、渣油中的硫化物、氮化物和金属杂质；

3. 操作分馏塔，分离轻、重石脑油、煤油、柴油等轻质油品；

4. 操作仪表及自动控制系统，进行开工、停工、事故判断及应急处理，保持安全、环保、连续化生产。

本职业包含但不限于下列工种：

加氢裂化（处理）装置操作工

6-10-01-04 渣油热加工工

以石油馏分中渣油等重质油为原料，进行热反应，生产石脑油、柴油、蜡油等中间产品和石油焦或减粘渣油等产品的人员。

主要工作任务：

1. 操作加热炉、焦炭塔、分馏塔、气压机、吸收稳定等设备，生产石脑油、柴油、蜡油等中间产品和石油焦；

2. 操作加热炉、反应塔和分馏塔等设备，进行渣油原料轻度热裂化，生产减粘渣油、轻馏分油等；

3. 操作仪表及自动控制系统，进行开工、停工、事故判断及应急处理，保持安全、环保、连续化生产。

本职业包含但不限于下列工种：

焦化装置操作工　减粘裂化装置操作工

6-10-01-05　石脑油加工工

以石油馏分中轻质馏分为原料，进行石脑油精制、高辛烷值汽油组分以及苯、甲苯、二甲苯、溶剂油等化工原料生产的人员。

主要工作任务：

1. 操作石脑油预处理或精制反应器、分馏塔等设备，生产催化重整原料、溶剂油等产品；

2. 操作催化重整反应再生系统、碳五碳六异构化反应器、压缩机、加热炉、分馏塔等设备，生产汽油组分、芳烃抽提原料和富氢气体；

3. 操作抽提塔、精馏塔、加热炉等设备，分离芳烃类产品；

4. 操作吸附塔等设备，分离石脑油；

5. 操作仪表及自动控制系统，进行开工、停工、事故判断及应急处理，保持安全、环保、连续化生产。

本职业包含但不限于下列工种：

石脑油预处理装置操作工　催化重整装置操作工　芳烃抽提装置操作工　溶剂油装置操作工　碳五碳六异构化装置操作工　石脑油吸附分离装置操作工

6-10-01-06　炼厂气加工工

以石油加工过程中产生的气体等为原料，进行脱硫、分离、反应等，生产丙烯、液化石油气、高辛烷值汽油调合组分、硫黄等产品的人员。

主要工作任务：

1. 操作脱硫塔、再生塔、汽提塔、纤维膜接触器、碱液再生等设备，脱除气体、污水中的硫化氢、氨及硫醇，再生溶剂；

2. 操作精馏塔、吸附塔等设备，进行组分分离；

3. 操作反应器、分馏塔等设备，生产高辛烷值汽油调合组分；

4. 操作转化炉、反应器等设备，生产硫黄或硫酸；

5. 操作仪表及自动控制系统，进行开工、停工、事故判断及应急处理，保持安全、环保、连续化生产。

本职业包含但不限于下列工种：

气体脱硫装置操作工　气体分馏装置操作工　甲基叔丁基醚/丁烯-1 装置操作工　烷基化装置操作工　酸性水汽提装置操作工　硫回收装置操作工　变压变温吸附装置操作工　火炬系统操作工

6-10-01-07　润滑油脂生产工

以石油中质、重质馏分为原料，进行润滑油、润滑脂、石蜡、沥青等产品生产的人员。

主要工作任务：

1. 操作溶剂精制设备，脱除润滑油非理想组分；

2. 操作溶剂脱蜡脱油、尿素脱蜡、分子筛脱蜡等设备，进行油蜡分离；

3. 操作白土精制、石蜡成型等设备，生产润滑油基础油及石蜡；

4. 操作加氢改质、异构、精制等反应设备，生产润滑油基础油、基础油中间产品、白油以及其他副产品；

5. 操作合成、酯化、氟化、精馏等设备，生产聚 α-烯烃、聚醚、酯类、氟油、硅油等合成润滑油基础油；

6. 操作调合、灌装等设备，生产润滑油；

7. 操作反应、均质、灌装等设备，生

产润滑脂；

8. 操作萃取设备，将渣油分离为脱沥青油和脱油沥青；

9. 操作氧化、调合、改性、乳化等设备，生产沥青产品；

10. 操作仪表及自动控制系统，进行开工、停工、事故判断及应急处理，保持安全、环保、连续化生产。

本职业包含但不限于下列工种：

溶剂精制装置操作工　溶剂脱蜡装置操作工　石蜡加氢装置操作工　溶剂脱沥青装置操作工　润滑油加氢装置操作工　白土补充精制装置操作工　分子筛脱蜡装置操作工　石蜡装置操作工　白油装置操作工　尿素脱蜡装置操作工　沥青装置操作工　蜡裂解及重合装置操作工　润滑油调合操作工　合成油脂装置操作工　润滑脂装置操作工　润滑油脂灌装制桶工

6-10-01-08　石油产品精制工

以直馏或二次加工的汽油、煤油、柴油等为原料，进行石油产品精制的人员。

主要工作任务：

1. 操作加热炉、反应器、分馏塔等设备，进行原料加氢精制或改质，生产汽油、煤油、柴油等调合组分或产品；

2. 操作反应器、再生器等设备，进行催化汽油吸附脱硫精制；

3. 操作混合器、精制罐等设备，进行石油轻馏分精制；

4. 操作仪表及自动控制系统，进行开工、停工、事故判断及应急处理，保持安全、环保、连续化生产。

本职业包含但不限于下列工种：

汽油煤油柴油加氢装置操作工　催化汽油吸附脱硫装置操作工　电化学精制装置操作工

6-10-01-09　油制气工

操作油裂解等油制气设备，将重油或石脑油等原料加工制成煤气的人员。

主要工作任务：

1. 操作输送设备，将原料油送入油制气设备；

2. 操作油制气设备，调节压力、温度、催化剂等参数，监控生产过程；

3. 操作净化、冷却等设备，处理煤气中的杂质；

4. 操作风机、机泵等设备，输送煤气；

5. 检查、维护、保养仪器和设备，发现并处理设备异常现象；

6. 参与起火、爆炸、泄漏、中毒等事故的处置；

7. 进行作业区内防爆、防雷、防静电处理；

8. 填写设备运行及生产记录。

6-10-01-10　油品储运工

从事原油、成品油储运，成品油商品化处理的人员。

主要工作任务：

1. 操作储存、装卸、运输等设备，进行原油、成品油等物料的输送和接收；

2. 操作计量设备，计量油品；

3. 操作机泵、调合等设备，在半成品中加入添加剂，进行油品调合及商品化处理；

4. 操作仪表及自动控制系统，进行开工、停工、事故判断及应急处理，保持安全、环保、连续化生产。

本职业包含但不限于下列工种：

油品储运调合工

6-10-01-11 油母页岩提炼工 L

操作凿岩机、波动筛、干馏炉、加热炉等设备，进行油母页岩破碎、筛分、输送、干馏，炼制页岩油、页岩气的人员。

主要工作任务：

1. 操作凿岩机、单辊破碎机等设备，破碎油母页岩原料；
2. 操作波动筛、振动筛等设备，筛选破碎后的油母页岩；
3. 操作皮带输送机、刮板输送机等设备，将油母页岩输送到干馏装置中；
4. 操作干馏炉、加热炉等设备，调控流量、温度、压力等，进行油母页岩干馏；
5. 操作除尘器、冷却塔等设备，回收页岩油、页岩气等产品；
6. 操作运输设备，外排干馏后的废渣。

本职业包含但不限于下列工种：

油母页岩供料工　油母页岩干馏工

6-10-02（GBM 61002）
炼焦人员

从事炼焦和焦炉煤气回收的人员。

本小类包括下列职业：

6-10-02-01　炼焦煤制备工

6-10-02-02　炼焦工

6-10-02-01 炼焦煤制备工

操作破碎、粉碎、筛分、配煤、煤预处理等设备，处理炼焦煤的人员。

主要工作任务：

1. 操作破碎、粉碎、筛分、煤预处理设备，处理炼焦煤；
2. 操作配煤设备，将不同成分的煤按比例配成配合煤；
3. 操作运料、储料设备，输送配合煤至焦炉储仓；
4. 操作煤预热、煤调湿、型煤及捣固等煤预处理设备，改善用煤质量；
5. 维护保养设备，处理故障，填写生产记录。

本职业包含但不限于下列工种：

炼焦备煤工　炼焦配煤工　煤调湿工

6-10-02-02 炼焦工

使用焦炉和焦炉机车等设备，生产焦炭及净化处理焦炉煤气的人员。

主要工作任务：

1. 操作装煤车或捣固机，将煤或煤饼装入焦炉，清扫余煤；
2. 使用仪器和加热设备，检查焦炉炉体及测定、调整焦炉温度；
3. 操作推焦车、拦焦车开闭炉门，将焦炭推出焦炉，导入熄焦车或焦罐车；
4. 使用工具，进行炉门、炉门框消烟灭火；
5. 操作熄焦车或焦罐车接入红焦，用水熄灭焦炭或送入干熄焦装置；
6. 操作干法熄焦设备，利用惰性气体冷却高温焦炭，回收热能；
7. 使用工具，清扫上升管、桥管等装置，监控荒煤气导出系统温度、压力等；
8. 使用专用设备与工具，修理焦炉炉门，检查炉门使用情况；
9. 操作放焦、筛分等设备，处理和输送焦炭；
10. 操作焦炉煤气冷凝、冷却及产品回收设备，脱除焦炉荒煤气中的焦油、萘、硫化氢、苯等物质，并将焦炉煤气进行冷却输送；
11. 操作加氢精制设备，进行焦油及含苯类混合物的加氢反应、萃取及蒸馏操作；

12. 维护保养设备，处理故障，填写生产记录。

本职业包含但不限于下列工种：

焦炉炉前工　煤焦车司机　筛运焦工　干法熄焦工　焦炉调温工　焦炉煤气冷凝净化工　加氢精制工

6-10-03（GBM 61003）
煤化工生产人员

从事煤的化学加工，将煤转化为气体、液体和固体燃料以及化工产品的人员。

本小类包括下列职业：

6-10-03-01　煤制烯烃生产工
6-10-03-02　煤制油生产工
6-10-03-03　煤制气工
6-10-03-04　水煤浆制备工
6-10-03-05　工业型煤工

6-10-03-01　煤制烯烃生产工

以煤为原料，操作气化炉、多级压缩机组、反应器、急冷塔等设备，生产烯烃的人员。

主要工作任务：

1. 操作输送设备，将原料煤和水混合制成煤浆，送入气化炉中，调整气化炉温度、压力、氧煤比等工艺参数，制成粗合成气；

2. 操作脱除硫化物、二氧化碳、一氧化碳等设备，将粗合成气净化为甲醇合成气；

3. 操作多级压缩机组，将氢气、一氧化碳混合气加压送入甲醇合成塔，调节控制甲醇合成塔的温度、压力、空速等工艺参数，在催化剂的作用下，合成甲醇；

4. 操作冷凝、分离等设备，将循环气中的气相甲醇冷凝为液相甲醇；

5. 操作精馏塔等设备，将粗甲醇提纯；

6. 操作反应器、急冷塔等设备，将甲醇制成轻烯烃混合气；

7. 操作压缩机、精馏塔等设备，将轻烯烃混合气分离制成聚合级乙烯、丙烯等轻烯烃产品；

8. 操作精制塔、反应器、压缩机、造粒机等设备，将聚合级乙烯、丙烯制成聚乙烯和聚丙烯颗粒产品；

9. 检查维护生产设备，发现并处理生产中的异常现象和故障；

10. 记录并保存生产数据。

本职业包含但不限于下列工种：

甲醇合成操作工　甲醇制烯烃操作工

6-10-03-02　煤制油生产工

以煤为原料，操作反应器、压缩机、精馏塔、吸收塔等设备，生产燃料油、石蜡及其他烃类产品、烃类衍生物的人员。

主要工作任务：

1. 操作催化剂还原反应器、汽包取热系统、循环气压缩机、蒸汽加热器、换热器、分离罐等设备，还原并在线提供合成反应催化剂；

2. 操作磨机、反应器、压滤机等设备，以煤粉为载体，加入活性物质、添加剂等，生产煤直接液化催化剂；

3. 操作合成反应器、汽包取热系统、压缩机、蒸汽加热器等设备，生成轻质油、重质油、重质蜡等中间产物；

4. 操作过滤机，过滤合成重质蜡，生产产品蜡；

5. 操作加热炉、反应器、常压塔和减压塔等设备，将煤粉加工成液化油和固体残渣；

6. 操作加热炉、反应器和常压塔等设

备，精制和分离液化油，生产供氢溶剂油、粗石脑油和粗柴油等中间产品；

7. 操作精馏塔、萃取塔等设备，分离提纯轻质醇和重质醇等组分；

8. 操作吸收塔等设备，分离脱除部分合成循环气中的二氧化碳；

9. 检查维护生产设备，发现并处理生产中的异常现象和故障；

10. 记录并保存生产数据。

本职业包含但不限于下列工种：

煤间接液化合成操作工　煤间接液化分离操作工　煤直接液化催化剂制备工　加氢稳定装置操作工　煤直接液化操作工　二氧化碳回收处理操作工

6-10-03-03　煤制气工

以煤为原料，操作煤气发生、净化、甲烷合成等装置，生产煤气和甲烷的人员。

主要工作任务：

1. 鉴别、储备、粉碎、筛分、粉磨、干燥制气用煤或成型、成浆制气用煤；

2. 操作煤气发生炉、净化装置，生产煤气；

3. 操作甲烷合成装置，生产甲烷；

4. 调节控制温度、压力、流量等工艺参数，控制产物质量；

5. 进行厂区内防爆、防雷、防静电作业；

6. 检查维护生产设备，发现并处理生产中的异常现象和故障；

7. 记录并保存生产数据。

本职业包含但不限于下列工种：

煤气化备配煤工　煤气化工　煤气净化回收工　甲烷合成气净化工　甲烷合成工

6-10-03-04　水煤浆制备工

操作破碎机、磨碎机、给药机等设备，控制水煤浆级配，生产水煤浆的人员。

主要工作任务：

1. 操作输送机，输送原料；

2. 操控水煤浆制备设备，研磨原料，加入添加剂；

3. 操作强力搅拌设备，混合水煤浆，泵入储浆罐；

4. 协调上下工序操作，记录生产数据；

5. 维护保养设备，处理设备运行中的故障。

6-10-03-05　工业型煤工

操作成型等设备和机具，将粉煤加工制作成具有一定强度型煤的人员。

主要工作任务：

1. 操作计量设备，进行不同煤质原料煤的计量配比；

2. 掺配黏结剂和添加剂，并进行检验；

3. 操作成型机，进行原料煤成型；

4. 运送、晾晒工业型煤；

5. 进行工业型煤入库；

6. 维护保养设备。

6-10-99（GBM 61099）
其他石油加工和炼焦、煤化工生产人员

指未列入 6-10-01 至 6-10-03 的石油加工和炼焦、煤化工生产人员。

6-11（GBM 61100）　化学原料和化学制品制造人员

从事基础化学原料、化学肥料、合成材料等化工产品生产的人员。

本中类包括下列小类：

6-11-01（GBM 61101）化工产品生产通用工艺人员
6-11-02（GBM 61102）基础化学原料制造人员
6-11-03（GBM 61103）化学肥料生产人员
6-11-04（GBM 61104）农药生产人员
6-11-05（GBM 61105）涂料、油墨、颜料及类似产品制造人员
6-11-06（GBM 61106）合成树脂生产人员
6-11-07（GBM 61107）合成橡胶生产人员
6-11-08（GBM 61108）专用化学产品生产人员
6-11-09（GBM 61109）火工品制造、保管、爆破及焰火产品制造人员
6-11-10（GBM 61110）日用化学品生产人员
6-11-99（GBM 61199）其他化学原料和化学制品制造人员

6-11-01（GBM 61101）
化工产品生产通用工艺人员

从事化工产品原料准备、生产过程中的单元操作及其他化工通用工艺生产的人员。

本小类包括下列职业：

6-11-01-01　化工原料准备工
6-11-01-02　化工单元操作工
6-11-01-03　化工总控工
6-11-01-04　制冷工
6-11-01-05　工业清洗工
6-11-01-06　防腐蚀工

6-11-01-01　化工原料准备工

操作粉碎、过滤、溶解、净化、配料等设备，加工配制化工原料和添加剂的人员。

主要工作任务：

1. 操作粉碎机和筛分机，粉碎和筛分固体物料；

2. 调节控制溶解釜，将固体物料溶解在溶剂中，配制成溶液；

3. 操作分离净化设备，清除原料或液体中的杂质；

4. 调节控制配料罐，将不同种类的原料和添加剂配制成反应原料；

5. 使用计量器具，计量原材料；

6. 检查维护生产设备，发现并处理生产中的异常现象和故障；

7. 记录并保存生产数据。

6-11-01-02　化工单元操作工

操作过滤、换热、蒸发、蒸馏、萃取等化工单元设备，加工处理物料的人员。

主要工作任务：

1. 操作过滤、离心分离、换热、蒸发、蒸馏、萃取、吸收、吸附、干燥、结晶等设备，加工处理物料；

2. 调节控制温度、压力、流量等工艺参数，控制产物质量；

3. 操作物料混合器、造粒器、筛分机等设备，生产固体颗粒产品；

4. 检查维护生产设备，发现并处理生产中的异常现象和故障；

5. 记录并保存生产数据。

本职业包含但不限于下列工种：

化工过滤工　化工蒸馏工　化工萃取工
化工蒸发工　化工热交换工　化工吸收工

化工吸附工　化工干燥工　化工结晶工　化工离心分离工　化工造粒工　化工洗涤工　脱酚工

6-11-01-03　化工总控工

操作仪表及自动控制系统等，进行化工单元反应或单元操作的监控或调节，将物料制成产品的人员。

主要工作任务：

1. 操作仪表及自动控制系统，进行生产装置的开、停车，控制运行；
2. 调节控制工艺参数，分析判断生产状况；
3. 配合并协助现场操作人员，使现场工艺过程和仪表正常运行；
4. 操作仪表及自动控制系统，进行装置的试车和验收；
5. 核定装置的物料、能量平衡、产品回收率及消耗定额；
6. 检查维护生产设备，发现并处理生产中的异常现象和故障；
7. 记录并保存生产数据。

6-11-01-04　制冷工

操作制冷压缩机、机泵等设备，用制冷剂及载冷体在生产系统中循环制冷的人员。

主要工作任务：

1. 操作制冷压缩机，使制冷剂升压、冷却、冷凝、液化；
2. 控制节流阀，使制冷剂在蒸发器中汽化吸收载冷体的热量，降低载冷体温度；
3. 操作机泵，将低温的载冷体输送到用冷设备；
4. 调节控制制冷系统的压力、温度、流量等工艺参数；
5. 向制冷系统中补充制冷剂或载冷体；
6. 检查维护生产设备，发现并处理生产中的异常现象和故障；
7. 记录并保存生产数据。

6-11-01-05　工业清洗工

操作清洗设备，运用化学清洗、物理清洗技术，进行物体表面清洗作业的人员。

主要工作任务：

1. 检查、分析物体结构及表面状况，选用清洗技术及工艺，建立清洗工作系统；
2. 操作化学清洗设备，使用化学清洗剂和清洗技术，进行物体表面的清洗；
3. 操作高压水射流清洗机，进行设备、设施表面的清洗；
4. 操作锅炉清洗设备，使用化学清洗剂和清洗技术，进行锅炉受热面水汽侧内壁表面的清洗、钝化；
5. 操作中央空调清洗设备，使用化学清洗剂和清洗技术，进行中央空调水系统的清洗、钝化；
6. 操作风系统清洗设备，清除风系统灰尘、污染物、微生物等；
7. 操作清洗设备、惰性气体发生设备及气体安全防护分析监测系统，使用加温、加压的清洗液，机械清洗储罐；
8. 分析、监测清洗工艺指标，判断清洗终点，评价清洗效果；
9. 检查维护清洗设备，发现并处理作业中的异常现象和故障；
10. 记录并保存清洗数据。

本职业包含但不限于下列工种：

化学清洗工　高压水射流清洗工　锅炉清洗工　中央空调清洗工　清罐操作工

6-11-01-06　防腐蚀工

使用喷砂、喷涂、衬里、电化学保护等

设备、工具和材料，运用防腐蚀技术，进行防腐蚀作业的人员。

主要工作任务：

1. 使用喷砂等设备、工具和净化方法，处理被保护物体表面；

2. 配制黏合剂、涂料等防腐蚀材料；

3. 使用喷涂设备、工具和材料，对被保护物体表面进行喷涂作业；

4. 使用衬里设备、工具、技术和材料，对被保护物体表面进行衬里作业；

5. 使用模压机、注塑机等设备、技术和材料，制作耐蚀设备、零部件及管道；

6. 使用搅拌设备、工具、技术和材料，对被保护物体表面浇捣耐蚀混凝土，或用耐蚀混凝土和耐蚀加强筋浇捣耐蚀设备或构筑物；

7. 使用电化学保护设备、仪器、技术和材料或缓蚀剂，对被保护金属物体实施电化学保护或缓蚀剂保护作业；

8. 使用仪器、工具，检测防腐蚀作业及产品质量；

9. 检查维护作业设备，发现并处理作业中的异常现象和故障；

10. 记录并保存防腐蚀作业数据。

本职业包含但不限于下列工种：

耐蚀衬胶工　耐蚀喷涂工　耐蚀砖板衬里工　耐蚀塑料工　耐蚀纤维增强塑料工　耐蚀混凝土工

6-11-02（GBM 61102）
基础化学原料制造人员

从事酸、碱、盐、有机化学原料等化工产品生产的人员。

本小类包括下列职业：

6-11-02-01　硫酸生产工
6-11-02-02　硝酸生产工
6-11-02-03　盐酸生产工
6-11-02-04　磷酸生产工
6-11-02-05　纯碱生产工
6-11-02-06　烧碱生产工
6-11-02-07　无机盐生产工
6-11-02-08　提硝工
6-11-02-09　卤水综合利用工
6-11-02-10　无机化学反应生产工
6-11-02-11　脂肪烃生产工
6-11-02-12　芳香烃生产工
6-11-02-13　脂肪烃衍生物生产工
6-11-02-14　芳香烃衍生物生产工
6-11-02-15　有机合成工

6-11-02-01　硫酸生产工

以空气和含硫物质为原料，操作焙烧（焚硫）、净化、转化、干燥、吸收、余热回收等设备，生产硫酸的人员。

主要工作任务：

1. 操作焙烧炉（焚硫炉），调节控制浓度、流量、温度、压力等工艺参数，将含硫物质制成二氧化硫气体；

2. 调节控制余热回收设备的温度、压力、流量、液位等工艺参数，进行余热回收，产出蒸汽；

3. 操作除尘、除雾等设备，调节控制浓度、温度、电压、气体压力及流量等工艺参数，净化二氧化硫气体；

4. 操作转化器，调节控制温度、压力、流量等工艺参数，经催化，将二氧化硫转化成三氧化硫气体；

5. 操作干燥塔、吸收塔，调节控制温度、浓度、液位等工艺参数，干燥空气、炉气，吸收三氧化硫生成硫酸；

6. 操作尾气吸收等设备，调节控制温度、液位、吸收液浓度等工艺参数，净化尾气，回收二氧化硫；

7. 检查维护生产设备，发现并处理生产中的异常现象和故障；

8. 记录并保存生产数据。

本职业包含但不限于下列工种：

硫化物焙烧工　二氧化硫净化工　二氧化硫转化工　酸性气体干吸工　硫酸尾气处理工

6-11-02-02　硝酸生产工

以氨和空气为原料，操作氨氧化炉、吸收塔等设备，生产浓硝酸的人员。

主要工作任务：

1. 操作过滤、洗涤设备，将氨气和空气按配比通入氧化炉中；

2. 调节控制氧化炉的温度、压力，在催化剂作用下，生成氧化氮气体；

3. 操作余热回收设备，回收热能，产生中压蒸汽；

4. 操作吸收塔，调节控制温度、浓度、压力等工艺参数，进行再氧化和硝酸吸收；

5. 操作漂白塔，控制硝酸的浓度和成分；

6. 操作浓酸设备，制成浓硝酸；

7. 操作压缩机组，进行气体加压，回收能量；

8. 操作尾气处理等设备，脱除尾气中的氮氧化物气体；

9. 检查维护生产设备，发现并处理生产中的异常现象和故障；

10. 记录并保存生产数据。

本职业包含但不限于下列工种：

氨氧化工　浓硝酸工

6-11-02-03　盐酸生产工

以氯气和氢气或副产的氯化氢气体为原料，操作合成炉、吸收塔等设备，生产盐酸的人员。

主要工作任务：

1. 调节控制合成炉氢气和氯气的配比、燃烧火焰、炉温等工艺参数，制成氯化氢气体；

2. 操作冷却塔，冷却氯化氢气体；

3. 调节控制吸收塔的水流量、温度、尾气真空度等工艺参数，生产盐酸；

4. 分析盐酸的密度、尾气含酸量；

5. 检查维护生产设备，发现并处理生产中的异常现象和故障；

6. 记录并保存生产数据。

本职业包含但不限于下列工种：

氯化氢合成工　酸性气体吸收工

6-11-02-04　磷酸生产工

以黄磷或磷矿为原料，操作反应、过滤、蒸发、净化等设备，生产磷酸的人员。

主要工作任务：

1. 操作反应器、过滤机、浓缩器等设备，调节控制温度、流量等工艺参数，制成磷酸；

2. 操作萃取、过滤等净化设备，生产精制磷酸；

3. 操作吸收塔（洗涤塔）及相关设备，回收氟；

4. 检查维护生产设备，发现并处理生产中的异常现象和故障；

5. 记录并保存生产数据。

6-11-02-05　纯碱生产工

以二氧化碳、食盐为原料，操作碳化塔、煅烧炉、结晶器等设备，生产纯碱的人员。

主要工作任务：

1. 操作溶解罐，将盐制成饱和盐水；

2. 操作净化设备，除去饱和盐水中的机械杂质和钙、镁等离子；

3. 操作吸氨塔，将精盐水通入氨气，制成氨盐水；

4. 调节控制碳化塔的二氧化碳气体量、温度、液面、浆液比等工艺参数，制成重碱晶浆液；

5. 操作过滤机，将晶浆液制成固体重碱；

6. 操作煅烧炉，调节控制温度等工艺参数，制成纯碱；

7. 操作石灰窑，将石灰石烧成氧化钙和二氧化碳，并配制石灰乳；

8. 操作结晶器，将氯化铵母液冷却，加入固体盐使氯化铵结晶析出；

9. 分析化验各工序半成品的技术指标；

10. 检查维护生产设备，发现并处理生产中的异常现象和故障；

11. 记录并保存生产数据。

本职业包含但不限于下列工种：

纯碱盐水工　蒸吸工　纯碱碳化工　重碱煅烧工　纯碱石灰工　重质纯碱工　联碱洗盐工　联碱结晶工

6-11-02-06　烧碱生产工

以食盐和水为原料，操作电解槽、蒸发器等设备，生产烧碱、氯气、氢气的人员。

主要工作任务：

1. 操作溶解罐，将食盐制成饱和食盐水；

2. 操作净化设备，除去饱和盐水中的钙、镁、硫酸根、铁离子和机械杂质，制成精制盐水；

3. 操作机泵，将加温后的精制盐水送入电解槽；

4. 操作电解槽，将饱和盐水电解成烧碱溶液、氯气和氢气；

5. 监控氯氢处理单元操作设备，进行冷却、干燥、加压等作业，制取氯气和氢气；

6. 操作蒸发器，用蒸汽加热烧碱溶液除去水分，制成液碱；

7. 操作离心机，分离浓碱液蒸发过程中产生的析出盐；

8. 监控熬碱锅或升降膜蒸发器，加热浓缩或造粒，制取固体烧碱；

9. 检查维护生产设备，发现并处理生产中的异常现象和故障；

10. 记录并保存生产数据。

本职业包含但不限于下列工种：

烧碱盐水工　烧碱电解工　氯氢处理工　烧碱蒸发工　固碱工

6-11-02-07　无机盐生产工

以天然资源和工农业废、副产物为原料，操作酸解、碱解、焙烧等设备，生产无机盐的人员。

主要工作任务：

1. 操作原料输送机、泵，输送原料至反应器；

2. 调节控制生产装置的温度、压力、浓度、流量、酸碱度（pH 值）等工艺参数，进行化合、分解、复分解、氧化还原等无机化学反应；

3. 操作冷却、结晶、离心分离、干燥等单元操作设备，进行无机盐产品或中间产品的表面处理、筛分、输送、计量、包装；

4. 取样并分析物料成分变化及理化数据，调整工艺参数；

5. 检查维护生产设备，发现并处理生

产中的异常现象和故障；

6. 记录并保存生产数据。

本职业包含但不限于下列工种：

氟化盐生产工　缩聚磷酸盐生产工

6-11-02-08　提硝工

以硫酸钠型卤水为原料，操作冷冻提硝、真空蒸发、分离干燥等设备，生产硫酸钠的人员。

主要工作任务：

1. 操作冷冻提硝等设备，对硫酸钠型卤水进行冷冻结晶并分离出十水合硫酸钠；

2. 操作溶解、真空蒸发、干燥等设备，溶解、蒸发结晶、分离干燥十水合硫酸钠，制成无水硫酸钠产品；

3. 操作真空蒸发设备，蒸发结晶、分离干燥硫酸钠型卤水，制成无水硫酸钠产品；

4. 检查维护生产设备，发现并处理生产中的异常现象和故障；

5. 记录并保存生产数据。

6-11-02-09　卤水综合利用工

以卤水为原料，操作蒸发、结晶、干燥、蒸馏等设备，生产氯化钾、氯化镁、硫酸镁、溴素等产品的人员。

主要工作任务：

1. 操作蒸发浓缩、冷却或冷冻结晶、洗涤、脱水、干燥等设备，从卤水中提取氯化钾、氯化镁、硫酸镁等产品；

2. 操作溴素提取设备，进行空气吹出、水蒸气蒸馏、精馏等作业，从卤水中提取溴素；

3. 监测设备运行状况，调整工艺参数；

4. 检查维护生产设备，发现并处理生产中的异常现象和故障；

5. 记录并保存生产数据。

6-11-02-10　无机化学反应生产工

操作无机反应器等设备，进行化合、分解、复分解、氧化还原等无机化学反应，生产无机物中间产品或产品的人员。

主要工作任务：

1. 操作原料机泵，按配比将原料加入无机反应器；

2. 调节控制无机反应器的温度、压力、浓度等工艺参数，进行无机化学反应；

3. 进行反应后的物料后处理，制得成品；

4. 检查维护生产设备，发现并处理生产中的异常现象和故障；

5. 记录并保存生产数据。

本职业包含但不限于下列工种：

电化学反应工　窑炉反应工　黄磷生产工　电石生产工　钛白粉生产工　高频等离子工　二硫化碳生产工　炭黑生产工

6-11-02-11　脂肪烃生产工

以石脑油、加氢裂化尾油、轻烃、甲醇或其他醇酮（类）等为原料，生产烷烃、烯烃、炔烃等饱和烃及不饱和烃的人员。

主要工作任务：

1. 操作裂解炉等设备，进行石脑油、加氢裂化尾油、轻烃等原料的裂解、急冷、油洗、水洗，生产富含脂肪烃的裂解气和副产品；

2. 操作反应器等设备，进行烃类及其衍生物的加氢、氧化、脱水、聚合、裂解，生产脂肪烃和副产品；

3. 操作精馏塔、吸收塔、解析塔、萃取塔、加热炉、干燥器、换热器、闪蒸罐、压缩机、机泵等设备，分离和精制含脂肪烃的混合物；

4. 操作仪表及自动控制系统，进行开工、停工、事故判断及应急处理，保持安全、环保、连续化生产。

本职业包含但不限于下列工种：

乙炔发生工　烯烃催化裂解制丙烯装置操作工　烯烃转换装置操作工　丁二烯装置操作工　异丁烯装置操作工　碳五分离装置操作工　1-己烯装置操作工　环己烷装置操作工　裂解汽油加氢装置操作工　丙烷脱氢装置操作工　乙烯装置操作工　天然气制乙炔装置操作工

6-11-02-12　芳香烃生产工

以重整油、裂解汽油等烃类为原料，进行芳香烃生产的人员。

主要工作任务：

1. 操作反应器等设备，进行烃类的歧化、烷基转移、异构化、脱氢等反应，生产芳香烃和副产品；

2. 操作精馏塔、吸附塔、萃取塔、加热炉、干燥器、换热器、闪蒸罐、压缩机、机泵等设备，分离和精制含芳香烃的混合物；

3. 操作仪表及自动控制系统，进行开工、停工、事故判断及应急处理，保持安全、环保、连续化生产。

本职业包含但不限于下列工种：

烷基苯装置操作工　对二乙基苯装置操作工　偏（均）三甲苯装置操作工　苯乙烯装置操作工　乙苯装置操作工　制苯装置操作工　对（间、邻）二甲苯装置操作工

6-11-02-13　脂肪烃衍生物生产工

以烃类或其衍生物和氨、氧气、氢气、氯气、一氧化碳、水等为原料，进行脂肪烃衍生物生产的人员。

主要工作任务：

1. 操作反应器等设备，进行烃类及其衍生物的取代、加成、消去、氧化、还原、重排等反应，生产脂肪烃衍生物和副产品；

2. 操作精馏塔、吸收塔、解析塔、加热炉、换热器、闪蒸罐、压缩机、机泵等设备，分离和精制脂肪烃衍生物的混合物；

3. 操作仪表及自动控制系统，进行开工、停工、事故判断及应急处理，保持安全、环保、连续化生产。

本职业包含但不限于下列工种：

甲酸装置操作工　乙醛装置操作工　醋酸装置操作工　乙腈装置操作工　二甲胺装置操作工　二甲醚装置操作工　氯丙烯装置操作工　丙烯腈装置操作工　丙烯酸及酯装置操作工　环氧丙烷装置操作工　环氧氯丙烷装置操作工　异丙醇装置操作工　丙醛（丙酸）装置操作工　丙烯酰胺装置操作工　二甲基甲酰胺装置操作工　1，4-丁二醇装置操作工　丁二酸装置操作工　环丁砜装置操作工　甲乙酮装置操作工　丙酮氰醇装置操作工　丁辛醇装置操作工　醋酸乙烯装置操作工　己内酰胺装置操作工　环己胺装置操作工　环己酮（醇酮）装置操作工　己二酸装置操作工　己二腈装置操作工　己二胺装置操作工　环己酮肟装置操作工　乙氧基化装置操作工　十二碳二元酸装置操作工　脂肪醇装置操作工　顺酐装置操作工　甲醛装置操作工　甲醇装置操作工　合成气装置操作工　氯乙烯装置操作工　环氧乙烷（乙二醇）装置操作工

6-11-02-14　芳香烃衍生物生产工

以芳香烃或其衍生物和氨、氧气、氢气、氯气、硝酸等为原料，生产芳香烃衍生

物的人员。

主要工作任务：

1. 操作反应器等设备，进行烃类及其衍生物的取代、加成、氧化、还原等反应，生产芳香烃衍生物和副产品；

2. 操作精馏塔、加热炉、干燥机、换热器、闪蒸罐、压缩机、机泵等设备，分离和精制含芳香烃衍生物的混合物，生产芳香烃衍生物和副产品；

3. 操作仪表及自动控制系统，进行开工、停工、事故判断及应急处理，保持安全、环保、连续化生产。

本职业包含但不限于下列工种：

苯酚丙酮装置操作工　间苯二酚装置操作工　硝基苯装置操作工　氯化苯装置操作工　苯胺装置操作工　硝基氯苯装置操作工　精对（间）苯二甲酸装置操作工　苯酐装置操作工　双酚 A 装置操作工　过氧化二异丙苯装置操作工

6-11-02-15　有机合成工

操作有机合成反应器等设备，进行有机化学反应、反应后处理及纯化，生产有机物中间体或成品的人员。

主要工作任务：

1. 操作计量、混合或溶解等设备，按配比计量原料，进行混合或溶解；

2. 操作机泵等设备，将配料送入合成反应器；

3. 操作合成反应器，调节控制温度、压力、流量等工艺参数，进行有机合成反应；

4. 取样、分析反应物料组分变化或物理常数，确认反应终点；

5. 操作分离、精制等设备，对反应后的物料进行后处理；

6. 检查维护生产设备，发现并处理生产中的异常现象和故障；

7. 记录并保存生产数据。

6-11-03（GBM 61103）
化学肥料生产人员

从事氮肥、磷肥、钾肥和其他化学肥料生产的人员。

本小类包括下列职业：

6-11-03-01　合成氨生产工
6-11-03-02　尿素生产工
6-11-03-03　硝酸铵生产工
6-11-03-04　硫酸铵生产工
6-11-03-05　过磷酸钙生产工
6-11-03-06　复混肥生产工
6-11-03-07　钙镁磷肥生产工
6-11-03-08　钾肥生产工

6-11-03-01　合成氨生产工

以碳或碳氢化合物为原料，操作气化（转化）、净化、压缩、合成等设备，生产氨的人员。

主要工作任务：

1. 操作输送机械，将含碳和碳氢化合物的原料、空气（富氧空气、氧气）和水蒸气送入气化炉（转化炉）；

2. 操作气化炉（转化炉），制备原料气；

3. 操作脱除硫化物、一氧化碳、二氧化碳等设备，将原料气净化为 1∶3 的氮氢混合气；

4. 操作压缩机，将氮氢混合气加压，进行净化，并送入氨合成系统；

5. 操作合成塔等设备，在高温、高压和催化剂作用下，将氮、氢混合气合成为氨；

6. 操作压缩机及提纯设备，回收二氧化碳；

7. 检查维护生产设备，发现并处理生产中的异常现象和故障；

8. 记录并保存生产数据。

本职业包含但不限于下列工种：

合成氨煤气化工　合成氨转变工　合成氨净化工　合成氨气体压缩工　氨合成工　合成氨二氧化碳回收工　合成氨装置操作工

6-11-03-02　尿素生产工

以氨和二氧化碳为原料，操作压缩、合成、分解、吸收、蒸发、造粒等设备，生产尿素的人员。

主要工作任务：

1. 操作压缩机，压缩和净化二氧化碳原料气，送入尿素合成系统；

2. 操作高压泵，将液氨及氨基甲酸铵送入尿素合成系统；

3. 调节控制合成塔的物料组成、温度、压力等工艺参数，进行尿素合成反应；

4. 操作分解、蒸发及造粒等设备，制成尿素成品；

5. 操作吸收、冷凝、水解、解吸设备，将分离出来的未反应物返回系统循环利用；

6. 检查维护生产设备，发现并处理生产中的异常现象和故障；

7. 记录并保存生产数据。

本职业包含但不限于下列工种：

尿素合成工　尿素加工工　尿素装置操作工

6-11-03-03　硝酸铵生产工

以氨和硝酸为原料，操作中和、蒸发、造粒（或结晶）等设备，生产硝酸铵的人员。

主要工作任务：

1. 操作机泵输送设备，将氨和硝酸送入中和器；

2. 调节控制中和器内的流量、压力、温度等工艺参数，制取硝酸铵溶液；

3. 操作蒸发器，提高溶液浓度；

4. 操作结晶器，在真空条件下，将硝酸铵结晶、分离；

5. 操作造粒塔，制成粒状硝酸铵；

6. 操作沸腾造粒塔，加入添加剂，在有晶种沸腾条件下，制成多孔硝酸铵；

7. 检查维护生产设备，发现并处理生产中的异常现象和故障；

8. 记录并保存生产数据。

本职业包含但不限于下列工种：

硝酸铵中和工　硝酸铵结晶造粒工　多孔硝酸铵造粒工

6-11-03-04　硫酸铵生产工

以硫酸或二氧化硫气体、氨水为原料，操作中和、氧化、结晶等设备，生产硫酸铵的人员。

主要工作任务：

1. 操作机泵输送设备，将硫酸或二氧化硫气体、氨水送入中和器；

2. 调节控制中和器内的液位、酸碱度（pH 值）、浓度等工艺参数，制取硫酸铵或亚硫酸铵溶液；

3. 操作氧化器，将亚硫酸铵氧化成硫酸铵；

4. 操作蒸发器，使硫酸铵结晶；

5. 操作过滤、干燥设备，制成硫酸铵成品；

6. 检查维护生产设备，发现并处理生产中的异常现象和故障；

7. 记录并保存生产数据。

6-11-03-05　过磷酸钙生产工

以磷矿、硫酸、磷酸为原料，操作混合机、化成室等设备，生产过磷酸钙的人员。

主要工作任务：

1. 操作传输设备，将磷矿、硫酸或磷矿（粉）、浓磷酸送入混合机；

2. 调节控制混合机内的工艺参数，进行物料混合反应；

3. 操作化成室，固化物料，并加工成粉状；

4. 操作起吊设备，进行物料堆置、翻堆、熟化，制成过磷酸钙；

5. 操作造粒、干燥等设备，制成粒状过磷酸钙；

6. 操作除尘及洗涤设备，进行尾气处理；

7. 检查维护生产设备，发现并处理生产中的异常现象和故障；

8. 记录并保存生产数据。

本职业包含但不限于下列工种：

普通过磷酸钙生产工　重过磷酸钙生产工

6-11-03-06　复混肥生产工

以硫酸和氮素、磷素、钾素等为原料，操作反应器、造粒机、干燥器等设备，生产复混肥的人员。

主要工作任务：

1. 操作反应器，调节控制温度、压力、流量等工艺参数，加入氮素、磷素等原料，制成磷酸铵料浆；

2. 操作反应器，调节控制温度、压力、流量等工艺参数，加入氮素、磷素、钾素等原料，制成复混肥料浆；

3. 操作造粒机、干燥器等设备，将复混肥料浆制成复混肥；

4. 操作造粒机、干燥器等设备，将磷酸铵或复混肥料浆制成磷酸铵或复混肥；

5. 检查维护生产设备，发现并处理生产中的异常现象和故障；

6. 记录并保存生产数据。

6-11-03-07　钙镁磷肥生产工

以磷矿、助熔剂和焦炭为原料，操作高温炉、干燥机、球磨机等设备，生产钙镁磷肥的人员。

主要工作任务：

1. 使用计量仪器，将原料装入料斗；

2. 操作卷扬机，提升料斗，将原料装入高温炉；

3. 操作高温炉，调节控制风量和炉内温度，使矿石在高温下熔融；

4. 操作出料装置，对排出的熔融物料进行水淬；

5. 操作干燥机，降低物料中的水分；

6. 操作球磨机和除尘设备，制成钙镁磷肥；

7. 检查维护生产设备，发现并处理生产中的异常现象和故障；

8. 记录并保存生产数据。

6-11-03-08　钾肥生产工

以含钾卤水为原料，操作浮选、转化、结晶、干燥等设备，生产钾肥的人员。

主要工作任务：

1. 调控兑卤池卤水浓度，析出光卤石（钾混盐）；

2. 操作浮选机，制取低钠光卤石；

3. 操作结晶器，从精卤液中析出粗氯化钾；

4. 操作水洗、分离、干燥等设备，制成精制的钾肥产品；

5. 检查维护生产设备，发现并处理生产中的异常现象和故障；

6. 记录并保存生产数据。

6-11-04（GBM 61104）
农药生产人员

从事化学农药、微生物农药、生物农药及农药制剂等生产的人员。

本小类包括下列职业：

6-11-04-00 农药生产工

6-11-04-00 农药生产工

以化学品或动植物品、微生物及培养基等为原材料，操作化学反应器或发酵装置、化工单元、农药加工等设备，生产农药原药（母药）和制剂的人员。

主要工作任务：

1. 操作切割、粉碎、研磨等设备，对原材料进行预处理或操作配料罐、输送泵等设备配制培养基，并操作消毒锅或消毒柜等，对培养基、压缩空气、设备、器皿等进行消毒、灭菌；

2. 操作物料输送设备，将配料送入反应器、发酵罐或培养皿中；

3. 使用温度、发酵等控制仪器或仪表，调控反应工艺参数，进行化学反应或生化反应；

4. 取样，分析物料组分变化或物理常数，确认反应或发酵终点；

5. 操作浸泡、分馏、过滤或固液分离设备，提取、纯化有效成分，进行过滤、结晶、干燥等精制作业；

6. 操作粉碎、研磨、混合、选粒、干燥设备，按配比将原药（母药）和助剂混合，加工制成农药制剂；

7. 操作衡器、定量包装等设备，进行产品包装；

8. 检查维护生产设备，发现并处理生产中的异常现象和故障；

9. 记录并保存生产数据。

本职业包含但不限于下列工种：

化学农药生产工　微生物农药生产工　生物农药生产工　农药制剂操作工

6-11-05（GBM 61105）
涂料、油墨、颜料及类似产品制造人员

从事涂料、油墨、颜料、染料及类似化工产品制造的人员。

本小类包括下列职业：

6-11-05-01 涂料生产工

6-11-05-02 油墨制造工

6-11-05-03 颜料生产工

6-11-05-04 染料生产工

6-11-05-01 涂料生产工

以聚合物单体、颜填料、助剂和分散介质为原料，操作反应、搅拌、过滤、研磨和调色等设备，生产涂料树脂、清漆、色漆产品的人员。

主要工作任务：

1. 操作反应釜、搅拌机、过滤机等设备，合成涂料树脂或清漆；

2. 操作色漆研磨、分散和调色等设备，生产色漆；

3. 操作色漆过滤、包装、入库等设备，进行色漆过滤，成品包装、入库；

4. 使用分析仪器、理化仪器和涂料涂层性能检测等专用仪器，检验涂料的原材料、半成品、成品；

5. 检查维护生产设备，发现并处理生产中的异常现象和故障；

6. 记录并保存生产数据。

本职业包含但不限于下列工种：

涂料合成树脂工　制漆配色调制工

6-11-05-02　油墨制造工

以化学品为原料，操作合成、制色、搅拌、捏合、研磨、包装等设备，制成油墨的人员。

主要工作任务：

1. 操作加热反应锅，将化工原料合成为生产油墨用的合成树脂或联结料；

2. 操作重氮、耦合、漂洗、烘干、磨粉等设备，将颜料、染料中间体加工成油墨颜料和染料；

3. 操作搅拌机，混合油墨联结料、颜料和助剂；

4. 操作捏合机，捏合联结料、湿浆颜料和助剂等，制成油墨基料；

5. 操作研磨机等设备，研磨油墨粗品或基料，制成半制品油墨；

6. 操作搅拌机，调制半制品油墨，制成油墨成品；

7. 操作灌装设备，过滤、包装成品油墨。

本职业包含但不限于下列工种：

炼油树脂工　油墨颜料制作工　油墨加工工

6-11-05-03　颜料生产工

以化学品或颜料中间体为原料，操作反应、分离、研磨、干燥、拼混等设备，生产颜料的人员。

主要工作任务：

1. 操作机泵，将原料按配比加入反应釜；

2. 操作反应釜，调节控制温度、浓度、压力等工艺参数，进行颜料的合成反应；

3. 操作蒸馏、过滤、洗涤等设备，进行物料的分离；

4. 操作颜料化设备，进行颜料化处理，或在合成过程中进行颜料化调整；

5. 操作干燥、粉碎等设备，进行物料的干燥、粉碎和筛分；

6. 对单批颜料进行分析检验，确定拼混配方；

7. 操作混合机，进行颜料拼混和复核检测；

8. 检查维护生产设备，发现并处理生产中的异常现象和故障；

9. 记录并保存生产数据。

本职业包含但不限于下列工种：

颜料合成工　颜料化操作工

6-11-05-04　染料生产工

以化学品或染料中间体为原料，操作反应釜、分离、研磨、干燥、拼混、染色等设备，生产染料的人员。

主要工作任务：

1. 操作机泵，将原料按配比加入反应釜；

2. 操作反应釜，调控温度、浓度、压力等工艺参数，进行染料合成反应；

3. 操作分离、研磨设备，进行物料分离和研磨；

4. 操作干燥、粉碎设备，进行物料干燥、粉碎和筛分；

5. 操作染色机等设备，进行单批染料分析检验，确定拼混配方；

6. 操作拼混设备，制成染料成品；

7. 检查维护生产设备，发现并处理生产中的异常现象和故障；

8. 记录并保存生产数据。

本职业包含但不限于下列工种：

染料合成工　染料后处理工　染料拼混工

6-11-06（GBM 61106）合成树脂生产人员

从事聚烯烃树脂、环氧树脂和酚醛树脂等合成树脂生产的人员。

本小类包括下列职业：

6-11-06-00　合成树脂生产工

6-11-06-00　合成树脂生产工

以烃类或烃类衍生物等低分子单体为原料，生产聚烯烃树脂、环氧树脂和酚醛树脂等高分子聚合物的人员。

主要工作任务：

1. 操作精制塔（罐）等设备，脱除烃类或烃类衍生物等单体中的杂质；

2. 操作催化剂（引发剂）配制设备，配制催化剂（引发剂）；

3. 操作聚合反应器，在催化剂（引发剂）作用下，聚合生成高分子聚合物浆液；

4. 操作干燥器、分离罐、造粒机等设备，对高分子聚合物脱挥、脱活、造粒成型；

5. 操作仪表及自动控制系统，进行开工、停工、事故判断及应急处理，保持安全、环保、连续化生产。

本职业包含但不限于下列工种：

聚乙烯装置操作工　聚丙烯装置操作工　聚丁烯装置操作工　聚苯乙烯装置操作工　聚氯乙烯装置操作工　丙烯腈-丁二烯-苯乙烯共聚物（ABS）装置操作工　聚偏氯乙烯装置操作工　碳五石油树脂装置操作工　碳九石油树脂装置操作工　三聚氰胺装置操作工　酚醛树脂装置操作工　K树脂装置操作工　聚碳酸酯装置操作工　改性合成树脂装置操作工　醋酸乙烯和乙烯共聚物装置操作工　聚氨酯装置操作工　二氧化碳树脂装置生产工　环氧树脂装置操作工　聚偏氟乙烯装置操作工　丙烯酸树脂装置操作工　聚丙烯酰胺装置操作工　苯乙烯-丙烯腈树脂（SAN）装置操作工　聚甲醛装置操作工　聚甲基丙烯酸甲酯（PMMA）装置操作工　聚醚装置操作工

6-11-07（GBM 61107）合成橡胶生产人员

从事顺丁橡胶、丁苯橡胶和丁基橡胶等合成橡胶生产的人员。

本小类包括下列职业：

6-11-07-00　合成橡胶生产工

6-11-07-00　合成橡胶生产工

以烃类或烃类衍生物等低分子单体为原料，生产弹性高分子聚合物的人员。

主要工作任务：

1. 操作精制塔（罐）等设备，脱除烃类或烃类衍生物等单体中的杂质；

2. 操作催化剂（引发剂）配制设备，配制催化剂（引发剂）；

3. 操作聚合反应器，在催化剂（引发剂）作用下，聚合生成弹性高分子聚合物胶液；

4. 操作凝聚釜，将胶液进行混兑、凝聚，并回收部分溶剂；

5. 操作挤压机和干燥机，脱除水等挥发份；

6. 操作仪表及自动控制系统，进行开工、停工、事故判断及应急处理，保持安全、环保、连续化生产。

本职业包含但不限于下列工种：

丁苯胶乳装置操作工　丁腈橡胶装置操

作工　硅橡胶装置操作工　丁基橡胶装置操作工　溴化丁基橡胶装置操作工　氯丁橡胶装置操作工　异戊橡胶装置操作工　乙丙橡胶装置操作工　氟橡胶装置操作工　丁苯橡胶装置操作工　顺丁橡胶装置操作工　热塑性弹性体装置操作工

6-11-08（GBM 61108）专用化学产品生产人员

从事催化剂、溶剂、试剂、添加剂、林化及感光等专用化工产品生产的人员。

本小类包括下列职业：

6-11-08-01　催化剂生产工
6-11-08-02　总溶剂生产工
6-11-08-03　化学试剂生产工
6-11-08-04　印染助剂生产工
6-11-08-05　表面活性剂制造工
6-11-08-06　化工添加剂生产工
6-11-08-07　油脂化工产品制造工
6-11-08-08　动物胶制造工
6-11-08-09　人造板制胶工
6-11-08-10　有机硅生产工
6-11-08-11　有机氟生产工
6-11-08-12　松香工
6-11-08-13　松节油制品工
6-11-08-14　活性炭生产工
6-11-08-15　栲胶生产工
6-11-08-16　紫胶生产工
6-11-08-17　栓皮制品工
6-11-08-18　植物原料水解工
6-11-08-19　感光材料生产工
6-11-08-20　胶印版材生产工
6-11-08-21　柔性版材生产工
6-11-08-22　磁记录材料生产工
6-11-08-23　热转移防护膜涂布工
6-11-08-24　平板显示膜生产工
6-11-08-25　甘油制造工
6-11-08-26　生物质化工产品生产工 L

6-11-08-01　催化剂生产工

以有机物、无机单质或化合物等为原料，进行催化剂试制和生产的人员。

主要工作任务：

1. 操作研磨机、搅拌器等设备，制备反应原料；

2. 操作反应釜等设备，生产特定化学组成和物性结构的凝胶或结晶产品；

3. 操作洗涤釜、干燥器、萃取器、精馏塔等设备，生产成品催化剂，并回收物料或溶剂；

4. 操作仪表及自动控制系统，进行开工、停工、事故判断及应急处理，保持安全、环保、连续化生产。

6-11-08-02　总溶剂生产工

以淀粉、茎秆等为原料，操作蒸煮（液化）或调配、培菌、发酵、蒸馏等设备，生产总溶剂的人员。

主要工作任务：

1. 操作粉碎、蒸煮等设备，加工淀粉、茎秆等原料并配加醪液，进行高温蒸煮（液化）或稀释等作业，制成培养基，送去发酵；

2. 操作培菌设备，在无菌恒温的条件下，培育发酵菌种；

3. 操作发酵罐，将蒸煮醪发酵成酵醪，蒸馏；

4. 操作醪塔、醇塔、酮塔，提取乙醇、丁醇和丙酮；

5. 检查维护生产设备，发现并处理生产中的异常现象和故障；

6. 记录并保存生产数据。

本职业包含但不限于下列工种：

溶剂蒸煮工　溶剂培菌工　溶剂发酵工　溶剂蒸馏工

6-11-08-03　化学试剂生产工

以化学品为原料，操作反应釜、精馏塔等设备，进行化学合成、精制提纯、分装，生产化学试剂的人员。

主要工作任务：

1. 使用称量仪器，配制反应原料；
2. 操作反应釜，调节控制温度、压力、浓度、配比等工艺参数，进行化学合成；
3. 操作精馏器、蒸发器、结晶器、超净过滤器等设备，精制提纯合成物；
4. 使用物理和化学分析仪器，检定试剂；
5. 操作包装机械，进行商品试剂的灌装和装箱；
6. 检查维护生产设备，发现并处理生产中的异常现象和故障；
7. 记录并保存生产数据。

本职业包含但不限于下列工种：

无机试剂工　有机试剂工　高纯试剂工　临床试剂工

6-11-08-04　印染助剂生产工

以化学品为原料，操作反应釜、过滤器、乳化机、研磨机等设备，生产印染助剂的人员。

主要工作任务：

1. 操作机泵，将配料加入反应釜中；
2. 操作合成反应器，进行印染助剂的合成反应；
3. 操作蒸馏、过滤等设备，分离、提纯物料；
4. 操作混合、溶解、乳化、搅拌或研磨等设备进行印染助剂的复配，或在合成过程中进行印染助剂的复配；
5. 操作染色机、性能测定仪等，分析检测印染助剂；
6. 检查维护生产设备，发现并处理生产中的异常现象和故障；
7. 记录并保存生产数据。

本职业包含但不限于下列工种：

印染助剂合成工　印染助剂复配工

6-11-08-05　表面活性剂制造工

以烷基苯、脂肪醇、脂肪酸等为原料，操作化学单元反应及单元操作设备，生产表面活性剂的人员。

主要工作任务：

1. 操作计量和输送装置，将烷基苯、脂肪醇、脂肪酸等原料加入反应器；
2. 操作化学单元反应设备，将烷基苯、脂肪醇、脂肪酸等原料进行磺化或硫酸化、烷氧基化、羧甲基化、氧化、胺化等作业，生产表面活性剂；
3. 操作反应器等设备，将含氟、含硅、含硼等化工原料制成特种表面活性剂；
4. 操作精馏塔、萃取器等单元操作设备，进行合成产物的分离作业，分离出表面活性剂制品及副产物；
5. 操作仪表及自动控制系统，进行开工、连续生产、停工、事故判断及应急处理，并进行安全、环保作业；
6. 操作检验和包装等设备，进行产品检验与包装作业。

6-11-08-06　化工添加剂生产工

以有机或无机物单质、化合物为原料，生产油品、化工添加剂的人员。

主要工作任务：

1. 操作研磨机、搅拌器、储罐等设备，配制反应物料；

2. 操作反应器等设备，生产特定化学组成和物性结构的化合物或组合物产品；

3. 操作精馏塔、萃取器等设备，进行化合物或组合物产品的抽提、萃取等，生产浆液产品；

4. 操作离心机、过滤机、干燥器、包装机等设备，进行产品离心干燥、脱杂质，生产添加剂成品，并回收物料或溶剂；

5. 操作仪表及自动控制系统，进行开工、停工、事故判断及应急处理，保持安全、环保、连续化生产。

6-11-08-07　油脂化工产品制造工

以天然油脂为原料，操作反应器、水解塔、蒸馏塔等设备，生产脂肪酸、脂肪醇、脂肪胺等油脂化工产品的人员。

主要工作任务：

1. 将天然油脂等原料加入反应器，与催化剂混合；

2. 对反应器中的反应物料进行升温，控制压力；

3. 操作机泵等设备，将反应物加入反应器，进行化学反应；

4. 操作反应器，降温、降压，分离出催化剂；

5. 操作蒸馏设备，分离出脂肪酸、脂肪醇、脂肪胺等产品及副产物；

6. 进行产品包装或成品再加工。

本职业包含但不限于下列工种：

油脂及脂肪酸加氢操作工　油脂水解操作工　油脂酯交换操作工　脂肪醇生产操作工　脂肪酸氨化操作工　脂肪醇胺化操作工　脂肪酸酰化及酯化操作工

6-11-08-08　动物胶制造工

以动物的皮、骨等为原料，操作备料、浸洗、熬胶、浓缩、干燥等设备，生产动物胶的人员。

主要工作任务：

1. 操作切皮、碎骨等设备，对动物的皮、骨进行预处理，制成皮料或骨料；

2. 操作分筛机、脱脂机、烘干机等设备，对皮料或骨料进行分类、筛选、脱脂、烘干处理；

3. 操作浸洗机，对皮料或骨料进行浸酸或浸碱；

4. 操作提胶设备，提取皮料或骨料中的动物胶；

5. 操作过（压）滤机、离子交换器等设备，对胶液进行净化和提纯；

6. 操作膜过滤机或蒸发机，对胶液进行浓缩；

7. 操作挤胶机，将浓胶液冷冻成型；

8. 操作烘干机、粉碎机，对冻胶进行干燥和粉碎；

9. 操作混合机，将胶粉混合成动物胶产品，包装。

本职业包含但不限于下列工种：

动物胶原料预处理工　动物胶提胶浓缩工

6-11-08-09　人造板制胶工

以化学品、生物质等为原料，操作反应釜、搅拌器等设备，生产人造板用胶粘剂的人员。

主要工作任务：

1. 准备原辅材料；

2. 操作机泵等设备，将原辅材料加入反应釜，并进行调配；

3. 操作反应釜，调节温度、搅拌速度

等工艺参数，制备胶粘剂；

4. 操作取样器、分析仪器，分析检验原辅材料、胶粘剂；

5. 设计配方和工艺。

6-11-08-10 有机硅生产工

以金属硅、氯化氢、甲醇等为原料，操作反应器、精馏塔、真空泵等设备，生产有机硅产品的人员。

主要工作任务：

1. 操作机泵及计量设备，将原料按比例加入反应器；

2. 操作反应器等设备，调节控制温度、压力、流量等工艺参数，进行化学反应，生产有机硅产品；

3. 操作精馏塔等分离精制设备，精制提纯有机硅产品；

4. 操作取样器、分析仪器，分析检验有机硅原材料、中间体及产品；

5. 检查维护生产设备，发现并处理生产中的异常现象和故障；

6. 记录并保存生产数据。

本职业包含但不限于下列工种：

氯甲烷生产工　甲基氯硅烷生产工　甲基硅氧烷生产工　苯基氯硅烷生产工　三氯硅烷生产工　三烷氧基硅烷生产工　硅油及乳液生产工　热硫化硅橡胶生产工　室温硫化硅橡胶生产工　硅树脂生产工　硅烷偶联剂生产工

6-11-08-11 有机氟生产工

以氢氟酸、氯烃或氟氯烃等为原料，操作反应器、精馏塔、吸收塔等设备，生产有机氟产品的人员。

主要工作任务：

1. 操作机泵，将原料按比例加入反应器；

2. 操作反应器，调节控制温度、浓度、压力等工艺参数，进行化学反应，生产有机氟产品；

3. 操作精馏塔等分离精制设备，精制提纯有机氟产品；

4. 操作取样器、分析仪器，分析检验有机氟原材料、中间体及产品；

5. 操作焚烧炉、吸收塔等设备，焚烧有机氟残液并处理废气；

6. 检查维护生产设备，发现并处理生产中的异常现象和故障；

7. 记录并保存生产数据。

本职业包含但不限于下列工种：

含氟烷烃生产工　含氟烯烃生产工　有机氟残液焚烧工

6-11-08-12 松香工

操作熔解、蒸馏、浸提、改性反应等设备，生产松香及其再制品的人员。

主要工作任务：

1. 操作熔解、澄清、水洗等净化设备，控制温度、流量等工艺参数，制成脂液；

2. 操作粉碎、浸提设备等，控制工艺参数，制成明子浸提液；

3. 操作蒸馏塔等设备，控制温度、压力、流量等工艺参数，将脂液、浸提液、浮油分离出脂松香、木松香、浮油松香和联产品松节油；

4. 操作加氢、歧化、聚合、酯化等设备，控制温度、压力、催化剂、流量等工艺参数，制成松香改性产品；

5. 操作松脂检测仪器，测定松脂的含水、含油、含水量杂质的数量，指导采脂等工作；

6. 操作干馏釜、分馏塔等设备，控制

温度等工艺参数，制成松节油、松焦油等产品。

本职业包含但不限于下列工种：

松脂工　熔解澄清工　松香蒸馏工　滴水法松香工　松香浸提工　松香改性反应工　松焦油工

6-11-08-13　松节油制品工

操作松节油分馏、氧化、还原、异构、酯化、酸化、水合、加氢、脱水、脱氧、脱氢、聚合、裂解、结晶、升华及催化剂处理等设备，生产松节油再加工产品的人员。

主要工作任务：

1. 操作催化剂反应釜等设备，控制工艺参数，制备催化剂；

2. 操作松节油合成反应釜等设备，控制工艺参数，生产松节油再加工产品；

3. 操作樟脑升华器，控制升华温度等工艺参数，提纯合成樟脑；

4. 操作松节油聚合反应釜，控制催化剂温度、时间等工艺参数，生产松节油再加工产品。

本职业包含但不限于下列工种：

松节油合成反应工　催化剂处理工　樟脑升华工　聚合反应工

6-11-08-14　活性炭生产工

操作木材干馏加工装置及碳化、活化炉等设备，进行含碳材料干馏、分离、活化等作业，生产活性炭及副产品的人员。

主要工作任务：

1. 操作输送机、破碎机，粉碎、净化含碳材料，除去杂质；

2. 操作碳化、活化设备，加入活化剂，调控温度、压力、活化速度等工艺参数，制成活性炭；

3. 使用筛分、酸洗、水洗等设备，进行活性炭后处理；

4. 操作木材干馏设备，控制木材干馏温度等工艺参数，制成木醋液和木焦油等副产品；

5. 操作木焦油蒸馏塔，控制温度、真空度等工艺参数，制成木焦油和抗氧剂等副产品。

本职业包含但不限于下列工种：

木材干馏工　木焦油工　活性炭碳化工　活性炭活化工　活性炭酸洗工　活性炭干燥工

6-11-08-15　栲胶生产工

操作破碎、浸提、蒸发、干燥、改性反应等设备，生产栲胶的人员。

主要工作任务：

1. 操作浸提罐，控制浸提温度、流量、浸提液浓度等工艺参数，将凝缩类或水解类栲胶原料制成浸提液；

2. 操作蒸发器等设备，控制温度、压力等工艺参数，浓缩浸提液；

3. 操作干燥塔等设备，控制料液流量、蒸发温度等工艺参数，制成栲胶产品。

本职业包含但不限于下列工种：

栲胶浸提工　栲胶蒸发工　栲胶干燥工

6-11-08-16　紫胶生产工

操作洗色、熔胶过滤及蒸发、热滤制片和漂白、干燥等设备，生产紫胶、紫胶色素、紫胶蜡的人员。

主要工作任务：

1. 操作热滤釜等设备，控制蒸汽压力等工艺参数，净化熔胶；

2. 操作压片机等设备，控制压片厚度，将熔胶压制成紫胶片；

3. 操作洗色、离心脱水、干燥设备，控制温度、时间、含水率等工艺参数，浅化原胶色泽和除去杂质；

4. 操作紫胶熔解、过滤、漂白、干燥设备，控制漂白剂量、时间等工艺参数，制成漂白胶；

5. 操作洗色水酸化、中和设备，控制酸碱度（pH 值）、时间等工艺参数，制成紫胶色素；

6. 操作熔胶釜、分离、蒸发设备，控制温度、熔剂浓度等工艺参数，将粒胶熔解、过滤、脱色，制成熔胶后供压片用。

本职业包含但不限于下列工种：

紫胶洗色干燥工　紫胶熔胶过滤工　紫胶蒸发工　紫胶热滤工　紫胶制片工　紫胶漂白工　紫胶色素工

6-11-08-17　栓皮制品工

操作粉碎、制胚、剖片等设备，将软木原料制成栓皮制品的人员。

主要工作任务：

1. 操作粉碎机等设备，控制工艺参数，将软木原料制成净化料；

2. 操作烘焙炉等设备，进行栓皮粒装模、成型、烘焙、退模等，控制烘焙温度等工艺参数，制成软木砖；

3. 操作加胶制片机等设备，控制加胶量、剖片厚度等工艺参数，制成软木纸垫。

本职业包含但不限于下列工种：

供料破碎工　软木烘焙工　制胚剖片工

6-11-08-18　植物原料水解工

操作蒸发、中和、发酵、分离、蒸馏、干燥等水解设备，生产酒精和饲料酵母的人员。

主要工作任务：

1. 操作水解器、蒸发器等设备，控制稀硫酸浓度、水解温度、压力等工艺参数，将木材等植物原料制成水解液；

2. 操作中和净化等设备，控制温度、酸碱度（pH 值）等工艺参数，净化水解液；

3. 操作酵母种母罐等设备，控制种母罐中的氮、磷等工艺参数，培养糖液发酵的酵母菌；

4. 操作酵母分离机等设备，控制酵母浓度、转数等工艺参数，从酵母成熟醪液中分离出酵母；

5. 操作蒸馏塔等设备，控制温度、压力、流量等工艺参数，除去醪液中的杂质，分离出酒精；

6. 操作酵母干燥等设备，控制温度、压力等工艺参数，将分离、脱水后的酵母经蒸汽干燥为饲料酵母成品；

7. 使用衬里材料和工具，搪砌水解锅衬里。

本职业包含但不限于下列工种：

水解蒸煮工　水解物料中和工　水解蒸馏工　水解酵母分离工　水解酵母干燥工　酵母营养盐工　水解设备搪砌工

6-11-08-19　感光材料生产工

操作反应釜、高速搅拌器或乳化器、涂布机等设备，进行感光材料的原料制备、涂布、整理、专用药液配制、暗盒生产、封装等作业的人员。

主要工作任务：

1. 操作乳剂反应釜等设备，进行感光乳剂制备；

2. 操作高速搅拌器或乳化器，进行感光油乳制备；

3. 操作熔化等设备，进行照相乳剂涂布液的生产；

4. 操作涂布机等设备，进行感光乳剂及其他涂布液的分层涂布、感光材料的干燥和收卷；

5. 操作裁切机、打孔机等设备，进行感光材料的裁切、打孔等，制成胶卷、盘片或散页片；

6. 操作溶解、过滤等设备，进行补加液及冲洗药液的配制；

7. 操作裁切机、翻边机等设备，进行暗盒生产；

8. 操作切片机、洗片锅、中频电炉、焚烧炉等设备，进行废片和白银回收；

9. 检查维护生产设备，发现并处理生产中的异常现象和故障；

10. 记录并保存生产数据。

本职业包含但不限于下列工种：

感光材料涂布工　感光材料乳剂合成工　感光材料乳剂熔化工　感光专用药液配制工　油乳制备工　暗盒生产工　感光材料整理工　废片白银回收工

6-11-08-20　胶印版材生产工

操作反应器、涂布机、制版机、显影机等设备，进行胶印版材的原料制备、涂布、干燥、裁切、检验、整理，生产胶印版材的人员。

主要工作任务：

1. 操作反应器等设备，以树脂、感光剂等为原料，进行化学反应并纯化、干燥，制成感光树脂或成膜树脂；

2. 操作反应器等设备，以树脂、染料等为原料进行溶解、过滤，制成胶印版材涂布液；

3. 操作电解和氧化设备，对铝版基表面进行砂目化、氧化等处理，制成胶印版材支持体；

4. 操作涂布机等设备，将胶印版材涂布液涂布在支持体上，并进行干燥；

5. 操作给纸机和裁切机等设备，进行附纸、分切，制成胶印版材半成品；

6. 使用制版机、显影机等检测工具和设备，检验胶印版材的表观质量、印刷制版性能；

7. 操作线外裁切机、打孔机等设备，进行胶印版材的裁切、打孔、包装；

8. 检查维护生产设备，发现并处理生产中的异常现象和故障；

9. 记录并保存生产数据。

本职业包含但不限于下列工种：

胶印版材涂布液合成工　胶印版材工艺工　胶印版材整理工

6-11-08-21　柔性版材生产工

操作挤出机、压延机和覆膜机等设备，进行熔融、压延和覆膜等操作，生产柔性版材的人员。

主要工作任务：

1. 操作反应器及分散设备等，调控温度、配比、黏度等工艺参数，制成添加剂；

2. 操作挤出机和喂料机等设备，调控温湿度、洁净度等，将高分子材料、添加剂等混炼成熔体；

3. 操作压延机等设备，调控温湿度、洁净度等，将熔体冷却定型；

4. 操作覆膜机等设备，调控温湿度、洁净度等，在定型后的熔体表面覆膜；

5. 操作裁切机等设备，进行分切，制成柔性版材半成品；

6. 使用制版机、洗版机等检测工具和设备，检验柔性版材的表观质量、印刷制版性能；

7. 操作线外裁切机等设备，裁切、包

装柔性版材；

8. 检查维护生产设备，发现并处理生产中的异常现象和故障；

9. 记录并保存生产数据。

6-11-08-22 磁记录材料生产工

以硫酸亚铁或氯化铁、黏合剂、基片等为原料，操作反应、分散、涂布、裁切等设备，生产磁记录材料的人员。

主要工作任务：

1. 操作反应器、精制设备，将硫酸亚铁或氯化铁和氢氧化钠原料制成铁黄；

2. 操作反应器等设备，进行铁黄脱水、通氢气还原、通空气氧化、包钴反应等，制成磁粉；

3. 操作分散装置，混合、分散磁粉、黏合剂、助剂及溶剂，制成磁性浆料；

4. 操作涂布机，进行基片涂磁、定向、干燥、表面处理，收卷成大轴宽片；

5. 恒温储存，固化涂层；

6. 操作裁切机，将大轴宽片裁切成大盘磁带（磁条）或磁卡宽片；

7. 操作消磁机，进行大盘磁带消磁；

8. 操作冲裁机，冲裁磁卡宽片，制成小片；

9. 操作贴标签机和包装机，贴标签、包装成品；

10. 检查维护生产设备，发现并处理生产中的异常现象和故障；

11. 记录并保存生产数据。

本职业包含但不限于下列工种：

磁浆制备工　磁记录材料涂布工　磁记录材料整理工　磁粉生产工

6-11-08-23 热转移防护膜涂布工

操作反应、分散、涂膜、镀膜、分切、热转印等设备，制备涂布液、调色、刮膜、涂布、镀膜，并进行热转移涂层制品的热转印应用检测的人员。

主要工作任务：

1. 准备反应、分散、涂布、镀膜、调色、热转印等设备和原材料；

2. 操作反应、分散等设备，调节控制温度、配比、黏度等工艺参数，制备涂布液；

3. 操作涂布机，将涂布液涂布在基材上；

4. 操作镀膜机，在涂层上镀膜，制成涂层制品；

5. 操作分切机，切分涂层制品；

6. 操作热转印等设备，进行热转印测试试验，并进行环境、耐用性等特性试验；

7. 采集试验样品、数据，整理试验结果；

8. 检查维护生产设备，发现并处理生产中的异常现象和故障；

9. 记录并保存生产数据。

6-11-08-24 平板显示膜生产工

操作流延或双向拉伸等设备，运用溶液工艺或熔融工艺，生产平板显示膜的人员。

主要工作任务：

1. 操作混合器或结晶干燥设备，进行高分子材料溶解或结晶干燥；

2. 操作流延机或拉伸机等设备，调控温湿度、洁净度等，将处理后的高分子物料制成片膜；

3. 操作涂布设备，进行片膜涂层处理；

4. 操作收卷设备，进行片膜收卷；

5. 操作检测仪器，检测薄膜的物理、化学、光学等性能；

6. 操作分切、复卷设备，分切、复卷

收卷后的片膜；

7. 操作包装设备，包装成品；

8. 检查维护生产设备，发现并处理生产中的异常现象和故障；

9. 记录并保存生产数据。

本职业包含但不限于下列工种：

平板显示膜涂布工　平板显示膜整理工　平板显示膜回收工　棉胶液制备工　片基流延工　聚酯薄膜拉幅工　流延辅助工

6-11-08-25　甘油制造工

以含有甘油的液体为原料，操作酸碱渗析、过滤和蒸馏等设备，制造甘油的人员。

主要工作任务：

1. 操作酸碱渗析、过滤设备，对含有甘油的液体进行酸碱渗析和过滤处理，去除有机杂质，制成甘油清液；

2. 操作真空蒸发器，去除甘油清液的水分和氯化钠等无机杂质，制成粗甘油；

3. 操作水蒸气真空蒸馏设备，制成精甘油；

4. 加入活性炭脱色，真空脱臭；

5. 操作离子交换装置，精制处理物料，制成成品甘油并灌装。

本职业包含但不限于下列工种：

甘油水处理工　甘油精制工

6-11-08-26　生物质化工产品生产工 L

以非粮生物质为原料，操作化学反应器或生物反应器和分离纯化等设备，生产生物质化工产品或燃料的人员。

主要工作任务：

1. 操作切割、粉碎、研磨等设备，进行原材料预处理；

2. 操作物料输送设备，将配好的物料送入化学反应器或生物反应器；

3. 操作反应器等设备，控制温度、压力、酸碱度（pH 值）等工艺条件，生产生物质化工产品或燃料；

4. 操作分离纯化设备，制成成品；

5. 使用分析仪器，进行原材料、半成品、中间体及成品分析检验；

6. 检查维护生产设备，发现并处理生产中的异常现象和故障；

7. 记录并保存生产数据。

本职业包含但不限于下列工种：

生物柴油装置操作工

6-11-09（GBM 61109）火工品制造、保管、爆破及焰火产品制造人员

从事火工品及爆破器材的制造、保管及烟花爆竹制造的人员。

本小类包括下列职业：

6-11-09-01　雷管制造工
6-11-09-02　索状爆破器材制造工
6-11-09-03　火工品装配工
6-11-09-04　火工品管理工
6-11-09-05　烟花爆竹工

6-11-09-01　雷管制造工

使用雷管加工设备及工具、工装等，制造工业雷管的药剂、零件、部件和成品的人员。

主要工作任务：

1. 操作化合、混制、造粒等设备，制造起爆药、延期药、点火药等药剂；

2. 操作焊桥机、对焊机、蘸药机等设备，制造电引火头；

3. 操作塑料挤出机、收卷机、打把机、封口贴标机等设备，制造导爆管；

4. 操作拉索机、切索机等设备，制造

延期元件；

5. 操作装药机、压药机等设备，制造基础雷管；

6. 操作编码机等设备，生产雷管编码；

7. 操作卡口机等设备，装配雷管；

8. 操作打包机等设备，包装雷管成品。

6-11-09-02 索状爆破器材制造工

操作制索机、装管机、干燥器等设备，将火药、炸药用包缠物和防潮剂包覆成索、管状爆破器材的人员。

主要工作任务：

1. 操作倒线机，制备包缠物；

2. 操作配制设备，制备防潮剂；

3. 操作称量器、筛药机等设备，进行爆破器材用药加工制备；

4. 操作制索机，进行制索作业；

5. 进行盘卷、包装作业；

6. 检查维护生产设备，发现并处理生产中的异常现象和故障。

6-11-09-03 火工品装配工

操作液压、干燥、装药等设备和工艺装置，将火工品零部件、原材料及火工药剂进行组装、检验、包装等作业，制成具有燃烧、爆炸性质火工品或提供特种能源火工品的人员。

主要工作任务：

1. 进行零部件、半成品、原材料等准备作业；

2. 操作冲裁、弯曲、拉伸、挤压、成型、表面处理等设备，进行火工品零部件的制造；

3. 操作称药、装药、压药等设备，进行零部件的装配及发火件的制造等作业；

4. 进行零部件和火药、炸药的组装；

5. 操作干燥、通风等设备，进行产品涂漆、晾干、检验、包装、交验、入库等作业；

6. 清扫零部件、半成品、原材料、火工药剂的周转、生产线上的浮药、撒药；

7. 进行作业区内防火、防爆、防静电处理及安全防护作业。

6-11-09-04 火工品管理工

从事火工品保管、押送、收发及检测的人员。

主要工作任务：

1. 使用仪器仪表，检测火药、雷管等爆破器材，进行雷管导通试验；

2. 进行火药、雷管等火工品编号保管；

3. 使用专用运输车辆或机具押送火药、雷管及其他火工品；

4. 发放火药、雷管等火工品，收回使用后剩余的火药、雷管等；

5. 保管、维修发爆器、爆破母线等；

6. 进行火工品安全处理。

本职业包含但不限于下列工种：

火工品检测工

6-11-09-05 烟花爆竹工

以化学品、纸制品等为原材料，配制、加工原材料，组装成烟花爆竹，并进行燃放图案、色彩和声响效果试验的人员。

主要工作任务：

1. 操作装管机等设备，将不同形状、材料的纸张制成筒状、圆状等纸制品；

2. 操作计量、混药机等设备，将化学材料按比例进行混合，并制成圆柱状、球状、颗粒状等药剂制品；

3. 将药剂装入纸制品中，制成烟花爆竹半成品；

4. 进行半成品组装，制成不同效果的

成品；

5. 进行燃放图案、色彩和声响效果试验；

6. 试制环保型烟花爆竹；

7. 进行作业区内防火、防爆、防静电处理及安全防护作业。

6-11-10（GBM 61110）
日用化学品生产人员

从事合成洗涤剂、肥皂、化妆品等日用化学品生产的人员。

本小类包括下列职业：

6-11-10-01　合成洗涤剂制造工
6-11-10-02　肥皂制造工
6-11-10-03　化妆品配方师
6-11-10-04　化妆品制造工
6-11-10-05　口腔清洁剂制造工
6-11-10-06　香料制造工
6-11-10-07　调香师
6-11-10-08　香精配制工
6-11-10-09　火柴制造工

6-11-10-01　合成洗涤剂制造工

操作造粒、喷雾干燥、配料、反应釜等设备，采用化学和物理方法，制造固体和液体合成洗涤剂的人员。

主要工作任务：

1. 将芒硝、三聚磷酸钠等原料输送至备料槽；

2. 将烷基苯磺酸、液碱等原料投入中和备料槽，制成烷基苯磺酸钠并与水、泡花碱等混合；

3. 将固体、液体原料投入配料罐制成料浆，或投入造粒机制成浓缩粉中间产品；

4. 操作喷雾干燥系统，制成空心粒状洗衣粉，或对浓缩粉中间产品进行脱水和膨化，制成浓缩洗衣粉；

5. 将洗衣粉输入后配料混合器，与香精等热敏性助剂搅拌、混合，制成洗衣粉成品；

6. 计量表面活性剂、增溶剂、增黏剂等液体原料；

7. 将固体原料熔化，与液体原料泵入配制罐，进行混合和调配；

8. 操作设备，过滤调配物料，制成液体洗涤剂；

9. 操作设备，进行粉状物料充填、液体物料灌装和成品包装。

本职业包含但不限于下列工种：

洗衣粉制造工　液体洗涤剂制造工

6-11-10-02　肥皂制造工

操作皂化、干燥、精炼机、碾磨机等设备，对天然油脂进行油脂精炼、皂基制备和成型加工，制成肥皂的人员。

主要工作任务：

1. 操作油脂加热熔化设备，将固体油脂加热熔化成液体；

2. 操作漂炼油脂设备，去除油脂中的游离脂肪酸和杂质，进行脱色和脱臭处理；

3. 操作输送和皂化等设备，按配方投油，加碱、盐和水，进行皂化反应，制成皂基；

4. 将皂基输入设备，与添加料进行调和；

5. 操作常压或真空干燥、真空冷却或冷板冷却等设备，制成皂片、皂粒等；

6. 操作精炼机、碾磨机、真空压条机，将皂片、皂粒与添加剂混合、均化、挤压出条；

7. 操作块压、压印、烘晾等设备，制成肥皂并进行成品包装。

6-11-10-03　化妆品配方师

使用日用化工原料，研制胶状、液状、粉状和固体化妆品配方及生产工艺的人员。

主要工作任务：

1. 评价和选择日用化工原料；

2. 依原料特性，设计胶状、液状、粉状、固体等多形态及功能的化妆品配方和制作工艺；

3. 使用仪器设备，制作化妆品样品，确定生产工艺；

4. 依产品品质评价结果、行业动态及消费者需求，调整和更新化妆品配方。

6-11-10-04　化妆品制造工

操作乳化、研磨、过滤、压型等设备，将日用化工原料制成化妆品的人员。

主要工作任务：

1. 操作设备对原料进行预加工；

2. 操作计量设备，按照配方对原料进行称量、配料；

3. 操作真空乳化、研磨等设备，制成胶状化妆品；

4. 操作混合、研磨、筛粉、除尘等设备，制成粉状化妆品；

5. 操作混合、过滤等设备，制成液状化妆品；

6. 操作浇铸、开模或压型等设备，制成固体化妆品；

7. 调控生产过程中的温度、时间、搅拌速度、压力等工艺参数；

8. 处理生产过程中产生的废水等；

9. 包装成品，清洗设备。

本职业包含但不限于下列工种：

胶状化妆品制造工　液状化妆品制造工　粉状化妆品制造工　固体化妆品制造工

6-11-10-05　口腔清洁剂制造工

操作搅拌、捏合、脱气等设备，生产牙膏、口腔护理液、牙粉、假牙清洁剂等口腔清洁剂产品的人员。

主要工作任务：

1. 操作水净化等设备，制备纯净水，进行原辅材料的称量及预处理；

2. 操作投料、搅拌、捏合等设备，按配方投料，制成膏体；

3. 操作牙膏管设备，制作牙膏软管；

4. 操作乳化搅拌设备，制成口腔护理液；

5. 使用粉料混合器，制成牙粉；

6. 操作制粒机造粒，将辅料与药粒混合输送，喷入芳香剂；

7. 操作研磨机、双层压片机，进行研磨、混合，制成假牙清洁剂的片剂；

8. 对原料预混合，在主混合釜中加入芳香剂和辅料，在线过滤制成液体假牙清洁剂；

9. 操作包装设备，灌装、充填和包装产品。

本职业包含但不限于下列工种：

牙膏制造工　口腔护理液制造工　牙粉制造工　假牙清洁剂制造工

6-11-10-06　香料制造工

操作反应釜、蒸馏、结晶等设备，进行天然香料、合成香料加工和制造的人员。

主要工作任务：

1. 操作蒸馏、浸提、压榨、萃取、吸收等设备，从天然香原料中提取精油、浸膏、净油、油树脂等香料；

2. 操作反应釜等设备，将天然香原料、化工原料制成合成香料；

3. 操作蒸馏、结晶等设备，精制香料；

4. 进行香料的闻香和辨香；

5. 回收和利用可再生的原料；

6. 对生产过程中产生的废水、废气、固体废弃物等进行处理。

本职业包含但不限于下列工种：

香料原料处理工　天然香料制备工　香料合成工　香料精制工

6-11-10-07　调香师

研制香精配方，使用香料及相应辅料调配产品香气和香味的人员。

主要工作任务：

1. 设计香精配方；

2. 选择所使用的天然香料、合成香料及辅料；

3. 调配符合配方要求的香精；

4. 确定香精生产工艺；

5. 评价香精产品及加香产品的香气，协助监控质量；

6. 研究、筛选、应用新原料；

7. 对香料新品种或工艺改进的原有品种进行感官评价和应用试验；

8. 调整、更新香精配方。

6-11-10-08　香精配制工

操作称量、均质、搅拌、加热、喷雾、干燥等设备，将香料及辅料配制成日用、食用、烟用等香精的人员。

主要工作任务：

1. 进行部分原料预处理；

2. 操作称量、均质、搅拌、加热、喷雾、干燥等设备，配制小料、基料或香精；

3. 称量、包装香精成品；

4. 对生产过程中产生的废水、废气、固体废弃物等进行处理。

本职业包含但不限于下列工种：

乳化香精配制工　反应香精配制工　调配香精配制工

6-11-10-09　火柴制造工

操作木材切割、烘干、磷面印刷分切机等设备，进行木材的切梗、沾药，制成火柴的人员。

主要工作任务：

1. 操作木材切割、烘干等设备，将木材制成火柴梗，烘干筛选；

2. 使用机械和手工方法，配制药液和磷浆；

3. 进行火柴梗的沾制药头和烘干，制成火柴；

4. 操作磷面印刷分切机，将大张纸盒片印刷磷面，干燥后分切成纸盒片；

5. 操作制盒设备，制成火柴盒；

6. 操作装盒机，将沾药火柴梗装盒；

7. 操作专用设备，对装入火柴的盒子进行刷磷、包装、装箱。

6-11-99（GBM 61199）其他化学原料和化学制品制造人员

指未列入 6-11-01 至 6-11-10 的化学原料和化学制品制造人员。

6-12（GBM 61200）　医药制造人员

从事化学药品原料药、药物制剂、中药、兽用药品、生物药品生产的人员。

本中类包括下列小类：

6-12-01（GBM 61201）化学药品原料药制造人员
6-12-02（GBM 61202）中药饮片加工人员
6-12-03（GBM 61203）药物制剂人员
6-12-04（GBM 61204）兽用药品制造人员
6-12-05（GBM 61205）生物药品制造人员
6-12-99（GBM 61299）其他医药制造人员

6-12-01（GBM 61201）化学药品原料药制造人员

从事化学药品制剂所需原料药的生产人员。

本小类包括下列职业：

6-12-01-00 化学合成制药工

6-12-01-00 化学合成制药工

操作反应器、离心机、压滤器等设备，控制化学反应和单元操作，生产原料药及中间产品的人员。

主要工作任务：

1. 进行生产前准备作业；
2. 使用配料罐，配制所需的溶液；
3. 使用衡器、量器，进行反应原辅料、中间产物或产品计量；
4. 操作反应设备，控制反应时间、温度、压力、酸碱度（pH 值）、搅拌速度等工艺参数，进行合成反应；
5. 操作离心机、压滤器等设备，进行混合物料固液分离；
6. 操作萃取、膜过滤、离子交换、层析、吸附等设备，提取分离药用成分；
7. 操作蒸发、膜分离装置等，进行有效药用成分料液浓缩；
8. 操作结晶、重结晶、升华、精馏等设备，进行药物的纯化精制；
9. 操作干燥、粉碎、筛分等设备，进行药物的干燥、粉碎和整粒；
10. 进行生产现场的清洁作业；
11. 填写操作过程的记录。

本职业包含但不限于下列工种：

药物合成反应工　药物分离纯化工　原料药精制干燥工

6-12-02（GBM 61202）中药饮片加工人员

从事中药材加工、炮制和中成药加工生产的人员。

本小类包括下列职业：

6-12-02-00 中药炮制工

6-12-02-00 中药炮制工

操作净制、切制或炮炙等设备，将中药植物、矿物、动物等药用原料制成中药饮片的人员。

主要工作任务：

1. 使用称量器具，量取原料和辅料；
2. 操作净制等设备，进行中药植物、矿物、动物等药用部位原料清洗、净选等加工处理；
3. 操作闷润设备，控制溶媒种类、用量、温度和放置时间等参数，进行原料软化加工；
4. 操作切制或粉碎设备，将原料制成片、段、丝、块、颗粒或粉；
5. 操作炮炙设备，控制辅料种类、用量、加热温度、压力和时间等工艺参数，将原料加工成中药饮片；

6. 操作干燥设备，调控温度、水分和时间等参数，进行中药饮片干燥处理。

本职业包含但不限于下列工种：

中药材净选润切工　中药炮炙工

6-12-03（GBM 61203）
药物制剂人员

从事人体疾病防治、诊断药物制剂生产的人员。

本小类包括下列职业：

6-12-03-00　药物制剂工

6-12-03-00　药物制剂工

使用制剂设备、器具，将原辅料加工成药品的人员。

主要工作任务：

1. 进行生产前的准备和作业确认；

2. 使用衡器、量器，计量、配制原辅料；

3. 操作制剂成型设备和分装机、灌装机及辅助设备，生产固体、半固体、液体制剂；

4. 操作洗涤设备，清洗、干燥直接接触药品的包装材料及器具；

5. 操作灭菌设备，进行直接接触药品的包装材料、器具及制剂中间产品灭菌；

6. 操作制水设备，制备符合药典标准的制药用水；

7. 操作空气净化设备，制备洁净空气，并进行环境、设备、器具消毒；

8. 操作灯检设备和使用目力，鉴别、检查灭菌后液体制剂成品中含有的异物；

9. 操作包装设备，进行成品分装、包装、扫码；

10. 判断和处理制剂生产中的故障，维护保养制剂生产设备；

11. 进行生产现场的清洁作业；

12. 填写操作过程的记录。

本职业包含但不限于下列工种：

片剂工　注射剂工　液体药剂工　胶囊剂工　气雾剂工　滴丸工　软膏剂工　栓剂工　膜剂工　贴剂工　制剂及医用制品灭菌工　中药酒（酊）剂工　中药露剂工　中药油剂工　中药糖浆剂工　中药合剂工　中药丸剂工　中药散剂（研配）工　中药煎膏剂工　膏药剂工　中药茶剂工　中药胶剂工　中药灸熨剂工　中药提取工　颗粒剂工

6-12-04（GBM 61204）
兽用药品制造人员

从事动物疾病防治药品生产制造的人员。

本小类包括下列职业：

6-12-04-00　兽药制造工

6-12-04-00　兽药制造工

操作培养、提取、配制等设备，将菌、毒、虫种、药材、原辅料等制成兽药的人员。

主要工作任务：

1. 操作细胞转瓶、细胞反应罐、生物反应器等设备，培养病毒；

2. 使用家兔、无特定病原鸡（SPF）、牛、鱼、蛋胚等特定动物组织，繁殖培养病毒、寄生虫等；

3. 操作氨基酸合成仪、磺化和环化设备及乳化罐等，将合成与纯化多肽链配成兽用油佐剂疫苗；

4. 操作灭活罐、乳化罐、分装机等设备，将动物组织悬液和矿物油制成兽用油佐剂疫苗；

5. 操作粉筛机、混合机、喷雾干燥机、制粒机、压片机、分装机、包装机等设备，加工制成兽用粉剂、预混剂、颗粒剂、片剂、消毒剂等；

6. 操作融配罐、铸模机、涂布机、干燥机、切割机等设备，制成蜂药药条、宠物用药物项圈等；

7. 操作配液罐、灌装机等设备，制成兽用注射剂、乳房注入剂等；

8. 操作粉碎机、多功能提取罐、板框过滤器、吸附树脂柱、薄膜蒸发器、喷雾干燥机等设备，制成兽用中药散剂、合剂、子宫灌注剂等。

本职业包含但不限于下列工种：

兽用生物制品制造工　兽用化学药品制剂工　兽用中药制剂工　兽用原料药制造工

6-12-05（GBM 61205）
生物药品制造人员

从事生物化学药品、基因工程药物等生物药品生产的人员。

本小类包括下列职业：

6-12-05-01　生化药品制造工
6-12-05-02　发酵工程制药工
6-12-05-03　疫苗制品工
6-12-05-04　血液制品工
6-12-05-05　基因工程药品生产工

6-12-05-01　生化药品制造工

使用设备和工具，采用生物或化学半合成等技术，从动物、植物、微生物中提取原料，制取天然药物的人员。

主要工作任务：

1. 进行生产前准备；

2. 操作切割、粉碎、研磨等设备，进行动、植物及微生物原材料预处理；

3. 操作浸泡、分馏、过滤等分离设备，提取、纯化有效药用成分；

4. 操作除菌过滤、结晶、干燥等设备，进行精制；

5. 使用计量器具和包装设备，计量和包装原料药。

6-12-05-02　发酵工程制药工

操作发酵、灭菌、分离等设备，进行菌种培育、产物发酵、提取精制、抗生素酶裂解，制成发酵工程药品的人员。

主要工作任务：

1. 使用配料罐、输送泵等设备或器皿，配制培养基；

2. 使用高压灭菌锅或灭菌柜等，进行培养基等材料、设备、器皿等消毒、灭菌；

3. 采用微生物方法，培养、制备生产菌种，鉴定、保藏生产菌种，复壮、选育生产菌株，进行发酵生产过程的培养物无菌检测；

4. 操作发酵罐等设备及控制仪表，调节和控制发酵工艺参数，进行发酵，并处理发酵异常情况；

5. 操作裂解罐等设备及控制仪表，调节和控制工艺参数，酶解抗生素，制备酶裂解液；

6. 操作固液分离设备，进行发酵液或浸提液的固液分离；

7. 操作萃取、膜过滤、离子交换、吸附等设备，提取、纯化发酵滤液和酶裂解液中的有效药用成分；

8. 操作蒸发、膜分离等设备，浓缩药用成分提取液；

9. 操作除菌过滤、吸附、结晶、干燥等设备，精制原料药品。

本职业包含但不限于下列工种：

抗生素酶裂解工 制药菌种培育工 制药灭菌发酵工 制药发酵液提取精制工

6-12-05-03 疫苗制品工

使用专用设备和器皿等，生产细菌性疫苗、病毒性疫苗、类毒素等制品的人员。

主要工作任务：

1. 使用专用设备和器皿，制备基础液和疫苗培养基，配制化学药品及其他原辅料等；

2. 进行培养基等材料、设备、器皿等消毒、灭菌并去除热原质；

3. 进行微生物、原代或传代细胞培养，制备生产菌；

4. 操作发酵罐、生物反应器、摇床或转瓶机等设备，进行发酵和原代或传代细胞培养；

5. 接种病毒或细菌，收获病毒液，灭活或杀菌，收获培养液；

6. 操作离心、过滤等设备，分离培养液；

7. 使用纯化、超离技术，提取有效成分；

8. 配制稀释液、保护剂、吸附剂；

9. 进行制品除菌过滤或冷冻干燥；

10. 选定菌毒种制备抗原，进行免疫、采集、纯化，制取高特异性抗体、抗原，使用标记物标记，组装诊断试剂盒；

11. 分装、包装疫苗制品。

本职业包含但不限于下列工种：

生物制品培养基生产工 细菌性疫苗生产工 病毒性疫苗生产工 疫苗菌毒种培育工 诊断试剂生产工

6-12-05-04 血液制品工

操作过滤、冷冻、分离等设备，分离提纯血液中有形成分和血浆中蛋白质组分，生产血液制品的人员。

主要工作任务：

1. 进行免疫、效价检测、采血、分离，生产免疫血浆；

2. 分离提纯血液中有形成分和血浆中蛋白质组分；

3. 操作过滤、冷冻设备，进行产品除菌过滤、冷冻干燥；

4. 操作专用设备，分装、包装血液制品。

6-12-05-05 基因工程药品生产工

使用基因拼接技术、脱氧核糖核酸重组技术及设备，生产药品的人员。

主要工作任务：

1. 提取脱氧核糖核酸（DNA）、核糖核酸（RNA）并使用仪器设备，扩增目的基因；

2. 进行酶切、胶回收、链接构建重组质粒；

3. 进行重组载体的转化和阳性克隆的筛选；

4. 进行工程菌传代、保存；

5. 使用发酵罐，发酵、收集、破碎菌体；

6. 使用层析、电泳、免疫扩散等纯化技术的仪器和设备，提取有效药用成分。

6-12-99（GBM 61299）其他医药制造人员

指未列入6-12-01至6-12-05的医药制造人员。

6-13（GBM 61300） 化学纤维制造人员

从事合成纤维、人造纤维等化学纤维生产的人员。

本中类包括下列小类：

6-13-01（GBM 61301）化学纤维原料制造人员

6-13-02（GBM 61302）化学纤维纺丝及后处理人员

6-13-99（GBM 61399）其他化学纤维制造人员

6-13-01（GBM 61301）
化学纤维原料制造人员

从事合成纤维、人造纤维等化学纤维原料生产的人员。

本小类包括下列职业：

6-13-01-01 化纤聚合工

6-13-01-02 纺丝原液制造工

6-13-01-01 化纤聚合工

操作聚合釜、切粒、萃取、干燥等设备，生产化学纤维及树脂材料用聚合物的人员。

主要工作任务：

1. 接收聚合物化工物料，操作备料等设备，进行配料，向料仓、料罐投送料；

2. 操作聚合釜等设备，进行低分子物聚合反应，制成具有纤维性能的高聚合物流体；

3. 将高聚合物流体送纺丝工序或经铸带、切粒、萃取、干燥，制成颗粒、粉末或絮状物；

4. 监控设备运行和生产工艺过程，处理生产故障，填写生产记录；

5. 回收废料。

6-13-01-02 纺丝原液制造工

操作原液制造、老成机、黄化机等设备及监控系统，制备纤维素纤维、腈纶、氨纶、维纶、芳砜纶等纺丝原液的人员。

主要工作任务：

1. 操作原液制造等设备，进行混料、配料、投料；

2. 操作老成机、黄化机，进行碱性纤维氧化降解，将低聚合度碱性纤维素制成纺丝溶液；

3. 操作水洗机，进行聚乙烯醇水洗；

4. 操作溶解机、过滤机，溶解、过滤纺丝原料；

5. 操作脱泡设备，进行纺丝原液脱泡；

6. 操作消光剂分解机，进行消光剂调配；

7. 监控设备运行和生产工艺过程，处理生产故障，填写生产记录；

8. 回收废料、废液。

本职业包含但不限于下列工种：

原液准备浸渍操作工 原液准备老成黄化操作工 纺丝原液制备工

6-13-02（GBM 61302）
化学纤维纺丝及后处理人员

从事化学纤维纺丝加工和后处理的生产人员。

本小类包括下列职业：

6-13-02-01 纺丝工

6-13-02-02 化纤后处理工

6-13-02-01 纺丝工

操作化纤纺丝机及辅助设备，生产人造纤维和合成纤维半成品的人员。

主要工作任务：

1. 操作干燥机、螺杆机，对纺丝原料进行干燥、熔融；

2. 将原液或合成聚合物的熔体送入纺丝机；

3. 将凝固浴送入纺丝凝固浴槽；

4. 操作计量装置，将原液或熔体用计量泵打入，经过滤器，通过喷丝头或喷丝板，喷出细流，凝固成丝；

5. 操作热处理、卷绕、切丝机等设备，对丝束进行预牵伸、水洗、预热、拉伸、卷绕、切断；

6. 更换原液或熔体计量泵、过滤器、喷丝头或喷丝板；

7. 监控设备运行和生产工艺过程，处理生产故障，填写生产记录；

8. 回收废丝、废液。

本职业包含但不限于下列工种：

纺丝凝固浴液配制工　湿法纺纺丝操作工　熔融纺干燥操作工　熔融纺纺丝操作工　维纶热处理操作工　化纤组件清理工

6-13-02-02 化纤后处理工

操作化纤后处理等设备，制造人造纤维和合成纤维成品的人员。

主要工作任务：

1. 操作整理机，进行半成品丝的精炼、整理、水洗、缩醛、卷曲、定型、上油、脱水；

2. 操作调温调湿热处理机、干燥机，干燥人造纤维和合成纤维；

3. 操作牵伸机、成筒机、加弹机、切断机，对丝进行牵伸、成筒、加弹、切断；

4. 操作捻线机，对丝进行初捻、复捻；

5. 操作打包机，包装成品；

6. 监控设备运行和生产工艺过程，处理生产故障，填写生产记录；

7. 回收废丝、废液、废料。

本职业包含但不限于下列工种：

短丝整理操作工　长丝整理操作工　缩醛化药液配制工　纤维碳化装置操作工

6-13-99（GBM 61399）
其他化学纤维制造人员

指未列入 6-13-01 至 6-13-02 的化学纤维制造人员。

6-14（GBM 61400） 橡胶和塑料制品制造人员

从事橡胶、塑料制品加工制造的人员。

本中类包括下列小类：

6-14-01（GBM 61401）橡胶制品生产人员

6-14-02（GBM 61402）塑料制品加工人员

6-14-99（GBM 61499）其他橡胶和塑料制品制造人员

6-14-01（GBM 61401）
橡胶制品生产人员

从事天然橡胶和合成橡胶制品生产的人员。

本小类包括下列职业：

6-14-01-01　橡胶制品生产工

6-14-01-02　轮胎翻修工 L

6-14-01-01　橡胶制品生产工

以天然橡胶、合成橡胶为原料，操作炼胶、压延、成型和硫化等设备，生产轮胎、力车胎、胶管、胶带、胶鞋、乳胶及橡胶杂品等橡胶制品，并回收处理废旧橡胶的人员。

主要工作任务：

1. 使用计量器具及专用设备，配制橡胶和橡胶配合剂；

2. 操作炼胶设备，进行橡胶破胶塑炼、混炼，加工制成塑炼胶、混炼胶；

3. 操作挤出机、压延机等设备，将混炼胶压出成几何形部件，或压延成薄片，复贴在纺织纤维或钢丝帘线上，制成橡胶半成品；

4. 操作专用设备或使用工具，将橡胶半成品加工成型为轮胎、力车胎胎坯、胶管、胶带、胶鞋坯件、胶乳制品及橡胶杂品等；

5. 操作硫化设备，进行橡胶坯件、橡胶半成品的硫化；

6. 操作专用设备，进行废旧橡胶整理分类、粉碎、脱硫，制成再生胶；

7. 使用检测仪器设备，检验橡胶加工成品质量；

8. 检查维护生产设备，发现并处理生产中的异常现象和故障；

9. 记录并保存生产数据。

本职业包含但不限于下列工种：

橡胶制品配料工　橡胶炼胶工　橡胶半成品生产工　橡胶成型工　橡胶硫化工　废胶再生工

6-14-01-02　轮胎翻修工 L

使用炼胶、硫化、削磨机、验胎机等设备和工具，对旧轮胎进行选胎、胎体修补、胎面削磨、贴胶、成型、刻花、硫化等作业，恢复其使用功能的人员。

主要工作任务：

1. 操作炼胶、硫化等设备，制备中垫胶和预硫化胎面；

2. 操作激光扫描设备，进行胎体检查与成品检验；

3. 使用工具和补片，修补轮胎；

4. 操作削磨机，削磨轮胎；

5. 操作成型机，将预硫化胎面缠绕并贴合到粘有中垫胶的胎体上；

6. 操作硫化罐，进行成型轮胎的硫化。

6-14-02（GBM 61402）
塑料制品加工人员

从事塑料制品原料配制、成型制作的人员。

本小类包括下列职业：

6-14-02-00　塑料制品成型制作工

6 14 02 00　塑料制品成型制作工

操作捏合、炼塑、造粒等设备配制塑料制品成型用料，以及操作专用塑料机械将其加工成型材或制作成塑料制品的人员。

主要工作任务：

1. 操作初混合、捏合等设备，进行塑料原辅材料初混合和多种塑料原料捏合；

2. 操作混炼造粒机组，进行塑料原料

混炼、塑化、造粒；

3. 测定塑料试样的颜色；

4. 操作挤出机等设备，生产管、板、片、带等塑料型材；

5. 操作注塑机，生产工业塑料配件和日用塑料制品；

6. 操作压延机等设备，生产塑料薄膜和人造革等；

7. 操作压制机，生产层压胶木等塑料制品；

8. 操作专用设备，生产聚苯乙烯和聚氨酯发泡塑料制品；

9. 将烧结原料装入模具压成模坯，操作烧结炉，制成聚四氟乙烯等工业塑料制品；

10. 将配制物料注入预热模具中，浇铸塑料管件或型材；

11. 操作吹瓶机，将塑料粒子或瓶坯吹制成容器；

12. 操作塑料焊接机具，将管材、板材焊接成塑料制品。

本职业包含但不限于下列工种：

聚氯乙烯塑料配制工　改性塑料配制工　塑料着色工　塑料挤出工　塑料注塑工　塑料压延工　塑料模压工　塑料层压工　塑料制品烧结工　塑料浇铸工　塑料真空成型工　塑料热合工　塑料编织工　塑料焊工

6-14-99（GBM 61499）
其他橡胶和塑料制品制造人员

指未列入 6-14-01 至 6-14-02 的橡胶和塑料制品制造人员。

6-15（GBM 61500）　非金属矿物制品制造人员

从事水泥、玻璃、陶瓷、石墨及炭素等非金属矿物制品生产加工的人员。

本中类包括下列小类：

6-15-01（GBM 61501）水泥、石灰、石膏及其制品制造人员
6-15-02（GBM 61502）砖瓦石材等建筑材料制造人员
6-15-03（GBM 61503）玻璃及玻璃制品生产加工人员
6-15-04（GBM 61504）玻璃纤维及玻璃纤维增强塑料制品制造人员
6-15-05（GBM 61505）陶瓷制品制造人员
6-15-06（GBM 61506）耐火材料制品生产人员
6-15-07（GBM 61507）石墨及炭素制品生产人员
6-15-08（GBM 61508）高岭土、珍珠岩等非金属矿物加工人员
6-15-99（GBM 61599）其他非金属矿物制品制造人员

6-15-01（GBM 61501）
水泥、石灰、石膏及其制品制造人员

从事水泥、石灰、石膏产品加工生产及水泥混凝土制品、石膏制品生产的人员。

本小类包括下列职业：

6-15-01-01　水泥生产工
6-15-01-02　水泥混凝土制品工
6-15-01-03　石灰煅烧工
6-15-01-04　石膏粉生产工
6-15-01-05　石膏制品生产工

6-15-01-06　预拌混凝土生产工

6-15-01-01　水泥生产工

操作粉磨机、水泥窑等设备，将水泥原料制成生料、煅烧成熟料并磨制成水泥的人员。

主要工作任务：

1. 操作烘干、粉磨、均化等设备，进行原料烘干、配料、粉磨，制成水泥生料；

2. 操作回转窑、立窑、分解炉等设备，将生料煅烧成水泥熟料；

3. 操作粉磨等设备，进行缓凝剂及水泥熟料破碎、混合、烘干并磨制成水泥；

4. 操作包装机等设备，将水泥散装或装包成袋；

5. 检测环保设施排放的粉尘、废气等，达标排放；

6. 维护保养设备，处理故障，填写生产记录。

本职业包含但不限于下列工种：

水泥生料制备工　水泥熟料煅烧工　水泥制成工　水泥生产中控员　水泥生产巡检工

6-15-01-02　水泥混凝土制品工

操作配料搅拌、成型等设备，将混凝土各组分材料制成水泥混凝土制品和构件的人员。

主要工作任务：

1. 操作计量仪器等设备，将混凝土各组分材料按配合比进行配制；

2. 加工制品模板；

3. 操作切割机、电焊机等，进行钢筋调直、切断和钢筋框架编扎、焊接；

4. 操作搅拌、成型等机械设备，进行制品成型；

5. 养护水泥混凝土制品；

6. 维护保养设备，处理故障，填写生产记录。

本职业包含但不限于下列工种：

水泥混凝土制品制作工　水泥混凝土制品养护工

6-15-01-03　石灰煅烧工

操作石灰窑炉等设备，煅烧石灰石或白云石，生产石灰的人员。

主要工作任务：

1. 操作原料破碎、分级、筛分（水洗）及燃料制备等设备，制备原、燃料；

2. 操作烘窑点火设备，调节、控制原燃料配比等工艺参数，进行装窑点火；

3. 操作石灰窑炉，调节、控制原燃料配比、风压、风量、温度等工艺参数，进行石灰石或白云石的高温煅烧；

4. 使用出灰机、输送机、密封系统等设备，将煅烧后的石灰成品卸出窑外；

5. 采用目测或水化法，进行石灰产品煅烧质量的检查；

6. 维护保养设备，处理故障，填写生产记录。

本职业包含但不限于下列工种：

混料式立窑石灰煅烧工　回转窑石灰煅烧工　套筒窑石灰煅烧工　双膛窑石灰煅烧工　气烧立窑石灰煅烧工　梁式窑石灰煅烧工

6-15-01-04　石膏粉生产工

操作破碎、脱水、粉磨、煅烧等设备，将天然二水石膏或磷石膏、脱硫石膏制成石膏粉的人员。

主要工作任务：

1. 操作破碎、脱水等设备，清理、去

除杂质，干燥、破碎石膏原料；

2. 操作煅烧或蒸压设备，将二水石膏制成石膏熟料；

3. 操作粉磨设备，将石膏熟料及外加剂磨制成石膏粉产品；

4. 维护保养设备，判断和处理设备故障，填写生产记录。

6-15-01-05　石膏制品生产工

操作称量、搅拌等设备，将建筑石膏粉、水、外加剂等原料搅拌成石膏浆体，并注入模具成型，脱模、干燥，制成石膏制品的人员。

主要工作任务：

1. 准备建筑石膏粉、外加剂等原辅材料和模具；

2. 操作计量设备，进行石膏粉、外加剂等原料称量、配料；

3. 操作搅拌机，加水搅拌原料，制备石膏浆；

4. 操作成型设备，制备石膏制品；

5. 进行石膏制品脱模、养护、干燥、修整；

6. 维护保养设备，处理故障，填写生产记录。

本职业包含但不限于下列工种：

石膏墙材制品生产工　纸面石膏板制备工　石膏装饰板加工工

6-15-01-06　预拌混凝土生产工

操作配料、搅拌设备，将砂、石、水泥、外加剂及填料等原材料搅拌、混匀，制成混凝土的人员。

主要工作任务：

1. 准备砂、石、水泥、外加剂及填料等原材料；

2. 调整、验证混凝土配合比；

3. 操作配料及搅拌设备，按照配合比将水、砂、石、水泥、外加剂及填料等原材料搅拌、混匀；

4. 将预拌混凝土输送到混凝土搅拌车中；

5. 维护保养设备，填写生产记录。

本职业包含但不限于下列工种：

预拌混凝土中控工

6-15-02（GBM 61502）
砖瓦石材等建筑材料制造人员

从事砖瓦、石材、防水、保温等建筑材料生产加工工作的人员。

本小类包括下列职业：

6-15-02-01　砖瓦生产工
6-15-02-02　加气混凝土制品工
6-15-02-03　石材生产工
6-15-02-04　人造石生产加工工
6-15-02-05　防水卷材制造工
6-15-02-06　保温材料制造工
6-15-02-07　吸音材料制造工
6-15-02-08　砂石骨料生产工

6-15-02-01　砖瓦生产工

操作原料制备、坯体成型、坯体干燥、制品焙烧等设备，将黏土、页岩、煤矸石等原料制成砖瓦的人员。

主要工作任务：

1. 操作推土、破碎、碾炼、计量、配料和搅拌、挖土、输送设备，进行原料破碎、级配和搅拌、陈化、输送；

2. 操作双级真空挤出机或压砖机、切坯（条）机、翻坯和码坯机组、机械手，进行坯体成型、切坯、码坯、运坯；

3. 操作干燥车（窑车）、摆渡车、坯体

上架设备、机械手，将坯体送入干燥室进行坯体干燥；

4. 操作干燥车（窑车）、坯体下架设备、机械手、摆渡车，将干燥后的半成品运入焙烧窑；

5. 使用焙烧窑温度控制仪器，调整工艺参数，监测制品焙烧；

6. 调整轮窑内温度、风量、风压工艺参数；

7. 操作工业控制计算机系统，调整焙烧窑内温度、风量和风压工艺参数；

8. 操作摆渡车、窑车、码坯机、机械手、成品打包机等，进行产品出窑及包装；

9. 维护保养设备，处理故障，填写生产记录。

本职业包含但不限于下列工种：

砖瓦原料工　砖瓦成型工　砖瓦装出窑工　砖瓦干燥工　砖瓦码窑工　砖瓦烧火工　砖瓦生产中控员

6-15-02-02　加气混凝土制品工

操作配料、浇注成型、切割及蒸压养护等设备，将水泥、石灰、砂、粉煤灰等原材料进行配料、搅拌浇注、发气成型、切割和蒸压养护，制成蒸压加气混凝土制品的人员。

主要工作任务：

1. 制备水泥、石灰、砂、粉煤灰等原材料；

2. 操作调直机、电焊机等，进行钢筋调直、切断、焊接及防腐、烘干；

3. 组装钢筋网片；

4. 操作配料搅拌设备，进行配料、搅拌及浇注；

5. 操作脱模、切割等设备，进行加气混凝土坯体脱模、切割；

6. 使用蒸压釜，蒸压养护加气混凝土坯体，制成部品、部件和整体构件；

7. 掰分、分拣和包装加气混凝土成品；

8. 维护保养设备，处理故障，填写生产记录。

本职业包含但不限于下列工种：

加气混凝土配料浇注工　加气混凝土切割工　加气混凝土蒸压养护工　加气混凝土钢筋工　加气混凝土大板拼装工

6-15-02-03　石材生产工

使用锯、磨、抛光、雕刻等设备和工具，将天然大理石、花岗石等石料加工成装饰石板材和雕刻品并进行石材护理的人员。

主要工作任务：

1. 操作石材开采设备，开采大理石、花岗石等石料；

2. 操作锯石机，将石料锯成板材；

3. 操作磨机，粗磨、细磨、精磨、抛光石板材；

4. 操作切割机，切割、修补石板材；

5. 使用雕刻设备与工具，将天然大理石、花岗石等石料加工成雕刻品；

6. 使用石材护理设备和工具，进行石材防护、清洗、研磨和做晶硬处理；

7. 维护保养设备，处理故障，填写生产记录。

本职业包含但不限于下列工种：

石材开采工　石材加工工　石材雕刻工　石材护理工

6-15-02-04　人造石生产加工工

操作人造石生产线和设备，加工生产人造石实体面材、人造石石英石、人造石岗石和人造石水磨石等人造石的人员。

主要工作任务：

1. 使用色度计、黏度计等，检验、选取人造石原料；

2. 操作天平等设备，根据色浆搭配比例，调配板材所需色浆；

3. 操作混料机、电子秤等设备，将人造石原材料按比例混合；

4. 操作人造石生产线，制作人造石板材毛坯；

5. 使用烘箱、固化炉等，烘烤、固化板材及荒料；

6. 使用磨光机、抛光机等，磨平毛坯表面，修补瑕疵；

7. 维护保养设备，处理故障，填写生产记录。

本职业包含但不限于下列工种：

人造石生产工　人造石加工工

6-15-02-05　防水卷材制造工

操作塑炼、密炼、浸涂、挤出、压延等设备，将橡胶、塑料、树脂、沥青、填充料和增强材料制成防水卷材的人员。

主要工作任务：

1. 准备橡胶、塑料、树脂、沥青、填充料、增强材料、覆面材料等；

2. 计量、投送原材料；

3. 操作设备，制备改性沥青或高分子粒料、胶料；

4. 操作生产线，生产防水卷材；

5. 操作卷取设备，计量、切割、包装防水卷材；

6. 维护保养设备，处理故障，填写生产记录。

本职业包含但不限于下列工种：

改性沥青防水卷材生产工　高分子防水卷材生产工

6-15-02-06　保温材料制造工

操作工业窑炉，将玄武岩、矿渣等煅烧熔融，制成保温材料的人员。

主要工作任务：

1. 操作破碎等设备，准备原料及燃料；

2. 操作窑炉等设备，熔化岩石；

3. 操作离心机，进行成棉控制；

4. 操作控制设备，集中控制集棉和固化程序，加压、加温制成保温毡；

5. 操作设备，加工制造保温管套、板、带等产品；

6. 维护保养设备，处理故障，填写生产记录。

本职业包含但不限于下列工种：

保温材料原料工　保温材料熔制工　保温成棉控制工　保温材料制品生产工

6-15-02-07　吸音材料制造工

操作煅烧等设备，将矿渣煅烧制成吸音材料的人员。

主要工作任务：

1. 操作配料机，配制原料；

2. 操作窑炉，将原料熔融、喷吹成纤维吸音绝热用原棉；

3. 操作成型机，将原棉成型，制成吸音原板；

4. 操作设备，加工原板，制成吸音板制品；

5. 维护保养设备，处理故障，填写生产记录。

6-15-02-08　砂石骨料生产工

操作挖砂机、分选机、破碎机、制砂机、旋流机等设备，将天然砂石岩石、建筑与工业废弃物加工成建设用砂石的人员。

主要工作任务：

1. 操作挖砂机、吸砂机、输送机等设备，采掘、输送、堆放天然砂；

2. 操作分选机、破碎机、制砂机、整形机、除尘及配套设备系统等，生产建设用砂石；

3. 操作洗涤机、旋流机、筛分机、输送设备等，洗涤、筛分，粒度分级、堆放建设用砂石；

4. 使用中控仪器、仪表，填写生产记录；

5. 巡检、维护设备，处理故障；

6. 使用仪器、设备，进行原料和产品质量检验、检测；

7. 检测、处理粉尘、污水。

本职业包含但不限于下列工种：

天然砂石骨料生产工　机制砂石骨料生产工

6-15-03（GBM 61503）玻璃及玻璃制品生产加工人员

从事玻璃及玻璃制品配料、熔化、成型和冷热加工处理的人员。

本小类包括下列职业：

6-15-03-01　玻璃配料熔化工
6-15-03-02　玻璃及玻璃制品成型工
6-15-03-03　玻璃加工工
6-15-03-04　玻璃制品加工工
6-15-03-05　电子玻璃制品加工工
6-15-03-06　石英玻璃制品加工工

6-15-03-01　玻璃配料熔化工

操作料秤、混料机等设备，进行石英砂等玻璃原料均化处理并混合成配合料，以及操作玻璃熔炉和辅助设备，将配合料熔融成玻璃液的人员。

主要工作任务：

1. 操作耙料机等设备，进行石英砂等原料均化处理；

2. 操作输送和称量设备，称量原料并输送进混料机混合成配合料；

3. 操作提升和输送设备，将配合料输送至窑头料仓；

4. 操作加料机，将配合料加入熔窑炉内，控制玻璃液面稳定；

5. 监控热工仪表，调节燃烧器和助燃气量，控制窑炉火焰、炉温、炉压、气氛等工艺参数；

6. 操作预热空气换向器换向；

7. 取样检查玻璃液的结石、气泡等熔化缺陷；

8. 检查维护窑炉及设备，排除运行故障，填写生产记录。

本职业包含但不限于下列工种：

玻璃配料工　玻璃熔化工

6-15-03-02　玻璃及玻璃制品成型工

使用成型机、模具等或使用手工工具，采用拉制、吹制、压制、滚压、模制、热熔等工艺，将熔融的玻璃液或硅酸盐混合料制成玻璃及玻璃制品的人员。

主要工作任务：

1. 操作供料、取料设备或使用工具，监控玻璃料液情况，并送入锡槽、模具等成型装置；

2. 操作锡槽等设备，监控仪器仪表，调控保护气体和锡槽气氛，进行浮法玻璃成型；

3. 操作压延成型机等设备，进行水平式平板玻璃成型；

4. 操作成型机、拉管机等设备和模具，将玻璃液吹制、拉制、压制或模制成型；

5. 操作制球机，将玻璃液滚压制成玻璃球；

6. 使用手工机械，进行玻璃液吹制、压制、离心、注塑等加工，制成玻璃制品；

7. 使用吹管、钳子、模具等，对玻璃液进行艺术玻璃制品的造型设计、制作和装饰加工；

8. 操作输送机或人工，将半成品送入退火炉进行退火；

9. 操作设备，切裁玻璃；

10. 操作设备，配制、混合、熔化原料，采用火焰飘浮工艺，进行微珠玻璃成型；

11. 操作炉窑，将加入晶核剂的玻璃配合料熔化成型，并进行热处理、晶化，制成微晶玻璃；

12. 使用检测仪器或设备，检查产品，剔除不合格品；

13. 按生产工艺和产品种类，更换设备的替换件和模具等；

14. 检查设备运行情况，处理运行中的故障，维护保养设备，填写生产记录。

本职业包含但不限于下列工种：

浮法玻璃成型工　压延玻璃成型工　玻璃制品手工成型工　玻璃制品机械成型工　玻璃退火工　玻璃微珠成型工　微晶玻璃工

6-15-03-03　玻璃加工工

操作玻璃加工专用设备或手工操作，进行平板玻璃冷加工、热加工、复合加工、表面改性加工和表面装饰加工的人员。

主要工作任务：

1. 操作玻璃切割、磨边、钻孔、抛光等设备或手工，对平板玻璃进行切裁、表面及周边预处理加工；

2. 操作绷网机、丝网印刷机、辊印机等设备，制作网版，将陶瓷釉料、银浆印刷在玻璃表面；

3. 操作钢化设备、均质炉，进行玻璃物理钢化处理；

4. 使用离子交换工艺，进行玻璃化学钢化处理；

5. 操作热弯设备，进行玻璃热弯加工；

6. 操作中空玻璃加工设备，制作中空玻璃；

7. 操作真空玻璃加工设备，制作真空玻璃；

8. 操作玻璃合片机、蒸压釜等设备，制作夹层、夹饰玻璃；

9. 将有机聚合物灌注到两片或多片玻璃之间，通过光、热聚合，制成夹层、夹饰玻璃；

10. 将防火胶等材料与两片或多片玻璃复合，制成复合防火玻璃；

11. 操作镀膜设备，进行玻璃镀膜加工或制镜；

12. 使用贴膜、涂膜工具，进行玻璃表面贴膜和涂膜处理；

13. 操作专用设备或使用工具，对玻璃进行彩绘、喷绘、雕刻、喷（磨）砂、化学蚀刻、镶嵌等表面装饰加工。

本职业包含但不限于下列工种：

玻璃冷加工工　玻璃热加工工　玻璃复合加工工　玻璃装饰加工工　玻璃釉印工　玻璃表面改性加工工

6-15-03-04　玻璃制品加工工

使用设备和工具，进行玻璃制品半成品或成品冷、热加工的人员。

主要工作任务：

1. 按照工艺要求选取原辅料，或自行配制专用加工材料；

2. 操作专用窑炉，进行玻璃制品退火、钢化、烤花、晶化、弯曲等加工和处理；

3. 操作抛光设备或使用工具，进行玻璃制品表面抛光；

4. 操作镀膜设备，在玻璃制品上镀膜；

5. 操作真空设备，进行玻璃制品抽真空；

6. 使用专用设备或工具，进行玻璃制品切割、研磨、粘接和标定等加工；

7. 使用专用设备或工具，进行玻璃制品雕刻、喷砂、印刷、镶嵌等表面装饰加工；

8. 使用检测仪器或设备，检查产品，剔除不合格品。

本职业包含但不限于下列工种：

玻璃制品冷加工工　玻璃制品热加工工　玻璃灯工　玻璃制品镀膜工　玻璃制品装饰工

6-15-03-05　电子玻璃制品加工工

操作研磨、钢化、镀膜等设备，加工电子玻璃制品的人员。

主要工作任务：

1. 操作研磨、抛光等专用设备，进行电子玻璃制品研磨、抛光等处理；

2. 操作镀膜等设备，进行电子玻璃制品表面镀膜加工；

3. 操作钢化炉等设备，进行电子玻璃制品钢化处理。

本职业包含但不限于下列工种：

电子玻璃制品研磨抛光工　电子玻璃制品镀膜工　电子玻璃制品钢化工

6-15-03-06　石英玻璃制品加工工

使用连熔炉、制锭机等设备及工具，熔制石英玻璃并将其加工成石英玻璃制品的人员。

主要工作任务：

1. 操作化学提纯处理等设备，加工制备石英玻璃原料；

2. 操作气炼、电熔、连熔等设备，熔制石英玻璃；

3. 操作设备，进行石英玻璃制锭；

4. 操作设备，进行石英玻璃切割、磨砂、抛光、钻孔等冷加工；

5. 使用氢氧灯等手工工具，制作石英玻璃制品；

6. 操作设备，进行石英玻璃制品整形等热加工；

7. 维护保养设备，处理设备运行故障。

本职业包含但不限于下列工种：

石英原料工　石英玻璃熔制工　石英玻璃冷加工工　石英玻璃热加工工

6-15-04（GBM 61504）
玻璃纤维及玻璃纤维增强塑料制品制造人员

从事玻璃纤维拉制及玻璃纤维制品生产的人员。

本小类包括下列职业：

6-15-04-01　玻璃纤维及制品工

6-15-04-02　玻璃钢制品工

6-15-04-01　玻璃纤维及制品工

操作玻纤成型、纺织等设备，制取玻璃纤维，制成玻纤纺织品和非织造制品，并进行后处理的人员。

主要工作任务：

1. 进行铂合金漏板或坩埚加工制作及检验；

2. 操作玻纤拉丝机等设备，将玻璃液拉制成玻璃丝束；

3. 操作玻纤专用加工设备，进行玻璃

丝退解、并捻和整经；

4. 操作玻纤织机，织造玻纤布或玻纤带；

5. 操作玻纤3D编织机等设备，进行穿刺、缝合、铺纱、编织等，织造玻纤编织制品；

6. 操作玻纤毡或玻纤纸类生产线等设备，制作玻纤非织造制品；

7. 制备玻纤后处理剂，操作玻纤表面处理机组等设备，进行玻纤制品理化后处理；

8. 维护保养设备，处理设备运行故障。

本职业包含但不限于下列工种：

铂合金漏板（坩埚）制造工　玻纤拉丝工　玻纤编织制品生产工　玻纤制品后处理工　玻纤非织造制品生产工　玻纤织布带工

6-15-04-02　玻璃钢制品工

操作液压、卷制、缠绕、喷注等设备或手工，将玻璃纤维及其布带等制品和合成树脂加工制成玻璃钢制品的人员。

主要工作任务：

1. 使用工器具，手工接触成型玻璃钢制品；

2. 操作液压机，压制玻璃钢制品；

3. 操作卷制设备，成型玻璃钢制品；

4. 操作缠绕机，成型玻璃钢制品；

5. 操作喷注和真空灌注系统等设备，成型玻璃钢制品；

6. 操作拉挤机，成型玻璃钢制品；

7. 维护保养设备，处理设备运行故障。

6-15-05（GBM 61505）
陶瓷制品制造人员

从事陶瓷制品成型、施釉、烧成、装饰等工作的人员。

本小类包括下列职业：

6-15-05-01　陶瓷原料准备工
6-15-05-02　陶瓷成型施釉工
6-15-05-03　陶瓷烧成工
6-15-05-04　陶瓷装饰工
6-15-05-05　古建琉璃工

6-15-05-01　陶瓷原料准备工

操作破碎、球磨、干燥、输送等设备，制备陶瓷坯料和釉料的人员。

主要工作任务：

1. 操作破碎机和轮碾机等设备，进行原料粉碎；

2. 配制坯料和釉料的原料；

3. 操作球磨机、压滤机等设备，进行生泥原料搅拌、压滤、练泥，制备陶瓷坯料成品泥；

4. 操作专用设备，进行天然矿物和化工原料等配比、破碎和碾磨，制备陶瓷釉料；

5. 操作泥浆泵、喷雾干燥和输送等设备，制备陶瓷干粉料；

6. 检测、控制陶瓷坯料和釉料制备的工艺参数。

本职业包含但不限于下列工种：

陶瓷原料制备工　陶瓷颜料制备工　陶瓷棉制作工　泥釉浆料制备输送工　电子陶瓷料制配工

6-15-05-02　陶瓷成型施釉工

操作设备，进行陶瓷坯料注浆、压制、挤制、注射等机械成型或手工成型，以及在陶瓷坯体表面施釉的人员。

主要工作任务：

1. 操作压力成型机，将半干压粉料压制成陶瓷坯体；

2. 操作旋转压坯机，滚压陶瓷坯体成型；

3. 操作练泥机和挤压机，挤制陶瓷坯体；

4. 操作等静压成型机，将半干压粉料压制成陶瓷坯体；

5. 操作注浆成型设备，浇注陶瓷坯体；

6. 操作喷注成型机，注射成型陶瓷坯体；

7. 使用手工方法，将成品泥制成具有预定形状和尺寸的坯件；

8. 使用设备或工具，进行陶瓷坯体修整；

9. 操作淋釉、喷釉、甩釉、浸釉等设备，进行陶瓷坯体施釉；

10. 操作干燥设备，烘干陶瓷坯体；

11. 维护保养设备，处理设备运行故障。

本职业包含但不限于下列工种：

陶瓷手工成型工　陶瓷注浆成型工　陶瓷压制成型工　陶瓷滚压成型工　陶瓷挤出成型工　陶瓷施釉工　电子陶瓷挤制成型工　电子陶瓷薄膜成型工

6-15-05-03　陶瓷烧成工

操作窑炉并控制其工艺参数，烧制陶瓷制品的人员。

主要工作任务：

1. 进行陶瓷半成品入窑；

2. 操作窑炉，控制窑炉工艺参数，烧制陶瓷制品；

3. 进行陶瓷成品出窑；

4. 施高温底浆；

5. 维护保养设备，处理设备运行故障。

6-15-05-04　陶瓷装饰工

对陶瓷制品进行贴花、绘画、雕塑、印刷等表面装饰制作的人员。

主要工作任务：

1. 在陶瓷半成品表面进行贴花装饰；

2. 对陶瓷彩绘颜料进行配色和调色；

3. 在陶瓷半成品表面手工绘制纹饰图案；

4. 对陶瓷坯体进行手工雕塑；

5. 使用钻石刀、凿锤等工具，对陶瓷成品进行造型刻凿等装饰加工；

6. 操作设备，在陶瓷坯体表面进行图案印刷。

本职业包含但不限于下列工种：

陶瓷贴花工　陶瓷彩绘工　陶瓷雕塑工　刻瓷工

6-15-05-05　古建琉璃工

使用竹刻刀、浆盆等手工工具和机械设备，制作、烧造琉璃砖瓦及构件的人员。

主要工作任务：

1. 操作球磨机、搅拌机等设备，磨制矿料，并搅制成泥；

2. 依照图纸、图片或实样放缩制作模具，模制或手塑成坯；

3. 使用专用工具，修整毛坯；

4. 使用炉窑，装窑、高温烧窑、监控窑温，烧制成陶胎，出窑；

5. 配制色料，进行半成品陶胎施釉料；

6. 使用炉窑，进行二次装窑，低温烧制成成品；

7. 维护保养设备。

6-15-06（GBM 61506）
耐火材料制品生产人员

从事耐火材料原料加工、烧制、烧成、

成品加工，生产耐火材料制品的人员。

本小类包括下列职业：

6-15-06-01 耐火原料加工成型工

6-15-06-02 耐火材料烧成工

6-15-06-03 耐火制品加工工

6-15-06-04 耐火纤维制品工

6-15-06-01 耐火原料加工成型工

操作煅烧、破碎、配料、湿碾、成型等设备，加工耐火原料和耐火材料成型的人员。

主要工作任务：

1. 操作竖窑、回转窑等设备，煅烧耐火原料，拣选分级煅烧的原料；
2. 操作破碎、筛分等设备，破碎、筛分、干燥处理原料；
3. 操作球磨、雷蒙磨、搅拌磨等设备，制备细粉、微粉耐火原料；
4. 操作提升机和运料、放料等设备，输送原料，装入料斗；
5. 操作配料设备，配料；
6. 操作湿碾机、搅拌机等设备，混合、混炼配好的原料，制备泥料；
7. 操作成型设备，进行耐火泥料成型；
8. 维护保养设备，处理故障，填写生产记录。

本职业包含但不限于下列工种：

耐火原料加工工　耐火配混料工　耐火原料煅烧工　耐火材料成型工

6-15-06-02 耐火材料烧成工

操作隧道窑等耐火热工窑炉，码放、烧成、拣选耐火材料制品的人员。

主要工作任务：

1. 选择、铺垫垫砂；
2. 操作拖车、升降平台等设备，码放砖坯在炉窑内、窑车上；
3. 操作干燥设备，干燥耐火砖坯；
4. 操作隧道窑等炉窑，调整热工窑炉参数，控制烧成过程，烧制耐火砖坯；
5. 使用工具，掏窑砂、添砂、筛砂；
6. 操作转移车、推车机，将窑车推入窑内或从窑内拉出；
7. 使用工具，进行耐火砖出窑或卸车；
8. 拣选、检查耐火砖成品，并分牌号码放；
9. 包装、发运耐火产品；
10. 维护保养设备，处理故障，填写生产记录。

本职业包含但不限于下列工种：

耐火炉窑装窑工　耐火窑炉烧成工　耐火制品出窑拣选工　耐火成品发运工

6-15-06-03 耐火制品加工工

操作浸渍、切磨等设备，浸渍、切磨加工滑板、水口等耐火制品的人员。

主要工作任务：

1. 操作浸渍等设备，将沥青、磷酸盐等浸渍物放入浸渍罐，预热浸渍物；
2. 调控预热炉温度，预热耐火制品；
3. 操作吊车，将耐火制品放入浸渍罐中浸渍，浸渍后吊出制品，冷却；
4. 操作磨床、钻床等设备，研磨、加套、打箍、切削、加工耐火制品；
5. 使用工具、机具，组装加工耐火材料半成品组件；
6. 维护保养设备，处理故障，记录生产数据。

本职业包含但不限于下列工种：

耐火制品切磨加工工　耐火制品浸渍工

6-15-06-04　耐火纤维制品工

操作电炉、成纤等设备，生产耐火纤维棉及制品的人员。

主要工作任务：

1. 操作电炉电控系统，调控高温耐火原料的熔化温度和流速；

2. 操作喷吹、甩丝等成纤设备，调整成纤设备参数，将熔体吹制成纤维棉；

3. 操作纤维制品成型设备，将纤维棉制成纤维毡、板、毯等系列制品；

4. 操作干燥设备，烘干纤维制品湿坯；

5. 检验、修整加工和包装纤维板等纤维系列制品；

6. 操作编织机、绕线机，进行绕线、编绳、切接，制成纤维毯、毡条；

7. 维护保养设备，处理故障，记录生产数据。

本职业包含但不限于下列工种：

耐火成纤工　耐火纤维制品成型工　耐火纤维制品整型工

6-15-07（GBM 61507）
石墨及炭素制品生产人员

从事炭、石墨原料处理、加工，并制成石墨、炭素制品等工作的人员。

本小类包括下列职业：

6-15-07-01　炭素煅烧工
6-15-07-02　炭素成型工
6-15-07-03　炭素焙烧工
6-15-07-04　炭素浸渍工
6-15-07-05　石墨化工
6-15-07-06　炭素制品工
6-15-07-07　炭素特种材料工

6-15-07-01　炭素煅烧工

操作煅烧炉窑等设备，煅烧热处理石油焦、焦炭、煤等炭素原料的人员。

主要工作任务：

1. 操作配料设备，进行石油焦、焦炭、煤等原料配料；

2. 操作破碎、提升、运料、加料等设备，破碎、筛选原料，加入煅烧炉窑内；

3. 调整煅烧炉负压、空气量、燃气或燃油压力等，煅烧原料；

4. 操作排料设备，排出煅烧后的原料，冷却并运到储料仓；

5. 操作烟道闸板、风机等设备，排出尾气；

6. 维护保养设备，处理故障，填写生产记录。

本职业包含但不限于下列工种：

炭素煅烧操作工　石油焦煅烧工

6-15-07-02　炭素成型工

操作原料处理、成型等设备，将炭素原料加工成炭素生制品的人员。

主要工作任务：

1. 操作破碎、磨粉、筛分、配料等设备，将原料制成混合料；

2. 操作熔化槽熔化沥青；

3. 操作混捏设备，加入黏结剂，控制温度等工艺条件，混捏、制备糊料；

4. 操作调整冷却设备，冷却糊料；

5. 操作成型设备，控制速度、压力、温度，将糊料加工成生制品；

6. 操作输送设备，冷却、输送生制品；

7. 维护保养设备，处理故障，填写生产记录。

本职业包含但不限于下列工种：

炭素配料工　炭素混捏工　炭素压型工

6-15-07-03　炭素焙烧工

操作环式炉、隧道窑、车底炉等设备，焙烧炭素生制品的人员。

主要工作任务：

1. 指挥和配合起重设备，将炭素生制品装入焙烧炉窑内；
2. 操作破碎、筛分、冷却设备，制备填充料，加入炉窑内；
3. 监控调整炉窑温度、负压、燃气、燃油、压力等，控制焙烧过程，焙烧生制品；
4. 指挥和配合起重设备，将制品出炉；
5. 使用工具和设备，清理焙烧品表面；
6. 维护保养设备，处理故障，填写生产记录。

6-15-07-04　炭素浸渍工

操作预热炉、浸渍罐等设备，浸渍炭素制品的人员。

主要工作任务：

1. 操作起重设备，将炭素制品放入预热炉内预热；
2. 操作起重设备，将预热后的制品装入浸渍罐内；
3. 监控调整浸渍罐的真空度、温度、压力等，将浸渍剂注入浸渍罐中；
4. 操作设备，将剩余的浸渍剂返回储存罐；
5. 操作起重设备，将浸渍后的制品出罐；
6. 维护保养设备，处理故障，填写生产记录。

6-15-07-05　石墨化工

操作石墨化炉，进行焙烧品石墨化处理的人员。

主要工作任务：

1. 操作配料设备，配制电阻料、保温料；
2. 指挥吊车将焙烧品装入石墨化炉，加入电阻料和保温料；
3. 监控调整温度曲线，控制石墨化过程；
4. 操作喷淋设备，冷却处理石墨化品；
5. 操作起重设备，将石墨化品出炉；
6. 使用工具和设备，处理产品表面，清理炉底；
7. 维护保养设备，处理故障，填写生产记录。

6-15-07-06　炭素制品工

操作机床、锯切等加工设备，加工炭素制品的人员。

主要工作任务：

1. 检查待加工制品毛坯外观，挑出清理不净、变形、弯曲等毛坯；
2. 操作锯切设备，分割制品；
3. 操作起重设备，将制品固定到加工机床上，更换和调整刀、夹、量具；
4. 确定非标准制品的加工方法，制作特殊夹具、刀具；
5. 操作车、铣、锯、刨、磨、钻床等设备，加工炭素、石墨制品；
6. 包装成品；
7. 维护保养设备，处理故障，填写生产记录。

6-15-07-07　炭素特种材料工

操作炉窑、加工设备，生产炭纤维、炭毡、炭/炭复合材料、特种石墨、石墨烯及负极材料等炭素特种材料制品的人员。

主要工作任务：

1. 操作预氧化炉、炭化炉，将原丝氧化、炭化、处理表面、涂胶及收丝，制成炭纤维；

2. 操作编织机，编织炭纤维织物；

3. 操作石墨化炉，将炭纤维制成石墨纤维；

4. 操作烘箱、炭化炉，预氧化、炭化原毡，制成炭毡、炭纤维布，并进行黏结叠层；

5. 操作炭纤维活化装置，制作活性炭纤维；

6. 操作复合加工设备，制作炭纤维复合材料制品；

7. 操作中频加热炉或液相沉积炉，进行炭源增密沉积和高温处理，用沥青或树脂进行浸渍增密，高温处理，制成特种石墨；

8. 操作混捏锅、轧片机、磨粉机、静压机或模压机等设备，生产糊料并轧片处理，进行二次制粉和成型；

9. 操作炉窑，焙烧、浸渍增密、二次焙烧、石墨化生产，磨制特种石墨粉料、负极材料；

10. 操作反应釜、高速离心机、冷冻干燥机、超声波清洗机等设备，制成石墨烯；

11. 检查炭纤维、炭/炭复合材料、特种石墨、负极材料、石墨烯等特种材料制品；

12. 维护保养设备，处理故障，填写生产记录。

6-15-08（GBM 61508）
高岭土、珍珠岩等非金属矿物加工人员

从事人工合成晶体、高岭土、珍珠岩、石棉制品和云母制品加工生产的人员。

本小类包括下列职业：

6-15-08-01 人工合成晶体工

6-15-08-02 高岭土加工工

6-15-08-03 珍珠岩加工工

6-15-08-04 石棉制品工

6-15-08-05 云母制品工

6-15-08-01 人工合成晶体工

操作成型、烧结、原料处理、晶体生长等设备，制造、加工人工合成晶体和器件的人员。

主要工作任务：

1. 操作原料处理设备，处理人工合成晶体原材料；

2. 操作成型、烧结设备，进行多晶材料冷压成型、热压及烧结；

3. 使用专用仪器、设备，使晶体生长；

4. 操作专用设备，加工晶体；

5. 操作专用设备，制成晶体器件；

6. 维护保养设备，处理故障，填写生产记录。

6-15-08-02 高岭土加工工

操作破碎、制浆、粉磨、分级、磁选、过滤、干燥、煅烧、表面改性等设备，加工高岭土的人员。

主要工作任务：

1. 操作破碎、筛选等设备，处理高岭土原料；

2. 操作磨机，进行高岭土超细粉磨；

3. 操作制浆、过滤设备，进行高岭土搅拌制浆、过滤；

4. 操作干燥设备，烘干高岭土；

5. 操作表面处理设备，进行高岭土表面改性处理；

6. 操作煅烧设备，煅烧高岭土；

7. 操作分级机、磁选机，进行高岭土提纯；

8. 维护保养设备，处理故障，填写生产记录。

6-15-08-03　珍珠岩加工工

操作窑炉等设备，焙烧珍珠岩，制成膨胀珍珠岩及其制品的人员。

主要工作任务：

1. 操作原料处理设备，进行原料破碎、筛分、配料；

2. 操作并监控窑炉，预热、焙烧珍珠岩；

3. 操作设备，配制黏结剂；

4. 操作专用设备，制作制品模具；

5. 操作成型、蒸养等设备，生产膨胀珍珠岩及其制品；

6. 维护保养设备，处理故障，填写生产记录。

本职业包含但不限于下列工种：

珍珠岩焙烧工　珍珠岩制品工

6-15-08-04　石棉制品工

操作成张机、抄取机等设备，生产加工石棉制品的人员。

主要工作任务：

1. 操作破碎、筛分、风选等设备，进行石棉粗选、开解、破碎碾压、精选、配料等处理；

2. 操作纺织设备，编织石棉及制造盘根等；

3. 操作热压、烧蚀、磨削、打孔等设备，将石棉及化工原料等加温、加压、成型，制成刹车片、离合器摩擦片等制品；

4. 操作密炼机、混炼机、成张机等设备，将石棉、橡胶、甲苯等原料密炼、混炼，加温、加压制成石棉耐高温密封材料；

5. 操作抄取机、流浆成型机等设备，将石棉、水泥等混合制成石棉水泥制品并进行养护；

6. 维护保养设备，处理故障，填写生产记录。

6-15-08-05　云母制品工

操作破碎、粉磨等设备，进行云母原矿分选、粉碎或剥离、成型，制成云母制品的人员。

主要工作任务：

1. 操作分选设备，分拣及粗加工云母原矿；

2. 手工进行云母原料超薄剥片及精加工；

3. 操作破碎、粉磨设备，进行云母原矿破碎、粉磨及初级云母粉加工；

4. 操作专用设备，进行云母粉改性，加工制成云母纸、云母片、云母板及深加工件；

5. 维护保养设备，处理故障，填写生产记录。

6-15-99（GBM 61599）
其他非金属矿物制品制造人员

指未列入 6-15-01 至 6-15-08 的非金属矿物制品制造人员。

6-16（GBM 61600）　采矿人员

从事固体、液体、气体等自然生成矿物采掘和加工处理的人员。

本中类包括下列小类：

6-16-01（GBM 61601）矿物采选人员
6-16-02（GBM 61602）石油和天然气开采与储运人员
6-16-03（GBM 61603）采盐人员
6-16-99（GBM 61699）其他采矿人员

6-16-01（GBM 61601）矿物采选人员

从事煤炭、金属、非金属等固体矿物开采、选别等作业的人员。

本小类包括下列职业：

6-16-01-01　露天采矿工
6-16-01-02　露天矿物开采辅助工
6-16-01-03　运矿排土工
6-16-01-04　矿井开掘工
6-16-01-05　井下采矿工
6-16-01-06　井下支护工
6-16-01-07　井下机车运输工
6-16-01-08　矿山提升设备操作工
6-16-01-09　矿井通风工
6-16-01-10　矿山安全防护工
6-16-01-11　矿山安全设备监测检修工
6-16-01-12　矿山救护工
6-16-01-13　矿山生产集控员
6-16-01-14　矿石处理工
6-16-01-15　选矿工
6-16-01-16　选矿脱水工
6-16-01-17　尾矿工

6-16-01-01　露天采矿工

操作钻孔、挖掘、铲装等设备，进行露天矿体钻孔、挖装矿岩等作业的人员。

主要工作任务：

1. 操作穿孔机，按指定孔位移动、稳车、定位，按穿爆作业图表穿孔，清理孔渣；
2. 提取矿物原始标本，进行废弃孔填埋等技术处理；
3. 操作挖掘、铲装等露天采剥设备，剥离土岩、开采矿石，清理矿帮、修整采场平台、处理边坡；
4. 操作露天矿辅助设备，为矿物采掘、运输等提供燃油、机械润滑和移动设备，并配合维修等；
5. 辨别矿岩类别，指挥矿车司机运矿或排土；
6. 维护保养设备，调整设备运行中的参数，处理故障。

本职业包含但不限于下列工种：

钻孔机司机　露天采矿挖掘机司机　露天采矿单斗铲司机　露天采矿吊斗铲司机　露天矿采矿前装机司机　露天矿轮斗挖掘机司机　露天采煤机司机　矿用维修工程车司机　矿用润滑油车司机　矿用燃油车司机　矿用高空作业车司机　矿用发电车操作工

6-16-01-02　露天矿物开采辅助工

使用设备、工具，进行露天采矿排水、清理、安全防范、边坡加固等作业的人员。

主要工作任务：

1. 防范非爆区作业人员及车辆误入爆破警戒区域；
2. 操作设备，将水灌入采场灭火孔，进行明火或暗火区域降温；
3. 操作水泵，将矿坑积水灌入洒水车或排入矿坑的疏排水管道；
4. 拖曳、摆放电铲、吊斗铲的供电电缆；

5. 指挥、引导运输矿物车辆卸矿岩；

6. 使用工具，清除胶带运输机、破碎机、转载机等机头、机尾的撒落物；

7. 使用工具，清除卡车、前装机、推土机外表淤泥；

8. 使用仪器，检测矿用重型卡车轮胎，并进行换修；

9. 使用机具，检查、清坡、加固露天矿边坡。

本职业包含但不限于下列工种：

卸车指挥工　边坡工　矿用重型卡车轮胎换修工

6-16-01-03　运矿排土工

操作矿山专用运矿、排土设备，进行矿石运输、处理及土石排弃等作业的人员。

主要工作任务：

1. 操作胶带运输机，将剥离物或矿石输送至排弃场或堆料场；

2. 操作破碎机，破碎剥离物或矿石并转运至胶带机；

3. 操作转载机，转运剥离物或矿石；

4. 操作排土犁，将排弃物刮入排弃台阶下；

5. 操作有轨机车，运输采掘场的剥离物或矿石至堆料场或排弃场；

6. 操作物料计量仓，进行装车，喷洒防冻、覆尘液体；

7. 操作矿用重平板车，运输履带机械设备、电铲、大型移动变电站等大型设备和备件；

8. 操作胶带机移设机，整体移设胶带输送机；

9. 操作履带车搬运转载机、破碎机等至指定地点；

10. 操作电缆卷绕车，收放、搬运高压供电电缆；

11. 维护保养设备，处理故障，填写生产记录。

本职业包含但不限于下列工种：

排土机司机　破碎机操作工　平路机司机　胶带/转载机操作工　排土犁司机　装车仓操作工　胶带机移设机司机　履带运输车司机　电缆卷绕车司机　推土犁司机　排岩机操作工

6-16-01-04　矿井开掘工

使用设备和机具，开掘和维护矿井井筒、巷道、硐室、天井等，铺设运输轨道，清理井下水沟、水仓的人员。

主要工作任务：

1. 使用机具、设备，安装并操作冻结设备，制冷冻结井筒周围岩、土层；

2. 使用风动、电动工具或钻车，打眼、凿岩；

3. 操作综合掘进机械钻进；

4. 使用机具或人力，装运矿石；

5. 使用机具、设备，支护和维修井筒、巷道；

6. 使用机具、设备，砌筑水沟，对巷道等扩帮、拉底；

7. 使用机具、设备，铺设、延伸运输轨道，移动机械设备；

8. 使用机具、设备，开掘井下水沟，清理水仓，运送饮水和食物；

9. 操作凿岩机械、机具，开掘工作面；

10. 维护保养设备，处理故障，记录生产数据。

本职业包含但不限于下列工种：

井筒冻结工　井筒掘砌工　竖井钻机工　巷道掘砌工　装岩机司机　综掘机司机　钻车司机　天井钻机工　巷修工　抓岩机司机

局部通风机操作工　金属矿井下开掘工

6-16-01-05　井下采矿工

操作采矿机械、机具，在井下采矿工作面钻、装、运矿石的人员。

主要工作任务：

1. 使用电动、风动机具，打眼；
2. 操作采矿机械或水枪，破矿、落矿；
3. 使用设备或人力、水力，装运矿物；
4. 进行综合机械化采煤工作面的放顶煤作业；
5. 使用设备或人力，推移输送机；
6. 操作、维护采矿工作面的移动变电站、高低压开关、通信设备、控制系统等；
7. 操作井下回采凿岩设备，进行中深孔穿孔作业；
8. 维护保养设备，处理故障，记录生产数据。

本职业包含但不限于下列工种：

井下采煤机司机　综采集控工　井下出矿工　井下钻机司机　井下采煤工　井下水采工　井筒维修工

6-16-01-06　井下支护工

使用机具，进行井下采矿工作面支护、喷浆作业，控制顶板、底板、围岩及排水作业的人员。

主要工作任务：

1. 使用机具，架设井下采矿工作面木质、金属、混凝土等棚柱、木垛；
2. 使用工具、机具，采用锚喷方法支护井下采矿工作面的顶板、底板、围岩；
3. 使用机具，进行井下机械化采矿工作面的挂金属梁，支设金属支柱、液压支柱；
4. 使用机具、设备，推移综合机械化采矿工作面的液压支架；
5. 回撤支柱、棚梁、木垛等；
6. 进行采空区自然或强制放顶；
7. 使用设备、机具，制备充填材料，充填井下采空区；
8. 铺设人工顶板并洒水；
9. 操作液压泵，进行采矿工作面支架等设备供液；
10. 使用机具，进行井下采掘工作面喷浆；
11. 维护保养设备，处理故障，填写作业记录。

本职业包含但不限于下列工种：

液压支架工　矿井泵工　采煤支护工　井下充填制备工　充填回收工　支护锚喷工

6-16-01-07　井下机车运输工

操作矿井运输机车等设备，运送人员、矿石、物料，以及架铺线路、维护设备的人员。

主要工作任务：

1. 操作井下架线机车、蓄电池机车、内燃机车，运送人员、矿石、岩土、物料等；
2. 使用机具，铺设、拆移、维修矿用轨道及管道；
3. 使用机具，架设、拆移、维修矿用电机车输电线路及附属设备；
4. 调度矿用机车；
5. 使用工具，安装、维修信号集闭装置；
6. 操作远程运输集控设施，控制井下电机车装卸、运输作业；
7. 维护保养设备，处理故障，记录生产数据。

本职业包含但不限于下列工种：

翻罐工　矿山电机车司机　矿井轨道工　轨配工　矿车修理工　绞车操作工　电机车修配工　蓄电池充电工　齿轨车司机　架线维护工　卡轨车司机　无极绳牵引车司机　单轨吊司机　井下胶轮车司机

6-16-01-08　矿山提升设备操作工

操作矿山提升机、绞车等，运送人员、矿石、岩土、物料的人员。

主要工作任务：

1. 操作信号装置，发送、接收运行信号；
2. 操作矿山提升机械、绞车，运送人员、矿石、岩土、物料等；
3. 使用机械或人力，搬运矿用设备、物料；
4. 接受信号命令，稳车、摘钩、挂钩、封车、对车、填罐、拉罐；
5. 使用翻车设备或机具，翻矿车倾卸矿石、岩土等；
6. 卸车、装车，清理场地积渣；
7. 处理运行中的故障；
8. 记录生产运行情况。

本职业包含但不限于下列工种：

主提升机操作工　把钩信号工

6-16-01-09　矿井通风工

操作矿井通风设施、设备，测定通风参数，排出有害气体，调控井下气候条件以及修建、维护通风设备的人员。

主要工作任务：

1. 使用机具、工具，装拆井下局部通风机、风筒及补修风筒；
2. 使用机具，修建、维护井下密闭、风门、风障、风桥、风墙等通风安全设施；
3. 操作通风设备，调整工艺参数，进行高温矿井或采掘工作面制冷降温；
4. 使用仪表，测定测风点或采掘工作面的风压、风速、风量、温度、湿度及有害气体含量；
5. 整理通风瓦斯报表，调度通风工作；
6. 维护保养设备，处理故障，记录生产数据。

本职业包含但不限于下列工种：

矿井通风操作工　矿井测风工　主扇风机操作工　通风维护工　矿井制冷降温工

6-16-01-10　矿山安全防护工

操作仪器设备，检查、检测矿井瓦斯、水、尘、矿压等安全及电气设备的防爆情况，并实施预防措施的人员。

主要工作任务：

1. 监督检查工作面或现场作业的安全情况；
2. 使用仪表仪器，检测分析矿井空气、矿尘及瓦斯等含量；
3. 操作设备，探水、探矿物、探瓦斯、探地质结构钻进情况；
4. 操作仪器，观测记录矿压数据，分析压力分布、气样成分；
5. 使用工具、机具，安装或移设井下防尘管路、防尘设施、防爆设施，消尘、灭尘；
6. 使用机具，进行煤层注水或采场注浆灭火、堵水；
7. 操作瓦斯泵，观察调节仪表，抽放瓦斯；
8. 安装、维护运行瓦斯断电仪、瓦斯报警仪、传感器、监测仪器等安全监测仪；
9. 维护保养仪器设备，记录安全监测数据。

本职业包含但不限于下列工种：

矿井电气防爆检查工 井下探放水钻工 瓦斯防突工 瓦斯泵工 瓦斯检查工 瓦斯抽放工 矿井防灭工 矿压观测工 矿井防尘工 矿井测尘工

6-16-01-11 矿山安全设备监测检修工

使用机具、工具，维修矿山安全监控系统、安全仪器仪表的人员。

主要工作任务：

1. 使用机具、工具，安装、拆除、调校、维修、管理矿山井下安全监控系统；

2. 发放、检查、维修、校验、管理和计量检定安全仪器仪表；

3. 发放、检查、维修、校验、管理自救器；

4. 使用仪器仪表，检查分析瓦斯、一氧化碳等矿井气体及气样。

本职业包含但不限于下列工种：

配气分析工 安全仪器监测工 矿灯和自救器管理工 救护仪器维修工

6-16-01-12 矿山救护工

从事矿井灾害处理、事故救援的人员。

主要工作任务：

1. 援救井下遇险人员；

2. 处理井下火、瓦斯、矿尘、水和顶板等灾害事故；

3. 参加危及井下人员安全的地面灭火作业；

4. 参加瓦斯排放、井巷揭煤、启封火区、反风演习等；

5. 维护保养救护仪器设备。

6-16-01-13 矿山生产集控员

操作采矿远程设备控制系统，监控设备运行状态和作业情况，记录传达生产指令的人员。

主要工作任务：

1. 操作采矿远程设备控制系统，联机启动连续工艺系统，监控系统、设备运行状态；

2. 监控系统故障停机警示，分析原因，通知维修人员处理；

3. 接收、记录、传达工作指令；

4. 记录生产设备开启、保养、维修停机时间及生产量；

5. 执行重大生产事故或人身伤害事故应急预案。

本职业包含但不限于下列工种：

采矿生产系统监控操作员 矿山设备运行协调员

6-16-01-14 矿石处理工

操作矿物破碎、筛分、输送、磨矿等设备，进行矿物破碎、磨矿等加工处理的人员。

主要工作任务：

1. 操作卸矿设备，向原矿槽卸料；

2. 操作破碎机及附属设备，破碎矿物，剔拣出杂物，调整排矿口，控制破碎粒度；

3. 操作筛分和运料设备，筛分和运输矿石；

4. 操作给矿、磨矿、分级等设备，调整磨矿参数，添加磨矿介质，进行磨矿分级；

5. 操作供料集中控制系统，启停生产线，监控运行情况，协调工序操作，填写生产记录；

6. 使用仪器、机具，进行矿物采样、制样；

7. 维护保养设备，处理故障。

本职业包含但不限于下列工种：

矿石破碎筛分工　选矿供料工　重介质制备回收工　磨矿分级工　衬板工

6-16-01-15　选矿工

操作选矿设备，采用重选、浮选、磁选、风选等方法，选别不同性质原矿的人员。

主要工作任务：

1. 操作重力选矿、给矿等设备，利用矿物密度和品位的差异，选别矿物；

2. 操作浮选机、矿浆预处理器、加药装置等设备，利用矿物表面物理化学性质的差异，选别回收细粒矿物；

3. 操作磁选机、磁聚机、浓缩机等设备，利用原矿不同磁性，选别矿物；

4. 监控、调整给矿量及风、水、介质密度、浓度、分流量、充气量等工艺参数，控制分选过程；

5. 记录生产数据，检查、维护保养设备，处理故障，协调工序操作。

本职业包含但不限于下列工种：

选煤工　重介质分选工　选矿集控工　浮选工　磁选工　风选工　摇床选矿工　螺旋分选工　浮选药剂工

6-16-01-16　选矿脱水工

操作浓缩机、过滤机、干燥机等设备，进行矿物脱水处理的人员。

主要工作任务：

1. 操作浓缩机等设备，脱去细粒物料的水分；

2. 操作过滤机等设备，调整给矿量、真空度、变频，脱去细粒物料的水分，更换过滤介质；

3. 操作干燥机及加热设备，控制干燥、加热过程，加热、干燥物料；

4. 操作集控系统，启停设备，监控运行情况，协调工序操作，记录生产数据；

5. 维护保养设备，处理故障。

本职业包含但不限于下列工种：

选矿过滤脱水工　选煤干燥工　有色金属矿干燥工

6-16-01-17　尾矿工

操作尾矿处理设备，输送、储存尾矿，监控尾矿库技术参数，监督尾矿库使用的人员。

主要工作任务：

1. 操作砂泵、胶泵、箕斗或矿车等设备，输送尾矿到尾矿库；

2. 操作浓缩设备，测试矿浆浓度，调整给矿量，将浓缩池中沉淀、分离后的有用矿物、尾矿砂分别输出；

3. 使用工具、机具，进行尾矿坝体筑坝、维护，堵塔眼及检查输送管道；

4. 驾驶机动船，巡护尾矿坝；

5. 处理尾矿管道跑矿浆、堵管故障；

6. 使用仪器、机具，监控尾矿库技术参数，指导筑坝放矿；

7. 监督尾矿库使用状况，记录、监控尾矿库安全数据。

本职业包含但不限于下列工种：

尾矿处理工　尾矿库工艺监督工

6-16-02（GBM 61602）
石油和天然气开采与储运人员

从事石油、天然气勘探、钻井、井下作业、测试、开采、脱水、净化、集输等工作的人员。

本小类包括下列职业：

6-16-02-01　*石油勘探工*

6-16-02-02　*钻井工*

6-16-02-03 钻井协作工
6-16-02-04 井下作业设备操作维修工
6-16-02-05 水下钻井设备操作工
6-16-02-06 油气水井测试工
6-16-02-07 石油开采工
6-16-02-08 天然气开采工
6-16-02-09 煤层气排采集输工
6-16-02-10 天然气处理工
6-16-02-11 油气输送工
6-16-02-12 油气管道维护工
6-16-02-13 海上平台水手

6-16-02-01 石油勘探工

操作石油勘探设备，进行石油地球物理勘探及辅助作业的人员。

主要工作任务：

1. 操作石油地震勘探钻机、爆炸机、采集站、电源站、检波器串、地震电缆等，进行石油地震勘探及辅助作业；

2. 操作大地测量仪器等设备，提供石油、天然气勘探所需位置依据和地理信息；

3. 操作可控震源，激发大地有规律振动地震波；

4. 操作地震船震源设备，激发压缩空气枪，制造震源波；

5. 操作石油重力、磁力、电法等勘探仪，进行石油勘探及辅助作业；

6. 使用断线仪、检波器测试仪等仪器，检测、维修和校准地震电缆、检波器、采集站、电源站；

7. 填写生产记录。

本职业包含但不限于下列工种：

石油地震勘探工　石油勘探测量工　可控震源操作工　海洋勘探震源操作工　石油重磁电勘探工

6-16-02-02 钻井工

操作石油钻机、钻井柴油机、钻井液固控等设备，进行石油、天然气等资源钻井作业的人员。

主要工作任务：

1. 操作石油钻机等设备，进行油、气、水井的起钻、下钻、钻进、取心、下套管等钻探作业；

2. 操作石油钻机及防喷设施，进行防喷、抢险；

3. 操作钻井液搅拌机、加重设备，配制钻井液；

4. 操作固控设备，控制钻井液性能，提供钻井液；

5. 操作钻井柴油机、发电机及附属设备，提供钻井作业的动力和照明；

6. 填写生产记录。

本职业包含但不限于下列工种：

石油钻井工　钻井液工　钻井柴油机工

6-16-02-03 钻井协作工

操作井架安装、随钻测量、固井等设备，进行井架安装、随钻测量、固井等生产协作的人员。

主要工作任务：

1. 操作井架安装设备，安装、调试、拆卸井架、井架底座及基础设施；

2. 操作水泥化验设备，检测水泥性能；

3. 操作固井设备、管汇，泵送水泥浆，进行油、气、水井固井作业；

4. 使用随钻测量设备、仪器，进行钻井定向作业和井眼轨迹监测；

5. 维护随钻测量设备、固井设备及管汇等；

6. 填写生产记录。

本职业包含但不限于下列工种：

钻井架安装工　固井工　随钻测量工

6-16-02-04　井下作业设备操作维修工

使用作业机、修井机、通井机、封隔器等设备和工具，进行油、气、水井的检泵、配注、打捞、大修等井下作业及辅助作业的人员。

主要工作任务：

1. 使用防喷器、泵注设备、井口操作台、液压钳、通井机、封隔器等设备和工具，进行油、气、水井的检泵、配注、打捞、大修、试油等井下作业；

2. 操作作业机、修井机、通井机等设备，进行立放井架、吊装抽油机驴头、采油树、起下管杆等作业；

3. 操作清洗机、组装机、试压泵等设备，进行井下作业工具、修井工具、地面工具等的清洗、检查、拆装、试压、打标、修理；

4. 操作泵送、混砂、控制、车载锅炉等设备，进行压裂、酸化、化堵、气举、增产增注等施工作业；

5. 操作混配撬、配液泵、分选筛等设备，配制和检测压裂液、酸液、压井液等工作液，分选石英砂；

6. 安装、调试、投产、维护、检修潜油电泵、螺杆泵等设备；

7. 填写生产记录。

本职业包含但不限于下列工种：

井下作业工　井下作业机司机　井下作业工具工　井下特种装备操作工　井下配液工　井下电泵作业工

6-16-02-05　水下钻井设备操作工

操作张力器系统、移动系统、井控控制系统、转喷系统的设备，进行张力载荷调整、隔水管及水下防喷器起下、开关防喷器作业的人员。

主要工作任务：

1. 使用隔水管下入工具，进行隔水管下入与回收；

2. 操作运移设备，进行水下井控设备、隔水管、采油树等的连接与起放；

3. 操作张力器的隔水管和导向绳，进行张力调整；

4. 操作试压设备，进行隔水管试压；

5. 操作井控控制系统设备，进行防喷器组功能试验与开关；

6. 维护张力系统设备、运移设备和井控控制系统设备；

7. 处理隔水管易损件、管汇部件、张力器系统、井控控制系统等设备故障。

6-16-02-06　油气水井测试工

使用录井仪、地层测试器、测试绞车等仪器和设备，进行油、气、水井的录井、测井、射孔、取心、测试、绘解作业的人员。

主要工作任务：

1. 使用录井仪，采集、整理、描述和分析钻时、岩屑、岩心、井壁取心、钻井液、气测、钻井工程等资料；

2. 使用声法、电法、放射性等仪器和地面测井系统，测定、记录、整理油、气、水层的电阻率、声波速度、放射性强度等地球物理参数；

3. 使用射孔取心仪等仪器和设备，收集、整理射孔、取心资料；

4. 使用地层测试器、压力计等仪器，采集地层压力、温度等参数和油、气、水样品；

5. 使用测试绞车、流量计、压力计、示功仪等设备和仪器，采集、记录、整理、分析油、水井的生产参数；

6. 使用井口防喷系统、测试绞车、温度压力计、回声仪等，采集气、水井的温度、压力、样品，进行液面探测和工具安装；

7. 验收、预处理、解释、绘制、整理测井资料；

8. 操作综合测试仪、流量计、液面监测仪、压力计等标定装置，检测、校验、维护井下测试仪表。

本职业包含但不限于下列工种：

录井工　测井工　射孔取心工　地层测试工　采油测试工　采气测试工　测井绘解工　采油测试仪表工

6-16-02-07　石油开采工

操作各种机泵、捞油等注采设备，将注入物进行配制、加压，注入地层中，驱替、采集地层中的石油及伴生天然气到井口，并输送到集输系统的人员。

主要工作任务：

1. 操作注入井、采油井等注采设备，驱替、采集地层中的石油及伴生天然气到井口，并输送到集输系统；

2. 收集、审核、分析采油井、注入井的地质资料和生产动态数据；

3. 操作机泵设备，输送清水或处理后的含油污水至高压注水管网；

4. 操作捞油车载设备，收集油井中的石油到地面油罐中；

5. 操作高压柱塞泵、注入井井口等设备，将升压后的聚合物母液与高压水配比混合后，注入地层中；

6. 操作海洋注采井和平台设备，采集海底地层中的石油、天然气到井口，并进行处理；

7. 操作给水处理、湿蒸汽发生器等设备，制备高温高压湿蒸汽，并输送到注汽管网；

8. 操作分散装置、螺杆输送泵等设备，将聚合物干粉与溶剂配制成聚合物母液，并输送到注入站；

9. 维护保养设备，调整运行参数，进行故障分析和处理。

本职业包含但不限于下列工种：

采油工　采油地质工　注水泵工　捞油工　注聚工　海洋油气操作工　热注运行工　聚合物配制工

6-16-02-08　天然气开采工

操作天然气井站注采设备，采集地层天然气输送到集气站，进行加热、分离脱水、加压、输送等作业的人员。

主要工作任务：

1. 操作天然气采集设备，采集地层中的天然气到井口，输送到集气站，进行加热、分离脱水、输送等站场处理；

2. 操作压缩机组及附属设备，加压、输送天然气至下游站场；

3. 操作校验设备，监测、检测、校验、维护采输气的仪器仪表；

4. 监控天然气生产运行状态，维护保养设备及仪表；

5. 填写生产记录。

本职业包含但不限于下列工种：

采气工　天然气加压输送工　采输气仪表工

6-16-02-09　煤层气排采集输工

使用煤层气井排采或抽放、压缩等设备和煤层气集输管道，进行煤层气预抽井、采动井、采空井增产、排采、集输等作业的人员。

主要工作任务：

1. 操作压裂泵车等设备，进行增透、注气置换等作业；

2. 操作井场内抽油机、真空泵、气水分离器等设备，进行排采生产；

3. 收集整理煤层气预抽井、采动井、采空井的排采数据；

4. 使用气相色谱仪等仪器，检测采出煤层气组分；

5. 进行碰泵作业，对煤层气井下抽采泵进行解卡操作；

6. 操作修井机，进行煤层气井下泵、除砂除煤粉等作业；

7. 操作煤层气计量设备，计量输送的煤层气；

8. 检查、调试、维护煤层气排采设备；

9. 记录并保存设备运行数据。

本职业包含但不限于下列工种：

煤层气测井测试工　煤层气固井工　煤层气增产作业工　煤层气排采工　煤层气修井工　煤层气集输工　煤层气加压工　水平定向钻机司机　煤层气勘查测量工

6-16-02-10　天然气处理工

操作天然气处理装置、轻烃加工装置，进行天然气净化、液化、提氦等处理，回收和加工轻烃的人员。

主要工作任务：

1. 操作天然气处理、轻烃加工、原油稳定等装置，进行天然气脱水、脱硫等处理，回收和加工轻烃，获取净化天然气、轻烃和稳定原油；

2. 操作天然气净化装置，进行原料天然气脱硫、脱碳、脱水、脱烃，回收硫黄和轻烃，并处理尾气；

3. 操作天然气提氦装置，进行原料天然气脱碳、脱水、脱氢、低温精馏、精制等处理，生产工业氦气；

4. 操作天然气液化装置，进行天然气液化、存储、再气化，输送气态或液态天然气；

5. 维护保养生产设备，填写生产记录。

本职业包含但不限于下列工种：

轻烃装置操作工　天然气净化操作工　天然气提氦操作工

6-16-02-11　油气输送工

操作油、气处理与输送设备，收集、处理、储存、分析、计量、输送油、气的人员。

主要工作任务：

1. 操作油气集输设备，收集、计量、储存井站原油、天然气，进行油气分离处理、加热、外输；

2. 操作油气田水处理装置，进行油气田水的除油、过滤、净化等操作，并输送至注水站；

3. 操作储罐、阀组、换热器、加热装置、机泵等设备，接收、储存、输送原油、成品油；

4. 使用流量计、密度测定仪、含水分析仪等仪器，进行原油的化验、计量、交接；

5. 操作阀组、计量等设备，计量及管道输送天然气、轻烃；

6. 使用计量设备、器具，计量成品油、烃类产品；

7. 操作油品装卸设备，进行铁路、公路、水路运输油品的装卸作业。

本职业包含但不限于下列工种：

集输工　油气田水处理工　输油工　输

气工　油品装卸工

6-16-02-12　油气管道维护工

操作油气管道保护、维护设备和仪器，巡检、维护、修理石油、天然气管道及其附属设施的人员。

主要工作任务：

1. 使用管道保护仪器，检测、监测、维护、阴极保护原油、成品油、天然气管道及其附属设施；

2. 巡检油气长输管道、集输场站工艺管网；

3. 维护、保养和修理油气管网、储运设备、容器、阀门、仪表、安全阀、管道补偿器等；

4. 操作海洋管道专用设备，进行海洋管道配重、保温、防腐作业。

本职业包含但不限于下列工种：

油气管道保护工　海底管道防腐工　海底管道保温工　海底管道配重工

6-16-02-13　海上平台水手

从事海上吊装和钻完井辅助作业、海事作业、油气外输作业及平台应急作业的人员。

主要工作任务：

1. 进行移动式平台拖航中的起抛锚作业；

2. 进行船舶靠离平台时的解系缆作业；

3. 进行油气外输作业、供油供水作业、钻完井辅助作业；

4. 指挥起重机司机进行人员、物资吊运作业；

5. 维护保养及操作起重设备与吊索具、消防救生设备与设施、锚机、油气输送设备、应急设备；

6. 接送直升机；

7. 操作应急设备，进行堵漏等应急作业；

8. 进行海上平台甲板整理、清洁及防腐作业。

本职业包含但不限于下列工种：

钻井平台水手　采油平台水手

6-16-03（GBM 61603）
采盐人员

从事海盐、湖盐、井矿盐开采及制取原盐等工作的人员。

本小类包括下列职业：

6-16-03-01　海盐制盐工
6-16-03-02　湖盐制盐工
6-16-03-03　井矿盐制盐工

6-16-03-01　海盐制盐工

操作扬水泵、联合收盐机等设备，吸扬海水、制卤、晒制海盐，采收、集拆坨原盐的人员。

主要工作任务：

1. 操作扬水泵等设备，吸扬海水送入盐池；

2. 使用工具维护、保养、检查盐池情况，利用风力和日照将海水分级晒制、蒸发，逍缩成初、中、高级卤水；

3. 人工清除结晶池的泥和活渣；

4. 检查结晶池情况，晒制海盐；

5. 操作联合收盐机等设备，采收结晶池原盐；

6. 操作扒盐机、转动式输盐管道、输送带等设备，将结晶池原盐输送至坨地入坨、成码；

7. 苫盖、看护、计量、保管集坨原盐；

8. 维护保养盐田、机具、装置和设备，

记录生产情况。

本职业包含但不限于下列工种：

制卤工　海盐采收工　驳筑、集拆坨盐工

6-16-03-02　湖盐制盐工

使用钻孔、采盐船、洗涤、筛分、脱水等设备和器具，进行湖盐矿钻孔、爆破、采掘、运输，处理湖盐，制取湖盐原盐的人员。

主要工作任务：

1. 使用钻孔器具，进行盐矿体钻孔、爆破；
2. 操作采盐船等设备，采掘湖盐；
3. 操作运盐船，运输湖盐至集盐垛；
4. 使用高压水泵和管道，输送湖盐；
5. 操作洗涤、筛分、脱水设备，进行湖盐分级脱水，制成湖盐原盐；
6. 维护保养设备，记录生产情况。

本职业包含但不限于下列工种：

湖盐穿爆工　湖盐采掘工　湖盐脱水工

6-16-03-03　井矿盐制盐工

操作抽油机、潜卤泵、注水、真空制盐等设备，利用水压对流汲取井矿盐卤水，净化、精制、蒸发、结晶、脱水、干燥卤水，制取井矿盐原盐的人员。

主要工作任务：

1. 检查下井工器具、井口设备及出入井工具；
2. 操作高压泵向井矿注水，溶融岩盐；
3. 操作抽油机、潜卤泵或注水等设备，利用水压对流汲取井矿盐卤水；
4. 使用水泵、管道输送卤水、淡水；
5. 将净化配料及饱和精卤配制成净化溶液；
6. 操作搅拌器将原卤与净化溶液混合均匀，使其沉降、澄清，抽取卤泥，制取并维护保管净化、精制后的原料卤水；
7. 操作真空制盐设备，对原料卤水进行蒸发、结晶及排盐浆和母液；
8. 操作脱水、增稠、干燥等设备，脱水、增稠、干燥盐浆，制成井矿盐原盐；
9. 维护保养设备，记录生产情况。

本职业包含但不限于下列工种：

井矿盐采卤工　井矿盐卤水净化工　真空制盐工

6-16-99（GBM 61699）
其他采矿人员

指未列入 6-16-01 至 6-16-03 的采矿人员。

6-17（GBM 61700）　金属冶炼和压延加工人员

从事原矿及辅料加工冶炼并制成金属材、半导体等产品的人员。

本中类包括下列小类：

6-17-01（GBM 61701）炼铁人员
6-17-02（GBM 61702）炼钢人员
6-17-03（GBM 61703）铸铁管人员
6-17-04（GBM 61704）铁合金冶炼人员
6-17-05（GBM 61705）重有色金属冶炼人员

6-17-06（GBM 61706）轻有色金属冶炼人员
6-17-07（GBM 61707）稀贵金属冶炼人员
6-17-08（GBM 61708）半导体材料制备人员
6-17-09（GBM 61709）金属轧制人员
6-17-10（GBM 61710）硬质合金生产人员
6-17-99（GBM 61799）其他金属冶炼和压延加工人员

6-17-01（GBM 61701）
炼铁人员

从事铁矿粉、矿石及辅料加工并冶炼成生铁的人员。

本小类包括下列职业：

6-17-01-01 烧结球团原料工
6-17-01-02 粉矿烧结工
6-17-01-03 球团焙烧工
6-17-01-04 烧结成品工
6-17-01-05 高炉原料工
6-17-01-06 高炉炼铁工
6-17-01-07 高炉运转工

6-17-01-01 烧结球团原料工

操作接卸、破碎、筛分、配料、混合等设备，处理铁矿粉，进行粉矿造块的人员。

主要工作任务：

1. 操作皮带机，接卸铁矿粉、锰矿粉、石灰石、焦粉、膨润土和煤等原料，检查验收原料品质和数量；

2. 操作破碎、筛分设备，处理石灰石、白云石等熔剂和碎焦、煤等燃料；

3. 计算配料比例，核对配料准确性；

4. 操作圆盘给料器、配料皮带、电子秤等设备，计量原料重量，按配料比例调整放料量，混配原料，校验称量装置的精度；

5. 操作混合机，加入水和蒸汽，润湿、混匀原料，提高料温，造球；

6. 操作运料设备，运送原料；

7. 监视含铁原料、副原料、配合料等矿槽装料情况，操作矿槽给料装置放料；

8. 维护保养设备，处理故障，记录生产情况。

本职业包含但不限于下列工种：

烧结原料工 烧结配料工 混合料工 球团原料工

6-17-01-02 粉矿烧结工

操作烧结机等设备，将粉矿烧结造块的人员。

主要工作任务：

1. 操作布料设备，将混合料分布在烧结机台车上；

2. 控制烧结系统设备启停，操作点火炉等设备点火；

3. 操作烧结机，观察料面、料厚、点火、机尾断面情况，调控料厚、台车速度、抽风量和燃料量等运行参数，控制燃烧、熔融过程，生产烧结矿；

4. 操作破碎机，破碎烧结矿；

5. 操作干稀油泵，向设备注入润滑油；

6. 维护保养设备，处理故障，记录生产情况。

6-17-01-03 球团焙烧工

操作焙烧窑等设备，将铁粉矿等原料焙烧成球团矿的人员。

主要工作任务：

1. 操作烘干混合机，调整温度，烘干、混合原料；

2. 操作圆盘或圆筒式造球机，调整原料量、水分，将烘干、混合后的原料滚制成生球并筛分；

3. 操作布料设备，将生球布入焙烧设备或链篦机内；

4. 操作链篦机，调控温度，干燥球团；

5. 操作竖窑、回转窑或带式焙烧机，调节风量、燃气或燃油量，控制温度等工艺参数，焙烧球团；

6. 操作竖窑焙烧齿辊卸料机，调整齿辊液压系统设备，破碎并放出成品球团矿；

7. 监控调整冷却系统运行情况；

8. 操作转底炉等设备，调整料流速度、转底炉转速、煤气量和空气量，控制还原反应过程，制备直接还原铁；

9. 维护保养设备，处理故障，记录生产情况。

本职业包含但不限于下列工种：

造球工　竖窑球团焙烧工　回转窑球团焙烧工　带式球团焙烧工　转底炉工

6-17-01-04　烧结成品工

操作冷却、筛分、输送等设备，冷却、筛分、输送烧结矿的人员。

主要工作任务：

1. 操作环冷机或带冷机，冷却热烧结矿；

2. 操作热或冷矿筛，筛分成品烧结矿；

3. 操作皮带机、链板机、提升机、破碎机等设备，处理成品，将合格品送至高炉矿槽，返矿返回原料场或烧结配料工序；

4. 操作给料机和放矿装置，将成品矿放入皮带机或火车内；

5. 维护保养设备，处理故障，记录生产情况。

本职业包含但不限于下列工种：

冷却筛分工　成品矿运送工

6-17-01-05　高炉原料工

操作高炉原料系统和碾泥、磨煤、喷吹等设备，将原燃料装入高炉，制备煤粉、泥料、沟料，将煤粉喷吹入高炉的人员。

主要工作任务：

1. 监控原料储存情况，联系原料运送，验收原料，将原料卸入矿槽；

2. 操作筛分设备，筛分矿石、焦炭等原燃料；

3. 操作称量设备，计量铁矿石、烧结矿、球团矿和焦炭等原料，并装入运送设备或料车；

4. 操作卷扬机或皮带机，将原料装入高炉；

5. 操作破碎、筛分、混合、碾制等设备，处理焦炭、耐火土等原料，将原料按配比配合、碾制成高炉铁口的泥料和修铺铁沟的沟料；

6. 操作破碎机、磨煤、干燥、输送等设备，处理原煤，制备煤粉；

7. 操作输煤泵，调控压力、流量，将煤粉输往高炉喷煤罐等设备；

8. 操作喷煤罐等设备，调控喷煤量，将煤粉喷吹入高炉；

9. 维护保养设备，处理故障，记录生产情况。

本职业包含但不限于下列工种：

高炉上料工　煤粉工　碾泥工

6-17-01-06　高炉炼铁工

操作高炉控制系统及炉前设备，调控炉况，出铁、出渣，铸铁的人员。

主要工作任务：

1. 监控高炉控制系统设备，调整炉况，指挥高炉各岗位操作；

2. 操作出铁设备，打开出铁口，监控铁水在渣铁分离装置中分离炉渣情况，将铁水放入铁水罐或混铁车，将炉渣引入渣处理器；

3. 使用工具，将泥料装入泥炮，操作泥炮，将泥料堵入铁口；

4. 使用工具，清理残渣、残铁，修复渣铁沟，更换风口，修复铁口泥套；

5. 操作铸铁机，将铁水罐中的铁水倾注入铸模中铸成铁块，进行铸模喷浆和铸铁块装车；

6. 维护保养设备，处理故障，记录生产情况。

本职业包含但不限于下列工种：

高炉炉前工　高炉炼铁操作工　铸铁机工

6-17-01-07　高炉运转工

操作热风炉、渣处理设备，预热空气，处理炉渣，监控维护高炉本体冷却设备的人员。

主要工作任务：

1. 操作、监控热风炉及预热器、燃烧器、助燃风机，调整燃烧煤气量、气压、风量、温度等参数，进行烧炉、送风和换炉，将空气预热并送入高炉；

2. 操作、监视高炉煤气干法或湿法处理设备，进行高炉煤气除尘、脱水、降温，除尘器放灰、清灰，更换除灰布袋；

3. 监测、调控高炉冷却系统的水温、水压，维护高炉本体冷却设备及管道、阀门，插拔喷煤枪；

4. 操作冲渣和渣处理设备，处理炉渣；

5. 维护保养设备，处理故障，记录生产情况。

本职业包含但不限于下列工种：

热风炉工　高炉配管工　铁渣处理工

6-17-02（GBM 61702）
炼钢人员

从事铁水、废钢等原料加工并冶炼成钢，浇铸成钢锭、钢坯的人员。

本小类包括下列职业：

6-17-02-01　炼钢原料工
6-17-02-02　炼钢工
6-17-02-03　炼钢浇铸工
6-17-02-04　炼钢准备工
6-17-02-05　整模脱模工

6-17-02-01　炼钢原料工

操作炼钢原料处理设备及混铁炉、铁水预处理装置，处理废钢、铁水及辅料的人员。

主要工作任务：

1. 操作剪切、破碎等设备或采用气割等方式，碎断废钢；

2. 操作打包机，将轻薄废钢打包；

3. 检查、验收废钢、合金、辅料等；

4. 操作称量设备，计量、配合废钢、铁合金等辅助原料；

5. 指挥吊车卸料或将废钢等原料装入料斗，吊至炉前；

6. 操作皮带机，运送散料到炉前料仓；

7. 指挥吊车，调配铁水兑入铁水罐、混铁炉等设备；

8. 调控混铁炉炉温，混匀、保温铁水，操作倾动装置出铁；

9. 操作预处理设备，将处理剂加入铁水罐、混铁炉等设备中，除去铁水中有害或多余元素；

10. 维护保养设备，处理故障，记录生产情况。

本职业包含但不限于下列工种：

废钢加工工　炼钢原料加工工　混铁炉工　铁水预处理工

6-17-02-02　炼钢工

操作转炉、电炉、炉外精炼等设备，将铁水、废钢等原料冶炼成钢水，并精炼钢水的人员。

主要工作任务：

1. 指挥吊车或操作加料设备，将铁水、废钢等原料装入炉内；
2. 操作氧枪，调控氧气、冷却水流量，观察仪表，点火吹炼铁水；
3. 操作电弧、感应、真空、非真空、电渣炉等设备，利用电能熔化原料；
4. 加入造渣剂或合金，调控冶炼过程；
5. 进行钢水测温、取样；
6. 操作倾动设备，将钢水倒入钢水罐，炉渣倒入渣罐；
7. 向钢水罐加入渣料、合金料等；
8. 操作钢水罐车，指挥吊车吊运钢水罐；
9. 维护炉体，修补出钢口；
10. 操作精炼炉及喷粉、吹氩、喂线、加热、真空处理等设备，精炼处理钢水；
11. 维护保养设备，处理故障，记录生产情况。

本职业包含但不限于下列工种：

转炉炼钢工　电炉炼钢工　炉外精炼工　特种炉冶炼工

6-17-02-03　炼钢浇铸工

操作连铸设备或钢水罐浇注装置，采用连铸或模铸方法，将钢水浇铸成钢坯或钢锭的人员。

主要工作任务：

1. 指挥吊车，将钢水罐运至钢锭模或连铸机；
2. 操作钢水罐浇钢水口，调整流量，将钢水浇入钢锭模形成钢锭；
3. 使用工具，进行钢锭模压盖、封顶；
4. 控制钢水罐浇钢水口，调整流量及中间罐液面，将钢水放入连铸机中间罐；
5. 操作连铸机中间罐浇钢水口，调整流量，将钢水浇入连铸结晶器形成钢坯，捞出钢渣；
6. 操作连铸机，控制拉钢速度及水冷、液压系统、电磁搅拌、轻压下装置等；
7. 操作冷剪或火焰切割机，按定尺切割连铸坯；
8. 操作翻钢、推钢、移钢设备运送连铸坯，指挥吊车，堆码钢坯，处理铸坯表面，描号，发送；
9. 维护保养设备，处理故障，记录生产情况。

本职业包含但不限于下列工种：

模铸工　连铸工

6-17-02-04　炼钢准备工

使用材料及工具，修砌、安装、清理、维护铁水罐、钢水罐、中间罐等，以及更换渣罐、处理钢渣的人员。

主要工作任务：

1. 清理钢水罐或铁水罐内残渣、残钢，指挥吊车翻渣；
2. 使用工具，清理、拆装、修复铁水罐、钢水罐、真空室、浇钢滑动水口、中间罐等装置，检查、清理或更换透气砖，吊运、灌装引流沙，安装中间罐塞棒、水口等；

3. 使用工具和耐火材料，砌筑、修补、维护铁水罐、钢水罐、中间罐、真空室等装置，拆除内衬，养生及烘烤铁水罐、钢水罐、中间罐、真空室等装置；

4. 联系机车或指挥吊车换渣罐，运送钢水或浇铸后的钢水罐；

5. 指挥吊车翻渣罐，操作钢渣处理设备，处理钢渣，清理钢渣；

6. 维护保养设备，处理故障，记录生产情况。

本职业包含但不限于下列工种：

钢水罐准备工　换罐清渣工　钢渣处理工

6-17-02-05　整模脱模工

使用工具、指挥吊车，脱钢锭模，并清理、整装钢锭模的人员。

主要工作任务：

1. 指挥吊车，脱去钢锭的保温帽及钢锭模；

2. 给钢锭描号，填写钢锭输送传票及记录；

3. 指挥吊车，拔出脱下的钢锭模或中注管；

4. 使用工具，清理底板杂物，砌流钢砖；

5. 指挥吊车，摆放中注管、钢锭模、保温帽，挂绝热板，吹扫钢锭模；

6. 使用工具，进行钢锭模喷灰浆；

7. 切割钢锭模上的连钢、焊铁，处理残渣，准备原材料；

8. 处理故障，记录生产情况。

6-17-03（GBM 61703）
铸铁管人员

从事离心铸管生产线操作，生产铸铁管的人员。

本小类包括下列职业：

6-17-03-01　铸管备品工

6-17-03-02　铸管工

6-17-03-03　铸管精整工

6-17-03-01　铸管备品工

操作专用设备，制作铸管砂芯及维修铸管管模的人员。

主要工作任务：

1. 操作筛分、烘干设备，制备干燥的砂子；

2. 操作混砂机，制备芯砂；

3. 操作射芯机或手工，将砂子制成铸管砂芯，检查、修磨砂芯，并刷涂料；

4. 操作打磨及打点设备，修整离心铸管管模；

5. 操作车床及专用焊机，修复管模；

6. 维护保养设备，处理故障，记录生产情况。

本职业包含但不限于下列工种：

铸管制芯工　管模维修工

6-17-03-02　铸管工

操作铁水熔炼、离心铸管机等设备，熔炼铁水，将铁水浇铸成铸铁管的人员。

主要工作任务：

1. 操作熔炼设备将铁水升温，向铁水中加入废钢、铁合金等，调整铁水的化学成分，制备铁水，进行铁水球化处理；

2. 调控管模温度，清理管模内壁，在内壁上喷涂涂料；

3. 操作离心铸管机，将铁水浇注成铸铁管；

4. 更换管模；

5. 操作退火炉，进行铸管退火处理；

6. 检查铸管的外观质量、组批编号；

7. 维护保养设备，处理故障，记录生产情况。

本职业包含但不限于下列工种：

离心铸管工　铸管退火工　铸管熔炼工

6-17-03-03　铸管精整工

使用喷锌机、校圆机、切管机、磨光机、涂衬机、喷涂机等设备及工具，加工处理铸铁管的人员。

主要工作任务：

1. 操作喷锌机，进行铸管外表面喷锌；

2. 操作校圆机，校正铸管插口；

3. 操作切管机、倒角机，切割铸管的缺陷部位、金相性能试验环，并倒角；

4. 操作抛丸或打磨设备，清理铸管表面，打磨粘铁、粘砂、毛刺等；

5. 操作水压机，检查铸管漏点；

6. 操作设备，制备水泥砂浆，进行铸管涂衬、养生；

7. 操作设备，打磨铸管内衬，进行铸管表面抛丸处理；

8. 操作喷涂机，喷铸管防腐涂层；

9. 操作包装设备，进行铸管打包；

10. 维护保养设备，处理故障，记录生产情况。

本职业包含但不限于下列工种：

铸管精整操作工　铸管涂衬工　铸管喷漆工

6-17-04（GBM 61704）
铁合金冶炼人员

从事硅、锰、铬、钒等原料的处理，冶炼、制取铁合金的人员。

本小类包括下列职业：

6-17-04-01　铁合金原料工

6-17-04-02　铁合金火法冶炼工

6-17-04-03　铁合金焙烧工

6-17-04-04　铁合金湿法冶炼工

6-17-04-05　钒氮合金工

6-17-04-01　铁合金原料工

操作破碎、磁选、筛分、计量、成型、选矿等设备，加工、处理铁合金原料的人员。

主要工作任务：

1. 验收、计量矿石等原料；

2. 操作磁选设备，精选原料；

3. 操作筛分、破碎、磨矿、压型、烘干设备，处理原料并压制成型，干燥原料；

4. 操作配料或混料设备，按配料比例配料、混料或按配料比压型；

5. 操作设备，破碎、填装电极糊，接电极壳；

6. 维护保养设备，处理故障，填写生产记录。

本职业包含但不限于下列工种：

铁合金原料加工工　铁合金电极糊工

6-17-04-02　铁合金火法冶炼工

操作矿热炉、电弧炉等设备，采取火法工艺，将矿石等原料冶炼成铁合金及副产品的人员。

主要工作任务：

1. 操作加料设备，将原料装入矿热、电弧、真空、转炉、高炉等冶炼炉内；

2. 监控炉料冶炼状态，调整冶炼参数，控制炉内压力及气氛；

3. 使用工具和设备，进行固态产品出炉、液态产品出铁、排渣，开、堵出铁口；

4. 操作设备，浇铸、翻扣模具中的铁合金；

5. 操作水淬设备，水淬铁合金和炉渣；

6. 使用设备或工具，精整、计量、包装、装车外发铁合金产品；

7. 操作设备，将铁合金炉渣加工成为建材及装潢材料；

8. 维护保养设备，处理故障，填写生产记录。

本职业包含但不限于下列工种：

铁合金电炉冶炼工　铁合金特种冶炼工　铁合金炉外法冶炼工　铁合金高炉冶炼工　铁合金转炉冶炼工　铁合金成品工　铝粒工

6-17-04-03　铁合金焙烧工

操作焙烧、烧结、熔化等设备，处理铁合金炉料的人员。

主要工作任务：

1. 操作提升机及运料设备，将铁合金炉料装载加入焙烧、烧结、熔化等窑炉设备；

2. 使用焙烧、烧结、熔化等窑炉，监视、调控炉温，焙烧、烧结、熔化炉料；

3. 调整窑炉托轮、挡轮或调整烧结机链盘，控制排风机风量；

4. 操作设备，出炉并冷却炉料；

5. 操作熔化炉，调控炉温，熔化、粒化、结晶炉料；

6. 操作设备，破碎、筛分、输送炉料；

7. 维护保养设备，处理故障，填写生产记录。

本职业包含但不限于下列工种：

铁合金焙烧操作工　钒铁熔化还原工　金属铬还原工　铁合金回转窑工　铁合金炉料烧结工

6-17-04-04　铁合金湿法冶炼工

操作设备，采用湿法冶炼技术生产铁合金、冶炼原料及副产品的人员。

主要工作任务：

1. 指挥吊车，将铁合金原料装入浸滤装置；

2. 向浸滤装置中加水，并进行浸出、液固分离，控制浸滤过程；

3. 控制温度、浓度、液固比，净化溶液，输送至沉淀装置；

4. 使用吊车，将硫酸铵加入沉淀装置，调整温度、含酸度，制取铵盐；

5. 使用过滤器，过滤铵盐；

6. 操作设备，破碎硫黄等原料，称量原料，加入反应罐与铬酸钠反应，生成氢氧化铬；

7. 调整洗涤、管洗装置，处理氢氧化铬；

8. 操作离心机，甩干物料；

9. 使用燃硫炉、吸收炉、反应罐、蒸发罐、压滤、沉降、结晶、水洗等设备，加入二氧化硫及硫黄，将废液制成硫代硫酸钠；

10. 维护保养设备，处理故障，填写生产记录。

本职业包含但不限于下列工种：

钒铁浸滤工　钒铁沉淀工　金属铬浸滤工　金属铬反应工

6-17-04-05　钒氮合金工

操作磨料、制球、干燥、推板窑等设备，进行钒原料氮化煅烧合成，制取钒氮合金的人员。

主要工作任务：

1. 验收含钒原料，操作设备，磨料、混配料、制球；

2. 操作干燥等设备，干燥湿料球；

3. 操作推板窑，调控温度、氮气压力

等参数，煅烧料球，制取钒氮合金；

4. 进行成品出炉，破碎、分选、包装成品；

5. 维护保养设备，处理故障，填写生产记录。

6-17-05（GBM 61705）
重有色金属冶炼人员

从事重有色金属原料处理，精炼铜、铅、镍等重有色金属的人员。

本小类包括下列职业：

6-17-05-01　重冶备料工
6-17-05-02　重金属物料焙烧工
6-17-05-03　重冶火法冶炼工
6-17-05-04　重冶湿法冶炼工
6-17-05-05　电解精炼工

6-17-05-01　重冶备料工

操作破碎、干燥、配料、混料、制团、制粒等设备，制备重有色金属冶炼原料、燃料、熔剂的人员。

主要工作任务：

1. 操作破碎机、磨粉机，破碎、细磨铜、铅、镍、燃料、熔剂等块料；

2. 操作干燥、炉窑等设备，进行湿物料脱水；

3. 操作抓斗机、圆盘配料机、混合机、计量器具等配料设备，按配料比配合、混合原料、熔剂、燃料；

4. 操作制团机、制粒机，添加黏合剂、还原剂等，进行物料制粒、压团；

5. 操作焦炭预热器、鼓风机、热风炉等设备，预热焦炭、空气；

6. 使用吊车、链板、皮带运输机、管道等输送设备，输送物料；

7. 维护保养设备，处理故障，填写生产记录。

本职业包含但不限于下列工种：

重冶制团制粒工　密闭鼓风炉备料工　有色金属配料工　重冶固体物料配料工　重冶固体原料输送工　重冶备料破碎工　有色矿石磨细工

6-17-05-02　重金属物料焙烧工

操作、控制、调节焙烧炉、煅烧炉等设备，将铜、铅、镍等重有色金属物料制备成熔炼炉原料的人员。

主要工作任务：

1. 操作布料等设备，进行铜、铅、镍等重有色金属原料布料；

2. 操作回转窑、沸腾炉等焙烧窑炉，焙烧粉料，脱硫及有害杂质，烧成焙砂；

3. 操作焦结炉，焦结团矿；

4. 操作回转窑、焙烧炉等设备，分离矿石或其他物料中的有价金属与脉石，制成铜、铅、镍等重有色金属的氧化物；

5. 操作煅烧窑，将粉状物料煅烧成块；

6. 维护保养设备，处理故障，填写生产记录。

本职业包含但不限于下列工种：

沸腾炉焙烧工　重金属回转窑焙烧工　重金属煅烧工　多膛炉工　焦结炉工

6-17-05-03　重冶火法冶炼工

操作冶金炉窑等设备，熔炼、分离炉料中的铜、铅、镍与脉石或将粗金属除去杂质提纯的人员。

主要工作任务：

1. 操作冶金炉窑等设备，分离铜、铅、镍等重有色金属与脉石等其他杂质；

2. 加入炉料，排渣，放出金属液、锍；

3. 操作精炼炉窑提纯粗金属，制取铜、

铅、镍等重有色金属精炼产品或成品化合物；

4. 操作铸型机等设备，将金属液铸型；

5. 监控生产运行状态，调整运行参数；

6. 操作电炉、碾磨机、烧成窑等设备，烧结碳化硅砂成为碳化硅制品；

7. 操作收尘器，回收烟气中的烟尘；

8. 操作净化设备，回收烟气中的硫，进行脱碳、脱硝；

9. 修理砌筑冶金炉窑；

10. 维护保养设备，处理故障，记录生产数据。

本职业包含但不限于下列工种：

蒸馏炉工 重冶竖炉工 鼓风炉工 闪速炉熔炼工 矿热电炉熔炼工 白银熔池熔炼工 锑白炉工 卡尔多炉工 真空冶炼工 重冶转炉工 重冶火法精炼工 熔析炉工 钛汞合金冶炼工 铋冶炼工 塔盘制炼工 反射炉工 有色金属熔池熔炼炉工 有色金属强化熔炼工

6-17-05-04 重冶湿法冶炼工

操作湿法冶炼设备，从物料溶液中分离铜、铅、镍等重有色金属及化合物，提取重有色金属的人员。

主要工作任务：

1. 操作磨、配料及辅助设备，处理重有色金属物料，制成料浆；

2. 操作高压浸出设备或常压浸出设备，将重有色金属物料或杂质元素溶解在溶液中，浸出金属或回收浸出渣中的金属；

3. 操作净化设备，加入除杂剂，除杂净化浸出上清液；

4. 操作过滤设备，将浸出的矿浆进行固液分离；

5. 操作萃取设备，加入萃取剂，进行多金属溶液萃取；

6. 操作分离设备，添加还原剂，提取溶液中的金属；

7. 操作蒸发设备，进行溶液浓缩、结晶；

8. 检测生产过程的物料、产品等；

9. 维护保养设备，处理故障，记录生产数据。

本职业包含但不限于下列工种：

重冶浸出工 蒸发浓缩结晶工 重冶萃取工 有色液固分离工 重冶湿法压滤工 重冶净化沉淀工 高压反应釜工

6-17-05-05 电解精炼工

操作电解设备，进行电化学反应，分离铜、铅、镍等粗金属电解质溶液中的杂质，制取铜、铅、镍金属产品的人员。

主要工作任务：

1. 操作光棒机，除去导电铜棒表面氧化膜，清除导电铜排污物；

2. 操作浇铸机、电解槽等设备，制备阳极板、始极片；

3. 操作起吊设备，将阳极板、始极片装、出电解槽；

4. 监视控制系统，调整电解液温度、循环量、槽电压、电流密度、极距、金属离子和添加剂浓度、酸度等工艺参数；

5. 洗涤阴极，将熔化的铜、铅、镍等金属铸锭；

6. 操作残极洗涤机，脱除残极阳极泥并清除槽内阳极泥，洗涤过滤阳极泥；

7. 处理故障，维护保养设备，记录生产数据。

本职业包含但不限于下列工种：

重冶配液工 重冶净液工 阴阳极制作工

6-17-06（GBM 61706）
轻有色金属冶炼人员

从事铝土矿、镁矿石等冶炼加工并制成铝、镁等轻金属的人员。

本小类包括下列职业：

6-17-06-01 氧化铝制取工

6-17-06-02 铝电解工

6-17-06-03 镁冶炼工

6-17-06-04 硅冶炼工

6-17-06-01 氧化铝制取工

操作窑、炉和溶出器等设备，将含铝原料制成氧化铝的人员。

主要工作任务：

1. 操作破碎机、磨机、回旋器等设备，将铝矿石破碎和均化；
2. 操作磨机、旋流器等设备，将原料配制成料浆；
3. 操作熟料窑等设备，将生料浆烧制成熟料；
4. 操作溶出磨、分级机等设备，破碎熟料，制取溶出浆液；
5. 操作高压溶出器机组，进行溶出反应，生成铝酸钠溶液；
6. 操作沉降槽、叶滤机等设备，进行溶出浆液液固分离、赤泥洗涤及粗液精制；
7. 操作脱硅机等设备，加温加压，进行铝酸钠溶液脱硅；
8. 操作分解槽等设备，从铝酸钠溶液中提取氢氧化铝；
9. 操作蒸发器等设备，蒸发增浓分解母液；
10. 操作焙烧炉等设备，焙烧氢氧化铝，制成氧化铝；
11. 操作分解槽、配料槽、压滤机、过滤机、溶解槽、电解槽等设备，将氧化铝生产过程的溶液制成拟薄水铝石，提取金属镓等附属产品；
12. 检测氧化铝生产过程物料、产品等的理化指标；
13. 处理故障，维护保养设备，记录生产数据。

本职业包含但不限于下列工种：

轻冶料浆配料工　轻冶浆液调整输送工　高压溶出工　轻冶沉降工　氢氧化铝分解工　氧化铝焙烧工　氢氧化铝精制工　镓提炼工　熟料烧结工　熟料溶出工　粗液脱硅工

6-17-06-02 铝电解工

操作电解槽等设备，采用熔盐电解法，将氧化铝冶炼成金属铝的人员。

主要工作任务：

1. 操作打壳、下料设备，将氧化铝及氟化盐加入电解槽；
2. 操作槽控机，调整技术参数，控制电解槽运行；
3. 操作多功能机组，更换阳极，使用阳极框架提升母线；
4. 操作浇注设备，组装阳极；
5. 操作出铝包等设备，吸出、移注、浇灌、运送电解槽内的铝液或电解质溶液；
6. 操作混合炉、铸造机等设备，将原铝或原铝与其他合金元素等进行精炼、铸造成型、打捆；
7. 操作净化输料设备，净化烟气，回收含氟物料；
8. 使用工具、器具及阴极炭块、侧部炭块、保温及耐火材料、耐热混凝土、炭素糊、氧化铝粉等材料，砌筑电解槽内衬；
9. 处理故障，维护保养设备，记录生产数据。

本职业包含但不限于下列工种：

铝电解槽操作工　铝及铝合金熔铸工　铝电解槽控工　铝吸出工　铝电解综合工　阳极组装工　多功能机组操作工

6-17-06-03　镁冶炼工

操作冶金炉窑、电解槽等设备，采用热还原法或熔盐电解法，将镁原料制成金属镁的人员。

主要工作任务：

1. 操作破碎、粉碎、选料、配料、混合等设备，进行镁矿石、还原剂等原料破碎、粉磨、配料、混匀、输送；

2. 操作冶金炉窑、电解槽等设备，进行焙烧、烘干或氯化、脱水，将混合料制成烧结料或无水氯化镁料；

3. 操作冶金炉窑、电解槽等设备，进行还原或电解，将含镁的烧结料或无水氯化镁料制成粗镁；

4. 操作精炼、浇铸、表面处理设备，将粗镁制成镁制品；

5. 使用工具、器具，包装镁成品，入库；

6. 处理故障，维护保养设备，记录生产数据。

本职业包含但不限于下列工种：

煅白制备工　镁电解工　镁氯化工　镁精炼工　镁还原工

6-17-06-04　硅冶炼工

操作硅冶炼炉等设备，进行硅石、炭等物料的破碎、配料、熔炼，制取工业硅的人员。

主要工作任务：

1. 操作破碎、配料、混合等设备，进行硅石、炭等物料的破碎、筛分、配料、混匀、输送；

2. 操作硅冶炼炉，熔炼原料，制取粗硅熔体；

3. 操作出炉设备，将硅熔体放入硅包；

4. 操作精炼、浇铸等设备，将硅熔体浇铸成型；

5. 使用工具、器具，将工业硅装袋，输送入库；

6. 操作净化设备，进行烟气净化、收尘；

7. 处理故障，维护保养设备，记录生产数据。

6-17-07（GBM 61707）
稀贵金属冶炼人员

从事稀贵金属原料处理并精炼，提取金、银等稀贵金属的人员。

本小类包括下列职业：

6-17-07-01　钨钼冶炼工
6-17-07-02　钽铌冶炼工
6-17-07-03　钛冶炼工
6-17-07-04　稀土冶炼工
6-17-07-05　稀土材料生产工
6-17-07-06　贵金属冶炼工
6-17-07-07　锂冶炼工

6-17-07-01　钨钼冶炼工

操作钨钼冶炼设备，冶炼钨精矿或钼精矿，制成钨、钼产品的人员。

主要工作任务：

1. 操作球磨机、搅拌槽、反应釜或高压釜，细磨钨、钼精矿，并将细粉溶解进酸，浸出钨或钼元素，制成钨酸钠、钼酸钠等混合溶液；

2. 操作固液分离设备，抽滤或压滤溶液，去除矿渣，制取钨酸钠或钼酸钠上清液；

3. 操作净化设备或加入净化剂，过滤、除杂净化溶液或上清液；

4. 操作萃取槽或离子交换柱，处理溶液，制取高纯仲钨酸铵、钼酸铵溶液；

5. 操作萃取设备，在溶液中加入萃取剂，回收铼、钴等有价金属；

6. 操作结晶釜和过滤、烘干设备等，将仲钨酸铵、钼酸铵溶液进行加酸结晶或蒸发结晶、固液分离，制取固态粉末；

7. 操作煅烧炉等设备，将仲钨酸铵、钼酸铵、钨酸煅烧成氧化钨、偏钨酸铵等氧化物；

8. 操作焙烧炉等设备，将钼精矿焙烧脱硫并粉碎，制取氧化钼；

9. 操作熔炼炉等设备，加入氧化钼和辅料进行熔炼，制取钼合金；

10. 操作还原炉等设备，将钨或钼的氧化物还原成钨粉或钼粉；

11. 操作配料设备，进行钨粉、其他难熔金属混合粉配料，操作碳化炉制取碳化钨粉及复式碳化钨粉；

12. 维护保养设备，处理故障，记录生产数据。

本职业包含但不限于下列工种：

钨钼粉末制造工　粗钨酸钠溶液制备工　钨酸铵溶液制备工　氧化钨制备工　偏钨酸铵制备工　钨、钼、钴粉还原工　碳化钨制备工　碳化钛制备工　仲钼酸铵制备工　钼钨冶炼辅料制备工　钼铁冶炼工　纯三氧化钨、仲钨酸铵、兰钨制取工　铸造碳化钨熔炼破碎工　铸造碳化钨制管工　焙烧压煮工

6-17-07-02　钽铌冶炼工

操作钽铌冶炼设备，冶炼、提纯和加工含有钽铌的金属物料，生产钽、铌产品的人员。

主要工作任务：

1. 操作磨机、分解槽、萃取槽等设备，进行钽铌精矿磨细、酸溶液分解、有机溶剂萃取，分离钽、铌及其他杂质；

2. 操作结晶、烘干、过滤、中和、煅烧等设备，从钽液、铌液中提取钽、铌化合物；

3. 操作钠还原炉、水洗槽、脱气炉、氢化炉、混料机等设备，用金属钠作还原剂，还原氟钽酸钾，并进行水洗、酸洗、真空高温热处理、调配等，制取钽粉；

4. 操作混料机、碳化炉、磨筛机、油压机、碳还原炉等设备，制取铌条、钽条，并氢化制取铌粉、钽粉；

5. 操作垂熔炉、电子束炉等设备，将压制成棒、条的钽、铌及合金料装入炉内精炼，进行金属提纯及致密化；

6. 操作挤压、轧制、拉伸系统设备，将钽、铌及其合金垂熔条、铸锭加工，制成棒、管、板、丝等产品；

7. 操作焙烧炉、混料机、制球机、还原炉、破碎机、磨筛机等设备，制取铌铁合金；

8. 操作烘干箱、混料机、直拉单晶炉、电阻炉、内圆切片机、平磨机、抛光机等设备，制取钽、铌酸锂单晶棒、片；

9. 处理故障，维护保养设备，记录生产数据。

本职业包含但不限于下列工种：

钽铌分离工　钽铌化合物制取工　铌碳还原火法冶炼工　钽铌精炼工　钽铌加工材制取工　钽钠还原火法冶炼工　钽碳还原火法冶炼工　铌铁火法冶炼工　铌酸锂晶体制取工　钽铌镧还原冶炼工　钽铌压制成型工

6-17-07-03 钛冶炼工

操作钛冶炼设备，进行富钛原料氯化、精制、还原、蒸馏，生产海绵钛产品的人员。

主要工作任务：

1. 操作破碎、计量、运输等设备，将石油和高钛渣等制配成混合料；

2. 操作氯化炉等设备，进行含钛混合料氯化、收尘、淋洗冷凝、沉降、过滤，制取粗四氯化钛；

3. 操作净化设备，净化尾气，处理炉渣和收尘渣；

4. 操作精馏塔等设备，精制粗四氯化钛；

5. 操作真空泵、加热炉等设备，进行还原蒸馏器清洗、组装、检漏、渗钛；

6. 操作坩埚炉、真空台包、铸锭机，进行粗镁熔剂精炼，将熔体精镁加入还原反应器内或铸成锭；

7. 操作还原蒸馏炉等设备，将精四氯化钛与镁还原生成海绵钛混合体，进行混合体高温、真空蒸馏，分离氯化镁及镁与钛；

8. 操作翻转架、油压机、破碎机、筛分机、均合器等设备，取出海绵钛，进行剥皮、破碎、筛分、挑选、混匀、包装、抽空充氩等；

9. 处理故障，维护保养设备，记录生产数据。

本职业包含但不限于下列工种：

氯化炉工 四氯化钛精制工 熔体镁工 钛渣冶炼工 液氯气化处理工 海绵钛准备拆装工 海绵钛还原蒸馏工

6-17-07-04 稀土冶炼工

操作冶炼、反应釜、萃取、分离、电解等设备，进行稀土物料提纯和去除非稀土杂质，生产稀土产品的人员。

主要工作任务：

1. 操作回转窑或反应釜等设备，将稀土原料制成易溶于水、无机酸或碱的化合物；

2. 操作反应釜、萃取设备、离子交换设备、煅烧炉，分离稀土元素间的组分，提纯稀土与分离非稀土杂质，制备稀土富集物、单一稀土化合物；

3. 操作反应釜、泵、过滤机、分级机、混料机、烘干炉、煅烧炉等设备，制备稀土氧化物、氢氧化物或盐类；

4. 操作熔盐电解槽、真空感应炉或碳管炉、钼片炉、电弧炉等设备，进行电解、热还原，制备混合或单一稀土金属、稀土合金等；

5. 操作破碎机、挤压机等设备，制备稀土金属或合金的箔、棒、线等材料；

6. 操作氟化炉等设备，制备稀土氟化物；

7. 操作除尘器、除雾器、吸收塔、蒸发器等设备，处理稀土生产焙烧等尾气，回收稀土、硫酸和氢氟酸等产品；

8. 操作浓缩机、净化器、蒸发器等设备，处理稀土生产废液中的氨氮物等，回收氯化铵等产品；

9. 操作浮选、重选、化选、包装机、装载机、运输机等设备，生产稀土精矿产品，并进行包装、入库；

10. 维护保养设备，处理故障，填写生产记录。

本职业包含但不限于下列工种：

稀土精矿分解工 稀土萃取工 稀土离子交换工 稀土电解工 稀土真空热还原工 稀土挤压工 稀土熔炼工 稀土后处理工 稀土色层工 液膜提取工 氟化稀土制备工

稀土原料工　稀土化工操作工　稀土原辅材料预处理工　稀土烟气回收工　稀土废液回收工

6-17-07-05　稀土材料生产工

操作熔炼炉、煅烧炉窑、反应槽等设备，将稀土金属、稀土合金、稀土化合物转化、合成为稀土材料的人员。

主要工作任务：

1. 操作搅拌磨、反应釜、泵、过滤机、分级机、混料机、烘干炉窑、煅烧炉窑等设备，制备稀土抛光粉、稀土发光材料及稀土催化材料；

2. 操作真空感应—速凝炉、真空感应熔炼炉、真空退火炉等设备，制备稀土储氢合金、稀土永磁合金；

3. 操作破碎机、研磨机、混料机等设备，制备稀土储氢材料；

4. 操作破碎机、压力机、氢碎炉、烧结机、热处理机、切片机、磨光机、电镀装置、光磁机、充磁机等设备，加工稀土永磁材料；

5. 维护保养设备，处理故障，填写生产记录。

本职业包含但不限于下列工种：

稀土抛光粉工　稀土发光材料工　稀土储氢材料工　稀土催化材料工　稀土永磁材料工　稀土永磁合金快淬工　稀土磁性材料成型工

6-17-07-06　贵金属冶炼工

操作冶炼设备，采用火法、湿法工艺，从含有金、银等贵金属的物料中提取和精炼贵金属的人员。

主要工作任务：

1. 操作冶金炉、电解槽等设备，进行铜、铅阳极泥脱硒，制取粗硒、精硒及硒锭，并进行配料、精炼，产出银粉，熔铸银粉成锭并从电解液中制取铂钯；

2. 操作分解槽、电解槽等设备，将银阳极泥与硝酸配合，进行硝酸分解、电解精炼，产出、析出金，熔铸成锭；

3. 操作浸出罐、净化罐、中和罐等设备，进行碲渣球磨、浸出、净化、中和、电积，制取碲，熔铸成锭；

4. 操作浸出罐、萃取箱、电解槽等设备，浸出、萃取、电解铟锗富集渣，制取析出铟，熔铸成锭；

5. 操作萃取箱、水解罐等设备，进行近萃铟余液萃取、水解沉淀，煅烧成锗富集物；

6. 操作冶金炉、精炼锅等设备，将银冶炼过程中产生的氧化铋渣进行还原、熔炼、火法精炼，浇铸成锭，并生产氧化锑；

7. 操作细菌氧化槽等设备，破坏微细粒金的包裹，提高金浸出率；

8. 操作回收、提纯设备，进行王水溶解、赶酸、转钠盐，处理含贵金属的物料，制取贵金属合金金属块；

9. 处理故障，维护保养设备，记录生产数据。

本职业包含但不限于下列工种：

黄金氰化工　炼金工　贵金属精炼工　阳极泥冶炼工　贵金属回收提纯工　富集工

6-17-07-07　锂冶炼工

操作冶炼炉窑或反应釜、蒸发、转化、过滤等设备，进行含锂物料浸出、沉锂、转化、电解等，制成锂产品的人员。

主要工作任务：

1. 操作破碎、磨、转化、酸化、配料等设备，处理锂矿石、石灰石等物料，调配成料浆；

2. 操作炉窑、过滤机、蒸发器、反应釜等设备，进行含氧化锂物料焙烧、酸化、浸出和沉锂，制成碳酸锂；

3. 操作蒸发等设备，蒸发浓缩含锂盐湖卤水；

4. 操作分离、蒸发等设备，分离、浓缩镁、锂、氯化锂；

5. 操作反应釜、蒸发器、分离机等设备，将碳酸锂转化成其他锂化合物；

6. 操作熔料炉、电解槽、熔铸炉，将锂盐熔融后电解成粗锂，精炼制取金属锂；

7. 操作转化等设备，将氯化锂转化为碳酸锂并增浓；

8. 操作烘干机、包装设备，烘干物料，包装锂产品；

9. 处理故障，维护保养设备，记录生产数据。

本职业包含但不限于下列工种：

锂焙烧工　锂电解工　碳酸锂蒸发工　碳酸锂转化工　锂盐田工

6-17-08（GBM 61708）半导体材料制备人员

从事多晶、单晶半导体原材料制备和制取的人员。

本小类包括下列职业：

6-17-08-01　半导体辅料制备工

6-17-08-02　多晶硅制取工

6-17-08-01　半导体辅料制备工

操作硅芯制取设备、真空煅烧设备，制备硅芯、炉内高纯器件的人员。

主要工作任务：

1. 操作硅芯料切割机、硅芯炉等设备，制备硅芯；

2. 操作单晶炉、线切割机等设备，制备硅芯；

3. 操作真空煅烧炉等设备，进行石墨、石英制品、四氟制品高纯处理；

4. 处理故障，维护保养设备，记录生产数据。

本职业包含但不限于下列工种：

硅芯制备工　炉内器件高纯处理工

6-17-08-02　多晶硅制取工

操作三氯氢硅合成炉、精馏塔、多晶硅还原炉等设备，制取高纯多晶硅的人员。

主要工作任务：

1. 操作三氯氢硅合成炉等设备，制取三氯氢硅；

2. 操作氯硅烷精馏塔等设备，分离出四氯化硅、高纯三氯氢硅等；

3. 操作专用装备，进行多晶硅炉料出炉，洁净处理还原炉，装配炉内器件；

4. 操作多晶硅还原炉等设备，使热硅芯表面上生长沉积多晶硅；

5. 操作还原尾气回收等设备，处理尾气，分离出氯硅烷、氯化氢、高纯氢气；

6. 操作腐蚀、清洗、干燥等设备，腐蚀、清洗、干燥被玷污的多晶硅；

7. 操作磷硼检炉、电阻率测试仪、少子寿命仪等，测定多晶硅的电学参数、少子寿命、基体杂质含量；

8. 操作氢化反应器等设备，将四氯化硅转化为三氯氢硅；

9. 使用工器具，破碎、分拣、包装棒状多晶硅；

10. 处理故障，维护保养设备，记录生产数据。

本职业包含但不限于下列工种：

三氯氢硅还原工　三氯氢硅合成工　硅

料腐蚀工　多晶硅后处理工　四氯化硅氢化工　硅烷法多晶硅制取工　三氯氢硅、四氯化硅提纯工

6-17-09（GBM 61709）
金属轧制人员

从事金属锭、坯轧制、拉拔、挤压及处理、加工的人员。

本小类包括下列职业：

6-17-09-01　轧制原料工
6-17-09-02　金属轧制工
6-17-09-03　金属材酸碱洗工
6-17-09-04　金属材涂层机组操作工
6-17-09-05　金属材热处理工
6-17-09-06　焊管机组操作工
6-17-09-07　金属材精整工
6-17-09-08　金属材丝拉拔工
6-17-09-09　金属挤压工
6-17-09-10　铸轧工
6-17-09-11　钢丝绳制造工

6-17-09-01　轧制原料工

操作加热炉等原料处理设备，处理、加热原料，进行原料收、发、存、退废及原料信息传递的人员。

主要工作任务：

1. 核对信息数据，检查、验收原料；
2. 指挥吊车卸车、堆垛、倒垛；
3. 检查金属锭、坯、卷等原料，建立收、发、存台账，进行退废；
4. 使用设备或工具，处理金属锭、坯等表面缺陷，矫直坯料，切割坯料，指挥吊车收料入储；
5. 核对品种、炉号，指挥吊车或使用输送设备上料，排列锭、坯、卷；
6. 操作推料等设备，将锭、坯送入加热炉；
7. 调整加热炉或均热炉的燃气、油等燃料量及助燃空气，控制炉温及加热过程；
8. 操作设备，将加热后的金属锭、坯出炉；
9. 操作辊道等设备，将锭、坯运至轧制工序；
10. 操作揭盖等设备，启闭均热炉炉盖，将钢锭装出均热炉；
11. 使用工具或打渣机，清理炉坑；
12. 维护保养设备，处理故障，填写生产记录。

本职业包含但不限于下列工种：

金属锭坯整理工　轧制原料准备工　轧制加热工　坯料机加工

6-17-09-02　金属轧制工

操作轧机及辅助设备，将金属锭、坯轧制成管、板、线、型等金属材的人员。

主要工作任务：

1. 核对轧制信息，操作辊道、推床、链轮、翻料、拉料、移位和升降等设备、装置或使用工具，将金属锭、坯调头、移位、翻面、送入轧机；
2. 使用工具或操作压下装置，调整轧机的压下量，控制孔型、板形和几何尺寸；
3. 操作轧机等设备，将金属锭、坯、卷轧制成坯料和管、板、线、型、带等金属材；
4. 操作控冷设备，调整金属材的性能和组织；
5. 操作轧制工艺线上的剪切、锯切设备，按定尺剪切金属材、坯及其头尾并进行收集；
6. 处理轧废料，取样；

7. 使用工具、设备，制作轧机的导板、卫板、孔型样板、导卫总承，调整板形；

8. 使用工具、设备，组装并整体更换轧辊，配备、管理轧辊；

9. 使用工具、设备，更换或调整轧机的导板、卫板、轧辊、轴瓦及连接装置；

10. 维护保养设备，处理故障，填写生产记录。

本职业包含但不限于下列工种：

轧钢工　热压延工　冷压延工　轧管工　车轮轧制工　轧制备品工

6-17-09-03　金属材酸碱洗工

操作酸、碱洗设备，清洗金属材表面氧化层的人员。

主要工作任务：

1. 核对、检查、验收原料，操作开卷设备，开卷；

2. 操作矫直机，矫直板、带材卷；

3. 操作焊接或连接装置，连接板、带材；

4. 操作牵引设备，调整机速，牵引板、带材通过酸、碱洗槽，或指挥吊车将金属材装入酸、碱洗槽；

5. 检验酸、碱液，加酸、碱，调整酸、碱浓度及酸、碱洗时间和温度；

6. 操作涂油设备，进行板材涂油，操作卷取设备，卷取板材或指挥吊车吊出金属材；

7. 使用干燥设施，调控温度干燥金属材；

8. 使用设备或设施，处理、回收、再生废酸、碱液；

9. 维护保养设备，处理故障，填写生产记录。

本职业包含但不限于下列工种：

金属材酸洗工　金属材碱洗工　酸再生工

6-17-09-04　金属材涂层机组操作工

操作涂层或氧化机组设备，将锌、锡、彩色涂料等涂、镀于金属材表面或使表面形成氧化膜的人员。

主要工作任务：

1. 核对原料信息，操作开卷、焊接、连接设备，连接板材或指挥吊车上料；

2. 操作清理设备，清理金属表面或浸入脱脂液中脱脂退火；

3. 配制涂料、锌液、锡液、电解液，进行阳极铸造及换液；

4. 操作调控化涂机、烘干机，进行金属材表面预处理，操作初涂机、精涂机，进行金属材涂层处理；

5. 操作调控固化机、干燥炉、贴膜压花机、烘干炉、冷却设备，处理涂层后的金属材；

6. 操作连续镀锌或镀锡机组，调控锌液或锡液的温度、浓度、电流及金属材通过速度，将金属材浸入装置内，进行电镀或浸涂，干燥金属材；

7. 操作光整机、拉矫机、辊涂机、涂油机，处理金属材表面，卷取或收集成品；

8. 操作调整化学氧化设备，将铝或铝合金材浸入酸、碱溶液中，进行氧化反应，增厚表面氧化膜；

9. 操作调整阳极氧化设备，进行电解，生成铝或铝合金材表面氧化膜并着色；

10. 操作专用设备，进行成品箔材衬纸、黏结、着色、涂蜡；

11. 维护保养设备，处理故障，填写生产记录。

本职业包含但不限于下列工种：

脱脂工　镀锌工　镀锡工　彩涂工　箔材精制工　阳极氧化工　化学氧化工

6-17-09-05　金属材热处理工

操作连续、常化、罩式、环形退火炉等热处理设备，进行金属材调质、正火、退火等处理的人员。

主要工作任务：

1. 核对金属材信息；

2. 操作抛丸机等设备，处理入炉前的金属材表面；

3. 指挥吊车上砂和铁屑，吊金属材装、出罩式退火炉；

4. 使用工具，清理封砂及罩式退火炉炉坑、炉内积碳及残渣；

5. 操作开卷、焊接、酸洗、碱洗、涂层、加热和连接设备，连接板材，并将金属板卷引入连续退火炉；

6. 调控正火、回火、退火速度、温度、张力、酸浓度、酸温、涂液比重、涂液温度等工艺参数；

7. 调整燃气、重油等燃料量和氢气等保护气体量，控制炉温和退火过程；

8. 操作专用设备，处理金属材表面，收集板材；

9. 维护保养设备，处理故障，填写生产记录。

本职业包含但不限于下列工种：

钢材热处理工　有色金属材热处理工

6-17-09-06　焊管机组操作工

操作焊管机组，将金属带材焊制成金属管的人员。

主要工作任务：

1. 指挥吊车卸料、倒垛，验收、管理带材；

2. 操作拆卷上料设备，拆开带材卷；

3. 操作平整机、剪切机，平整带材、切边；

4. 操作横剪机和对焊机，切齐带材头尾并焊接带材；

5. 操作机组，将带材引入储料装置和成型机；

6. 操作调整成型机组，挤压带材成管型；

7. 操作焊管机，调整焊接电流、速度，将带材焊接成管，剔除焊接毛刺；

8. 更换毛刺刮刀和轧辊等；

9. 操作调整定径机组，将焊管定径；

10. 操作锯切机等设备，锯切焊管，加工管头，分选包装焊管；

11. 维护保养设备，处理故障，填写生产记录。

6-17-09-07　金属材精整工

使用精整设备或工具，冷却、剪切、处理、打包、发运金属材的人员。

主要工作任务：

1. 核对金属材信息，使用冷床、缓冷坑等冷却设备或装置，调整速度、控制时间，冷却热轧后的金属材；

2. 操作移料、辊道、输送链等设备，输送金属材；

3. 使用矫直机、平整机，矫直、平整金属材；

4. 使用火焰枪、砂轮机、修磨机等工具或设备，清理金属材表面缺陷；

5. 使用设备或人工，对成品或半成品喷涂打印标记；

6. 使用设备或人工，包装捆扎成品材或半成品材；

7. 操作专用加工设备，加工重轨、管、

型等金属材；

8. 操作锯、钻、剪切等设备，处理金属材；

9. 指挥吊车，将成品转运入库或装车发运、半成品转库，统计成品、半成品数据，取成品材试样；

10. 维护保养设备，处理故障，填写生产记录。

本职业包含但不限于下列工种：

轧钢精整工　重轨加工工　钢丝制品精整工　板带箔材精整工　管棒型材精整工　轧钢成品工

6-17-09-08　金属材丝拉拔工

操作调整拉拔设备，拔制金属丝、材、管的人员。

主要工作任务：

1. 核对原料信息，使用加热炉，调整炉温，加热原料；

2. 操作锤头、轧尖及压头设备或人工使用工具，处理原料头；

3. 选配模具装入拉拔机；

4. 使用设备或人工，将金属材或管装入拉拔机，控制管径，拔制金属材或管；

5. 操作拉丝机，调整机速，拔制金属丝；

6. 维护保养设备，处理故障，填写生产记录。

本职业包含但不限于下列工种：

冷拉丝工　热拉丝工　金属材管拉拔工

6-17-09-09　金属挤压工

操作挤压设备，将金属铸锭挤制成管、棒、型、线材坯料，以及修复挤压模具的人员。

主要工作任务：

1. 选配挤压模、垫片、穿孔针等，装入工具加热炉，控制加热温度和加热时间；

2. 使用工具、器具，在挤压机上装配挤压模、垫片、挤压针、挤压轴、挤压筒等挤压工器具；

3. 启动高压水泵或油泵，向挤压机提供高压介质；

4. 使用输送装置或人工，将金属锭、坯送到挤压筒；

5. 操作挤压机，控制挤压速度、温度，将金属铸锭挤压制成管、棒、型或线材坯料；

6. 修复、管理挤压模具；

7. 维护保养设备，处理故障，填写生产记录。

本职业包含但不限于下列工种：

有色挤制工　有色研磨工

6-17-09-10　铸轧工

操作铸轧机，浇铸铝及铝合金熔液，轧制冷轧板坯料或成品的人员。

主要工作任务：

1. 安装浇铸嘴，调整铸轧区及轧辊缝隙或轧辊孔型；

2. 操作铸轧机，控制浇铸温度、液位高度，将金属液铸成坯料；

3. 操作铸轧机，控制轧制速度和冷却强度，将坯料轧制成金属材；

4. 组装、更换轧辊，管理轧辊；

5. 维护保养设备，处理故障，填写生产记录。

6-17-09-11　钢丝绳制造工

操作卷线、捻股、反股、合绳等设备，将钢丝捻制成钢丝绳的人员。

主要工作任务：

1. 核对原料信息，操作卷线机，排线打轴，做标记；

2. 操作捻股机，上轴接头，将各卷轴的多股钢丝捻制成绳股，落股；

3. 操作反股机，将绳股反卷平整；

4. 操作合绳机，装入麻芯或钢芯，将绳股捻制成钢丝绳，落绳；

5. 使用浸油装置，进行绳股或绳浸油；

6. 维护保养设备，处理故障，填写生产记录。

6-17-10（GBM 61710）
硬质合金生产人员

从事难熔金属化合物和黏结金属粉末等材料加工制取硬质合金制品的人员。

本小类包括下列职业：

6-17-10-01　硬质合金混合料工
6-17-10-02　硬质合金成型工
6-17-10-03　硬质合金烧结工
6-17-10-04　硬质合金精加工工

6-17-10-01　硬质合金混合料工

操作磨料、筛分、干燥等设备，将难熔金属碳化物、钴、镍等金属粉末制成硬质合金混合料的人员。

主要工作任务：

1. 操作湿磨机，称量组分粉末，混合、研磨介质；

2. 操作干燥设备，干燥料浆；

3. 操作混合器，加入成型剂，制取成型用料；

4. 操作压力机、烧结炉等设备，进行混合料试压、试烧，检查样品，下达转料通知单；

5. 操作设备，精化处理初级碳化钛原料，配制金属陶瓷复合物，加温、氮化，制成牌号粉末料；

6. 处理故障，维护保养设备，记录生产数据。

本职业包含但不限于下列工种：

硬质合金混合料制备工　硬质合金混合料鉴定下料工

6-17-10-02　硬质合金成型工

操作压力机等设备，将混合料制成硬质合金毛坯的人员。

主要工作任务：

1. 操作压滤机，使用汽油溶解橡胶或石蜡，沉淀过滤，制备成型剂；

2. 使用机具，进行新模具和特定形式产品试压，确定压制成型参数；

3. 操作压力机，将定量混合料放入模具内，加压成型为合金毛坯；

4. 操作等静压机，将金属或金属化合物、粉末料装入软模中，加压成型；

5. 操作机床，将冷等静压的毛坯或经浸蜡处理的毛坯加工成半成品；

6. 操作挤压机，向混合料中加入成型剂，挤压成型，切割、整型，制取长棒、管式、片状制品；

7. 处理故障，维护保养设备，记录生产数据。

6-17-10-03　硬质合金烧结工

操作烧结炉等设备，进行硬质合金毛坯合金化、致密化作业的人员。

主要工作任务：

1. 操作脱蜡炉，控制炉内气氛，脱去压制品中的蜡等成型剂；

2. 操作烧结炉，控制气氛和温度，将装入石墨舟皿的毛坯合金化；

3. 操作喷砂机，处理出炉卸舟产品

表面；

4. 操作磨削设备，修整产品缺陷；

5. 操作超声探伤仪，测定产品内部缺陷，判断产品质量；

6. 操作热等静压机，将烧结后的合金制品加压、加温，制成高性能硬质合金；

7. 处理故障，维护保养设备，记录生产数据。

本职业包含但不限于下列工种：

钨钼制品烧结工　合金成品加工工

6-17-10-04　硬质合金精加工工

操作专用机床、涂层炉等设备，进行硬质合金精加工或表面处理的人员。

主要工作任务：

1. 操作车床、磨床，精加工合金制品；

2. 操作钝化机，钝化、清洗、干燥可转位刀片刃；

3. 操作涂层设备，采用化学和物理方法，在合金表面形成涂覆层；

4. 检查复核产品性能、硬质合金制品表面质量；

5. 标识、包装产品；

6. 处理故障，维护保养设备，记录生产数据。

本职业包含但不限于下列工种：

合金深度加工工

6-17-99（GBM 61799）
其他金属冶炼和压延加工人员

指未列入 6-17-01 至 6-17-10 的金属冶炼和压延加工人员。

6-18（GBM 61800）　机械制造基础加工人员

从事工件冷加工、热加工、表面处理及工装工具制造的人员。

本中类包括下列小类：

6-18-01（GBM 61801）机械冷加工人员
6-18-02（GBM 61802）机械热加工人员
6-18-03（GBM 61803）机械表面处理加工人员
6-18-04（GBM 61804）工装工具制造加工人员
6-18-99（GBM 61899）其他机械制造基础加工人员

6-18-01（GBM 61801）
机械冷加工人员

从事工件车、铣、刨、磨等冷加工操作的人员。

本小类包括下列职业：

6-18-01-01　车工
6-18-01-02　铣工
6-18-01-03　刨插工
6-18-01-04　磨工
6-18-01-05　镗工
6 18 01-06　钻床工
6-18-01-07　多工序数控机床操作调整工
6-18-01-08　电切削工
6-18-01-09　拉床工
6-18-01-10　下料工
6-18-01-11　铆工
6-18-01-12　冲压工

6-18-01-01 车工

操作车床，进行工件旋转表面切削加工的人员。

主要工作任务：

1. 安装夹具，调整车床，定位与装夹工件；

2. 选择、刃磨、安装刀具；

3. 操作车床数控系统，进行人机之间指令和提示等信息交流；

4. 操作车床，进行工件内外圆柱面、端面、锥面、圆孔和螺纹等型面的切削加工；

5. 使用量具，进行制件精度检验及误差分析；

6. 维护保养机床和工装。

本职业包含但不限于下列工种：

数控车工

6-18-01-02 铣工

操作铣床，进行工件平面、沟槽、曲面等型面切削加工的人员。

主要工作任务：

1. 安装夹具，调整铣床，定位与装夹工件；

2. 选择、刃磨、安装刀具；

3. 操作铣床数控系统，进行人机之间指令和提示等信息交流；

4. 操作铣床，进行工件平面、沟槽、台阶、齿面、凸轮、球面、曲面等型面的切削加工；

5. 使用量具，进行制件精度检验及误差分析；

6. 维护保养机床和工装。

本职业包含但不限于下列工种：

数控铣工

6-18-01-03 刨插工

操作刨床或插床，进行工件平面、沟槽、键槽、齿面等型面切削加工的人员。

主要工作任务：

1. 安装夹具，调整设备，定位与装夹工件；

2. 选择、刃磨、安装刀具；

3. 操作刨插机床数控系统，进行人机之间指令和提示等信息交流；

4. 操作刨床，进行工件平面、沟槽、齿面等型面的切削加工；

5. 操作插床，进行工件键槽、齿面等型面的切削加工；

6. 使用量具，进行制件精度检验及误差分析；

7. 维护保养设备及工装。

本职业包含但不限于下列工种：

数控刨工　数控插工

6-18-01-04 磨工

操作磨床，使用磨料、磨具及专用工具，进行工件、光学玻璃等柱面、平面、螺纹等型面磨削加工的人员。

主要工作任务：

1. 安装夹具，调整磨床，定位与装夹工件；

2. 选择、修磨、安装砂轮；

3. 操作磨床数控系统，进行人机之间指令和提示等信息交流；

4. 操作磨床，进行工件圆柱面、平面、齿面、内孔、螺纹等型面的切削加工；

5. 操作机械，使用研磨剂，进行工件表面研磨加工；

6. 操作专用设备，进行光学玻璃磨削加工；

7. 使用量具，进行制件精度检验及误

差分析；

8. 维护保养设备及工装。

本职业包含但不限于下列工种：

宝石轴承磨工　光学磨工　数控磨工　光学切割工　研磨工

6-18-01-05　镗工

操作镗床，进行工件钻孔、扩孔、镗孔、端面等型面切削加工的人员。

主要工作任务：

1. 安装夹具，调整镗床，定位与装夹工件；

2. 选择、修磨刀具；

3. 操作镗床数控系统，进行人机之间指令和提示等信息交流；

4. 操作镗床，进行工件钻孔、扩孔、镗孔、端面等型面的切削加工；

5. 使用量具，进行制件精度检验及误差分析；

6. 维护保养设备。

本职业包含但不限于下列工种：

数控镗工

6-18-01-06　钻床工

操作钻床，进行工件钻孔、扩孔、铰孔、攻丝等切削加工的人员。

主要工作任务：

1. 安装夹具，调整钻床，定位与装夹工件；

2. 选择、刃磨、安装钻头；

3. 操作钻床数控系统，进行人机之间指令和提示等信息交流；

4. 操作钻床和数控钻床，进行工件钻孔、扩孔、铰孔、攻丝等加工；

5. 使用量具，进行制件精度检验及误差分析；

6. 维护保养设备及工装。

本职业包含但不限于下列工种：

数控钻工

6-18-01-07　多工序数控机床操作调整工

操作数控机加生产线、数控组合机床、复合机床和加工中心等，进行工件切削加工的人员。

主要工作任务：

1. 安装夹具，调整设备，装夹工件；

2. 选择、刃磨、安装刀具；

3. 操作设备数控系统，进行人机之间指令和提示等信息交流；

4. 校验加工程序，空运转设备并进行工件试切削；

5. 操作加工中心，进行工件多工序切削加工；

6. 操作数控机加生产线或数控组合机床或复合机床，进行工件切削加工；

7. 使用量具，进行制件精度检验及误差分析；

8. 维护保养设备及工装。

本职业包含但不限于下列工种：

数控机加生产线操作调整工　数控组合机床操作调整工　加工中心操作调整工　复合机床操作调整工

6-18-01-08　电切削工

操作电火花线切割机床或电火花成型机床，进行工件切割和成型加工的人员。

主要工作任务：

1. 安装调整夹具，定位与装夹工件；

2. 校正电极丝，操作电火花线切割机床，切割加工工件；

3. 安装调整工具电极，操作电火花成型机床，进行工件平面、曲面等型面的成型加工；

4. 使用量具，进行制件精度检验及误差分析；

5. 维护保养设备。

本职业包含但不限于下列工种：

电火花成型机床操作工　电火花线切割机床操作工

6-18-01-09　拉床工

操作拉床，进行工件圆孔、花键孔、方孔、平面等型面切削加工的人员。

主要工作任务：

1. 安装夹具，调整拉床，定位与装夹工件；

2. 操作拉床数控系统，进行人机之间指令和提示等信息交流；

3. 操作拉床，进行工件圆孔、花键孔、方孔、平面等型面的切削加工；

4. 使用量具，进行制件精度检验及误差分析；

5. 维护保养设备。

本职业包含但不限于下列工种：

数控拉床工

6-18-01-10　下料工

操作剪切、锯断等下料设备，使用工卡夹具，分离加工板材、型材等原材料的人员。

主要工作任务：

1. 操作校平机、剪切机床等装备，进行板材和型材剪切加工或校平、校直处理；

2. 操作圆锯、带锯、砂轮锯、弓锯等锯床，使用工艺装备，锯切加工管、棒、型材；

3. 使用量具，检验制件；

4. 维护保养设备。

本职业包含但不限于下列工种：

剪切工　锯床工

6-18-01-11　铆工

使用锁铆、压铆设备及工具，铆接加工金属板材、型材零件的人员。

主要工作任务：

1. 按工艺及产品要求，选择配合件；

2. 手工铆接配合件；

3. 操作手动或自动锁铆设备，铆接配合件；

4. 使用压铆工具和专用链接模具，铆接配合件；

5. 使用设备、工具或手工，维修铆接件。

6-18-01-12　冲压工

操作冲压、钣金、折弯、卷板等设备，加工处理金属板材、型材、管材及线材等的人员。

主要工作任务：

1. 操作冲压、钣金、折弯、卷板等设备，进行金属材料或坯件的开卷、校平、冲裁、落料、拉深、切边、切割、弯曲等加工；

2. 使用电动、气动或手动工具，进行金属成形零件加工后处理；

3. 检测金属成形零件的尺寸精度和外观质量等；

4. 维护保养设备。

本职业包含但不限于下列工种：

冷作钣金工　数控冲床操作工　折弯机操作工　卷板机操作工　压力机（生产线）操作工　拉深工

6-18-02（GBM 61802）
机械热加工人员

从事金属材料铸造、锻造、热处理、焊接、机械加工材料切割及粉末冶金制品加工的人员。

本小类包括下列职业：

6-18-02-01　铸造工
6-18-02-02　锻造工
6-18-02-03　金属热处理工
6-18-02-04　焊工
6-18-02-05　机械加工材料切割工
6-18-02-06　粉末冶金制品制造工

6-18-02-01　铸造工

操作熔炼、造型等设备，混制造型材料，使用称重、测温、成分检测等仪器或工具熔炼金属原料，将熔融金属液浇注进模型形成铸件的人员。

主要工作任务：

1. 配制型砂、芯砂，处理利用回收的旧砂，配制涂料；

2. 使用机器或手工，制作铸型和砂芯，烘干，合箱；

3. 操作熔炉，控制温度、成分、纯净度等指标，熔炼金属液，浇注铸件；

4. 使用熔模精密铸造、压力铸造、离心铸造等特种铸造方法及相应设备，生产铸件；

5. 使用设备或工具，清理或修补铸件；

6. 维护保养工艺装备。

本职业包含但不限于下列工种：

熔炼浇注工　铸造型（芯）砂工　铸造工装工　铸造造型（芯）工　铸件清理工

6-18-02-02　锻造工

使用加热、锻造设备及辅助工具，进行金属毛坯下料、加热、镦粗、拔长、预制坯、成形、冲孔、切边、校正、热处理、清理、检验等锻件加工的人员。

主要工作任务：

1. 安装调整夹具、模具和辅助装置，备料；

2. 操作燃气炉、感应加热炉等设备，加热锻造毛坯，进行坯料表面防护；

3. 操作锻造制坯及成形设备，进行锻造毛坯下料、镦粗、拔长、预制坯、成形、冲孔、切边、校正、热处理和清理等加工；

4. 操作加热炉、水（油）压机和辅助设备，进行金属材料加热、下料、制坯、成形等加工；

5. 使用专用设备和工装，进行锻件切边、校正和清理；

6. 检查、修复锻件的锻造缺陷；

7. 维护保养工艺装备。

本职业包含但不限于下列工种：

锻工　模锻工　锻造加热工　锻件切边工　锻件清理工　锻件校正工　水（油）压机锻造工

6-18-02-03　金属热处理工

操作热处理设备，进行金属材料、坯件或工件的退火、正火、调质、表面淬火、回火、渗碳、渗氮等热处理加工的人员。

主要工作任务：

1. 进行金属工件材质鉴别和热处理前的辅助准备工作；

2. 操作热处理设备，进行金属工件退火、正火、调质、表面淬火、回火等热处理加工；

3. 操作热处理设备，进行金属工件渗碳、渗氮等热处理加工；

4. 调校、清理或清洗热处理后的工件；

5. 维护保养设备。

本职业包含但不限于下列工种：

化学热处理工　表面热处理工

6-18-02-04　焊工

操作焊机或焊接设备，焊接金属工件的人员。

主要工作任务：

1. 设定焊接参数；
2. 安装和加固构件；
3. 安装、调试焊接设备及工艺设备；
4. 监控构件安装，进行构件预处理和焊材烘焙；
5. 操控电焊、气焊的焊炬、焊枪或焊钳等，进行金属构件的焊接或表面堆焊；
6. 操作机械化或自动化焊接设备，焊接金属构件；
7. 清理焊缝，检测外观质量；
8. 维护保养设备。

本职业包含但不限于下列工种：

电焊工　气焊工　钎焊工　焊接设备操作工　锅炉（承压）设备焊工

6-18-02-05　机械加工材料切割工

使用切割工具或设备，进行机械加工材料切割成型的人员。

主要工作任务：

1. 安装、调整切割设备及工艺装备，并做好安全防护工作；
2. 使用手工或编程套料系统对切割零件进行编程套料；
3. 使用手工火焰割炬、手工等离子割炬或切割小车、数控等离子切割机、数控激光切割机、数控水射流切割机、数控型材切割机等，进行机械加工金属材料的直线、坡口和几何线形切割；
4. 清理切割工件表面，使用测量工具检测工件；
5. 维护保养设备及工艺装备。

本职业包含但不限于下列工种：

手工火焰切割工　手工等离子切割工　数控等离子切割机操作工　数控激光切割机操作工　数控水射流切割机操作工　数控型材专用切割机操作工　数控火焰切割机操作工

6-18-02-06　粉末冶金制品制造工

操作金属制粉、压力机、烧结炉等设备，进行粉末冶金制粉、压制成型和烧结等加工的人员。

主要工作任务：

1. 操作机械制粉设备，将金属料块加工成金属粉末或金属化合物粉末；
2. 操作压力机械，使用工模器具将粉末材料压制成坯、块、条、棒；
3. 操作烧结炉，烧结加工粉末压坯或松装粉末，制成粉末冶金制品；
4. 维护保养工艺装备。

本职业包含但不限于下列工种：

粉末冶金烧结工　金属制粉工　熔喷工　铝镁粉球磨工　铣粉工　真空垂熔工　筛粉工　粉末冶金成型工

6-18-03（GBM 61803）
机械表面处理加工人员

从事工件表面镀层、镀膜、涂装、喷涂喷焊等加工处理工作的人员。

本小类包括下列职业：

6-18-03-01　镀层工
6-18-03-02　镀膜工
6-18-03-03　涂装工
6-18-03-04　喷涂喷焊工

6-18-03-01 镀层工

操作镀层设备，进行工件清洗、除锈、电镀、氧化、浸镀、钝化、磷化等表面加工处理的人员。

主要工作任务：

1. 进行毛坯零件脱脂、清洗、除锈等前处理；

2. 配制电镀、氧化、浸镀、钝化、磷化等成膜溶液，调整溶液成分，测量溶液温度、密度和酸碱度（pH 值）；

3. 操作设备，进行金属工件镀锌、镀铬、镀镍、镀铜、镀锡、镀银、镀金、镀合金、酸洗、磷化、钝化等处理，以及进行铝合金阳极氧化；

4. 操作电镀设备，进行非金属工件表面镀层加工；

5. 操作高温熔化锅，进行工件热浸镀工艺处理；

6. 使用检测设备或专用仪器，进行镀层检验、检测及后处理工作；

7. 维护保养工艺装备。

本职业包含但不限于下列工种：

电镀工　氮化钛涂层工　酸洗钝化工　化学铣切工　热浸镀工　化学镀银工

6-18-03-02 镀膜工

操作镀膜设备，进行工件表面成膜加工处理的人员。

主要工作任务：

1. 进行毛坯零件除油（脱脂）、清洗、除锈等前处理；

2. 将工件置放在镀膜设备内；

3. 操作镀膜设备，使工件表面生成膜层；

4. 进行膜层检验、检测及后处理；

5. 维护保养设备及工艺装备，排除使用过程中出现的故障。

本职业包含但不限于下列工种：

化学镀膜工　转化膜工

6-18-03-03 涂装工

使用专用设备和辅助工具，进行工件表面喷涂、浸涂、滚涂、刷涂等处理，以及特种功能涂层涂覆的人员。

主要工作任务：

1. 操作喷砂、抛丸设备，进行工件表面机械预处理或化学预处理；

2. 调配、检验化学预处理药液和浸渍涂料；

3. 使用专用设备或工具，进行工件表面的喷涂、浸涂（含电泳）、滚涂、刷涂等处理；

4. 进行工件表面的涂腻子、打磨、喷漆等作业；

5. 进行工件表面脱水烘干、涂料固化处理；

6. 操作专用设备，进行工件的隐身、防火、防水等特种功能涂层的涂覆；

7. 操作专用设备，进行工件的除油、防锈和包装；

8. 使用专用仪器，检验工件涂层质量；

9. 维护保养工艺装备。

本职业包含但不限于下列工种：

涂装预处理工　涂料调配工　涂料涂覆工　涂装后处理工　防锈处理工

6-18-03-04 喷涂喷焊工

操作电弧喷涂、等离子喷焊、激光熔覆等专用设备，进行工件喷涂、喷焊、熔覆等处理加工的人员。

主要工作任务：

1. 操作喷砂、抛丸等设备，进行工件

表面除油除锈、粗化或毛化等预处理；

2. 使用加热设备或材料，预热、保温工件；

3. 操作火焰喷涂喷焊、等离子喷涂喷焊、电弧喷涂、爆炸喷涂、冷喷涂、激光喷涂、激光熔覆等设备，进行工件喷涂喷焊；

4. 使用检测仪器或工具，检测涂层；

5. 使用专用仪器或工具，进行涂层缺陷检测分析和修补；

6. 使用抛光设备或工具，进行工件表面磨光或抛光等后处理；

7. 包装和防护喷涂工件；

8. 维护保养设备。

本职业包含但不限于下列工种：

喷涂预处理工　喷涂喷焊操作工　涂层后处理工

6-18-04（GBM 61804）
工装工具制造加工人员

从事磨料、磨具、量具、刃具等工装工具加工制造工作的人员。

本小类包括下列职业：

6-18-04-01　模具工
6-18-04-02　模型制作工
6-18-04-03　磨料制造工
6-18-04-04　磨具制造工
6-18-04-05　量具和刃具制造工
6-18-04-06　工具钳工

6-18-04-01　模具工

操作设备和使用工具，加工、装配、调试和维修金属或非金属制件模具的人员。

主要工作任务：

1. 使用测量工具，检测模具零件；

2. 使用钳工工具等，进行模具零件修配及抛光等加工；

3. 使用钳工工具、钻床等，装配模具，调整模具零件的配合间隙；

4. 检查模具的工作过程、运动干涉、加热冷却系统和安全防护装置等；

5. 将模具安装在压力机、注塑机、压铸机、锻压机等设备上，进行调试与试运行；

6. 检查模具成型零件的形状、尺寸与质量，判断零件缺陷；

7. 根据零件缺陷，分析成型工艺与模具问题；

8. 针对模具加工和装配的质量问题，进行调整和维修。

本职业包含但不限于下列工种：

塑料模具工　压铸模具工　铸造模具工　锻压模具工　挤压模具工　挤出拉制模具工　粉末冶金模具工　冲压模具工　混凝土模具工　耐火材料模具工　玻璃制品模具工　玻璃钢模具工

6-18-04-02　模型制作工

使用设备、工具及量仪，将油泥、树脂、耐火原料及石膏等材料制成产品或空间关系模型的人员。

主要工作任务：

1. 依据图纸及数据要求，计算模型比例，绘制模型骨架图；

2. 使用设备和工具，制作模型骨架、模样、型板、芯盒；

3. 使用设备、工具及量仪，将油泥或树脂等材料制成汽车外形、内饰及车身附件的模型；

4. 使用设备及量仪，采集汽车模型表面的数据；

5. 操作搅拌、干燥、焙烧等设备，将耐火原料及石膏等材料制成匣钵、陶瓷模具；

6. 根据建筑设计图纸，选择材料，制作反映建筑形态和空间关系的模型；

7. 使用木质材料或其他材料，加工铸造模型或船体模型，并进行船模性能试验。

本职业包含但不限于下列工种：

陶瓷模型制作工　汽车模型工　建筑模型制作工　铸造模型工　船模制作工

6-18-04-03　磨料制造工

操作油压、剪切、烧结、破碎、筛分等设备，制备粒、粉、微粉、超微粉磨料，并制造复合超硬材料的人员。

主要工作任务：

1. 操作油压机、剪切机等设备，进行超硬磨料的原材料预处理；

2. 操作电解、摇床、球磨、选型等设备，进行超硬磨料提纯、整形、筛分、选型和表面处理；

3. 操作破碎、称量、混料、胶体制备等设备，进行普通磨料的原材料预处理；

4. 操作电弧炉、电阻炉、高温煅烧炉等设备，冶炼及合成普通磨料；

5. 操作擂碎、破碎、筛分、磁选、搅拌、烘干等设备，进行普通磨料破碎、整形、分级、烘干及表面处理；

6. 操作金刚石压机等设备，合成复合超硬材料；

7. 操作磨床、线切割等设备，研磨、抛光、切割复合超硬材料；

8. 操作静压强度测试仪和冲击强度测试仪等设备，检测超硬磨料；

9. 操作筛分试验、磁性测定、分光光度计等设备，检测普通磨料；

10. 使用显微镜等仪器，检测复合超硬材料；

11. 称量、包装成品；

12. 维护保养设备和检测仪器。

本职业包含但不限于下列工种：

超硬磨料制造工　普通磨料制造工　复合超硬材料制造工

6-18-04-04　磨具制造工

操作混料、成型、油压、烧结、切割、焊接等设备，进行磨具成型加工与处理的人员。

主要工作任务：

1. 操作混料、油压、烧结、焊接、抛光、开刃等设备，进行磨料和结合剂配混、成型、烧结、焊接及后处理加工，制成金刚石锯切钻进工具；

2. 操作混料、油压、烧结、窑炉、车床等设备，进行磨料和结合剂配混、成型、烧结及后处理加工，制成超硬磨具和固结磨具；

3. 操作线切割、激光切割、焊接、工具磨床等设备，切割和焊接复合超硬材料；

4. 操作烧毛、退浆、开卷、植砂、纵切等设备，进行基材处理、大卷制造、转换等加工，制成涂附磨具；

5. 进行成品磨具检查、试验和包装；

6. 维护保养工艺装备。

6-18-04-05　量具和刃具制造工

使用设备、工装、工具对量具进行加工、装配与调试，操作扭制等加工设备，进行刃具扭制等成型加工与处理的人员。

主要工作任务：

1. 安装夹具，调整机床，定位与装夹工件；

2. 使用设备、工装、工具，对量具进行加工、装配与调试；

3. 操作扭制等加工设备，进行刃具等工具的扭制或其他成型加工；

4. 维护保养设备及工艺装备，排除使用过程中出现的一般故障。

本职业包含但不限于下列工种：

量具制造工　刃具制造工

6-18-04-06　工具钳工

使用钳工工具和设备，加工、装配与调试工具和样板的人员。

主要工作任务：

1. 安装、调整台钳夹具，装卸工件，刃磨刀具；

2. 使用钳工工具和钻床等设备，进行锯、锉、刮、研磨、钻、铰等加工，制造样板、卡板、量规、凸轮、夹具等；

3. 使用研磨剂，手工研磨工件表面；

4. 进行制件精度检验及误差分析；

5. 维护保养工装设备。

本职业包含但不限于下列工种：

夹具钳工　样板钳工

6-18-99（GBM 61899）
其他机械制造基础加工人员

指未列入6-18-01至6-18-04的机械制造基础加工人员。

6-19（GBM 61900）　金属制品制造人员

从事五金制品及其他金属制品制造等工作的人员。

本中类包括下列小类：

6-19-01（GBM 61901）五金制品制作装配人员

6-19-99（GBM 61999）其他金属制品制造人员

6-19-01（GBM 61901）
五金制品制作装配人员

从事工具五金、建筑五金和日用五金制品等加工制作的人员。

本小类包括下列职业：

6-19-01-01　工具五金制作工

6-19-01-02　建筑五金制品制作工

6-19-01-03　锁具制作工

6-19-01-04　金属炊具及器皿制作工

6-19-01-05　日用五金制品制作工

6-19-01-06　搪瓷制品制造工

6-19-01-01　工具五金制作工

使用专用设备、工装和测试仪器，将金属等材料制成工具五金的人员。

主要工作任务：

1. 操作设备，进行金属材料下料或制坯；

2. 使用设备和工装，进行金属板材冲压、冲孔等加工；

3. 操作设备，进行制件车、铣、钻、铰等切削加工；

4. 进行制件退火、淬火、回火等热处理；

5. 使用机械或化学方法，进行制件抛磨、电镀、发黑、喷涂等表面处理；

6. 操作设备，热压、烧结、焊接制件，并修磨出刃；

7. 使用设备和工装，对绝缘工具的本

体进行注塑或浸塑；

8. 使用设备和仪器，测试动力工具的电动、气动、液动部件；

9. 使用设备和工具，将零部件装配为成品，对成品工具进行标识；

10. 进行成品工具性能测试、防锈处理和包装。

本职业包含但不限于下列工种：

手动工具制作工　手持小型动力工具制作工　绝缘防爆工具制作工

6-19-01-02　建筑五金制品制作工

使用机械和工具，将金属等材料制成金属网、水龙头、卫浴配件、民用阀门、门窗五金配件等建筑五金制品的人员。

主要工作任务：

1. 操作设备，进行金属线材退火、剥壳和拉丝；

2. 使用专用设备和工装，进行金属丝挤压和冲切；

3. 操作专用设备，进行金属丝编织、焊接、细网成卷、切割；

4. 使用设备和工装，进行金属材料压铸、锻造、冲压、拉伸、冲孔等加工，制成坯料；

5. 操作设备，进行金属材料切削、冷挤压、热冲压、焊接等加工，制成零部件；

6. 进行金属线材或零件电镀、喷涂、抛光等表面处理；

7. 使用设备或工具，将零部件装配为成品并包装。

本职业包含但不限于下列工种：

金属网制作工　水龙头及卫浴配件制作工　民用阀门及管道连接件制作工　轻钢龙骨制作工　门窗五金配件制作工　脚轮制作工　制钉工

6-19-01-03　锁具制作工

使用专用设备、工装和手工工具，将金属等材料制成锁头体、锁芯、钥匙等零部件并装配成锁具的人员。

主要工作任务：

1. 操作压铸、锻造等专用设备，将金属材料制成锁具零部件的坯件；

2. 操作冲压、焊接、铆接、车、铣、钻、拉等设备，制作锁具零部件；

3. 操作专用设备，将钢、铜等材料制成弹簧；

4. 进行零部件强化处理或热处理；

5. 操作抛、砂、磨、电镀、涂装等设备，进行零部件防腐和表面处理；

6. 使用专用机械、工装、夹具和手工工具，将零部件装配成锁具。

本职业包含但不限于下列工种：

锁零件制作工　锁具装配工

6-19-01-04　金属炊具及器皿制作工

使用设备和工具，将金属等材料制成炊具及器皿的人员。

主要工作任务：

1. 操作下料、压制、卷边等设备，将金属材料制成炊具及器皿的主体和零件；

2. 使用机械、化学或电化学方法，进行炊具及器皿的零件表面处理；

3. 操作设备，进行非金属配件模压、注塑等成型加工；

4. 操作设备，加工阀类、密封零件和压力安全零件；

5. 使用测量仪器和工具，检测零部件和电器元件等；

6. 使用工具进行成品组装。

本职业包含但不限于下列工种：

金属锅具制作工　金属器皿制作工　压

力锅制作工

6-19-01-05　日用五金制品制作工

使用设备、工装、工具和测试仪器，将金属等材料制成拉链、刀剪、打火机、吸油烟机等日用五金制品的人员。

主要工作任务：

1. 使用设备和工装，将金属等材料制成日用五金制品的零件；

2. 操作设备，进行零件注塑、焊接和部件组装；

3. 使用设备和工装，进行零部件喷涂、电镀、电泳、喷光、喷塑、磷化等表面处理；

4. 使用设备和工具，进行零部件雕刻、镶嵌、印刷、抛光、激光表面处理或特种表面处理；

5. 操作电子电路组装设备，加工电子元件和印刷电路板；

6. 使用设备和工具，装配、测试、调整和包装成品。

本职业包含但不限于下列工种：

拉链制作工　金属打火机制作工　塑料打火机制作工　餐具及厨具制作工　手电筒制作工　伞制作工　美容美发器具制作工　刀剪制作工　针制作工　不锈钢真空容器制作工　保险箱柜制作工　金属纽扣饰扣制作工　吸油烟机制作工　流行饰品制作工

6-19-01-06　搪瓷制品制造工

操作专用设备和窑炉，进行搪瓷制坯、制釉、涂釉并烧制成搪瓷制品的人员。

主要工作任务：

1. 操作专用窑炉，高温熔融瓷釉配合料；

2. 将熔融料制成瓷釉熔块料；

3. 操作球磨机，将瓷釉熔块料研磨成干釉粉或制成釉浆；

4. 操作设备，加工钣金料；

5. 操作冲压机，将坯体元件冲压成型；

6. 使用设备或机具，焊接搪瓷坯体和其他配套件；

7. 使用机械或手工，进行搪瓷坯体表面涂釉，送入窑炉烧成制品；

8. 使用工具，在搪瓷坯体表面喷饰花纹图案。

本职业包含但不限于下列工种：

搪瓷瓷釉制作工　搪瓷坯体制作工　搪瓷涂搪工　搪瓷花版饰花工　搪瓷烧成工　搪瓷窑炉司炉工

6-19-99（GBM 61999）
其他金属制品制造人员

指未列入6-19-01的金属制品制造人员。

6-20（GBM 62000）　通用设备制造人员

从事通用基础件、锅炉及原动设备、金属加工机械、物料搬运设备、文化办公机械等通用设备和零部件加工制造的人员。

本中类包括下列小类：

6-20-01（GBM 62001）通用基础件装配制造人员

6-20-02（GBM 62002）锅炉及原动设备制造人员

6-20-03（GBM 62003）金属加工机械制造人员

6-20-04（GBM 62004）物料搬运设备制造人员

6-20-05（GBM 62005）泵、压缩机、阀门及类似机械制造人员

6-20-06（GBM 62006）烘炉、水处理、衡器等设备制造人员

6-20-07（GBM 62007）文化办公机械制造人员

6-20-99（GBM 62099）其他通用设备制造人员

6-20-01（GBM 62001）通用基础件装配制造人员

从事轴承、传动部件、紧固件、弹簧等通用基础件加工制造工作的人员。

本小类包括下列职业：

6-20-01-01 装配钳工

6-20-01-02 轴承制造工

6-20-01-03 齿轮制造工

6-20-01-04 减变速机装配调试工

6-20-01-05 链传动部件制造工

6-20-01-06 紧固件制造工

6-20-01-07 弹簧工

6-20-01-01 装配钳工

使用机械或工装、工具，进行机械设备产品部件、组件或成品组合装配与调试的人员。

主要工作任务：

1. 安装调整工装卡具；

2. 使用机械设备或工装、工具，将机械产品的零部件装配成部件或组件；

3. 装配机械产品的整机或总成；

4. 使用仪器仪表和工装、工具，检测与调试机械产品的部装和总装；

5. 维护保养装配设备、工夹量具和仪器仪表。

6-20-01-02 轴承制造工

使用专用设备、工装或手工工具，进行轴承套圈、保持架、滚动体等零件加工，并进行轴承装配、检验和试验的人员。

主要工作任务：

1. 安装调整工装夹具；

2. 使用轴承专用设备、工装，加工轴承套圈、保持架、滚动体等轴承零件；

3. 使用仪器仪表和工装、工具，检验轴承零件；

4. 使用装配机械或工装、工具，装配轴承，注脂和加装密封装置；

5. 使用仪器仪表和工装、工具，检验、试验成品轴承；

6. 维护保养机械设备、工夹量具和仪器仪表。

本职业包含但不限于下列工种：

轴承装配工 轴承零件制造工

6-20-01-03 齿轮制造工

操作齿形加工机床，进行齿形工件切削加工的人员。

主要工作任务：

1. 安装夹具，调整设备，定位与装夹工件；

2. 操作数控系统，进行人机之间指令、提示等信息的交流；

3. 维护保养制齿刀具，并进行刃磨和修理；

4. 操作插齿、滚齿、刨齿、珩齿、磨齿和剃齿等齿形加工机床，对工件齿形进行

切削加工；

5. 进行精度检验及误差分析；

6. 维护保养设备及工艺装备，排除使用过程中出现的一般故障。

本职业包含但不限于下列工种：

制齿工　齿轮装配工　数控制齿工

6-20-01-04　减变速机装配调试工

使用机械设备、工装器具和工具，装配、调试齿轮、蜗轮蜗杆和行星轮等减变速机的人员。

主要工作任务：

1. 准备装配件，清洁箱体；

2. 使用工装或工具，装配减速机的齿轮副部件，压装轴承；

3. 装配油窗及其他调速附件，清洁箱体并加注润滑油，进行减变速机箱体总装；

4. 进行减变速机试运转和性能检测；

5. 进行减变速机成品的输入端和输出端防锈处理；

6. 维护保养装配工装和检测器具。

6-20-01-05　链传动部件制造工

使用专用设备和工夹量具，加工、装配、调试和检验链传动部件的人员。

主要工作任务：

1. 安装、调试工装、模具、夹具；

2. 使用折弯、压边、卷管、闸销等专用设备和工装，加工链传动零部件；

3. 操作专用设备，对链轮进行制齿加工；

4. 操作专用设备或自动组装线，组装链条；

5. 使用仪器仪表和工装、工具，进行成品链条、链轮检测和试验；

6. 维护保养加工设备。

本职业包含但不限于下列工种：

链板冲压工　套筒卷制工　链条装配工　销轴铆销工　链轮制造工

6-20-01-06　紧固件制造工

操作冷镦、热镦、滚丝、搓丝、攻丝机床及螺纹轧制等设备，进行紧固件镦锻制坯及螺纹成型加工的人员。

主要工作任务：

1. 调整设备，安装工装、夹具；

2. 使用专用设备及工装、模具，进行螺栓、螺母、螺钉等紧固件冷镦锻或热镦锻的制坯加工；

3. 操作滚丝、搓丝或螺纹轧制等设备，进行紧固件螺纹成型加工；

4. 使用检测工具，检验紧固件的外观、尺寸等产品质量；

5. 维护保养工艺装备。

本职业包含但不限于下列工种：

紧固件螺纹成型工　紧固件镦锻工

6-20-01-07　弹簧工

操作专用设备，进行金属或非金属材料弹簧成型、热处理、磨削和表面处理等加工的人员。

主要工作任务：

1. 操作专用设备，进行弹簧材料的下料、绕制、铸型、拉扭成型、弹簧变形等加工；

2. 操作专用设备，进行弹簧的去应力、磨削、喷丸、校正、切口等加工；

3. 操作设备，进行金属或非金属材料弹簧热处理或固化加工；

4. 进行成品弹簧的表面处理、涂层、防锈和清洁处理；

5. 检测弹簧几何尺寸、负荷分类及力

学性能等项目；

6. 维护保养工艺装备。

本职业包含但不限于下列工种：

弹簧制作工　特种弹簧制作工

6-20-02（GBM 62002）
锅炉及原动设备制造人员

从事锅炉、内燃机、汽轮机、风电机组及其辅助设备等装配和调试的人员。

本小类包括下列职业：

6-20-02-01　锅炉设备制造工
6-20-02-02　内燃机装配调试工
6-20-02-03　汽轮机装配调试工
6-20-02-04　风电机组制造工 L

6-20-02-01　锅炉设备制造工

操作卷板、吊装、试压泵等设备和使用工具，进行锅炉零部件加工、总成装配和调试的人员。

主要工作任务：

1. 安装调整工装、夹具；

2. 操作卷板设备，矫平金属板材，卷制成锅炉筒体；

3. 操作燃气或燃油加热炉，对锅炉锅筒、集箱、受热面管屏以及气化炉、氨合成塔、甲醇合成塔等压力容器进行正火、回火、退火或局部热处理；

4. 使用吊装机械和工夹量具，装配锅炉的汽包、联箱、管道、金属结构及辅机；

5. 操作试压泵等设备，进行锅炉的汽包、联箱、管道和辅机压力测试；

6. 维护保养工装设备。

本职业包含但不限于下列工种：

锅炉设备装配工　锅炉设备试压工　锅炉卷板工　锅炉大件热处理工

6-20-02-02　内燃机装配调试工

操作机械设备或使用工装、工具，装配内燃机燃料供给、点火和润滑系统等部件及总成，并进行整机调试和磨合试验的人员。

主要工作任务：

1. 准备工装、工具和产品零部件；

2. 装配内燃机曲柄连杆机构；

3. 装配气门组、气门传动组和气门驱动等部件；

4. 装配燃料供给系统、润滑系统、冷却系统等组件；

5. 将蓄电池、发电机、分电器、点火线圈和火花塞零部件等装配成点火系统；

6. 操作机械设备或使用工具，组合装配内燃机总成；

7. 进行内燃机整机调试及磨合试验；

8. 维护保养装配设备和工夹量具。

本职业包含但不限于下列工种：

内燃机调试工　内燃机装配工

6-20-02-03　汽轮机装配调试工

操作机械和使用工夹量器具，对汽轮机进行部套装配、总装配及调试的人员。

主要工作任务：

1. 安装调整装配工位器具，建立汽轮机装配台位的水平基础；

2. 使用工夹量器具等，对汽轮机的阀门部套、汽缸部套等部件进行装配，对汽缸进行负荷分配；

3. 使用工夹量器具等，对汽轮机的轴承箱、台板、汽缸、隔板套、隔板、气封等静子部套进行试装和调整；

4. 操作叶轮钻床、铰孔机床等，依据T形、叉形、枞树形等不同型式的叶根，将叶片、叶片拉筋、围带及末叶片等装配到转子上；

5. 使用工夹量器具等，对汽轮机转动部件进行装配和调整，协助进行静、动平衡试验；

6. 使用检验、试验设备及仪器仪表，对汽轮机部套及整机进行检验、试验和调整；

7. 维护保养装配设备和工夹量具。

本职业包含但不限于下列工种：

汽轮机总装配调试工　汽轮机转子装配调试工　汽轮机部套装配调试工

6-20-02-04　风电机组制造工 L

使用专用设备及工装，加工制造风力发电机组叶片等零部件，并调试装配机械、电气系统的人员。

主要工作任务：

1. 使用模具和辅助工装设备，采用真空灌注等方法，将增强材料、基体材料和芯材制成风电叶片；

2. 使用吊装设备及工具，将机舱底座、齿轮箱、发电机、主轴等部件及偏航、冷却、刹车、变桨等系统集成装配成风力发电机组的机舱；

3. 使用吊装设备及工具，将塔架、机舱、风轮、控制系统、电缆等部件装配成风力发电机组；

4. 使用专用工具，安装电缆桥架、传感器支架、防雷碳刷支架和温度传感器等；

5. 使用电压表、绝缘测试仪等检测仪器，进行机组控制系统试验及调整；

6. 进行电气系统、避雷系统等通电检查；

7. 进行风力发电机组电气、控制系统的系统联调。

本职业包含但不限于下列工种：

风轮叶片制造工　风电机组机械装调工　风电机组电气装调工

6-20-03（GBM 62003）

金属加工机械制造人员

从事金属切削加工机床、焊接设备等装配与调试的人员。

本小类包括下列职业：

6-20-03-01　机床装调维修工

6-20-03-02　焊接设备装配调试工

6-20-03-03　焊接材料制造工

6-20-03-01　机床装调维修工

使用设备、工装、工具和检测仪器，装配、调试和维修机床的人员。

主要工作任务：

1. 准备工装、夹具、工具和产品零部件；

2. 进行机床导轨或轴瓦刮研，检查研点；

3. 装配床身和立柱等支撑部件；

4. 装配机床的变速机构、进给机构、主轴箱、刀架、刀库等部件；

5. 装配机床的控制和操纵系统、润滑系统、冷却系统等部件或组件；

6. 装配机床上下料装置、液压装置、卡盘、虎钳、回转工作台和分度头等机床附属装置；

7. 安装数控机床数控装置和伺服系统的程序；

8. 使用仪器仪表和工装工具，进行机床的机械、电气、液压和数控等系统的综合检测和调试；

9. 维护保养装配设备和工夹量具。

本职业包含但不限于下列工种：

数控机床装调维修工　普通机床装调维修工

6-20-03-02　焊接设备装配调试工

使用工艺装备、工具和仪器仪表，装配和调试焊接设备的零部件及总成的人员。

主要工作任务：

1. 使用工具、工装，装配电焊机和焊接专机的零部件；

2. 装配电焊机和焊接专机总成；

3. 装配焊接专机的专用工装卡具；

4. 装配焊接专机的焊接变位机和移动装置；

5. 装配电焊机、焊接专机的电气控制部分；

6. 使用仪器仪表，检测和调试焊接设备成品的机械性能、电气性能和焊接工艺性；

7. 维护保养工艺装备。

本职业包含但不限于下列工种：

电焊机装配工　焊接专机装配工

6-20-03-03　焊接材料制造工

操作拔丝机、切丝机、压涂机等专用设备，生产电焊条、实心焊丝、药芯焊丝、埋弧焊丝、焊剂及钎料等焊接材料的人员。

主要工作任务：

1. 操作拔丝机和切丝机，进行金属线材拔丝和切丝加工；

2. 按照配方要求，将矿粉、铁合金粉及化工材料等配制成焊材混合粉，搅拌；

3. 操作压涂机，生产电焊条；

4. 操作药芯焊丝生产设备，将钢带制成U形槽，装料合缝后拉拔成丝；

5. 操作焊剂生产设备，制作烧结焊剂和熔炼焊剂；

6. 操作设备，按照配方，进行铁合金和有色金属配料、冶炼、铸型、拉拔及切断等加工，制成钎焊材料；

7. 维护保养生产设备。

本职业包含但不限于下列工种：

焊材配拌粉工　电焊条压涂工　焊丝镀铜工　药芯焊丝成型工　焊剂烧结熔炼工　钎焊材料冶炼成型工

6-20-04（GBM 62004）
物料搬运设备制造人员

从事电梯等物料搬运设备制造工作的人员。

本小类包括下列职业：

6-20-04-00　电梯装配调试工

6-20-04-00　电梯装配调试工

使用专用设备、工装工具和计量检测仪器，装配、调试电梯或电梯的机械、电气部件的人员。

主要工作任务：

1. 装配、调试电梯的驱动主机、门机系统、轿厢系统、安全保护系统等机械部件；

2. 装配电梯的井道导向系统、井道信息系统、电梯悬挂系统、补偿系统、内外选层召唤系统等机械组件；

3. 装配、调试电梯的操纵装置、位置显示装置、控制屏柜、平层装置等系统的电气部分；

4. 装配自动扶梯和自动人行道的扶手装置、梯级、安全保护装置等机械组件；

5. 装配、调试自动扶梯和自动人行道的梳齿板安全装置、驱动链保护装置、围裙板安全装置等安全保护装置的电气部分；

6. 使用专业计量器具和检测仪器，检验装配的系统或组件；

7. 试装自动扶梯及自动人行道，并使用专业计量器具和检测仪器检验整机。

本职业包含但不限于下列工种：

电梯机械装配工　电梯电气装配工

6-20-05（GBM 62005）
泵、压缩机、阀门及类似机械制造人员

从事机泵、真空设备、阀门、液压和气压动力机械及密封元件等产品制造的人员。

本小类包括下列职业：

6-20-05-01　泵装配调试工
6-20-05-02　真空设备装配调试工
6-20-05-03　压缩机装配调试工
6-20-05-04　风机装配调试工
6-20-05-05　过滤与分离机械装配调试工
6-20-05-06　气体分离设备装配调试工
6-20-05-07　制冷空调设备装配工
6-20-05-08　阀门装配调试工
6-20-05-09　液压液力气动密封件制造工

6-20-05-01　泵装配调试工

使用机械设备、工装器具和工具，装配和调试水泵、油泵、泥浆泵等泵类产品的组件或成品的人员。

主要工作任务：

1. 检测泵体、运动部件、轴承等零部件；
2. 清洁零件，装配泵的泵壳、叶轮或柱塞、轴承、密封件等；
3. 使用设备和工具，装配泵的成品，进行性能检测与调试；
4. 维护保养设备、工装和检测器具。

6-20-05-02　真空设备装配调试工

使用机械设备、工装器具和工具，装配和调试真空泵组件、机组或系统的人员。

主要工作任务：

1. 检测真空的泵体、运动部件、轴承等零部件；
2. 清洁零件，装配真空泵的泵壳、转子、轴承、密封件和控制系统等；
3. 使用设备和工具，装配真空泵成品，进行性能检测与调试；
4. 维护保养设备、工装和检测器具。

6-20-05-03　压缩机装配调试工

使用机械设备、工装器具和工具，装配和调试压缩机的人员。

主要工作任务：

1. 清洁机体、曲轴、连杆、活塞、气阀等零件，装配活塞式压缩机的主机；
2. 清洁机体、螺杆、轴承、密封等零件，装配螺杆式压缩机的主机；
3. 安装压缩机的电动机和控制系统等，检测与调试无负荷试车和负荷性能；
4. 维护保养设备、工装和检测器具。

6-20-05-04　风机装配调试工

使用设备、工装器具和工具，装配和调试增压、循环、通风、排尘等风机的人员。

主要工作任务：

1. 使用工具，装配风机的机壳、叶轮、轴承、密封件等；
2. 安装与调试风机的电动机和测试系统等；
3. 检查风机整机装配和测试系统的安装质量；
4. 协助测试技术人员进行风机试运转和性能试验；
5. 维护保养装配工装、试验设备和检测仪器等。

6-20-05-05 过滤与分离机械装配调试工

使用机械设备、工装器具和工具，装配和调试液体过滤与分离机械的人员。

主要工作任务：

1. 装配过滤与分离机械的机体、转筒、滤网或滤板等部件和组件；
2. 安装电机、电气控制等部件和组件；
3. 进行过滤与分离机械整机总成、试运转、性能检测；
4. 维护保养装配工装、检测器具等。

6-20-05-06 气体分离设备装配调试工

使用机械设备、工装器具和工具，装配、调试气体分离设备的人员。

主要工作任务：

1. 装配气体分离设备的塔器、压缩机、泵、膨胀机、电器控制等部件和组件；
2. 安装连接气体分离设备的换热器、管道、阀门和储罐等配套系统；
3. 进行气体分离设备整机总成、试运转、性能检测；
4. 维护保养装配工装、检测器具等。

6-20-05-07 制冷空调设备装配工

使用机械设备、工装和工具，装配制冷空调设备压缩机、换热装置、容器、阀门和系统连接管道的人员。

主要工作任务：

1. 使用小型起重设备和工具，装配制冷空调压缩机（组）；
2. 采用紧固件连接、焊接、胀管等方法，加工和装配冷凝器、蒸发器、节流装置等部件；
3. 使用检测仪器，进行冷凝器、蒸发器、节流装置等探伤、检漏和试压；
4. 进行压缩机、冷凝器、蒸发器、节流装置等抽真空或充入氮气，关闭进出口阀门；
5. 使用装配工具、紧固件及焊接机具，将管道、压缩机（组）、换热装置、容器及阀门装配成制冷空调系统；
6. 连接制冷空调系统与中央控制系统或楼宇控制系统。

6-20-05-08 阀门装配调试工

使用机械设备、工装器具和工具，装配和调试控制流体的手动、电动、液动、气动等各类阀门的人员。

主要工作任务：

1. 清洁阀门的阀体、阀瓣、阀杆、阀座、密封等零部件，装配阀门的主体；
2. 安装手动、电动、液动、气动等执行部件，检测阀门性能；
3. 维护保养设备、工装和检测器具。

6-20-05-09 液压液力气动密封件制造工

使用专用设备和工卡量具，进行液力传动、液压传动、气动、机械密封等基础元器件零件加工、成品装配和性能检测的人员。

主要工作任务：

1. 操作专用设备，加工液压液力气动密封件的零件；
2. 清洁零件，使用工装或工具，装配液压液力气动密封件；
3. 操作试验或检测设备，测试与调整液压液力气动密封件或系统；
4. 维护保养设备、工装和检测器具。

本职业包含但不限于下列工种：

液力元件制造工 液压元件及液压系统制造工 气动元件制造工 机械密封件制造工

6-20-06（GBM 62006）烘炉、水处理、衡器等设备制造人员

从事烘炉、水处理、衡器等通用机械装配和调试等工作的人员。

本小类包括下列职业：

6-20-06-01 工业炉及电炉装配工
6-20-06-02 膜法水处理材料和设备制造工
6-20-06-03 电渗析器制造工
6-20-06-04 电动工具制造工
6-20-06-05 衡器装配调试工

6-20-06-01 工业炉及电炉装配工

使用工艺装备、仪器仪表和工具，进行工业炉及电炉炉体、液压、水冷、气体系统、燃料系统、电气及控制系统组合装配、调试和检验的人员。

主要工作任务：

1. 使用设备和工具，检测工业炉及电炉的安装基准，检测土建和（或）钢结构基础；
2. 使用吊车、手工工具、液压系统过滤清洗机、绝缘电阻测量表等，组合装配工业炉及电炉的炉体结构、液压、电气系统；
3. 操作吊装设备、焊机等，安装燃料系统；
4. 使用仪器仪表，检测工业炉及电炉的装配质量，处理装配缺陷；
5. 使用仪器仪表和工具，调试工业炉及电炉，检查电炉的外观、传动及控制系统的装配质量；
6. 维护保养设备、工夹量具和仪器仪表等。

本职业包含但不限于下列工种：

工业炉及电炉机械装配工　工业炉及电炉电气控制装调工　工业炉燃料系统装配工

6-20-06-02 膜法水处理材料和设备制造工

从事功能膜的制备、性能测试及安装调试工作的人员。

主要工作任务：

1. 粉碎、烘干成膜高分子材料，配制铸膜液；
2. 操作刮膜机、喷丝机等设备，制备功能膜；
3. 干燥湿膜及后处理；
4. 使用仪器、仪表，测试膜性能；
5. 装填常用滤料；
6. 安装调试过滤器、离子交换器；
7. 安装功能膜装置的仪器仪表和工艺管路；
8. 调试膜法水处理设备。

6-20-06-03 电渗析器制造工

使用设备和工具，加工制作电渗析器的电极、隔板、膜对、膜堆等，装配和测试电渗析器的人员。

主要工作任务：

1. 使用设备和工具，涂覆、处理金属电极表面；
2. 烘烙金属电极，测试电极性能；
3. 裁剪、冲刺聚丙烯隔板和网材，并热合加工成型；
4. 检验成品电渗析隔板的质量；
5. 操作设备，制作水处理装置的膜对、膜堆；
6. 装配电渗析器，试运转，测试。

6-20-06-04 电动工具制造工

操作自动绕线、校动平衡、点焊、滴漆、注塑机等专用设备，进行可移式、充电式等电动工具零部件加工和成品装配的人员。

主要工作任务：

1. 操作自动绕线、校动平衡、点焊、滴漆、电机检测等设备，制作电动工具动力源；

2. 使用注塑机、轴绝缘压机及工装模具，制作电动工具双重绝缘结构件；

3. 使用注塑机、压铸机等设备及工装模具，制作电动工具定子保护绝缘、工作头、壳体、底座等部件；

4. 操作电气电子和机械设备，进行电池分选、容量配组、充电和测试，制成电池包；

5. 使用装配生产线、压床、工装夹具和检测仪器，总装电动工具；

6. 使用电参数、耐压、振动、噪声、绝缘电阻等测试仪器和装配试验台，检验电动工具。

本职业包含但不限于下列工种：

电动工具定转子制造工　充电式工具电池组合装配工　电动工具装配工

6-20-06-05　衡器装配调试工

使用设备、工具和仪器仪表，装配、调试、保养和维修衡器的称重仪表、称重传感器等部件和整机的人员。

主要工作任务：

1. 使用焊机、直流电位差计、示波器等设备和仪器，组装衡器的称重仪表，进行参数检测和计量性能试验；

2. 使用测力设备、工具和仪器仪表等，组装、调试衡器的称重传感器；

3. 操作焊机、砝码、起吊设备等，进行非自动衡器、连续累计自动衡器、轨道衡等产品整机安装，检测并调整衡器技术参数；

4. 设置衡器的技术参数；

5. 维护、检修衡器。

本职业包含但不限于下列工种：

称重仪表装配调试工　称重传感器装配调试工　衡器总装调试工

6-20-07（GBM 62007）
文化办公机械制造人员

从事电影机械、投影设备、复印机、照相机及器材等文化办公机械制造的人员。

本小类包括下列职业：

6-20-07-01　电影电教设备制造工

6-20-07-02　照相机及器材制造工

6-20-07-03　复印设备制造工

6-20-07-04　办公小机械制造工

6-20-07-05　光学零件制造工

6-20-07-06　静电成像设备耗材制造工

6-20-07-01　电影电教设备制造工

使用设备、专用工具和仪器仪表，装配和调试电影放映机、电影摄影机、幻灯机、投影仪等电影电教设备及制作专用镜头、辅助器材的人员。

主要工作任务：

1. 使用专用设备、工装和仪器仪表，装配和调试电影放映机、投影仪等电影电教设备；

2. 使用耐压测试设备、电阻仪、对地漏电测试仪、接地电阻测试仪等仪器，检测和调试电影电教设备的电气指标；

3. 使用专用设备、工具和仪器仪表，检测和调试电影电教设备的影像性能；

4. 使用专用设备、工具和仪器仪表，裁切、拼接、缝制银幕，涂布或喷涂反射材料；

5. 填写装配、检测和调试记录，维护

保养设备和仪器仪表。

本职业包含但不限于下列工种：

电影放映设备装配调试工　幻灯机与投影仪装配调试工　银幕制造工　电影摄影设备装配调试工

6-20-07-02　照相机及器材制造工

使用专用设备、工具和仪器，装配和调试照相机、录像机、扩印洗印设备、闪光灯等照相器材的人员。

主要工作任务：

1. 准备零部件；

2. 使用专用设备和工具，组装部件，并使用图像与影像测试版进行调试；

3. 操作专用设备，装配照相机、录像机、扩印洗印设备和闪光灯等；

4. 使用专用机具、仪器，调试产品的机械、光学和图像等性能；

5. 使用耐压测试设备、电阻仪、对地漏电测试仪、接地电阻测试仪等，检测和调试扩印洗印设备、闪光灯等照相器材的电气指标；

6. 检验产品的机械、电气、外观与操作、环境适应、包装与运输等性能指标；

7. 维护保养设备和仪器仪表。

本职业包含但不限于下列工种：

照相机与照相设备装配调试工　扩印洗印设备装配调试工

6-20-07-03　复印设备制造工

使用专用设备、工具和仪器，装配和调试静电成像、喷墨成像、模板成像、胶印成像、重氮晒图、扫描仪等图像采集和输出设备的人员。

主要工作任务：

1. 准备零部件；

2. 装配和调试静电成像设备的扫描、充电、显影、转印和定影等部件；

3. 装配和调试喷墨成像设备的扫描、喷墨头、墨盒等部件；

4. 装配和调试静电成像设备和喷墨成像设备的传输系统、电控系统和电路板等；

5. 装配和调试油印机或制版印刷一体化速印机的扫描、辊筒、输纸、上版与卸版、电子和电控等部件；

6. 装配和调试胶印机的供纸、润版、给墨、印刷、收纸、水墨控制、电子和电控等部件；

7. 装配和调试热敏成像设备的扫描、热敏头、成像、输纸、电子和电控等部件；

8. 装配整机，进行机械、电气性能试验和调试；

9. 检测产品的外观和操作、光学、电气、机械、可靠性等性能指标；

10. 测试产品的图像质量，出具检验报告；

11. 诊断、拆解、修复废旧复印和胶印设备。

6-20-07-04　办公小机械制造工

使用机械、工具和仪器仪表，加工制造碎纸机、裁切机、装订机、考勤机等办公小机械的人员。

主要工作任务：

1. 使用专用设备、工装和工具，制作办公小机械的零部件；

2. 进行金属零部件热处理；

3. 操作设备，进行零部件电镀、喷涂、印刷等表面装饰处理；

4. 检测动力部件、发光部件等外购件和配套件，使用工装或手工工具进行碎纸机、裁切机、装订机、考勤机等办公小机械的成品装配；

5. 调试和检测成品。

6-20-07-05 光学零件制造工

使用专用仪器设备与工具，进行光学玻璃、石英玻璃、树脂等原料的研磨、抛光、胶合、镀膜和清洗处理，制成光学镜片的人员。

主要工作任务：

1. 使用机械和手工，使用研磨剂等辅助材料，研磨加工光学成型原料；

2. 操作专用设备，对成型的光学材料进行胶合、镀膜、清洗等加工，测试；

3. 维护和保养工艺装备、工夹量具和检测仪器仪表。

本职业包含但不限于下列工种：

光学镜片制作工 光学镜头装配调试工

6-20-07-06 静电成像设备耗材制造工

使用化学反应釜、烘干机、混炼机、光导测试仪、粒度分析仪、光学检测仪等专用设备和仪器，制造、装配、检验显影材料、墨水墨盒、打印色带、喷墨头、打印头等静电成像设备耗材和配件的人员。

主要工作任务：

1. 操作化学反应釜、烘干机、混炼机、挤出机等设备，制造成像感光元件、显影材料、墨水墨盒、打印色带、蜡纸、氧化锌版纸等耗材；

2. 操作喷砂、充磁、流化床等设备，制造成像充电辊、定影辊、定影膜、显影磁辊、喷墨头、打印头等配件；

3. 操作光导测试仪、粒度分析仪、软化点分析仪、粉体带电量测试仪等设备，测试静电成像设备的耗材性能；

4. 操作高斯计、光学检测仪、定影牢固度检测仪、局部放电测试仪等设备，测试静电成像设备的耗材性能；

5. 维护和保养实验设备、检测器具和仪器仪表。

本职业包含但不限于下列工种：

静电成像感光元件（光导鼓）制造工

静电成像显影材料墨粉（色调剂）制造工

静电成像显影材料载体制造工

6-20-99（GBM 62099）其他通用设备制造人员

指未列入 6-20-01 至 6-20-07 的通用设备制造人员。

6-21（GBM 62100） 专用设备制造人员

从事采矿、建筑、印刷、纺织、电子、农业、医疗等专用设备加工制造的人员。

本中类包括下列小类：

6-21-01（GBM 62101）采矿、建筑专用设备制造人员

6-21-02（GBM 62102）印刷生产专用设备制造人员

6-21-03（GBM 62103）纺织服装和皮革加工专用设备制造人员

6-21-04（GBM 62104）电子专用设备装配调试人员

6-21-05（GBM 62105）农业机械制造人员

6-21-06（GBM 62106）医疗器械制品和康复辅具生产人员

6-21-99（GBM 62199）其他专用设备制造人员

6-21-01（GBM 62101）采矿、建筑专用设备制造人员

从事矿用输送车辆、工程施工机械设备装配、制造等工作的人员。

本小类包括下列职业：

6-21-01-01　矿用电机车装配工

6-21-01-02　工程机械装配调试工

6-21-01-01　矿用电机车装配工

使用手工、气动、电动工具等或装配生产线，组合装配、调试矿用电机车、电动轮自卸车机械、电气系统的人员。

主要工作任务：

1. 使用吊车、工具、吊索，安装调整工艺装备，吊运装卸工件；

2. 使用手工或电动工具，装配调试矿用电机车、电动轮自卸车的机械部分；

3. 使用手工工具及压接头设备和电气仪表，安装调试矿用电机车、电动轮自卸车的电气部分；

4. 维护保养工、夹、量具，仪器仪表及设备，排除故障。

本职业包含但不限于下列工种：

矿用电机车机械装配工　矿用电机车电气装配工　电动轮自卸车机械装配工　电动轮自卸车电气装配工

6-21-01-02　工程机械装配调试工

使用专用器具，装配、安装和调试起重、混凝土、掘进及凿岩等工程机械的人员。

主要工作任务：

1. 使用专用器具，装配、安装与调试工程机械部件和整机；

2. 使用测试仪器和试验设备，检测与调试工程机械性能；

3. 操作工程机械，进行性能试验、可靠性试验、工业性试验；

4. 维护和保养工程机械装配工装、检测器具；

5. 控制工程机械装配、安装、调试质量。

本职业包含但不限于下列工种：

起重机械装配调试工　工业车辆装配调试工　筑路及道路养护机械装配调试工　混凝土机械装配调试工　土方机械装配调试工　高空作业机械装配调试工　掘进及凿岩机械装配调试工　桩工机械装配调试工

6-21-02（GBM 62102）印刷生产专用设备制造人员

从事转印图文信息至承印物上的专用生产设备制造工作的人员。

本小类包括下列职业：

6-21-02-00　印刷设备装配调试工

6-21-02-00　印刷设备装配调试工

使用机械设备或工装、工具、量具及检测仪器等，装配、调试印刷设备的人员。

主要工作任务：

1. 使用专业仪器和设备，安装、调试印前设备的底座、墙板、滚筒、喷头、激光器、板材固定系统、电气控制系统等；

2. 使用专业仪器和设备，安装、调试印中设备的底座、墙板、滚筒、离合压机构、互锁机构、水墨路系统、输纸及收纸系统、电气控制系统等；

3. 使用专业仪器和设备，安装、调试

印后设备的底座、墙板、滚筒、折页装置、配页装置、锁线装置、骑订装置、胶装装置、精装装置、烫金模切装置、覆膜及塑封装置、电气控制系统等。

本职业包含但不限于下列工种：

印刷设备机械装调工　印刷设备电气装调工

6-21-03（GBM 62103）纺织服装和皮革加工专用设备制造人员

从事纺织、皮革毛皮及其制品加工、缝制等专用设备制造工作的人员。

本小类包括下列职业：

6-21-03-00　缝制机械装配调试工

6-21-03-00　缝制机械装配调试工

使用设备和工具，装配、调试和校正、维护保养和修理缝纫机、刺绣机等缝制机械的人员。

主要工作任务：

1. 使用设备、工装、工具或装配生产线，选配缝制机械零件，组装部件；

2. 进行缝制机械的机头总装；

3. 使用工具，调试和校正缝制机械及零部件；

4. 维护保养、修理缝制机械，更换故障零部件。

本职业包含但不限于下列工种：

缝制机械装配工　缝制机械调试工

6-21-04（GBM 62104）电子专用设备装配调试人员

从事电子产品专用设备装配、调试等工作的人员。

本小类包括下列职业：

6-21-04-01　电子专用设备装调工

6-21-04-02　真空测试工

6-21-04-01　电子专用设备装调工

使用真空镀膜机、键合机等设备、仪器仪表和工具，装配、调试电子产品专用工艺设备和测试设备的人员。

主要工作任务：

1. 使用真空镀膜机等设备和仪表，装配、调整电子专用设备的真空、液压、光学和气动等系统；

2. 使用烧结炉等设备和仪器，装配、调整自动、半自动电子专用设备，进行负荷或工艺试车；

3. 使用电子图形印刷设备等工具和仪器、仪表，装配、调整由计算机控制的电子专用设备，进行负荷或工艺试车；

4. 使用胶粘剂粘合、修复固体材料制作的工件；

5. 使用键合机等设备和仪表，安装电子专用设备；

6. 使用封装等工具，进行电气连接；

7. 使用调测仪器、仪表和工具，调试电子专用设备，进行负荷或工艺试车。

6-21-04-02　真空测试工

使用分子泵、真空计等仪器、设备和工具，对真空获得设备和真空电子器件进行真空测试的人员。

主要工作任务：

1. 操作旋片式机械泵等真空设备，获得低真空；

2. 操作分子泵、离子泵等真空设备，获得高真空或对其进行烘烤、除气；

3. 使用真空计和检测设备，对真空获得设备、真空系统及其结构元件和真空电子器件等进行真空测试；

4. 使用工具，拆卸、清洗、装配扩散泵；

5. 使用工具，拆卸、清洗、烘干装配和测试真空系统；

6. 使用仪表和工具，对真空测量计进行校准。

6-21-05（GBM 62105）农业机械制造人员

从事拖拉机和耕种机械、灌溉机械、收获机械等专业机械加工、制造的人员。

本小类包括下列职业：

6-21-05-01　拖拉机制造工
6-21-05-02　耕种机械制造工
6-21-05-03　灌溉机械制造工
6-21-05-04　收获机械制造工

6-21-05-01　拖拉机制造工

操作、调整铸造、锻造、机械加工、热处理、冲压、焊装、涂装等生产线设备，加工拖拉机零部件，并装配调试拖拉机部件、整机的人员。

主要工作任务：

1. 操作、调整、保养拖拉机铸造、锻造生产线上的设备、工装，进行拖拉机毛坯铸造制备加工、锻造加工；

2. 操作、调整、保养拖拉机机械加工、冲剪压加工、热处理加工生产线上的设备、工装，进行拖拉机零部件的机械加工、冷冲压加工、热处理加工；

3. 操作、调整、保养拖拉机焊装生产线上的设备、工装，进行拖拉机覆盖件的焊装加工；

4. 操作、调整、保养拖拉机涂装生产线上的设备、工装，进行拖拉机零件、部件、总成的涂装加工；

5. 装配、调整和调试柴油发动机、燃油供给系统；

6. 装配、调节拖拉机传动系统、行走系统、制动系统、操作系统；

7. 装配、调节拖拉机电器仪表、发电机等；

8. 装配、调整和调试拖拉机整车及所牵引的农机具。

本职业包含但不限于下列工种：

拖拉机整机装试工　拖拉机机械加工生产线操作调整工　拖拉机燃油喷射系统装试工　拖拉机柴油发动机装试工　拖拉机电器装试工　拖拉机底盘部件装试工　拖拉机铸造加工生产线操作调整工　拖拉机冲剪压加工生产线操作调整工　拖拉机焊装加工生产线操作调整工　拖拉机涂装加工生产线操作调整工　拖拉机热处理加工生产线操作调整工　拖拉机锻造加工生产线操作调整工

6-21-05-02　耕种机械制造工

操作、调整机械加工、涂装、焊装等生产线设备，加工耕种机械零部件，以及使用设备、工具，装配调试耕种机械部件、整机的人员。

主要工作任务：

1. 操作、调整耕种机械的机械加工生产线设备、工装，加工耕种机械零部件；

2. 操作、调整耕种机械涂装生产线设备、工装，进行耕种机械零件、部件、总成的涂装加工；

3. 操作、调整耕种机械焊装生产线设备、工装，进行耕种机械覆盖件的焊装加工；

4. 装配和调整耕种机械操作系统；

5. 在整机装配线、调整线及田间试验中，进行整车装配、调整和调试。

6-21-05-03 灌溉机械制造工

操作、调整机械加工、涂装、焊装等生产线设备，加工灌溉机械零部件，以及使用设备、工具，装配调试灌溉机械部件、整机的人员。

主要工作任务：

1. 操作、调整灌溉机械的机械加工生产线设备、工装，加工灌溉机械零部件；

2. 操作、调整灌溉机械涂装生产线设备、工装，进行灌溉机械零件、部件、总成的涂装加工；

3. 操作、调整灌溉机械焊装生产线设备、工装，进行灌溉机械覆盖件的焊装加工；

4. 装配和调整灌溉机械操作系统；

5. 在整机装配线、调整线及田间试验中，进行整车装配、调整和调试。

6-21-05-04 收获机械制造工

操作、调整机械加工、涂装、焊装等生产线设备，加工收获机械零部件，以及使用设备、工具，装配调试收获机械部件、整机的人员。

主要工作任务：

1. 操作、调整收获机械的机械加工生产线设备、工装，加工收获机械零部件；

2. 操作、调整收获机械涂装生产线设备、工装，进行收获机械零件、部件、总成的涂装加工；

3. 操作、调整收获机械焊装生产线设备、工装，进行收获机械覆盖件的焊装加工；

4. 装配和调整收获机械操作系统；

5. 在整机装配线、调整线及田间试验中，进行整车装配、调整和调试。

6-21-06（GBM 62106）
医疗器械制品和康复辅具生产人员

从事医疗器械、矫形器、假肢装配与调试和医用材料产品生产的人员。

本小类包括下列职业：

6-21-06-01 医疗器械装配工
6-21-06-02 矫形器装配工
6-21-06-03 假肢装配工
6-21-06-04 医用材料产品生产工

6-21-06-01 医疗器械装配工

使用工具、仪器仪表及设备，装配、调试医疗设备和器械的人员。

主要工作任务：

1. 检查、筛选待装医疗器械设备的机械、电子、光学等零件和部件；

2. 使用焊、胶、接插工具和设备，组装医疗设备的电路、光路、气路和部件等；

3. 操作专用设备，配置、焊接并装配组件、插件、模板或控制系统、机械系统、光学系统、图像系统等；

4. 操作通用、专用检测设备，检测校准组件、插件或系统；

5. 使用专用工具、设备，组装医疗器械整机；

6. 使用检测校准仪表，测试、联调医疗器械设备整机；

7. 按照标准要求，进行医疗器械设备的包装、标示；

8. 维护保养工、夹、量具、仪器仪表及设备，排除故障；

9. 维护安装调试场所卫生与安全。

本职业包含但不限于下列工种：

临床检验类设备组装调试工　手术器械装配调试工　医用电子仪器组装调试工　医用光学仪器组装调试工　医用消毒、低温设

备组装调试工　医学影像设备组装调试工　手术急救类设备组装调试工　医用高能射线装备组装调试工　口腔设备组装调试工

6-21-06-02　矫形器装配工

操作专用设备，为使用者安装躯干、下肢、上肢等体外装置的人员。

主要工作任务：

1. 根据医生或有关技术人员的诊断、建议测量和取型；
2. 依据尺寸制作安装矫形器的身体部位模型或绘制该部位身体的轮廓图；
3. 依据尺寸、模型或图纸加工矫形器部件；
4. 依据模型或图纸对线组装矫形器；
5. 试穿、调试矫形器；
6. 加工矫形器的装饰部件，并装饰矫形器。

6-21-06-03　假肢装配工

操作专用设备，为肢体整体或部分缺失的人员制作和适配外置人工假体的人员。

主要工作任务：

1. 根据截肢者的残端面情况测量和取型；
2. 依据尺寸和假肢功能要求修整模型；
3. 依据尺寸和模型制作假肢的接合部件；
4. 按照尺寸将接合部件与其他假肢零部件对线组装成假肢；
5. 试穿、调试假肢；
6. 加工假肢的装饰部件，并装饰假肢。

6-21-06-04　医用材料产品生产工

使用工具和设备，将金属、高分子、陶瓷等医用材料，加工生产植入器械、医用敷料、避孕计生器械、外科侵入器械、导管等医用材料产品的人员。

主要工作任务：

1. 检查设备状态；
2. 使用通用或专用模具、设备，加工生产骨科植入物、心血管植入物、外科矫形产品等植入器材；
3. 使用通用或专用模具、设备，加工生产卫生敷料、医用导管、膜透析器械、体外循环器械、医用缝合材料及黏合剂等；
4. 使用通用或专用模具、设备，加工生产眼科光学器械、口腔材料等；
5. 操作灭菌设备，进行医用材料产品消毒灭菌；
6. 包装医用材料产品；
7. 填写生产记录；
8. 维护生产场所卫生与安全。

6-21-99（GBM 62199）
其他专用设备制造人员

指未列入6-21-01至6-21-06的专用设备制造人员。

6-22（GBM 62200）　汽车制造人员

从事汽车零部件、饰件生产加工及汽车整车制造的人员。

本中类包括下列小类：

6-22-01（GBM 62201）汽车零部件、饰件生产加工人员

6-22-02（GBM 62202）汽车整车制造人员

6-22-99（GBM 62299）其他汽车制造人员

6-22-01（GBM 62201）汽车零部件、饰件生产加工人员

从事汽车零部件、饰件加工生产以及汽车零部件修复、加工再制造等工作的人员。

本小类包括下列职业：

6-22-01-01 汽车生产线操作工

6-22-01-02 汽车饰件制造工

6-22-01-03 汽车零部件再制造工 L

6-22-01-01 汽车生产线操作工

操作、调整汽车涂装、焊装、冲压、机加、热处理、锻造、铸造等生产线设备、工装，加工汽车零部件的人员。

主要工作任务：

1. 操作、调整汽车涂装生产线设备和工装，进行汽车零部件、总成的涂装加工；

2. 操作、调整汽车焊装生产线设备和工装，进行汽车覆盖件的焊装加工；

3. 操作、调整汽车剪切、冲压生产线设备和工装，进行汽车零部件的冷冲压加工；

4. 操作、调整汽车机加生产线设备和工装，进行汽车零部件机械加工；

5. 操作、调整汽车热处理生产线设备和工装，进行汽车零部件的热处理、表面热处理、化学热处理等工艺加工；

6. 操作、调整汽车锻造生产线设备和工装，加工汽车锻件；

7. 操作、调整汽车铸造生产线设备和工装，加工汽车铸件；

8. 使用专业检验设备、仪器和视查，检测汽车零部件的工艺过程质量，处理质量缺陷。

本职业包含但不限于下列工种：

汽车涂装生产线操作工 汽车焊装生产线操作工 汽车冲压生产线操作工 汽车机加生产线操作工 汽车热处理生产线操作工 汽车锻造生产线操作工 汽车铸造生产线操作工

6-22-01-02 汽车饰件制造工

操作注塑机、搪塑机、发泡机、吸塑机、切割机、焊接机等专用设备，生产汽车饰件的人员。

主要工作任务：

1. 操作注塑机等专用设备，制作汽车仪表板、副仪表板、门护板、挡泥轮罩、保险杠等注塑类内外饰件；

2. 操作搪塑机等专用设备，制作汽车仪表板、门护板表面蒙皮；

3. 操作吸塑机等专用设备，将热塑性塑料板材制成仪表台覆盖件等软质汽车饰件；

4. 操作反应注射成型机、泡沫发泡机等专用设备，制作汽车转向盘、车门扶手以及座椅坐垫、靠背等发泡类饰品；

5. 使用缝纫机及辅助工具，缝制加工汽车座椅头枕、靠背、坐垫的外包装饰及卧铺、窗帘等装饰；

6. 使用手动、电动或气动工具，将零部件组装成汽车仪表板、副仪表板、门护板、座椅等汽车内饰总成；

7. 使用专用检验设备及量、检具，进行汽车内外饰件尺寸、外观、功能及性能检验、试验。

6-22-01-03　汽车零部件再制造工 L

使用设备或专用工装、手工工具，进行回收汽车零部件拆解、清洗、修复、加工、装调、检验的人员。

主要工作任务：

1. 使用拆解设备或工具，进行回收汽车零部件拆解和分类存放；

2. 使用清洗、修复、机械加工设备或工具，清洗、修复、加工回收汽车零部件；

3. 使用装配和调试设备或工具，装配、调试再制造汽车发动机；

4. 使用装配和调试设备或工具，装配、调试再制造汽车零部件；

5. 使用检验设备或工具，检验再制造汽车零部件。

本职业包含但不限于下列工种：

汽车零部件再制造修复工　汽车零部件再制造装调工　汽车发动机再制造装调工

6-22-02（GBM 62202）
汽车整车制造人员

从事汽车整车及部件组合装配、调试以及汽车回收拆解工作的人员。

本小类包括下列职业：

6-22-02-01　汽车装调工

6-22-02-02　汽车回收拆解工 L

6-22-02-01　汽车装调工

使用专用工装、设备和装配线，装配、调试汽车部件、总成或整车的人员。

主要工作任务：

1. 使用汽车发动机装配设备、台架试验设备和工具、工装，装配、调整和调试汽车发动机；

2. 使用汽车变速器装配设备和工具、工装，装配、调整和调试汽车变速器总成；

3. 使用汽车传动系统装配设备和工具、工装，装配、调试汽车传动系统中的万向节、传动轴、间支撑、软轴等零部件；

4. 使用汽车车桥装配设备和工具、工装，装配、调试汽车的转向桥、驱动桥、转向驱动桥、支撑桥及其零部件；

5. 使用汽车离合器装配设备和工具、工装，装配、调试汽车离合器及操控系统零部件；

6. 使用汽车悬架装配设备和工具、工装，装配、调试汽车悬架的钢板弹簧、螺旋弹簧、扭杆弹簧、气体弹簧、减震器、平衡悬架推力杆及智能悬架的电控系统等零部件；

7. 使用汽车电气装配设备和工具、工装，装配、调试汽车电器仪表、发电机和蓄电池、点火系统、照明与信号系统、启动机、电线束及燃油喷射、制动、悬架等电子控制系统元件；

8. 使用汽车制动系统装配设备和工具、工装，装配与调试汽车制动系统的车轮制动器、中央制动器、缓速器以及制动管路系统零部件；

9. 使用汽车转向系统装配设备和工具、工装，装配、调试汽车转向系统的转向盘、转向器、转向拉杆以及转向液压系统零部件；

10. 使用汽车装配设备和工具、工装，装配、调试商用汽车牵引鞍座、货箱及液压举升系统零部件；

11. 使用车轮生产设备和工具、工装，装配汽车车轮总成，并进行动平衡、气密性等调试；

12. 使用汽车车架生产设备和工具、

工装，进行汽车车架总成的铆接装配、调整；

13. 操作汽车整车装配线设备，使用装配工具、工装，将车身、发动机、底盘、电气等系统及零部件装配成汽车整车，并进行调整和调试；

14. 操作汽车检测设备，使用工具，对整车的传动系、制动系、转向系及仪器仪表等进行检测与调试；

15. 使用试车跑道对整车的动力性能、传动性能、制动性能等进行调试；

16. 维护保养汽车装配线、检测设备及工装，排除使用过程中的一般故障。

本职业包含但不限于下列工种：

汽车发动机装调工　汽车变速器装调工　汽车传动装调工　汽车车桥装调工　汽车车架装调工　汽车车轮装调工　汽车悬架装调工　汽车转向装调工　汽车制动装调工　汽车电气装调工　汽车牵引及车厢装调工　汽车离合器装调工　汽车整车装调工

6-22-02-02　汽车回收拆解工 L

使用专用设备或工装、工具，回收报废汽车，评估残值，并进行报废车辆无害化处理和拆解的人员。

主要工作任务：

1. 使用专用设备或工装、工具，回收报废汽车，评估残值；

2. 使用专用设备或工装、工具，进行报废汽车无害化处理，拆除零部件和主要总成，并按材质种类分解存放；

3. 使用专用设备或工装、工具，进行报废汽车的车体和结构件等压扁或切割；

4. 维护保养设备，排除故障。

本职业包含但不限于下列工种：

汽车回收工　汽车拆解工

6-22-99（GBM 62299）
其他汽车制造人员

指未列入 6-22-01 至 6-22-02 的汽车制造人员。

6-23（GBM 62300）　铁路、船舶、航空设备制造人员

从事铁路、船舶、航空等运输设备及其他运输设备制造的人员。

本中类包括下列小类：

6-23-01（GBM 62301）轨道交通运输设备制造人员
6-23-02（GBM 62302）船舶制造人员
6-23-03（GBM 62303）航空产品装配、调试人员
6-23-04（GBM 62304）摩托车、自行车制造人员
6-23-99（GBM 62399）其他铁路、船舶、航空设备制造人员

6-23-01（GBM 62301）
轨道交通运输设备制造人员

从事铁路机车车辆、动车组、铁路专用设备及器材配件等轨道交通运输设备加工制造的人员。

本小类包括下列职业：

6-23-01-01　铁路机车制修工
6-23-01-02　铁路车辆制修工
6-23-01-03　动车组制修师
6-23-01-04　铁路机车车辆制动

钳工

6-23-01-05 道岔钳工

6-23-01-01 铁路机车制修工

使用工具和设备，制作、装配、检修、调试铁路机车、轨道吊车机械、电气等系统的人员。

主要工作任务：

1. 装配、调试、检修机车部件及整车机械装置；

2. 装配、调试、检修机车电气系统及装置；

3. 装配、调试、检修机车制动系统及装置、管路；

4. 调试、检查、机车电路、电器，处理故障；

5. 装配、调试、检修机车安全通信、采暖等辅助装置；

6. 装配、调试、检修机车柴油机动力系统及装置；

7. 检查、处理运行机车故障。

本职业包含但不限于下列工种：

铁路机车电工 内燃机车钳工 电力机车钳工 铁路机车装调工

6-23-01-02 铁路车辆制修工

使用工具和设备，制作、装配、检修、调试铁路车辆机械、电气等系统的人员。

主要工作任务：

1. 装配、调试、检修车辆部件及整车落成调试；

2. 装配、调试、检修车辆走行部分；

3. 检查、监测铁路车辆运行状态并处置故障；

4. 装配、调试、检修车辆制动系统及装置、管路；

5. 调试、检查车辆电路、电器，处理故障；

6. 装配、调试、检修车辆安全通信、采暖等辅助装置；

7. 装配、调试、检修、操纵、监控柴油机组及空调装置；

8. 检查、处理运行车辆故障。

本职业包含但不限于下列工种：

货车检车员 客车检车员 铁路车辆钳工 轮轴装修工 动态检车员 列检值班员 铁路车辆电工 发电车乘务员

6-23-01-03 动车组制修师

使用工具和设备，进行铁路动车组运行保障、入库（厂）检修及制造的人员。

主要工作任务：

1. 检测、分解、修理、组装及调试动车组及其部件，检查出库状态；

2. 监控、检查动车组运行状态，处理故障，配合司机进行重联、解编、安全防护和应急处理；

3. 分解、检测、检修、组装及调试动车组及其部件；

4. 装配、调试动车组部件及整车机械、电气装置；

5. 装配、调试、检修动车组牵引、网络系统；

6. 装配、调试、检修动车组制动系统及装置；

7. 组装、调试、检修动车组辅助装置；

8. 调试、试运单车、整列总成。

本职业包含但不限于下列工种：

动车组机械师 动车组装调师 动车组维修师

6-23-01-04　铁路机车车辆制动钳工

使用工具和设备，制造、组装、检修、调试铁路机车、车辆制动装置的人员。

主要工作任务：

1. 处理机车车辆制动装置故障；

2. 分解、研磨、组装制动阀；

3. 组装、试验、检修制动软管和连接器；

4. 制造、组装、调试、检修机车车辆空气制动机及零部件；

5. 组装、调试、检修空气压缩机、风泵调压器；

6. 组装、调试、检修闸瓦间隙自动调整器和制动缸；

7. 制造、组装、调试、检修机车车辆人工制动机及零部件；

8. 制造、检修、维护、调试自用设备和工艺装备。

6-23-01-05　道岔钳工

使用工具和设备，制造、组装、修理铁路辙岔的人员。

主要工作任务：

1. 确认、配备制造材料；

2. 锯切断面钢轨和型材；

3. 制作胎具、样板，下料、调直或顶弯；

4. 修磨、组装锰钢辙岔；

5. 组装扩轨、尖轨、基本轨和交分、渡线、钝角、锐角道岔、可动心轨、钢轨伸缩器及道岔配件；

6. 修理、配置道岔紧固件、零部件；

7. 整理道岔并标记、涂油。

6-23-02（GBM 62302）
船舶制造人员

从事船体、船舶附件制造，船舶机械、电气设备安装、调试以及船舶拆解的人员。

本小类包括下列职业：

6-23-02-01　金属船体制造工

6-23-02-02　船舶机械装配工

6-23-02-03　船舶电气装配工

6-23-02-04　船舶附件制造工

6-23-02-05　船舶木塑帆缆制造工

6-23-02-06　拆船工 L

6-23-02-01　金属船体制造工

使用设备和工具，将船用金属材料加工制造成船体零件、部件、分段，并合拢装配成船体的人员。

主要工作任务：

1. 使用设备或工具，进行船体线型、外板、构件放样，制作样板、样箱，绘制草图和号料；

2. 使用切割设备和工具，切割船用金属材料；

3. 操作加工设备，进行船用板材、型材边缘成型加工；

4. 使用设备或工具，加工船舶零件、部件，并矫正船体结构、压力容器及海洋工程结构；

5. 使用设备或工具，装配船体零件、部件、分段、船体、压力容器及海洋工程结构；

6. 焊接船用金属材料和船体各部位、管系、舾装件、压力容器及海洋工程结构；

7. 使用设备或工具，进行船体焊缝批铲、刨、扣槽，清除焊接缺陷及拆除金属构件；

8. 使用专用工具或设备，进行船体结构、船体分段、压力容器及海洋工程结构密性试验、检查；

9. 预处理船用金属材料，进行船体结

构除锈、涂装；

10. 使用船舶特种起重等吊装设备和工具、机具，吊装船体构件、分段、压力容器、船舶大型设备、附件，或总段吊装、翻身，船台、船坞搭载，配合船舶上船台、下水及系泊作业，进、出坞及船舶船坞定位。

本职业包含但不限于下列工种：

船体放样号料工　船体冷加工　船体火工　船体装配工　批碳工　船舶涂装工　船舶特大型起重机驾驶工　船舶起重工　船舶气焊工　船舶电焊工

6-23-02-02　船舶机械装配工

从事船舶机械设备和管系安装、修理和调试的人员。

主要工作任务：

1. 使用设备和工具，安装主机、辅机、甲板机械、轴系、舵系、武备、空调、冷藏机械等船舶机械设备；
2. 勘验、修理、装配、调试船舶机械设备；
3. 进行管系放样、管子现场放样、下料、弯管、校管及泵压试验；
4. 使用设备和工具，安装滑油、燃油、淡水、海水、液压控制和液货驳运系统管路；
5. 使用设备和工具，拆装管路，调试系统；
6. 使用设备和工具，装配阀件、销、闸门、管通件、吸口、视流器等附件。

本职业包含但不限于下列工种：

船舶钳工　船舶管系工

6-23-02-03　船舶电气装配工

使用设备和工具，进行船舶电气设备定位、安装、接线与调试的人员。

主要工作任务：

1. 使用设备和工具，安装、维修、检查、铺设船舶电气设备及电缆线路；
2. 使用电工工具，进行船舶无线电通讯、导航系统、水声等电讯设备及电缆等定位、安装、调试；
3. 使用专用工具，进行大型船舶配电控制设备、特种电气设备及零部件加工、安装、调整；
4. 使用电工工具、设备，进行船舶电器定位、安装、接线、调试。

本职业包含但不限于下列工种：

船舶电工　船舶电讯工　船舶电气钳工　船舶电器安装工

6-23-02-04　船舶附件制造工

使用手工工具和专用设备，加工制造船舶锚链及锚链附件和螺旋桨的人员。

主要工作任务：

1. 使用热处理装置，进行锚链环或锚链附件热处理和拉力试验；
2. 使用手工工具和专用设备，捆扎链环、锚链附件，并进行除锈、浸漆等表面处理；
3. 使用专用工装和机械设备，制作螺旋桨叶形砂模和整体螺旋桨砂型，铸造螺旋桨毛坯件；
4. 使用专用工装和机械设备，将螺旋桨毛坯加工为成品。

本职业包含但不限于下列工种：

螺旋桨钳工　螺旋桨铸造造型工　锚链热处理工　锚链打包浸漆工

6-23-02-05　船舶木塑帆缆制造工

使用专用工具和设备，制作、安装或修理船舶木塑器具和帆缆的人员。

主要工作任务：

1. 制作并安装船舶木塑器具和钢丝绳、缆绳、帆布罩；

2. 敷设船舶舱室和舱门的隔热防火材料；

3. 包扎有隔热和密封要求的船舶管系、风管连接处；

4. 安装围壁板、地板、天花板、防火门、小五金、家具、饰品、地毯等；

5. 使用专用工具和设备，进行金属薄板或木材表面涂漆、涂胶或贴塑；

6. 固化和敷设舱室内装岩棉板、防火门的防火材料。

本职业包含但不限于下列工种：

船舶木塑工　船舶帆缆工

6-23-02-06　拆船工 L

使用拆除设备和工具，将报废的船舶解体成船板、可轧材、废钢铁、有色金属材料，以及可利用的船用设备、仪器仪表等的人员。

主要工作任务：

1. 使用钳工、气割工具，开凿登船口；

2. 使用洗舱机、通风机、铲子等设备和工具，清洗半洗舱及未洗舱油船的舱内油垢，处理和排放油污水；

3. 使用气体检测仪、防爆仪，检测易燃有害气体浓度；

4. 安全处理并分类保管废船上的剩油、残油、油漆、溶剂、高压容器、烟火信号等易燃易爆危险品；

5. 拆除一氧化碳、惰性气体等有害物的存储装置；

6. 使用工具，拆卸可利用的通讯导航设备、仪器仪表、甲板机械等设备及备品备件，并分类、包装、入库；

7. 拆除不可利用的仪器设备、船舶主机等；

8. 拆解船体并切割成船板、型材和废钢，过磅并分类堆放。

本职业包含但不限于下列工种：

仪表拆解工　机舱拆解工　船体拆解工　油船清洗工

6-23-03（GBM 62303）
航空产品装配、调试人员

从事航空发动机、螺旋桨、电气设备等航空产品装配、调试的人员。

本小类包括下列职业：

6-23-03-01　飞机装配工
6-23-03-02　飞机系统安装调试工
6-23-03-03　航空发动机装配工
6-23-03-04　航空螺旋桨装配工
6-23-03-05　航空电气安装调试工
6-23-03-06　航空附件装配工
6-23-03-07　航空仪表装配工
6-23-03-08　航空装配平衡工
6-23-03-09　飞机无线电设备安装调试工
6-23-03-10　飞机雷达安装调试工
6-23-03-11　飞机特种设备检测与修理工
6-23-03-12　飞机透明件制造胶接装配工
6-23-03-13　飞机外场调试与维护工
6-23-03-14　航空环控救生装备工

6-23-03-01　飞机装配工

使用工具和设备，加工、装配与调试飞机零部件的人员。

主要工作任务：

1. 检查、清点材料、装配件及成品；

2. 使用工具和钣金设备，进行飞机零部件压（滚）爆炸等制作成型；

3. 使用工具和设备，进行金属管子摵弯成型和压力试验；

4. 使用工具和设备，修整、加工、组合、装配模、量具；

5. 铆接、胶接结构件、系统件，装配飞机部件并进行试验；

6. 使用工装仪器、测量、测试设备，进行飞机大部件、整机结合测量；

7. 加工、敷设、检测飞机电缆，制造、检测继电器盒，定位、安装、接线、调试电器仪表。

本职业包含但不限于下列工种：

飞机铅锌模工　飞机型架装配工　飞机铆装工　飞机结合测量工　飞机电缆工　飞机管工　飞机钣金工　飞机模线样板移型工　飞机蒙皮落压钣金工　飞机模线样板钳工　飞机化学铣切工

6-23-03-02　飞机系统安装调试工

使用工具和设备，安装、调试飞机燃油动力、操纵、环控救生、内饰、自动驾驶仪、氧气设备和起落架等系统的人员。

主要工作任务：

1. 检查、清点、擦拭零件、标准件、成品及附件；

2. 绘制飞机系统安装草图；

3. 安装动力及燃油、操纵、环控救生、内饰、自动驾驶仪、氧气设备、起落架、液压、应急等系统；

4. 调试飞机各系统；

5. 安装调试飞行试验测试设备。

本职业包含但不限于下列工种：

飞机起落架、冷气、液压系统安装调试工　飞机燃油动力系统安装调试工　飞机操纵系统安装调试工　飞机自动驾驶仪测试调整工　飞机供氧系统调试工　飞机试飞设备安装调试工

6-23-03-03　航空发动机装配工

使用工具和设备，进行航空发动机及其零部件加工、装配、分解、修理、试验和外场排故的人员。

主要工作任务：

1. 分解、洗涤、修理、装配航空发动机；

2. 装配、修理、试验发动机电气附件；

3. 装配、调试、修理发动机部件和校验、调整试验设备；

4. 判断、分析和排除发动机故障；

5. 进行发动机外场排故；

6. 使用工具和钣金设备，进行航空发动机钣金零部件制作并成型；

7. 使用工具和抛光设备，打磨、抛光及校正航空发动机叶片；

8. 使用工具和设备，进行金属管子摵弯成型，校正、组装及压力试验。

本职业包含但不限于下列工种：

航空发动机叶片抛光工　航空发动机装配修理钳工　航空发动机外场排故工　航空发动机管工　航空发动机钣金工

6-23-03-04　航空螺旋桨装配工

使用专用设备、工装，加工、装配航空螺旋桨、尾桨和调速器的人员。

主要工作任务：

1. 使用专用设备、工装，进行航空螺旋桨桨叶型面仿形粗加工；

2. 使用专用加工设备、刀具，进行航空螺旋桨桨叶加工、型修；

3. 使用专用软轴设备、刀具，进行航空螺旋桨桨叶型面精细打磨加工、抛光、放亮；

4. 使用专用工装及专用工艺方法，成型航空螺旋桨复合材料零、组件；

5. 使用专用设备和工装，检查、装配螺旋桨、尾桨和调速器。

本职业包含但不限于下列工种：

航空螺旋桨玻璃钢胶合工　飞机桨叶型面仿形工　飞机桨叶打磨抛光工　飞机桨叶桨根型修工

6-23-03-05　航空电气安装调试工

使用专用设备、工装，进行航空电器设备测试、调试和飞机电气系统定位、安装、接线与调试的人员。

主要工作任务：

1. 测试、调试航空电器设备或附件，调整、修理不合格产品；

2. 敷设飞机的电气线路；

3. 操作装机前的试验设备，记录计算电阻、电感、电容、阻抗、电流、电压放功率因数值；

4. 定位、安装飞机电气系统，并进行测试；

5. 调试飞机电气系统。

本职业包含但不限于下列工种：

航空电器设备调试工　航空电气系统安装调试工

6-23-03-06　航空附件装配工

使用专用设备、工装和仪器仪表，加工、装配、调试航空附件的人员。

主要工作任务：

1. 操作超声波清洗机等设备，冲洗零件；

2. 操作高频焊接等设备，组合过滤器；

3. 操作编织机，编织金属线材；

4. 操作专用设备，电化学腐蚀金属板材；

5. 使用装配工作台，装配航空附件；

6. 使用专用工装和仪器、仪表，进行航空附件机械、电气、液压接口正确性检查；

7. 操作专用测试设备，调试航空附件；

8. 使用铅封钳，锁紧、铅封航空附件。

本职业包含但不限于下列工种：

航空附件装配调试工　航空滤网织网工　过滤器组合钳工　精密电成型网工

6-23-03-07　航空仪表装配工

操作专用设备，进行航空仪表、导航系统、惯性器件、传感器件、传输器件等产品及其部组件装配、调试的人员。

主要工作任务：

1. 操作无磁多轴转台等设备，装配并调试航空陀螺仪表、惯性器件及其部组件；

2. 操作电装设备，焊接、检测线路板，灌装程序，装配并调试航空电气机械仪表、传感、传输器件及其部组件；

3. 操作无磁多轴转台等设备，组装惯性导航系统，灌装程序，采集、标定、调试导航系统；

4. 操作保偏熔接机等设备，切割、熔接光纤，绕制、测试光纤环，装配、测试陀螺仪表及其零组件；

5. 操作专用设备，加热成型管状玻壳、封接电极、灌装液体，制作玻璃液体电门；

6. 操作专用测试设备，进行产品环境应力筛选，测试产品性能。

本职业包含但不限于下列工种：

航空陀螺仪表装配工　航空电气机械仪

表装配工　航空玻璃液体电门制造工　航空导航系统装配调试工

6-23-03-08　航空装配平衡工

操作专用设备，进行航空发动机转子、飞机螺旋桨、航空电机转子平衡的人员。

主要工作任务：

1. 平衡测量航空发动机、航空电机转子，并采用加重或去重的方法消除剩余不平衡量；
2. 测量飞机螺旋桨和直升机尾桨的桨叶大小力矩值；
3. 进行整套桨叶的平衡配套和桨叶校型；
4. 分析不平衡原因，排除故障；
5. 维护保养平衡设备，处理设备故障。

本职业包含但不限于下列工种：

航空发动机平衡工　航空桨叶平衡工　航空电机平衡工

6-23-03-09　飞机无线电设备安装调试工

使用设备和工具，安装、检查、调试飞机无线电系统的人员。

主要工作任务：

1. 安装、测量、调试无线电设备附件；
2. 敷设线路，排除故障；
3. 进行飞机无线电设备试验和定检；
4. 装拆和修理飞机无线电设备；
5. 调试、测试无线电设备、系统，并记录参数。

本职业包含但不限于下列工种：

飞机无线电设备调试工

6-23-03-10　飞机雷达安装调试工

使用设备和工具，安装、测量、调试机载雷达、雷达罩及相关装置的人员。

主要工作任务：

1. 安装雷达附件，敷设雷达线路；
2. 安装调试雷达，并进行系统交联和检查；
3. 进行雷达罩电性能测试，并处理数据；
4. 分析、判断雷达安装系统和雷达罩测试系统出现的故障；
5. 填写飞机雷达测试记录。

本职业包含但不限于下列工种：

飞机雷达安装工　飞机雷达调试工　飞机雷达罩测试工

6-23-03-11　飞机特种设备检测与修理工

使用设备和工具，检测与修理试飞地面无线电台、雷达及飞机特种设备的人员。

主要工作任务：

1. 安装、调整、检查试飞地面无线电和雷达；
2. 进行飞机专用测试设备的检测、调试、数据处理，填写检定证书；
3. 修理专用测试设备、无线电台和雷达；
4. 维护测试设备、测量仪器和辅助设备，处理故障；
5. 填写测试记录。

本职业包含但不限于下列工种：

机场无线电台操纵修理工　机场雷达操纵修理工

6-23-03-12　飞机透明件制造胶接装配工

使用设备和工具，进行飞机有机玻璃制件成型、胶接、装配和气密试验的人员。

主要工作任务：

1. 成型飞机有机玻璃制件；
2. 配制黏接胶液；

3. 进行有机玻璃制件与边缘接件间的胶接、装配；

4. 进行飞机天窗风挡的抗压气密试验。

6-23-03-13 飞机外场调试与维护工

使用设备和工具，检查、调试与维护飞机外场机械、仪表、电气、电子设备、弹射救生、航空保伞的人员。

主要工作任务：

1. 进行机械系统、发动机性能参数检查、试验；

2. 进行仪表、电气及附件检查、调整、通电试验和维护；

3. 调整飞机无线电、雷达等航空电子设备，并进行兼容性检查；

4. 操作试验设备，进行弹射救生系统地面试验，包装和维护救生伞、阻力伞；

5. 排除外场飞机系统故障；

6. 维护工装试验设备和保伞器材，处理故障；

7. 进行飞机外场机务准备和飞行安全保障；

8. 进行飞机、发动机定检，填写生产记录。

本职业包含但不限于下列工种：

外勤机械工 飞机外勤仪表、电气工 外勤无线电雷达工 保伞工 飞机外勤弹射救生工

6-23-03-14 航空环控救生装备工

使用专用设备和工具，进行航空环控救生装备裁剪、缝制和非金属零件制造、装配的人员。

主要工作任务：

1. 使用专用设备、材料，进行主、辅料划样及主、辅料裁剪；

2. 操作专用设备，缝制和装配航空救生装备；

3. 使用专用材料、特殊工艺方法，制作非金属制品；

4. 使用专用工夹量具、专用测试设备，安装、检查、调试和修理飞机氧气系统附件导管。

本职业包含但不限于下列工种：

航空救生设备裁剪工 航空救生设备缝制工 航空救生设备非金属零件制造工

6-23-04（GBM 62304）
摩托车、自行车制造人员

从事摩托车、自行车、电动自行车零部件及整车装配与调试工作的人员。

本小类包括下列职业：

6-23-04-01 摩托车装调工

6-23-04-02 自行车与电动自行车装配工

6-23-04-01 摩托车装调工

使用工具、装配联动线、液压机等工装及整车检测线等仪器和设备，进行摩托车零部件组合、装配、故障排查、修理的人员。

主要工作任务：

1. 使用液压机等工装、专用设备和工具，组合摩托车成车零部件；

2. 使用装配联动线、打包机、射钉枪、液压机等工装、设备和工具，装配摩托车成车；

3. 使用液压机等工装、设备和工具，组合摩托车发动机零部件；

4. 使用装配联动线、液压机等工装、设备和工具，装配摩托车发动机整机；

5. 使用整车检测线、废气分析仪、万用表、灯光测试仪等检测仪器和工具，排查

摩托车成车故障；

6. 使用工具，进行摩托车成车故障零部件更换等修理作业；

7. 使用摩托车发动机测试台，进行摩托车发动机整机初期测试、磨合；

8. 使用废气分析仪、检漏测试仪、密封性检测仪、综合流量检测仪、动平衡测试仪、万用表等检测仪器和工具，排查摩托车发动机整机故障；

9. 使用工具，进行摩托车发动机故障零部件更换等修理作业；

10. 维护保养设备、工具、工装等。

本职业包含但不限于下列工种：

摩托车成车装调工　摩托车发动机装调工

6-23-04-02　自行车与电动自行车装配工

使用工具、工装、检测仪器和设备，装配自行车、电动自行车零部件及整车的人员。

主要工作任务：

1. 使用专用机械和辅助工具，组装零部件；

2. 准备工具和装配所需零部件，按照装配工艺流程调整流水线；

3. 使用机械设备、工具和仪器仪表，装配整车；

4. 调试和检测整车，包装成品。

本职业包含但不限于下列工种：

自行车装配工　电动自行车装配工

6-23-99（GBM 62399）
其他铁路、船舶、航空设备制造人员

指未列入 6-23-01 至 6-23-04 的铁路、船舶、航空设备制造人员。

6-24（GBM 62400）　电气机械和器材制造人员

从事电机、输配电及控制设备、电线电缆、光纤光缆、电池、家用电力及非电力器具、照明器具等电气机械和器材制造的人员。

本中类包括下列小类：

6-24-01（GBM 62401）电机制造人员
6-24-02（GBM 62402）输配电及控制设备制造人员
6-24-03（GBM 62403）电线电缆、光纤光缆及电工器材制造人员
6-24-04（GBM 62404）电池制造人员
6-24-05（GBM 62405）家用电力器具制造人员
6-24-06（GBM 62406）非电力家用器具制造人员
6-24-07（GBM 62407）照明器具制造人员
6-24-08（GBM 62408）电气信号设备装置制造人员
6-24-99（GBM 62499）其他电气机械和器材制造人员

6-24-01（GBM 62401）
电机制造人员

从事发电机、电动机等电机设备及辅助装置加工、装配与调试工作的人员。

本小类包括下列职业：

6-24-01-00 电机制造工

6-24-01-00 电机制造工

使用绕线机、包带机、动平衡机、振动传感器、气体压力检测仪等专用设备和仪器，进行发电机、电动机、防爆电机等零部件的加工、组装和总成装配、调试的人员。

主要工作任务：

1. 使用立式、卧式、同步液压、感应加热、自动机械手、检测等专用设备和工具，叠装铁芯，检测铁芯紧度；

2. 操作下料机、绕线机、成型机、中频焊机、包带机、压型机、浸渍设备和烘炉等，进行绕线、焊接、绝缘绕包、压型、浸渍、烘焙等处理，制造定子、转子线圈；

3. 使用气体压力检测仪、绝缘电阻检测仪、热成像仪、片间短路仪、固有频率检测仪、槽楔紧度仪、高压电气试验等仪器装置，安装电机定子或磁极、电机转子或电枢的嵌线、绑扎、烘压、打槽楔、护环、集电环等，并进行冷却系统试验、电气试验等；

4. 操作专用浸渍设备、真空压力浸渍设备、工业炉窑，进行定子、转子绝缘浸渍、烘焙处理；

5. 使用动平衡机、振动传感器，测量发电机、电动机转子振动情况，进行电机高速动平衡检测、转子超速检测；

6. 使用专用吊车、工具、仪器仪表，进行电机总成装配；

7. 操作专用设备，进行密闭性能试验、冷却系统试验、润滑系统调试、电气系统监测和试验、高压及超高压试验等；

8. 检修电机的电气、机械、冷却、润滑系统及密闭性，拆解电机总成及零部件，进行电机增容性和恢复性再制造；

9. 维护保养工、夹、量具和仪器仪表、工艺装备，排除故障。

本职业包含但不限于下列工种：

电机嵌线工 电机装配工 电机铁芯叠装工 电机线圈制造工 中小电机笼型绕组制造工

6-24-02（GBM 62402）
输配电及控制设备制造人员

从事变压器、电感器、电容器、配电开关控制设备、光伏组件等输配电及控制设备制造的人员。

本小类包括下列职业：

6-24-02-01 变压器互感器制造工

6-24-02-02 高低压电器及成套设备装配工

6-24-02-03 电力电容器及其装置制造工

6-24-02-04 光伏组件制造工 L

6-24-02-01 变压器互感器制造工

使用设备与工装，加工、装配变压器和互感器的铁芯、线圈、绝缘件等部件，进行器身套装、引线配焊和整体装配的人员。

主要工作任务：

1. 安装调整装配台、架、工装工具设备等；

2. 操作专用设备，进行电力变压器及电抗器铁芯片剪切、冲孔；

3. 使用专用设备、工具、工装，叠积、卷绕变压器和互感器铁芯，进行铁芯装配、退火、浸渍、整理，修理铁芯半成品或成品；

4. 使用设备、工装，绕制、压装整理及真空干燥变压器和互感器线圈；

5. 使用设备、工装、工具，进行线圈套装，变压器、互感器器身、引线装配，成品装配；

6. 使用仪器仪表，检测变压器、互感器的装配质量和电气性能，并排除故障；

7. 维护保养工、夹、量具和设备，排除故障。

本职业包含但不限于下列工种：

变压器装配工　互感器装配工　变压器铁芯叠装工　变压器线圈制造工　变压器绝缘件装配工

6-24-02-02　高低压电器及成套设备装配工

使用设备、工艺装备、仪器仪表，装配调试高低压电器及成套设备、避雷器、防爆电气产品的人员。

主要工作任务：

1. 安装调整装配台、架，吊运装卸工件；

2. 使用设备、工艺装备、仪器、仪表，组装灭弧室、操作机构（箱）、传动机械（箱）、导体等高低压电器元件、部件；

3. 使用设备、工艺装备、仪器、仪表，分装、总装和调试高压交流断路器、高压直流断路器、高压交流真空断路器、高压交流接触器、高压或低压预装式变电站、直流输电系统用开关设备等；

4. 使用设备、仪器仪表，进行高低压电器、高低压开关及继电保护成套设备分装、总装和调试；

5. 使用设备、仪器仪表，进行成套开关设备电力控制系统高低压开关零部件、半成品和成品件配线、装配；

6. 使用设备、工艺装备、仪器、仪表，将熔体、熔管和零部件装配成高压、低压熔断器；

7. 使用吊装设备、工具，将金属氧化物电阻片、金属或绝缘零件、瓷或聚合物绝缘外套组合装配成避雷器组件及成品件；

8. 使用工具和仪器仪表，装配、调试防爆电气元器件及防爆外壳；

9. 使用工具和仪器仪表，维修或更换防爆电气元器件，排除故障；

10. 维护保养工具、夹具、仪器仪表及设备，排除故障。

本职业包含但不限于下列工种：

低压电器及元件装配工　高压电器及元件装配工　高低压成套设备装配配线工　防爆电气装配工　高压熔断器装配工　避雷器装配工

6-24-02-03　电力电容器及其装置制造工

操作专用设备，制造、装配电力电容器配件、元件、器身及其成套装置的人员。

主要工作任务：

1. 操作专用设备，加工电力电容器内熔丝及引出端子套管等配件；

2. 操作电力电容器专用绕卷设备，卷绕、制作电力电容器元件；

3. 操作专用设备，进行电力电容器的心体压装、锡焊连接及绝缘包绕或包扎等，制成器身；

4. 操作专用设备，进行电力电容器真空干燥浸渍及其浸渍剂净化处理；

5. 使用手动或专用工具、仪器，装配套管类电力电容器产品；

6. 使用专用设备和工具，装配电力电容器成套装置的组架、电容器及其附属配件。

本职业包含但不限于下列工种：

电力电容器配件工　电力电容器卷制工　电力电容器心体加工工　电力电容器真空浸渍工　电力电容器及其成套装置装配工

6-24-02-04　光伏组件制造工 L

使用光伏晶硅组件、光伏薄膜组件生产线等，制造光伏晶硅组件、光伏薄膜组件、光伏聚光组件、光伏砷化镓组件的人员。

主要工作任务：

1. 使用分选、电烙铁或焊接机，测试单片电池片电性能和外观分选，焊接电池片；

2. 使用叠层装置、层压机、打胶设备和装框机，敷设玻璃、EVA 电池片、背板、汇流条，引出正负极，封装、固化半成品，安装边框，制成光伏晶硅组件；

3. 操作镀膜和激光设备，进行衬底镀膜，划刻薄膜层，制成电子电池；

4. 使用专用工具、层压机，连接电极至薄膜电池片上，并封装组件，制成光伏薄膜组件；

5. 操作专业生产设备，生产光伏聚光组件；

6. 操作外延设备、光刻机、镀膜机、划片机等，制成单体电池；

7. 操作焊接机等，制作光伏砷化镓组件；

8. 使用太阳能模拟器等仪器、设备，测试光伏组件电性能、安全性能等。

本职业包含但不限于下列工种：

光伏晶硅组件制造工　光伏薄膜组件制造工　光伏聚光组件制造工　光伏砷化镓组件制造工

6-24-03（GBM 62403）

电线电缆、光纤光缆及电工器材制造人员

从事电线电缆、光纤光缆、绝缘制品、电工合金电触头和电器附件制造等工作的人员。

本小类包括下列职业：

6-24-03-01　电线电缆制造工
6-24-03-02　光纤光缆制造工
6-24-03-03　绝缘制品制造工
6-24-03-04　电工合金电触头制造工
6-24-03-05　电器附件制造工

6-24-03-01　电线电缆制造工

操作电线电缆专用设备，加工铜、铝等金属导体，在导体或线芯上包覆材料，制造电线、电缆或绕组线的人员。

主要工作任务：

1. 操作上引法、连铸连轧或浸涂法工艺设备，将铜、铝等金属材料熔融、铸轧、冷却后制成铜铝杆材；

2. 操作拉线设备，将铜铝金属线材拉制成导线，并进行韧炼，将纤维树脂等复合材料拉制成固化所需的复合材料棒材；

3. 操作挤塑、挤橡、交联设备，将塑料、橡皮等材料用热压、物理发泡等方式挤包到导体上成为绝缘层，挤包到缆芯或金属层上成为护套，或经过交联形成热固性绝缘层或护套；

4. 操作绞线、束线、成缆设备，绞制、组合导体或绝缘线芯；

5. 操作漆包设备，在圆线或扁线上连续地涂覆绝缘漆，并烘焙、固化，制成漆包线；

6. 操作换位导线设备，进行漆包导线的换位，包扎绝缘和焊接断头；

7. 操作铝包钢等包覆专用设备，将铝等金属挤包在钢线等线材上形成铝包钢等双金属导体线材，并挤压铜、铝成为电缆型线；

8. 操作酸洗、热镀、化学镀或电镀等设备，进行金属导体表面镀层；

9. 操作切带、编织、纸包、绕包、装铠等专用设备，将金属或非金属电缆包覆材料以带状或线状形态包覆到缆芯上；

10. 操作电子加速器，用高能电子束照射电缆绝缘层或护套层以产生交联；

11. 操作金属挤压设备，或采用氩弧焊、纵包等方式，将铅、铝、不锈钢、铜等金属材料包覆在缆芯上制成密封金属套；

12. 使用测试设备和仪器，检验电线、电缆、绕组线的原材料、半成品电气、机械、物理、化学、阻燃等性能；

13. 维护保养设备及工艺装备，排除故障。

本职业包含但不限于下列工种：

绕组线漆包工　铜铝杆生产工　电线电缆拉制工　电线电缆镀制工　电线电缆绞制工　电线电缆挤塑工　电线电缆挤橡工　电线电缆包制工　电缆辐照工　电缆金属护套制造工　电线电缆金属导体挤制工

6-24-03-02　光纤光缆制造工

操作光纤、光缆制造专用设备，制造预制棒、光纤光缆和光器件的人员。

主要工作任务：

1. 操作专用设备，采用气相沉积技术，将四氯化硅、氢气、氧气等原料合成为光纤预制棒；

2. 操作拉丝机、筛选机等专用设备，将光纤预制棒拉制成一次被覆增强的光纤；

3. 操作着色机、并带机等专用设备，按色谱或带纤芯数，将光纤制成着色光纤或光纤带；

4. 操作套塑或金属管焊接设备，将光纤或光纤带紧套或松套入塑料管或金属管，并填充阻水材料，制成二次被覆套管；

5. 操作成缆设备，将含光纤的二次被覆套管、填充绳和加强元件组合绞合，制成成缆缆芯；

6. 操作护套挤出设备，在成缆后的缆芯上挤包塑料护套或金属—塑料综合护套，制成光缆半成品缆芯或成品；

7. 操作装铠机，将钢丝或钢带等金属材料绞合或绕包在光缆半成品缆芯上；

8. 操作耦合对准仪、拉锥机等设备，封装光器件单元与部件、材料，制成分路器、连接器、耦合器、滤模器等光纤通信系统专用的无源光器件；

9. 操作测试设备和仪器，检验光纤的传输性能、光学特性、几何参数等，检测光缆的传输性能、机械性能、环境性能等；

10. 维护保养设备及工艺装备，排除故障。

本职业包含但不限于下列工种：

光纤着色并带工　光纤套塑工　光缆护套工　无源光器件制造工　光棒制造工　光纤拉制工　光缆成缆工

6-24-03-03　绝缘制品制造工

操作云母带机、反应釜、热压机、涂覆机、空气压缩机等专用设备，装配、制造电工、电子装备绝缘材料、绝缘成型件、绝缘子、热缩材料的人员。

主要工作任务：

1. 操作云母带机，进行玻璃布、聚酯薄膜等浸渍胶液或添加树脂，与云母片或粉云母纸复合，加热或烘干，制成云母带；

2. 使用反应釜，加入原材料及添加剂，制成树脂、胶、绝缘油及绝缘漆等；

3. 操作热压机、红外锯边机、数控雕铣机、水切割机等设备，将绝缘材料热压固化、成型、冲剪、加工制成绝缘成型件；

4. 操作热压机、切边机等，进行叠合后的半固化片或云母带热压固化及后处理，制成电工层压板或云母板；

5. 操作捏合机、片料机、卷料机、挤出机，将树脂及添加剂或纤维浸渍、混均、捏合，装入模具，加工制成绝缘制品；

6. 操作流延机、双向拉伸薄膜机、分切机等设备，进行树脂流延或流延拉伸，制成电工薄膜；

7. 操作涂覆机，涂覆薄膜表面的聚合物树脂涂层，制取胶膜；

8. 操作设备，将绝缘纸或薄膜缠绕在导杆或导管上，进行真空浸油或浸胶制成芯体，装配或压制制成电气套管；

9. 操作原料处理和炉窑等设备，处理石英、长石等原料，进行熔融、压型、钢化、热震、胶装，制成玻璃质绝缘子；

10. 操作设备，处理橡胶、树脂、炭黑、填料等原料，进行混炼、硫化成型，在绝缘芯体上压接端部装配件，制成聚合物质绝缘子；

11. 操作原料处理设备，粉碎、混合、筛分、除铁、压滤黏土、铝矾土、工业氧化铝、长石等原料，真空挤制或干式压坯、修坯成型；

12. 操作炉窑等设备，进行干燥、上釉、焙烧、切割研磨、胶装，制成瓷质绝缘子；

13. 操作空气压缩机、真空泵、冷水机、热缩材料扩张机、扩张模具等，加热辐射交联高分子材料至高弹态，进行快速扩张、冷却定型，制成热缩材料；

14. 使用设备和工具，采用叠、扎、粘、铆等方法，组合装配电工电器产品绝缘件；

15. 维护保养工、夹、量具、仪器仪表及设备，排除故障；

16. 使用交直流击穿电压测试仪、万能材料试验机、热分析仪、电老化试验箱、燃烧仪，检测绝缘制品性能。

本职业包含但不限于下列工种：

绝缘材料制造工　绝缘子制造工　绝缘成型件制造工　绝缘套管制造工　热缩材料制造工

6-24-03-04　电工合金电触头制造工

操作冷压焊复合触头自动机、合金内氧化炉、熔炼炉、挤压机等设备，制造低压、中高压电触头及触头元件的人员。

主要工作任务：

1. 操作筛分设备，筛分银粉、铜粉等金属粉末，进行粒度配比；

2. 操作混粉机，进行金属粉末混合、造粒、球磨；

3. 操作成型机，进行银粉、铜粉等金属粉末压制成型、等静压成型；

4. 操作挤压机、轧机等设备，挤压、轧制、复合银、铜等金属、合金；

5. 操作冷压焊复合触头自动机设备，制作低压电触头；

6. 操作真空烧结炉、气氛烧结炉等设备，制作中高压电触头；

7. 操作点焊机、熔焊机或钎焊设备，进行电触头材料和铜基载体配线、焊接、后处理，制成电接触组件；

8. 使用工具、量具、检测设备，检验电触头材料、电接触组件的理化性能和电性能。

本职业包含但不限于下列工种：

电工合金熔炼及热变形工　电工合金冷变形工　电工合金金属粉末处理工

6-24-03-05　电器附件制造工

使用电玉粉成型机、高速冲床、自动铆接机台、烫金机等专用设备以及耐压仪、电阻仪等仪器仪表，制造、装配、检测插头插座、器具耦合器等电器附件和温湿度控制器零部件的人员。

主要工作任务：

1. 操作供料机、粉碎机、吊装机、电玉粉成型机、丝印机台等设备，加工电器附件零部件；

2. 使用高速冲床、顺送模具、自动钻切、接线端子铆合机等设备和压合夹具，装配导电类金属件；

3. 操作自动铆接机台，将银线、铜线铆接、点焊成导电元件；

4. 操作烫金机、移印机、超声波熔接机、自动组装机等，加工，组装成品；

5. 使用自动化设备、电动或气动装置、组装流水线以及工装夹具等，加工、组装成品；

6. 操作投影仪、耐压仪、弹簧检测仪、电阻仪、测力计等专用检测设备，检查零部件及成品外观和尺寸特性；

7. 使用专用测试设备、仪器，测试塑胶类产品灼热丝、熔融指数、球压等，测试铜材伸长率、抗拉强度等；

8. 维护保养设备。

本职业包含但不限于下列工种：

电器附件零部件制造工　电器附件装配工

6-24-04（GBM 62404）
电池制造人员

从事锂电池、镍氢电池等电池制造的人员。

本小类包括下列职业：

6-24-04-00　电池制造工

6-24-04-00　电池制造工

使用涂布机、绝缘电阻表、充放电等设备和仪器，制造电池负极、正极、隔膜、电解液及辅助组件，组装、测试电池和超级电容器的人员。

主要工作任务：

1. 使用设备和仪器，将材料制成电极活性物质；

2. 使用设备和仪器，制作电池的电极隔膜等隔离物；

3. 使用设备和仪器，按比例混合电极活性物质材料、导电材料、粘接剂、溶剂及添加剂，制成电极浆料；

4. 操作设备，将电极材料制成电池的正负电极；

5. 使用设备、工具和仪器，将溶剂、电解质和其他辅助材料配制成电解液；

6. 操作加工设备，制作电池的辅助组件；

7. 使用设备、工具和仪器，装配正极、负极、隔膜和辅助组件等，并装入电解液，制成单体电池或超级电容器；

8. 操作设备，测试电极或电池的化成等电性能；

9. 使用设备、仪器，将单体电池、超级电容器与部器件组合成组件；

10. 使用设备、仪器，将原材料制备成固态（含凝胶态）电解质；

11. 使用设备、仪器，制造薄膜固态电

极、电解质或电池。

本职业包含但不限于下列工种：

电解液制作工　电池配料工　电极制造工　隔离层制备工　电池部件制备工　电池（组）装配工　电池试制工　电池制液工　电池化成工　固态电解质制造工　电池测试工

6-24-05（GBM 62405）
家用电力器具制造人员

从事家用电冰箱、空调器、洗衣机等家用电力器具零部件制造、整机装配、调试和检测的人员。

本小类包括下列职业：

6-24-05-01　家用电冰箱制造工

6-24-05-02　空调器制造工

6-24-05-03　洗衣机制造工

6-24-05-04　小型家用电器制造工

6-24-05-01　家用电冰箱制造工

使用专用设备、工装、工具和仪器仪表，进行家用电冰箱零部件制造、整机装配和在线检测的人员。

主要工作任务：

1. 使用设备、工装和工具，将金属或非金属材料制成电冰箱零部件；

2. 使用注射机，进行箱体、门体泡沫灌注，形成隔离绝热衬层；

3. 操作专用设备，进行制冷系统的焊接、抽真空、工质灌注和系统封装；

4. 调整流水线，进行电冰箱的整机装配；

5. 在线检测电冰箱半成品、成品装配质量。

本职业包含但不限于下列工种：

电冰箱零部件制作工　电冰箱装配工

6-24-05-02　空调器制造工

使用专用设备、工装、工具和仪器仪表，进行空调器零部件制作、部装、总装和现场安装调试的人员。

主要工作任务：

1. 使用设备、工装和工具，将金属或非金属材料制成空调器的零部件；

2. 使用专用设备、仪表和工具，配制空调器部件或总成的铜管；

3. 使用手工工具，插接U形管，梳理翅片；

4. 进行空调器制冷系统或热交换器管道系统的检漏；

5. 使用专用设备和工具，将定子组件、汽缸、活塞、曲轴等零部件组装成空调压缩机；

6. 操作装配流水线和使用工具，进行空调器零部件、控制电器、制冷系统和壳体等部装和总装，在线检测质量；

7. 在使用现场对空调器室内机和室外机进行安装和系统连接，或进行移机再安装；

8. 检测、调试现场安装的空调器。

本职业包含但不限于下列工种：

空调器零部件制作工　空调器装配工　空调器安装工　空调器压缩机装配工

6-24-05-03　洗衣机制造工

使用专用设备、工装、工具和仪器仪表，进行洗衣机零部件制造、整机装配和在线检测的人员。

主要工作任务：

1. 使用冲裁、压型、焊接、喷涂、注塑等设备、工装和工具，将金属或非金属材料制成洗衣机零部件；

2. 操作装配流水线，将零部件装配成

洗衣机整机；

3. 调试电子控制和机械控制面板，在线检测洗衣机半成品、成品。

本职业包含但不限于下列工种：

洗衣机零部件制作工　洗衣机装配工

6-24-05-04　小型家用电器制造工

使用专用设备和工具，进行微波炉、电风扇、吸尘器、消毒柜等小家电零部件制造和整机装配的人员。

主要工作任务：

1. 使用设备、工装和工具，将金属或非金属材料制成小家电零部件，进行表面涂饰和装饰处理；

2. 检测发热部件，使用工装和工具，组装微波炉、电饭煲、消毒柜、电暖气、电熨斗等小家电；

3. 检测动力部件，使用工装和工具，组装电风扇、吸尘器、家用食品加工机械等小家电；

4. 使用工装和工具，组装其他种类的小家电产品；

5. 调试小家电成品，在线检测安全性能。

6-24-06（GBM 62406）
非电力家用器具制造人员

从事燃气热水器、燃气灶具等非电力家用器具零部件制造、装配及安装的人员。

本小类包括下列职业：

6-24-06-00　燃气具制造工

6-24-06-00　燃气具制造工

使用专用设备、工装、测试仪器等，进行家用燃气用具零部件加工和整机装配，并现场安装和调试的人员。

主要工作任务：

1. 使用专用设备和工装，进行金属件切削加工和钣金件冲裁、压型等加工；

2. 使用专用设备和工装，焊接和喷涂金属件；

3. 操作设备，进行橡塑等非金属零部件成型加工；

4. 加工、测试和组装电子控制器件；

5. 使用工具，选配、组装燃气具的点火器、燃烧器、熄火保护装置等部件，在线调试；

6. 清洗、整理零部件，调试装配流水线；

7. 使用工具和工装，装配整机，包装成品；

8. 现场安装燃气具，连接水、电、气系统，测试安全性。

本职业包含但不限于下列工种：

燃气具零部件制作工　燃气具装配工　燃气具安装工

6-24-07（GBM 62407）
照明器具制造人员

从事电光源、灯用电器附件、照明灯具等制造的人员。

本小类包括下列职业：

6-24-07-01　电光源制造工

6-24-07-02　灯具制造工

6-24-07-01　电光源制造工

采用物理、化学方法，合成电光源涂敷材料和化学制剂，并操作专用设备进行热辐射、气体放电、固态光源零件加工、装配和调试的人员。

主要工作任务：

1. 使用专用设备与辅助装置，采用物

理和化学方法合成化学原料，制成电光源涂敷材料和化学制剂；

2. 操作专用设备，进行金属材料和非金属材料绕制、分割、造型、定型、净化、退火、焊接、涂敷等加工，制成电光源零部件；

3. 使用专用设备和工装，进行零部件封口、接桥、排气、注汞、烤消、封接、封装等加工，装配成电光源发光部件；

4. 操作设备，老炼、测试和调整电光源发光部件；

5. 操作专用设备，进行插件、贴片、焊接，将电子元器件组装成电光源的电路部件；

6. 使用设备、工装和仪器，装配、调试电光源，标识产品信息。

本职业包含但不限于下列工种：

灯用化学配料工　电光源外部件制造工　电光源发光部件制造工　电光源电路部件制造工　电光源装配工

6-24-07-02　灯具制造工

使用专用设备、工具和仪器，进行照明灯具新产品打样、零部件制造和成品装配的人员。

主要工作任务：

1. 使用机械或手工，结合发光部件与控制装置的特点，制作灯具新产品的样板；

2. 配合电路系统，进行新产品样板的出光性、装饰性、安装方式等验证；

3. 使用专用设备、工装和工具，进行灯具零部件预处理和成型加工，校验制件的光学性能和安全性能；

4. 使用机械或手工，进行灯具零部件表面精细加工和装饰，检测制件的反光性和透光性；

5. 组装灯具的光学系统、电路系统紧固件或活动件；

6. 使用专用设备、工装或工具，装配灯具零部件、半成品与相应的电路系统、光学系统，调试灯具成品。

本职业包含但不限于下列工种：

灯具打样工　灯具零部件制造工　灯具装配工

6-24-08（GBM 62408）

电气信号设备装置制造人员

从事电控、通信、信号等轨道交通通信、信号设备加工制造的人员。

本小类包括下列职业：

6-24-08-00　轨道交通通信信号设备制造工

6-24-08-00　轨道交通通信信号设备制造工

使用工具和设备，组装、调试、检验轨道交通通信、信号设备的人员。

主要工作任务：

1. 识别、检测元器件、零件、材料和配件；

2. 预制或准备元器件、零部件和材料；

3. 装配通信、信号零部件和设备；

4. 调试、检测通信、信号设备和配件的电气性能和机械性能；

5. 制作、维护工装、工具，以及其他通信、信号检测、试验设备；

6. 维修通信、信号设备故障；

7. 试验产品。

本职业包含但不限于下列工种：

电控设备组调工　通信设备组调工　信号设备组调工　信号设备制造钳工

6-24-99（GBM 62499）

其他电气机械和器材制造人员

指未列入 6-24-01 至 6-24-08 的电气机械和器材制造人员。

6-25（GBM 62500） 计算机、通信和其他电子设备制造人员

从事电子元件、电子器件、计算机、通信等电子设备及配套设备制造的人员。

本中类包括下列小类：

6-25-01（GBM 62501）电子元件制造人员
6-25-02（GBM 62502）电子器件制造人员
6-25-03（GBM 62503）计算机制造人员
6-25-04（GBM 62504）电子设备装配调试人员
6-25-99（GBM 62599）其他计算机、通信和其他电子设备制造人员

6-25-01（GBM 62501）

电子元件制造人员

从事电阻器、电声器件、印制电路等电子元件制造、装配、调试的人员。

本小类包括下列职业：

6-25-01-01 电容器制造工
6-25-01-02 电阻器制造工
6-25-01-03 微波铁氧体元器件制造工
6-25-01-04 石英晶体生长设备操作工
6-25-01-05 压电石英晶片加工工
6-25-01-06 石英晶体元器件制造工
6-25-01-07 电声器件制造工
6-25-01-08 水声换能器制造工
6-25-01-09 继电器制造工
6-25-01-10 高频电感器制造工
6-25-01-11 电器接插件制造工
6-25-01-12 电子产品制版工
6-25-01-13 印制电路制作工
6-25-01-14 薄膜加热器件制造工
6-25-01-15 温差电器件制造工
6-25-01-16 电子绝缘与介质材料制造工

6-25-01-01 电容器制造工

使用切割机、成型机等设备、工装，制造不同介质固定和可变电容器的生产人员。

主要工作任务：

1. 操作切割机，切割电容器纸、塑料薄膜、漆膜、金属箔、金属化介质及绝缘材料；

2. 操作真空蒸发或沉积设备，在纸、膜等介质上被覆金属膜层；

3. 操作印银等设备，在云母片上制作电极；

4. 操作专用设备，在陶瓷端面制备金属化电极；

5. 操作卷绕设备，将电容器纸和电极箔包卷绕成带有引出条或引出线的芯体；

6. 使用工装和仪器，将电容器芯体和零组件装配成云母、陶瓷、有机介质电容器；

7. 操作退火、腐蚀、赋能等设备，腐蚀铝箔表面，在铝箔表面生成氧化膜；

8. 使用成型机，将钽粉、钽丝压制成型，在真空烧结炉中烧制成钽块；

9. 使用赋能槽，使钽块表面生成氧化膜制成阳极钽块，在氧化膜上制备阴极二氧化锰层；

10. 使用设备、工装夹具和仪器等，将电容器芯体、零部件和电解液等装配成电解电容器；

11. 使用高频炉、旋铆机、工装夹具和仪器，装配、调试可变电容器；

12. 使用测试设备和仪器、仪表，进行电容器、可变电容器老化测试。

本职业包含但不限于下列工种：

有机介质电容器纸、膜切割工　有机介质电容器纸、薄膜金属化工　有机介质电容器装配工　云母电容器制造工　陶瓷电容器制造工　铝箔腐蚀氧化工　钽电解电容器成型烧结工　钽电解电容器赋能、被膜工　电解电容器装配工　可变电容器装校工

6-25-01-02　电阻器制造工

操作热压、干燥等设备，制造电阻器或电位器的人员。

主要工作任务：

1. 操作绕线机，将电阻合金丝或合金带绕制在绝缘基体上，并进行调阻、焊接、装配、测试等，制成线绕电阻器或电位器；

2. 操作冶炼炉和破碎、研磨设备，将金属、非金属和金属氧化物材料制成电阻器专用合金粉；

3. 操作渗碳蒸发、溅射、沉积、喷膜等设备，将电阻原材料淀积于基体表面形成电阻层，并进行调阻装配、测试等，制成薄膜电阻器；

4. 操作丝网印刷设备，将浆料印制于基体表面进行高温烧结，并进行调阻装配、测试，制成玻璃釉膜电阻器、电位器；

5. 操作烧结炉、真空蒸发等设备，将具有光电效应的半导体材料喷覆于绝缘基体上，进行高温敏化、蒸电极等工艺处理，并进行装配、测试，制成光敏电阻器；

6. 操作造粒、压制和烧结等设备，将具有电压敏感特性的陶瓷材料压制成型，在窑炉内进行烧结，并进行装配、测试，制成压敏电阻器；

7. 操作造粒、压制和烧结等设备，将具有温度敏感特性的陶瓷材料压制成型，在窑炉内进行烧结，并进行装配、测试，制成热敏电阻器；

8. 混合贵金属氧化物粉末和玻璃釉粉末，加入黏合剂，配制浆料；

9. 操作设备，采用喷涂、流延及丝网印刷等方法，将浆料涂覆于基体表面，热聚合加工制成导电元件，并进行装配、测试，制成合成碳膜电位器、电位计；

10. 使用工装、模具，装配热敏电阻红外探测器；

11. 使用工具，将导电材料、填料、黏合剂制备成导电合成物；

12. 操作热压设备，将有机合成物压制成实芯电阻体，并进行装配、测试，制成有机实芯电阻器、电位器。

本职业包含但不限于下列工种：

合成膜电位计工　热敏电阻红外探测器制造工　线绕电阻器、电位器制造工　有机实芯电阻器、电位器制造工　电阻器专用合金粉制造工　薄膜电阻器制造工　玻璃釉膜电阻器、电位器制造工　光敏电阻器制造工　压敏电阻器制造工　热敏电阻器制造工　合成碳膜电位器制造工

6-25-01-03　微波铁氧体元器件制造工

操作原料处理、窑炉、压铸等设备，制备铁氧体粉料、煅烧坯件，并装配、调试微波铁氧体元器件的人员。

主要工作任务：

1. 操作破碎机和回转窑炉等设备，配制铁氧体粉料；

2. 使用设备或手工，将粉料加入黏结剂制成坯料；

3. 使用压铸设备和模具，将坯料压成坯体；

4. 使用窑炉，将铁氧体材料煅烧成坯料或坯件；

5. 操作磨床和研磨设备，将坯件加工成铁氧体元件；

6. 使用微波测试系统和工具，将微波铁氧体样品、腔体、永磁体等电子元件装配成微波铁氧体器件，并进行调测。

本职业包含但不限于下列工种：

铁氧体材料制备工　铁氧体元件成型工　铁氧体材料烧成工　铁氧体元件研磨工　微波铁氧体器件调测工

6-25-01-04　石英晶体生长设备操作工

操作高压釜，将籽晶片等原料制成石英晶体的人员。

主要工作任务：

1. 使用工具和器皿，配制石英晶体原料与溶液等；

2. 使用设备和工具，处理培养体，制备去离子水，清洗支架、悬挂籽晶片；

3. 操作清洗、探伤设备，开启、清洗、检查高压釜；

4. 装填配料、注入溶液，调整、密封高压釜；

5. 使用高压釜，监测、调整温度、压力，使石英晶体原料生长成石英晶体；

6. 维护保养高压釜温控系统。

本职业包含但不限于下列工种：

压电石英晶体配料装釜工　高压釜温控工

6-25-01-05　压电石英晶片加工工

使用喷砂机、单盘机等设备、工装和仪器，加工压电石英晶片的人员。

主要工作任务：

1. 使用切割机、工装和仪器，进行压电石英晶体划线、切割和X射线测角等加工；

2. 使用研磨等设备和仪器，研磨石英晶体的平面或球面，进行磨边、抛光等；

3. 使用设备、工装和仪器，将石英晶体加工成晶片。

本职业包含但不限于下列工种：

籽晶片制造工　压电石英晶体切割工　压电石英晶体研磨工

6-25-01-06　石英晶体元器件制造工

使用研磨机、点胶棒等设备、工装和仪器，加工、装配、测试石英晶体元器件的人员。

主要工作任务：

1. 操作引线焊接机、压电元件电火花金属层分割机等设备，进行石英晶片点银点、烧银、焊线和分极等加工；

2. 使用真空镀膜机、晶体真空微调机、晶体中间测试仪、晶体阻抗计等，进行石英晶片真空镀膜、频率微调、中间测量、频率检测等；

3. 使用晶片自动上片点胶机、恒温烘箱等，进行石英镀膜片上片、点胶、烤胶等加工；

4. 使用晶体电镀电解专用装置、频谱分析仪等，进行石英晶体滤波器频率细调、调整通带宽度、抑制寄生等加工；

5. 操作电阻焊压封机、冷压焊机等封装设备，封装晶体产品。

本职业包含但不限于下列工种：

压电石英片烧银焊线工　石英晶体元件装配工　石英晶体振荡器制造工　石英晶体滤波器制造工

6-25-01-07　电声器件制造工

使用自动成型机、绕线机等设备、仪器和工具，制造电声器件的零部件，并装配、调试电声器件的人员。

主要工作任务：

1. 使用自动成型机等设备和模具，制作音盆、音膜等电声振动零件；

2. 使用擀床和工装等，旋压制作扬声器号筒等零件；

3. 操作绕线机，绕制电声器件的音圈、线圈和音箱分频器线圈等；

4. 使用设备、工夹具和仪器、仪表，装配、调试部件、传声器、扬声器和扬声器系统及送受话器；

5. 使用放大镜、焊机等工具和仪表，装配、调试耳机；

6. 使用信号发生器、毫伏表等仪器仪表和测试环境设施，进行耳机与人耳配置测试。

本职业包含但不限于下列工种：

传声器装调工　扬声器装调工　送受话器装调工　音圈绕制工　电声振动件制造工　扬声器号筒擀制工　耳机与人耳配置测试工

6-25-01-08　水声换能器制造工

使用工具和设备，加工制作水声功能元件，并装配、密封、测量水声换能器的人员。

主要工作任务：

1. 加工制作水声功能元件，清洁、检测、选配装配件；

2. 驳制导线、电缆，密封电缆；

3. 配备制作匹配层和背衬；

4. 连接信号线缆与处理接地；

5. 进行水声功能元件的绝缘及防护处理；

6. 装配结构件、紧固件、水声功能元件等；

7. 检测水声换能器振子或装配组件；

8. 采用硫化、灌注、焊接等密封工艺进行密封定位，并进行静水压试验及检测；

9. 测量、计算电或声参数。

本职业包含但不限于下列工种：

水声换能器装配工　水声换能器密封工　水声测量工　水声压电器件制造工

6-25-01-09　继电器制造工

使用铆接、焊接设备和仪器仪表，加工继电器零部件，并装配、调试继电器的生产人员。

主要工作任务：

1. 操作烧结等设备，制备玻璃粉，压制玻璃片或管，封接玻璃绝缘子与金属零件，测试电气参数；

2. 使用绕线机等设备和工装夹具，绕制继电器线圈，加工零部件；

3. 使用焊接、灌封等设备和工装，封接金属或塑料罩壳与底座及工艺孔；

4. 使用工具、工装，装配继电器；

5. 使用调整工具和仪器、仪表，调整、测试继电器。

本职业包含但不限于下列工种：

继电器装配工　继电器调整工　半导体继电器装调工　继电器封装工　玻璃绝缘子烧结工　舌簧管封装工　继电器线圈绕制工

6-25-01-10　高频电感器制造工

使用绕线机、包封机等设备和仪器，制造电子设备高频电感器件的人员。

主要工作任务：

1. 使用绕线机和工装夹具，绕制高频电感器件的线圈；
2. 使用工具、工装和环氧树脂或固化剂，包封高频电感器件；
3. 使用测试仪器，进行高频电感器件测试分类。

本职业包含但不限于下列工种：

高频电感器包封工　高频电感器绕制工

6-25-01-11　电器接插件制造工

使用加工、铆焊设备和工具，加工零配件，装配低压接插件的人员。

主要工作任务：

1. 操作加工设备，将金属或非金属材料加工成接插件的零件；
2. 使用铆焊设备和工装等，采用铆接、焊接、压接和浸涂等工艺，将零部件装配成接插件；
3. 使用校正设备和工具，校验接插件。

本职业包含但不限于下列工种：

接插件零件制造工　接插件装校工

6-25-01-12　电子产品制版工

操作计算机辅助设计系统和照相制版等设备，制作印制电路、集成电路和荫罩的原图、母版和工作版的人员。

主要工作任务：

1. 操作计算机辅助设计系统，布线或制作原图；
2. 使用光电绘图仪或手工，采用绘制或粘贴的方法制作原图；
3. 操作刻图机，将掩膜图形刻在红膜上；
4. 操作照相制版等设备，制作母版与工作版；
5. 检查布线图与逻辑图之间的符合性；
6. 维护保养设备。

本职业包含但不限于下列工种：

印制电路照相制版工　荫罩制版工　掩膜版制造工　电子电路逻辑布线工

6-25-01-13　印制电路制作工

操作丝网印刷、电镀及机械设备，加工、制作印制电路板的人员。

主要工作任务：

1. 操作丝网印刷等设备，采用丝网印刷或光化学法，在覆铜板上制作印制电路的图形；
2. 操作电镀槽等设备，将印有电路图形的覆铜板进行腐蚀、电镀、孔金属化和表面处理等加工处理，制作印制电路图；
3. 操作机械加工设备，制作印制电路的孔、外形，进行层压加工；
4. 操作专用设备，在印制电路板上喷涂助焊剂和阻焊剂。

本职业包含但不限于下列工种：

电路图形制作工　印制电路镀覆工　印制电路机加工

6-25-01-14　薄膜加热器件制造工

操作感光、热压、喷淋设备，采用剪裁、蚀刻、热熔等方法，制造薄膜加热器件的人员。

主要工作任务：

1. 绘制薄膜加热器制版原图，检查、配置蚀刻液；

2. 操作贴膜、曝光机，固定机片，进行曝光，修补版面缺陷；

3. 操作蚀刻机蚀刻；

4. 操作热压合设备，热压合绝缘膜与基片；

5. 使用工具和热封设备，焊引导线，热封焊点；

6. 使用仪器，检查薄膜加热器；

7. 维护保养仪器、设备。

6-25-01-15 温差电器件制造工

使用热压炉、线切割等专用设备、工装模具和仪器仪表，制备材料和元器件，集成和装配温差电模块与器件，并进行测试的人员。

主要工作任务：

1. 使用专用设备、仪器等，制备温差电材料锭，检测热电性能；

2. 操作切割等设备，将材料锭制备成温差电元件；

3. 使用焊接等设备、工具，将导流片、陶瓷片焊接成陶瓷片组件；

4. 使用专用设备、工具等，将陶瓷片组件与元件组装并焊接成温差电致冷器件；

5. 使用专用设备和仪器，老化、筛选温差电致冷器件，测试外观和热电性能；

6. 使用专用设备、工装模具、仪器仪表，将温差电元件和电连接件组装成温差电组件；

7. 使用专用设备、仪器仪表、工装夹具，将温差电组件、集热器、传热轴和框架等装配成温差电发电模块；

8. 使用专用设备、仪器仪表、工装夹具，将温差电发电模块、热源和绝缘材料等集成装配成温差电电池；

9. 使用专用设备、仪器仪表，检验温差电电池外观、电性能、绝缘电阻等。

本职业包含但不限于下列工种：

温差电致冷器件制造工　温差电电池制造工

6-25-01-16 电子绝缘与介质材料制造工

使用球磨机、挤出机、液压机等专用设备和仪器，加工电子元器件绝缘与介质材料的人员。

主要工作任务：

1. 使用反应釜，将有机或高分子材料制成电子绝缘材料浸渍用或其他用途的树脂；

2. 操作上胶机等设备，进行绝缘材料或金属箔（板）涂覆或浸渍树脂胶液，并烘焙制成半固化状态的上胶料；

3. 操作液压机等设备，将浸渍或涂覆树脂的上胶料、粗化金属箔压制成覆金属箔板或绝缘板；

4. 操作球磨机、挤出机等设备，将原料制成电子元器件封装用的绝缘材料。

本职业包含但不限于下列工种：

电子绝缘材料上胶工　电子绝缘材料压制工　电子绝缘材料试制工　电子封装材料制造工　电子部件电路管壳制造工

6-25-02（GBM 62502）
电子器件制造人员

从事真空电子器件、半导体分立器件、集成电路等电子器件制造、装配、调试的人员。

本小类包括下列职业：

6-25-02-01 真空电子器件零件制造及装调工

6-25-02-02　电极丝制造工
6-25-02-03　液晶显示器件制造工
6-25-02-04　晶片加工工
6-25-02-05　半导体芯片制造工
6-25-02-06　半导体分立器件和集成电路装调工
6-25-02-07　磁头制造工

6-25-02-01　真空电子器件零件制造及装调工

使用绕栅机、冲压机、真空排气等设备和工具，制造真空电子器件材料和零件，并装配和调试零部件的人员。

主要工作任务：

1. 使用设备和工具，制造真空电子器件的材料和零件；

2. 操作绕栅机、冲压机、电焊机等设备，制造真空电子器件管内、管外金属零件；

3. 使用工装、夹具和封接炉等设备，制造装配、加工真空电子器件的管芯部分；

4. 操作真空排气和检测、老炼等设备，装配、调试真空电子器件。

本职业包含但不限于下列工种：

真空电子器件化学零件制造工　真空电子器件金属零件制造工　真空电子器件装配工

6-25-02-02　电极丝制造工

操作拉丝、成型等设备，制造钨铰丝加热子和电极丝的人员。

主要工作任务：

1. 操作清洗、拉丝、涂硼设备，制造杜美丝；

2. 操作成型设备，将钨丝制成钨铰丝加热子；

3. 操作设备，制造阻充电极丝、转印电极丝；

4. 操作设备，将杜美丝、镍丝加工成三节丝；

5. 维护保养设备。

本职业包含但不限于下列工种：

杜美丝制造工　钨铰丝加热子制造工

6-25-02-03　液晶显示器件制造工

操作镀膜、曝光、显影等设备，制作、装配和调试液晶显示器的人员。

主要工作任务：

1. 使用涂覆、焙烧等设备和工具，在有导电图形的玻璃片上制作液晶分子有序排列的取向层；

2. 使用印刷、焙烧等设备和工具，将具有表面取向层的电极玻璃片制成单体或集成化的液晶盒组件；

3. 使用划片、分断等设备和工具，将集成化的液晶盒组件制成单体的液晶盒，注入液晶材料制成液晶屏；

4. 使用专用检测分类设备和工具，装配、测试液晶显示器。

本职业包含但不限于下列工种：

液晶显示器件阵列制造工　液晶显示器件成盒制造工　液晶显示器件彩膜制造工　液晶显示器件模组制造工

6-25-02-04　晶片加工工

操作晶体生长设备，制备生长晶锭，并加工晶片的人员。

主要工作任务：

1. 操作设备，采用直拉或区熔等方法，使高纯多晶材料生长成晶锭；

2. 操作滚磨机等设备，进行晶锭整型加工；

3. 操作热处理设备，进行晶锭热处理；

4. 操作测试设备，测试晶锭性能；

5. 使用切片机，将晶锭切割成晶片；

6. 操作套圆设备，在晶片上套圆；

7. 操作倒角、磨片等设备，进行晶片倒角、磨片、腐蚀和抛光；

8. 操作检测设备，分选和检测晶片。

本职业包含但不限于下列工种：

晶体制备工　晶体切割工　硅片研磨工　硅晶片抛光工

6-25-02-05　半导体芯片制造工

操作外延炉、高温氧化扩散炉、光刻机、电击台等设备，制造半导体分立器件、集成电路、传感器芯片的人员。

主要工作任务：

1. 操作外延炉等设备，进行气体纯化、四氯化硅精馏，在单晶片上生长单晶层；

2. 使用高温炉，在半导体晶体表面制备氧化层，使杂质由晶片表面向内部扩散或进行其他热处理；

3. 操作离子注入设备，电离加速原子或分子，注入晶体，并退火激活；

4. 操作气相淀积设备，在衬底表面淀积一层固态薄膜；

5. 操作光刻机，在半导体表面掩膜层上刻制图形；

6. 操作机械加工等设备，对晶片加工形成器件台面，并对表面做钝化保护；

7. 操作溅射、蒸发等真空镀膜设备，在晶片表面沉积一层具有特殊性能的薄膜；

8. 操作电镀设备，对半导体晶片、器件、集成电路、传感器的金属电极特定部位进行镀覆。

本职业包含但不限于下列工种：

外延工　氧化扩散工　离子注入工　化学气相淀积工　光刻工　台面成型工　电子真空镀膜工　半导体器件和集成电路电镀工

6-25-02-06　半导体分立器件和集成电路装调工

操作烧结炉、划片机、键合机、峰焊机等设备，装配、测试半导体分立器件、集成电路、混合集成电路的人员。

主要工作任务：

1. 操作划片机和烧结炉等设备，分割晶片成芯片，将芯片烧结到芯柱、引线框或指定的位置上，连接内外电极；

2. 操作封装设备，将装架好的芯片或基片密封于塑封体或管壳内；

3. 使用测试设备和工具，装配厚膜电路、传感器和微波电路、光纤电路混合集成电路，并进行调试；

4. 使用高温炉，烧结晶片、掺杂材料和欧姆电极材料，形成 PN 结或欧姆电极；

5. 使用设备和工具，制备晶体和触丝，装配、调整点接触二极管；

6. 使用测试设备和仪器，进行半导体分立器件、集成电路、混合集成电路的半成品、成品老化筛选。

本职业包含但不限于下列工种：

芯片装架工　半导体分立器件封装工　混合集成电路装调工　点接触二极管制造工　分立器件合金烧结工　集成电路管壳制造工　半导体分立器件和集成电路键合工　半导体分立器件和集成电路微系统组装工

6-25-02-07　磁头制造工

使用研磨、烧结等设备和工具，制造用于磁记录设备的磁头的人员。

主要工作任务：

1. 使用研磨等设备和工夹具，进行磁

头的零部件切割、磨削和研磨等加工；

2. 使用专用设备和工夹具，在磁头片上绕线；

3. 使用烧结等设备和工具，装配磁头，并进行烧结、灌封和焊接；

4. 操作研磨等设备，研磨、抛光磁头；

5. 使用仪器、仪表和工量具，测试磁头；

6. 使用专用设备和仪器，将记录电极、辅助电极、接口等装配成静电记录头。

本职业包含但不限于下列工种：

静电记录头制作工　磁头研磨工　磁头装配工

6-25-03（GBM 62503）
计算机制造人员

从事计算机整机及外部设备装配、调试工作的人员。

本小类包括下列职业：

6-25-03-00　计算机及外部设备装配调试员

6-25-03-00　计算机及外部设备装配调试员

使用计算机及外部设备生产线、工艺装备、软硬件调试工具，装配调试计算机及打印机、显示器、磁盘阵列等外部设备的人员。

主要工作任务：

1. 准备计算机及打印机、显示器、磁盘阵列等外部设备装配调试环境和调试工具；

2. 使用装配工装和示波器、万用表等工具，装配调试计算机及打印机、显示器、磁盘阵列等外部设备零部件；

3. 使用装配工装和示波器、万用表等工具，装配调试计算机及打印机、显示器、磁盘阵列等外部设备板卡；

4. 使用装配工装和示波器、万用表等工具，装配调试计算机及打印机、显示器、磁盘阵列等外部设备整机。

本职业包含但不限于下列工种：

计算机整机装配调试员　计算机零部件装配调试员　计算机外部设备装配调试员　计算机网络设备装配调试员

6-25-04（GBM 62504）
电子设备装配调试人员

从事通信、雷达、激光、广播电视、视听等电子设备装配、调试的人员。

本小类包括下列职业：

6-25-04-01　通信系统设备制造工
6-25-04-02　通信终端设备制造工
6-25-04-03　雷达装调工
6-25-04-04　激光头制造工
6-25-04-05　激光机装调工
6-25-04-06　广电和通信设备机械装校工
6-25-04-07　广电和通信设备电子装接工
6-25-04-08　广电和通信设备调试工

6-25-04-01　通信系统设备制造工

使用频谱仪、通信接口测试仪等仪器、设备和工具，装配、调试通信系统设备的人员。

主要工作任务：

1. 操作通信生产设备，装配通信系统设备的电路板卡等组件；

2. 使用测试和检验工具等，调试、检验通信系统设备的组件；

3. 使用通信生产设备和工具等，装配

交换、传输、接入等通信系统设备整机；

4. 使用通信接口测试仪器和检验工具等，检验通信系统设备的光、电、无线等接口的性能，并进行调试；

5. 使用通信协议测试仪器和检验工具等，调测、检验通信系统设备通信协议；

6. 使用通信测试仪表和检验工具等，调测、检验通信系统设备通信网管功能；

7. 使用通信性能测试和检验工具等，调试、检验通信系统设备整机性能特性；

8. 维护保养设备、仪器。

本职业包含但不限于下列工种：

通信传输设备装调工　通信交换设备装调工　通信接入设备装调工　无线通信设备装调工

6-25-04-02　通信终端设备制造工

使用综合测试仪、信号源等仪表、工具和设备，装配、调试通信终端设备的人员。

主要工作任务：

1. 使用通信生产设备、组合工具和夹具等，组装通信终端设备；

2. 使用工装、夹具，利用通信设备仿真环境，调试与测试通信终端设备；

3. 使用通信接口测试仪器、设备，调试通信终端设备接口参数；

4. 使用工具、仪器仪表和设备，测试和调试通信终端整机；

5. 检验通信终端设备的整机功能；

6. 维护保养设备、仪器。

本职业包含但不限于下列工种：

通信移动终端设备装调工　通信固定终端设备装调工

6-25-04-03　雷达装调工

使用信号源、示波器、专用电源、网络分析仪等工具、工装、仪器仪表和调试设备，装配、调试雷达分机及整机的人员。

主要工作任务：

1. 使用千分表、千分尺等工具，将零部件装配成雷达整件；

2. 操作经纬仪等专用设备，装配雷达天线等分机；

3. 操作高精度水平仪等设备，进行雷达结构调整；

4. 使用标准望远镜等工具，架设雷达天线、分机及整机，并进行整体装配；

5. 使用力矩扳手等工具，将雷达固定在地面、车辆、舰船、飞机、卫星等平台上，并进行整体装配；

6. 使用仪器、仪表及调试设备，调试、测试雷达分机及整机。

本职业包含但不限于下列工种：

雷达装配工　雷达调试工

6-25-04-04　激光头制造工

使用浮动调整机、蓝光特性检查机等设备和工、量、夹具等，制造、检测、调试和检修激光头的人员。

主要工作任务：

1. 使用浮动调整机、特性检查机等设备、仪器和专用工具，制作激光头的零部件；

2. 使用蓝光特性检查机等测试仪器和工具，检测激光头的零部件；

3. 使用2波长物镜调整机等仪器和专用工具，装配激光头；

4. 使用调整机、蓝光特性检查机等测试仪器和工具，调试激光头；

5. 维护保养设备、仪器。

6-25-04-05 激光机装调工

使用调整机、显微镜等设备和仪器，装配、调试激光机的人员。

主要工作任务：

1. 使用浮动调整机、力矩器特性检查机等设备、仪器和专用工具，将零件装配成激光机部件；

2. 使用音频、视频播放器调整检查机、照射机等设备、工具和仪器、仪表，装配激光机；

3. 使用视频处理器、2 波长物镜调整机等设备、仪器和专用工具，调试激光器和激光机；

4. 维护保养设备、仪器。

6-25-04-06 广电和通信设备机械装校工

使用装配工作台、水平仪、经纬仪、百分表等工具、设备和仪器，装配、调整广电和通信设备机械部分的零部件、整件的人员。

主要工作任务：

1. 使用卡尺、测量平板、静平衡机等工具、设备，复测和试装广电和通信设备机械部件的零件；

2. 使用螺丝刀、手电钻、压力机等工具、设备，组装广电和通信设备的机械部件和整件；

3. 使用精密测量平板、平行光管、光学直角器等，测量和调整广电和通信设备机械部件和整件的机械精度；

4. 使用转速表、分贝仪等仪器，进行广电和通信设备机械整件工艺试车，并进行调整；

5. 维护保养设备、仪器。

6-25-04-07 广电和通信设备电子装接工

使用波峰焊、回流焊等仪器、设备及电烙铁、剥线钳等工具，装配、连接广电和通信设备的电子组件、部件、整机的人员。

主要工作任务：

1. 使用尖嘴钳、尺子等工具，画钉样板图，捆扎导线线束；

2. 使用剥线钳等工具，进行导线剥头、沾锡；

3. 使用锡锅等设备和工具，进行元器件成型、沾锡；

4. 使用自动插装机或人工，在印制电路板或基板上装插元器件；

5. 操作波峰焊、浸焊设备或使用电烙铁，焊接元器件和导线；

6. 使用绕线枪、压装器等工具，压接导线；

7. 使用工具，装配广电和通信设备的组件、部件和整机；

8. 使用表面贴装设备或人工，在印制电路板上贴装、焊接元器件。

本职业包含但不限于下列工种：

广电和通信设备手工装接工　广电和通信设备波峰焊装接工　电子元器件表面贴装工

6-25-04-08 广电和通信设备调试工

使用示波器、万用表、矢量网络分析仪等仪器、仪表，调试广电和通信设备的人员。

主要工作任务：

1. 使用电源设备和矢量网络分析仪等仪器、仪表，调试广电和通信设备的模块功能单元；

2. 使用示波器、标量网络分析仪等，调试广电和通信设备的分机功能和性能指标；

3. 使用电流表、电压表等，调试广电和通信设备的整机功能和性能指标；

4. 记录和处理调试结果。

6-25-99（GBM 62599）
其他计算机、通信和其他电子设备制造人员

指未列入 6-25-01 至 6-25-04 的计算机、通信和其他电子设备制造人员。

6-26（GBM 62600） 仪器仪表制造人员

从事仪器仪表的零部件加工及装置等组合装配、调试工作的人员。

本中类包括下列小类：

6-26-01（GBM 62601）仪器仪表装配人员

6-26-99（GBM 62699）其他仪器仪表制造人员

6-26-01（GBM 62601）
仪器仪表装配人员

从事电工、电子、计时等仪器仪表产品及元器件或控制系统加工生产、组合装配、调试检测等工作的人员。

本小类包括下列职业：

6-26-01-01 仪器仪表制造工

6-26-01-02 钟表及计时仪器制造工

6-26-01-01 仪器仪表制造工

使用工具、机械设备、检测装备和工艺装备，进行仪器仪表产品及零部件或自动化控制系统加工生产、组合装配、调试检测的人员。

主要工作任务：

1. 安装调整工艺装备、仪器仪表测试设备，装卸工件；

2. 使用设备和工具，加工组装、调整、校正、测试仪器仪表零部件、元器件；

3. 使用专用设备、工具，组装、检测、调试仪器仪表和自动化控制系统等装置；

4. 维护保养工装器具、测试设备等工艺装备，排除故障。

本职业包含但不限于下列工种：

电工仪器仪表装调工　电子仪器仪表装调工　分析仪器仪表装调工　光电仪器仪表装调工　工业自动化仪器仪表装调工　专用仪器仪表装调工　自动化仪表控制系统装调工

6-26-01-02 钟表及计时仪器制造工

使用设备、工具、量具和仪器仪表，进行钟表及计时仪器零件制造、精饰加工和装配调试的人员。

主要工作任务：

1. 操作专用设备，进行金属或非金属材料精饰加工，制成钟表零件，并组装成部件或组件；

2. 操作专用机床、激光打孔机，进行人造刚玉等加工，制成钟表用宝石元件、防震器等零件；

3. 操作钟表精密注塑设备，加工橡塑零件；

4. 将零件、部件、组件和配件总装成钟表；

5. 使用专用检测仪器，进行钟表半成品和成品检测、试验；

6. 使用专用设备和工具，将金属、皮革等材料制成钟表的表带、表链；

7. 维护保养工具、夹具、模具、刀具、量具、仪器仪表及设备。

本职业包含但不限于下列工种：

钟表及计时仪器零配件制造工　钟表及计时仪器部件装配工　钟表及计时仪器装配工

6-26-99（GBM 62699）
其他仪器仪表制造人员

指未列入 6-26-01 的仪器仪表制造人员。

6-27（GBM 62700）　废弃资源综合利用人员

从事废弃物回收、分类、加工的人员。

本中类包括下列小类：

6-27-01（GBM 62701）废料和碎屑加工处理人员

6-27-99（GBM 62799）其他废弃资源综合利用人员

6-27-01（GBM 62701）
废料和碎屑加工处理人员

从事废弃资源和废旧材料回收加工的人员。

本小类包括下列职业：

6-27-01-00　废旧物资加工处理工 L

6-27-01-00　废旧物资加工处理工 L

使用拆解、筛选等工具设备，处理回收废旧物资，加工成再生资源的人员。

主要工作任务：

1. 使用工具，检查、剔除待处理物料中的杂质和危险品；

2. 登记、标识规定的待处理产品；

3. 使用工具和设备，拆解回收的产品，挑选、回收可再制造的零部件；

4. 操作专用设备，破碎、筛选、提取不同材质的原料；

5. 操作专用设备，进行物料压块、切片、造粒等成型加工；

6. 处理、回收加工过程中的废水、废油、废酸等物料，避免二次污染环境；

7. 处理设备使用故障，维护保养加工设备。

本职业包含但不限于下列工种：

废金属加工处理工　废塑料加工处理工　废化纤加工处理工　电子废弃物处理工

6-27-99（GBM 62799）
其他废弃资源综合利用人员

指未列入 6-27-01 的废弃资源综合利用人员。

6-28（GBM 62800）　电力、热力、气体、水生产和输配人员

从事电力、热力、气体和水生产、供输以及气、水处理的人员。

本中类包括下列小类：

6-28-01（GBM 62801）电力、热力生产和供应人员

6-28-02（GBM 62802）气体生产、处理和输送人员

6-28-03（GBM 62803）水生产、输排和水处理人员

6-28-99（GBM 62899）其他电力、热力、气体、水生产和输配人员

6-28-01（GBM 62801）电力、热力生产和供应人员

从事发电机组、热力生产及附属设备运行监控和电力、热力生产供应的人员。

本小类包括下列职业：

6-28-01-01 锅炉运行值班员
6-28-01-02 燃料值班员
6-28-01-03 汽轮机运行值班员
6-28-01-04 燃气轮机值班员
6-28-01-05 发电集控值班员
6-28-01-06 电气值班员
6-28-01-07 火电厂氢冷值班员
6-28-01-08 余热余压利用系统操作工 L
6-28-01-09 水力发电运行值班员 L
6-28-01-10 光伏发电运维值班员 L
6-28-01-11 锅炉操作工
6-28-01-12 风力发电运维值班员 L
6-28-01-13 供热管网系统运行工
6-28-01-14 变配电运行值班员
6-28-01-15 继电保护员

6-28-01-01 锅炉运行值班员

操作锅炉等设备，监视、调控设备负荷及工作参数的人员。

主要工作任务：

1. 启停锅炉及附属设备；

2. 调节控制燃料量、风量、脱硫脱硝剂投入量；

3. 监控锅炉汽温、汽压、水位、烟气温度、氮氧化物含量、炉渣及干灰量；

4. 巡回检查设备，处理隐患与故障；

5. 维护、保养设备，进行切换、试验，验收、试运行设备；

6. 填写运行日志与锅炉运行技术记录。

本职业包含但不限于下列工种：

电力锅炉运行值班员　除灰值班员　锅炉辅机值班员　电厂辅控运行值班员

6-28-01-02 燃料值班员

操作气、煤、油、生物质等燃料的卸储、配送、制备设备，监控其运行工况的人员。

主要工作任务：

1. 启停燃料卸储、配送、制备设备；

2. 调控燃料量和燃料混配比例；

3. 巡回检查设备，处理设备异常及故障；

4. 维护保养设备，进行设备切换、试验；

5. 计量、验收及储存燃料；

6. 进行设备投运前与检修后的验收、试运行；

7. 试验、操作燃料系统消防设备；

8. 填写运行日志和技术记录。

本职业包含但不限于下列工种：

燃油值班员　卸煤值班员　输煤值班员

燃料集控值班员　生物质燃料值班员　煤层气预处理值班员

6-28-01-03　汽轮机运行值班员

操作汽轮机及辅助设备，监控设备运行工况，并进行事故处理的人员。

主要工作任务：

1. 启停汽轮机主、辅设备；

2. 监视蒸汽温度、压力、流量和汽轮机胀差、真空、金属温度、振动；

3. 控制设备和工质的技术指标；

4. 巡回检查设备，分析、处理异常情况与事故；

5. 维护、保养设备，进行设备、系统切换和试验；

6. 验收、调试检修后的设备。

本职业包含但不限于下列工种：

汽轮机辅机值班员　汽轮机值班员

6-28-01-04　燃气轮机值班员

操作燃气轮机及其联合循环发电机组，监控其运行工况的人员。

主要工作任务：

1. 启停燃气轮机及其联合循环发电机组；

2. 监视蒸汽温度、压力、流量和燃气轮机胀差、金属温度；

3. 控制设备和工质的技术指标；

4. 巡回检查设备，分析、处理异常情况和事故；

5. 维护、保养设备，进行设备、系统切换和试验；

6. 验收、调试检修后的设备。

本职业包含但不限于下列工种：

燃气轮机运行值班员　煤层气发电运行值班员

6-28-01-05　发电集控值班员

操作发电厂单元机组及其辅助设备集控系统，监控其运行工况的人员。

主要工作任务：

1. 启停单元机组设备与辅助设备；

2. 使用分散控制系统（DCS）、电气控制系统（ECS）、网络控制系统（NCS），监视炉、机、电、辅助设备及工质的参数；

3. 协调控制炉、机、电及辅助设备的运行工况；

4. 巡视、检查设备，分析、处理异常情况和事故；

5. 维护、保养单元集控设备，进行设备、系统切换和试验；

6. 验收、调试检修后的设备。

本职业包含但不限于下列工种：

发电运行巡检员　发电运行集控值班员

6-28-01-06　电气值班员

操作发电厂的发电机组、厂用电系统、升压站的设备，巡视、监控其运行工况的人员。

主要工作任务：

1. 巡视、检查、监控发电机组、厂用电系统、升压站的设备运行工况，发现异常，上报并进行处理；

2. 调整发电机输出功率，控制电能质量；

3. 进行发电机并解列操作；

4. 执行调度命令，进行倒闸操作；

5. 进行电网和电气设备的事故及异常情况处理；

6. 维护发电机组、厂用电系统、升压站的设备；

7. 验收新投入和检修后的设备；

8. 填写运行日志和技术记录。

6-28-01-07 火电厂氢冷值班员

操作制氢站和发电机氢冷系统设备，监控其运行工况的人员。

主要工作任务：

1. 启停制氢和发电机氢冷系统设备；

2. 监控发电机氢气温度、压力、湿度、纯度和漏氢量等参数；

3. 调整运行方式，进行发电机的正常充、补氢和气体置换操作；

4. 清洗水电解制氢设备碱液循环过滤器；

5. 进行制氢和氢冷系统及设备气密性试验；

6. 巡回检查、维护保养设备，分析、处理设备异常、故障；

7. 验收新投入和检修后的设备；

8. 填写运行日志和试验报告。

6-28-01-08 余热余压利用系统操作工 L

操作余热锅炉、余压发电机等潜能回收与利用设备，回收利用余压、余热的人员。

主要工作任务：

1. 操作除尘设备，除掉烟气中的粉尘；

2. 调控余热锅炉、汽化水系统等设备，回收余热蒸汽；

3. 监控高炉炉顶的工况，调控透平机、发电机及辅助设备的运行参数，进行余压发电；

4. 调控压缩机、燃气轮机、发电机等设备，监控气温、气压，将经增压、增温的空气和煤气送入燃气轮机，带动发电机发电；

5. 监控热源的工况，调控锅炉、汽轮机、发电机及辅助设备的运行参数，进行余热发电；

6. 操控软水处理等设备设施，进行水处理；

7. 维护保养设备，处理故障，填写生产记录。

本职业包含但不限于下列工种：

余热利用工 余压利用工

6-28-01-09 水力发电运行值班员 L

操作水力发电机组、附属设备、厂属变电站设备及泄水闸门，监控其运行情况的人员。

主要工作任务：

1. 启动水力发电机组及辅助设备、厂属变电站设备；

2. 监控机组、厂属变电站及其附属设备运行工况和参数；

3. 操作、监视、调整泄水闸门及附属设备；

4. 巡视、检查设备，分析、处理异常情况和事故；

5. 维护、保养设备，进行设备、系统切换和试验；

6. 验收、调试检修后的设备。

本职业包含但不限于下列工种：

水电站泄水设备设施值班员 水电站值班员

6-28-01-10 光伏发电运维值班员 L

操作、维护光伏发电设备及附属设备，监控其运行工况的人员。

主要工作任务：

1. 启停光伏发电设备及附属设备；

2. 巡视、检查、监控光伏发电设备及附属设备的运行工况，发现异常，上报并进行处理；

3. 执行调度命令，进行倒闸操作和事故处理；

4. 维护光伏发电设备及附属设备；

5. 统计、分析光伏发电设备运行技术数据；

6. 验收新投入和检修后的设备；

7. 填写运行日志和技术记录。

6-28-01-11　锅炉操作工

操作工业锅炉、生活锅炉及其附属设备，生产蒸汽或者其他热载体的人员。

主要工作任务：

1. 启停、调试工业锅炉、生活锅炉设备；

2. 监视、操作、控制锅炉设备运行；

3. 使用设备或工具，向锅炉输入水、有机热载体等介质和煤、油、气等能源以及空气；

4. 使用设备或工具，向热用户输出蒸汽、载热体（热水、有机热载体），排放燃料燃烧后的气体和锅内污水，清除炉灰渣；

5. 巡视检查锅炉设备，处理设备异常及故障；

6. 监测、分析锅炉水（介）质，操作锅炉水（介）质处理设备或者采取加药等措施处理锅炉用水（介）质；

7. 维修保养锅炉及其附属设备；

8. 填写锅炉设备的调试、运行、水（介）质处理、维修保养等技术记录。

6-28-01-12　风力发电运维值班员 L

操作风力发电、升压站设备，巡视、监控其运行工况的人员。

主要工作任务：

1. 启停风力发电设备及输变电设备；

2. 巡视、检查、监控风力发电设备及配套输变电设备的运行工况，发现异常，上报并进行处理；

3. 执行调度命令，进行倒闸操作和事故处理；

4. 维护风力发电设备及附属设备；

5. 统计、分析风电场运行技术数据；

6. 验收新投入和检修后的设备；

7. 填写运行日志和技术记录。

6-28-01-13　供热管网系统运行工

操作供热系统设备，运行维护供热管网和换热站的人员。

主要工作任务：

1. 执行供热方案，发送调度指令；

2. 执行调度指令，调节阀门，调节热力管网水力及热力平衡；

3. 执行调度指令，调节热力站供热系统的压力、温度等运行参数；

4. 执行调度指令，开启中继补水泵，调节管网回水压力；

5. 执行调度指令，检查处理安全隐患，检修供热系统设备。

本职业包含但不限于下列工种：

热力管网运行工　供热生产调度工　热力站运行工　中继泵站运行工　热力网值班员

6-28-01-14　变配电运行值班员

操作、巡视、监控并维护变配电站（所）和换流站设备的人员。

主要工作任务：

1. 巡视、检查、监视变配电站（所）、配电网和换流站设备的运行工况；

2. 执行调度命令，进行倒闸操作；

3. 发现、分析设备异常，上报并进行处理；

4. 分析、管理变配电站（所）、配电网及换流站内设备运行数据；

5. 维护变配电站（所）、配电网及换流站的设备；

6. 验收新投入和检修后的设备；

7. 填写运行日志和技术记录。

本职业包含但不限于下列工种：

变电站值班员　配电网设备运维员　变配电工　换流站值班员

6-28-01-15　继电保护员

从事电力系统继电保护及自动装置定值的整定计算、调试、维修、改造等工作的人员。

主要工作任务：

1. 安装与调试线路保护、变压器保护、发电机保护、高频保护、微机保护等装置及其回路；

2. 检验、校核继电保护及自动装置；

3. 计算、校核继电保护及自动装置整定值；

4. 消除继电保护及自动装置的缺陷，排除故障；

5. 更换、改造继电保护及自动装置；

6. 维护保养继电保护及自动装置；

7. 绘制继电保护及自动装置竣工图和整理调试报告，填写校验报告与运行技术记录；

8. 审核接收新建变电站继电保护及自动装置技术资料、图纸，验收设备。

6-28-02（GBM 62802）
气体生产、处理和输送人员

从事气体生产、净化、储运、输送等工作的人员。

本小类包括下列职业：

6-28-02-01　燃气储运工
6-28-02-02　气体深冷分离工
6-28-02-03　工业气体生产工
6-28-02-04　工业气体液化工
6-28-02-05　工业废气治理工
6-28-02-06　压缩机操作工
6-28-02-07　风机操作工

6-28-02-01　燃气储运工

操作压缩、制冷、储罐、灌装、管网等设备，进行燃气装卸、储存、输配、安全防护以及管网安装、运行、维护等作业的人员。

主要工作任务：

1. 操作压缩、制冷、储罐等设备，进行液化石油气、液化天然气的储存、输配等作业；

2. 操作天然气预处理、压缩、装卸、储罐等设备，进行天然气的处理、储存、装卸、计量、输送等作业；

3. 操作燃气压缩、干燥、调压、输配等设备，进行燃气输配；

4. 操作燃气的罐装设备，进行燃气灌装；

5. 使用专用设备与工具，进行城镇燃气管网系统投产通气、运行、压力调整、泄漏巡查、巡检、管线位置确定、故障处理和抢修作业；

6. 使用机具与工具，进行燃气用户设施及用具的安装、开通置换、安检维护、维修与抢修作业；

7. 使用隔断阀门、呼吸器、报警器等设备，进行燃气作业安全防护；

8. 进行作业区内防爆、防雷、防静电处理及安全防护作业；

9. 检查维护生产设备，发现并处理生产中的异常现象和故障。

本职业包含但不限于下列工种：

液化石油气库站运行工　液化天然气储运工　燃气输配场站运行工　燃气防护工　燃气管网运行工　燃气用户安装检修工　压缩天然气场站运行工

6-28-02-02　气体深冷分离工

操作气体深冷分离装置，进行混合气体的加压、冷凝、液化、分馏，生产不同成分气体的人员。

主要工作任务：

1. 操作气体净化设备，除去原料气中的水分和其他杂质；
2. 操作多级压缩机，将原料气加压冷却后，送入深冷分离装置；
3. 调控深冷分离塔的压力、温度、节流或膨胀的气量等工艺参数，液化分离原料气；
4. 分析化验分离塔中的液相和气相组成；
5. 操作储存、机泵等设备，输送气体或液化气体；
6. 检查维护生产设备，发现并处理生产中的异常现象和故障；
7. 记录并保存生产数据。

6-28-02-03　工业气体生产工

操作气体发生、集收、机泵等设备，制备或集收气体，进行加压、净化、溶解、充装、输送、供气等作业的人员。

主要工作任务：

1. 操作气体发生或集收设备，生产原料气；
2. 操作压缩机和气体净化装置，调控温度、压力、纯度等工艺参数，加压、净化原料气；
3. 操作机泵，将气体送往储罐或进行充装作业；
4. 操作水压机、气瓶检测等设备，进行气瓶储装安全检验；
5. 操作储存、输送等设备，进行医用和工业气体供给；
6. 检查维护生产设备，发现并处理生产中的异常现象和故障；
7. 记录并保存生产数据。

本职业包含但不限于下列工种：

制氢工　特种气体生产工　气体净化工　溶解乙炔生产工　混合气生产工　气体充装工　气瓶检验工　医用供气工　工业供气工

6-28-02-04　工业气体液化工

操作气体液化、制冷等装置，进行气体加压、换热、冷凝液化等作业的人员。

主要工作任务：

1. 操作气体发生或集收等设备，生产原料气；
2. 操作压缩机和气体净化装置，调节控制温度、压力、纯度等工艺参数，加压、净化原料气；
3. 操作制冷装置，向气体液化设备输送载冷体溶液；
4. 操作气体液化设备，调节控制温度、压力、气体纯度等工艺参数，进行加压气体与载冷体换热、冷凝液化；
5. 操作机泵，将液化气体送往储罐或进行装瓶作业；
6. 检查维护生产设备，发现并处理生产中的异常现象和故障；
7. 记录并保存生产数据。

本职业包含但不限于下列工种：

液氯工　煤层气液化工　液体二氧化硫工　液体二氧化碳生产工　液化天然气生产工

6-28-02-05　工业废气治理工 L

操作废气治理设备、设施，除去废气中有害污染物和颗粒物的人员。

主要工作任务：

1. 操作集气罩等设备，收集废气；

2. 操作废气预处理、气体净化、反应器等净化设备，除去废气中的有害污染物和颗粒物；

3. 操作气体输送、反应剂制备与供应、燃料供应、压缩空气供应、换热器等辅助设备，保障净化设备运行；

4. 操作解吸、分离、过滤等设备，回收浓缩后的污染物；

5. 操作净化系统产生的二次废气、废水、废渣处理装置，处置二次污染，保管回收物质；

6. 操作污染物在线监测仪器设备，监测废气进出口的污染物浓度；

7. 维护保养设备，保管备品备件和专用工具。

本职业包含但不限于下列工种：

除尘工　脱硫脱硝处理工　有毒有害气体处理工

6-28-02-06　压缩机操作工

操作气体压缩机等设备，进行气体物料加压输送的人员。

主要工作任务：

1. 进行压缩机启动前的准备工作，启动压缩机运转；

2. 调节控制压缩机各段进出口压力和温度，进行气体物料分段压缩、冷却和分离，提高压力；

3. 检查压缩机冷却水和润滑油的流量、温度、液面；

4. 维护压缩机等设备；

5. 处理压缩机、电动机在运行中的异常现象和事故；

6. 记录并保存生产数据。

6-28-02-07　风机操作工

操作并监控电动、汽轮鼓风机，进行设备供风的人员。

主要工作任务：

1. 开、停、倒换风机；

2. 监控风机运行过程中温度、压力、流量、电流等工艺参数；

3. 调整机速、风量、风压；

4. 操作励磁、配电、变频、保护、水及油系统等设备，控制运行过程；

5. 进行机组的性能、效率、调速、自控试验；

6. 检查运行情况，维护保养设备，处理故障，填写生产记录。

6-28-03（GBM 62803）
水生产、输排和水处理人员

从事水净化、淡化、制备、供排和工业废水处理等工作的人员。

本小类包括下列职业：

6-28-03-01　水生产处理工 L
6-28-03-02　水供应输排工 L
6-28-03-03　工业废水处理工 L
6-28-03-04　司泵工

6-28-03-01　水生产处理工 L

从事自来水生产、高纯水制备以及海水淡化等水处理作业的人员。

主要工作任务：

1. 操作取水、净水、加压等设施和设备，进行自来水生产、高纯水制备与海水淡化等水处理作业；

2. 化验分析原水，调整药剂用量和设备状态，进行生产控制；

3. 操作冷却水取水、处理、循环等设施和设备，进行工业设施设备冷却；

4. 填写生产运行记录，整理归档。

本职业包含但不限于下列工种：

自来水生产工　海水淡化工　高纯水制取工　循环冷却水操作工　化学水处理工　海水冷却系统操作员

6-28-03-02　水供应输排工 L

从事生活用水、工业用水、再生水供应以及城镇污水、雨水输排的人员。

主要工作任务：

1. 监测水质、水量、水压、液位和设施设备状况，进行供水、排水系统的调度，分配供水、排水任务；

2. 操作供排水泵站设备，稳定供排水压力，维护管理水泵机组；

3. 安装、维护供排水管道及其附属设施；

4. 巡查和检测供排水管网，稽查监督违规行为；

5. 填写记录、报表，整理归档。

本职业包含但不限于下列工种：

供排水调度工　排水管道工　供水管道工　排水巡查员　供排水泵站运行工

6-28-03-03　工业废水处理工 L

操作隔栅除污机、筛滤机、离子交换、电渗析、电解氧化处理等设备，进行工业废水净化和回用作业的人员。

主要工作任务：

1. 操作隔栅除污机和筛滤机、刮油机、刮渣机、加药装置，进行污废水预处理；

2. 操作厌氧反应器、水解酸化和缺氧好氧生物反应器、离子交换、电渗析等设备，进行废水分级处理和回用；

3. 操作污泥、废气、浓缩液、废渣等处理装置，处理二次污染物；

4. 配制酸碱溶液和水处理药剂，加药，进行废水的中和、絮凝、沉淀、消毒等；

5. 无害化处理垃圾渗滤液等工业废水；

6. 维护保养水处理机械、污废水处理设备和控制仪器仪表。

6-28-03-04　司泵工

操作泵或泵站机组，输送液态介质的人员。

主要工作任务：

1. 操作机泵或泵站机组，输送液态介质；

2. 监测仪表，记录数据，调整流量、压力、温度等参数；

3. 调整机泵附属管道阀门；

4. 检查、维护设备及管道阀门；

5. 管理附属的设施和设备；

6. 填写、整理分析运行记录。

6-28-99（GBM 62899）
其他电力、热力、气体、水生产和输配人员

指未列入 6-28-01 至 6-28-03 的电力、热力、气体、水生产和输配人员。

6-29（GBM 62900）　建筑施工人员

从事建筑物、构筑物和土木工程建筑施工、安装、装饰装修等工作的人员。

本中类包括下列小类：

6-29-01（GBM 62901）房屋建筑施工人员
6-29-02（GBM 62902）土木工程建筑施工人员
6-29-03（GBM 62903）建筑安装施工人员
6-29-04（GBM 62904）建筑装饰人员
6-29-05（GBM 62905）古建筑修建人员
6-29-99（GBM 62999）其他建筑施工人员

6-29-01（GBM 62901）房屋建筑施工人员

从事房屋主体工程施工的人员。

本小类包括下列职业：

6-29-01-01 砌筑工
6-29-01-02 石工
6-29-01-03 混凝土工
6-29-01-04 钢筋工
6-29-01-05 架子工

6-29-01-01 砌筑工

使用专业工具，进行建筑物和构筑物块体砌筑、屋面挂瓦、块材饰面粘贴的人员。

主要工作任务：

1. 使用专业工具，将砖、砌块砌筑成建筑或装饰砌体；

2. 使用专业工具，将预制体、装饰块（板）材、瓦等挂、铺、胶接在屋面、墙体及地面；

3. 使用专业工具，砌筑窑炉及构筑物；

4. 使用泥工工具、机械设备，进行船舶甲板和潮湿舱室、锅炉内壁等防潮、隔热处理；

5. 自检、整改施工质量，填写质量记录。

本职业包含但不限于下列工种：

建筑瓦工　窑炉修筑工　船舶泥工

6-29-01-02 石工

使用工具，进行天然石料选材、加工、砌筑、维修、养护的人员。

主要工作任务：

1. 选择、采集石材；

2. 进行琢磨、打凿等石材加工；

3. 砌筑石材；

4. 安放拉结石、拉结筋，清理墙面；

5. 维修、养护砌体。

6-29-01-03 混凝土工

操作混凝土搅拌等设备，进行混凝土的配料与搅拌、浇筑、养护和缺陷修补的人员。

主要工作任务：

1. 使用计量器具，称量原料，按配合比和原材料性能，混合混凝土或砂浆；

2. 操作混凝土搅拌机械，搅拌混凝土；

3. 操作混凝土泵送设备，现场进行混凝土输送和浇筑作业；

4. 加工制作、搭设及拆除混凝土制品的成型模板；

5. 养护混凝土，修补混凝土构件质量缺陷；

6. 维护保养常用机具设备，处理紧急事故。

本职业包含但不限于下列工种：

混凝土搅拌工　混凝土泵送工　混凝土

浇筑工　混凝土模板工　混凝土修护工

6-29-01-04　钢筋工

使用工具、机具，进行钢筋加工、骨架预制和钢筋安装的人员。

主要工作任务：

1. 检查钢筋外观质量；
2. 分类、标识、码放、保护钢筋；
3. 编制钢筋配料单，进行钢筋下料、放样；
4. 清理、调直、加工钢筋；
5. 连接、绑扎、安装钢筋及调整钢筋位置；
6. 维护钢筋加工机具。

6-29-01-05　架子工

使用装拆、维护工具，架设、维护、拆卸施工现场操作架、防护架、支撑架、高处作业吊篮的人员。

主要工作任务：

1. 使用装拆工具，搭设和拆除施工现场操作架、防护架、支撑架等；
2. 使用装拆工具，挂接、拆除安全网；
3. 使用装拆、操控和维护工具，安装、升降、维护和拆卸附着升降脚手架；
4. 使用装拆、操控和维护工具，安装、操作、维护和拆卸高处作业吊篮；
5. 使用装拆、维护工具，搭设、维护和拆除物料提升机防护架；
6. 使用检测工具，检查架体及装置外观质量，分类、堆放和保护架体材料、构件。

本职业包含但不限于下列工种：

普通架子工　附着升降脚手架安装拆卸工　高处作业吊篮安装拆卸工　高处作业吊篮操作工

6-29-02（GBM 62902）
土木工程建筑施工人员

从事铁路、道路、桥梁、隧道、港口、内河、水利工程等建筑施工的人员。

本小类包括下列职业：

6-29-02-01　铁路自轮运转设备工
6-29-02-02　铁路线桥工
6-29-02-03　筑路工
6-29-02-04　公路养护工
6-29-02-05　桥隧工
6-29-02-06　凿岩工
6-29-02-07　爆破工
6-29-02-08　防水工
6-29-02-09　水运工程施工工
6-29-02-10　水工建构筑物维护检修工
6-29-02-11　电力电缆安装运维工
6-29-02-12　送配电线路工
6-29-02-13　牵引电力线路安装维护工
6-29-02-14　舟桥工
6-29-02-15　管道工

6-29-02-01　铁路自轮运转设备工

驾驶、操作铁路自轮运转设备，进行铁路施工、维修作业及特种设备检修的人员。

主要工作任务：

1. 驾驶、操作铺轨机，进行吊装、铺轨作业；
2. 操作运、架桥机械，运输、架设桥梁；
3. 驾驶、操作大型养路机械，维修养护线路；
4. 驾驶轨道车，运输工程材料及人员；
5. 驾驶、操作接触网作业车，进行接触网施工、维修；

6. 判断、处理自轮运转设备机械、电气、液压、气动、安全装置故障，并进行保养；

7. 检修自轮运转设备。

本职业包含但不限于下列工种：

铺架机司机　大型养路机械司机　轨道车司机　接触网作业车司机　大型桥梁机械操作工

6-29-02-02　铁路线桥工

使用工具和设备，进行铁路线路、桥涵、隧道及附属设施检测、施工、维修、保养、看管的人员。

主要工作任务：

1. 确认铁路线路、桥涵、隧道材料规格、种类、作用和数量；

2. 巡视、检查、测量铁路线路状态，整治铁路线路、路基、防护网及排水设施等；

3. 检查、检测、维修、保养铁路桥涵设施，疏通涵洞；

4. 检查、检测、维修、保养、疏通铁路隧道设施；

5. 看守桥梁、隧道、道口，进行道口补修作业。

本职业包含但不限于下列工种：

铁路线路工　铁路路基工　铁路桥隧工

6-29-02-03　筑路工

操作专用机械和设备，进行路基、路面、桥隧、管涵等施工的人员。

主要工作任务：

1. 操作专用机械，进行路基成型作业；

2. 操作路用稳定土拌和机，拌和稳定土；

3. 操作设备，抽压、泵送和装卸重油沥青；

4. 操作沥青混凝土摊铺机和水泥混凝土摊铺机，铺筑路面；

5. 操作顶进设备，进行管道或箱涵顶进作业；

6. 操作盾构机，进行隧道等设施开挖作业；

7. 操作混凝土浇捣、支撑等设备、机具，进行桥梁、涵洞、隧道内衬施工；

8. 使用工具和专用设备，进行公路交通安全设施施工；

9. 判断、识别通信、灯光信号，指挥道路施工。

本职业包含但不限于下列工种：

摊铺机操作工　管涵顶进工　盾构机操作工　公路重油沥青操作工　路基路面工　压路机操作工　平地机操作工　公路交通安全设施工　稳定土拌和设备操作工

6-29-02-04　公路养护工

使用工具和设备，管理、维护公路、城市道路、桥梁、隧道和机场场道工程设施的人员。

主要工作任务：

1. 监测、巡视道路运行状况和质量、安全，进行道路维护、抢修、加固作业；

2. 监测、巡视桥梁运行状况和质量、安全，进行桥梁维护、抢修、加固作业；

3. 监测、巡视隧道运行状况和质量、安全，进行隧道维护、抢修、加固作业；

4. 监测、巡视机场场道运行状况和质量、安全，进行场道维护、抢修、加固作业；

5. 操作机械设备，排除路障。

本职业包含但不限于下列工种：

道路巡视养护工　桥梁巡视养护工　隧

道巡视养护工　机场场道维修工

6-29-02-05　桥隧工

操作工程专用机械、设备，进行桥梁和隧道工程新建、改建和维修施工的人员。

主要工作任务：

1. 操作工程专用机械、设备，进行桥梁工程施工、维修、养护和改建；
2. 操作工程专用机械、设备，进行隧道工程施工、维修和改建；
3. 操作大型桥梁施工专用起重、架设、搬运设备，进行桥梁施工；
4. 维修保养桥梁、隧道工程专用机械，处理故障；
5. 进行隧道内作业等安全防护工作。

本职业包含但不限于下列工种：

桥梁工　隧道工

6-29-02-06　凿岩工

使用专用机具，进行岩体开挖、钻孔的人员。

主要工作任务：

1. 标定开挖线及孔口位置，检查凿岩设备和风、水、电等线路、管路；
2. 使用手工工具或凿岩机械，进行岩体打孔或成孔、开挖；
3. 清理成孔，并对孔眼进行质量、安全检查；
4. 维修、保养机具，排除故障；
5. 填写凿岩作业记录。

6-29-02-07　爆破工

使用雷管、炸药等爆破器材，进行地面和水下建筑物结构、土石矿、地下洞室等爆破作业的人员。

主要工作任务：

1. 阅识爆破方案和计划；
2. 进行钻孔、验孔，控制爆破的炮孔布设、装药量、方法及堵塞等；
3. 进行爆破区域防护、警戒和检查安全情况；
4. 布置药包、装药、填塞，连接、检测起爆网路；
5. 进行起爆作业；
6. 监察爆后情况并处理盲炮；
7. 保管、发放爆破器材；
8. 维护、保养爆破仪器、设备；
9. 填写爆破作业记录。

6-29-02-08　防水工

使用工具或机具，进行建筑物、构筑物及管道等防水、防潮和渗漏治理施工的人员。

主要工作任务：

1. 处理防水基层；
2. 涂刷、喷涂或铺贴防水层；
3. 进行防水附加层及细部构造施工，处理防水收口；
4. 修补防水层缺陷；
5. 进行防水层保护处理。

本职业包含但不限于下列工种：

防渗墙工

6-29-02-09　水运工程施工工

使用工具、设备，进行港口、航道、通航建筑物、船厂水工建筑物等工程施工的人员。

主要工作任务：

1. 进行码头、防波堤、护岸、导助航设施、船闸、升船机、船坞、船台、滑道等工程的基础处理施工；
2. 进行码头、防波堤、护岸、导助航

设施、船闸、升船机、船坞、船台、滑道等主体工程施工；

3. 进行码头工程上部结构、附属设施和配套工程施工；

4. 进行航道整治等工程施工；

5. 进行码头、港池、航道、锚地的疏浚与吹填等工程施工。

本职业包含但不限于下列工种：

水上打桩工　水上抛填工　疏浚管线工　航道养护工

6-29-02-10　水工建构筑物维护检修工

使用工具、设备，进行港口、码头附属设施和水电站水工建筑物、构筑物修缮、维护的人员。

主要工作任务：

1. 加固、修缮港口、码头附属设施以及所属的水上设施，更换、安装护舷；

2. 操作除油设备，清除油港水面污染；

3. 操作干湿除尘设备，防止和清除煤炭等货物在港口装卸过程中产生的粉尘污染；

4. 维护检修水电站建筑物、构筑物表面、止水设施、排水设施和监测设施等；

5. 进行水电站建筑物、构筑物汛期检查，维修排水设施，处理防洪度汛缺陷；

6. 应急处理水电站建筑物、构筑物临时渗水和管道疏通与清淤、草树清理等；

7. 维护保养常用设备及工具。

本职业包含但不限于下列工种：

港口维修工　水电站水工建构筑物维护检修工

6-29-02-11　电力电缆安装运维工

使用专用设备和工具，进行电力电缆安装、检修、调试、运行及维护的人员。

主要工作任务：

1. 制作和安装电缆隧道、电缆沟、电缆夹层、竖井支架、吊架和电缆桥架；

2. 配管，预埋电缆保护管，敷设电力电缆，安装电缆附件及接线；

3. 敷设电缆防火隔板，封堵电缆孔洞；

4. 巡视、检查、维护电力电缆，排查隐患，消除缺陷；

5. 检修、抢修电力电缆，处理故障；

6. 检测电力电缆绝缘、直阻等参数；

7. 维护保养试验设备、工器具。

本职业包含但不限于下列工种：

电力电缆安装工　电力电缆运维工

6-29-02-12　送配电线路工

使用专用设备及工具，进行送电、配电线路架设施工，线路及附属设备巡视、维护、检修的人员。

主要工作任务：

1. 制作送电杆塔基础，组立杆塔，安装导线、接地线及附件；

2. 带电测试、检修架空送电、配电线路及附属设施，处理线路隐患与故障；

3. 使用红外热成像仪、机载紫外仪、机载激光扫描系统和机载作业平台、吊篮等电力巡检设备，对送电架空线路进行测试、航检巡视、隐患排查、运行维护、检修和带电作业；

4. 检查和验收送、配电线路检修质量；

5. 维护、保养常用工器具、带电作业设备、仪器；

6. 填写线路运行维护及设备缺陷记录，管理设备台账、运行记录及技术资料。

本职业包含但不限于下列工种：

送配电线路架设工　送配电线路检修工　送电线路直升机航检员

6-29-02-13　牵引电力线路安装维护工

使用工具和设备，安装、调试、维修、保养电气化牵引的供电、电力、变（配）电所设备或设施的人员。

主要工作任务：

1. 确认、检验接触网、电力线路、变（配）电所的材料、设备、型号、规格、构造、主接线图；

2. 开凿、灌注杆坑和基坑；

3. 树立杆、塔，架设承力索、导线，安装附属设备；

4. 安装、维修架空线、导线，并调整其松弛度、拉力；

5. 安装、调整、保养、维修隔离开关、避雷器、限界门等设备及变（配）电所设备；

6. 安装、调试、维修变压器、开关柜、动力箱、照明箱等高、低压电器设备；

7. 进行电力线路停送电及变（配）电所倒闸作业，并排除故障；

8. 安装、维修站场灯塔（桥），调整照明投射角。

本职业包含但不限于下列工种：

无轨电车架线工　铁路电力线路工　接触网工

6-29-02-14　舟桥工

使用工具和设备，拼装、架设或拆除铁路栈桥、舟桥、轮渡结构的人员。

主要工作任务：

1. 操作起重机械，进行构件及设备起吊、移位；

2. 拼组、连接、分解舟桥、轮渡结构件；

3. 架设栈桥升降塔、活动墩、栈桥梁、桥面等；

4. 拆除舟桥、轮渡、栈桥结构件，并分类堆放、整理、保养；

5. 驾驶机动舟，架设、拼装或拆除栈桥、舟桥、轮渡。

本职业包含但不限于下列工种：

铁路舟桥工　舟桥起重工　机动舟驾驶员

6-29-02-15　管道工

使用机械设备和专用工具，铺设、安装、拆除和封堵工艺管线、管网及附属设备的人员。

主要工作任务：

1. 使用专用设备与器具，配料、安装油气管道、集输场站工艺管网和炼油化工装置管线及其附属设备；

2. 铺设、安装、校正或拆除城市各种用途的管线或管道；

3. 操作开孔机、封堵器，进行在役油气管道开孔、封堵作业；

4. 使用工具，进行管线或管道吹扫、试压、试运行作业；

5. 维护保养工具、量具和专用设备；

6. 维护、抢修在役各类管线或管道。

本职业包含但不限于下列工种：

油气管线安装工　城市管道安装工　带压封堵工

6-29-03（GBM 62903）

建筑安装施工人员

从事机械、电气、管道、锅炉、电力、轨道交通通信信号等工程建筑施工的人员。

本小类包括下列职业：

6-29-03-01　机械设备安装工

6-29-03-02　电气设备安装工

6-29-03-03　电梯安装维修工

6-29-03-04 管工
6-29-03-05 制冷空调系统安装维修工
6-29-03-06 锅炉设备安装工
6-29-03-07 发电设备安装工
6-29-03-08 电力电气设备安装工
6-29-03-09 轨道交通通信工
6-29-03-10 轨道交通信号工

6-29-03-01 机械设备安装工

使用工具、机具、检测器具等，安装、调试机械设备、生产线和静置设备，以及制作、安装非标准设备的人员。

主要工作任务：

1. 进行设备开箱检查、就位、调整、测试；

2. 现场制作非标准设备，组装、连接设备；

3. 进行设备单机和联动空负荷调试，配合使用方进行负荷试运行；

4. 排除故障，处理安全事故；

5. 填写设备安装、运行、维修记录。

6-29-03-02 电气设备安装工

使用机具、检测仪器，安装、调试电气设备、装置、仪器仪表和线路的人员。

主要工作任务：

1. 检测电气设备、装置、仪器仪表、线缆质量；

2. 安装电气设备及附件，敷设线缆；

3. 进行电气系统的检测、调试和试运行；

4. 进行单机、联动试运行；

5. 监测电气设备运行状况，排除故障；

6. 处理触电等紧急事故；

7. 填写电气设备安装、调试记录。

6-29-03-03 电梯安装维修工

使用工具、夹具、量具、检测仪器及设备，安装、调试、维修、改造电梯的人员。

主要工作任务：

1. 安装、调整电梯曳引机、补偿钢丝绳及其张紧装置、导轨、地坎、层门装置及层门门扇、限速器与张紧轮、缓冲器、轿厢、对重及反绳轮、门机装置、轿门及门保护装置；

2. 敷设机房内的线槽、线管和电线电缆，安装井道、轿厢、底坑等系统的电气装置和电线电缆；

3. 安装自动扶梯和自动人行道桁架、梯级、梯路导轨与扶手带装置；

4. 安装、调整自动扶梯、自动人行道电缆、开关等电气设备；

5. 使用电梯加速度测试仪，进行电梯加、减速度检测；

6. 进行电梯平衡系数试验、曳引力试验、运行噪声测试、运行速度测试、超速保护装置可靠性试验；

7. 检查和维修曳引机、控制柜、导轨、层门召唤及显示系统、曳引绳、层轿门、补偿装置、端站开关、随行电缆、轿厢、对重装置、底坑设备和安全保护装置等故障；

8. 检查自动扶梯和自动人行道运行状况，排除停梯等故障。

本职业包含但不限于下列工种：

电梯安装工 电梯维修工

6-29-03-04 管工

使用工具或机械设备，加工、安装、调试、维修管道系统的人员。

主要工作任务：

1. 安装调整工装设备，搬运、装卸、分类、标识工件管子或部件；

2. 进行管子切断、攻丝、煨弯、压槽等加工；

3. 组对管子、管件、阀门，连接管路；

4. 进行管路系统试验、冲洗、吹扫，调试管路系统；

5. 维护、保养、拆除、更新改造和维修系统中的各类管道，排除故障，处理安全事故；

6. 填写管道系统加工、安装、调试、维修记录。

6-29-03-05　制冷空调系统安装维修工

使用通用和专用工具，安装、连接、装配、调试和维修制冷空调系统的人员。

主要工作任务：

1. 使用管道、阀门，连接、安装压缩机、冷凝器、蒸发器、节流装置、冷却塔、水泵等；

2. 使用专用保温材料，进行制冷空调设备、穿墙管和冷库地面、墙体、进出货门等保温处理；

3. 整合制冷空调设备自控系统与中央控制系统或楼宇自控系统；

4. 安装机房排风设备及排放含毒性制冷剂的装置；

5. 使用测试仪器，调试制冷空调系统；

6. 维护、修理制冷空调设备及系统；

7. 定期检查、保养、调试设备和仪器及维修机具；

8. 操作专用制冷剂回收设备，进行系统维修过程中制冷剂的回收再利用或再生处理。

本职业包含但不限于下列工种：

制冷空调系统安装调试工　制冷空调设备维修工　制冷剂回收再利用工

6-29-03-06　锅炉设备安装工

使用工具和设备，安装、调试锅炉钢架、受热面、辅助机械设备系统的人员。

主要工作任务：

1. 敷设组合场，检查、消除设备缺陷；

2. 组合装配、吊装、调整锅炉钢架、受热面和辅助机械，安装锅炉外围设备；

3. 安装锅炉烟、风、粉、灰管道及附件，进行严密性试验；

4. 敷设锅炉管道、炉墙保温材料；

5. 安装烟气除尘、脱硝、脱硫设备；

6. 进行锅炉水压试验、酸洗、分部试运行；

7. 填写锅炉设备与部件安装检查、试验和试运行记录。

本职业包含但不限于下列工种：

锅炉钢架安装工　锅炉受热面安装工　锅炉辅机安装工

6-29-03-07　发电设备安装工

使用工具和设备，安装、调试汽轮机、水轮机、发电机组、光伏发电设备及辅助设备与系统的人员。

主要工作任务：

1. 解体、检查、修理、预组装发电主、辅设备；

2. 组装、调整汽轮机设备；

3. 组装、调整水轮机预埋件、水轮机预装件等设备部件；

4. 组装、吊装、调整发电机设备和调速器、励磁机、永磁机等辅助设备；

5. 安装、调试光伏发电、逆变、传输、监控设备；

6. 制作、安装汽、水、油、气系统管道及附件；

7. 进行设备移交前试验、分部试运、

缺陷处理；

8. 填写发电设备安装和调试运行记录。

本职业包含但不限于下列工种：

汽轮机安装工 水轮机安装工 水轮发电机组安装工 风力发电机组安装工 光伏发电设备安装工

6-29-03-08 电力电气设备安装工

使用手动、电动及专用工机具，进行电力电气部件配置、设备组装、安装、调试的人员。

主要工作任务：

1. 分解、检查、测试、组装电气设备；
2. 安装、调试电气设备及附属设备；
3. 配置母线；
4. 敷设电缆和接线；
5. 进行分部运行、整套启动和带负荷调试；
6. 安装照明和低压动力线路及其他动力、控制设备；
7. 检查、安装、调整高、低压厂用配电装置；
8. 进行接地网施工及检测；
9. 填写电气设备检查、试验和试运转记录。

本职业包含但不限于下列工种：

电力工程内线安装工 高压电气安装工 变电设备安装工

6-29-03-09 轨道交通通信工

使用工具和设备，进行轨道交通通信工程施工和设备、设施维护的人员。

主要工作任务：

1. 检测、鉴定通信设备、线缆和器材质量；
2. 安装、调试、维护通信系统；
3. 敷设、接续、测试、维护通信光、电缆；
4. 安装、维护无线通信线路设施；
5. 检测、监控、配置、调整通信网络及设备；
6. 检测通信设备、设施性能质量和强度，排除隐患和故障；
7. 办理异常情况下的应急通信；
8. 维护保养通信专用工具、仪器、仪表。

本职业包含但不限于下列工种：

铁路通信工 城市轨道交通通信工

6-29-03-10 轨道交通信号工

使用工具和设备，进行轨道交通信号工程施工和设备维护的人员。

主要工作任务：

1. 检测、鉴定信号设备和器材质量；
2. 敷设、接续、防护信号电缆，制作电缆成端；
3. 配线、焊接、安装和检测操作引入装置；
4. 安装、测试信号部件；
5. 安装、调试、维修电气集中、调度集中、调度指挥系统、列车运行控制系统、闭塞系统、道口信号、信号监测等设备和信号保护装置；
6. 安装、调试、试验、维修轨道电路、转辙转换、信号机、信号电源等设备和机车信号、列车运行监控装置、列控车载系统等车载设备及驼峰信号设备；
7. 检测设备性能，分析处理设备故障。

本职业包含但不限于下列工种：

铁路信号工 城市轨道交通信号工

6-29-04（GBM 62904）
建筑装饰人员

从事建筑（古建筑除外）工程后期装饰装修、建筑门窗幕墙安装、照明工程施工等工作的人员。

本小类包括下列职业：

6-29-04-01　装饰装修工

6-29-04-02　建筑门窗幕墙安装工

6-29-04-03　照明工程施工员

6-29-04-01　装饰装修工

使用工具、机具或手工，进行建筑物、构筑物等表面和内部空间喷、涂、抹、镶贴、艺术处理，以及制作、安装装饰构件的人员。

主要工作任务：

1. 清理养护外表面及内部空间；
2. 使用工具、机具或手工，采用喷、涂、巾裱、镶贴、铺设等方式，进行外表面及内部空间装饰施工；
3. 使用工具、机具或手工，制作、安装门窗装饰构件等；
4. 使用工具、机具，进行内部空间分隔施工；
5. 使用工具，安装吊顶和灯饰；
6. 使用工具、机具或手工，安装室内成套设施；
7. 使用工具、机具或手工，进行模拟自然外景、声音效果、气味效果等艺术处理施工。

本职业包含但不限于下列工种：

抹灰工　油漆工　镶贴工　涂裱工　地板铺装工　厨卫设备安装维修工　地面供暖施工员

6-29-04-02　建筑门窗幕墙安装工

使用工具、机具设备或手工，安装建筑物的门窗及幕墙的人员。

主要工作任务：

1. 使用工具、机具、设备，按照安装工艺，组装门窗、幕墙部件；
2. 使用卷尺、卡尺等量具，检查、确定门窗幕墙的安装位置和尺寸；
3. 使用机具设备和测量仪器，装配门窗、幕墙的五金配件及辅助材料；
4. 使用手动或气动扳手、改锥和吊装设备等工器具，安装门窗、幕墙；
5. 使用测量仪器、手动或气动扳手和改锥等，调试门窗、幕墙；
6. 使用手工工具、打胶机等机具设备，进行密封处理；
7. 维修保养机具设备。

本职业包含但不限于下列工种：

建筑幕墙安装工　建筑门窗安装工

6-29-04-03　照明工程施工员

从事照明工程现场安装施工、调试与项目管理的人员。

主要工作任务：

1. 编制照明工程现场施工方案，检查、验收工程施工所需物料；
2. 根据施工方案，组织现场施工、制作，安装和调试光源、灯具、电器配件以及控制系统；
3. 现场验证照明工程设计方案的效果，进行光污染施工控制；
4. 进行照明工程施工和安全管理；
5. 进行照明工程验收后的安全、维护、管理工作培训并办理移交。

6-29-05（GBM 62905）

古建筑修建人员

从事古建筑、仿古建筑施工、维护、修复等工作的人员。

本小类包括下列职业：

6-29-05-00 古建筑工

6-29-05-00 古建筑工

使用手锯、手铯、瓦刀、砖斧、石锤、錾子、糊刷、挑杆、捻子、粉尖、皮子、油栓等手工工具，运用传统工艺、材料、技能，制作、安装古建筑、仿古建筑构件和保护、修复古建筑的人员。

主要工作任务：

1. 识读设计文件并准备工具；
2. 制作、安装和修复大木构架和木装饰件；
3. 加工、安装和修复砖石砌体、屋面、地面；
4. 调制传统油漆、彩画材料，修复现存实物；
5. 采用传统裱糊工艺技术，修复现存实物。

本职业包含但不限于下列工种：

古建筑传统木工 古建筑传统瓦工 古建筑传统石工 古建筑传统裱糊工 古建筑传统彩画工 古建筑传统油工

6-29-99（GBM 62999）

其他建筑施工人员

指未列入 6-29-01 至 6-29-05 的建筑施工人员。

6-30（GBM 63000） 运输设备和通用工程机械操作人员及有关人员

从事公路、轨道交通、航空、水上运输设备和通用工程机械操作的人员及辅助人员。

本中类包括下列小类：

6-30-01（GBM 63001）专用车辆操作人员
6-30-02（GBM 63002）轨道交通运输机械设备操作人员
6-30-03（GBM 63003）民用航空设备操作人员及有关人员
6-30-04（GBM 63004）水上运输设备操作人员及有关人员
6-30-05（GBM 63005）通用工程机械操作人员
6-30-99（GBM 63099）其他运输设备和通用工程机械操作人员及有关人员

6-30-01（GBM 63001）

专用车辆操作人员

从事矿用重型车辆、民航特种车辆等专用车辆驾驶的人员。

本小类包括下列职业：

6-30-01-00 专用车辆驾驶员

6-30-01-00 专用车辆驾驶员

驾驶、操作矿用重型车辆、民航特种车辆等专用车辆，在专用区域进行专项作业的人员。

主要工作任务：

1. 检查车辆状况，加油、充气；
2. 驾驶、操作矿用重型汽车，将采掘场的矿石运输至堆料场或排弃场；

3. 驾驶、操作炸药车将硝铵或乳化液运至矿山等爆破现场，现场配制成炸药并装入爆破孔内；

4. 驾驶、操作洒水车，进行矿坑工作面及道路等的洒水降尘、降温；

5. 驾驶、操作客梯车、残疾人登机车、摆渡车、行李传送车、货运升降平台车、航空食品配餐车，为民航旅客提供服务；

6. 驾驶、操作飞机牵引车、飞机除冰车，进行飞机牵引和飞机除冰作业；

7. 驾驶、操作充氧车、飞机空调车、飞机气源车、电源车、清水车、污水车、垃圾车，进行飞机供气、供电、供氧、供水等作业；

8. 维护保养车辆，排除故障。

本职业包含但不限于下列工种：

矿用重型汽车司机　炸药车司机　民航特种车辆司机　洒水车司机

6-30-02（GBM 63002）

轨道交通运输机械设备操作人员

从事铁路、城市轨道交通运输及调度、信号等工作的人员。

本小类包括下列职业：

6-30-02-01　铁路车站行车作业员
6-30-02-02　铁路车站调车作业员
6-30-02-03　机车调度值班员
6-30-02-04　机车整备员
6-30-02-05　救援机械操作员
6-30-02-06　铁路试验检测设备维修工
6-30-02-07　铁路电源工

6-30-02-01　铁路车站行车作业员

从事接发铁路列车及组织调车作业的人员。

主要工作任务：

1. 操作信号、联锁、闭塞、道岔等行车设备，准备、确认列车及调车作业进路并显示信号；

2. 接受、传送计划和调度命令，填写行车凭证和表簿，递交行车命令及凭证；

3. 监视列车、机车车辆运行状态，核对现车，收发预确报；

4. 检查、保养行车设备；

5. 编制未设车站调度员或调车区长车站的调车作业计划，组织调车作业；

6. 进行列车尾部安全防护装置摘挂、送领、充电及检测；

7. 采取应急措施，处理出现的问题。

本职业包含但不限于下列工种：

车站值班员　扳道员　信号员　车站调度员　车号员　列尾作业员　助理值班员　调车区长

6-30-02-02　铁路车站调车作业员

从事车列解体、编组、摘挂及取送作业的人员。

主要工作任务：

1. 接受、传送调车作业计划，确定作业方法；

2. 识别、显示调车信号；

3. 检查线路、道岔状态，扳动道岔；

4. 检查车辆、货位，摘挂、连结风管及车钩；

5. 观测车速、车距，使用铁鞋、手闸等制动装置或工具，调整车速和车组间隔；

6. 采取应急措施，处理出现的问题。

本职业包含但不限于下列工种：

调车长　连结员　制动员　调车指导　驼峰值班员　驼峰作业员

6-30-02-03 机车调度值班员

从事机车运用计划编制和组织工作的人员。

主要工作任务：

1. 编制日班运用机车计划和机车周转图；

2. 组织提供机车，执行机车检修扣修计划；

3. 接收、编制、录入运行揭示、调度命令等数据；

4. 安排机车乘务员值乘工作；

5. 办理机车乘务员出退勤手续，检索、分析监控记录；

6. 传达行车提示，下达调度命令，布置工作事项；

7. 统计、分析机车运用指标，填写机车运用概况等报表、报告；

8. 办理配属机车的加入和解除。

本职业包含但不限于下列工种：

机车调度员　机车运用值班员

6-30-02-04 机车整备员

从事机车检查、保养、整备作业的人员。

主要工作任务：

1. 进行机车走行部、制动系统等检查、保养和试验运行；

2. 使用输油泵、阀门、发放柱等设备，加注内燃机燃油；

3. 烘干、清筛处理、加补机车用砂；

4. 操控隔离开关；

5. 验收、发放、管理机车用燃油、油脂、砂、擦拭材料等；

6. 维护保养输油泵、上砂机等机车整备机械设备。

本职业包含但不限于下列工种：

机车检查保养员　机车整备工

6-30-02-05 救援机械操作员

操作起复、起重机械，进行机车、车辆起复、位移的人员。

主要工作任务：

1. 准备救援设备、材料；

2. 协助勘察事故现场；

3. 参与制订救援、起复方案；

4. 使用起复、起重设备及吊具、索具、卡具等机具，起复、拉翻、拉移脱轨和颠覆的机车、车辆；

5. 整理事故救援场地；

6. 维护保养起复机械等设备。

本职业包含但不限于下列工种：

救援起复工　救援机械司机

6-30-02-06 铁路试验检测设备维修工

使用工具和设备，检修、维护、调试铁路机车、车辆试验和检测设备的人员。

主要工作任务：

1. 检修、维护机车运行安全监控系统，处理设备故障；

2. 检修、维护车辆运行车载、地面固定安全监控系统，处理设备故障；

3. 检修、调试机车试验检测设备，处理设备故障；

4. 检修、调试车辆试验检测设备，处理设备故障；

5. 分析和处置机车、车辆试验检测设备数据；

6. 配合协调相关部门处理设备结合部故障。

6-30-02-07 铁路电源工

使用工具和设备，安装、操作、调试、

维护、保养铁路电源设备的人员。

主要工作任务：

1. 操作、维护、保养铁路电源、电流、电压调整和变换设备；

2. 鉴定电源设备质量；

3. 安装蓄电池组，测试、试验蓄电池容量；

4. 测量和调整蓄电池电解液比重，进行蓄电池充放电；

5. 排除蓄电池组和电源调整变换设备故障；

6. 测试、调整交流供电系统稳压器工作范围；

7. 操作、检修柴油、汽油发电机组。

6-30-03（GBM 63003）

民用航空设备操作人员及有关人员

从事民用航空飞行保障及相关工作的人员。

本小类包括下列职业：

6-30-03-01 航空通信导航监视员

6-30-03-02 民航机场专用设备机务员

6-30-03-03 航空油料员

6-30-03-01 航空通信导航监视员

从事航空通信导航监视设备操作、监控、维护、维修的人员。

主要工作任务：

1. 使用地面通信网络、卫星通信网络、自动转报系统以及各类航管综合信息系统，提供民航航空电信网内的数字和语音业务信息处理、交换和传输服务；

2. 提供地面与航空器之间的无线电语音或数据通信手段；

3. 使用一次雷达、二次雷达、自动相关监视系统（ADS-B）、场面监视雷达、多点相关定位系统等，提供监视航空器及场面车辆的手段；

4. 使用陆基无线电导航信标、卫星导航地面设备等，为航空器提供航行引导和完好性监测告警服务；

5. 使用集群通信系统，对民航机场运行和管理区域提供专用的移动或固定无线通信服务；

6. 使用空中交通管制信息处理系统，为空中交通管理提供航班监视、运行信息及相关告警服务；

7. 进行通信导航监视等信息系统的软件研究、开发并提供技术支持服务；

8. 维护和维修通信导航监视设备及其辅助设备或系统。

本职业包含但不限于下列工种：

塔台集中控制机务员　无方向信标、指点标机务员　全向信标、测距仪机务员　仪表着陆系统、测距仪机务员　一次雷达机务员　二次雷达机务员　空管自动化系统机务员　空管语音通信系统、记录仪机务员　动力设备机务员　卫星导航地面设备机务员　地空通信、数据链机务员　自动转报系统、航管综合信息处理系统机务员　航管信息网络机务员　多点相关定位系统机务员　空管卫星通信设备机务员　航管数字数据通信设备及传输链路机务员　自动相关监视系统机务员　航管语音通信交换设备及线路机务员　集群通信系统机务员

6-30-03-02 民航机场专用设备机务员

从事民航机场专用灯光设备、场务设备、航站楼设备和专用车辆的操作、检查、调试和维护修理的人员。

主要工作任务：

1. 进行现场巡回检修，检测、评估与调试民航机场专用设备的技术状态，处理突发故障；

2. 修理民航机场专用设备的机械、液压、电气、气动、制冷、加热、电子控制模块、计算机监控系统、仪器仪表等；

3. 进行民航机场专用设备定期检查、维护、中修和大修；

4. 修复损伤的机械工件，维护保养工、夹、量具和检测仪器；

5. 建立民航机场专用设备技术档案，分析专用设备故障规律，统计专用设备运行和维护成本。

本职业包含但不限于下列工种：

民航专用车辆机务员　民航航站楼自动化设备机务员　民航机场场务设备机务员　民航机场专用灯光机务员

6-30-03-03　航空油料员

操作航空油品接收、储运、加注设备，为飞机供油，并维护修理设备的人员。

主要工作任务：

1. 接收、储存和发放航空油料；

2. 操作泵输送油料，并进行管道防护；

3. 进行航空油料的再生、掺和等；

4. 驾驶航空加油车，进行飞机加油、抽油及油车油罐灌油作业；

5. 操作、维修、监控和调试电气设备和自动化控制设备；

6. 检查、修理、维护保养航空油料专用车和航空油料加油、机坪管网、储油等设备、设施、器材；

7. 管理、检定、送检计量器具，维护保养测量设备；

8. 进行油料测量、统计，填写油料账目和报表。

本职业包含但不限于下列工种：

航空油料储运员　航空油料飞机加油员　航空油料特种设备修理员

6-30-04（GBM 63004）
水上运输设备操作人员及有关人员

从事船舶甲板和机舱设备操作、船闸及升船机运管、救助打捞等工作的人员。

本小类包括下列职业：

6-30-04-01　船舶甲板设备操作工
6-30-04-02　船舶机舱设备操作工
6-30-04-03　船闸及升船机运管员
6-30-04-04　潜水员

6-30-04-01　船舶甲板设备操作工

操作船舶甲板机械设备，进行船舶航行、停泊、货物作业，船体及设备维护保养的人员。

主要工作任务：

1. 编结和插接缆绳，进行船舶系、解缆作业；

2. 参与船舶航行、停泊值班及锚泊和编、解队；

3. 操作甲板机械设备，进行船舶甲板及工程作业；

4. 协助监督货物作业，绑扎与系固货物；

5. 进行压载水压载、排放，淡水添加和测量等；

6. 协助判断、排除助航仪器、电气及部分机械设备故障；

7. 维护保养船体、甲板机械设备，填写作业记录。

本职业包含但不限于下列工种：

船舶水手　船舶木匠　气垫船驾驶员　趸船水手

6-30-04-02　船舶机舱设备操作工

从事船舶机械和电子电气设备操作，进行船舶主机、辅机及附属装置、电子电气和通讯等设备保养和维护的人员。

主要工作任务：

1. 操作和维修保养机舱和其他处所机械设备，船舶航行和停泊时值班；

2. 操作和维修保养船舶主机、辅机及附属装置、电子电气等轮机设备，负责主机设备运行，参加轮机值班；

3. 分析、判断、排除船舶机舱设备故障；

4. 改造升级船舶机舱设备操作系统，开展操作业务培训；

5. 维护和修理船舶电气、电子设备；

6. 填写主、辅机日志和值班记录。

本职业包含但不限于下列工种：

船舶机工　船舶加油工　船舶轮机员　船舶电子技工

6-30-04-03　船闸及升船机运管员

从事船闸及升船机机电和附属设备操作、维护、修理，船闸及升船机水工建筑物观测、维护，船舶通过船闸或升船机调度指挥的人员。

主要工作任务：

1. 操作、巡检、保养船闸及升船机机电设备和附属设施；

2. 调度指挥和监护船舶安全通过船闸及升船机；

3. 分析、判断并排除船闸及升船机设备运行故障；

4. 进行船闸及升船机设备状态检测、调整维护、缺陷处理；

5. 进行船闸及升船机设备安全应急操作和船舶通航安全应急指挥；

6. 进行船闸及升船机设备设施维修和调试；

7. 填报船闸及升船机设备设施运行维护和船舶通航作业记录，参与整理设备设施修理及改造技术资料；

8. 进行船闸及升船机水工建筑物巡检、观测和维护。

本职业包含但不限于下列工种：

船闸及升船机运行员　船舶过闸及升船机调度员　船闸及升船机水工员

6-30-04-04　潜水员

从事水下救助打捞、海洋工程、港口和桥梁工程等水下作业的人员。

主要工作任务：

1. 使用潜水装具装备并应用特定工具，进行水下救助打捞和海洋工程、港口工程、桥梁工程等水下高压作业；

2. 进行水下沉船沉物探模、除泥、高压水清洗、寻人寻物、吊物、测量、法兰对接、水下无损检测和电视录像等作业；

3. 进行水底电缆铺设、水下管网维修、油气平台水下设施的维修等施工作业；

4. 进行水下工程特殊位置的电氧切割、电焊、拆除封补作业；

5. 进行水下爆破的扎药、布药、安全施爆、排除哑炮等作业；

6. 进行水下浮筒套桩、穿引千斤、封舱堵漏和系龙须缆等作业；

7. 绘制水下被检部位草图，提出水下施工中作业技术难题的解决办法；

8. 进行水下工程应急抢险与处置。

本职业包含但不限于下列工种：

空气潜水员　混合气潜水员　饱和潜水员

6-30-05（GBM 63005）通用工程机械操作人员

从事起重、装卸、索道运输、挖掘、铲运等通用工程机械操作的人员。

本小类包括下列职业：

6-30-05-01 起重装卸机械操作工
6-30-05-02 起重工
6-30-05-03 输送机操作工
6-30-05-04 索道运输机械操作工
6-30-05-05 挖掘铲运和桩工机械司机

6-30-05-01 起重装卸机械操作工

操作起重、装卸、吊运等机械设备，吊运、装卸物料的人员。

主要工作任务：

1. 检查、调整起重、装卸等机械设备，准备吊具；

2. 操作起重、装卸等机械设备，转移原材料、产品、工件等；

3. 操作叉车，装卸、位移物品和机械设备；

4. 操作专用散料装卸机械设备，装卸散状物品；

5. 操作塔式缆索等起重机械设备，移动构件或重物；

6. 操作流体输送设施、设备等，装卸石油等流体介质；

7. 操作翻车机等，翻转火车车厢，将物料卸、运至料槽；

8. 维护保养工、夹、量具、吊具及起重、装卸等机械设备，排除故障。

本职业包含但不限于下列工种：

履带吊司机 塔吊司机 汽车吊司机 桥式吊车司机 散料卸车机司机 堆取料机司机 流体装卸操作工 翻车机工 船舶吊车司机 叉车司机 堆垛车操作工 电动港机装卸机械司机 内燃港机装卸机械司机

6-30-05-02 起重工

使用工具、装置或指挥吊车，吊、移物体的人员。

主要工作任务：

1. 根据物体质量、大小、形状及场地情况，分析计算起吊数据，选择机具、索具、搭设起重装置和转移物体方式；

2. 准备起重机具、索具、卡具，搭设、拆卸人字架、三角架、脚手架等起重和防护装置；

3. 使用滑轮组、滑车、千斤顶、滚杠、枕木、撬棒等机具、工具和索具，转移物体；

4. 根据起重设备性能，选择起重方式，绑扎、挂钩，使用手势、旗语、哨音指挥起重设备转移物体；

5. 使用工具、索具，将物体捆扎固定在运输机械上；

6. 使用工具，拆装起重机臂杆。

6-30-05-03 输送机操作工

操作胶带、链式等带式运输机，运送散状物料的人员。

主要工作任务：

1. 操作胶带、钢缆胶带和链式、板式、刮板式、螺旋式运输机等设备，运送散状物料；

2. 检查运行情况，处理跑偏等故障，更换托辊、架辊、链板等；

3. 操作给料设备或使用手动装置，往运输机上放料；

4. 操作放料车、移动式皮带或使用分料板等手动装置，往料仓放料，掌握储料情况；

5. 操作小型除尘器、水泵等设备，除尘、排水；

6. 使用工具，粘接、铆接、卡接胶带；

7. 清扫落料，维护保养设备，处理故障。

6-30-05-04　索道运输机械操作工

操作索道运输机械设备，进行客、货运输的人员。

主要工作任务：

1. 根据索道运输机械设备运行参数，进行运输调度；

2. 计算客、货运输质量参数，并进行安全检查；

3. 操作索道运输机械设备，监视运行状况；

4. 维护保养索道运输机械设备，填写运行记录；

5. 处理停电等紧急事故。

本职业包含但不限于下列工种：

客运索道操作工　物料索道操作工

6-30-05-05　挖掘铲运和桩工机械司机

操作推土、铲运、挖掘、成桩等机械设备，挖、铲、填、运土石物料和成桩作业的人员。

主要工作任务：

1. 操作推土、铲运、挖掘等机械设备，进行挖、铲、填、运土石物料等作业；

2. 操作成桩机械设备，进行桩基施工；

3. 进行机械设备使用前的设置、调试、接地、限位保护等；

4. 保养机械设备，排除故障；

5. 填写机械履历书和施工记录。

本职业包含但不限于下列工种：

推土机司机　土石方挖掘机司机　铲运机司机　装载机司机　打桩工

6-30-99（GBM 63099）
其他运输设备和通用工程机械操作人员及有关人员

指未列入 6-30-01 至 6-30-05 的运输设备和通用工程机械操作人员及有关人员。

6-31（GBM 63100）　生产辅助人员

从事通用设备、专用机电设备、运输装备等维护、保养、修理，原材料、半成品、成品或产品及外购件等质量检查、检验、试验，称重计量，包装及安全生产管理等工作的人员。

本中类包括下列小类：

6-31-01（GBM 63101）机械设备修理人员
6-31-02（GBM 63102）船舶、民用航空器修理人员
6-31-03（GBM 63103）检验试验人员
6-31-04（GBM 63104）称重计量人员
6-31-05（GBM 63105）包装人员
6-31-06（GBM 63106）安全生产管理人员
6-31-99（GBM 63199）其他生产辅助人员

6-31-01（GBM 63101）
机械设备修理人员

从事通用设备维护保养、专用机电设备修理的人员。

本小类包括下列职业：

6-31-01-01 设备点检员
6-31-01-02 机修钳工
6-31-01-03 电工
6-31-01-04 仪器仪表维修工
6-31-01-05 锅炉设备检修工
6-31-01-06 汽轮机和水轮机检修工
6-31-01-07 发电机检修工
6-31-01-08 变电设备检修工
6-31-01-09 工程机械维修工

6-31-01-01 设备点检员

使用检测工具，按照预定方式和标准检查在线生产设备或系统等，并监控检修过程的人员。

主要工作任务：

1. 进行设备信息分类、编码、更新和管理维护；
2. 按照预定方式和标准检测设备关键点的运行状态；
3. 使用专用工具，采集和分析设备状态信息；
4. 确定设备检修方式和定点检测路径；
5. 编制设备检修计划和实施方案，提出检修所需设备清单和方案，监控设备检修过程；
6. 分析设备运行状况，调整设备定修周期；
7. 提出备品备件维修计划。

本职业包含但不限于下列工种：

机械设备点检员 电气设备点检员 仪表设备点检员 过程控制系统点检员

6-31-01-02 机修钳工

使用工具、量具和仪器、仪表，维护和修理设备机械部分的人员。

主要工作任务：

1. 选择机械设备安装的场所，测定环境和条件；
2. 进行设备搬迁，安装、调试新设备；
3. 修理机械设备的机械、液压、气动故障和机械磨损；
4. 更换或修复机械零部件，润滑保养设备；
5. 调试、调整修复后的机械设备；
6. 进行现场巡回检修，排除机械设备运行过程中的故障；
7. 使用工具、设备，加工损伤的机械工件；
8. 辅助预检机械设备故障，编制大修方案；
9. 维护保养工、夹、量具和仪器仪表，排除故障。

6-31-01-03 电工

使用工具、量具和仪器、仪表，安装、调试与维护、修理机械设备电气部分和电气系统线路及器件的人员。

主要工作任务：

1. 安装、调试、维护、保养电气设备；
2. 架设与接通送、配电线路与电缆；
3. 进行电气设备大修、中修、小修，修理、更换有缺陷的零部件；
4. 安装、调试与修理室内电器线路和照明灯具；
5. 维护保养电工工具、器具及测试仪表。

6-31-01-04　仪器仪表维修工

使用工具、检测设备和工艺装备，维护、修理、改装、调试与检测仪器仪表或自动化控制系统的人员。

主要工作任务：

1. 安装调试工艺装备、检测仪器仪表及零部件；

2. 使用专用设备、仪表、工具，维修仪器仪表和自动化控制系统及装置，排除故障；

3. 维修仪器仪表工具、附件及辅助设备；

4. 维护保养仪器仪表检测设备和工、夹、量具，排除故障。

6-31-01-05　锅炉设备检修工

使用工具、量具和仪器、仪表，维护、检修锅炉本体及辅机、管阀、除灰、除尘、脱硫、脱硝等设备及系统的人员。

主要工作任务：

1. 准备工器具和设备解体前的装配记录；

2. 解体、检查、清理锅炉本体、磨煤机等主辅设备；

3. 检测、修复、更换设备零部件；

4. 装配锅炉主、辅设备；

5. 进行锅炉整体水压试验、辅机试运行，处理缺陷；

6. 检查、验收检修后的设备；

7. 采集运行数据，分析、判断设备状况；

8. 填写锅炉检修、试验记录，编写技术总结报告。

6-31-01-06　汽轮机和水轮机检修工

使用工具、量具和仪器、仪表，维护、检修汽轮机、水轮机主辅设备和系统的人员。

主要工作任务：

1. 解体、检测、修复汽轮机设备和更换设备零部件；

2. 进行汽轮机设备组装、就位、调整、找正；

3. 解体、检测、修复水轮机设备和更换设备零部件；

4. 进行水轮机设备组装、就位、调整、找正；

5. 进行调速等附属系统设备解体、检测、修复和设备零部件更换、组装、就位；

6. 进行检修后设备的试验调整、试运行，处理缺陷；

7. 采集运行数据，分析、判断设备状况；

8. 填写设备检修、试验记录，编写技术总结报告。

本职业包含但不限于下列工种：

汽轮机检修工　水轮机检修工

6-31-01-07　发电机检修工

使用工具、量具和仪器、仪表，维护、检修发电厂、站发电机、励磁机、调相机和交、直流电动机及其附属设备的人员。

主要工作任务：

1. 检查电机及其附属设备，处理设备隐患与故障；

2. 进行电机大修、中修、小修；

3. 修复或更换有缺陷的零部件；

4. 检查和验收设备检修质量；

5. 使用点检仪采集运行数据，进行趋势分析，建立状态检修或检修周期表；

6. 填写设备检修、试验记录，编写技术总结报告。

本职业包含但不限于下列工种：

电动机检修工　发电厂发电机检修工　风力发电机检修工

6-31-01-08　变电设备检修工

使用工具、量具和仪器、仪表，检修、更换、调试变压器、断路器、隔离开关、成套组合电器及直流装置等变电设备的人员。

主要工作任务：

1. 制订检修、施工方案；
2. 拆卸、检修、清洗、组装、调试断路器、隔离开关及操作机构，进行电气、机械特性试验；
3. 检修、更换、维护、清理母线、接地开关、成套组合电器及其附件；
4. 检修、更换变压器、互感器、消弧线圈、电抗器、无功补偿设备、防雷设备等变电设备及附件；
5. 检修、更换、定检、维护直流系统设备；
6. 处理变电设备绝缘油、液压油、六氟化硫气体；
7. 带电测试、清扫、检修、更换运行中的变电设备，消除故障；
8. 填写设备检修报告。

6-31-01-09　工程机械维修工

使用检测仪器、检修机具和诊断设备等，进行工程机械主机、总成件及主要零配件诊断、维修、试车和保养的人员。

主要工作任务：

1. 维护保养工程机械；
2. 操作检测设备，判断、排除工程机械发动机、底盘、液压及电气系统、工作装置等总成和零部件的故障；
3. 拆卸和装配需维修的工程机械主机、总成或部件；
4. 操作设备，维修工程机械零部件；
5. 操作工程机械，进行主机和系统性能试车、调试。

6-31-02（GBM 63102）
船舶、民用航空器修理人员

从事船舶、民用航空器及部件维护、修理等工作的人员。

本小类包括下列职业：

6-31-02-01　船舶修理工
6-31-02-02　民用航空器机械维护员
6-31-02-03　民用航空器部件修理员

6-31-02-01　船舶修理工

使用设备和工具，勘验、拆检、修理、安装、调试船舶主机、辅机、轴系、舵系、螺旋桨、阀系、甲板机械、强（弱）电设备，并进行船舶进出坞作业、船坞场地管理的人员。

主要工作任务：

1. 进行船舶进出坞作业和船坞场地管理；
2. 摆放、拆加和移位船底坞墩，校正龙骨墩及边墩的水平高度；
3. 拆装、拉线找正、调整、安装、检修轴系、舵系、螺旋桨及其附件；
4. 抛光、修磨螺旋桨叶面，矫正变形缺陷，并进行静平衡测试；
5. 拆洗海底阀，研磨安装阀芯；
6. 勘验、拆检、修理、安装、调试船舶主机、辅机和甲板机械等；
7. 拆卸、修理、装复和调试制冷机、空调器及其附属设备；

8. 勘验、修理、调试船舶电站、电力拖动系统、照明系统、信号报警系统与通信导航等强（弱）电设备；

9. 勘验、修理、调试船用交直流电机、变频机、扩大机、变压器等。

6-31-02-02　民用航空器机械维护员

使用工具、设备，进行民用航空器航线维护、航空器定期检修的人员。

主要工作任务：

1. 测试航空器飞行控制、无线通信、导航、起落架等系统状态，进行航前、航后、过站检查和航线排故、更换航线可更换件；

2. 进行航空器及其系统定期例行检查；

3. 使用发动机孔探、大气数据计算机测试等设备和工具，检修航空器，更换部件；

4. 收集分析航空器使用数据，进行航空器持续适航性监控及可靠性管理；

5. 维护保养设备、工具、航材。

6-31-02-03　民用航空器部件修理员

使用工具、设备，检查、修理、翻修、改装民用航空器的动力装置、螺旋桨、机载设备、零部件等工作的人员。

主要工作任务：

1. 使用大流量测试台、无损检测等专用设备和工具，检测航空器机械和电气、电子部件；

2. 使用专用工具和设施设备，分解、清洗、排故、修理航空器机械和电气、电子部件；

3. 使用专用工具和设施设备，翻修和改装航空器部件；

4. 使用专用工具和设施设备，检测、修理、翻修动力装置、螺旋桨；

5. 使用专用工具和设施设备，检测、修理、翻修起落架部件；

6. 维护保养设施设备、工具、航材。

本职业包含但不限于下列工种：

民用航空器动力装置修理工　民用航空器机械部件修理工　民用航空器电子部件修理工　民用航空器电气部件修理工　民用航空器结构修理工　民用航空器起落架修理工

6-31-03（GBM 63103）

检验试验人员

从事原料、燃料、材料、物料、半成品、成品或产品及外购件等质量检查、检验、试验等工作的人员。

本小类包括下列职业：

6-31-03-01　化学检验员
6-31-03-02　物理性能检验员
6-31-03-03　生化检验员
6-31-03-04　无损检测员
6-31-03-05　质检员
6-31-03-06　试验员

6-31-03-01　化学检验员

使用仪器、设备、器具，检验、检测、化验、分析成品、半成品和原料、燃料、材料等样品化学性能、成分的人员。

主要工作任务：

1. 使用工具和设备，采集样品；

2. 使用设备、工具，加工、预处理样品；

3. 使用器具，配制标准溶液和化学试剂；

4. 视检样品外观；

5. 使用理化仪器、设备、器具等，测试样品的理化性质；

6. 操作化学分析和仪器分析设备，进行样品化学分析、比色分析、相分析、极谱分析、色谱分析、光谱分析、质谱分析、原子吸收分光光度分析及核磁共振分析，测定样品成分含量；

7. 记录、计算、判定、分析检验数据；

8. 检查、调试、维护仪器设备，处理故障。

6-31-03-02 物理性能检验员

使用仪器、设备，检验、检查、测试、分析成品、半成品、原料、材料等物理、力学和机械性能的人员。

主要工作任务：

1. 使用工具或设备，采集样品；

2. 使用设备、工具，加工制作、预处理样品；

3. 使用量具、仪器或通过视检，检查材料的外观；

4. 操作材料检验仪器设备，测试材料的拉力、扭力、冲击、弯曲、疲劳、硬度、导电等物理和机械性能；

5. 使用金相显微镜，检验材料的金相组织；

6. 记录、计算、判定、分析测试检验数据；

7. 检查、维护仪器设备。

6-31-03-03 生化检验员

使用检测仪器和设备，对农业、发酵、食品、纺织、制药、皮革等生产过程中的生物化学物质进行生化检验的人员。

主要工作任务：

1. 使用工具和设备，采集样品；

2. 使用工具和设备，加工制作、预处理样品；

3. 进行样品有效成分的结构分析、品质鉴定、安全性检查、含量或效价的测定；

4. 进行生化类标准品、对照品的标定工作；

5. 进行实验室间的方法比对和实验室能力验证；

6. 记录、计算、判定、分析检验数据；

7. 维护保养检测环境和装备；

8. 进行安全防护工作，处理生物有害物质。

6-31-03-04 无损检测员

操作超声波、射线、磁粉、渗透、涡流等无损检测仪器设备，对材料、构件、零部件、设备、建筑设施等进行非破坏性检测及判定的人员。

主要工作任务：

1. 根据被检对象的特性、检测条件、验收标准，编制或确定检测工艺或方式；

2. 抽取样品，对试样进行比对，制作试块；

3. 确定监测点和仪器设备位置，安装、调试及校正无损检测仪器设备；

4. 操作超声波、射线、磁粉、渗透、涡流、声发射和红外热成像仪等检测仪器设备，在非损坏状态下，检测材料、构件、零部件、设备、建筑设施等表面、近表面、内部的缺陷，确定位置及尺寸；

5. 记录、计算、判定检验数据；

6. 编写或协助主检人员完成检测报告；

7. 检查、维护保养无损检测仪器设备。

6-31-03-05 质检员

使用设备、工具或运用感官，检验、检查、确定原料、燃料、材料和半成品、成品质量的人员。

主要工作任务：

1. 抽取、制备样品及进行检查前准备；

2. 使用量具或运用视检等感官检查方式，检查产品等的外观尺寸和质量；

3. 使用在线检测仪器设备，检查、测试产品等的物理和机械性能；

4. 使用在线分析仪器设备，测定样品成分含量；

5. 记录、计算、判定、分析检验、检查数据，确定产品质量，贴挂、标注产品等的质量检查标志，开具产品质量保证书；

6. 处理故障。

6-31-03-06　试验员

使用设备、仪器，进行工艺性试验或产品性能试验作业的人员。

主要工作任务：

1. 阅识或制订试验工艺流程、操作步骤、试验方式，制备试验模型；

2. 采集、抽取试验样品；

3. 准备试验的原材料和药品；

4. 调试仪器设备，确定试验检测点；

5. 使用仪器设备，进行样品试验分析，测定样品的性能或缺陷；

6. 使用试验仪器设备和工具或将样品置于特定环境中，进行可靠性、安全性等试验；

7. 使用试验仪器设备，按试验工艺、步骤试制产品，测定分析试制品；

8. 采集试验数据，整理试验结果，计算、分析、判定试验数据，分析试验工艺流程问题；

9. 维护保养仪器设备。

6-31-04（GBM 63104）
称重计量人员

从事物资重量称量、流体计量的人员。

本小类包括下列职业：

6-31-04-00　称重计量工

6-31-04-00　称重计量工

操作轨道衡、汽车衡等大型衡器和流体计量仪表、器具，计量物资的人员。

主要工作任务：

1. 检查轨道衡、汽车衡等大型衡器秤台、基坑异物情况，清理异物；

2. 检查称重车辆等情况，限制超重，控制异常情况；

3. 操作轨道衡、汽车衡等衡器，称量物资重量，记录、计算称重数据；

4. 检查油料、水等计量仪表、器具情况，记录、计算流量值，填写报表；

5. 维护保养设备。

本职业包含但不限于下列工种：

司磅工　油料计量员

6-31-05（GBM 63105）
包装人员

从事金属或非金属包装材料物品包装的人员。

本小类包括下列职业：

6-31-05-00　包装工

6-31-05-00　包装工

使用包装设备或手工，使用包装材料，将包装物品装入包装容器和封缄、包扎包装物品的人员。

主要工作任务：

1. 核对、清点包装物品，准备绳、纸、布、板、带、塑胶、铁制品等包装材料；

2. 准备吊具并配合起重，吊运摆放大件包装物品；

3. 使用设备或手工，将包装物品装入

包装容器；

4. 使用设备或工具，采用钉、铆封等封缄方式，封缄集装箱、木箱等包装容器；

5. 使用设备或手工，使用绳、纸、布、塑胶、带、铁制品等包装材料，裹、捆、绑扎包装物品；

6. 检查包装质量，书写、张贴、标注、喷涂、打印、标志包装物品标识；

7. 填写装箱清单及报表；

8. 维护保养工具设备，排除故障。

6-31-06（GBM 63106）
安全生产管理人员

从事生产工作现场安全、监督、检查、管理的人员。

本小类包括下列职业：

6-31-06-00 安全员

6-31-06-00 安全员

从事现场安全生产监督、检查与管理工作的人员。

主要工作任务：

1. 监督、检查现场安全、防护装备配备及使用情况；

2. 监督、检查危险源，发现事故隐患，并监督整改；

3. 参与制订安全生产措施、安全操作规程及事故应急处置预案；

4. 参与事故应急救援和演练，组织现场保护和抢救，进行事故的调查与处理，完成事故的统计、分析报告；

5. 组织开展安全生产宣传教育，进行员工安全技术培训，实施职业健康管理制度；

6. 记录并保存安全生产数据，保存事故调查、分析档案。

6-31-99（GBM 63199）
其他生产辅助人员

指未列入 6-31-01 至 6-31-06 的生产辅助人员。

6-99（GBM 69900） 其他生产制造及有关人员

指未列入 6-01 至 6-31 的生产制造及有关人员。

本中类包括下列小类：

6-99-00（GBM 69900）其他生产制造及有关人员

6-99-00（GBM 69900）
其他生产制造及有关人员

指未列入 6-01 至 6-31 的生产制造及有关人员。

第七大类

军人

7（GBM 70000） 军人

军人。

本大类包括下列中类：

7-00（GBM 70000）军人

7-00（GBM 70000） 军人

军人。

本中类包括下列小类：

7-00-00（GBM 70000）军人

7-00-00（GBM 70000） 军人

军人。

本小类包括下列职业：

7-00-00-00 军人

7-00-00-00 军人

军人。

第八大类

不便分类的其他从业人员

8（GBM 80000） 不便分类的其他从业人员

不便分类的其他从业人员。

本大类包括下列中类：

8-00（GBM 80000）不便分类的其他从业人员

8-00（GBM 80000） 不便分类的其他从业人员

不便分类的其他从业人员。

本中类包括下列小类：

8-00-00（GBM 80000）不便分类的其他从业人员

8-00-00（GBM 80000）不便分类的其他从业人员

不便分类的其他从业人员。

本小类包括下列职业：

8-00-00-00 不便分类的其他从业人员

8-00-00-00 不便分类的其他从业人员

不便分类的其他从业人员。

职业名称笔画索引

（二画）

（三画）

（四画）

（五画）

（六画）

（七画）

（八画）

（九画）

（十画）

（十一画）

（十二画）

（十三画）

（十四画）

（十五画）

（十六画）

（十七画）

（十八画）

（十九画）

（二十画）

（二十一画）

（二十三画）

职业名称拼音索引

[A]

[B]

[C]

[D]

[E]

[F]

[G]

[H]

[J]

[K]

[L]

[M]

[N]

[P]

[Q]

[R]

[S]

[T]

[W]

[X]

[Z]

国家职业分类大典修订工作机构成员名单

国家职业分类大典修订工作委员会

主　　任　**尹蔚民**　人力资源和社会保障部部长
常务副主任　**汤　涛**　人力资源和社会保障部副部长
副 主 任　**梅克保**　国家质量监督检验检疫总局副局长
张为民　国家统计局副局长
委　　员　**张立新**　人力资源和社会保障部职业能力建设司司长
孙建立　人力资源和社会保障部专业技术人员管理司司长
刘　丹　人力资源和社会保障部职业能力建设司副司长
孔　忠　国家质量监督检验检疫总局人事司副司长
殷明汉　国家标准化管理委员会副主任
张志斌　国家统计局人口和就业统计司副司长
陈海光　最高人民法院政治部法官管理部部长
哈增友　国家发展和改革委员会就业和收入分配司副司长
周国林　科学技术部人事司副司长
刘素文　工业和信息化部人事教育司副巡视员
夏德湖　公安部人事训练局副局长
郭玉强　民政部人事司副司长
姜海涛　司法部研究室副主任
李　刚　人力资源和社会保障部规划财务司副司长
艾一平　国家公务员局培训与监督司司长
刘　康　中国就业培训技术指导中心主任
王晓君　中国就业培训技术指导中心副主任
蔡学军　中国人事科学研究院副院长
王　竟　中国劳动保障科学研究院原副院长
郑东亮　人力资源和社会保障部劳动科学研究所所长
高向阳　人力资源和社会保障部人事考试中心副主任

张绍杰　国土资源部人事司副司长
郝兴国　环境保护部人事司副司长
陈　付　住房和城乡建设部人事司副巡视员
李良生　交通运输部人事教育司副司长
孙高振　水利部人事司副司长
刘英杰　农业部人事劳动司副司长
汪志刚　文化部人事司副司长
徐　缓　国家卫生和计划生育委员会人事司副司长
郑五福　中国人民银行人事司副司长
王鸿津　审计署人事教育司司长
王　黎　国务院国有资产监督管理委员会群众工作局副巡视员
黄发忠　海关总署人事教育司副司长
李红旭　国家工商行政管理总局人事司副司长
许秀中　国家新闻出版广电总局人事司副司长
李宏葵　国家新闻出版广电总局人事司副司长
李业武　国家体育总局人事司副司长
李生盛　国家安全生产监督管理总局人事司巡视员
薛光华　国家食品药品监督管理总局人事司副司长
谭光明　国家林业局党组成员、人事司司长
王岚涛　国家知识产权局人事司司长
魏洪涛　国家旅游局党组成员、人事司司长
苗　鸿　中国科学院人事局副局长
张冠梓　中国社会科学院人事教育局局长
米宏亮　中国地震局人事教育司副司长
于玉斌　中国气象局人事司副司长
廖媛媛　中国银行业监督管理委员会政策研究局副局长
陈军生　国家粮食局人事司司长
张　文　国家烟草专卖局人事司副司长
李东旭　国家海洋局人事司副司长
李赤一　国家测绘地理信息局人事司司长
陈朝霞　中国民用航空局人事科教司副巡视员
刘良一　国家邮政局人事司副司长
彭冰冰　国家文物局人事司副司长
金二澄　国家中医药管理局人事教育司副司长
杜　梅　国家档案局政策法规研究司副司长
李占海　中华全国供销合作总社科技教育部部长

李　强　中国残疾人联合会就业服务指导中心副主任
刘　勇　中国商业联合会副秘书长
周清浩　中国建筑材料联合会综合管理部主任
薛一平　中国机械工业联合会执行副会长
徐祥楠　中国轻工业联合会副秘书长
熊传勤　中国石油和化学工业联合会咨询委员会副主任
戴　山　中国有色金属工业协会组织人事部主任
李忠明　中国职工教育和职业培训协会冶金分会副会长
王久新　中国纺织工业联合会纪委书记兼人事部主任
王虹桥　中国煤炭工业协会副会长
薛　静　中国电力企业联合会技能鉴定与教育培训中心主任
张重天　中国铁路总公司劳动和卫生部副主任
李长瑜　中国核工业集团公司人力资源部副主任
杨德民　中国航天科技集团公司航天人才开发交流中心副主任
陈　洁　中国航天科工集团公司人力资源部副部长
周　彬　中国航空工业集团公司人力资源部副部长
万育红　中国船舶工业集团公司人力资源部副主任
周　蓉　中国船舶重工集团公司人事部副主任
彭心国　中国兵器工业集团公司人力资源部巡视员
胡昌元　中国兵器装备集团公司人力资源部主任
任一村　中国石油天然气集团公司人事部副主任
傅兴顺　中国石油化工集团公司人事部原副主任
田文学　中国海洋石油总公司人力资源部副总经理
肖　云　中国商飞上海飞机制造有限公司党委书记、副总经理
黄芳胜　中国盐业总公司人力资源部（党委组织部）部长
张云鹏　解放军总参谋部军务部士官局局长
萧　勇　中国人民解放军装备修理企业职业技能鉴定指导中心主任
孟庆国　天津职业技术师范大学党委书记

国家职业分类大典修订工作办公室

主　　任　张立新　人力资源和社会保障部职业能力建设司司长
副 主 任　刘　丹　人力资源和社会保障部职业能力建设司副司长
李金生　人力资源和社会保障部专业技术人员管理司副司长
艾一平　国家公务员局培训与监督司司长
王晓君　中国就业培训技术指导中心副主任

高向阳　人力资源和社会保障部人事考试中心副主任
孔　忠　国家质量监督检验检疫总局人事司副司长
张志斌　国家统计局人口和就业统计司副司长
张梦欣　中国人力资源和社会保障出版集团董事长
成　员　殷振华　人力资源和社会保障部职业能力建设司职业技能资格处处长
刘新昌　人力资源和社会保障部职业能力建设司职业技能资格处调研员
李志敏　人力资源和社会保障部职业能力建设司职业技能资格处调研员
付永生　人力资源和社会保障部专业技术人员管理司职称处副处长
陈　蕾　中国就业培训技术指导中心标准教材开发处处长
张国悦　国家质量监督检验检疫总局人事司教育职称处处长
孟灿文　国家统计局人口和就业统计司工资社会保险处处长
夏　萍　国家统计局人口和就业统计司工资社会保险处调研员
吴庆春　人力资源和社会保障部人事考试中心资格考试三处处长
董志超　中国人事科学研究院企业人事管理研究室主任
徐　艳　人力资源和社会保障部劳动科学研究所职业研究室主任
张灵芝　中国就业培训技术指导中心标准教材开发处副处长
李　成　中国就业培训技术指导中心标准教材开发处主任科员
杜　旭　中国就业培训技术指导中心标准教材开发处工作人员
王　萍　中国就业培训技术指导中心标准教材开发处工作人员
宋晶梅　中国就业培训技术指导中心标准教材开发处工作人员

国家职业分类大典修订工作专家委员会

主　任　刘　康　中国就业培训技术指导中心
副主任　刘　丹　人力资源和社会保障部职业能力建设司
李金生　人力资源和社会保障部专业技术人员管理司
艾一平　国家公务员局培训与监督司
王晓君　中国就业培训技术指导中心
高向阳　人力资源和社会保障部人事考试中心
委　员　张　元　天津职业技术师范大学
彭　瑜　湖北省人力资源和社会保障厅
陈　敏　交通运输部管理干部学院
姚树樘　北京首都钢铁公司劳动人事部
刘佩田　化学工业职业技能鉴定指导中心
马泽生　中国轻工业职业技能鉴定指导中心
杨利华　交通运输部职业资格中心

黄　炜　北京中医药大学
蔡学军　中国人事科学研究院
陈　蕾　中国就业培训技术指导中心
范　巍　中国人事科学研究院企业人事管理研究室
侍东波　最高人民法院政治部法官管理部
杨宜勇　国家发展和改革委员会社会发展研究所
郝　强　科学技术部人才交流开发服务中心
周　明　工业和信息化部电子通信行业职业技能鉴定指导中心
滕　伟　工业和信息化部电子通信行业职业技能鉴定指导中心
王树林　中国安全防范产品行业协会
杨凤欣　民政部人事司
高　巍　司法部研究室
王　竞　中国劳动保障科学研究院
郑东亮　人力资源和社会保障部劳动科学研究所
徐　艳　人力资源和社会保障部劳动科学研究所职业研究室
孙习稳　国土资源部人力资源开发中心
刘　媛　中国环境保护产业协会
孟学军　住房和城乡建设部人事司
孙美燕　住房和城乡建设部人力资源开发中心
申少君　交通运输部职业资格中心
李舜萱　交通运输部管理干部学院
童志明　水利部人事司
何兵存　农业部人力资源开发中心
王　庆　文化部文化艺术人才中心
张学高　国家卫生计生委人才交流服务中心
蔡建华　国家卫生计生委干部培训中心
倪曙贵　中国印钞造币总公司人力资源部
和　杰　审计署办公厅
毛溪泉　国务院国有资产监督管理委员会群众工作局
苏玉军　海关总署人事教育司
刘文哲　中国广告协会评价考试部
卜玉兰　中国出入境检验检疫协会
马爱文　中国计量测试学会
徐　萍　中国标准化研究院
张文理　中国标准化研究院
齐　华　国家新闻出版广电总局人事司

刘拥军 中国印刷博物馆
魏　来 国家体育总局人力资源开发中心
苗　忻 国家安全生产监督管理总局离退休干部局
吴闿云 国家食品药品监督管理总局培训中心
张志斌 国家统计局人口和就业统计司
孟灿文 国家统计局人口和就业统计司
文世峰 国家林业局人才中心
刘　彬 国家知识产权局人事司
郭肇琪 国家旅游局人事司
蔡宏志 中国科学院人事局
都　阳 中国社会科学院人口与劳动经济研究所
孟晓春 防灾科技学院
郭彩丽 中国气象局人事司
黄咏岚 中国银行业监督管理委员会业务创新监管协作部
管圣义 中央国债登记结算公司
刘　琦 中国保险行业协会
朱之光 国家粮食局标准质量中心
连　飞 国家烟草专卖局人事司
齐连明 国家海洋技术中心
易树柏 国家测绘地理信息局职业技能鉴定指导中心
曹　静 中国民用航空局职业技能鉴定指导中心
尹贻军 国家邮政局职业技能鉴定指导中心
詹长法 中国文化遗产研究院
杨金生 国家中医药管理局对台港澳中医药交流合作中心
杜　梅 国家档案局政策法规研究司
马　骐 中华全国供销合作总社职业技能鉴定指导中心
刘　京 中国残疾人联合会就业服务指导中心
姚　歆 中国商业联合会培训部
孙　倩 国家建材行业职业技能鉴定指导中心
李　玲 机械工业职业技能鉴定指导中心
孟　琪 中国轻工业职业技能鉴定指导中心
刘逎兰 化学工业职业技能鉴定指导中心
谢承杰 有色金属行业职业技能鉴定指导中心
张志刚 中国钢铁工业协会
孙晓音 纺织行业职业技能鉴定指导中心
张宏干 煤炭工业职业技能鉴定指导中心

孙建华 中国电力企业联合会技能鉴定与教育培训中心
黄长奇 中国翻译协会
付广增 中国铁路总公司劳动和卫生部
李　智 中国铁路总公司人事部
封　啸 中国核工业集团公司人力资源部
杨铁诚 中国航天科技集团公司航天一院人力资源部
许奔荣 中国航天科工集团第三研究院
马　锋 中国航空工业集团公司燃气涡轮研究院
孙志明 沪东中华造船（集团）有限公司
赵　杨 中国船舶重工集团公司人事部
胡国强 中国兵器工业集团公司科技委
牟启初 中国兵器装备集团公司人力资源开发中心
何　波 中国石油天然气集团公司人事部
张全胜 中国石油化工集团公司党组纪检组、监察局武汉分组（局）
单翠英 中国海洋石油总公司职业技能鉴定指导中心
唐炎华 中国商用飞机有限责任公司人力资源部
公　伟 中国盐业总公司
孙燕翀 军队士兵职业技能鉴定工作办公室
张　磊 中国人民解放军装备修理企业职业技能鉴定指导中心
陈　宇 中国就业促进会
陈李翔 北京大学管理科学中心
董克用 中国人民大学公共管理学院
曾湘泉 中国人民大学劳动人事学院
杨河清 首都经济贸易大学劳动经济学院
陈孟锋 北京普天合力通讯技术服务有限公司

曾为国家职业分类大典修订工作作出贡献的原工作委员会和原专家委员会人员名单

王晓初 人力资源和社会保障部 工作委员会原常务副主任
蒲长城 国家质量监督检验检疫总局 工作委员会原副主任
张小建 人力资源和社会保障部 工作委员会原顾问

宋建朝 最高人民法院
张东生 国家发展和改革委员会
蒋苏南 科学技术部
韩占武 工业和信息化部
王亚东 公安部
濮 洁 民政部
王公义 司法部
吴道槐 人力资源和社会保障部
吴剑英 人力资源和社会保障部
张亚男 人力资源和社会保障部
李广陵 人力资源和社会保障部
孙喜华 国土资源部
任 勇 环境保护部
陈瑞生 交通运输部
刘书斌 交通运输部
侯京民 水利部
潘学峰 农业部
周庆富 文化部
金小桃 原国家人口和计划生育委员会
齐小东 中国人民银行
胡利民 审计署
郭保民 国务院国有资产监督管理委员会
王晓东 海关总署
燕 军 国家工商行政管理总局
许武何 国家质量监督检验检疫总局

方　向　国家标准化管理委员会
王怀庆　原国家广播电影电视总局
孙宝林　原国家新闻出版总署
李素花　国家安全生产监督管理总局
曹立亚　原国家食品药品监督管理局
孟庆普　国家统计局
蓝增寿　国家林业局
陈献春　国家旅游局
王苏粤　中国社会科学院
吴仕仲　中国地震局
石曙卫　中国气象局
李文泓　中国银行业监督管理委员会
孙晓莹　国家烟草专卖局
周金弟　国家海洋局
崔晓峰　中国民用航空局
王　梅　国家邮政局
周　明　国家文物局
张为佳　国家中医药管理局
郭嗣平　国家档案局
王　岚　国家档案局
钱鹏江　中国残疾人联合会
徐近苏　中国建筑材料联合会
向　辉　中国机械工业联合会
丁学全　中国有色金属工业协会
徐玉华　中国电力企业联合会
孙习康　中国核工业集团公司
白燕强　中国航天科技集团公司
彭卫东　中国航空工业集团公司
郑东龙　中国船舶重工集团公司
孙金瑜　中国石油天然气集团公司
陈和志　中国海洋石油总公司
吴庆欣　中国盐业总公司
胡传木　解放军总参谋部军务部

刘　峥　最高人民法院
武夷山　科学技术部

曾　伟　公安部
徐　华　民政部
柴瑞章　民政部
刘武俊　司法部
任永安　司法部
刘　军　人力资源和社会保障部
李云飞　国土资源部
朱焕滇　环境保护部
徐　强　住房和城乡建设部
田　军　原铁道部
莫广刚　农业部
刘长权　文化部
黄建始　原卫生部
董　江　中国印钞造币总公司
王本强　审计署
张忠和　国家工商行政管理总局
关　湄　原国家广播电影电视总局
丁　涛　国家体育总局
于弘文　国家统计局
李天送　国家林业局
朱承强　上海师范大学
李猛力　中国科学院
王美燕　中国社会科学院
章思亚　中国地震局
汤　泉　中国地震局
曲晓波　中国气象局
杨晓军　中国银行业监督管理委员会
许丽娜　国家海洋局
赵继成　原国家测绘局
邬晓清　中国民用航空局
朱晓东　中国文化遗产研究院
王北婴　国家中医药管理局
李　薇　中国建筑材料联合会
孟庆建　北京首钢集团
石宝胜　中国电力企业联合会
明绍分　中国核工业集团公司

张泽平　中国航天科工集团公司
陈　平　中国船舶工业集团公司
罗金华　中国船舶重工集团公司
王爱民　中国船舶重工集团公司
朱长根　中国石油天然气集团公司
丁传峰　中国石油天然气集团公司
赵建国　中国盐业总公司
李武卿　原军队技术兵职业技能鉴定工作指导委员会